पिंजर की मैना

पिंजरे की मैना

चन्द्रकिरण सौनरेक्सा

पूर्वोदय

ISBN : 978-93-93768-03-2

प्रकाशक
पूर्वोदय प्रकाशन

एकमात्र वितरक
राजकमल प्रकाशन प्रा. लि.
1-बी, नेताजी सुभाष मार्ग, दरियागंज
नई दिल्ली-110 002
शाखाएँ : अशोक राजपथ, साइंस कॉलेज के सामने, पटना-800 006
पहली मंजिल, दरबारी बिल्डिंग, महात्मा गांधी मार्ग, प्रयागराज-211 001
36 ए, शेक्सपियर सरणी, कोलकाता-700 017
वेबसाइट : www.rajkamalprakashan.com
ई-मेल : info@rajkamalprakashan.com

पहला संस्करण : 2010
दूसरा संस्करण : 2022

मूल्य : ₹995

मुद्रक : बी.के. ऑफसेट
नवीन शाहदरा, दिल्ली-110 032

PINJRE KI MAINA
Autobiography of Chandrakiran Sonrexa

आत्मकथ्य

आत्मकथा अर्थात् किसी व्यक्ति की जीवन-यात्रा। विश्व के सभी मनुष्य छोटा-बड़ा जितना भी जीवन जीते हैं, वही उनकी जीवन-यात्रा होती है। मनुष्य एक सामाजिक प्राणी है। प्राचीन मानव हो या आधुनिक युग का इनसान, सभी किसी-न-किसी समाज में रहकर पले और बढ़े हैं। उस युग की भौगोलिक स्थिति के अनुसार उसकी जीवन-यात्रा रही है। आदिम मानव लिखना-पढ़ना तो दूर, जीवन जीने के साधन भी बड़ी कठिनाई से उपलब्ध कर पाता था। आज अपनी विकसित बुद्धि और कर्मठता के कारण वह प्राचीन से कहीं आधुनिक और सुविधाजनक स्थितियों में रह रहा है। जीवन को आनन्दमय, रसमय, सुखमय बनाने के अनेक साधन उसके पास हैं, किन्तु सारा मनुष्य-समाज एक ही स्तर पर जी रहा हो, ऐसा नहीं है। साधन-सम्पन्न लोग महलों, बँगलों में रहते हैं और कारों, हवाई जहाजों में सफर करते हैं तथा साधनहीन आज भी चीथड़े पहनकर धूल भरे पथ पर अपनी जीवन-यात्रा समाप्त कर देता है। इसी अन्तर और विषमता के कारण आज भी युद्ध होते हैं, अनेक क्रान्तियाँ होती हैं। मानव समाज के बुद्धिमान और सहृदय इनसानों ने सदियों के मानव जीवन को देख-सुन कर पहला निष्कर्ष यह निकाला कि जब तक संसार के सभी देशों के इनसानों को भोजन, शिक्षा, स्वास्थ्य के साधन उपलब्ध नहीं हो जाते, तब तक विश्व-शान्ति की कल्पना एक मरीचिका है। प्रत्येक मनुष्य में कोई-न-कोई प्रतिभा होती है। किसी-किसी के पास एक से अधिक कला की प्रतिभा होती है। सामान्यतया कलाओं की श्रेणी का विभाजन इस नियम से होता है कि स्थूल साधन जितने कम प्रयोग में आएँ, वह कला उतनी श्रेष्ठ है, जैसे मूर्तिकार से चित्रकार की कला अधिक श्रेष्ठ मानी जाती है। संगीत और साहित्य इसमें श्रेष्ठतम है क्योंकि इनके लिए मात्र कलम और काग़ज़ ही चाहिए होते हैं। साहित्य का अर्थ है—कथा, कहानी, कविता, इतिहास इत्यादि। हज़ारों वर्ष पहले *रामकथा* अथवा *महाभारत* के पात्र हुए थे। आज उनकी कथाओं का रस मात्र साहित्यिक रचनाओं के द्वारा प्राप्त होता है। कथाओं से अधिक महत्त्व उनके रचनाकारों को जाता है जिन्होंने अपनी लेखनी से उनमें नवरसों का सृजन किया। इसी कारण जीवन-यात्रा (आत्मकथा) तभी समाज के लिए उपयोगी होगी जब उस यात्रा-कथा में पाठक को समाज, युग या मनुष्य का वर्णन रसमय और वास्तविक रूप से प्रतिबिम्बित मिले। उसे पढ़कर पाठक उन बुराइयों के प्रति सचेत हो जो समाज को पिछड़ापन देती हैं।

समाज और साहित्य से मेरा परिचय एक लेखिका के रूप में है। सब मानते हैं कि मेरा लेखन मध्यवर्गीय समाज की समस्याओं और विषमताओं को इंगित करता है। अनेक पाठकों तथा परिचितों की यह जिज्ञासा रही है कि मैंने मुख्यतया कथा साहित्य को अपने जीवन का ध्येय क्यों बनाया? एक कहावत है कि जाके पैर न फटी बिवाई वो क्या जाने पीर पराई। मैं देश के निम्न-मध्यवर्गीय समाज की उपज हूँ। मैंने स्वयं देश के बहुसंख्यक समाज को विपरीत परिस्थितियों से जूझते, कुम्हलाते और समाप्त होते देखा है। वह पीड़ा और सामाजिक आर्तनाद ही मेरे लेखन का आधार रहा है। अपनी रचनाओं के माध्यम से मैंने उन सामाजिक कुरीतियों, विषमताओं तथा बन्धनों को अपने सुधी पाठकों तक पहुँचाने का प्रयत्न किया है, ताकि वे भी उनके प्रति सजग हों। साहित्य-रस उसमें कितना है, इसका निर्णायक पाठक है। सन् 1931 में ग्यारह वर्ष की किशोरावस्था में दलित लड़के के विषय में लिखी मेरी प्रथम रचना 'अछूत' कलकत्ता की मासिक *विजय* पत्रिका में प्रकाशित हुई। यह मेरी कथा-यात्रा का प्रथम सोपान था। मैंने पीड़ाओं को देखा और जिया है। यही जीवन का सत्य आत्मसात् होकर मेरे लेखन का आधार बना। पिछत्तर साल का लेखन काल *पिंजरे की मैना* आत्मकथा के साथ सम्पूर्ण होता है, और यह मेरी छियासी साल की जीवन-यात्रा का वास्तविक दस्तावेज़ है।

2 अक्तूबर, 2007
गांधी जयंती

—चन्द्रकिरण सौनरेक्सा

प्रतिभापुंज—'चन्द्रकिरण'

श्रीमती चन्द्रकिरण सौनरेक्सा से मेरा पहला परिचय सन् 1940 में तब हुआ था जब वह मेरे मित्र श्री कान्तिचन्द्र सौनरेक्सा से विवाह करके दिल्ली आई थीं। कान्ति से उनके बारे में काफ़ी कुछ सुन चुका था, लेकिन प्रथम दृष्टि में दुबली-पतली काया वाली एक साँवली-सी लड़की को ही देख सका लेकिन दूसरे ही क्षण वह प्रभाव न जाने कहाँ विलुप्त हो गया। अब मेरे सामने खड़ी थी चेहरे पर दृढ़ निश्चय की आभा लिये एक छरहरे बदन की लड़की, जिसकी आँखों से झरते आत्मविश्वास ने मुझे अन्दर तक आलोकित कर दिया।

चन्द्रकिरण का जन्म एक आर्यसमाजी परिवार में हुआ था इसलिए उनका बचपन मुक्त परिवेश में बीता। उनके अन्तर में जो सब कुछ जान लेने की चाह थी, उसको मार्ग मिल गया। उच्च शिक्षा भले ही न पाई हो, लेकिन संसार को जानने की दृष्टि उन्होंने अवश्य पाई थी। इस प्रक्रिया में उन्होंने कितना कुछ पढ़ा—बंकिम, सुदर्शन, शरत्चन्द्र, रवीन्द्रनाथ टैगोर, प्रेमचन्द आदि।

इस समय अचानक उनकी माँ की मृत्यु हो गई और उसके कुछ वर्ष बाद ही उनके प्रिय पिता भी चल बसे। ये गहरी वेदना के क्षण थे। अब उनको अपने भाइयों की गृहस्थी में वह पहले वाला मुक्त वातावरण नहीं मिला। वह स्वदेशी आन्दोलन का समय था, लेकिन उनके अन्दर की लेखिका बनने की चाह नहीं मिटी थी। अल्पायु में ही उन्होंने चरखा चलाना सीखा, खद्दर पहनने लगी और कई गीत भी लिखे उन्होंने। जैसे—

अवतार महात्मा गांधी है, भारत का भाग्य बनाने को
ज़रा कृपा की बल भी लगा देना
चरखे की तोप चला कर तुम
पूनी का गोला लगाकर तुम
मैनचेस्टर-लंकाशायर की
सारी ही मिलों को उड़ा देना...।

आर्यसमाज के समारोह के अतिरिक्त अनेक जलसों को लेकर भी उन्होंने अनेक तुकबन्दियाँ कीं, लेकिन इसी समय, 13 साल की सयानी लड़की हो गई, यह सोच कर उनका स्कूल जाना बन्द कर दिया गया। जलसों में भी नहीं जा सकती थी।

लेकिन चन्द्रकिरण ने हार नहीं मानी। घर बैठकर 'साहित्य रत्न' की परीक्षाएँ दीं। इस प्रक्रिया में वह परीक्षा देने इलाहाबाद गईं तो वहाँ डॉ. रामकुमार वर्मा और डॉ. धीरेन्द्र वर्मा जैसे दिग्गजों से परिचय हुआ, लेकिन जब घर लौटीं तो वही विधि निषेध वातावरण उनके सामने था। पर वह हार कहाँ मानने वाली थीं। अचानक एक विचार उठा, क्यों न कहानी लिखी जाए? उन्हीं के शब्दों में—"कहानी भेजूँगी तो कम-से-कम पत्रिकाएँ तो आने लगेंगी...मुझ जैसी पढ़ाकू के लिए घर-क़ैद में आस-पास घटने वाली छोटी-मोटी घटना भी कहानी बनकर उतरती थी। दूसरों की पीड़ा में मेरा अपना एकाकीपन भूल जाता था। तब मैंने इतना लिखा कि सम्पादक स्वयं रचनाएँ माँगने लगे। पत्रिकाएँ आने लगीं। उस समय की प्रसिद्ध पत्रिका *चाँद* में मेरी कहानी छपी, *माया* में छपी। तब *माया* के सम्पादक ने मुझे लिखा—'आपको हम पाँच रुपये प्रति कहानी भेजा करेंगे।'

"वैसे ही बड़े भाई मेरे लिखने-पढ़ने से आजिज थे। पैसा आने लगा तो शायद उस पर भी पाबन्दी लग जाए, इसलिए मैंने उत्तर में लिखा—

"भाई साहब! हरगिज़-हरगिज़ एक भी पैसा मनीऑर्डर मत करना अन्यथा बड़े भाई कहेंगे कि 'अब क्या हम लड़कियों का कमाया खाएँगे?' आप मेरा लिखने का सुख भी बन्द कराएँगे क्या?"

उन्हीं दिनों पन्तजी की पत्रिका *रूपाभ* में उनकी एक कहानी छपी। सुप्रसिद्ध कवि नरेन्द्र शर्मा *रूपाभ* के सहायक सम्पादक थे। जब *रूपाभ* बन्द हो गई तब उन्होंने उनकी शेष रचनाएँ श्री भगवतीचरण वर्मा को दे दीं।

संयोग से श्री कान्तिचन्द्र सौनरेक्सा *विचार* पत्रिका से जुड़े थे। वह उनकी कहानियाँ पढ़कर उनके प्रति आकर्षित हुए। उनकी अपनी कहानी भी उनकी ही कहानी से मिलती-जुलती थी। उन्होंने उनको पत्र लिखने शुरू कर दिए। उत्तर भी मिला और अन्ततः इस कहानी का अन्त विवाह में हुआ। तब तक कान्तिचन्द्र से मेरा अच्छा परिचय हो चुका था। इसलिए शादी करने के बाद जब वह दिल्ली आए तो कुछ समय के लिए मेरे घर भी ठहरे थे।

तो इस तरह अन्त हुआ उनके प्रारम्भिक जीवन के संघर्ष का। कान्तिचन्द्र भी प्रतिभाशाली व्यक्ति थे, अब भी हैं। इसलिए एक दिन वह प्रान्तीय सिविल कैडर में आ गए और सब-डिवीज़नल ऑफ़िसर बन गए।

मैं साक्षी रहा हूँ उन दिनों के जीवन का। वह निरन्तर लिखतीं रहीं और छपती रहीं। उन्हीं दिनों सुप्रसिद्ध लेखक शिवदान सिंह चौहान ने प्रगतिशील लेखकों की एक संस्था की स्थापना की। इस स्थापना में जहाँ एक ओर नून. मीम. राशिद, देवेन्द्र सत्यार्थी जैसे दिग्गज थे तो चन्द्रकिरण सौनरेक्सा जैसी लेखिका भी थीं। वह संस्था आज तक सक्रिय है।

उनके दिल्ली आने के बाद ही देश का विभाजन हुआ और फिर कश्मीर को लेकर गहरा विवाद छिड़ गया। कश्मीर के महाराजा हरि सिंह उस समय भारतीय संघ में शामिल हुए जब कबाइलियों ने उन पर आक्रमण कर दिया था। उसी समय

कश्मीर की जनता का मनोबल बढ़ाने के लिए भारत सरकार के जाने-माने मंत्री श्री रफ़ी अहमद किदवई ने हिन्दी-उर्दू के लेखकों को आवाज़ दी कि वे कश्मीर जाएँ और कबाइलियों से लड़ रही जनता का मनोबल बढ़ाएँ। तब सचमुच बहुत से लेखक वहाँ गए। शिवदान सिंह चौहान की प्रेरणा से श्रीमती चन्द्रकिरण सौनरेक्सा, रामचन्द्र तिवारी और मैं, हम तीन लेखकों का दल भी वहाँ पहुँचा। नवम्बर 1947 के अन्त में भयंकर शीत पड़ रही थी। खाने को मात्र चावल और गोश्त था और पीने के लिए विशुद्ध चाय का पानी। न चीनी न दूध। कैसे रहे तब हम वहाँ और कैसे अपनी रचनाओं से जनता को प्रेरणा दी! कई कवि सम्मेलन किए। इस कहानी पर शायद अब लोगों को विश्वास नहीं आएगा।

तो संक्षेप में यह कहानी है उनके प्रारम्भिक वैवाहिक जीवन की। उन्होंने कश्मीर की स्थिति को कितनी गहराई से देखा और आत्मसात् किया। 'वे भेड़िये' जैसी कहानी। इस कहानी से पता लगता है उनके अध्ययन करने की दृष्टि का और उसके सन्देश को आत्मसात् करने का। इस कहानी में खाने-पीने की चीज़ों के अभाव के कारण पैदा हुई स्थिति के मार्मिक वातावरण का चित्रण हुआ है तो पठानों से युवकों ने कैसे लोहा लिया, इसका बेबाक वर्णन भी है। कैसे बर्बर थे कबाइली। महमूद ने आक्रमणकारी कबाइलियों को कैसे बरगलाया, कैसे धोखा दिया और उसका कैसे बदला लिया कबाइलियों ने—

> "रात-भर कबाइलियों के झुंड महमूद की सज़ा तजवीज़ करने में पागल रहे। खाना-सोना, यहाँ तक कि सुन्दरियाँ ढूँढ़ने का काम भी स्थगित हो गया। सूरज की उगती पहली किरण के साथ इसका फ़ैसला हो गया। उसे पेड़ से बाँध दिया गया। उसके हाथों में मेखें ठोंक दी गईं। माथे पर टीन का एक पत्तर लटकाया गया, जिस पर लिखा था—'धोखेबाज़, ग़द्दार...।'
>
> स्याहगुल ने उसके मुँह पर थूकते हुए कहा—'काफ़िर, बेइमान। पठान के साथ धोखा। तुझे मौत का डर न था। हमें झूठी ख़बरें दीं।'
>
> और चमकते हुए ख़ंजर से उसने महमूद की नाक का अग्रभाग उड़ा दिया। ज़ख़्मी महमूद रक्त से नहा उठा।
>
> 'कुत्ते'...स्याहगुल ने उसके टखने में ठोकर मारी, 'तूने हमारे पाँच दिन बर्बाद किए। हमें कहीं का नहीं रखा। उस ख़ूबसूरत, नाज़मी को...'
>
> कबाइली अपना सामान घोड़ों और ख़च्चरों पर लाद रहे थे, कुछ बन्दूक़ें सँभालकर आड़ से चले गए घरों में लूट करने।
>
> 'पानी' महमूद होश में आया। अनायास ही वह चीख़ा—'पानी।' ठठाकर हँसा, 'पानी! अब मुझे तेरी कौम वाले पिलाएँगे। वो आ गए हैं, बेईमान तेरी धोखेबाज़ी ने हमारे सैकड़ों जवानों का ख़ून करा दिया।'
>
> 'गाँव की मदद को फौज आ गई है?' मरते हुए महमूद ने पूछा, 'ख़ुदा तेरा शुक्र है।'

'शुक्र!' स्याहगुल भड़क उठा। इशारा करने की देर थी, एक साथ चौदह गोलियों ने महमूद को सिर से पैर तक छलनी बना दिया। सीने पर पूरी आठ गोलियाँ लगीं।

अस्फुट-सी ध्वनि महमूद के होंठों से फूटी और मुक्त होती प्राण वायु के साथ-साथ अपनी ही धरती पर, कश्मीर की वसुन्धरा पर फैल गई, छा गई। घर्र-घर्र करते वायुयान कबाइलियों पर अग्निवर्षा कर रहे थे। दो घंटे से भी कम में बागराँ उन ख़ूनी भेड़ियों से मुक्त हो गया। भारतीय सैनिक दस-पाँच की टोलियों में उन दरिन्दों को तलाश करते हुए गाँव में फैल गए।

'यह कौन' दम-भर में शहीद महमूद के गिर्द पचासों सैनिक एकत्र हो गए थे।

'महमूद है?' निहालसिंह चिल्लाया, 'पहचान गया। यह महमूद है। बी कम्पनी में मेरे साथ ही तो था।'

और पचासों हाथ तथा श्रद्धायुक्त मस्तक उस वीर के आदर में झुक गए।..."

कैसी अद्‌भुत क्षमता है वातावरण को शब्द देने की चन्द्रकिरण में। उनका पूरा साहित्य इसका प्रमाण है।

तो यह है 1947 तक उनके प्रारम्भिक जीवन के संघर्ष की कहानी। उनका पूरा साहित्य इसी की प्रेरणा से व्याप्त है। वह जितनी मुखर और स्पष्टवादी रहीं, उतनी ही निर्भीकता से उन्होंने अपने साहित्य में भारत की सामाजिक व्यवस्था, विशेषकर नारी की स्थिति को व्यक्त किया है। उनके कथा-साहित्य का यही स्वर है—सत्य की खोज और उसकी वास्तविकता को व्यक्त करना।

मैंने अपने एक लेख में यह कहा था कि महादेवी जी को जो प्रसिद्धि कविता के क्षेत्र में प्राप्त हुई है, वही चन्द्रकिरण जी ने कहानी के क्षेत्र में पाई। मध्यवर्ग की नारी का जितना यथार्थ-चित्रण आपकी कहानियों में हुआ, शायद ही किसी कथाकार की कृतियों में हुआ हो। मेरा अब भी यही विश्वास है।

उनके कहानी-संग्रह—*आदमखोर* का जैसा सम्मान हुआ, वह इसका प्रमाण है। 'हिन्दी साहित्य सम्मेलन' ने उन्हें 'सेक्सरिया पुरस्कार' से और बाद में सन् 1987 में 'सारस्वत सम्मान' से विभूषित किया। 1988 में उत्तर प्रदेश साहित्य सम्मेलन ने उन्हें 'सुभद्राकुमारी चौहान स्वर्ण पदक' प्रदान किया। उनकी कहानियों को विदेशों में प्रचुर सम्मान मिला। रूसी भाषा में इनका एक कथा-संग्रह *घेन रोजदेनिया* के नाम से प्रकाशित हुआ।

उन्होंने 24 वर्ष तक आकाशवाणी के लखनऊ केन्द्र में स्टाफ आर्टिस्ट के रूप में कार्य किया। तब कितना लिखा उन्होंने आकाशवाणी के लिए। उनका उपन्यास वहाँ से प्रसारित हुआ। दूरदर्शन के आमन्त्रण पर उन्होंने टेलीफ़िल्म *गुमराह* बनाई

और अब वहीं एक सिने-निर्देशक उनकी कहानी 'हिरणी' पर एक फ़िल्म बना रहे हैं। उन्हीं के शब्दों में कहें—"सन् 1940 में विवाह हो गया और मैं देहली आकर पति के साथ रहकर घरेलू वर्जनाओं से मुक्ति पा गई लेकिन मेरा समाज, मेरा परिवेश न तो सुखी था, न सम्पन्न।"

उनके पूरे साहित्य में इसी समाज का चित्रण हुआ है। जिस घटना ने उन्हें छुआ, वही कहानी बन गई। उनके अधिकांश पात्र समाज के वास्तविक पात्र हैं। 'जवान मिट्टी' हो या 'अकेला', 'किराये की माँ' हो या 'तीसरी कोशिश', 'प्रेम और रोटी' हो या 'दो राष्ट्र और एक इनसान', 'अच्छा लड़का-अच्छी लड़की' हो या 'वे भेड़िये' सब उनके इसी कथन को प्रमाणित करती हैं। फिर उन्हीं के शब्दों में—"मेरी कथा-यात्रा के पात्र मेरे संगी-साथी हैं। सबको मैंने मन का प्यार दिया है। वे बुरे-भले जो भी हैं, इसी भूमि की उपज है जहाँ की मैं हूँ, जहाँ के आप हैं।"

इसके बाद कुछ और कहने को रह जाता है क्या? लेकिन फिर भी उनको समझने के लिए उनकी कहानी 'जवान मिट्टी' के अन्तिम अंश यहाँ उद्धृत करने का लोभ हम सँवरण नहीं कर पा रहे—

> "परन्तु दिन के काम में थकी हुई बिन्दो ने जब घर आकर यह सुना, तो वह जलते तेल का बैंगन ही बन गई। चौधरी के घर तक सुने जाने योग्य स्वर में उसने अपनी माँ को आड़े हाथ लिया—'मरने को पड़ी है और बिरादरी में रहने का शौक़ चर्रा रहा है। तू भी साथ न रहना चाहे तो लछमन की रोटियाँ तोड़ और बहू की गालियाँ खा। मैं नहीं करती कोई ठिकाना-विकाना। चौधरी ने भी तो एक जवान मिट्टी इस बुढ़ापे में कर रखी है। इसके लिए कोई ठिकाना तलाश कर जाए, उनके मरने पर भला यह पुण्य कौन करेगा?'
>
> माँ के बहुत ख़ुशामद करने पर बिन्दो ने रोटी खाई। चौधरी ने अपने साले के साढ़ू के भाँजे के भतीजे लट्टन को, जो अपनी जुआ-चोरी के कारण पुलिस और जेल से फरार है और जो तीस बरस का हो जाने पर भी अभी तक बिन ब्याहा है, बिन्दो के लिए ठीक कर दिया है।
>
> जवान मिट्टी को ठिकाने लगाने के लिए बिरादरी की पंचायत फिर बैठने वाली है।"

इसके बाद भी कुछ कहने को रह जाता है क्या?

—विष्णु प्रभाकर

बी-151, महारानी प्रताप एन्क्लेव
पीतमपुरा, दिल्ली-110 034
30.11.06

पूर्वार्द्ध

पिंजरे की मैना

ऊपर लिखा शीर्षक किसी भी कहानी या घटना का हो सकता है, परन्तु इसे मैंने 'अपनी जीवन-कहानी, अपनी जुबानी' के लिए चुना है। क्यों चुना—इसका उत्तर इस कथा को पढ़ने वालों को स्वत: ही मिल जाएगा—ऐसा मेरा विश्वास है।

मैं न कोई प्रसिद्ध नेता हूँ, न अभिनेता; मैं न कभी स्वतंत्रता संग्राम में जेल गई, न जुलूस में डंडे खाए, और न मैं किसी देश-प्रसिद्ध प्रतिभा की सन्तान हूँ, जिसने कोई ताजमहल या कोणार्क का मन्दिर बनवाया हो। हाँ, मैं हिन्दी भाषा की एक समर्पिता लेखिका अवश्य हूँ, जो भारत की सबसे अधिक बोली जाने वाली भाषा है। इस भाषा के वृन्दावन में असंख्य लेखक हैं। उन्हीं में से एक गिनती मेरी भी है। यही मेरी पहचान है।

देश के अनेक प्रसिद्ध व्यक्तियों के पास उनके पूर्वजों की वंशावलियाँ हैं, जो उनके गौरव और प्रसिद्धि में चार चाँद लगाने का कार्य करती हैं तथा पाठक की जिज्ञासा को भी तृप्त करती हैं, परन्तु देश का सामान्य जन जो मज़दूर है, किसान है—उससे यदि उसके पूर्वजों का अता-पता पूछो तो वह केवल इतना बता सकता है—'हमारे बाप का नाम राम बहोरे रहा, हमार नाम रामकिसुन और दादा का नाम राम निहोरे है। उससे पहले परदादा का नाम तो कुछ रहा होई, पर हमने बापू से कभी पूछा नईं।' और वंशावली समाप्त।

बस, यही दशा मेरी वंशावली की है। अपने बाबूजी के द्वारा बचपन में जो वंश-कथा मैंने सुनी, वह प्राय: इस प्रकार है—वे एक वैश्य परिवार की सन्तान हैं। उनका गोत्र मंगल है, अब उसे मांगलिक कहने लगे हैं। पूर्वज हमारे मूलत: राजस्थान के नारनौल के निवासी थे। सन् 1845 के आसपास मेरे पड़बाबा अपने एक जाति भाई के साथ रोज़ी-रोटी की तलाश में चलते-चलते झाँसी आ गए। साथ में दोनों की पत्नियाँ भी थीं। दोनों ने थोड़ी पूँजी से अपनी-अपनी दो दुकानें खोलीं—मेरे पड़बाबा ने अनाज की और जाति भाई ने तिलहन की। ईश्वर की कृपा कहिए कि यहाँ उनकी इतनी कमाई होने लगी कि दाल-रोटी का जुगाड़ बैठ गया। दोनों प्रसन्न थे। मेरे पड़बाबा के यहाँ दो लड़के हुए और जाति भाई के यहाँ एक लड़की। सन् 1857 के विद्रोह के समय मेरे बाबा गणेशी लाल की आयु सात वर्ष व उनके बड़े भाई बिशन लाल की नौ वर्ष थी—जाति भाई की कन्या आठ वर्ष

की थी। मेरे पड़बाबा की इच्छा थी देस जाकर लड़कों का जनेऊ करें, साथ ही ब्याह भी कर दें। उस समय बाल-विवाह एक सामान्य प्रचलित प्रथा थी, किन्तु दोनों ही इतना पैसा नहीं जुटा पाए कि देस जाकर अपनी इच्छा पूरी करें। अन्त में दोनों ने तय किया कि बिसना की सगाई दूसरे जाति भाई की कन्या से कर देते हैं। वर्ष-दो वर्ष में साधन जुट जाएँगे तो देस जाकर जनेऊ और ब्याह साथ-साथ कर देंगे। पर...मेरे मन कछु और है बिधिना के कछु और...सन् 1857 के विद्रोह में झाँसी का पतन हुआ। अंग्रेज़ सेना ने शहर में घुस कर मनमानी लूटपाट की। बाज़ार में दुकानें लूटी गईं। अनाज गोरे सिपाहियों और उनके घोड़ों के लिए सबसे अधिक काम का था, सो किराना बाज़ार की लूट में आम, सभी दुकानदार मृत्यु के घाट उतार दिए गए—मेरे पड़बाबा व उनके जाति-भाई की भी वही गति हुई।

बाज़ार लुटने और मार-काट की ख़बर जब गली-मोहल्लों में पहुँची तो प्राणों के भय से सभी अपनी उठाने योग्य पैसा-पूँजी समेट कर झाँसी से भागने लगे। मेरी पड़दादी और उनकी समधन भी तीनों बच्चों को लेकर उसी काफ़िले में शामिल थीं। दोनों के पति मारे जा चुके थे। दोनों विधवाएँ यह भी जानने की स्थिति में न थीं कि पतियों का मुँह तक देख सकें और उनका अन्तिम संस्कार करवा सकें। बाज़ारों में सैकड़ों लाशों के साथ जो हुआ, वही उनका भी हुआ होगा। बदहवास-से औरत- मर्द, बच्चे, लुटे-पिटे, अपनी-अपनी कथरी-गुदड़ी कन्धे पर लादे, पैदल चलकर दिल्ली आ गए। बाबूजी बताते थे कि वहाँ जून की गर्मी में खुली सड़क पर बैठे वे झाँसी के असहाय जन, जिसमें स्त्रियाँ व बच्चे अधिक थे—पंजाब जाने की सोच रहे थे—सुना था, वहाँ शान्ति है। किन्तु उस झुलसाने वाली गरमी में, जलते आकाश के नीचे, मुसीबत के मारे काफ़िले पर दूसरी विपत्ति आई। अधिकांश बच्चों को माता निकल आई। बड़ा लड़का बिशन उसी चेचक की भेंट चढ़ गया; सगाई वाली कन्या ब्याह से पहले ही विधवा हो गई, पर आगे तो जाना ही था। लड़के को जमना नदी में विसर्जित कर मेरी पड़दादी व उनकी समधन अन्य सभी के साथ पंजाब की ओर चल पड़ीं। किसी तरह दोनों विधवाएँ लाहौर की मियाँ मीर छावनी पहुँच गईं। सात वर्ष का गणेशीलाल, आठ वर्ष की राजकुँवर और दोनों माताएँ, और पास में फूटी कौड़ी नहीं।

खपरैल की एक कोठरी आठ आने महीने पर ले ली; समस्या थी, चार जनों के पेट की। वे यदि छोटी जाति की होतीं, तो उन्हें वहाँ के बड़े घरों में चौका-बर्तन करने, कंडे पाथने या झाड़ू-सफ़ाई का काम आसानी से मिल जाता, पर दोनों ही अपने वैश्य होने की संस्कारगत चेतना से ग्रस्त थीं। उनके सामने केवल एक रास्ता था—चक्की पीसना। मशीनी चक्कियाँ तब तक आई नहीं थीं। सब घरों में स्त्रियाँ ही अनाज पीसती थीं। ज़मींदारों में पिसनहारी लगी हुई थीं। मेरी पड़दादी ने भी बड़े घरों में जाकर अपनी दु:ख-गाथा सुनाई और आटा पीसने का काम माँगा। एक घर से चक्की उधार ली—शर्तें ये थीं कि वह आधा सेर अनाज प्रतिदिन मुफ्त पीस कर देंगी। वैसे, अनाज की पिसाई उन दिनों दो पैसे पसेरी थी। पैसा उस समय बहुत सुलभ

वस्तु नहीं थी; पैसों की जगह कौड़ियों में लेन-देन होता था। एक गुंडा (सोलह) कौड़ी एक पैसे के बराबर थी।

मेरी पड़दादी धनी सेठों के घर से दस सेर अनाज तुलवा कर लाती, घर लाकर बीनती, पछोरती और वह कूड़ा भी पोटली में बाँध रखती। फिर वह दो पसेरी अनाज पीसती और प्रातः दस-ग्यारह बजे तक पिसा हुआ आटा व कूड़ा अलग लेकर सेठ के घर जातीं, जहाँ आटा दुबारा तौला जाता (कूड़े सहित) और फिर उन्हें पिसाई की इकन्नी मिलती थी। पड़दादी उसी इकन्नी का आटा ख़रीद कर घर आती। तब तक दोनों बच्चे पास जंगल से सूखी लकड़ियों की टहनियाँ बीन लाते थे। उन्हीं की आँच पर रोटियाँ सिंकती, जिससे नमक-पानी के साथ बच्चे व उनकी माँएँ पेट की आग बुझाते। बची रोटियाँ कपड़े में लपेट कर रात के लिए रख दी जाती थीं, क्योंकि दो वक़्त जलाने लायक टहनियाँ नहीं होती थीं।

ग़रीबी की मार बच्चों को समय से पहले ही बड़ा बना देती है। गणेशीलाल भी आठ साल की आयु में, अपनी आयु से अधिक कर्मठ व समझदार हो गया। उसने सोचा, वह भी धेला-पैसा कमा सके तो रोटी के साथ दाल-सब्ज़ी का भी हिसाब बैठ सकता है, पर मुश्किल यह थी कि बनिये का बेटा था वह—छोटी जाति के बच्चों की भाँति घरेलू नौकरी नहीं कर सकता था। घरेलू नौकर को बड़े मर्दों के हुक्के भरने पड़ते, सबके जूठे बर्तन उठाने पड़ते और झाड़ू-बुहारू का काम करना पड़ता था। उसके तीव्र मस्तिष्क ने एक उपाय ढूँढ़ निकाला—जंगल में लकड़ियाँ चुनते समय वह नीम या बबूल के पेड़ पर चढ़ कर हरी टहनियाँ तोड़ लेता, घर जाकर चाकू से छील-काट कर दातुनें तैयार करता। उसके बाद गलियों में 'दो कौड़ी में तीन दातुन, एक कौड़ी में एक दातुन' की पुकार लगाता घूमता। उन दिनों लोग कंडे की राख से दाँत साफ़ करते थे या दातुन करते थे। छिली-कटी हरी दातुनें गली के लोग ख़रीद लेते और गणेशी को आठ-दस कौड़ियाँ मिल जातीं, जिनसे वह मूली, शलजम, आलू, जो अधिकतर बासी होती, ले आता तो दूसरे-तीसरे दिन सब्ज़ी-रोटी या कभी-कभी दाल-रोटी बन जाती।

दिन कट रहे थे। दोनों विधवाओं की कड़ी मेहनत चल रही थी। मेरी पड़दादी बाहर से अनाज लाना-ले जाना और घर में दोनों साथ मिलकर छानना-पछोरना और पीसना करतीं; उसके अलावा घर के सारे काम साथ चलते। बच्चे जंगल से लकड़ी लाने और गणेशी बराबर दातुन बेचने का काम करता रहा। गणेशी-राजकुँवर में बालपन के साथ की गहराई थी—पल में झगड़ा, पल में दोस्ती। दोनों विधवाओं ने आपस में मिलकर यह निर्णय लिया कि गणेशी और राजकुँवर की सगाई कर दें। इस परदेस में अपनी जाति के सम्बन्ध वह कहाँ जुटा पाएँगी? पूरा जीवन यूँ ही ग़रीबी की चक्की में पिसना है। एक दिन आठ वर्षीय गणेशी और राजकुँवर, जो नौ वर्ष की थी, सगाई के बाद-एक-दूसरे के वाग्दत्ता पति-पत्नी हो गए। गणेशी पहले ही उस पर रौब जमाता था, अब उसे अधिकार मिल गया। उसने सुन रखा था—'बड़ी बहू बड़े भाग, छोटो दूल्हा बड़ो सुहागा' उससे छोटा था तो क्या, राजकुँवर का भावी दूल्हा था।

उस समय घरेलू सिलाई का काम घर की स्त्रियाँ ही करती थीं। बड़े घरों में चादरें-लिहाफ़ इत्यादि सीने को दर्ज़ी जाति की स्त्रियाँ सूई-धागे से तुरपाई व बखिया का काम करके दो पैसे कमा लेती थीं। गणेशी ने एक दिन अपनी माँ से कहा, "किसी घर से सिलाई का काम मिले तो ले आया करो।" माँ वैसे ही चक्की पीसने, छानने-फटकने के काम से थकी-टूटी रहती थी—सो उसने कहा, "मेरी नज़र कमज़ोर है। सिलाई करने का समय और ताकत हम दोनों में ही नहीं है।"

तो गणेशी ने समझाया, "अम्मा! मैंने आप दोनों के लिए ही सोचा है यह सब। क्या मुझे आपकी और मौसी की हालत नहीं दिख़ती? मैं राजो के लिए सोच रहा था। यह दिन भर क्या करती है? बस, लकड़ियाँ चुन लाई और घर के चार बर्तन माँज लिये। बाक़ी सारा दिन गली की लड़कियों के साथ स्टापू और गुट्टे खेलती रहती है। इसे टाँका लगाना, तुरपाई करना सिखा दो। सीख लेगी तो चार पैसे बनेंगे।"

माँ ने समधन की तरफ़ देखा। वह अपनी इकलौती बेटी को अभी से सिलाई-तुरपाई में डाल कर उसकी आँखें कमज़ोर करने के पक्ष में नहीं थीं, परन्तु उनको अपने नन्हे दामाद को समझने में देर नहीं लगी। गणेशी ने उन्हें भी समझाया, "मौसी! ऐसी नवाबी हम जैसे ग़रीब बनियों को नहीं सोहाती। दो पैसे कमाएगी, तो इसी का नया लूगड़ा ख़रीद देना।" और अपनी माँ की तरफ़ देखते हुए उसने अधिकारपूर्ण स्वर में कह दिया, "नहीं अम्मा! तुम इसे टाँके लगाना सिखाओ। बाल बिखेरे, गली में कुदक्कड़े लगाती बहू मुझे ज़रा भी पसन्द नहीं।"

बस, राजकुँवर का दिन अब दोहरों के फुँदने बाँधने, सलूकों की तुरपाई करने और चादरों व लिहाफ़ के खोल सीने में लग जाता।

एक साल और बीतते न बीतते गणेशी ने दो पैसे कमाने का दूसरा धन्धा ढूँढ़ निकाला। गरमी के दिनों में कोई-कोई सेठ सड़क किनारे पौशाला खोल देते थे अर्थात् चटाई द्वारा एक कामचलाऊ कोठरी खड़ी करके उसमें चार घड़े ताज़ा पानी भरवा कर रख देते। कहार या उसकी समकक्ष जाति के किसी व्यक्ति को वहाँ पिलाने को नियुक्त कर देते थे। इसे बड़े पुण्य का काम माना जाता था क्योंकि उस समय न सड़क किनारे नल लगे होते थे और न गन्ने के रस या शरबत बेचने वाले ठेले होते थे।

गणेशी के घर के पीछे कोई पौशाला नहीं थी। दातुन बेचने में घूमना बहुत पड़ता था। सो गणेशी ने सोचा—मैं पानी पिलाने का काम करने लगूँ और एक लोटा पानी का दाम एक कौड़ी रख लूँ तो क्या कोई हरज है? गणेशी ने यह प्रयोग करने की ठान ली। बड़ा घड़ा भर कर सड़क तक ले जाने की ताक़त उसमें नहीं थी। उसने एक छोटा घड़ा एक पैसे में ख़रीदा, पिछवाड़े के कुएँ से वहाँ पड़े सार्वजनिक रस्सी-डोल से घड़ा भरा और पिछवाड़े वाली गली में एक पेड़ के नीचे टूटी ईंटों का चबूतरा बनाकर उस पर घड़ा और घड़े पर लुटिया रख कर बैठ गया। धूप में चल कर थके यात्री इस बच्चे को देखकर आश्चर्य में पड़ गए। लड़के ने सधे स्वर में पुकारा, "ठंडा-ताज़ा पानी। एक कौड़ी में पेट भर पानी पियो! ठंडा-ताज़ा पानी।"

किसी प्यासे राहगीर ने पूछा, "तू किसका छोरा है? यह पौशाला किसने खोली है? पानी भी अब बिकने लगा?"

लड़के ने उत्तर दिया, "हूँ तो मैं बनिये का छोरा, पर मेरे बाप नहीं हैं। पेट के लिए पानी भी बेचना पड़े है। पर तुम्हें प्यास लगी हो और पास में कौड़ी भी न हो, तो तुम ऐसे ही पानी पी लो।"

राहगीर कोई भला आदमी था। गाँठ में पैसे भी थे। उसने पानी पिया और एक नहीं, दो कौड़ी बच्चे के फटे अँगोछे पर डाल कर कहा, "शाबाश बेटे! तूने व्यापारी का दिमाग़ पाया है...। कमा खाएगा।"

गणेशी का मन इस प्रशंसा से खिल उठा। आठ दिन बीतते उसने पानी के साथ थोड़े भुने चने भी रख लिये। प्यासे मुसाफ़िर को चने दिखा कर कहता, "सेठ जी! एक मुट्ठी चने चबा कर पानी पियो तो कलेजे में लगेगा नहीं। पैसा न हो तो भी कोई बात नहीं। जब हो तब दे देना।"

गणेशी का यह धन्धा गर्मियों में अच्छा चल गया। अब जो भी कमाई होती, उसमें से वह दो पैसे रोज़ बचाकर रखने लगा, पर गर्मियाँ ख़त्म होते ही इस पानी का धन्धा मन्दा पड़ गया। फिर दातुन बेचना शुरू किया, पर इस काम में उसका मन नहीं लगता था।

एक दिन उसने माँ से कहा, "माँ! तू अपनी सेठानी से मुझे दो रुपये उधार दिलवा दे।"

माँ ने आश्चर्य से पूछा, "बेटा, इतनी बड़ी रकम मुझे कोई क्यों उधार देगा? और तू रुपये लेकर क्या करेगा?"

"मैं व्यापार करूँगा"—गणेशी बोला—"न हो दो पैसे महीने के ब्याज पर ले आ। मैंने सोच लिया है, अब मैं मसाले बेचने का धन्धा करूँगा। इस दातुन और पौशाला के धन्धे से तो बस दो-चार पैसे बन सकते हैं। मैं चाहता हूँ, तेरा घर-घर से लाकर आज पीसना भी बन्द हो।"

"पागल है तू तो—इसी चक्की की बदौलत ही पेट को रोटी मिल रही है। तू पीसना बन्द कराने के सपने देख रहा है?" माँ ने हँसकर कहा।

"माँ! चक्की पीसने में कोई बुराई नहीं है, पर सेठानी लोग जब आपस में बात करे हैं, सो मैंने कई बार सुना वो हमें चोर समझती हैं। अभी परसों लाल हवेली वाली कह रही थी, कूड़ा इतना ज़्यादा निकलना नहीं चाहिए। ज़रूर ऊपर से कंकर-मिट्टी मिला कर कूड़ा बढ़ाया और तौल पूरी कर दी। आसानी से आधा पाव, तीन छटाँक आटा बचा लिया होगा। तू अब उनके घर से अनाज मत लाना। बस, कहीं से भी तू मुझे दो रुपये उधार ला दे।"

माँ ने बेटे की ज़िद से हार मानकर किसी सेठ के घर से दो पैसे महीने की ब्याज दर पर दो रुपये उधार लिये और गणेशी को थमा दिए।

दूसरे दिन गणेशी कन्धे पर मैली चादर लटका कर, अपनी फटी धोती के फेंटे में दो रुपये की रकम बाँधकर सवेरे घर से चल पड़ा।

किराना बाज़ार के खुदरा मसालों की दुकानों से उसने मसालों के भाव मालूम किए और अपने उर्वर मस्तिष्क में उन्हें भलीभाँति सहेज लिया और फिर थोक माल बेचने वालों के बाज़ार में पहुँचा, पर वहाँ के कारोबार देखकर उसका साहस जवाब देने लगा। वहाँ कोई भी सामान ख़रीदने वाला जो प्राय: खुदरा दुकानदार ही होते थे। दस, पन्द्रह, बीस से कम का माल नहीं ख़रीद रहा था। दो रुपये में वह क्या ख़रीदारी करता?

वह चुपचाप हर दुकान पर खड़ा होता, फिर आगे चल देता। दोपहर हो गई। सूखे पपड़ाए होंठों वाले, नंगे पाँव, मैली चादर कन्धे पर लादे घूमते छोटे-से लड़के को देखकर, एक दुकानदार ने पूछ ही लिया, "छोरे! तू घंटों से यहाँ चक्कर लगा रहा है। क्या बाप ने यहाँ का भाव पूछने को भेजा है या फिर तू नौकरी ढूँढ़ रहा है! तो बेटे! यहाँ की नौकरी अभी तेरे बस की न है...ये माल की भारी बोरियाँ उठाने का दम तेरे जैसे सींक-सलाई छोरे में पाँच बरस बाद भी होवेगा कि नईं, यह राम ही जाने!"

दुकान के नौकर ने भी ताना मारा, "क्यूँ खामाखाह यूँ चल-चल के हाड़ घिसावे है। कहीं बालक खिलाने की नौकरी ढूँढ़..."

"जी, मैं घरेलू नौकरी नईं कर सकता", गणेशी ने सफ़ाई दी—"बनिये का बेटा हूँ। बाप नहीं रहा, पर मैं किसी के घर हुक्का भरने या जूठे बर्तन उठाने का काम नहीं कर सकता। सोचा था, थोक में मसाले ख़रीदकर खुदरा के भाव गली-मोहल्ले में बेचूँगा तो अपनी और माँ की रोटी का जुगाड़ हो जावेगा। यह देखो, मेरे पास दो रुपये हैं।" उसने फेंटे से रुपये निकाल कर दुकानदार को दिखाए।

दुकानदार लड़के की हिम्मत से प्रभावित हो गया। प्यार से बोला, "तो बेटे, दो रुपये में तू जो मसाला कहे, मैं थोक के भाव दे दूँगा। बोल क्या लेगा—धनिया? हल्दी...या मिर्च...?"

गणेशी बोला, "लाला जी! तुम तो व्यापारी आदमी हो। सारे गुण जानते हो व्यापार के—जब चार चीज़ ग्राहक को दिखाओ, तब वह एक-आधी चीज़ ख़रीदता है। मैं अगर एक मसाला बेचने निकला तो दिनभर में दो रुपये का माल भी न बिकेगा।"

"सो तो तेरी बात सोलह आना सच है भाया, पर अब छह रुपये और लेकर आ, तो चार मसाले ले जा—" दुकानदार ने रास्ता बताया।

गणेशी ने हिम्मत करके अपनी स्थिति बताते हुए कहा—"सेठजी! ये दो रुपये भी मैं उधार लाया हूँ। माँ के पास कोई गहना भी नहीं, जिसे रख के और उधार मिल सके। क्या आप मुझे आठ-आठ आने में थोड़े-थोड़े मसाले थोक के भाव में देने की कृपा करेंगे?"

दुकानदार को बच्चे पर तरस तो आया, पर उसने दृढ़तापूर्वक मना करते हुए कहा, "नहीं बेटे! यह थोक बाज़ार है। यहाँ आठ आने में कोई चीज़ नहीं मिलती..." और वह फिर नए ग्राहक से बात करने में लग गया।

गणेशी दिन भर भूखा-प्यासा घूमता रहा। अँधेरा होने पर घर पहुँचा। माँ की डाँट खाई और रात को एक रोटी खाकर पड़ा रहा। सवेरे मुँह अँधेरे ही उठा और अपनी

वही मैली चादर कन्धे पर डाल, फेंटे में दो रुपये रखकर थोक-बाज़ार पहुँच गया। हर दुकान पर खड़ा होकर वहाँ की ख़रीद-फ़रोख़्त देखता रहा।

कल वाले दुकानदार ने दूसरे दिन भी घूमते देख उसे समझाया—"छोरे! काहे को बिना काम घूम-घूम के हाड़ गलावे है?"

गणेशी ने गम्भीरतापूर्वक कहा—"सेठ जी! आप तो पुराने आदमी हैं। मैंने सुन रखा है कि पहले लोग अपनी मूँछ का बाल गिरवी रखकर माल ले जाते थे।"

सेठ बोला—"तूने ठीक ही सुना है। बेटे! मूँछ मर्द की इज़्ज़त होवे है। जो उसका बाल गिरवी रखता है, समझ ले अपने पूरे वंश की इज़्ज़त दाँव पर रखता है। तेरे भी मूँछ होती तो मैं बाल गिरवी रख के तुझे माल दे देता..."

गणेशी ने बड़े दयनीय स्वर में निराश होकर कहा—"मेरी तो किस्मत फूटी है—न मूँछ है, न गाँठ में आठ रुपये हैं कि थोक में चार मसाले ख़रीद लूँ। भगवान मुझे मौत भी नहीं देता कि..."

"न बेटे, ऐसी बात नहीं बोलते"—सेठ द्रवित हो गया और एकाएक गणेशी की मनोकामना पूरी हुई, जब उसने कहा—"जा, तू भी क्या याद करेगा—आज इस बाज़ार का नेम तोड़ के तुझे मैं आठ-आठ आने के चार मसाले थोक के भाव दे दूँगा। सब माल बेचने के बाद तेरी आठ आने की बचत हो जागी।"

गणेशी ने सेठ के आगे हाथ जोड़कर कहा—"सेठजी! आपका उपकार कभी नहीं भूलूँगा। आप मेरे पिता समान हैं।"

भरी दोपहरी में, चादर के चार कोनों में मसाले बाँधकर, गणेशी लगभग दौड़ता हुआ घर आया।

•

घर में घुसते ही, वह जोश से बोला—"जल्दी से सूप लेकर धनिया फटक दो माँ; और राजो! चल ये मिर्ची की डंडियाँ अलग कर! मौसी जी! आप खटाई की बड़ी फाँकें छोटे टुकड़ों से अलग कर दें।"

घंटे-भर में साफ़-सुथरे मसाले चादर के कोनों में बाँधकर वह बेचने निकल पड़ा। बच्चा होने की वजह से बड़ी हवेलियों में महिलाओं के पास पहुँना और मसाले दिखाना गणेशी के लिए मुश्किल काम नहीं था। पहले वह उन्हीं घरों में गया, जहाँ से उसकी माँ अनाज पीसने के लिए लाया करती थी।

जाते ही वह अपना सोचा-समझा भाषण शुरू कर देता—"सेठानी जी! इस ग़रीब की विनती तनिक ध्यान से सुनिए। मैं आपके लिए बिने-चुगे मसाले लाया हूँ—एकदम बाज़ार के भाव में दे रहा हूँ..."

"अरे, तो कौन-सा अहसान कर रहा है?"—सेठानी नाक चढ़ाती—"हमारा नौकर बाज़ार से ले आता है।"

"सो तो लाता ही होगा सेठानी जी, पर साथ में, बाज़ार में दो घंटा घूम-फिरकर आता होगा। घर के काम में उतनी देर हरजा नहीं होता क्या? फिर यह भी बात ख़ास सोचने की है कि मेरे मसाले फटके, बिने चुगे हुए हैं—न मिर्ची में डंडियाँ, न धनिये में रेत या कंकर..." और बोलते-बोलते गणेशी मसालों की पोटलियाँ खोल-खोल कर

दिखाना शुरू कर देता—"देखिए, ये खटाई की फाँकें। सब साफ़-सुथरी बड़ी-बड़ी हैं—दो कली दाल में डाल दो, कच्चे आम का स्वाद आ जाएगा...ये देखिए, उसके छोटे टुकड़े अलग रखे हैं; सब-के-सब एकदम साफ़ धुले। चाहे चटनी बना लो, चाहे पीसने से पहले उबालो; फिर गुड़ के साथ पकाकर सोंठ बना लो—कचौड़ी-समोसों के साथ खाओ या दही-बड़े में डालो...।"

और सचमुच साफ़-सुथरे मसालों को देखकर सेठानी इच्छा न होते हुए भी दो-चार पैसे का सौदा ख़रीद लेती। रात आठ बजे तक तीन-चार गलियों में घूम कर गणेशी ने सारे मसाले बेच डाले। उसे पूरे आठ आने की बचत हुई थी। कई घरों से मसाले लाने का ऑर्डर भी उसे मिल गया था।

दूसरे दिन वह ढाई रुपये लेकर थोक-बाज़ार पहुँचा। उन्हीं सेठ जी से आज उसे दस-दस आने का मसाला थोकभाव में उसे मिल गया। इस तरह गणेशी की मसाले की फेरी परवान चढ़ी। एक महीने में उसने धीरे-धीरे आठ रुपये कमा लिये। उधार का दो रुपये वाला दो पैसा ब्याज भी चुका दिया।

राजकुँवर की खेसों की फुँदने बँधाई और कुर्तों-सलूकी की तुरपाई से भी आना-दो आना मिल जाता था, जिससे घर में दोनों समय दाल या सब्ज़ी बनने लगी थी। चार महीने से भी कम में गणेशी के पास थोड़ी पूँजी हो गई, तब उसने माँ व सास से कहा—"आप लोग अब चक्की पीसना बन्द कर दें।"

गणेशी की सास कठोर परिश्रम और अपर्याप्त भोजन के कारण बीमार रहने लगी थी। उसकी माँ भी कठिन परिस्थितियों से जूझते-जूझते असमय ही बूढ़ी हो गई थी। अब वे दोनों बच्चों की शादी करना चाहती थीं, क्योंकि गणेशी चाहे छोटा हो, राजकुँवर बड़ी हो गई थी यानी तेरह साल की—उन दिनों इस उम्र की कुँआरी कन्या बहुत कम घरों में मिलती थी। सो, वे दोनों काम बन्द करने की बात पर गणेशी से सहमत नहीं हुईं। इस तरह दो साल और निकल गए। इस बीच दोनों माँओं ने तन पेट काट बचत की थी। गणेशी को बिना बताए लाल चूनर और हरे दरेस का लहँगा दर्जी से सिलवा कर बनवा लिया था; एक जोड़ी बिछुए ख़रीद लिये थे। गणेशी के लिए नई धोती, कुर्ता और गले में डालने को छापेदार लम्बा अँगोछा ख़रीद लिया था; पाँवों के लिए लाल रेशमी फुँदने वाला सलेम शाही एक जोड़ी जूता भी बाज़ार से लिया गया था।

चौदह साल का गणेशी एक दिन सेर भर उड़द की दाल ख़रीद कर ले आया। फिर परात में पानी भर कर सारी दाल उसमें उलट दी। माँ ने ग़ुस्से से कहा—"अरे, क्या तू पागल हो गया है! इतनी सारी दाल भिगोकर उसका क्या करेगा?"

गणेशी ने शान्त भाव से कहा—"पागल नहीं हुआ हूँ। तुम्हारे लिए घर का रोज़गार ढूँढ़ कर लाया हूँ। दाल फूल जाएगी, तब धोकर सिल पर बारीक पीस लेना और उसमें मिर्च, सौंफ, धनिया मिला कर फेंटने के बाद रात भर कपड़े से ढँक कर रख देना।"

"क्यों? क्या अब मसाले छोड़कर कचौड़ियाँ बेचेगा?" माँ ने पूछा।

"तुम भी अम्मा क्या बात करती हो! मैं अब खोंचा लगाऊँगा? अरे, कल से

आप इस दाल की बड़ियाँ तोड़ोगी; चटाई पर धूप में सुखाओगी, मैं इन्हें सेठों के घरों में बेचूँगा।"

दोनों माँएँ आश्चर्य से गणेशी को देखती रह गई। आजकल की तरह उन दिनों अमृतसरी बड़ियाँ नहीं बिकती थीं। घर की महिलाएँ ही होली से पहले घरों में दाल पीस कर बड़ियाँ, मुँगोंड़ियाँ तोड़ती-सुखाती थीं। ब्याह-शादी से पहले नायनों की मदद लेकर पड़ोसिनों के साथ मिलकर इस काम को पूरा किया जाता था। बाज़ार में, दुकानों पर बड़ियाँ नहीं बिका करती थीं। सो गणेशी ने बड़ी-मूँगोड़ी का धन्धा माँ और सास की चक्की पीसना बन्द कराने के लिए शुरू किया था। नतीजा बहुत ही अच्छा रहा। दस सेर गेहूँ पीसने पर जो इकन्नी मिलती थी, वह एक सेर दाल की बड़िएँ बेचकर मिलने लगी। घर-घर जाकर गेहूँ लाने की मेहनत से दोनों स्त्रियों को छुट्टी मिली—सो गणेशी का दूसरा महत्त्वपूर्ण उद्देश्य इस पिसाई को बन्द कराने का था। उसका एक सपना पूरा हुआ। पर उसकी सास की बीमारी बढ़ती गई। उन्हें टी.बी. हो गई थी। मरने से पहले वे बेटी का ब्याह देखना चाहती थीं। पंडित से ब्याह का मुहूर्त निकलवाने माँ गई तो वह एक महीने बाद का निकला। माँ ने अपनी एक कान की सोने की बाली, जो झाँसी से भागते समय वह बचा कर ला सकी थीं, कपड़े में लपेट कर, काले धागे में पिरोकर ताबीज़ की तरह पहन रखी थी। आज उससे ही उन्होंने बहू की छोटी-सी नथ बनवाई। यूँ नथ, बिछुए सवर्णों में मामा के घर से आते हैं, पर राजो के तो न सगे मामा थे, न पिता।

नियत मुहूर्त पर पंडित आया। आम की बन्दरवार बँधी और पड़ोस के मुँह बोले, राजो की माँ के भाई ने बिछुए दिए और कन्यादान भी किया। उस दिन पन्द्रह वर्षीय गणेशी लाल ने पहली बार नए जूते पहने, कोरा धोती-कुर्ता, अँगोछा उसके तन को मिला। बहू ने पीली मारकीन की धोती में फेरे लिये। पड़ोसी मुँह बोले मामा के घर से, जो शादी के अवसर पर दो-चार दिनों के लिए ले लिया था, राजकुँवर ने हरे लहँगे और लाल चूनर ओढ़े, नथ-बिछुए से सजी दुल्हन के रूप में अपने घर में प्रवेश किया। गणेशी लाल गृहस्थ बन गए।

अब तक लाहौर छावनी के आस-पास के टोले-मोहल्ले में गणेशी लाल एक जाना-माना नाम बन चुका था। लोगों का कहना था—छोकरे के हाथ में जादू है जो काम करता है, उसी में मुनाफा कमाता है।

उन दिनों में छावनी क्षेत्र में गोरी फ़ौजों के लिए बैरक्स व बँगलों का निर्माण कार्य चल रहा था। धनी ठेकेदारों ने उन्हें बनाने का ठेका लिया हुआ था। उन्हीं में से एक ठेकेदार ने एक दिन गणेशी से पूछा—"क्या तुम नौकरी करना चाहोगे? मेरे यहाँ एक मिस्त्री की जगह ख़ाली है।"

गणेशी ने उत्तर दिया—"सेठजी! मैं बनिये का बेटा हूँ। कन्नी-बसूली लेकर ईंटा-गारे से मकान नहीं बना सकता।"

ठेकेदार ने हँसकर कहा—"अरे बेटे, वह मिस्त्रीगीरी नहीं, मैं तो तुम्हें यहाँ के मज़दूरों पर नज़र रखने वाले की जगह देना चाहता हूँ। पूरे पन्द्रह रुपये महीना दूँगा!"

पन्द्रह साल के गणेशी को हर महीने पन्द्रह रुपये की बँधी नौकरी जँच गई। रात-दिन मसाले बेचकर गली-गली घूमने के बाद उसे महीने में दस-बारह या ज़्यादा से ज़्यादा तेरह रुपये जुटते थे। सो, बेहद ख़ुश होते हुए उसने कहा, "हाँ-हाँ! ठेकेदार साब मैं तैयार हूँ, पर काम क्या करना है?"

"देखो, ये जो सरकारी बँगले बन रहे हैं, वे अंग्रेज़ फौजी अफ़सरों के लिए हैं। बैरक्स गोरी काली फौज़ के लिए होंगे। मैंने इनका ठेका लिया है, पर मैं पूरे दिन यहाँ खड़े होकर काम करने वाले मज़दूरों पर नज़र नहीं रख सकता। माल के लिए, ऑर्डर के लिए शहर जाना ज़रूरी होता है। पीछे से ये साले बीड़ी फूँकते हैं। जितना काम बता जाता हूँ, कभी पूरा करके नहीं देते। ऊपर से चूने-गारे की चोरी अलग करते हैं। तुम्हारा काम होगा ये देखना कि तुम्हारी नज़र से बचकर कोई मज़दूर कामचोरी न करे, कोने-अतरे में बैठकर बीड़ी न पिए या गप्पें न मारे और न ही माल की चोरी कर सके। नियत किया गया रोज़ का काम जब हर दिन पूरा किया जाएगा—तभी वक़्त पर ठेका पूरा हो सकेगा। पर इस काम को अंजाम देने के लिए तुम्हें घूम-घूमकर सारा दिन मज़दूरों पर कड़ी नज़र रखनी पड़ेगी।"

ठेकेदार की बात सुनकर गणेशी ने कहा, "पर मैं तो अभी बिल्कुल लड़का-सा दिख़ता हूँ। मेरा इन मज़दूरों पर क्या रौब चलेगा? मेरी बात ये सब क्यों मानेंगे?"

"अरे, वो तो इनका बाप भी मानेगा। जो ससुरा नहीं मानेगा, दूसरे दिन उसकी काम से छुट्टी कर दूँगा। देखना, सारे तुम्हारा रौब मानेंगे"—और इतना कहकर ठेकेदार ने गणेशी को एक छाता और एक चमकती नई छड़ी हाथ में पकड़ाई; पीठ थपथपाकर आगे करते हुए कहा, "छाता लगाकर, हाथ में छड़ी घुमाते हुए जब घूमोगे, तब अपनी शान का असर ख़ुद देखोगे।"

दूसरे दिन, सवेरे ही ठेकेदार ने मिस्त्री और मज़दूरों को काम शुरू करने से पहले ही कह दिया, "देखो, मेरे न होने पर यही तुम्हारा काम-काज देखेगा। इसे छोटा मत समझना; मेरा भांजा है यह। जिसकी भी शिकायत इसने की, समझ लेना उसकी पूरी छुट्टी कर दूँगा।" और गणेशी लाल इस तरह रौब-दाब वाले किशोर-सुपरवाइज़र बन गए, पर गणेशी के घर में शादी के पन्द्रह दिन बाद ही शोक की छाया पड़ गई। बेटी ब्याहकर राजो की माँ ने अपनी ज़िम्मेदारी पूरी की और भगवान के घर चली गई। दामाद आग नहीं दे सकता था, सो ब्याह कराने वाले पंडित जी को ही एक नई धोती व अँगोछे की रिश्वत दी गई; दाह-संस्कार के बाद अपनी समाई के अनुसार ही दसवाँ-तेरहवीं भी किया—गणेशी की माँ के लिए वह समधन रिश्ते में थीं, पर साथ दोनों का बहनों वाला था।

परिवार धीरे-धीरे फिर उसी लीक पर चल पड़ा। घर में तीन प्राणी रह गए थे; गणेशी ने माँ के काम पर पाबन्दी लगाते हुए कह दिया—"अम्मा! अब बड़िये बनाना बन्द करो; आराम से बहू के हाथ की दाल-रोटी खाओ, राम नाम जपो, बस। पन्द्रह रुपये में हमारा घर ख़र्च चल जाएगा।"

दो साल और निकल गए। गणेशी लाल के अब हल्की मूँछें निकल आई थीं;

कद अच्छा निकला था और बदन गठा हुआ था। सुपरवाइज़री का रौब रखने वाले काम ने दीनहीनता से उपजे बेचारेपन के भाव को चेहरे से पूरी तरह मिटा दिया था। उसकी जगह आत्मविश्वास से भरे गर्वित व्यक्तित्व के मालिक बन चुके थे युवा गणेशी लाल। एक वर्ष और पूरा होते-होते, ठेके लेने, सीमेंट-चूना ख़रीदने और मज़दूरों से काम लेने तक के सारे गुण वह सीख चुका था। कुछ रुपये उसने बचाए और कुछ दो पैसे रुपये पर उधार लेकर एक छोटा टेंडर भर दिया और स्वतंत्र रूप से गणेशी को अपना पहला ठेका मिला। उसने ठेकेदार की नौकरी छोड़ दी। काम में ख़ूब तरक्की हुई; वे ठेकेदार गणेशी लाल मांगलिया बन गए—यह शायद 1867 का वर्ष था और गणेशी लाल अठारह वर्ष के पूरे नहीं थे।

इसके बाद उन्होंने पीछे मुड़कर नहीं देखा—हर साल उन्होंने पहले से बड़ा टेंडर भरा; ठेकेदारी बढ़ने लगी और तीन वर्षों में गणेशी लाल ने अपना निजी मकान बनाने के लिए ज़मीन ख़रीद ली। सरकारी ठेकों से बचे चूने, सीमेंट व ईंटों से कोठीनुमा मकान की नींव डाल ली। साथ ही, आसपास के गाँवों में दो-चार छोटे-मोटे खेत ख़रीद कर मक्का-बाजरा जैसे मोटे अनाज भी बँटाई पर उगवा दिए। इस तरह ठेकेदार गणेशी लाल, ज़मींदार भी कहलाने लगे। यह सब समझदारी से अपना पैसा सही जगह लगाने और व्यापार-वृद्धि का परिणाम था। अगले दो साल के अन्दर उनकी कोठी भी बनकर तैयार हो चुकी थी और अब तक गणेशी लाल लाहौर छावनी के धनी, प्रतिष्ठित व्यक्तियों में आ गए थे।

कोठी के दो हिस्से थे—मर्दाना और ज़नाना; मर्दाने भाग में एक लम्बा-चौड़ा बड़ा दीवानख़ाना था और दो-तीन कोठरियाँ व एक दालान था। उसके बाद आँगन और आँगन के दूसरे ही छोर से लगा ज़नानख़ाना था—जिसमें एक रसोईघर, भंडारगृह तथा चार बड़े कमरे थे। इमारत ख़ूब पुख़्ता थी—ककहइया ईंटों की दीवारें; फर्श मिट्टी पर कुटाई करके बने थे। क्योंकि उस समय तक सीमेंट के फर्श बनाने का रिवाज़ नहीं आया था। दीवानख़ाने में पूरी फ़र्शी दरी पर दूध-सी सफ़ेद चादरें बिछी रहतीं और इधर-उधर सफ़ेद गावतकिए करीने से लगे रहते। कुर्सी-मेज़ तो उस समय अंग्रेज़ी साहबों के बँगलों में ही नज़र आते थे, दो-चार मूढ़े ज़रूर दीवानखाने में दीवार के साथ रख दिए गए थे; दीवारों पर बड़ी दो सीनरियाँ और भगवान की तस्वीरें लगी थीं। कोठी से लगा पक्का बड़ा एक तालाब बनवाया गया था, जिसे मोहल्ले का कोई भी व्यक्ति इस्तेमाल कर सकता था, पर वहाँ साबुन लगाकर नहाना और कपड़े धोना सख़्त मना था। कोठी के पीछे वाले हाते में खपरैल की छतवाली सात छोटी-छोटी कोठरियाँ—आउट हाउस की तरह बनी हुई थीं। उनमें एक-एक रुपये किराये पर ग़रीब लोगों को बसा दिया था। उनमें से एक में गणेशी लाल का ताँगेवाला रहता था; दूसरे में, दूधवाली दो गायों समेत रहती थी और शेष में मज़दूरपेशा लोग रहने आते थे, जो वक़्त पड़ने पर गणेशी लाल के ठेकेदारी के काम में साथ काम करते थे। तालाब से जुड़ा एक शिव मन्दिर भी बना था, जिसमें पूरा मोहल्ला पूजा-अर्चना के लिए आता था। वास्तव में कोठी के अन्दर बने तालाब व मन्दिर ने गणेशीलाल

जी की प्रतिष्ठा में चार चाँद लगा दिए और वे अपने मोहल्ले में ग़रीबों के सरपरस्त मुखिया का दर्जा पा चुके थे।

सन् 1874 में उनके घर में एक कन्या का जन्म हुआ और 1876 में गणेशी लाल को पुत्र-रत्न मिला, जिसका नाम उन्होंने रामफल रखा—यही मेरे पिता थे।

मेरे बाबूजी के कथनानुसार, उन दिनों पंजाब में स्वामी दयानन्द जी के आर्यसमाज-आन्दोलन का उदय हुआ, जो सनातन हिन्दू-धर्म के पाखंड व कर्मकांड के विरुद्ध समाज सुधार की दृष्टि से सबसे सशक्त सफल क्रान्ति सिद्ध हुई। मेरे बाबा ने एक दिन स्वामी जी का व्याख्यान सुना और इतने प्रभावित हुए कि वे आर्यसमाज के उत्साही सदस्य बन गए; मूर्तिपूजक न रहने के कारण अपनी कोठी के शिव मन्दिर की पूजा-अर्चना की व्यवस्था पूरी तरह एक सनातनी सेठ के हाथ में सौंप दी, परन्तु मन्दिर की मरम्मत का भार उनके पास ही रहा। पुजारी का वेतन अवश्य सनातन-सभा देने लगी थी।

गणेशी लाल शिक्षा के महत्त्व को भली-भाँति समझते थे। अपने अनपढ़ होने का दु:ख उन्हें हर पल सताता था; अपने काम-काज को देखने के लिए पढ़े-लिखे मुनीमों पर ही उन्हें निर्भर रहना पड़ता था। पितृविहीन, निर्धन बालक को कभी अक्षरज्ञान प्राप्त करने का समय ही नहीं मिला; केवल उर्दू में वे अपने हस्ताक्षर करना सीख सके थे। जो कुछ पिता को नहीं मिलता, वह उसकी क्षतिपूर्ति अपनी सन्तान के माध्यम से करता है—यह सनातन मानवीय सत्य है। अस्तु, गणेशी लाल के सुपुत्र रामफल जब पाँच वर्ष के हुए तो उनकी पढ़ाई की पूरी व्यवस्था थी—उन्हें मौलवी जी के मदरसे में फ़ारसी-उर्दू पढ़ने के लिए भेजा गया। उस समय कोर्ट की भाषा उर्दू थी; पंजाब व उत्तर प्रदेश में उसका एक विशेष महत्त्व था।

मेरे बाबूजी बताते थे कि एक नौकर उनका बस्ता लेकर उन्हें सवेरे मदरसे छोड़ने जाता था। मदरसे की फ़ीस दो आने महीना थी और पूर्णमासी व अमावस्या को 'सीधा' दिया जाता था यानी एक थाली में लगभग आध सेर आटा, पावभर दाल; नमक-मिर्च के साथ एक कटोरी घी भेंट में होता था। मेरी बाबूजी की फ़ीस में चवन्नी दी जाती थी, क्योंकि चवन्नी वाले अमीर शार्गिद को मौलवी साहब एक घंटा अधिक पढ़ाते थे। सब बच्चे चार बजे छुट्टी पाकर घर चले जाते; बस, अकेला रामफल पाँच बजे तक रोका जाता था। मौलवी साहब की बेंत की मार तथा अपनी बाल-बुद्धि के बल पर बालक रामफल ने शीघ्र ही उर्दू पढ़ना-लिखना सीख लिया। फ़ारसी में भी थोड़ी-बहुत गति हो गई।

उन्हीं दिनों लाहौर में पहला अंग्रेज़ी हाई स्कूल खुला और गणेशी लाल ने तुरन्त अपने बेटे का दाख़िला वहाँ की तीसरी कक्षा में करा दिया। हाई स्कूल में फ़र्स्ट आने वाले रामफल उस स्कूल के पहले छात्र थे। बाबूजी उस घटना को बड़े प्रेमपूर्वक मग्न होकर मुझे यूँ बताते थे—

'स्कूल में मेरे पास होने का जलसा मनाया गया था; बैंड-बाजे के साथ हेडमाष्टर जी गले में गेंदे के फूलों की माला पहने चल रहे थे; उन्हीं के साथ नए कपड़ों से

सज्जित मैं और मेरे अन्य विद्यार्थी साथी फूल मालाओं से लदे अपने मास्टरों के सहित छावनी के बाज़ार से गुज़रते हुए स्कूल पहुँचे। ठेकेदार गणेशी लाल ने ख़ुशी से झूमते हुए पूरे स्कूल के बच्चों, मास्टरों और कर्मचारियों में, दोनों में रखकर चार-चार लड्डू बँटवाए।'

पिता की छाती गर्व से चौड़ी थी। उनका अपना सपना पूरा हुआ। उनका पढ़ा-लिखा लड़का अब सरकारी नौकरी पा सकता था, जो उस समय के लिए अपने आप में एक उपलब्धि थी। अभी रामफल सोलह साल का ही था; अठारह साल से पहले सरकारी नौकरी का प्रश्न नहीं उठता था, सो वह अपने पिता के कारोबार में मदद करने में व्यस्त हो गया।

गणेशी लाल अपने बेटे के जीवन को सँवारने में सफल रहे, किन्तु परिवार के अन्य सदस्यों अर्थात् अपनी माँ व पत्नी के आगे उनका सुधारवादी नारा पूरी तरह असफल रहा। हर अवसर पर घर में कलह का वातावरण बन जाता था। वे स्वयं आर्यसमाजी होने के कारण मन्दिर से पूरी तरह अलग हो चुके थे, पर रामफल की माँ व दादी नियमपूर्वक मन्दिर में जल चढ़ातीं, सारे व्रत-त्योहार पूरे सनातनी रीति-रिवाजों के साथ मनातीं। पोते के दो साल पूरे होते-होते दादी जब स्वर्ग सिधार गईं, तब उनकी तेरहवीं पर पति-पत्नी में बहुत झगड़ा हुआ। गणेशी लाल आर्यसमाजी ढंग से हवन कराकर केवल ग़रीबों को खिलाना और दान देना चाहते थे। उन्होंने सिर भी नहीं मुँडवाया था, माँ के दाह-संस्कार के बाद। उनकी पत्नी ने बेटे का सिर मुँडवाकर रस्म पूरी की, ब्राह्मणी को पूरा दान व कपड़े भेंट किए; तेरहवीं को तेरह नहीं बल्कि ज़िद में आकर छावनी के सभी पंडितों को बुलवाकर जिमाया।

उसके बाद तो गणेशी लाल के घर में धन-लक्ष्मी की कृपा तो सदा रही, पर गृह-लक्ष्मी के साथ उनका तालमेल कभी जमा ही नहीं। जीवन की शान्ति को घुन लग गया। राजकुँवर ने गणेशी लाल का रौब तो नहीं ही माना बल्कि चिढ़ाने के लिए घर में सारे सनातनी रीति-रिवाज़ और भी ज़ोर-शोर से निभाने लगी। ज़नानख़ाने में, एक कोठरी में अपना निजी मन्दिर बनाकर सभी देवी-देवताओं की प्रतिष्ठा कर दी। बिना स्नान किए उस कोठरी में कोई प्रवेश नहीं कर सकता था। लाला जी का एक मुनीम जाति का नौनिया वैश्य था, जिन्हें और बनिये अपने से नीचा समझते हैं। ये पुराने समय में ये नौनिये नमक के व्यापारी थे। मुनीम की मृत्यु पर लाला ने उसकी पत्नी को घर के काम पर रख लिया, यह सोचकर कि एक तो अपने कर्मचारी की पारिवारिक सहायता हो जाएगी, दूसरी, ब्राह्मणी के ही हाथ का कच्चा भोजन खाने की रस्म भी हटेगी। पर यहाँ पर उनकी एक न चली। पत्नी ने मुनीम की पत्नी को निकालकर, ब्राह्मणी ही खाना बनाने को लगाई।

अपनी हठधर्मिता की क़ीमत अन्ततः राजकुँवर को ही चुकानी पड़ी। शिवरात्रि से पहले उन्हें ज्वर आ रहा था; उस दिन ज्वर से पीड़ित कमज़ोर देह से व्रत रहीं; नहाई और बुख़ार में कुट्टू-सिंघाड़े की पूरी-कचौड़ी का भोजन किया—नतीजा स्वाभाविक रूप से भयंकर ही होना था—बुख़ार, रात्रि जागरण, तले खाने ने छाती को जकड़

लिया। डबल निमोनिया हुआ; इलाज और सेवा बेकार गई, बेटे रामफल का कोई भी सुख देखे बिना राजकुँवर संसार छोड़ गईं।

गणेशी लाल उस समय बत्तीस साल के थे। घर-गृहस्थी देखने वाला कोई न था। छह महीने में ही बनी-बनाई गृहस्थी पूरी तरह बिखर गई। उस समय वैसे भी यह आम बात थी; लोगों ने गणेशी लाल को दूसरी शादी करने की सलाह दी। समय के साथ घाव भी भरने लगा था, सो हालात को देखते हुए उन्होंने मुलतान के एक बहुत ही निर्धन परिवार की पन्द्रह वर्षीय कन्या, जो उस समय के लिए ब्याह की दृष्टि से बहुत बड़ी उम्र की थी, से ब्याह कर लिया; जिसके साथ उसके दो अनपढ़ निठल्ले भाई भी आए। गणेशी लाल के ये दोनों साले पढ़ना भी नहीं चाहते थे, सो उन्हें अपनी उगाही व ख़रीदारी के काम पर गणेशी लाल ने लगा लिया। वे ही दोनों रामफल के यार मामा बन गए।

मुक़दमों की वजह से गणेशी लाल को पंजाब के कई शहरों में जाना पड़ता था। वहाँ नए आर्यसमाजी परिचित व मित्र बन जाते थे। ऐसे एक मित्र की अति सुन्दरी बारह वर्षीय कन्या उन्हें इतनी भायी कि अपने आठवीं में पढ़ते बेटे के साथ उन्होंने उसका विवाह कर दिया। इस सामाजिक कुरीति से गणेशी लाल न अपने ब्याह में और न बेटे के ब्याह में ऊपर उठ पाए। आर्यसमाज का सुधार यहाँ वे न निभा सके। उनमें पच्चीस वर्ष तक ब्रह्मचर्य का पालन करते हुए वैदिक शास्त्रों का अध्ययन करने के बाद गृहस्थाश्रम में प्रवेश करने वाली सुधार भावना नहीं थी। अपने समय की प्रचलित विवाह-प्रथा को ही व्यावहारिक गणेशी लाल ने अपनाया, पर इस तरह के जो परिणाम घरों में होते थे, उनसे भी उन्हीं को जूझना पड़ा।

गणेशी लाल की दूसरी पत्नी ग़रीबी में पली-बढ़ी, फिर प्रौढ़, किन्तु धनी पति की पत्नी बनने पर एकाएक सम्पन्न घर की एकछत्र मालकिन बन गई, क्योंकि सास नहीं थीं। दो वर्षों में दो कन्याएँ गोद में आ गईं, जिससे वह पन्द्रह वर्षीय किशोरी तीन सालों में पक्की गृहस्थन बन गई थी।

एकमात्र पुत्र होने के कारण रामफल का किसी चीज़ पर उनका नियंत्रण नहीं हुआ—एक भैंस का पूरा दूध-मक्खन उसे बेसनी रोटी के साथ बराबर दिया जाता रहा। शाम का आधा सेर दूध नियम से बेटे को मिलता रहा, पर बालिका वधू की वह सचमुच की सास, वह भी सौतेली सास बन गई। बहू के आते ही मिश्रानी छुड़ा दी गई। घर के प्राणी तो गिनती में अधिक न थे, पाँच-छह व्यक्तियों का भोजन वह बारह-तेरह वर्ष की बालिका बना लेती, पर जो गाँव से समय-असमय आने वाले मेहमान थे, उनकी सेरों आटे की रोटियाँ सेंकना उसके लिए जानलेवा हो जाता था।

किशोर रामफल से अपनी बालिका पत्नी की दुर्दशा नहीं देखी जा रही थी, पर लाला से अपनी विमाता की शिकायत करने का साहस उसमें नहीं था। धीरे-धीरे वह सोने-सी सुन्दर बालिका वधू छीजने लगी, उसे हल्का-हल्का बुख़ार रहने लगा। लाला गणेशी लाल अब ज़्यादातर मर्दाने में ही रहते थे; सिर्फ़ भोजन करने ज़नाने में आते थे। बहू की बीमारी का पता उन्हें तब लगा, जब उसने खाट पकड़ ली। इलाज

कराया, पर तब तक बहुत देर हो चुकी थी। वह बची नहीं। जिस वर्ष रामफल ने हाईस्कूल पास किया, उसी वर्ष उसकी कोमल, सुन्दर बालिका वधू का स्वर्गवास हो गया। रामफल बिल्कुल पागलों जैसा हो गया था। खाना-पीना छोड़ श्मशान में भटकता; पंडितों, मौलवियों, तांत्रिकों के चक्कर काटता—कोई उसे मृत पत्नी की आत्मा से मिला दे। सो इस तरह पुत्र की एक ख़ुशी पाई, पर जल्दी ही गणेशी लाल परिवार की सुख-शान्ति से एक बार फिर वंचित हो गए। वे गणेशी लाल मांगलिया वंश के इकलौते कुल-दीपक की इस विक्षिप्तावस्था से बहुत ही विचलित हो गए। उन्हें अपने ज़माने का प्रचलित समाधान सूझा—रामफल का दूसरा विवाह। पर पिता की यह बात सुनते ही वह एकदम उखड़ गया और विरोध करते हुए बोला, "मैं हरगिज़ ब्याह नहीं करूँगा। अगर आपने ज़बरदस्ती की, तो मैं घर छोड़ दूँगा।"

गणेशी लाल डर गए। आयु तो उनकी पैंतालीस-छियालीस की थी, पर जीवन के कड़े शारीरिक संघर्ष के बाद पारिवारिक दुःखद घटनाओं ने घोर मानसिक पीड़ा दी थी—जिसने वक़्त से पहले उनको बूढ़ा कर दिया था। रामफल के दोनों यार मामाओं ने भी अपने जीजाजी को भाँजे की शादी का विचार कम-से-कम दो साल तक दिमाग़ से निकाल देने की सलाह दी, पर बेटे का व्यस्त रहना सबसे ज़रूरी था। अन्त में बुद्धिमान पिता की तरह गणेशी लाल ने रामफल के कन्धों पर अपने ठेकों और उधार खातों का सारा उत्तरदायित्व डाल दिया। काम में अपने आप को पूरी तरह डुबो देने से समय के साथ रामफल की मनःस्थिति पुनः सामान्य हो गई।

ढाई वर्ष के अन्दर एक दिन जब रामफल को मिलिट्री में स्टोरकीपर की नौकरी केवल तीस रुपये मासिक पर मिली, तब गणेशी लाल बहुत प्रसन्न हुए। यद्यपि पच्चीस-पच्चीस रुपये मासिक वेतन पर उनके अपने दो युवा मुनीम-ठेकेदारों के धन्धे में लगे हुए थे, फिर भी सरकारी नौकरी का रौब और मान ही समाज में ख़ास हुआ करता था। अंग्रेज़ी फौज की पक्की-नौकरी मांगलिय वंशज के लिए गर्व की बात थी।

अब रामफल एक सजीला, साँवला, गठीले शरीर वाला सुदर्शन युवक था। घर के घी, दूध और मक्खन पर पला हृष्ट-पुष्ट तन कसरत करते रहने से हर एक को मोहित कर लेता। चार वर्ष बीत चुके थे, और वक़्त बड़े से बड़े घाव को भर देने की शक्ति रखता है—सो रामफल भी अपनी सुन्दर बालिका वधू की असमय मृत्यु के दुःख से उबर गए थे। गणेशी लाल अपने सुयोग्य पुत्र के लिए कन्या ढूँढ़ने में लग गए। रामफल के दूसरे विवाह का इतिहास भी कम रोचक नहीं।

मेरे बाबूजी ने बताया कि मेरी पहली माँ मेरठ के मध्यवर्गीय परिवार में जन्मी थीं और जाति से ब्राह्मण थीं। मुझे नहीं मालूम, मेरे इन नानाजी के वंश में पुरोहिताई होती थी या कोई अन्य व्यवसाय। हाँ, वे दो भाई थे—बड़े कैलाश चन्द्र और छोटे नैपाल चन्द्र—उनमें नैपाल चन्द्र जी की सुपुत्री से रामफल का विवाह हुआ था।

श्री नैपाल चन्द्र के परिवार में दो पुत्रियाँ और एक पुत्र था। उस समय के रिवाज़ के अनुसार दस वर्ष की आयु में ही बड़ी पुत्री का ब्याह दिल्ली के किसी कान्यकुब्ज परिवार में किया था, पर विवाह के समय दहेज या और किसी बात को लेकर ऐसा

झगड़ा हुआ कि ससुराल वालों ने लड़की को पलटकर मायके का मुँह नहीं देखने दिया। कन्या दो साल के अन्दर मर भी गई। नैपाल चन्द्र जी बहुत ही दुःखी हुए। आर्यसमाज से प्रभावित हो वे आर्यसमाजी हो गए। वे कहाँ तक पढ़े थे, यह मुझे नहीं मालूम, पर वे लोगों के मुक़दमे लड़ाते थे—पुरोहिताई नहीं करते थे। उनकी पत्नी का असमय स्वर्गवास हो गया। घर में विधवा भाभी थीं। उनसे दो वर्ष छोटी और उनके दोनों बच्चों को प्यार करती थीं। नैपाल चन्द्र जी ने उन्हीं से अपने पुनर्विवाह का जब प्रस्ताव रखा तो घर में तूफ़ान उठ खड़ा हुआ। ऊँची जात वालों में उस समय विधवा-विवाह का प्रश्न ही नहीं उठता था। दूसरे, उनके लिए लड़की मिल भी गई थी। घरवालों ने उसी कुँवारी कन्या से ब्याह की ज़िद पकड़ ली।

नैपाल चन्द्र जी ने कहा, "दूसरी लड़की मेरे बच्चों की माँ नहीं है, सो वह उन्हें वह प्यार नहीं दे सकती, जो ताई (यानी उनकी विधवा भाभी) हैं, उनसे जो उन्हें मिल रहा है और भाभी मुझे पसन्द भी है।"

इस पर घरवालों ने बड़ी व्यावहारिक युक्ति सुझाई, "ब्याह तो तुम्हारा नई कन्या से ही होगा। हाँ, भाभी से मन लगा है तो उन्हें भी रख लो, पर विधवा का विवाह नहीं होगा।"

आर्यसमाज का नया-नया जोश था और ब्राह्मणों का यह ढोंग उन्हें वैसे भी कतई मंजूर नहीं था। घर में रोज़ क्लेश होने लगा। इस पारिवारिक कलह से दुःखी होकर नैपाल चन्द्र जी ने घर छोड़ने की ठान ली। अपने एक मित्र के बुलावे पर वे अपने दोनों बच्चों और भाभी सहित लाहौर आ गए। यहाँ आकर उन्होंने भाभी से ब्याह तो नहीं किया, पर घर की मालकिन वही थीं। उनका अपना मुक़दमों का कारोबार भी धीरे-धीरे अच्छा जम गया। उनका मकान लाहौर सदर अस्पताल के पास था। अस्पताल की डॉक्टरनी की मित्रता उनके परिवार से गहरी हो गई और नैपाल चन्द्र की पुत्री रमा देवी उनसे बहुत घुल-मिल गई। रमा ने डॉक्टरनी से थर्मामीटर देखना, उर्दू भाषा, और गला अच्छा था तो डॉक्टरनी ने हारमोनियम पर दो-चार भजन व कुछ ग़ज़लें भी सिखा दीं। पिता ने हिन्दी सिखा दी थी। क्रोशिये की बेलें बुनना भी रमा ने डॉक्टरनी से सीख लिया। उस समय को देखते इतने सारे गुण आम लड़की में मुश्किल से मिलते थे।

नैपाल चन्द्र जी और गणेशी लाल की मित्रता हो गई—दोनों आर्यसमाजी थे; दोनों ही समय के थपेड़ों से त्रस्त रह चुके थे। नैपाल चन्द्र जी सुधारवादी कितने ही रहे हों, अपनी चौदह वर्षीय कन्या के विवाह के लिए चिन्तित रहते थे। वह मेरठ जाकर किसी कन्नौजिये के साथ अपनी इतनी पढ़ी-लिखी लड़की का ब्याह नहीं करना चाहते थे।

एक दिन साहस करके उन्होंने गणेशी लालजी से कहा, "गणेशी, हम दोनों आर्यसमाजी हैं; जाति-पाँति के भँवर से हमें बाहर निकलना चाहिए। मेरी एक सुयोग्य चौदह बरस की लड़की है। तुम्हें मंजूर हो तो मैं ब्राह्मण होते हुए भी उसे तुम्हारे घर की बहू बनाने को तैयार हूँ।"

गणेशी लाल चकित रह गए। वे भी अपने बेटे के लिए कन्या ढूँढ़ रहे थे। अपने सालों से रामफल को सन्देश भिजवाया—ऐसी गुणी लड़की चिराग़ लेकर भी ढूँढ़ नहीं पाओगे। रामफल भी थर्मामीटर देखने वाली, हारमोनियम पर भजन गाने वाली और उर्दू पढ़-लिख लेने वाली कन्या का पति बनने का लोभ सँवरण नहीं कर सके। उन्होंने अपनी सहमति दे दी। इस तरह रामफल व रमा देवी का विवाह धूमधाम से सम्पन्न हुआ।

इधर बहू के आने पर एक मास बाद ही विमाता ने मिश्रानी की छुट्टी कर दी; पर यह बहू न तो उतनी छोटी थी और न ही उतनी भोली। उसने रात को ही पति से कह दिया, "मुझसे इतनी बड़ी, भारी रसोई नहीं सँभलने वाली। क्या आप चाहेंगे, मेरा भी वही अन्त हो जो आपकी पहली पत्नी का हुआ?"

रामफल भी पहले वाले डरे-डरे से किशोर नहीं थे। एक समझदार युवा पति की तरह परम्परा तोड़ते हुए उन्होंने पिता से कह दिया, "लाला जी! अम्मा ने मिसरानी छुड़ा दी है और इसने तो अपने घर कभी रोटी बनाई नहीं। धीरे-धीरे ही सीखेगी, पर इतनी भारी रसोई यह नहीं सँभाल सकती।"

गणेशी लाल भी कम सतर्क न थे। बड़ी मुश्किल से अपने बेटे को उन्होंने पहली बार सँभाला था। उन्होंने तुरन्त अपनी पत्नी को बुलाकर कहा, "देखो जानकी की माँ, मिसरानी छुड़ाओगी तो मैं घर में भोजन करना छोड़ दूँगा और बहू को मायके भेज दूँगा।" सो मिसरानी जी बुला ली गईं।

गणेशी लाल अब लगभग पचास साल के थे, प्रायः बीमार रहने लगे। काम-काज सारा दोनों मुनीम देखते थे, क्योंकि बेटे का तबादला लाहौर से बाहर हो गया था। बहू घर ही रही। साथ ले जाने की बात उस ज़माने में लड़का सोच भी नहीं सकता था। साथ में नौकर ज़रूर गया था। छुट्टियों में वह घर आया करते थे।

दो वर्ष बाद उन्हें पुत्र-रत्न की प्राप्ति हुई, पर वह सौरी में ही चल बसा। रमा देवी ने पति से कहा, "अब मैं यहाँ नहीं रहूँगी। अम्मा की लापरवाही से मेरा बच्चा नहीं रहा, पर यह बात लाला जी से मत कहना, हाँ, मुझे साथ ले जाने की बात ज़रूर ज़ोर देकर कहना।"

रामफल ने भी चतुराई से काम लिया बातों-बातों में पिता को बताया कि नौकर खाना अच्छा नहीं बनाता। घी-दूध भी स्वयं चोरी से उड़ा जाता है। मेरी सेहत पर बुरा असर पड़ रहा है। गणेशी लाल ने भी फैसला लेने में देर नहीं की परम्परा तोड़ते हुए बहू को बेटे के साथ भेज दिया, साथ में बहन जानकी को कर दिया।

सन् 1902 में गणेशी लाल का स्वास्थ्य तेज़ी से गिरा। पूरे साल वे बीमार रहे, और 1903 में लाहौर में अपनी कोठी में ही उनका स्वर्गवास हो गया।

बाबूजी बताते थे—वे छुट्टी लेकर घर आ गए थे। अपने वश भर शहर के सभी डॉक्टरों-हकीमों का इलाज कराया, पर लाला जी नहीं बचे। घर के सभी प्राणी मर्दाना बड़ी बैठक में थे। ज़नाना भाग बिल्कुल निर्जन था।

प्रातः चार बजे उन्होंने अपनी बहन जानकी से कहा, "बिट्टो। थोड़ी देर में बाहर

के लोग आ जाएँगे। तुम भंडार घर से थोड़ी तम्बाकू ले आओ। नौकरानी हुक्का भरने के लिए कंडे सुलगा लेगी, उसे भी कह दो।"

जानकी ज़नाने भाग में गई तो उसकी चीख़ निकल गई। भीतर वाले कमरे में सेंध लगी थी, और उधर की तरफ़ का घर का सारा सामान ग़ायब था। घर में चोरी हो गई थी। चोरी भी ऐसी कि बिल्कुल ही झाड़ू फिर गई थी। बाबूजी ने भीतर जाकर देखा और बस इतना कहा, "यह सारा वैभव लालाजी का था, उन्हीं के साथ चला गया। घर में लाश पड़ी है। मैं पुलिस-थाने के चक्कर नहीं लगा सकता। छोटे मुनीम जी रिपोर्ट कर आवेंगे। होना क्या है? यह चोरी लालाजी के किसी दुश्मन का ही काम है।"

वही हुआ। पुलिस आई, पर न चोरों का पता लगा, न चोरी गए माल का।

मेरे बाबूजी और श्री नेपाल चन्द्र ने गणेशी लाल जी का संस्कार पूरे ज़ोर-शोर से किया। तेरहवीं पर लाला जी की इच्छानुसार हवन कराया और ग़रीबों को भोजन कराया गया और वस्त्र बाँटे गए। तत्पश्चात् लाला जी की वसीयत खोली गई, जिसे पढ़कर मेरे बाबूजी व नैपाल चन्द्र जी के आश्चर्य का ठिकाना न रहा। वास्तव में, यह वह वसीयत थी ही नहीं, जो उनके सामने लाला जी के हस्ताक्षर के साथ गवाहों की उपस्थिति में तैयार की गई थी—जिसमें स्पष्ट लिखा था मेरी सारी सम्पत्ति का वारिस मेरा इकलौता पुत्र रामफल है। अपनी विमाता व दोनों बहनों का भरण-पोषण और कन्याओं का विवाह करना उसी की ज़िम्मेदारी होगी।

लाला जी की मृत्यु के बाद जो वसीयत अब हाथ में थी, उसमें लिखा था : "मेरा पुत्र रामफल अच्छी सरकारी नौकरी में है। वह अपना व अपने परिवार का भरण-पोषण करने में समर्थ है। इसलिए यह कोठी और खेत मैं अपनी पत्नी के नाम कर रहा हूँ। उस पर दो कन्याओं का भी भार है।" अन्त में हस्ताक्षर के स्थान पर अँगूठे का निशान लगा था।

बाबूजी स्तब्ध रह गए। पहली वाली वसीयत का कहीं पता न था। इसका अर्थ था बीमारी के बीच बेहोशी की हालत में लाला जी के अँगूठे का निशान लगवा लिया गया होगा। नैपाल चन्द्र ने दामाद से कहा, "तुम अपनी नौकरी पर जाओ। मैं इस वसीयत के परखचे उड़ा दूँगा। समधन ने हम सबको मूर्ख समझा है?"

गोरे-चिट्टे युवा छोटे मुनीम ने प्रतिवाद किया, "शर्माजी! आप क्यों दूसरों के-फटे में पाँव डाल रहे हैं। मालिक ने जो उचित समझा वैसी वसीयत कर गए। आप मालकिन को धमकी नहीं दे सकते। लाला जी न रहे तो क्या हम अपनी मालकिन का साथ छोड़ देंगे?"

बाबूजी तो अपनी नौकरी पर चले गए। नैपाल चन्द्र अपने दामाद के विरुद्ध इतनी बड़ी जालसाज़ी के साथ किए गए अन्याय से इतने क्षुब्ध थे कि क्रोध में विवेक भी खो बैठे। वसीयत के जालीपन का सिद्ध करना मुख्य मुद्दा बनाना चाहिए था क्योंकि लाला जी ने अपने हर ज़रूरी काग़ज़ पर हमेशा हस्ताक्षर किए थे; जबकि वसीयत पर उनके अँगूठे के निशान थे। दूसरे गवाहों को ढूँढ़ा जा सकता था, जिसके सामने वह पहली वसीयत लिखी गई थी, पर समधन और मुनीमों की मिलीभगत को देख

समधन को लाला जी की विवाहित पत्नी न होकर, यूँ ही एक ग़रीब घर से ख़रीदकर लाई गई औरत सिद्ध करने का भूत सवार हो गया। केस उन्होंने इस ढंग से बनाना चाहा कि लालाजी की सम्पत्ति की वह कानूनी तौर पर हकदार ही न रहे। अगर यह साबित हो जाए कि लाला जी से उनका कभी विवाह ही नहीं हुआ था।

अपने दो भाई मुनीमों के साथ-साथ रामफल जी की विमाता को युवा मुनीम का मज़बूत सहारा मिला। दिखाने को उसने ख़र्चा भी उठाया, क्योंकि उनके तो ज़ेवर तक चोरी हो चुके थे। कुछ समय बाद मुक़दमे के ख़र्च के नाम पर मालकिन से अँगूठा लगवा लिया और विमाता का कोठी पर से हक़ भी चला गया। पर जब तक यह मुक़दमा चला, लगभग आठ वर्ष विमाता पूरी तरह मुनीमों के जाल में रहीं। अपनी मीठी बातों और भाग-दौड़ से उन पर उस वक़्त उन्हीं का जादू चढ़ा हुआ था। मुनीम ने मुलतान जाकर बीस साल पहले हुई मालकिन की लालाजी से शादी कराने वाले नाई व पंडित को खोज निकाला। जैसे ही अदालत में उनकी गवाही हुई, मुक़दमा विमाता के पक्ष में साबित हो गया। नैपाल चन्द्र जी हार गए। दीवानी के इस मुक़दमे ने सचमुच दीवाना बना दिया। बाबूजी नौकरीपेशा आदमी इस केस के लिए पैसा भेजते-भेजते तंग आ चुके थे, पर केस हार जाने पर भी, उनके मन में विक्षोभ नहीं था। वे अम्बाला छावनी में थे जब यह समाचार मिला। परिवार भी बढ़ गया था—वे दो पुत्रों और एक पुत्री के पिता बन चुके थे। बाबूजी ने अपने ससुर जी को लिखा, "कोठी गई जाने दीजिए। आप अम्बाला आ जाएँ। मैं अपनी कमाई में सन्तुष्ट हूँ। आराम से गुज़र हो रही है। रिटायर होने तक कहीं मकान भी बन जाएगा। आप वह लाहौर की कोठी, ज़मीन और मुक़दमा—सब भूल जाइए। आकर बच्चों का सुख देखिए।"

इस तरह नैपाल चन्द्र भी अम्बाला आ गए। बेटी के घर से मील भर दूर उन्होंने घर ले लिया। मुक़दमे-कचहरी में दुबारा रम गए। शाम को रोज़ाना बेटी और बच्चों से मिलने चले आते थे।

बाबू रामफल जी का जीवन बड़ा शान्तिपूर्वक, सहज ढंग से व्यतीत हो रहा था। पढ़ी-लिखी, बुद्धिमती पत्नी कुशलता से गृहस्थी चला रही थी, पर नियति के खेल निराले होते हैं। इस परिवार पर भी दुःख की छाया मँडराने लगी। कारण, रमादेवी का हर दूसरे वर्ष गर्भवती हो जाना उनके स्वास्थ्य के लिए घातक सिद्ध हुआ उस समय फैमिली प्लानिंग के कोई साधन उपलब्ध न होने से सन्तान पर रोक केवल ऐच्छिक संयम पालने से लगाई जा सकती थी। बाबूजी इसका पालन न कर सके, जो सम्भवत: एक सामान्य, स्वस्थ गृहस्थ के लिए था भी अत्यन्त दुष्कर। प्रकृति इतनी दयावान न निकली और रमादेवी के दो मृत शिशु अगले तीन साल में हुए। अन्त में, सन् 1912 में अपनी सातवीं सन्तान-पुत्र को जन्म देने के बाद चार दिन का शिशु छोड़कर वे भगवान के घर चली गईं।

बाबू रामफल तब भी इतने विचलित न हुए थे, जब उनकी विमाता और विधवा सौतेली बहन जानकी अपनी दो बेटियों के साथ मुक़दमा जीतने के दो वर्ष बाद ही

उनके पास आ गईं थीं। मुनीम के परिवारवालों ने कोठी तो हथिया ही ली थी, उनके इकलौते लड़के ने कलह करके विमाता को सौतेले बेटे को यह ख़त लिखवाने को मजबूर कर दिया था—"कोठी कर्ज़ में बिक गई है। यहाँ अब रहना दुश्वार हो गया है। मैं कहाँ जाऊँ?"

नैपाल चन्द्र तो बहुत ही नाराज़ थे; क्रोधित होकर दामाद से बोले, "तुम भी बेटे लिख दो—जैसा किया, वैसा भुगतें—हमारा-तुम्हारा कोई सम्बन्ध नहीं।"

बाबू रामफल ने ससुर जी की सलाह नहीं मानी। अपने कर्तव्यनिष्ठ व्यक्तित्व के कारण दृढ़ स्वर में बोले, "सम्बन्ध कैसे नहीं है! वे मेरे लाला जी की पत्नी हैं। इस नाते मेरी माँ हैं। मैं उन्हें और विधवा बहन को ज़िल्लत की ज़िन्दगी नहीं जीने दूँगा। वे मेरे पास यहीं आकर रहेंगी।"

इस तरह हर मुसीबत में धीरज रखने वाले बाबू रामफल पर पत्नी का स्वर्गवास नियति का क्रूर कुठाराघात था। नवजात शिशु भी पन्द्रह दिन के भीतर ही माँ के पास चला गया—सौतेली दादी या जानकी उसे बचा नहीं पाईं।

गृहस्थी की गाड़ी मानो पटरी से उतर गई थी। पाँच बच्चे थे—जानकी की दोनों कन्याएँ बाबू रामफल के दोनों बेटों—शामलाल और किशोरी लाल के समकक्ष थीं। उनकी बहन चन्द्रावल सबसे छोटी—पाँच वर्ष की थी। विमाता और उनकी बेटी से घर ढंग से चल नहीं रहा था। हालाँकि नैपाल चन्द्र जी पहले की ही तरह आया करते थे, पर घर का तालमेल बिगड़ गया था। दामाद का दिन-ब-दिन मुरझाता चेहरा देखकर उन्हें आन्तरिक पीड़ा होती। अपनी प्यारी बेटी के बच्चों को उन समधन के संरक्षण में देखकर नैपाल चन्द्र का अपना मन उखड़ जाता, जिसे वह अपने दामाद का हक़ छीनने वाली मानते थे।

सो नैपाल चन्द्र जी ने ही बाबू रामफल जी से दूसरे ब्याह की बात चलाई। उत्तर में उन्होंने कहा, "मुझे पत्नी नहीं चाहिए, ऐसी बात नहीं, पर मैं बच्चों की माँ भी चाहता हूँ। किसी चौदह-पन्द्रह साल की लड़की से मैं विवाह नहीं करूँगा। मैं आर्यसमाजी हूँ, विधुर हूँ—मुझे किसी विधवा से विवाह करना चाहिए। विधवा हो या बाल-विधवा—हाँ, पर सन्तान न हो। हो सकता है, मैं उसके बच्चे के साथ न्याय न कर पाऊँ।"

दामाद की राय जानकर नैपाल चन्द्र ने कहा, "ठीक है बेटा! मैं तो मुक़दमों के सिलसिले में पूरे पंजाब में घूमता हूँ। कोई ऐसा सम्बन्ध जुटा तो ख़बर दूँगा।"

छह महीने बाद किसी काम के सिलसिले में वे कराची गए तो भाग्य से एक ऐसा सम्बन्ध मिल गया। इस सम्बन्ध के सन्दर्भ में उस कन्या के परिवार के विषय में जानना उचित होगा। उस परिवार का इतिहास इस प्रकार है—

उत्तर प्रदेश के गोरखपुर ज़िले में एक ग़रीब यदुवंशी क्षत्रिय परिवार रहता था। थोड़ी खेती थी, जिससे जीविका चलती थी। उनके घर ही मेरी जन्मदात्री का जन्म हुआ। पहली सन्तान होने से गाना-बजाना, छठी, दशटौन—सब हुए। नाम रखा गया—जानकी। उसके बाद सात-आठ लड़के हुए, पर जिया कोई भी नहीं। उस

समय का प्रचलित अन्धविश्वास यह भी था कि जिस बालिका की पीठ पर नागिन बनी होगी, उसके बाद की सन्तानें नहीं बचेंगी। नागिन का अर्थ था—बच्चे की पीठ पर बालों के रोओं से सर्पाकार लकीर बनी होगी। मैं नहीं बता सकती कि मेरी माँ की पीठ पर ऐसा कोई चिह्न था या नहीं। हाँ, अपनी याद में उनकी गोरी-गोरी पीठ एकदम चिकनी थी—कहीं कोई रुआँ नहीं था। अस्तु, नाना-नानी क्या कर सकते थे? उसी कन्या को लेकर सन्तोष करना पड़ा। नौ वर्ष की जानकी का ब्याह अलीगढ़ के चन्दौसी कस्बे के किसी गाँव के चौहान वंश में हो गया। वह परिवार सम्पन्न था। उनके यहाँ कई हलों की खेती होती थी। निर्धन परिवार की जानकी अपने ख़ूब गोरे रंग के कारण उस सम्पन्न घर की बहू बन गई। उसके जेठ किसी काम से गोरखपुर गए थे और गोरी-चिट्टी बालिका को अपने छोटे भाई के लिए ब्याह लाने का लोभ सँवरण नहीं कर पाए थे।

चौहान परिवार में जानकी के अधेड़ जेठ-जेठानी और उनका बारह वर्षीय भाई सूरज सिंह था और अपनी सन्तानों में एक लड़का, जो कई बच्चों के मरने के बाद जिया था। जानकी कदाचित् जन्म से ही दुर्भाग्य का शिकार थी—दो वर्ष बाद ही विधवा हो गई। ससुराल आने का तो अवसर ही नहीं आया—माँ-बाप ने ही उस बच्ची के बिछिए उतार दिए; सिन्दूर पोंछ दिया और सफ़ेद लहँगा-कुर्ती पहना दिया। करमजली बनी जानकी चौदह वर्ष की हो गई। एक दिन उसके जेठ उसे लिवाने आ गए। साथ में उसके लिए रंगीन लहँगा-कुर्ती भी लाए थे। लाख की नई चूड़ियाँ भी थीं। उन्होंने कहा, "बहू! हमारे घर रहेगी, घर की मालकिन बन कर। मेरा लड़का चाची को माँ समान रखेगा और बिछुए-सिन्दूर छोड़कर तुझे सब कुछ पहनना नसीब होगा। भगवान का दिया दुःख तो मैं मिटा नहीं सकता, पर मेरी बहू नंगी, बूची, मैली रहे—यह मुझे मंजूर नहीं।" वह अपने स्वर्गवासी छोटे भाई की विधवा को घर ले आए।

जानकी यहाँ हर प्रकार से सुखी थी। घर में भैंस थी, दो बैल थे। खाने-पीने की कोई कमी नहीं थी। हाँ, काम में दिन पता ही नहीं चलता था—रोटी-पानी, लीपना-पोतना, खेत से आए अनाज की साज-सँभाल—सब कुछ वही करती थी। जेठानी प्रायः बीमार रहा करती थी। जेठ भी बूढ़े हो चले थे। जानकी भरी देह वाली, साढ़े पाँच फ़ुट की लम्बी युवती हो चुकी थी। बारह-तेरह साल का जेठ का लड़का ही एकमात्र वारिस था। उसे जेठ जी स्कूल में पढ़ा रहे थे। स्कूल गाँव से दो मील दूर था—इतना चलना कोई बड़ी बात नहीं थी उन दिनों। लड़का पाँचवीं में आ गया।

पर भगवान को जानकी का यह सुख भी शायद मंजूर न था। जेठ के लड़के को लू लग गई और वह उन सबको रोता-बिलख़ता छोड़, अनन्त पथ का यात्री बन गया। जेठानी पुत्र-शोक में खाट से लग गई और दो महीने बाद उनकी भी अरथी निकली। जेठ के दुःख का तो पारावार न रहा—घर, खेत-खलिहान, नौकर-चाकर सब थे—पर घर के प्राणी रह गए बस दो। एक वृद्ध स्वयं वे, दूसरी किशोरी सुन्दर बहू। उनकी चिन्ता का अन्त न था। उन्हें दिखाई दे रहा था—उनके बाद खेत-खलिहान पर तो पट्टीदार और रिश्ते के भाई-भतीजों का अधिकार होगा। सारी मुसीबत बहू

की होगी, जिसे वे घर की नौकरानी बना देंगे। युवती की मान-मर्यादा का संरक्षक कोई न होगा। पथ-भ्रष्ट करने में कोई नहीं हिचकिचाएगा। जेठ के दु:ख का अन्त नहीं था। बहू का कोई मायके में भी भाई-भतीजा नहीं था। बस, मौसी थीं—वह भी पुत्रहीन होने के कारण अपने दामाद-बेटी के पास कराची में रह रही थीं। दामाद अच्छी जगह नौकर था। कभी-कभी मौसी की चिट्ठी ज़रूर उनके घर आती थी। बहुत सोच-विचार कर जानकी के जेठ ने अपने विश्वसनीय पुरोहित के हाथ के लिखे एक पत्र द्वारा सारा हाल बताते हुए मौसी से पूछा—"जानकी, तुम्हारी भी बेटी है। मेरे मरने के बाद इसका न गोरखपुर में कोई है, न यहाँ चन्दौसी में। आप इसे आश्रय दें तो मैं इसे ज़ेवरों सहित आपके पास भिजवाने का प्रबन्ध करूँ।"

यथासमय उत्तर आ गया। मौसी ने लिखा था—"मैं कराची से लाहौर आ जाऊँगी। आप जानकी को ज़नाने डिब्बे में अलीगढ़ से बैठाएँ। गाड़ी सीधी लाहौर आती है। इसे मैं उतार लूँगी और फिर इसके पहुँचने की आपको ख़बर कर दूँगी।"

मौसी का उत्तर पाकर जेठ जी ने चैन की साँस ली, फिर धीरे से जानकी को समझाया, "बेटी! तू मेरी सेवा की चिन्ता छोड़, अपनी सोच। मैं दस-पाँच दिन का मेहमान हूँ। मरने के बाद पट्टीदार क्रिया-करम, दसवाँ, तेरहवीं सब कर देंगे। तू सकुशल कराची पहुँच जाएगी, तो मैं चैन से मर सकूँगा।"

रोती-बिलखती जानकी जाने को तैयार हो गई। जेठ ने जानकी की मौसी को गाड़ी में बैठाने का दिन समय और लाहौर पहुँचने का वक़्त—सब लिखकर भेजा। नियत समय पर पुरोहित के साथ जानकी को लाहौर जाने वाली ट्रेन के ज़नाने डिब्बे में बैठा दिया। पत्नी व जानकी के सभी गहने एक पानदान में भरकर, उसके टीन के बॉक्स में रख कर ताला लगवा दिया। जानकी ने रेल का टिकिट और चाभी अपनी अँगिया में सँभाल कर रख ली। ट्रेन लाहौर पहुँची तो मौसी स्टेशन पर मौजूद थी। वहीं से मौसी ने उसके जेठ को तार दे दिया कि जानकी ठीक से पहुँच गई है।

जानकी मौसी के साथ कराची आ गई। पन्द्रह दिन बाद ही जानकी को पुरोहित के ख़त से जेठ जी की मृत्यु का समाचार मिला। वह बहुत ही रोई, पर यहाँ उसका दु:ख का साथी कौन था? ख़ुद अपने आँसू पोंछकर चुप हो गई; सब्र कर लिया।

मौसी ने भी जानकी को बुला तो लिया, पर मन-ही-मन बहुत परेशान थी। उसका कारण था—मौसी की तरह उनकी अपनी लड़की का साँवला, दुबला होना। वह जानकी से एक साल छोटी थी। उनकी सामान्य स्त्री-बुद्धि ने सोचा, जानकी उनकी बेटी के वैवाहिक जीवन के लिए अभिशाप बन सकती है। अगर उनका दामाद गोरी साली पर मुग्ध हो गया तो वह क्या करेंगी? वे अजब धर्मसंकट में थीं। उन्होंने आने के साथ ही चार दिन बाद जानकी को समझा दिया, "बेटी! यूँ तो दामाद जी तुम्हारे छोटे बहनोई हैं। हँसी-मज़ाक़ का रिश्ता बनता है, पर तुम विधवा हो। तुम्हें तो फूँक-फूँककर क़दम रखना है। विधवा की बदनामी होने में भी देर नहीं लगती। तुम ख़ुद ही बहनोई से दूर-दूर रहना। वह बात करें भी तो टाल जाना। असल में तो तुम्हें उनके सामने जाने की ज़रूरत ही नहीं।"

जानकी ने हतबुद्धि होकर पूछा, "पर मौसी! छोटी ने तो रसोई और घर का सारा ऊपर का काम दूसरे दिन से ही मुझ पर डाल दिया है तो एक ही घर में सामना न हो, ऐसा कैसे निभेगा?"

मौसी ने तरकीब बताई, "देखो उसके सामने माथा ढँक कर रहो; आँखें नीची रखो जैसे जेठ और ससुर के सामने किया जाता है। खाना बनाओ, अपनी कोठरी में चली जाओ। परोसने का काम तो छोटी ने ही करना है न! पान लगाना, कपड़े सँभालना बीबी की ज़िम्मेदारी है। अब यह थोड़े ही होना चाहिए कि सारा बोझ तुम पर डाल कर, छोटी महारानी बनी हुकुम चलाए? अरे भई, तुम्हें बेटी बनाकर लाई हूँ। बस, तुम अपनी इज़्ज़त ख़ुद सँभाल सको, इसीलिए सतर्क कर दिया है। बस..."

जानकी अन्दर की बात समझ गई। उसके लिए भी कौन-सा दूसरा घर था, जहाँ वह चली जाती? उसने मौसी का बातों पर पूरी तरह अमल किया। बहनोई भले आदमी थे। दो-चार दिन में ही वह सास और साली के व्यवहार से सब समझ गए। दिन बीत रहे थे। धीरे-धीरे मौसी ने जानकी से उसके ज़ेवरों वाला पानदान भी यह कह कर रखवा लिया कि "तुम्हारी कोठरी में चोरी हो सकती है। मैं अपने बड़े बक्से में सँभाल कर रख लेती हूँ।"

मजबूर जानकी ने पूरा पानदान मौसी को दे दिया। अब जानकी के पास न एक पैसा था, न कोई गहना। न वह पास-पड़ोस में जा सकती थी, न घर में कोई हँसने-बोलने वाला। मौसी के लिए भी वह एक अनचाहा बोझ थी।

कराची में भी उन दिनों आर्यसमाज का थोड़ा-बहुत प्रचार था। मौसी ने सोचा, जानकी का दूसरा ब्याह करा दूँ तो दिन-रात की परेशानी से मुक्ति मिल जाएगी। पर वह उसके लिए उपयुक्त वर ढूँढ़ने या शादी में एक भी पैसा ख़र्चने का कष्ट नहीं उठाना चाहती थीं। एक बूढ़े सिन्धी सेठ ने मौसी के सामने प्रस्ताव रखा—अगर वह अपनी भानजी का ब्याह उनसे करा दें तो दोनों तरफ़ का ख़र्च वह उठाने को तैयार हैं। नकद दो हज़ार रुपये भी मौसी को देंगे। मौसी को तो मुँह माँगा वरदान मिल गया, तुरन्त राज़ी हो गई। भानजी तो उनके लिए कामधेनु सिद्ध हो रही थी। उसके गहने सारे पहले ही उनके पास थे; ऊपर से अब दो हज़ार रुपये भी-और इस खूबसूरत बला से छुटकारा भी।

जानकी ने उस पचास वर्षीय तुन्दियल बूढ़े को देखा तो सन्न रह गई। सिवाय रोने के उसके पास कोई चारा न था। इतनी बड़ी दुनिया में कोई उसका अपना न था।

बस, ऐसी ही परिस्थितियाँ थीं कुछ जब नैपाल चन्द्र जी सन् 1913 में नवम्बर मास में मुक़दमे की जानकारी हासिल करने कराची आए और नौकर के साथ उसी मोहल्ले में आकर ठहरे। नौकर जाति का कहार था। ब्याह-शादी के मामले में वह आर्यसमाजी थे—अपनी ब्राह्मण कन्या योग्य रामफल वैश्य को ब्याह दी थी, पर दो दिन लगातार बाज़ार की पूरी-कचौड़ी खाई। इस उम्र में पेट ख़राब हो गया। तब उन्होंने अपने नौकर से कहा, "मोहल्ले में कोई ब्राह्मणी, बनैनी मिल जाए तो मेरी रसोई बना दे। जो पैसे होंगे दे दूँगा।"

वह छोकरा दो दिन लगातार मोहल्ले में घर-घर घूमा, पर कुछ काम न बना। उसने तब जानकी की मौसी से कहा, "मौसी! हमारे शर्मा जी को भोजन का बहुत कष्ट है। आप अपनी इस भानजी से पाँच-सात दिन कच्ची रसोई बनवा दो, आपका बड़ा पुण्य होगा।"

मौसी ने सोचा, चलो पाँच-सात दिन तो यह बला दामाद की आँखों से दूर रहेगी। उन्होंने हामी भर दी। दूसरे दिन जानकी नैपाल चन्द्र जी का भोजन बनाने आई। वे बड़े अनुभवी, पैनी दृष्टिवाले व्यक्ति थे। उन्होंने पहले दिन ही भाँप लिया कि यह कोई बहुत ही दु:खी विधवा है। जानकी खाना बनाते समय भी बराबर अपनी ओढ़नी से आँसू पोंछती जाती थी। बार-बार नल पर जाकर मुँह धोती थी। आँखें फूल कर गुड़हल का फूल बनी हुईं थीं, पर काम बड़े ही साफ़-सुथरे ढंग से किया था। फूल की चमकती थाली में पतले फुल्के, छौंकी हुई अरहर की दाल; आलू की सब्ज़ी और रायता डाल कर जानकी ने नौकर से कहा, "लाला जी को भोजन के लिए बुला लाओ।"

तृप्त मन से भोजन करने के बाद शर्माजी ने आशीर्वाद दिया, "सुखी रहो, बेटी। इसके अलावा मैं कह क्या सकता हूँ?"

जानकी रो पड़ी। फिर आँसू पोंछती हुई घर चली गई। दो दिन बाद शर्मा जी से रहा नहीं गया। उन्होंने जानकी से पूछ ही लिया, "बुरा मत मानना, बेटी! बूढ़ा हूँ। तुम्हारे पिता समान हूँ। तुम्हें बराबर रोते हुए देख रहा हूँ। आख़िर तुम्हें क्या दु:ख है? शायद मैं तुम्हारे किसी काम आ सकूँ।"

सहानुभूति के ये शब्द सुनते ही जानकी की रुलाई और भी बढ़ गई। भर्राए हुए स्वर में उसने कहा, "मेरी मौसी मेरा दूसरा ब्याह कर रही है। मैं करना नहीं चाहती।"

नेपाल चन्द्र ने हैरानी से कहा, "बेटी! यह तो तेरी मौसी तेरे भले के लिए कर रही है। अभी तेरी उम्र ही क्या है? ब्याह हो जाएगा तो पति होगा, ससुराल होगी, सुहागन कहलाएगी।"

"ख़ाक सुहागन बनूँगी? वह सिन्धी, जिससे मौसी ने बात की है, आपकी उम्र का है भारी-भरकम। तोंद बहुत बड़ी है। चार दिन बाद फिर विधवा होकर उसके घर ठोकरें खाऊँगी।"

इसी तरह धीरे-धीरे नैपाल चन्द्र ने जानकी के पिछले जीवन की भी सारी बातें जान लीं। फिर सोचकर कहा, "देख बेटी, मेरा दामाद अम्बाले में सरकारी नौकर है। मेरी बेटी साल भर पहले भगवान के घर चली गई। तीन छोटे बच्चे हैं। दामाद बूढ़ा नहीं है। मैं ख़ुद उसके लिए लड़की ढूँढ़ रहा हूँ। अगर तू ब्याह करने को राज़ी हो, तो मैं तार देकर उसे बुला लूँगा। आप दोनों मिलकर ही कोई फैसला करना। कोई ज़बरदस्ती नहीं करेगा। वैसे, इतना मैं भरोसा दिला सकता हूँ कि मेरे दामाद बहुत ही शरीफ़ इनसान हैं और तुम्हें कोई तकलीफ़ नहीं होगी।"

जानकी को मानो उम्मीद की किरण दिखाई दी। उसने अपनी स्वीकृति दे दी।

उसके जाने के बाद नैपाल चन्द्र ने रामफल जी को तार दे दिया, "तुरन्त आ जाओ। लड़की मिल गई है।"

रामफल तीसरे दिन कराची पहुँच गए। उन्होंने लड़की देखी। सुदर्शना युवती उन्हें भा गई। जानकी को भी रामफल जी सज्जन व्यक्ति लगे। हाँ, रामफल जी ने स्पष्ट कर दिया, "देखो, अगर मेरे बच्चों को प्यार कर सको, उन्हें अपना समझ सको, तभी इस सम्बन्ध के लिए 'हाँ' करना। तुम्हें उनकी माँ पहले और मेरी पत्नी बाद में बनना होगा।"

जानकी ने अपनी रज़ामन्दी दे दी और घर लौट गई। उसके जाते ही नैपाल चन्द्र ने एक लाल साड़ी, चूड़ियाँ, बिछुए, सिन्दूर आदि ख़रीदा। मन्दिर में दूसरे दिन को विवाह कराने की व्यवस्था कराई।

दूसरे दिन जानकी जब नियत समय पर खाना बनाने आई तो ताँगा तैयार था। जानकी ने नई लाल साड़ी पहनी। चूड़ियाँ, बिछुए डाले और रामफल जी के साथ आर्यसमाज मन्दिर में वैदिक रीति से विवाह के लिए पहुँच गईं। दो घंटे में फेरे हो गए। शादी का फ़ोटो भी खींचा गया। नैपाल चन्द्र जी ने एक सेर लड्डू ख़रीदकर उपस्थित लोगों का मुँह मीठा कराया। अब जानकी सुहागन थी—लाल साड़ी, माँग में सिन्दूर, पाँव में बिछुए चमक रहे थे। उसे स्वयं भी अपने सौभाग्य पर विश्वास नहीं हो रहा था। सब कुछ इतनी जल्दी जो हुआ था।

उधर जानकी जब चार घंटों तक भोजन बना कर न लौटी तो मौसी हैरान-परेशान गली में चक्कर लगाने लगीं। तभी गली में एक ताँगा रुका तो उसमें से विवाहिता जानकी पति सहित नैपाल चन्द्र के साथ उतर रही थी। मौसी हैरानी से देखती रह गई। फिर ग़ुस्से में, शर्माजी पर बरस पड़ी, "शर्माजी! आपने इतना बड़ा धोखा दिया है मुझे। बहकाकर मेरी भानजी का ब्याह करा दिया। मैं अभी थाने में जाकर रिपोर्ट करती हूँ कि..."

"बस-बहनजी! ज़्यादा तेवर दिखाने की ज़रूरत नहीं है। तुम्हारी भानजी नाबालिग़ बच्ची नहीं है। बालिग़ औरत है। उसकी अपनी मर्ज़ी से यह शादी हुई है। पुलिस ज़रूर बुलाओ। मेरी बहू तुम्हारी असलियत बताएगी कि किस तरह आप उसे किसी बूढ़े सिन्धी सेठ के हाथ दो हज़ार रुपये में बेच रही थीं।"

मामले की नज़ाकत समझती हुई जानकी की मौसी खीजकर बड़बड़ाती हुई अपने घर चली गई। नैपाल चन्द्र जी ने अम्बाले समधन को तार दे दिया, 'बहू लेकर आ रहा हूँ। परिछन की तैयारी रखना।' और वे जानकी व रामफल सहित अम्बाले के लिए रवाना हो गए।

तार की यह ख़बर मोहल्ले-भर में फैल गई। बाबूजी की इस शादी पर विमाता व जानकी हैरत में थीं, पर तार की उपेक्षा नहीं हो सकती थी—सो, द्वार पर बन्दनवार बँधवाई। एक नफ़ीरीवाला शहनाई की रस्म पूरी करने को बुलाया गया। आरती का थाल रोली, चावल, नारियल, घी के दीये और पाँच रुपये के सिक्के से सजाया गया और जिस वक़्त ताँगा गली में घुसा, गली उत्सुक स्त्री-पुरुषों, बच्चों

से ठसाठस भरी थी। ताँगा बाहर ही रोकना पड़ा। आगे-आगे नैपाल चन्द्र, उनके पीछे दामाद और नई बहू द्वार तक पहुँचे। एक मुट्ठी रेज़गारी उन्होंने वर-वधू पर से वार कर गली में फेंक दी। नफ़ीरी बजने लगी। सास ने परछन किया, आरती की। फिर न्यौछावर करके थाली के सिक्के गली में फेंक दिए। गली के बच्चे उन पैसों को बटोरने में लग गए।

रामफल जी के तीनों बच्चे बढ़िया कपड़ों में सजे आँगन में चुपचाप खड़े थे। लड़की बुआ का हाथ पकड़े थी। जानकी ने झुककर सास के पाँव छूए। फिर ननद के भी पाँवों को हाथ लगाया, तत्पश्चात् बच्ची को गोद में उठा लिया। "मेरी मुन्नी, मेरी बिटिया," जानकी ने अस्फुट स्वर में कहा और बच्ची को छाती से लगा लिया। दोनों लड़के 'नमस्ते' करने आए तो जानकी ने दोनों के हाथ थाम लिये। वे शरमाकर भाग गए, किन्तु लड़की को जानकी ने गोद से नहीं उतारा। सास ने कहा भी, "बहू! इसे उतार दे गोदी से। थकी-हारी आई हो अभी..." पर जानकी ने धीरे-से कहा, "अम्मा! भगवान ने मुझे सुहागिन के साथ-साथ माँ भी बना दिया। इससे बड़ा सुख क्या होगा? उतार दूँगी बच्ची को, पर मैं थकी नहीं हूँ।" और गोद की मेवा में से वह बच्ची को किशमिश खिलाने लगी। साथ-साथ दुलारती भी जाती थी। सचमुच थोड़ी-सी देर में ही बच्ची नई माँ से हिलमिल गई। रामफलजी के मन की शंका भी मिट गई थी। नई पत्नी बच्चों को अच्छी तरह रखेगी, यह उनके अन्तःकरण की आवाज़ थी। रात में भी नई बहू चन्द्रावल उर्फ़ बिब्बी को अपने साथ लेकर सोई।

दूसरे दिन ही रसोई छुआने की रस्म पूरी करके सास ने नई बहू को भोजन बनाने की ज़िम्मेदारी भी सौंप दी। बड़े पोते शामलाल को फिर चुपके-से पास बुला कर हौले-से समझाया—"नई माँ पर नज़र रखियो।"

पूरे दो दिन तक नौ वर्षीय शामलाल ने यह ड्यूटी निभाई। फिर ऊब कर बाबूजी से शिकायत कर दी, "बाबूजी! दादी ने मुझे नई माँ का चौकीदार बना दिया है। मैं स्कूल का नागा कब तक करूँगा?"

रामफल जी ने आश्चर्य से पूछा—"काहे की चौकीदारी?" पुत्र ने दादी के डर से कान में बताया—"यही कि नई माँ दूध में पानी तो नहीं मिलाती। मलाई छिपाकर तो नहीं रखती! बाबूजी! नई माँ तो बहुत अच्छी हैं। उसने सारी मलाई हम सबके दूध में डाली। हम सब बच्चों के गिलास एक नाप से भरे। खाने में दाल में घी बराबर से देती हैं। ख़ुद एक बूँद दूध नहीं पीतीं। हम सब की थाली में जो बच जाता है खाना, उसे अपनी थाली में डालकर खा लेती हैं। रात को हमें पास लिटाकर कहानी भी सुनाती हैं।"

रामफल जी ने बेटे को तुरन्त इस काम से मुक्त किया। थोड़े ही दिनों में उन्हें पता लग गया कि उनकी इस पत्नी को पढ़ाई का अवसर नहीं मिला, न ही हारमोनियम पर भजन और ग़ज़ल गाना सीखने का मौक़ा—पर भोजन बनाने, सफ़ाई रखने, बच्चों को साफ़-सुथरा रखने, कपड़े धोने और पूरे घर की चीज़ों को सहेजकर रखने में उसका जवाब नहीं था। उनके ससुर नैपाल चन्द्र जी तो उसके प्यार व आदर से इतने

अभिभूत थे कि कचहरी से लौटकर सीधे यहीं आ जाते। रामफल जी ने भी अपनी मृत पत्नी के सारे वस्त्र-आभूषण जानकी को सौंपते हुए कहा, "ये सब तुम्हारे ही है। शौक़ से पहनो।"

जानकी के आनन्द का पार न था। मायके से लेकर कराची प्रवास तक उसे छोटे भाई-बहनों या बच्चों के प्यार-दुलार का सुख नहीं मिला था—सो, अपनी सौत के इन तीनों बच्चों पर उसकी तृषित आत्मा ने अपनी ममता और स्नेह की निश्छल वर्षा की। चन्द्रावल तो एकदम उसकी पूँछ बन गई थी। पहनने-ओढ़ने का भी उसको कम चाव न था। प्रेमी पति और ज़ेवर कपड़े—जानकी की ख़ुशी में चार चाँद लगा रहे थे।

एक दिन गले में गुलबन्द, चम्पाकली, हाथों में सोने के कड़े, पहुँची; कानों में बड़ी-बड़ी सोने की बालियाँ और पैरों में छनकती रमझोले पहन बनारसी लहँगे में बिब्बी को गोद में उठाए जब जानकी मन्दिर जल चढ़ाने गई तो पुजारी और दूसरे उपस्थित जन देखते रह गए। मोहल्ले में सभी को स्टोरकीपर रामफल के भाग्य पर ईर्ष्या होने लगी थी। शामलाल की दसवीं सालगिरह पर पति से कह कर जानकी ने लड्डू मँगवाए। गाना-बजाना करवाया, लड्डू बाँटे।

विमाता को बहूरानी की ये सब बातें ज़रा नहीं भायीं। उन्होंने कहा, "ये सारे कपड़े, गहने तो शामलाल की माँ के हैं। इस तरह पहनोगी तो घिसेंगे भी और मैले भी होंगे। इस पर शामलाल और किशोरी की बहुओं का हक़ है। तुम्हारे लिए रामफल से कहना, वह तुम्हें नए गहने बनवा देगा।"

नई बहू शर्म से लाल हो गई। उसने सभी उतार कर सन्दूकची में रखे और बाबूजी के लकड़ी वाले बक्स में डालकर ताला लगा दिया। केवल बिछिए पहने रही। शाम को बाबू जब दफ़्तर से लौटे तो नई पत्नी को एकदम सूने कान, हाथ और गले में देखा, तो बोले, "अरे वाह! क्या यह कोपभवन में जाने की तैयारी है? ज़ेवर सारे क्यों उतारे?"

पत्नी हाथ पकड़कर उन्हें कमरे में ले गई और वहाँ सास का आदेश सुनाया। बाबूजी ने सब सुनकर कहा, "शामलाल का ब्याह क्या अभी होने आ रहा है? उसकी शादी होगी, तब उसकी बहू के लिए नए गहने बन जाएँगे। मैं क्या अभी मर गया हूँ?"

उन्होंने पति का क्रोध शान्त करने के लिए धीमे स्वर में कहा, "देखो, अम्मा की बात न मानकर अगर ज़ेवर पहनूँगी तो उन्हें बुरा लगेगा। आप तो दिनभर घर से बाहर दफ़्तर में रहते हैं। मैं दिन भर घर में उनके साथ रहती हूँ। सारे दिन ताने सुनने पड़ेंगे। तुम अगर तनख़्वाह मुझे दोगे, मैं दो-तीन बरस में ही थोड़ा-बहुत बचा कर दो-चार गहने बनवा लूँगी; नहीं तो मेरे गहने मेरे बच्चे हैं, बस।"

रामफल पत्नी के स्वर से ही समझ गए कि वह अब ये ज़ेवर नहीं पहनेगी। वे अच्छा खा-पहनकर सुविधापूर्वक जीने में विश्वास करते थे। सो वेतन से बचता एक पैसा भी न था, पर नंगी-बूची पत्नी पड़ोस के मुंडन, छेदन, छठी, बरही में जाए—वे कैसे सहन कर सकते थे? उन्होंने इसका एक उपाय निकाला। नकली सोने के गहनों का विज्ञापन पढ़कर एक हार और एक जोड़ी कड़े मँगवाए। देखने में बिल्कुल सोने

जैसे लग रहे थे। जानकी ने भी उन्हें रुई में लपेटकर डिब्बे में सहेज कर रखा। कहीं जाते समय लहँगा-ओढ़नी के साथ उन्हें भी पहन लेती। इस तरह गृहस्थी फिर सुख से चलने लगी।

ब्याह के ग्यारह महीने बाद, सन् 1914 अगस्त में जन्माष्टमी वाले दिन जानकी ने एक बेटे को जन्म दिया। नाम रखा—कन्हैयालाल। उसकी ख़ुशी का ठिकाना नहीं था—स्वयं अपने भाग्य से उसे ईर्ष्या होने लगी।

धीरे-धीरे सुघड़ गृहिणी की तरह उसने भी पति के वेतन से दो-चार रुपये बचाने शुरू कर दिए और कुछ रकम जमा होते ही एक ज़ेवर बनवा लेती थी। बाबू रामफल जीवन में फिर लाहौर कभी नहीं गए, पर विमाता अपनी बेटी, नातिनों सहित ज़रूर उस कोठी में रहने चली जाती थीं। वैसे वह कोठी अब उसी मुनीम जमुनादास के कब्ज़े में थी।

इस बीच नैपाल चन्द्र जी का स्वर्गवास हो गया। उनके जाने से रामफल जी को लगा, दुबारा वह एक बुजुर्ग की छाया से वंचित हो गए। एक पिता की तरह उन्होंने उनका साथ दिया था। अपने लड़के से बल्कि वह प्रसन्न नहीं थे। उनकी भाभी का तो पहले ही स्वर्गवास हो गया था। लड़का ब्रजलाल शर्मा बहुत ही ख़र्चीला, शायरी करने वाला मस्त तबीयत का व्यक्ति निकला। मैट्रिक तक उन्होंने उसे पढ़ाया। नौकरी भी लग गई लड़के की लाहौर में, पर बाप-बेटे की कभी नहीं बनी। न उन्होंने शादी की। बस 'लॉट-साहब' तखल्लुस से शायरी करते रहे बल्कि रामफल जी ने शामलाल को बाद में उन्हीं के पास लाहौर पढ़ने भी भेजा, पर ब्रजलाल जी के ख़र्चीले रास्ते अपनाने से वह भी फ़ैशन-शायरी और नाटक में पड़ने लगे और पढ़ाई कम करने लगे तो उन्हें वापस भी बुला लिया गया।

पहला महायुद्ध समाप्त हुआ, पर उसके बाद देश भर में कालाज़ार नाम का भीषण रोग फैला। रामफल को भी इस बुख़ार ने अपनी चपेट में ले लिया। मिलिट्री के अंग्रेज़ सिविल सर्जन के इलाज से ठीक तो हो गए, पर हृष्ट-पुष्ट शरीर अन्दर से खोखला हो गया।

सन् 1919 में रामफल जी पेशावर में थे। वहीं 1920 में क्वार की दुर्गा सप्तमी को मेरा जन्म हुआ। माँ बताया करती थीं—कन्हैया के जन्म पर सास ने उन्हें गोंद, पंजीरी, मेवा कुछ भी नहीं दिया था जबकि बाबूजी ने सब कुछ सामान लाकर विमाता को सौंप दिया था। केवल तीन दिन किसी तरह हरीरा पिलाने के बाद उन्होंने सारी मेवा अपने बक्स में बन्द कर ली। बाद में अपनी बेटी-नातिनों सहित स्वयं उन्होंने खाकर ख़त्म कर दी। बहू किससे शिकायत करती?

इस बार माँ पेशावर में अकेली थीं। ख़ूब मेवा, घी, सूजी मँगाकर सोचा था, अब की पिछली कसर पूरी करूँगी। शादी को आठ साल हो गए थे। प्रौढ़ा गृहिणी थीं। बाबूजी ने पन्द्रह दिन पहले ही माँ को आने के लिए लिख दिया था कि उनकी बहू के किसी भी दिन बच्चा हो सकता है, इसलिए जल्दी से जल्दी वे आ जाएँ। वे तो नहीं आईं, पर मैंने आने का बिगुल बजा दिया। मुसीबत चारों ओर से घिर आई

थी—रामफल जी को टाइफाइड हो गया। छुट्टियों में शामलाल घर आया हुआ था—उसे भी बुख़ार आ गया।

दुर्गा सप्तमी को घर में दो बीमार प्राणी और ग्यारह वर्ष की चन्द्रावल, तेरह वर्ष का किशोरी तथा छोटा कन्हैया। चपरासी दाई को बुलाने गया। तीन घंटे बाद दाई लेकर लौटा तो मैं संसार में आ चुकी थी। दाई ने बस नाल काटी और थोड़ा-बहुत काम निबटाकर चली गई।

चन्द्रावल बहन पाकर बहुत प्रसन्न थी। उनके तीन भाई तो थे, पर बहन नहीं थी। यहाँ तक कि कोई बड़ी बूढ़ी आशीर्वाद देते समय नई माँ से कह देती, "बहू सुहागन हो! भगवान बेटा दे" तो चन्द्रावल चिढ़कर कहती, "क्यों, बेटा क्यों दे? भाई तो तीन हैं, बहन तो है नहीं।" बूढ़ी हँस कर उत्तर देती, "बेटी! आशीष देने में यही कहते हैं सब। तुझे अगर बहन चाहिए तो भगवान वही देगा।" सो मेरे जन्म पर वह बहुत-बहुत प्रसन्न थी।

जानकी को सब बच्चे 'मौसी' कहते थे क्योंकि दादी ने कह दिया था, "यह तो मौसी है। माँ वही होती है जो जन्म देती है।" सो प्रबल इच्छा होने पर भी जानकी बच्चों से 'माँ' नहीं कहला सकीं, पर उसने सोच लिया था—अपने गर्भ के बच्चों से वह माँ कहलाएगी। चाहे दादी कुछ भी कहें, कन्हैया उन्हें 'अम्मा' कहता था।

चन्द्रावल ने मौसी के बताने पर अपने अपटु हाथों से चूल्हा जलाया...पानी गरम किया...फिर बताने पर ढेर-सी खिचड़ी बनाई...दूध उबाला...ज्वरग्रस्त पिता व भाई को दूध दिया। किशोरी, कन्हैया तथा ख़ुद ने खिचड़ी खाई। सबसे बड़ा आश्चर्य यह हुआ कि दूसरे दिन पिता व भाई का ज्वर बहुत कम हो गया। तीसरे दिन उन लोगों को डॉक्टर ने खिचड़ी खाने की आज्ञा दे दी। रामफल ने कहा, "मेरी नई बेटी बड़ी भाग्यवान है। आते ही पिता व भाई को ठीक कर दिया।" माँ ने उत्तर दिया, "खाक भागवान है। मुझे तो इसके आने पर ज़रा भी आराम नहीं मिला।"

बात भी सच थी—दो दिन की जच्चा ने घर का पूरा मोर्चा सँभाला। नन्ही बच्ची के पोतड़े धोने के साथ अपने व सबके कपड़े धोना, बीमारी से उठे पति-पुत्र का विशेष पथ्य यानी दलिया बनाना—माँ को इतना व्यस्त रखता कि अपनी मेवा-पंजीरी खाने की बात तो दिमाग़ से उड़ ही गई। नाश्ता न बन पाता तो बच्चों को दूध के साथ मेवा देकर काम चलाती। हाँ, इस सब कामों में चन्द्रावल बराबर अपनी मौसी की मदद करती। उठा-घराई के सारे काम वह दौड़-दौड़ करती। नन्ही-मुन्नी का ध्यान रखना, सूखे कपड़े उठाकर लाना, उनकी तह लगाना या खाना परोसने, बर्तन उठाने जैसे सैकड़ों काम चन्द्रावल बहन को पाने की ख़ुशी में चाव से करती।

मेरा नाम रखने के समय बाबूजी की चली। बड़ी बहन का 'चन्द्रावल' नाम उन्होंने भारतेन्दु हरिश्चन्द्र के *चन्द्रावली* नाटक से लिया था। मेरी बारी उन्हें कोई नाम नहीं सूझा। वे दोनों कन्याओं के नाम में कोई समता चाहते थे—जैसे बेटों के नाम में 'लाल' शब्द समान था। बहुत सोचकर उन्होंने मेरा नाम 'चन्द्रकिरण' रखा। दोनों बहनों के नाम में 'चन्द्र' शब्द समान था। छह महीने बाद उनका ट्रांसफ़र जालन्धर

हो गया। उसके बाद अमृतसर और तभी पंजाब, यू.पी. (मिलिट्री के हिसाब से) एक जोन में आ गए तो उनका तबादला मेरठ हो गया।

चन्द्रकिरण एक कठिन नाम था पुकारने के लिए। सबके मुँह पर 'किरण' या 'किन्नो' चढ़ गया बुलाने में। घर में सबसे छोटी थी—पंजाबन नौकरानी ने 'निक्की' पुकारना शुरू कर दिया और घर-बाहर के लिए मैं हमेशा 'निक्की' रही। केवल स्कूल में लड़कियाँ 'किरन' पुकारतीं और ईसाई टीचर 'चन्दर किरन' कहती। मेरठ में बाबूजी ने पहले रजमन बाज़ार के मोहल्ले में मकान लिया। ये शब्द 'रेजिमेंट' का अपभ्रंश था। मकान तो अच्छा था, पर उसका बहुत बड़ा आँगन कच्चा था और उसमें कोई नाली नहीं थी। बाहर के दरवाज़े के पास एक हौज़ बना था—पक्का और चौकोर। यहाँ बर्तन मँजते थे। वहीं पटिया डालकर सब लोग कुल्ला-दातुन करते थे। सारा मैला पानी उसी हौज़ में भरता था। प्रतिदिन भंगन एक बाल्टी से पानी हौज़ से निकालकर बाहर गली की नाली में फेंक आती थी। घर में नल नहीं था। कुएँ से पानी भर कर लाया जाता था।

माँ बताती थीं—डेढ़-दो साल की मैं दौड़ने-भागने और बात करने में अपनी आयु से कुछ अधिक ही तेज़ थी। गर्मी में आँगन में पानी भरी बाल्टी से कटोरी-गिलास डूबो-डूबो कर अपने को भिगो लेती यानी सिर से पैर तक ख़ुद तो भीगती, बाल्टियों का पानी गन्दा कर देती। सब जगह कीचड़ हो जाता। माँ ने एक दिन मेरे सिर पर चपत जड़कर, ग़ुस्से से डाँटा, "ख़बरदार जो बाल्टी के पानी में हाथ डाला। आई बड़ी नहाने वाली! जा, हौदिया में कूद जा..." (मतलब गन्दे पानी वाले हौज़ से था) और माँ तो कहकर चली गई; मैं दौड़कर उसी कीचड़वाले पानी में धम्म-से कूद गई। बच्चे के डूबने के लिए पानी काफ़ी था। गिरते ही 'हुम! हुम!' करने लगी। संयोग से बड़ी बहन तभी कुछ काम से बाहर आई तो दौड़ कर मुझे निकाला—कीचड़ से लथ-पथ और बुरी तरह रोती हुई। बाहर शोर सुनकर बाबू भी दौड़े आए। माँ भी दौड़ी। बड़ी बहन के हाथ से मुझे लिया, मल-मल कर नहलाया, दूध पिलाया और सुला दिया। पूरी बात बाबूजी को जब मालूम हुई तो वह माँ पर बहुत नाराज़ हुए, "तुम ये अपने ताने-मसले अपने तक ही रखो। आज तो तुमने लड़की को मार डालने का काम किया था। वह तो बिब्बी आ गई..."

माँ भी डर तो गईं थी, पर खीजतीं हुई बोली, "अरे, पर यह लड़की क्या है—अंग्रेज़ों की तोप है—बित्ता भर की है। मेरे मुँह से निकला और बात पकड़ ली..." उस दिन बात आई-गई हो गई।

कुछ दिन बीत गए। एक दिन मैं फिर रोज की तरह गन्दे हाथ डाल कर और आँगन में पड़े जूठे बर्तन साफ़ पानी की भरी बाल्टी को गन्दा करने में लगी थी। माँ ग़ुस्से से डाँटती थीं रोज़, पर कोई ऐसी-वैसी बात नहीं कहती थीं। उस दिन तीसरी बार मैंने फ्रॉक भिगो ली थी तो फ्रॉक उतार कर ख़ाली कच्छे में मुझे छोड़ दिया और कहा—"तू क्या पिछले जनम में मछली थी? पानी के सिवाय कोई खेल नहीं सूझता। जा, बाहर के कुएँ में कूद पड़। वहाँ पानी में तैरती रहना।"

माँ तो कहकर काम में लग गई और मैं सचमुच ही महरी के पीछे-पीछे बाहर कुएँ की जगत तक चली गई। जैसे ही मैं कुएँ की जगत पर चढ़ने लगी, महरी ने मुझे खींच कर कहा, "यह क्या कर रही हो? डूबने का इरादा है क्या?"

मैंने शायद कहा, "अम्मा ने ही तो कहा है कुएँ में कूद पड़ो, तैरती रहो...।"

महरी मुझे पकड़कर माँ के पास ले आई और बोली—"बहू जी! आज ग़ज़ब हो जाता। हम न होते तो बिटिया कुएँ में कूद गई होती। ऐसी-वैसी बात एकदम बिटिया पकड़ लेती है।" उसे हौज़ वाली घटना याद थी।

सुना है, बाबूजी को उस दिन शाम को दफ़्तर से लौटने पर ज्यों ही दिन वाली घटना मालूम पड़ी, महाभारत मचा डाला घर में। माँ को क़सम खानी पड़ी कि वह भविष्य में कभी ऐसी-वैसी बात मुँह पर नहीं लाएँगी। उनका कहना था जब बच्ची शैतान है और आम बच्चों से ज़्यादा बात पकड़ती है तो माँ की ड्यूटी है कि उसका ख़याल रखे और कुछ भी ग़ुस्से में बोलने से पहले सोच ले।

उन दिनों शामलाल भाई लाहौर में पढ़ रहे थे—अपने शौक़ीन मिज़ाज, शायर, ब्रजलाल मामा के पास। उनके घर शायरों की महफ़िल जमती, मुशायरे के साथ गाना-बजाना होता। मामा अपनी फ़ैशनपरस्ती के लिए भी मशहूर थे। पिता से उन्होंने कह दिया था, "मेरी तनख़्वाह जब मुझी को पूरी नहीं पड़ती, तो बीवी को कौन पालेगा?" शामलाल भी उन्हीं की तरह फ़ैशनेबल बने। ड्रामा क्लब के मेंबर बन कर नाटक खेलने लगे। शुरू से फ़र्स्ट आने वाले शामलाल का मैट्रिक में सेकेंड डिवीज़न आया। वजीफ़ा बन्द हो गया। बाबूजी के एक मित्र ने लाहौर से लिखा था, "आपका लड़का आवारा होता जा रहा है। मामा के नक़्शे क़दम पर चल कर एकदम चौपट होने में ज़्यादा वक़्त नहीं लगेगा। आप इसे बुला लें।"

बाबूजी डर गए। उन्होंने तुरन्त भाई को बुला लिया। वे इस समय अठारह वर्ष के थे। साँवले सुदर्शन युवक, घुँघराले बाल, बंगाली ढंग की नीची धोती, सफ़ेद बुर्राक क़मीज़ और पाँव में पम्प शू पहने मस्त तबीयत के इनसान थे शामलाल। कॉलेज जाकर आगे पढ़ाई करने की कोई इच्छा उनकी न थी। इस तरह बड़े बेटे के रंग-ढंग ने बाबू रामफल जी को गहरा मानसिक कष्ट पहुँचाया।

घर पर एक और दु:ख की छाया पड़ी जब बारह वर्षीय चन्द्रावल को अचानक गठिया हो गई। बहुत इलाज़ के बाद वह अच्छी तो हो गई, पर स्वास्थ्य गिर गया। दुबली कमज़ोर काया ने रंग-रूप ही बदल दिया। मेरी माँ अपनी इस बेटी को प्राणों से ज़्यादा प्यार करती थी। डॉक्टरी दवा के साथ-साथ जो पंडित-मौलवी मिलता, उससे लड़की की दीर्घायु का उपाय पूछतीं। किन्हीं ज्योतिषी ने उन्हें बताया, "लड़की को पराया कर दो तो जी जाएगी। गोत्र बदलने पर भाग्य बदल जाता है।" लड़की इतनी बड़ी गोद तो जाती नहीं, उसे पराया करने का मतलब था, उसको ब्याह देना। माँ इसके लिए तैयार हो गई, पर बाबूजी ने साफ़ मना कर दिया। माँ को समझ में नहीं आया, पर क्या करें?

रजमन वाले मकान के पास कृपाराम शर्मा नाम के एस.डी.ओ. बदल कर

आए थे। उनके परिवार से हमारी घनिष्ठ मित्रता हो गई। उनकी तीन लड़कियाँ थीं—परमेश्वरी, दुर्गा और कृष्णा। इनमें कृष्णा चन्द्रावल से दो महीने छोटी थी और मेरी जीजी की पक्की सहेली बन गई। इन्हीं कृपाराम जी को माँ ने मनाया और ज़ोर डाला कि वे बाबूजी को समझाकर चन्द्रावल के ब्याह के लिए राज़ी कर लें। उन्होंने बाबूजी को समझाया, "यार! क्यों लड़की की जान के पीछे पड़ा है? मैंने भी तो अपनी लड़कियों की शादी कर दी है। परमो बड़ी थी—गौना कर दिया। दुर्गा, कृष्णा अभी मेरे पास हैं। तू भी लड़के वालों से वायदा करा लेना। गौना तीन-चार साल बाद कर देंगे।"

बाबूजी अन्त में राज़ी हो गए। शीघ्र एक सम्बन्ध भी मिल गया। करनाल के मुंशी राम अग्रवाल के लड़के लक्ष्मीनारायण के साथ बात तय हो गई। लड़का आठवीं पास करके ताऊ की हक़ीमी की दुकान पर हक़ीमी सीख रहा था। पिता की किराने की दुकान थी। दो परिवारों का अकेला दीपक था। घर का मकान था। देखने में सुन्दर, स्वस्थ युवक था। मुंशीराम जी ने किसी दान-दहेज़ की माँग नहीं की। वह तो यही सुनकर झूम उठे कि उनकी बहू हारमोनियम बजाना जानती है और करनाल की बोब्बो वाली बोली की जगह मेरठ की खड़ी बोली बोलती है। मेरे बाबूजी को, जो दो-चार आर्यसमाजी भजन हारमोनियम पर सीखने का मौक़ा मिला था, वही उन्होंने बेटी को सिखा दिए थे। बहन का गला बहुत सुरीला और पका हुआ था। कितना ही गाएँ—स्वर भर्राता नहीं था। शादी तय हो गई—सन् 21 के बैशाख मास में सतुआ तीज का दिन निश्चित हुआ।

लग्न बड़ी लम्बी पड़ी...इक्कीस दिन की और लग्न चढ़ने के दूसरे दिन किशोरी भाई को ज्वर चढ़ा जो टाइफ़ाइड था। बाबूजी तो खाना-सोना छोड़कर बेटे के सिरहाने बैठे रहते। उन्होंने कृपाराम से कहा, "भाईसाब! शादी दो महीने टाल दो।" कृपाराम ने उत्तर दिया, "पागल हुए हो क्या? कहीं लग्न चढ़ी लड़की का ब्याह टाला जाता है? तुम बेटे की सेवा करो; मैं शादी का सारा काम सँभाल लूँगा। सचमुच माँ कहती थी, कृपाराम जी ने अपनी बात रखी—बाहर-अन्दर के सभी काम बड़ी कुशलपूर्वक उन्होंने सँभाले; बाबूजी केवल दरवाज़े पर समधी से मिलने के लिए आए थे और रात को फेरे के समय कन्यादान करने। शादी के हफ़्ते भर बाद किशोरी भाई भी अच्छे हो गए।

एक दिन माँ ने बाबूजी से कहा—"बेटी ब्याह करके लोग गंगा नहाने जाते हैं; तुम इस बार हमें मथुरा घुमा लाओ, मैं जमना जी में ही स्नान कर लूँगी। कृष्ण-लीला का आनन्द सब उठा लेंगे।"

बाबूजी तैयार हो गए। उन दिनों कोई ट्रेन सवेरे पाँच बजे मेरठ से मथुरा जाती थी। उसी से जाने का प्रोग्राम बना; जाने की सारी तैयारी पहले दिन ही कर ली गई। बस, उस रात तीन बजे सब लोग उठ गए। होल्डऑल में बिस्तर रख लिये गए, पर उसको बाँधने वाले स्ट्रैप शायद ग़ायब थे। माँ ने चन्द्रावल से कहा, "बिटिया, स्टोर में दोनों साइकिलों के नीचे एक लम्बी रस्सी पड़ी है। उसे ले आ, उसी से भाई बिस्तर बाँध लेगा। वह ताँगा लेने गया है।"

उन दिनों घरों में बिजली तो थी नहीं। जिस लालटेन को साथ लेकर वह स्टोर में घुसी, मिट्टी के तेल वाले भाग में असली ढिबरी खो जाने के बाद मुद्दत से एक कार्क फँसा दिया गया था। बहन का दुर्भाग्य कहिए या पूरे परिवार का बुरा नसीब, जैसे ही उन्होंने साइकिलों के पहियों के नीचे दबी रस्सी झुक कर खींची, लालटेन वाला हाथ झटके से मुड़ा, कार्क दूर छिटका और सारा मिट्टी का तेल जीजी पर आ गिरा और उनके कपड़ों ने आग पकड़ ली। वह चीखने लगीं। उनकी चीख़ से सारा घर स्टोर के पास जमा हो गया। जीजी होली की तरह जल रही थीं; उन पर तुरन्त कम्बल डाला गया; आग बुझ गई, पर वह इतनी जल गई थीं कि दर्द से कराहते-कराहते बेहोश हो गई। जो ताँगा स्टेशन के लिए आया था, उसी पर बैठ कर बाबूजी सदर के मशहूर डॉक्टर भोपालसिंह को लाने गए। सवेरे चार बजे डॉक्टर साहेब ने आकर लड़की को देखा; उन्होंने निराशा-भरे स्वर में कहा, "देखिए, बचने की आशा तो कम ही है। बाएँ कन्धे से लेकर नीचे तक बुरी तरह झुलस चुकी थी। अगर हार्ट न जला होगा तो बच जाएगी। होश में आने पर उन्होंने जीजी से पूछा, "बेटी! बाईं तरफ़, अन्दर जहाँ दिल धड़कता है, कितना दर्द है?" जीजी ने बताया, "अन्दर नहीं, पर बाहर बड़ी जलन है।"

"बच जाएगी," उन्होंने बाबूजी को आश्वासन दिया। उनके जले भाग पर मलहम लगाया और सोने का इंजेक्शन लगाया। डॉ. साहब ने चलते-चलते बाबूजी को बता दिया कि उनका कम्पाउंडर रोज़ आकर मलहम-पट्टी कर दिया करेगा। पूरी तरह ठीक होने में दो महीने भी लग सकते हैं।

माँ के दु:ख का ठिकाना नहीं था। मथुरा-दर्शन इतनी बड़ी दुर्घटना का कारण बन गया था कि वे बेटी की इस दशा के लिए स्वयं को ही दोषी मान बैठीं थीं। उनकी देखभाल में उन्होंने कोई कमी न छोड़ी।

बाबूजी के लिए तो यह धक्का बहुत ही बड़ा था। अभी किशोरी लाल की बीमारी में वे बहुत कमज़ोर हो गए थे, जीजी के जलने वाली घटना ने उनकी रही-सही शक्ति पर तुषारापात कर दिया। उनके लिए दफ़्तर जाना, वहाँ जाकर काम करना असम्भव हो गया। लम्बी छुट्टी माँगने पर कर्नल ने कहा, "तुमने पूरी ईमानदारी और मेहनत से काम किया है, पर इधर घर की परेशानियों की वजह से तुम काफ़ी छुट्टियाँ ले चुके हो। अब तुम्हें देखकर ही लगता है, इस वक़्त आराम की सख्त ज़रूरत है तुमको, पर विदाउट-पे घर का काम कैसे चलेगा?"

बाबूजी भी वस्तुस्थिति जानकर दुविधा में पड़ गए। तब कर्नल साहब ने ही रास्ता सुझाया, "तुम्हारे लड़के ने मैट्रिक पास किया है; वह स्टोर का काम दो महीने सँभाल सकता है। मैं उसे टैम्पोरेरी तौर पर रख लेता हूँ।"

समस्या हल हो गई—शामलाल भाईसाब बाबूजी की जगह अस्थायी स्टोरकीपर बन गए। वे अपनी आयु से अधिक तेज़ थे—मिलिट्री-स्टोर के दो तख़्त उठवाए, एक लोहे का पलंग लाकर अपने कमरे में बिछवाया और कडैम्ड माल में से दो बड़े लोहे के चूल्हे किन्हीं हलवाइयों को बेचकर उन पैसों से अपने लिए बढ़िया

अचकन बनवा ली। बाबूजी अपने बेटे पर इन सब ही कामों के लिए बेहद नाराज़ हुए; मन-ही-मन डर भी गए। स्टोर की स्टॉक-चैकिंग होने की स्थिति में शामलाल या उन पर मुक़दमा चल सकता था। सो ज्यों ही तबीयत थोड़ी-सी सँभली, वे दफ़्तर जाने लगे और रजमन का मकान भी छोड़ दिया।

इसके अनेक कारण थे—सन् इक्कीस के 'असहयोग आन्दोलन' ने देश में तूफ़ान उठा दिया था। स्कूलों में बच्चों ने गांधी टोपियाँ पहन कर 'वन्दे मातरम्' के नारे लगाए। अंग्रेज़ सरकार ने जुलूसों पर लाठीचार्ज किए; सत्याग्रही जेल गए। बाबूजी सरकारी नौकर थे। सामान्य सुख-सुविधा के बीच शान्तिपूर्वक जाना चाहते थे। मन में वह देश की स्वतंत्रता भले ही चाहते हों, पर शक्तिशाली ब्रिटिश सरकार गांधी के अहिंसावादी सत्याग्रह से भारत को आज़ादी दे देगी, इस पर उन्हें विश्वास नहीं था। बारीक मलमल की मैनचेस्टर या लंकाशायर की विदेशी मिलों से बनती धोती की जगह हाथ से कते-बुने महँगे खद्दर के कपड़ों में उन्हें रुचि नहीं थी।

परन्तु सातवीं कक्षा में पढ़ते किशोरी लाल ने गांधीजी से प्रभावित होकर स्कूल में खद्दर की टोपी पहनकर ख़ूब नारे लगाए, तकली पर सूत कातने का काम भी किया। नतीजा यह हुआ कि उन बच्चों को स्कूल से निकाल दिया गया। काफ़ी दिन बाद जिन बच्चों ने लिखित रूप से क्षमा माँगी और आश्वासन दिया कि वे भविष्य में कभी न जुलूस में हिस्सा लेंगे, न नारे लगाएँगे और न ही किसी भी तरह के सरकार विरोधी कामों में भागीदार बनेंगे—उन्हें दुबारा स्कूल में ले लिया गया, पर किशोरी लाल बाबूजी के डाँटने-धमकाने और ज़ोर देने पर भी माफ़ी माँगने को तैयार न हुआ। स्कूल जाने के बहाने घर से चला जाता; दिन भर काँग्रेस कार्यकर्ताओं के ऊपरी काम भाग-भाग कर करता था, फिर तकली कातता। अन्ततः उसका स्कूल से नाम कट गया।

उधर कन्हैया भी अंग्रेज़ी स्कूल में जाने योग्य हो गया था। रजमन से स्कूल बहुत दूर था। एकमात्र गवर्नमेंट हाईस्कूल सदर की सड़क पर था। सो, बाबूजी ने सदर कबाड़ी बाज़ार के एकदम पीछे एक मोहल्ले में मकान लिया। मोहल्ले का नाम था, तेली मोहल्ला। कबाड़ी बाज़ार असल में बड़े-बड़े टिम्बर मर्चेंट्स का बाज़ार था। तेली मोहल्ले में कहीं भी तेल पेरने का कोल्हू न था, न ही कोई तेली रहते थे। माँ तो पत्थर वाली गली में मकान लिवाना चाहती थीं, जहाँ ज़्यादातर बनिये रहते थे, पर बाबूजी ने कहा, "वहाँ सब सेठ-साहूकार रहते हैं—मैं उनके बीच जाकर ख़ुद को छोटा नहीं बनाना चाहता।"

हमारा कबाड़ी बाज़ार का वह मकान नं. 310 किसी मकान-मालिक का मकान नहीं था। मकान के साथ दो कमरे एक दालान था। एक पक्का मकान और था, उसमें एक कबीरपन्थी बूढ़े साधू रहते थे। उनका नाम था—चरणदास; हम उन्हीं के किरायेदार थे, जिन्हें यह हिस्सा सामने वाले दो खपरैलों के घर अपने गुरु से प्राप्त हुए थे। सामने एक पक्का कुआँ था। पूरे मोहल्ले का पानी का स्रोत यही कुआँ था। उन दिनों पाइप वाले नल न थे। हाँ, हैंडपम्प ज़रूर कई घरों में लग गए थे।

हमारे घर में भी एक हैंडपम्प था। मकान का किराया बाबूजी के बजट के अन्दर था अर्थात् नौ रुपये महीना।

हमारे परिवार के लिए मकान अच्छा ही था। सामने चबूतरा था—फिर दो सीढ़ियाँ चढ़कर बैठक थी; साथ ही बराबर में दूसरा कमरा था। दोनों के दरवाज़े अन्दर आँगन में भी खुलते थे। दूसरे कमरे के बाईं ओर पाखाना था। बाहर पक्की नाली थी और कमरे में एक टाँड भी था, जिस पर अख़बार व फ़ालतू सामान रखा जाता था। असल में वह ड्योढ़ी थी—आना-जाना उसी टाँड वाली कोठरी से होता था। महरी, भंगन, धोबी—सब उधर से ही आँगन में आते-जाते। बैठक में बाबूजी से मिलने वाले आकर बैठते। दिन में तीसरे पहर काम-काज निबटा कर माँ आस-पास वाली पड़ोसिनों के साथ बैठकर गप्पें लड़ातीं। बैठक में पूरी फ़र्शी दरी बिछी थी। एक किनारे एक तख़्त पड़ा था; बाबूजी की आरामकुर्सी एक कोने में रखी थी। दूसरे कोने में गोल मेज़ पर बड़ा शीशा रखा था। एक दीवार में तीन ख़ानों की खुली आलमारी बनी थी। उसमें छोटे भाई के पढ़ने की किताबें और दो-चार अन्य पुस्तकें रखी थीं। सामने की दीवार पर दो-चार फ्रेम चित्र टँगे थे। फिर ऊँचाई पर दीवार में एक लम्बा-सा तख्ता गड़ा था, जिस पर सुन्दर कपड़ा लटकाया था और ऊपर ही मिट्टी के सुन्दर खिलौने सजे रहते थे। नीचे की तरफ़ एक-दो कैलेंडर भी विराजते थे।

हमारे घर के अलावा इतनी सजी बैठक सिर्फ़ रामानन्दशाह (जो अंग्रेज़ी शराब के विक्रेता थे) के मकान में ही थी। बैठक की छत में कपड़े की झालर लगा एक पंखा टँगा था, जिसकी रस्सी आँगन में जाती थी। गर्मियों में नौकर छोकरा वहीं से रस्सी खींचता था, जिससे बैठक में सभी लेटे-बैठे लोगों को हवा लगती थी। आँगन के दाहिनी ओर एक बड़ा-सा दालान था; सामने दो कमरे थे—जिसमें एक का दरवाज़ा आँगन में, दूसरे का दालान में खुलता था। बाईं ओर एक लम्बी-सी कोठरी-रसोईघर थी। उसके बाद ऊपर जाने का ज़ीना था। ऊपर एक कमरा। बाक़ी खुली छत थी। ज़ीने के नीचे मेहराबदार जगह में भारी पर्दों से ढँककर गुसलखाना बनाया गया था।

सन् 1923 में हम लोग इस मकान में आए। जीजी का गौना यहीं पर आकर हुआ। उनकी ससुराल में घोर संकट की स्थिति थी। ससुर का सट्टे में इतना घाटा हुआ कि मकान-दुकान सब गिरवी हो गए। ख़ुद उन्हें दिल का दौरा पड़ा और वे स्वर्ग सिधार गए। तइया ससुर इतने सदमों से बीमार पड़ गए। दामाद लक्ष्मीनारायण ने ख़ुद हकीमी का धन्धा शुरू किया था, पर नया-नया काम था। जमने में वक़्त लगना था।

माँ बताया करती थीं, "मेरी बिब्बी को ससुराल में चैन की रोटी एक दिन नसीब नहीं हुई, पर मेरी बेटी की बुद्धिमानी की सब ही तारीफ़ करते हैं। उस समय गहने स्त्री का सबसे बड़ा धन था; घर को छुड़ाने के लिए उसने अपने सारे ज़ेवर बेच दिए। किराने की दुकान तक बन्द हो गई। बचत के ख़याल से महरी को भी छुड़ा दिया था। इतने काम का बोझ, ऊपर से कड़वे स्वभाव वाली आराम पसन्द सास की किर्र-किर्र। इसी बीच जब बीमार तइया ससुर चल बसे तो उनके क्रिया-कर्म के

लिए कर्ज़ लेकर ख़र्चा किया। इस तरह कर्जे में डूबी ससुराल में अपनी कड़ी मेहनत से बिटिया ने अपनी और हमारी लाज रखी।"

इतना कुछ मेरी जीजी ने चुपचाप सहन किया था। बाबूजी को कभी कुछ न लिखा, न बताया। पूरे डेढ़ साल बाद जब वह घर आईं तब बीमार, पीली पड़ी, कमज़ोर व गर्भवती थीं। अम्मा-बाबूजी को तब सारा हाल मालूम हुआ। उनकी इस दशा से दोनों को मार्मिक पीड़ा हुई।

किशोरी लाल की तरफ़ से भी उन्हें कोई तसल्ली नहीं थी। वैसे वह बहुत ही सीधे, सच्चे, मेहनती लड़के थे। भाईसाहब वाली चालाकी और फ़िज़ूल ख़र्चों से कोसों दूर, पर दुनियादारी और व्यावहारिक बुद्धि से वंचित होने की वजह से चालाक दोस्तों ने उन्हें ख़ूब लूटा। बाबूजी ने अपनी गाढ़ी कमाई के पाँच सौ रुपये लगाकर, रजमन में स्टेशनरी की एक दुकान उन्हें खुलवाई पर सालभर में ही उसका भट्ठा बैठ गया!, क्योंकि दोस्तों ने सामान उधार-खाते ख़रीदा और वह उधार चुकाया कभी नहीं। किशोरी लाल को फिर खिलौनों की दुकान खुलवाई, पर वही ढाक के तीन पात—वह तो छह महीने में ही बन्द हो गई जबकि न उन्होंने दुकान का माल बेच खाया, न जुए-शराब में हारा—बस यार-दोस्तों ने ही दोनों बार किशोरी लाल के सीधेपन का फायदा उठा कर धन्धा जमने ही नहीं दिया। अब उनका सारा समय तकली कातने मैला खद्दर का धोती-कुर्ता पहने बड़े-बड़े आर्यसमाजी नेताओं की सेवा करने में लगने लगा।

बड़े भाई ने अपनी मित्र-मंडली बना ली थी! ड्रामे खेलते थे। वैसे बाबूजी ने कर्नल साहब से सिफारिश करके उन्हें गैरिसन इंजीनियर (जी.ई.ओ.) विभाग में क्लर्क लगवा दिया था। यहाँ पेपर वर्क था। ऊपरी आमदनी की कोई गुंजाइश नहीं थी। माँ वैसे अब अपने लिए काफ़ी सन्तुष्ट थीं। बाबूजी का वेतन सौ रुपये था; वह इतना उनके हाथ पर रखते थे कि उन्होंने अपनी बचत से ही कई ज़ेवर बनवाए—कड़े, पहुँवी, गुलूबन्द, चम्पाकली और बालियाँ इत्यादि। बड़ी के गहनों को उन्होंने कभी हाथ नहीं लगाया। ख़ूब भारी आभूषण थे—आठ तोले के झुमके थे। तब कोई ग्राम नहीं था। तोला साढ़े ग्यारह ग्राम का है। पाँच तोले की एक छटाँक होती थी; उनके झुमके डेढ़ छटाँक से भी ज़्यादा वज़नी थे (आज के हिसाब से 95 ग्राम के); ठोस सोने के डायमंड कट कर्णफूल—नीचे सोने के मोतियों से गुंथे झुमके, ऊपर डेढ़ तोले की कनौतियाँ। और उनमें दो सोने के काँटे, जिन्हें वह जूड़े में अटका लेती थीं, वरना तो वे झुमके कान की लौ ही काट देते। इतने सुन्दर झुमके आज भी मैंने किसी के पास नहीं देखे। मेरी माँ गोरी-चिट्टी भारी शरीर की महिला थीं, जिन्हें पहनने-ओढ़ने और सँवरने का ख़ूब शौक़ था। पूरे मोहल्ले में सबकी जेठानी थीं। अच्छा-ख़ासा उनका रौब था।

अब कुछ अपनी क़था कहूँ—माँ सनातनी-व्रत-त्योहार एक न छोड़तीं—करवाचौथ, शिवरात्रि, जन्माष्टमी के सभी व्रत रखतीं। श्रद्धा से जल चढ़ातीं, पूजा-अर्चना करतीं। उसी तरह पूरे जोश से आर्यसमाज के जुलूसों में जातीं। किसी के भी

पूछने पर उनका यही उत्तर था—"देखो भाई! मेरे माँ-बाप सनातनी थे। सो जन्म के संस्कारवश सनातनी हूँ। पति आर्यसमाजी हैं, सो मुझे आर्यसमाजी तो होना ही पड़ेगा।" समाज को चन्दा देती थीं। पढ़ी-लिखी न होने पर भी 'ओम भुर्भव: स्व:' 'सर्वे भवन्तु सुखिन:' जैसे कुछ श्लोक उन्हें कंठस्थ थे। हर रविवार को दो-चार आर्यसमाजी महिलाओं के साथ बैठकर हवन करा देतीं। प्रभातफेरी में भी हिस्सा लेतीं।

बाबूजी आर्यसमाजी थे, पर वे समाज के जलसों में शायद ही कभी गए हों। उनका कहना था कि आर्यसमाजी भी कम ढोंगी नहीं। सहभोज में पत्तल में रखी पूरी-कचौड़ी, हलवा खा लेंगे, पर उड़द की दाल छोड़ देंगें। अगर कोई शुद्धि करा कर हिन्दू बन भी जाए तो उसे कोई अपनी बेटी नहीं देगा।

इसका एक उदाहरण मुझे याद है। राधेश्याम नामक एक युवक (जाति स्मरण नहीं) किसी मुस्लिम कन्या के प्रेम में पड़कर मुसलमान बना। शादी की, पर फिर नहीं बनी और तलाक़ के बाद लड़की बाप के घर चली गई। तब आर्यसमाजियों ने सदर के आर्यसमाज मन्दिर में उसकी शुद्धि कर दुबारा उसे हिन्दू बनाया। उसके हाथ का सभी ने पानी पिया, पर बाद में उसका छुआ न कोई खाता था, न उसके चाहने पर भी किसी ने उसे अपनी बेटी देनी चाही। अन्त में उस भेदभाव से त्रस्त होकर वह दुबारा मुसलमान हो गया। किसी भी सामाजिक और धार्मिक सुधार को जनसामान्य की स्वीकृति मिलने में बड़ी देर लगती हैं।

खाने-पीने, छुआछूत के संस्कारों की जड़ें तो गहरी थीं ही; लड़कियों की शिक्षा के सम्बन्ध में भी तरह-तरह के प्रलोभन आर्यसमाजी कार्यकर्ता दिया करते थे। मैं पाँच साल की हो गई थी। घर पर समाज की महिलाएँ आकर समझातीं—"आपकी बिटिया पाँच साल की हो गई। अब तो इसे पढ़ने भेजिए।"

माँ ने मुझे गोद में चिपका कर कहा, "पाँच की है तो क्या हुआ? अभी कितनी छोटी है? रास्ता ही भूल जाएगी।"

वे फिर समझा कर बोली, "कौन-सा इसे अकेले आना-जाना है? बुलाने-छोड़ने का काम स्कूल वाली आया ही करेगी।"

माँ अब कोई बहाना न कर सकी और मुझे स्कूल भेज दिया गया। पहले दिन खुशी-खुशी सदर कन्या पाठशाला गई। स्कूल कक्षा चार तक था। प्राइमरी के दो भाग थे अ-ब, फिर पहली, दूसरी इत्यादि। 'अ' 'ब' में उस समय के लिहाज़ से मेरी उम्र की लड़कियाँ भी नहीं थी, क्योंकि उससे पहले तो कोई लड़कियों को स्कूल भेजता नहीं था—सब छह-सात साल की थीं। मैं पाँच की हुई ही थी। दूसरे, वैसे भी कद में मैं अपनी उम्र से छोटी और दुबली थी। सभी बच्चों के पास मुलतानी मिट्टी से पुती तख़्ती, काली स्याही की दवात और सरकंडे की कलम थी। अध्यापिका जैसे कटखन्ने बना कर उन पर अ, आ, इ, ई लिख देती और बच्चों को उसकी नक़ल करने को कहा जाता। बच्चियाँ ग़लती करने पर डाँट खातीं, फिर पानी से तख़्ती धोती, पोतती, सुखातीं और सही लिखकर दिखातीं। मुझसे कटखन्ने नहीं बने। दूसरों को डाँट खाते देख मुझे डाँट का डर लगा। बहनजी अभी मेरे पास आकर तख़्ती देखेंगी और फटकार

लगाएँगी। डाँट मेरे लिए सबसे बड़ी सज़ा थी। बाबूजी के लाड़-प्यार के साथ-साथ उन्हीं के स्पेशल ट्रीटमेंट की वजह से माँ तक मुझे चाह कर भी डाँट नहीं पाती थीं। बस, मैंने अपनी जगह पर बैठे-बैठे रोना शुरू कर दिया। मेरे साथ मोहल्ले की एक लड़की लीला भी जाती थी, जो मुझसे दो साल बड़ी थी। उसे कटखन्ने बनाने आते थे। उसने पूछा, "निक्की! रो क्यों रही है? क्या अम्मा याद आ रही है?"

"नहीं" मैंने सिर हिलाया, "ये कटखन्ने नहीं बन रहे हैं। अब भैनजी डाँटेंगी।"

लीला को पता था, माँ मुझे रोज़ दो लड्डू दोपहर छुट्टी में खाने के लिए दिया करती थी। उसने सोचकर कहा, "मैं तेरे कटखन्ने लिख दूँगी, पर शर्त यह है कि तुझे अपना बेसन का लड्डू मुझे देना होगा।"

मैं छुटपन से ही मीठे की शौक़ीन थी। लीला की शर्त मानना काफ़ी मुश्किल लगा था उस वक़्त, पर डाँट का भय उससे ज़्यादा भयावह था। लीला की बात मान ली और उसने मेरी तख़्ती पर अ, आ, इ, ई फटाफट लिख दिया। पर तुरन्त ही अपनी मज़दूरी अर्थात् लड्डू भी ले लिया। तख़्ती मैंने बहन जी को दिखाई और उन्होंने राइट लगाकर दूसरी ओर भी दोबारा लिखने की आज्ञा दी। अब बड़ी मुश्किल थी—लीला ने दूसरी तरफ़ भी लिख दिया, पर मेरे हिस्से का दूसरा लड्डू भी ले लिया। डाँट से बचने के लिए दूसरे दिन भी यही शॉर्टकट मैंने अपनाया, पर उसकी जो क़ीमत चुकानी पड़ी, वह पाँच वर्षीय बालिका के लिए असहनीय थी। तीसरे दिन मैंने स्कूल जाने से साफ़ मना कर दिया और मैंने माँ को बताया, "अब हम कभी भी स्कूल नहीं जाएँगे। लीला हमारे दोनों लड्डू खा जाती है, जो आप हमें आधी छुट्टी में खाने को देती हैं।"

माँ ने आश्चर्य से कहा, "तुमको बहन जी से शिकायत करनी चाहिए थी, वह उसके कान खींचतीं।"

"वह हम कैसे कहते," भरे गले से मैंने कहा, "लीला ने हमारी तख़्ती पर कटखन्नों पर 'अ आ इ ई' जो बनाए थे, वरना हमें बहन जी की डाँट खानी पड़ती।"

"ओ हो!" माँ ने ग़ुस्से से कहा, "अगर अपना काम दूसरों से कराओगी तो यही होगा। ख़ुद लिखना सीखो। उसके लिए स्कूल जाना पड़ेगा।" पर मैं स्कूल जाने को किसी भी तरह राज़ी न हुई। बाबूजी दफ़्तर जाने को तैयार हो रहे थे। उन्होंने मेरी ज़िद को मानते हुए माँ को समझाया, "बेकार शुरू में टीचर की डाँट से और डर जाएगी। पढ़ाई डर से नहीं, प्यार से होती है। मैं प्राइमरी तक का पढ़ना-लिखना घर ही पर इसे सिखा दूँगा। रहने दो, कोई ज़रूरत नहीं इसे स्कूल भेजने की। बेटा, तुम जाओ गुड़िया से खेलो अपनी..." बाबूजी का इतना कहना था कि मैंने बस्ता पटका और यह जा, वह जा...। माँ देखती रह गई।

मुझे याद नहीं बाबूजी ने कब और कितने दिनों में वर्णमाला पहचानना, पढ़ना और लिखना सिखाया। हाँ, इतना ज़रूर याद है कि जीजी भी करनाल से, सावन में घर आई हुईं थीं, सो उन्होंने बाबूजी की जगह ले ली, और धीरे-धीरे मैं हिन्दी पढ़ना, जोड़ना-घटाना और बारह तक पहाड़े सीख गई। सन् '26 में जुलाई में जीजी मुझे

लेकर फिर सदर कन्या पाठशाला गईं। उनका ख़याल था कि मुझे दूसरी कक्षा में दाख़िला मिल जाएगा। हेडमिस्ट्रेस ने मेरी परीक्षा ली। हिन्दी की पुस्तक मैंने फटाफट पढ़ डाली, पहाड़े सुना दिए, इमला में भी कोई ग़लती नहीं की, पर शब्दों के अर्थ बताने में मैं अटक गई। उन्होंने पूछा, "सायंकाल का अर्थ क्या है?"

मैंने उत्तर दिया, 'सवेरा' इसी तरह दो-एक शब्दों के अर्थों का अनर्थ कर दिया।

हेडमिस्ट्रेस ने जीजी से कहा, "बच्ची को हम पहली कक्षा में लेंगे। अभी यह बहुत बड़ी भी नहीं है और आसानी से पहली अच्छे नम्बरों से पास करेगी; दूसरी का कोर्स इसे भारी पड़ेगा।"

मैं पहली कक्षा में पूरे वर्ष रही। अपनी तीव्र बुद्धि और ग्रहण-शक्ति के कारण अध्यापिका की प्रशंसा का और अपनी सहपाठिनों की ईर्ष्या का पात्र बनी। मार्च के अन्त में वार्षिक परीक्षा हुई। परीक्षक थे, आर्यसमाज के प्रधान।

इस परीक्षा के दौरान मुझे अपना दृष्टि-दोष पहली बार पता चला। इसका आभास पहले कभी नहीं हुआ, क्योंकि कक्षा में हमेशा पहली पंक्ति में बैठती थी। घर में कोई ऐसी परिस्थिति ही उत्पन्न नहीं हुई। सिनेमा वग़ैरह देखने घर की स्त्रियाँ आमतौर कम जाती थीं। न वह उस समय इतना लोकप्रिय मनोरंजन का साधन ही था। मैं मायोपिक हूँ (अर्थात् दूर की नज़र कमज़ोर है) यह तब पता चला, जब मैं ब्लैकबोर्ड से दूर पंक्ति में पीछे बैठी। उस पर लिखे गणित के सवाल मैंने सब ग़लत उतारे। वे सभी प्रश्न गणित-पुस्तिका से थे। जोड़, घटाने का, गुणा और भाग का सवाल था। सबसे पहले उन्हें हल करके मैंने स्लेट प्रधानजी के पास जमा कर दी। कक्षा अध्यापिका तुरन्त वहाँ गईं। उन्हें विश्वास था कि मेरे सब सवाल सही होंगे, पर दूर से ही पीछे खड़े होकर उन्होंने देखा, उत्तर-पुस्तिका से प्रधान जी ने उत्तर मिलाए और सारे सवालों पर ग़लत (ग) का चिह्न लगाकर रख दिया। कक्षा-अध्यापिका आश्चर्यचकित थीं क्योंकि मैं हिसाब में बहुत तेज़ थी। वे दौड़कर मेरे पास आईं और फुसफुसाकर बोलीं, "ये क्या गज़ब किया, किन्नो! सवालों को दोबारा दोहराया नहीं तुमने? सारे उत्तर ग़लत हैं।"

मैं सिर हिलाकर बोली, "बहन जी! नहीं, ऐसा हो ही नहीं सकता। प्रधान जी ख़ुद करके देख लें।"

मेरी अध्यापिका मेरा आत्मविश्वास देखकर मुझे उनके पास लेकर गईं और बोलीं, "प्रधान जी! यह बच्ची कहती है उसके सब सवाल सही हैं।"

वे बोले, "आप भी क्या बात करती हैं! गणित-पुस्तिका के सवाल हैं। उत्तर-माला साथ में है।"

मैंने हिम्मत करके कहा, "मैं उत्तर-माला की बात नहीं जानती, पर आप सवाल ख़ुद करके देख लें।"

प्रधान जी ने ज़रा टेढ़ी आँख करके मुझे देखा। फिर पता नहीं क्या सोचा कि स्लेट-उठाई और उन्हें स्वयं हल करने लगे। उन्हें बड़ा आश्चर्य हुआ। चारों उत्तर मेरे सही थे—जब उन्होंने मेरे अंकों को ब्लैकबोर्ड के हिस्सों से मिलाया, तब बोले,

"सवाल तो तुम्हारे सही हैं, पर तुमने ब्लैकबोर्ड के अंकों को ग़लत क्यों उतारा है?"

मैं बोली, "जहाँ मैं बैठी थी, वहाँ सवाल साफ़ नहीं दिखाई दिए मुझे।" प्रधान जी यह सुनते ही बोले, "ओह! तो इस बच्ची की दूर की नज़र क़मज़ोर है। इसके पिता को लिख कर भेजो, आँखों की जाँच कराकर नम्बर लें। चश्मा लगाकर ही यह दूर का देख सकती है।"

गणित में पूरे अंक मिले। अब भूगोल की बारी थी। मेरठ का भूगोल पूछा गया-तहसील, परगने, नदियाँ, कहाँ क्या बनता है इत्यादि-इत्यादि। प्रधान जी सबके चटपट उत्तर सुन कर मज़ाक़ से बोले—"अच्छा बताओ किन्नो, मेरठ में कितनी धर्मशालाएँ हैं?" भूगोल की पुस्तक में यह तो लिखा नहीं था।

मैंने पलट कर कहा, "वाह! जो बात पुस्तक में लिखी ही नहीं, वह आप क्यों पूछ रहे हैं? हमें तो बस एक धर्मशाला का पता है—लाला मुरलीधर की धर्मशाला, जहाँ मोहल्ले की बारातें ठहरती हैं। धर्मशाला के लिए आप हमारे नम्बर मत काटिएगा।" वे ज़ोर से हँसकर मेरी कक्षा अध्यापिका से बोले, "इतनी तेज़ छात्रा के लिए मैं आपको बधाई देता हूँ।"

इस तरह मैं दूसरी कक्षा में आ गई। पहली कक्षा का साल समाप्त हो गया। इस कक्षा में प्रवेश पाने के दो महीने बाद ही एक घटना ऐसी घटी थी कि मैं आज तक नहीं भूली। स्कूल में सबसे पहले प्रार्थना होती थी, फिर एक भजन। उसके बाद छात्राएँ कक्षाओं में जाती थीं। जालन्धर, आर्य विद्यालय से प्रकाशित एक प्रार्थना-पुस्तक स्कूल में लगी हुई थी। उसमें चार कक्षाओं के लिए चार प्रार्थनाएँ थीं। पहली की थोड़ी छोटी, भाषा भी सरल—फिर दूसरी, तीसरी, चौथी की प्राथनाएँ उत्तरोत्तर बड़ी व कठिन हिन्दी में थीं। प्रत्येक कक्षा की प्रार्थना उस कक्षा की छात्राओं को याद करनी होती थी। सोमवार को पहली कक्षा, मंगल को दूसरी कक्षा—बस, इसी तरह क्रम चलता रहता। उसी कक्षा की एक या दो लड़कियाँ पहले बोलतीं, उसके पीछे हॉल में खड़ी सारी छात्राएँ प्रार्थना बोलतीं। सभी लड़कियों को निःशुल्क प्रार्थना-पुस्तक दी गई थी। हर कक्षा में एक या दो लड़कियों को ही अपनी प्रार्थना याद हो पाती थी। वही अपनी कक्षा का नियम से प्रार्थना सभा में प्रतिनिधित्व कर दिया करती थीं। मुझे भी यह पुस्तक पहली कक्षा में मिली। मैंने पहले अपनी वाली प्रार्थना व भजन याद किए, फिर दो-चार-दस दिन में पुस्तक के सारे भजन व शेष प्रार्थनाएँ भी कंठस्थ कर लीं।

बुधवार का दिन था। तीसरी कक्षा की प्रार्थना की बारी थी। बड़े हॉल में सवेरे सब प्रार्थना सभा में एकत्रित थे। अध्यापिका-संचालिका ने कहा, "तीसरी कक्षा की छात्राओं में से मंच पर एक-दो छात्राएँ आएँ।" तीसरी कक्षा वाली पंक्ति में सब एक-दूसरे का मुँह देखने लगीं। संयोगवश, उस दिन वे दोनों ही लड़कियाँ अनुपस्थित थीं, जो प्रार्थना गाया करती थीं। अध्यापिका ने दो मिनट बाद दुबारा पुकारा, तब एक लड़की ने उनसे हिम्मत करके बताया, "बहन जी! द्रौपदी और माया को ही प्रार्थना याद थी। वे दोनों ही स्कूल नहीं आईं।" बहन जी थोड़ा नाराज़ हो गईं। फिर सभी

छात्राओं की तरफ़ देखते हुए उन्होंने पूछा—"क्या किसी और कक्षा की लड़की को कोई भी प्रार्थना याद है? वही सामने आकर प्रार्थना आरम्भ कराए।" सब चुप! मैंने साहस करके हाथ उठाया और कहा—"बहन जी! मुझे याद है...मैं बोलूँ..."

अध्यापिका ने पहली कक्षा की पंक्ति में कद के अनुसार नई आई सबसे छोटी लड़की की तरफ़ देखा और शंकित स्वर में कहा, "याद है प्रार्थना!" मैंने इस बार विश्वासपूर्वक बोला, "हाँ।" बहन जी ने मुझसे फिर मंच पर आकर प्रार्थना बोलने के लिए कहा।

मैं वहाँ पहुँच कर खड़ी हो गई और हाथ जोड़कर, नेत्र मूँद लिये, और गाने लगी, "हे परम् पिता परमेश्वर...। शुद्ध उच्चारण से, पूरी प्रार्थना में, एक पंक्ति मैं बोलती, उसके बाद अन्य छात्राएँ अनुगमन करतीं। प्रार्थना समाप्त होने पर, बहन जी ने मेरी पीठ ठोंकी और तीसरी कक्षा की ओर देखते हुए कहा, "देखो! इस पहली कक्षा की नई आई छोटी-सी लड़की को तीसरी कक्षा की कठिन व लम्बी प्रार्थना याद है, पर तुम्हें नहीं। यह शर्म की बात है...।" भजन के बाद प्रार्थना सभा समाप्त हुई। जब सब, लाइनों में, अपनी-अपनी कक्षाओं की ओर जा रहे थे, अध्यापिकाएँ तो चली गई, बराबर से गुज़रती तीसरी कक्षा की एक बड़ी लड़की ने मेरी पीठ पर ज़ोर का धौल जमाया, "तुझे क्या पड़ी थी हमारी प्रार्थना बोलने की? बहन जी अपने आप ही पुस्तक से प्रार्थना करवातीं।" पीठ पर थप्पड़ खाकर मन की सारी प्रसन्नता हवा हो गई। जी में आया उस लड़की की शिकायत बहन जी से करूँ, पर कहीं ये बड़ी लड़कियाँ मेरी और पिटाई न करें, इस डर से मैं चुपचाप वह सब सह गई।

उसके बाद तो यह सामान्यत: हो ही जाता था मानो वह भी एक नियम बन गया था कि जिस भी दिन किसी भी कक्षा में प्रार्थना के नेतृत्व की समस्या आती, मैं ही मंच पर आकर प्रार्थना को सम्पन्न कराती थी। पूरी पाठशाला में इस तरह शिक्षक वर्ग में मुझे प्रशंसा और लोकप्रियता, दोनों मिली, पर अन्य छात्राओं की ईर्ष्या और क्रोध का भाजन भी मैं ही बनती थी। इस मजबूरी को मैं क्या कहूँ?

दूसरी कक्षा की पढ़ाई शुरू हुई। शीघ्र ही घर पर बाबूजी से पढ़कर दूसरी कक्षा के गणित का कोर्स मेरा पूरा हो गया। भूगोल, स्वास्थ्य-रक्षा एवम् हिन्दी ख़ुद ही घोटा लगाकर पूरी कर ली। तिमाही परीक्षा में वही प्रधान जी परीक्षक थे। उन्होंने कठिन-से-कठिन प्रश्न पूछे; मैंने भी एक के बाद एक का सही उत्तर दिया। अन्तत: उन्होंने मेरी कक्षा अध्यापिका से कहा, "बहन जी! आप इसे तीसरी कक्षा में प्रमोट कर दें। इसको अभी ही दूसरी का पूरा कोर्स आता है।"

डबल प्रमोशन की बड़ी ख़ुशी थी। दूसरे दिन मैं तीसरी कक्षा में गई। बाबूजी पहले से ही तीसरी की सारी किताबें बाज़ार से ले आए थे। पहले दिन नई अध्यापिका ने मुझे समझाया, "वे सारी लड़कियाँ तिमाही तक का कोर्स कर चुकी हैं। तुम्हें मैं किताबों पर निशान लगा देती हूँ। उतना सारा भाग हर विषय में तुम्हें घर पर करना होगा। हाँ, जहाँ समझ में न आए, मुझसे पूछ लेना। कक्षा में आगे का साथ-साथ पढ़ाया जाएगा।"

मेरे लिए इतना आश्वासन बहुत था। रुपये, आने, सेर, पाई; मन, छटाँक का गुणा-भाग और बटे के सवाल मैंने बाबूजी से सीख लिये। केवल कठिन शब्दों के अर्थ बहन जी से पूछने पड़ते थे। दो महीने में मैं कक्षा की लड़कियों के समकक्ष ही नहीं आ गई, बल्कि उनसे कुछ में आगे भी निकल गई।

पर पढ़ाई में भले ही मैं अव्वल रहती, उम्र में छोटी और कक्षा में नई होने से सहपाठिनियों का असहयोग झेलना पड़ा। अकेली रह जाती थी आधी छुट्टी में। दूसरी की लड़कियाँ आधी छुट्टी में मेरे साथ न रस्सी कूदतीं, न खातीं बल्कि ताने से बोलती, "न भई, अब हम तुम्हारे साथ थोड़े ही हैं? तीसरी कक्षा की साथिनों के साथ जाकर खेलो।"

वहाँ जाती तो उनका कहना था, "उहँ! कक्षा में कूद कर आ जाने से क्या होता है? हो तो तुम दूसरी कक्षा की। वहीं जाकर खेलो..."

बस, इसी विवशता में सारी खेल की छुट्टी में मैं स्कूल का 'घर का काम' (होमवर्क) कर लेती या स्कूल का पाठ्यक्रम ही बार-बार घोटती रहती। नवम्बर आने पर अर्द्धवार्षिक परीक्षा होनी थी।

एक दिन चौथी कक्षा की अध्यापिका, जो एक तरह से हेडमिस्ट्रेस के बाद थीं, तीसरी कक्षा में आईं और बोलीं, "लड़कियो, इस बार चौथी कक्षा में वार्षिक परीक्षा देने वाली एक ही छात्रा शकुन्तला है। दो लड़कियों की शादी होने वाली है, वे घर बैठ गईं। तीसरी के पिता का तबादला कानपुर हो गया, वह भी चली गई। तुममें से अगर कोई ट्यूशन घर पर लगाकर चौथी कक्षा की पढ़ाई करके तैयारी कर सके तो उसकी वार्षिक परीक्षा के लिए अपना नाम दे सकती हैं।"

उन दिनों चौथी कक्षा की बोर्ड की परीक्षा थी; जो वहाँ के क्रिश्चियन मिडिल स्कूल में एक आयरिश इंस्पेक्ट्रेस की देख-रेख में होती थी। यह सन् '29 का वर्ष था। कलावती नाम की एक विधवा युवती भी तीसरी में पढ़ रही थी। वह चौथी पास करके अपने गाँव या ससुराल के स्कूल में पढ़ना चाहती थी। उसने खड़े होकर अपनी इच्छा बताई। एक सुपरिंटेंडेंट की चौदह साल की लड़की कमला भी खड़ी हो गई। वह भी चौदह साल की थी। खड़ी होने वाली लड़कियों में एक धनी परिवार की लड़की पुष्पा भी थी। उम्र में यह भी उन्हीं के बराबर थी।

मैं पढ़ाई में इनमें से कम न थी। सो मैं भी खड़ी हो गई। ज्ञानवती बहन जी मेरे पास आकर बोलीं, "किरण, तुम तो अभी-अभी दूसरे में प्रमोशन लेकर आई हो। तुम क्यों खड़ी हो गई?"

"जितना कमला, पुष्पा और कला को आता है, उतना मैंने भी पढ़ा है। अगर वे खड़ी हो सकती हैं, तो मैं क्यों नहीं?" मैंने उत्तर दिया। ज्ञानवती ने समझाते हुए मुझसे कहा, "कमला-पुष्पा घर पर मास्टर लगा लेंगी। कलावती तो लड़की नहीं, पूरी महिला है, उसकी समझ तुम सब से ज़्यादा है। तुम क्या कर पाओगी?"

मैंने कहा, "मेरे बाबूजी रिटायर हो चुके हैं, इसीलिए हम ट्यूशन नहीं लगा सकेंगे, पर अगर आप सिर्फ़ गणित का मुझे करा दें, स्वास्थ्य-रक्षा और हिन्दी मैं ख़ुद

ही तैयार कर लूँगी। हमारे घर पर हिन्दी का कोश है—हमारी जीजी ने ख़रीदा था।"

ज्ञानवती हँसकर बोली, "तुम्हारी हिम्मत की तो दाद देनी पड़ेगी, पर याद रखना, अगर चौथी में फेल हो गई तो तुम्हें तीसरी की परीक्षा भी देनी होगी। तभी चौथी में लूँगी। बोलो, मंजूर?"

"मंजूर!" मैंने हामी भर ली।

अब मैं चौथी कक्षा की तैयारी में जुट गई। चौथी में गणित का कोर्स काफ़ी था—पाँचों प्रकार के ब्याज, लाभ-हानि व कोष्ठक के सवाल थे। मैं गणित के लिए ज्ञानवती जी के घर जाने लगी। शेष विषय हालाँकि ख़ुद ही घर पर पढ़ रही थी। फिर भी उनसे भी जहाँ मदद चाहिए होती, वह मेरी सहायता करती थीं। स्वभाव उनका कड़ा था, पर मेधावी, जिज्ञासु विद्यार्थी की शंका समाधान करने या पढ़ाते समय बार-बार समझाने में कभी आलस्य नहीं करती थीं। बस, चौथी कक्षा की तैयारी में जिस विषय पर मैं बिल्कुल ध्यान नहीं देती थी—वह था ड्राइंग। घर पर कोई बताने वाला नहीं था। ज्ञानवती जी ने अवश्य एक-दो बार पेंसिल से प्याला, प्लेट और गिलास की आउटलाइन खींच कर दिखाई थीं, पर मैंने उसका अभ्यास न करके सारा समय गणित में लगाया, जो मेरा प्रिय विषय था।

परीक्षा का दिन आ गया। सदर क्रिश्चियन-स्कूल में सेंटर था। बड़े-से हॉल में नगर के सभी चौथी तक के प्राइमरी स्कूलों से छात्राएँ परीक्षा देने आई थीं। पहला पर्चा ड्राइंग का था। पीपल का पत्ता बनाना था। मैं ड्राइंग में यूँ ही ज़ीरो थी—उस पर ग़ज़ब यह हुआ कि मेरे पीछे जो लड़की बैठी थी, उसके पास शायद अपनी रबड़ नहीं थी, सो उसने मेरा रबड़ खिसका लिया। सामने कुर्सी पर आयरिश-निरीक्षिका-मिस रीड सफ़ेद टॉप लाल स्कर्ट हाई-हील्ज़ की सेंडिल पहन कर चश्मा लगाए रौबदार कठोर मुद्रा में परीक्षार्थियों पर कड़ी निगाह रख रही थीं। पहली बार रौबीली गौरवर्णा अंग्रेज़ औरत मैंने देखी थी—आश्चर्य मिश्रित भय से मेरी सिट्टी-पिट्टी गुम थी—भला मुड़कर पीछे वाली लड़की से अपनी रबड़ कैसे माँगती? चुपचाप कोरे ड्राइंग पेपर पर अपना नाम, कक्षा, तिथि इत्यादि पेंसिल से लिखकर, बिना एक भी रेखा खींचे जमा कर दिया।

सोच लिया, फेल तो होना ही है, पर डर के मारे ज्ञानवती जी को कुछ भी नहीं बताया। सोचा, पूरी परीक्षा में बैठूँगी। अगले साल तीसरी पास करने के बाद मैं फिर यह चौथी का इम्तहान दे दूँगी। बाबूजी के शब्द मुझे याद रहे, "बेटे, फेल हो जाओ, तो दिल छोटा मत करना। दूसरी से तीसरी में प्रमोशन भी कोई छोटी बात नहीं है।"

परीक्षा समाप्त हो गई और मैं पुन: नियमित रूप से स्कूल जाने लगी। डेढ़ महीने बाद परीक्षा-फल निकला। केवल शकुन्तला पास हुई थी। ज्ञानवती बहन जी ने कला-पुष्पा और कमला से कहा, "तुमने मेरी नाक कटवा दी। ट्यूशन लगाने के बाद भी कोर्स पूरा नहीं किया?" तीनों ने अपना मुँह स्लेट से ढँक लिया। उनकी देखा-देखी मैंने भी अपना चेहरा स्लेट से छिपा लिया। ज्ञानवती मेरे पास आईं और

प्यार से चपत लगाकर बोली, "आपको तो घर पर कोई बताने वाला नहीं था। जबरदस्ती ही बैठ गई थी न!' बात आई-गई हो गई। मैं दुबारा चौथी में आ गई। मेरा कोर्स पूरा था, इसलिए टीचर ने मुझे तीसरी कक्षा की विद्यार्थियों को भूगोल पढ़ाने का काम सौंप दिया। चार दिन बाद मिस रीड के यहाँ से एक चपरासी आया। साथ में एक चिट्ठी थी। बहन जी को उसने वह चिट्ठी दे दी। चपरासी फिर कहने लगा, "आपके स्कूल की एक और लड़की पास हुई है। ग़लती से उसका नाम छूट गया था। इस लिफ़ाफ़े में उसी का प्रमाण-पत्र है।"

ज्ञानवती जी की ख़ुशी का ठिकाना नहीं था। प्रमाण-पत्र देखते ही वह मेरे पास आई और मेरी पीठ पर शाबाशी देते हुए कहने लगीं, "लो भई किरण! हमारे स्कूल से तो तुम्हें छुट्टी मिल गई। तुम दूसरी श्रेणी में चौथी पास हो गई हो।"

आश्चर्यमिश्रित प्रसन्नता से मैं पुलक उठी। घर पर बाबूजी सहित सभी बहुत ख़ुश हुए बाबूजी बाज़ार से लाल किनारी की सफ़ेद इकलाई की धोती ख़रीदकर लाए। एक सेर मिठाई ली। फिर मुझे साथ लेकर ज्ञानवती जी के घर गए। कृतज्ञतापूर्वक मेरी ओर से उन्हें धोती-मिठाई भेंट में दी। ज्ञानवती जी ने मुझे उससे भी बड़ा उपहार दिया। जिन पुस्तकों से उन्होंने लोअर मिडिल पास किया था, वे जिल्द सहित उनके पास थीं। उन दिनों हर दूसरे साल, कोर्स नहीं बदला करते थे। सो वे पुस्तकें मुझे उन्होंने उपहार में दे दीं, पर बाबूजी नहीं माने। उन्होंने ज्ञावनती जी को उन पुस्तकों का सेकेंड हैंड वाला मूल्य लेने को विवश कर दिया।

इस बीच परिवार के दूसरे सदस्यों के साथ भी बहुत कुछ हुआ था। सन् '25 में जीजी के जब पहला लड़का पैदा हुआ, तब माँ ने अपनी हैसियत से अधिक सामान बहन के छूछक में दिया—सास का जोड़ा, फुफिया सास का जोड़ा, जीजा जी के व जीजी के जोड़े; बच्चे के सात जोड़े, छोटी रज़ाई और चाँदी के कड़े आदि। मध्यवर्गीय परिवारों में इतना छूछक सम्मान की दृष्टि से देखा जाता था। कनस्तर भरकर पंजीरी, गोंद-मेवा के लड्डू रखे। बाबूजी को मालूम हो गया था कि उनकी बेटी तकलीफ़ में ही होगी, क्योंकि दामाद का हक़ीमी का काम करनाल में कुछ मन्दा ही चल रहा था। कुछ कह नहीं सकते थे बाबूजी। बस, मजबूर थे।

दो साल बाद जीजी के दूसरा बेटा पैदा हुआ। उसके लिए भी उतना ही सामान दिया गया, पर दुर्भाग्य से बारह दिन बाद ही वह जीजी की गोद सूनी करके चला गया। बाबूजी ने इस बार जीजा जी को करनाल से मेरठ बुलवा लिया और हक़ीमी की दुकान खुलवा दी। सदर बाज़ार की यह दुकान प्रभु की कृपा से चल निकली। बाबूजी अति प्रसन्न थे। चार वर्षीय नाती उनके गले का हार बना हुआ था, परन्तु शायद विधाता ने मेरी जीजी के भाग्य में सुख-चैन लिखा ही नहीं था। इसमें कुछ दोष उनका अपना भी था। माँ कहा करती थीं, "बिब्बी भी बड़ी जिद्दी है। मैंने इशारों में बहुतेरा समझाया—मायका है तो क्या, जब यहीं रहना है तो दामाद जी को कोई तकलीफ़ नहीं हो—इसका ख़याल तुम्हीं ने रखना है।" हमारे यहाँ रात का खाना आठ बजे तक बन जाता था। बड़े भाई खाना खाकर सैर करने चले जाते थे। उन्होंने

'भारत-नाटक-समाज' के नाम से एक ड्रामा क्लब भी खोला था। बाज़ार की दुकानों पर ऊपर मकान भी थे। वहीं किराये पर एक कमरा लेकर भाई साहब अपने मित्रों के साथ नाटकों की रिहर्सल किया करते थे। रात में ग्यारह-साढ़े ग्यारह से पहले वे कभी घर नहीं आते थे। माँ जीजी से कहतीं, "तू जाकर लक्ष्मी नारायण को दूध दे आ। उनके हाल-चाल पूछ ले।" पर जीजी कभी उनके कमरे में नहीं जाती थीं। जीजी को शायद इस बात की लाज आती थी कि बाबूजी ने उन्हें पुकारा और वह ऊपर से उतरीं तो क्या होगा?

माँ ने सुझाया भी, "बाप हैं तो क्या, वह क्या साधू-संन्यासी हैं? उन्हें भी दुनियादारी की समझ है।" पर जीजी ने बात नहीं सुनी।

नतीजा अच्छा नहीं निकला। जीजा जी की दुकान के पीछे एक मुसलमान दरोगा रहते थे। उनके पिछवाड़े का दरवाज़ा दुकान में खुलता था। उनका मकान मालिक एक ही था। दरवाज़े पर वैसे ताला पड़ा रहता था। इश्क़ में पहाड़ टूट जाते हैं—तालों की क्या हस्ती थी? उन दरोगा साहब की जवान कन्या और जीजा जी में उम्र और ज़रूरत के मुताबिक इश्क़ हो गया। ये इश्क़ छिपता भी नहीं। ज्यों ही दरोगा जी को भनक लगी, वे तुरन्त बाबूजी के पास आए। उन दोनों के सम्बन्ध बरसों से शराफ़त की वजह से अच्छे बने हुए थे। उन्होंने अपने ग़ुस्से को पीकर दृढ़ स्वर में कहा, "बाबू रामफल जी, आपका दामाद न होता तो अपनी इज़्ज़त पर हाथ डालने वाले को मैं किसी भी जुर्म में फँसा कर जेल में चक्की पिसवाता। आप तुरन्त उन्हें यहाँ से रवाना कर दो वरना..."

बाबूजी तो सकते में आ गए। दामाद से क्या कहें? कैसे कहें? घर आकर माँ को बताया। माँ ने फिर जीजा जी से क्या कहा, मेरी बाल-बुद्धि में न आया, पर वे दूसरे ही दिन करनाल चले गए। कुछ दिन बाद जीजी भी चली गईं। कैलाश को बाबूजी ने नहीं जाने दिया। वो भी नाना से बेहद हिला हुआ था। माता-पिता के साथ जाने को तैयार ही नहीं था।

मेरी माँ, आस-पड़ोस में हमेशा वक़्त ज़रूरत पर सबके साथ खड़ी होती थीं। घर का काम-धाम निबटाने के बाद लहँगा-ओढ़नी डाली और सबका हाल-चाल पूछने निकल जातीं। आस-पास में ज़रूरतमन्द जो होते, उनको चाहे रुपये हो, किसी चीज़ की ज़रूरत हो या परेशानी के वक़्त सलाह की—मेरी माँ हर एक के वक़्त पर काम आतीं।

सवेरे आठ बजे ही मोहल्ले के आठ-दस छोटे बच्चे हाथों में कटोरी थामे आँगन में लाइन से खड़े हो जाते। बाबूजी पुकार लगाते, "निक्की की माँ! तेरे फकीर आ गए।" रसोई से माँ एक बड़े कटोरे में गरमागरम दाल लातीं और एक बड़ी कड़छी से सबके कटोरे में डालती जातीं और बड़बड़ातीं, "ये रामभरोसे की दुल्हन, छोटू की भौजाई सब पूरी नवाबज़ादियाँ हैं, अपना जीभ का स्वाद देखती हैं—दाल में मुट्ठीभर तोड़ी मिर्चें और पका डाली, चाहे बेचारी बच्चों की जीभ जल जाए और आँसू टपकाते हुए खाना खाएँ..."

हमारे घर दाल में मिर्च नहीं पड़ती थी। जिसे खानी हो, वह अलग से मिर्च वाला घी बना होता था, अपनी दाल में डाल देता था।

कुछ बच्चे वहीं खड़े-खड़े दाल पी लेते तो उन्हें माँ दोबारा दाल दे देती थीं। बाबूजी अपनी डॉक्टरी वाली छोटी-सी सन्दूकची लेकर आते। किसी बच्चे की आँख में कीचड़ देखते थे तो बोरिक के पानी से धो देते। हल्दी से रँगा छोटा-सा कपड़ा पिन से बच्चे के कुरते में अटका देते और उस बच्चे से कहते : "मुन्नू! देखो इसी कपड़े से आँख पोंछना, कुर्ते से मत पोंछना। और अपनी अम्मा को भेजना...।" माँ के आने पर कहते, "बच्चे की आँखें दुःखने आ गई हैं। तुम इसे पकड़ो, मैं इसकी आँखों में दवा डाल दूँ।"

कोई मोहल्ले की बहू या सास आकर कहती, "बाबू जी, लल्ला को दस्त आ रहे हैं," तो वह बच्चे को कास्टरॉयल पिला देते और फिर मुँह में चीनी, बड़ा बच्चा हुआ तो लेमन ड्रॉप डाल देते, जिससे वह दवा उलटकर निकाल न दे।

बाबूजी के पास एक बड़ी शीशी में कुनैन की गोलियाँ भरी रहतीं, दूसरी में तारपीन का तेल—ये दोनों ही वस्तुएँ बाबूजी के दफ़्तर में फौजियों के लिए आती थीं। उनमें से अगर वे थोड़ी-सी ग़रीबों के लिए घर ले आते थे तो यह उनकी दृष्टि में कोई बेईमानी या चोरी नहीं थीं। जाड़ों में जिस बच्चे की सर्दी लगने से पसली चलती, वे तारपीन का थोड़ा तेल देकर कहते, "इसमें दो-तीन चम्मच मीठा तेल मिला लेना। रात को बच्चे की छाती-पीठ पर सिंकाई करने के बाद तारपीन के तेल से मालिश कर देना।" उन दिनों बरसात में मलेरिया बहुत होता था। इस बुख़ार में मरीज़ों को अस्पताल में भी यही कुनैन दी जाती थी, पर वहाँ उस गोली के लिए मज़दूर, कारीगर या क्लर्क को अपना आधा दिन व्यर्थ लगाना पड़ता। ऐसे समय में बाबूजी उनके काम आते थे। दस साल की होते-होते बाबूजी ने मुझे थर्मामीटर देखना सिखा दिया। मैं सवेरे ही कुनैन की दस-बीस गोलियाँ और थर्मामीटर लेकर, मोहल्ले में निकल जाती। घर-घर बुख़ार देखती और कुनैन बाँटती। साथ बाबूजी की हिदायतें दोहराती जाती, "देखो, ख़ाली पेट ये गोलियाँ मत देना, कुछ खिलाकर देना। बुख़ार है इसलिए दाल-रोटी, चावल नहीं खाना है। बाबूजी ने कहा है, दूध देना है। दूध न भी हो तो चावल के माँड़ में चीनी या गुड़ मिलाकर देना है या पानी में साबूदाना पकाकर देना इत्यादि-इत्यादि।"

तारपीन के तेल से एक मज़ेदार घटना याद आ रही है। जाड़े के दिन थे। बाबूजी कहीं बाहर गए थे। पिछवाड़े की एक कुम्हार की लड़की, बिन्दो ने माँ से आकर कहा, "बहू जी! बप्पा को तेज़ बुख़ार चढ़ा है। खाँसी के साथ-साथ छाती में भी बहुत दर्द है। मलने वाला तेल हो तो दे दो।"

माँ चौके में थी। वहीं से बड़बड़ाई, "इनकी मुफ्त की डॉक्टरी के मारे नाक में दम है। रात को भी चैन नहीं।" फिर मुझे पुकारा, "देख निक्की, बाबूजी की आलमारी में बड़ी बोतल में तारपीन का तेल रखा है। बिन्दो की कटोरे में थोड़ा-सा दे दे।"

मैं लालटेन जलाए स्कूल का काम कर रही थी। उठकर बाबूजी के कमरे में

गई। आलमारी में दो बोतलें भरी हुई रखी थीं। मैंने उसमें से एक से थोड़ा तरल पदार्थ बिन्दो की कटोरी में डाल दिया। वह लेकर चली गई।

दूसरे दिन माँ ने बाबूजी की आलमारी खोली तो मुझे पुकार कर पूछा : "निक्की, यह गंगा जल की बोतल इतनी ख़ाली क्यों है? क्या कोई माँगने आया था?"

मैंने दूर से ही उत्तर दिया, "नहीं तो अम्मा! मैंने तो बस बिन्दो आई थी न, उसे आपके कहने से तारपीन का तेल दिया था।"

माँ ने परेशान होते हुए कहा, "अरे, तारपीन के तेल में तो इतनी तेज़ गन्ध होती है। डालते समय तुझे ज़रा भी पता नहीं लगा कि वह तारपीन का तेल नहीं, गंगा जल है। दूसरी बोतल तो तारपीन के तेल की थी—जो तेरे बाबूजी परसों ही लाए थे, सो ऊपर तक भरी है। तुझे तारपीन और गंगा जल में फर्क कैसे नहीं पता चला? तारपीन की गन्ध तो ग़ज़ब की तेज़ होती है!"

मुझे तेज़ जुकाम हो रहा था, सो नाक एकदम बन्द थी। मैं वैसे भी बेध्यानी में हूँगी। ध्यान उस वक़्त स्कूल के काम में रहा होगा। सो, गन्ध पता ही नहीं चली। मैं चुप रही। माँ ने दुबारा कहा, "हे राम! बुड्ढे को बुख़ार था। पसली चल रही थी, उस पर सीने-पीठ पर उसके ठंडे गंगा जल की मालिश हो गई। ज़रूर डबल निमोनिया हो गया होगा। अब बिन्दो तेरी ख़ूब मरम्मत करेंगी।"

मेरे तो डर से प्राण सूख गए। स्कूल जाते समय पिछवाड़े बिन्दो का घर पड़ता था। अब मैं क्या करूँ? दो दिन फिर लम्बे रास्ते से घूम कर स्कूल गई। तीसरे दिन घर से स्कूल के लिए निकलने में बहुत देर हो गई थी। सो, पिछवाड़े से निकलना पड़ा। मन-ही-मन गायत्री मंत्र का जाप कर रही थी लगातार और सोच रही थी, हे भगवान! बिन्दो का बप्पा मरा न हो। वह ठीक हो। प्रभु! उसकी रक्षा करना कि तभी पीछे से बिन्दो ने पुकारा, " बीबी जी! सुनो तो।" और पास आकर बोली, "उस दिन जो आपने तेल दिया था, उससे बप्पा को बड़ा आराम आया। पसली चलनी बन्द हो गई; खाँसी भी रातभर नहीं आई। अब बप्पा को बुख़ार भी नहीं है।"

सच मानो, उस समय मेरे सिर से एक बड़ा भारी बोझ उतर गया और मैंने चैन की साँस ली। इसे, अब सोचती हूँ, क्या कहूँ—चमत्कार या संयोग?

बाबूजी हमारे सभी त्योहार बड़े उत्साह से मनाते थे, मीठी ईद और क्रिसमस भी। बड़े दिन पर वह फलों की एक टोकरी कर्नल साहब के यहाँ भेजते थे। अंगूर उन दिनों आमतौर पर दुकानों पर आसानी से नहीं मिलता था। वह चमन (कोटा) से आया करते थे। उस दिन अंगूर ख़रीदा जाता। फिर चीड़ के छोटे बॉक्स में रुई लगाकर यत्न से रखा जाता। उस दिन अंगूर हमें भी खाने को मिलता था। क्रिसमस को ही अम्मा बाबूजी के कहने पर मालपुए बनाती थीं—अर्थात् 24 दिसम्बर की रात को दो सेर उबले दूध में चीनी, किशकिश डाली जाती। साथ ही, आधा सेर सूजी भी। रातभर सूजी उसी दूध में भीगती। सवेरे उसी घोल के चीले देसी घी में बनते। वे इतना घी पीते थे कि माँ चिमटे से निचोड़कर तब कटोरे में रखतीं। एक मालपुआ खा ले कोई तो उसकी चिकनाई की वजह से पेट भारी हो जाता था। माँ चार-चार

कचौड़ियों के साथ एक-एक मालपुआ भी रख कर आस-पड़ोस में बँटवाती थीं। मीठी ईद को सेंवई बनती थी। बाबूजी से आयु में वरिष्ठ मित्र निरंजन लाल सनातनी थे। वे मज़ाक़ करते, "रामफल, तुम कैसे हो? विधर्मियों के त्योहार मनाते हो। तुमने तो वैदिक धर्म की लुटिया ही डुबो दी!"

बाबूजी उत्तर देते, "तुम भी बस रहे वही पोंगापंथी सनातनी! वैदिक धर्म सबसे श्रेष्ठ धर्म है, पर उससे दूसरों की ख़ुशी में ख़ुश होकर साथ न दो—यह कहाँ लिखा है? वैदिक धर्म सभी का धर्म तो नहीं है। दूसरे धर्म भी अपने देश में स्वतंत्र हैं। हम उदार हिन्दू की तरह उनकी ख़ुशी में जोश के साथ, शामिल होते हैं। तुम तो हमें अछूत समझते हो! बोलो, सेंवई खाते हो या तुम्हारे हिस्से की मैं ही खा लूँ?" तब निरंजन लाल जी बड़े चाव से सेंवइयाँ खाते। दोनों दोस्त ठहाके लगाते।

अपने त्योहारों में दीवाली बाबूजी को बहुत पसन्द थी। उसे वह सफ़ाई का त्योहार कहते। पूरे घर की पुताई में सालभर का जमा फालतू सामान भी निकलता। सन् 1928 तक बाबूजी स्टोर कीपर रहे और इस दौरान हर साल दीवाली पर पहले ही कई ठेकेदार चूना रामरज कूँची सहित दो-तीन सफ़ेदी वाले हमारे घर भेज देते थे। इसे आप प्रच्छन्न रिश्वत भी कह सकते हैं, क्योंकि उन्हें बाबूजी के स्टोर से ठेके लेने होते थे। मना करने पर भी घर यूँ ही पुत जाता। वे कहते थे, "बाबू, क्यों शर्मिन्दा करते हो! आपके सिर हिलाने की देर होती है, अंग्रेज़ कर्नल हमारा टेंडर पास कर देता है। आप कभी कमीशन नहीं लेते। इतनी सेवा का मौक़ा तो हमें दीजिए!"

मुफ़्त की सेवा में ही हमारा घर तीन-चार दिन में बढ़िया पुत जाता। बाबूजी रंगों के शौक़ीन थे—दालान गुलाबी, कमरे सफ़ेद और रसोई-आँगन रामरज से पोते जाते। बैठक आसमानी रखी जाती। उन दिनों आजकल जैसे पेंट्स तो थे नहीं। आसमानी रंग के लिए नीला थोथा मँगाकर पीसा जाता, उसमें बड़े खट्टे नींबू का रस पड़ता और भी जाने क्या-क्या मिलाया जाता। तब कहीं यत्न से बढ़िया आसमानी रंग बनता। मुझे अपनी बैठक पर बड़ा गर्व था। हमारी बैठक जैसी आसमानी दीवारों और दूध-सी सफ़ेद छत वाली बैठक तो रामानन्द शाह जैसे अंग्रेज़ी शराब के विक्रेता की हवेली में भी नहीं थी। पूरे मोहल्ले की तो बात ही क्या!

दालान का एक-चौथाई भाग मेरी गुड़िया का घर घेर लेता था। इसे बाबूजी, बहुत ही लगन से चार-पाँच दिन लगाकर बनाते। मोटे गत्ते को काट-काटकर, सफ़ेद काग़ज़ पर लेई से चिपका-चिपकाकर मेरी गुड़िया का दुमंज़िला घर तैयार किया जाता। छत पर जाने की सीढ़ियाँ ख़ाली माचिस की डिब्बियों को जोड़कर बनतीं। मेहराबदार दरवाज़ों को गुलाबी, नीले, पीले, हरे रंगीन क्रेप पेपर की फूल-पत्तियाँ बनाकर सजाया जाता। सींकों में लिपटी हरी टहनियाँ घर के चारों ओर हरियाली बनाकर चिपकाई जातीं। बैठक में सजे सारे लखनती, मिट्टी के बने भिश्ती, नाई, धोबी, तबले, सारंगी, ढोलक वाले खिलौने अपने-अपने नियत स्थानों पर मेरे गुड़िया-घर में रखे जाते। घर में एक मन्दिर भी होता, जहाँ सब देवी-देवताओं की छोटी-छोटी मूर्तियाँ रखी जातीं। नाचती हुई मुद्रावाली एक गुजरिया आँगन में बीचोबीच कुएँ पर

किनारे खड़ी की जाती। ऊपर वाली मंजिल पर मेरे अपने कपड़े वाले गुड्डे-गुड़ियाँ रख दिए जाते। आस-पड़ोस के सभी बच्चे बाबूजी की बिटिया का दीवाली पर बना गुड़िया घर देखने चाव से आते। फिर उनकी टिप्पणियाँ होतीं—कोई कहता, "बाबूजी, बिटिया की गुड़ियों के क्या कहने? धोबी, नाई, भिश्ती सब सेवा-टहल को मौजूद हैं। गुजरिया पानी भरते वक़्त भी नाच रही है। गणेश, लक्ष्मीजी, शिवजी सहित सारे देवतागण नाच का आनन्द उठा रहे हैं!"

बाबूजी भी जवाब में कहते, "भई, वैदिक धर्म में सब समान होते हैं; कम-से-कम दीवाली में तो उन्हें एक साथ खड़े रहने दो।"

अपने बाबूजी जैसा सन्तान-वत्सल पिता मैंने आज भी अपनी इतनी लम्बी ज़िन्दगी में नहीं देखा। उस ज़माने में, चाहे लड़के हों या लड़कियाँ, बाप से बस डरना भर जानते थे। साथ बैठकर खेलना, बीमारी में सेवा करना, माँ की प्रताड़ना से बचाना—ये सब उस समय आम बातें नहीं थीं। और मुझ पर तो बाबूजी की विशेष ही छत्रच्छाया रहती थी। मैं उनकी सबसे छोटी अन्तिम सन्तान जो थी।

रिटायर होने वाले साल दीवाली पर केवल एक ठेकेदार मित्तल जी के यहाँ से दो पुताई वाले आए, बिना किसी सामान के। बाबूजी समझ गए कि अब किस ठेकेदार को उनकी कृपा-दृष्टि चाहिए जो वह अपने आप उनका मकान मुफ्त में पोत जाए। और वेतन से आधी पेंशन पाने के बाद वे आर्थिक दृष्टि से काफ़ी विपन्न हो गए थे। दमे की बीमारी की वजह से समय से पहले ही बाबूजी ने रिटायरमेंट ले लिया। 100 रुपये पाने वाले को पेंशन मिली 45 रुपये। बड़े भाई 50 रुपये पाते थे, पर केवल 35 रुपये पिता को पकड़ाते हुए बोले, "15 रुपये मैंने अपने ख़र्चे को रख लिए हैं। अपने कपड़े भी बनवाऊँगा।" वे शुरू से ही शौक़ीन मिज़ाज़ थे। किशोरी लाल दो-दो दुकानों में घाटा दे चुके थे। सिलाई-कटाई सीखकर टेलर मास्टर बनने का प्रयत्न भी बेकार साबित हुआ। अन्त में उन्होंने रामानन्द मित्तल की टॉर्च व अन्य बिजली के उपकरणों की दुकान में नौकरी कर ली। वेतन था—25 रुपये महीना; काम था—अंग्रेज़ों की अंग्रेज़ी समझकर वहाँ से ऑर्डर लाना। किशोरी भाई भले ही आठवीं फेल थे। अंग्रेज़ी पुस्तकें पढ़ने के शौक़ और घूम-घूम कर सब नेताओं का काम करने के फलस्वरूप उनकी अंग्रेज़ी सामान्य से बेहतर हो गई थी। वे अंग्रेज़ी में अच्छी तरह वार्तालाप कर लेते थे। उन्होंने अपना पूरा वेतन बाबूजी को दिया और बाबूजी ने उन्हें 5 रुपये सिर्फ़ ख़र्च को दिए। उनका एक शौक़ था—फ़िल्म देखना। मूक फ़िल्में बनती थीं। मेरठ में तब दो सिनेमाघर थे। भाई दोनों की सभी फ़िल्में देखते, चाहे वह चवन्नी वाली क्लास में बैठकर क्यों न देखें। उस समय ग़रीब आदमी के लिए दो चवन्नी ख़र्च करना—वह भी फ़िल्मों पर बहुत मुश्किल था। सो, उस दर्जे में भी अच्छे घरों के लड़के बैठकर पिक्चर देखते थे।

बाबूजी के दोनों बेटों के वेतन व पेंशन मिलाकर मुश्किल से सौ रुपये बनते थे। जीजी व उनके बच्चों का ख़र्च भी उन्हीं के कन्धों पर था, पर माँ ने कभी कोई शिकायत ख़र्चे के लिए बाबूजी से नहीं की। केवल चौबीस घंटे रहने वाला नौकर

छुड़ा दिया और बस महरी बर्तन के लिए रहने दी।

तीज-त्योहार, पड़ोस का व्यवहार दस्तूर पहले की तरह जारी रहा। बेटी की शादी में एक लोटा-थाली माँ कन्यादान के नाम पर अवश्य भेजतीं। बाबूजी कभी-कभी कहते, "निक्की की माँ! अपनी दवा तो नहीं लाईं, पर मुरादाबादी लोटे ज़रूर ख़रीद लिये।"

माँ कहती, "भई, मरूँगी तो तभी जब भगवान बुलाएगा। पर अगर मुनिया के कन्यादान में थाली-लोटा न देती तो उसकी माँ सोचती जिठानी ने दुहाथ करी। लच्छू की बिटिया को तो धोती और थाल भेजा था। तुम इन सब बातों में न पड़ो। बस, घर बैठकर अपनी कुर्सी पर अख़बार पढ़ो और मोहल्ले भर की मुफ़्त की डॉक्टरी करते रहो। घर चलाना मेरा काम है।"

त्योहारों पर ढेर-ढेर पकवान बनाना उनका शौक़ था। एक बार दशहरे वाले दिन, माँ ने ढेर-सी पूरी-कचौड़ी की मैदा गूँधी। कई सब्जियाँ काटीं। चूल्हा जला कर कड़ाही रखी। इतने में बाबूजी अन्दर आए हाथ में एक पोस्टकार्ड लिये थे। परेशान स्वर में बोले, "निक्की की माँ! बिब्बी की सास का ख़त आया है बिब्बी को कई दिनों से बुख़ार आ रहा है, पर वह दवा नहीं खाती। अपनी बेटी बुला लो। इलाज कराओ।"

माँ ने वहीं से जवाब दिया, "तो आज ही किशोरी को भेजो। जाकर लिवा लाएगा।"

बाबूजी चौके का ताम-झाम देखकर बिगड़ गए और बोले, "लड़की बीमार है और तुम्हें पकवान बनाने की सूझ रही है? त्योहार क्या आता है तुम महरी, मिसरानी दोनों को काम में जोत लेती हो।"

माँ बोली, "काम करती हैं तो थाल भर पकवान भी ले जाती हैं।" बेटी की बीमारी की ख़बर से बाबूजी इतने उखड़े हुए थे कि उनका क्रोध और भी बढ़ गया और कहने लगे, "मैं कहता हूँ, बाज़ार से पूरी-सब्ज़ी मँगा लो तो तुम्हें भी आराम और काम वाली को भी, पर मेरी तो तुमने न कभी सुनी है और न सुनोगी! अब इतना मैदा आटा गूँध के रखा है। मैं तो खाऊँगा नहीं। ख़ुद बासी खाना और पेट ख़राब कर लेना।"

माँ को भी ताव आ गया—उन्होंने आटे की परात ढँकी और सरका दी। चूल्हे में लोटा भर पानी डाल दिया और ग़ुस्से में बोल दिया, "लो, आज मैं भी कुछ नहीं बनाती। जो खाना हो, बाज़ार से ले आओ।"

बाबूजी ने भी तुरन्त पाजामे, कमीज़ पर कोट पहना और बाज़ार चले गए। टोकरी भर पूरियाँ, सब्ज़ी व थोड़ी मिठाई ले आए। मतलब यह है कि सवेरे दस बजे हम सबने पूरी-मिठाई खाई। माँ ने बची पूरियाँ-सब्ज़ी काम करने आई महरी को दे दी। मैं और मेरा भाई पड़ोस में खेलने चले गए। कूद-फाँद कर बारह बजे लौटे; तो दोनों माँ के पास पहुँचे और कहा, "अम्मा! बहुत भूख लगी है। दो पूरी देना।"

माँ ने उत्तर दिया, "जाकर अपने बाबूजी से माँगो। बता देना घर में खाना नहीं है, बाज़ार से ले आएँ।"

बाबूजी सुन रहे थे। कमरे से अन्दर वाले दालान में आए, जहाँ अम्मा खटिया पर बैठी थीं। उनके पास आकर वह बोले, "भई! अब मैं बाज़ार नहीं जा सकता। तू अपनी परात के आटे-मैदा का तिया-पाँचा करके कुछ बना दे...बच्चों का तो अभी

सारा दिन पड़ा है। वाक़ई तीज-त्योहार बाज़ार के बूते पर गृहस्थी में नहीं मनाए जा सकते। तुम ही सही हो।"

माँ ने दुबारा चूल्हा जलाया। मिसरानी बुलाई और दो बजे तक हमारे घर में परात भर पूड़ियाँ उतारी गईं। लोहे के चूल्हे पर अलग से तरकारी पक रही थी। तीसरे पहर किशोरी लाल मय काफ़ी पकवान के जीजी को लेने करनाल चले गए।

दो दिन बाद जीजी आ गईं। दो-तीन दिनों में ही ठीक भी हो गईं। यद्यपि जीजी व बड़े दोनों भाई अम्मा को 'मौसी' कहते थे, पर हमने यह कभी सोचा ही नहीं कि वे क्यों 'मौसी' कहते हैं? न दस साल की आयु तक मुझे यह पता था कि कन्हैया लाल मेरा माँ जाया है और शेष तीनों पहली माँ के बच्चे हैं। उलटे, छोटे भाई से तो मेरी दिन भर में दो-चार बार लड़ाई हो जाती थी। किशोरी भाई से मैं बहुत जुड़ी हुई थी। मैले कुरते-पाजामे में सजे यह भाई मेरे बहुत निकट थे। वही साथ लेकर बाज़ार घुमा लाते। अपनी, जिस दुकान पर काम करते थे, वहाँ भी ले जाते थे। उनके एक धनी मित्र थे—ओम प्रकाश। उनके यहाँ कई पत्र-पत्रिकाएँ आतीं थीं। वहाँ से *बालसखा* जैसी बच्चों की पत्रिका मेरे लिए पढ़ने को लाकर देते थे।

सगे-सौतेले की बात घर में कभी सुनी ही नहीं थी। माँ व जीजी में तो इतना स्नेह था कि पूछो मत। जीजी की तारीफ़ करते-करते माँ कभी थकती ही न थी। सभी से वह कहती, "मेरी बिब्बी जैसी लड़की बड़े भाग से मिलती है। जितने दिन यहाँ रहती है, घर को दीवाली-सा चमका कर रखती है। इसे महरी के मँजे बर्तन पसन्द नहीं आते। बाबूजी का डर न हो तो यह महरी को घर में ही न घुसने दे। एक यह दूसरी भवानी है—दस-ग्यारह साल की होने आई, एकदम फूहड़ है। दाल-चावल तक ढंग से बीनने नहीं आते। बस, किताबें चटवा लो, बाबूजी के दोस्तों में बैठक कर पटर-पटर गप्पें लगवा लो। सच मानो, ससुराल जाएगी तो बाप का बड़ा नाम उजागर करेगी। मुझे क्या? बिगाड़ा भी तो बाप ही ने है।"

मैं माँ के उलाहने सुनती। एक कान से सुनकर, दूसरे से निकाल देती। माँ के ग़ुस्से से बचने के लिए हर समय बाबूजी के साथ लगी रहती। बाबूजी जीजी के जल जाने वाली घटना से इतने डरे हुए थे कि मुझे चौके में, चूल्हे के पास भी फटकने नहीं देते थे। उस समय दस-ग्यारह साल की लड़की रोटी बनाना सीख लेती थी, मैं आटा गूँधना तक नहीं सीखी थी। सो, माँ का क्रोध भी जायज़ था। उसका परिणाम यह था कि बीमार पड़ने पर भी मैं 'हाय बाउजी! हाय बाउजी!' पुकारती, माँ को कभी नहीं बुलाती। अगर वह किसी भी बात पर डाँटती तो मैं तुरन्त बाबूजी से शिकायत करती। परिणामस्वरूप, पति-पत्नी में मुझे लेकर आए दिन नोंक-झोंक होती रहती थी। कभी-कभी तो वह खीजकर कहती, "भगवान की दया है कि यह मेरे पेट की जाई है, वरना इसकी शिकायत पर तो इसके बाप मेरा सिर क़लम कर देते। अच्छा है, ससुराल जाकर आटे-दाल का भाव मालूम पड़ेगा लाडली को। सास के तानों से अक्ल ठिकाने आ जाएगी और बाप का सारा दुलार आँखों से बह निकलेगा।"

बाबूजी सब कुछ सुन कर कहते, "ओफ़्फ़ोह! ससुराल न हुई, जेलख़ाना हो

गया, जहाँ सास जेलर-सी ज़ालिम होगी। पर मैं इसका ब्याह वहाँ करूँगा ही नहीं, जहाँ सास होगी!"

"अच्छा!" माँ बिगड़ती, "ब्याह से पहले ही सास को सुरग पहुँचा देगी! ऐसी कुलच्छनी बहू को कौन चाहेगा! तब तो शामलाल की बहू भी यही चाहेगी कि मैं मर जाऊँ!" इस तरह वे दोनों आपस की नोंक-झोंक में उलझे रहते और मैं बाहर भाग जाती। जिस ज़माने में सौतेली माँओं के जुल्मों की कहानियाँ घर-घर की आम बात हुआ करती थीं, (औरतें अक्सर ही कच्ची आयु में ब्याह और फिर बच्चा होने में मर जाया करती थीं। सो, दूसरी शादी आम बात थी) मेरी माँ ममता के निर्मल रूप का सच्चा प्रमाण थी। इसके असंख्य उदाहरण दिन-प्रतिदिन मिलते थे, पर एक घटना विशेष रूप से मेरे मानस पर आज भी अंकित है, जिसे पाठकों को बताने का लोभ मैं सँवरण नहीं कर पा रही हूँ।

बृहस्पतिवार का दिन था। गर्मियों की छुट्टियाँ थीं। माँ एक पीढ़े पर बैठकर आँगन में मेरे बाल धो रही थी क्योंकि मैं अपने बाल ख़ुद नहीं धो पाती थी। मेरे बाल बहुत ही घने और लम्बे थे। उसी समय एक दूर रिश्ते की बाबूजी की मामी मिलने आ गई। माँ ने उन्हें पीढ़ा बैठने को दिया और पानदान थमा कर कहा, "मामी! मेरे हाथ साबुन में सने हैं। आप ख़ुद ही पान लगाने की तकलीफ़ कर लीजिए।"

मामी ने पानदान ले लिया और पान लगाते हुए बोली, "बहू, गुरुवार को लड़की का सिर धोने का कौन-सा नया क़ायदा निकाला है?"

माँ बोली, "मामी! इतवार को सारे लोग घर होते हैं। गुसलख़ाना घिरा रहता है। मेरा भी रोटी-पानी का काम ज़्यादा फैल जाता है मर्दों के घर होने से, सो इसका सिर धोने का समय ही नहीं निकाल पाती। ख़ुद इसके बस का इतने लम्बे, घने बाल सँभालना है नहीं।"

मामी ने फिर भी नहीं छोड़ा और ज़रा ज़ोर देकर बोली, "अरे पर क्या तुम यह नहीं जानती कि एक भाई की बहन का सिर बृहस्पतिवार को नहीं धोया जाता। बड़ा असगुन होता है।"

माँ ने सहज भाव से जवाब दिया, "तो मामी! राम जी रखे, इसके तो तीन-तीन भाई हैं!"

मामी ने टेढ़ा-सा मुँह बनाकर कहा, "सो तो है, पर माँ का पेट जाया तो एक ही है न, दो तो सौतेले हैं।"

माँ सुनकर सन्न रह गई। फिर अकस्मात् फट पड़ी, "वाह मामी! क्या बढ़िया बात कही! उस मरने वाली के पति से सात फेरे लेकर मैंने उसका घर-बार समेट लिया, उसके गहने मेरे हो गए। उसका जो कुछ था, मेरा अपना है अब, पर जब औलाद की बात आई तो मेरी अपनी कैसे नहीं, आज तो कह दिया आपने, पर आगे कभी ऐसी बात मुँह से मत निकालना...मेरी निक्की तीन भाइयों की बहन है।"

मामी का मुँह इतना-सा निकल आया। थोड़ी देर बाद ख़ुद ही उठकर चली गई।

शाम को जैसे ही बाबूजी दफ़्तर से लौटे, माँ ने शर्बत पीने को दिया और पूछा,

"क्यों जी, मैं मरूँगी तो मुझे शामलाल ही आग देगा न?"

बाबूजी चौंक कर बोले, "यह आज मरने-मराने का कौन-सा किस्सा छेड़ दिया? अच्छी-ख़ासी तो बैठी नज़र आ रही हो, क्या मरने-मारने का किस्सा ले बैठी?"

माँ ने फिर ज़िद की, "नहीं, तुम आज कसम खाओ कि मेरा दाह-संस्कार शामलाल ही करेगा। चाहे दो दिन लाश रखनी पड़े, आग वही देगा...। कभी किसी के बहकावे में आकर तुम कन्हैया से आग दिलवा दो!"

बाबूजी चिढ़ गए और बोले, "फिर वही बात! तुझे हुआ क्या है?"

माँ बोली, "नहीं! मुझे क्या होना था? वह मामी आई थीं। निक्की को एक भाई की बहन बता रही थी—देखो मैंने कभी किसी बच्चे के साथ सगा-सौता नहीं किया, सपने में भी नहीं सोचा। कहीं किसी के झूठे बहकावे में आकर तुम भी सोचो कि पेट जाया तो कन्हैया है, वही आग देगा। सच मानो, अगर तुमने ऐसा किया तो मैं चुड़ैल बन कर तुम्हें सताऊँगी। पीछा नहीं छोड़ूँगी। मुझे शामलाल ही आग देगा—क़सम खाओ।"

अब पूरी बात बाबूजी की समझ में आई और वह हँस कर बोले, "अच्छा बाबा, कसम खाता हूँ, तुझे शामलाल ही आग देगा। वह विलायत में होगा, तब भी उसे बुलाकर आग दिलवाऊँगा, चाहे लाश को तेरी किसी भी तरह सँभालकर क्यों न रखना पड़े। अब तो ख़ुश?"

माँ ने चैन की साँस ली और वास्तव में अन्ततः माँ का अन्तिम संस्कार शामलाल भाई ने ही किया था।

अब फिर अपनी पढ़ाई वाली बात पर लौटती हूँ। आर्य कन्या पाठशाला कक्षा चार तक ही थी। वहाँ की पढ़ाई पूरी हो गई। गर्मियों की छुट्टियाँ थीं। बाबूजी ने माँ से कहा, "देखो, यहाँ का मिशन स्कूल लोअर मिडिल तक है। निक्की को वहीं दाख़िल कर देंगे। रामानन्द शाह की लड़की रूपरानी इसकी सहेली है। वह वहीं पढ़ती है। दोनों साथ चली जाया करेंगी। वैसे बुलाने वाली भी रोज़ आती है।"

माँ ने इनकार में सिर हिलाया, "मैं निक्की को ईसाई स्कूल में पढ़ने नहीं भेजूँगी। तुम कैसे आरिया हो? लड़की को ईसाई स्कूल में पढ़ाकर ईसाई बनाओगे?"

बाबूजी बोले, "मिशन स्कूल कोई चर्च नहीं है, जहाँ लोग ईसाई बन सकते हैं—फिर मज़बूरी है। और कोई स्कूल भी तो नहीं है।"

माँ ने अपना फैसला सुनाते हुए कहा, "तो आगे पढ़ाने की ज़रूरत क्या है? इसने कौन-सी नौकरी करनी है? रामायण पढ़ लेती है। किशोरी भी किताबें लाकर देता है हिन्दी की, वह सब पढ़ती है। धोबी, बनिये का हिसाब-किताब रखती है। अब इसे कुछ घर का काम सीखने दो—मसाला पीसना, दाल-रोटी बनाना..."

बाबूजी माँ की आखिरी बात सुनते ही भड़क गए और तुरन्त ज़ोर देकर बोले, "फिर वही बात! मैं निक्की को अभी चौके-चूल्हे के पास किसी हालत में नहीं जाने दूँगा।" माँ ने भी उसी स्वर में जवाब दिया, "चौके में इसे जाने दो या न जाने दो, पर मैं इसे ईसाई स्कूल में पढ़ने नहीं भेजूँगी।"

माँ के स्वभाव से बाबूजी भली-भाँति परिचित थे—वह अगर किसी बात पर अड़ जाएँ तो समझ लो वह बात 'अंगद का पाँव' बन जाती थी। उस समय चुप रहने में ही अक्लमन्दी थी।

7 जुलाई से स्कूल खुलते थे। माँ के विरोध के कारण बाबूजी ख़ुद मेरा दाख़िला कराने स्कूल नहीं गए, परन्तु वे और मैं दोनों ही दुःखी थे। माँ की आँख ओट बाबूजी ने मुझे उपाय सुझाया, "देख बेटे, पढ़ना है तो थोड़ी हिम्मत से काम लो। अकेली रूपरानी के साथ तुम मिशन स्कूल के लिए निकल जाना। साथ में चौथी का रिज़ल्ट और किताबें भी रख लेना। रूपरानी अपनी टीचर के पास तुम्हें ले जाएगी, और तुम ख़ुद अपने दाख़िले की बात कर लेना। तुम्हारे तो नम्बर बहुत बढिया हैं। ख़ुशी-ख़ुशी नाम लिखेगा तुम्हारा। फिक्र मत करो। घर पर तुम्हारी माँ को मैं समझा लूँगा।" कोई और रास्ता था ही नहीं—मरती क्या न करती? मैं तैयार हो गई, पर नया गरारा-कुर्ता-दुपट्टा पहनकर पहले दिन स्कूल जाने का मेरा सपना पूरा न हो सका। माँ से नए कपड़े पहनने को माँगती, तो वे ज़रूर पूछती, "कहाँ जाना है? क्यों जाना है?" एक छोटी बच्ची का मन कितना बुझ गया होगा जब उसे पुराने, घर के धुले, रोज़ वाले गरारे, कुर्ते और चप्पल में गोरी मिशनरी टीचर के सामने खड़ा होना पड़ा होगा। यह सोचने की नहीं, महसूस करने की बात है।

8 जुलाई को मैं रूपरानी के घर अपने साधारण से परिधान में माँ की आँख बचाकर पहुँच गई। वह तीसरी कक्षा में पढ़ती थी। हम दोनों स्कूल पहुँचे। प्रार्थना की घंटी नहीं हुई थी। टीचर्स अपनी-अपनी क्लास में आकर अपनी छतरी और सामान रख रही थीं। रूप ने अपनी टीचर से कहा, "मिस साब! हम आज एक बड़ी क्लास की लड़की लाए हैं। यह पाँचवीं में दाख़िला लेगी।"

टीचर ने आँख उठा कर मुझे ऊपर से नीचे तक देखा और आश्चर्य से बोली, "यह...यह पाँचवीं में दाख़िला लेगी?"

मुझे अपनी मामूली ड्रेस पर दुःख हुआ, फिर भी हिम्मत जुटा कर पहले मैंने हाथ जोड़ कर टीचर को नमस्ते की। अपने कपड़े के थैले में से चौथी का परिणाम-पत्र निकाला और आगे बढ़कर उनके हाथ में देते हुए कहा, "मिस साहब! पिछले मार्च में मैं यहीं बड़े वाले हॉल में परीक्षा देने आई थी।"

वह चकित रह गईं। इससे पहले कि मैं कुछ समझ पाती, उन्होंने मुझे गोद में उठा लिया और प्रार्थना वाले दालान में पहुँची जहाँ कक्षा पाँच व छह की अध्यापिकाएँ खड़ी थीं। उन्होंने उनसे कहा, "मिस लाल! लीजिए, आपकी क्लास के लिए एक नई स्टूडेंट आई है।"

उन दिनों पाँचवीं-छठी तक पहुँचते-पहुँचते लड़कियाँ पन्द्रह-सोलह साल की हो जाती थीं। अधिकतर तो चौथी के बाद ही ससुराल वाली बन जाती थीं। पाँचवीं तक वही लोग पढ़ाया करते थे, जो लड़कियों की शिक्षा के मामले में थोड़े उदार दृष्टिकोण वाले होते थे (जिनकी गिनती उँगलियों पर की जा सकती थी) या लड़का न मिलने के कारण जिन्हें लड़कियों को वक़्त का सदुपयोग कराने के लिए स्कूल

भेजना पड़ता था। उनकी संख्या भी कम ही होती थी, क्योंकि यह समस्या कुछ जाने-माने प्रतिष्ठित रईस परिवारों तक ही सीमित थी।

मिस लाल ने आश्चर्य से मेरी तरफ़ देखा। दस साल की, छोटे कद की लड़की का पाँचवीं क्लास में दाख़िले के लिए आना उनके लिए भी अजूबा था।

सभी लड़कियाँ प्रार्थना के लिए दालान में इकट्ठा हुईं। टीचर ने एक बार पूछा, "किसी को बाइबिल की कोई कहानी याद है?"

सब चुप थीं। किसी ने हाथ ऊँचा नहीं किया। टीचर ने अस्फुट स्वर में कहा, "मुझे पता है, किसी ने याद नहीं की होगी।" फिर वह स्वयं ही बोलने लगी, "आसमानी बाप, तू सब कुछ जानता है। इत्यादि...इत्यादि..." प्रार्थना समाप्त हो गई।

मैं कक्षा में आई। वहाँ पाँच बड़ी-बड़ी लड़कियाँ अपनी-अपनी डेस्क के पीछे वाली कुर्सियों पर जा बैठीं। टीचर ने मेरा परिचय करवाया—"शान्ति देवी, यह यहाँ के मशहूर वकील सूरजमल दीक्षित की बेटी है। सरजू देई, यह हमारी बुलाने वाली मिसरानी की लड़की है। कमला, तारा, प्रभा यहीं के पीछे की मोहल्ले की लड़कियाँ हैं और लड़कियो! यह है 'चन्दर किरण'। देखने में छोटी है। आर्यसमाज स्कूल से आई है—सेकेंड डिवीजन में चौथा पास किया है। देखो, तुम सब तो पाँचवीं में पिछले साल से पढ़ रही हो। पास हो जातीं, तो आज छठी क्लास में होतीं। यह नई लड़की है, कुछ पूछे तो बता देना।"

टीचर अपनी मेज़ की पीछे वाली कुर्सी पर जा बैठी, पर आगे की बड़ी लड़कियों के कारण मुझे ब्लैकबोर्ड देखने के लिए खड़ा होना पड़ा। टीचर ने मेरी कठिनाई देख ली। उन्होंने मेरा डेस्क कुर्सी सहित अपनी मेज़ के पास लगवा लिया। क्लास में किसी भी लड़की को टीचर का यह प्रबन्ध पसन्द नहीं आया। वे कुछ बोल नहीं सकीं, पर तारा और कमला ने मुँह ज़रूर बिचकाया मैं नई लड़की थी; छोटी भी थी—पर इतनी सामान्य बुद्धि मेरे पास अवश्य थी कि मैं समझ गई कि इन लड़कियों को मैं बिल्कुल अच्छी नहीं लगी। ऊपर से उस दिन शायद मेरे लिए सहपाठिनों की दृष्टि से सभी कुछ प्रतिकूल हो रहा था। टीचर अपने बैग में हिन्दी की पुस्तक तलाश करने लगी, पर वह उसमें नहीं मिली। शायद घर ही भूल आई थीं।

मेरे पास ज्ञानवती जी द्वारा दी गई पुस्तकों में वह किताब थी। अकस्मात् टीचर ने कहा, "उफ् अचानक ही न जाने क्यों मेरे सिर में बहुत दर्द होने लगा है। मैं नया पाठ पढ़ा नहीं पाऊँगी। वह कविता कठिन भी है। कल पढ़ाऊँगी। आज मुहावरे ब्लैकबोर्ड पर लिख रही हूँ। तुम लोग क्लासवर्क करो उनके वाक्य बनाओ।"

तभी मैं बोल पड़ी, "मिस! हिन्दी की यह पुस्तक मैंने छुट्टियों में घर पर पूरी पढ़ ली थी। सभी कविताओं के अर्थ मुझे याद हैं। आप बताइए, कौन-सी पढ़ानी है?"

मिस ने बेमन से कविता निकाल कर दिखाई। महावीर प्रसाद द्विवेदी जी की 'वर्षाकालीन' कविता थी। उसकी पहली पंक्ति थी 'वीर बहूटिन की अवलीन में लाल लड़िन की है ललिताई'—पूरी कविता मुझे अब याद नहीं है, पर उस दिन मैंने अपनी सामर्थ्य भर वह कविता, पूरी कक्षा के सामने व्याख्या सहित प्रस्तुत कर दी।

टीचर ने ख़ुश होकर शाबाशी देते हुए कहा : "वाह! चन्दर किरन, तुम्हारी हिन्दी तो बहुत अच्छी है!"

मैंने विनम्रता से उत्तर दिया : "मिस! आर्यसमाज स्कूल में हिन्दी पर बहुत ध्यान दिया जाता है।"

टीचर किसी काम से बाहर गई तो अन्नो ने ताना मारा, "सिर में दर्द था। यूँ नहीं कहतीं कि पुस्तक घर छोड़ आई थीं। इन्हें हिन्दी आती कहाँ है? सारे कठिन शब्दों के अर्थ उनके ऊपर उर्दू में लिखे रहते हैं।"

कमला ने मुँह टेढ़ा करके कहा, "ऐ चन्दरकिरन जी। हिन्दी अच्छी आती है तो हम पर धौंस मत ज़माना वरना अच्छा नहीं होगा।"

शान्ति ने केवल इतना कहा, "मिस हिन्दी अच्छी पढ़ा सकतीं तो मैं फेल क्यों होती?"

तारा बोली, "मिस के पास कुर्सी लग जाने से अपने को ख़ास मत समझ लेना। अभी पाँचवीं का गणित करोगी तो होश ठिकाने आ जाएँगे तुम्हारे।"

पहले दिन के इस परिचय से मेरा मन बहुत ही खिन्न हो गया। यही नहीं, मन भयभीत भी था। आधी छुट्टी हुई। मैं पानी पीने गई थी। लौटी तो देखा, क्लास-रूम भीतर से बन्द है और लड़कियाँ गीत गा रही हैं। कोई ढोलक की जगह डेस्क बजा रही थी। मैंने कई बार दरवाज़ा खटखटाया, पर किसी ने दरवाज़ा नहीं खोला। हार कर मैं रूपरानी की कक्षा में पहुँची। उसे सब बताया। उसने कहा, "देखो, हमारी क्लास की लड़कियाँ तो तुम्हारे साथ खेलने से रहीं। वे कहेंगी, तुम दूसरी क्लास की हो। अपनी क्लास की लड़कियों के साथ खेलो। चलो, मिस से जाकर शिकायत करते हैं।"

वह मुझे साथ लेकर उस कमरे में गई, जहाँ सभी टीचर्स बैठ कर बात कर रही थीं। मिस लाल ने मुझे देखकर पूछा, "क्या बात है, चन्दरकिरन?"

मैंने उदास स्वर में शिकायत की, "मिस! पाँचवीं की सभी लड़कियों ने कमरा अन्दर से बन्द कर लिया है। सब भीतर ताली बजा कर गा रही हैं। मैंने इतना दरवाज़ा खटखटाया, पर कोई दरवाज़ा ही नहीं खोलती।"

मिस लाल मुस्कराईं, फिर मुझसे कहने लगीं, "बेटी! वो सब चुड़ैलें हैं। बैठकर अपनी सगाई-ब्याह के चर्चे कर रही होंगी। हँसी-ठिठोली में लगी होंगी। तुम अभी छोटी हो। वो सब बड़ी हैं, नौजवान हैं—इसी से तुम्हें अन्दर नहीं आने देना चाहती होंगी। बस।"

एक दूसरी टीचर ने चुटकी ली, "भई मिस लाल! हम भी तो जवान हैं। क्या हमने रूम बन्द कर लिया है?"

मिस लाल बोली, "क्या बात करती हैं आप! हम मैच्योर हो चुके जवान हैं। पर वो नौजवान, उम्र के उस मोड़ पर जो सबसे ख़तरनाक होता है।...(फिर मेरी तरफ़ मुड़कर, मेरी पीठ पर हाथ रखते हुए) चन्दरकिरन! तुम बाहर ही दूसरे बच्चों के साथ लुका-छिपी या गुट्टे कुछ भी, जो चाहो खेलो...। पहला दिन है, कोई सहेली नहीं बनी होगी तो यहीं हमारे पास बैठकर किताब दे देती हूँ, पढ़ लो।"

इतनी बड़ी सम्मानित टीचर्स के बीच बैठना—बाप रे। मेरे तो देवता कूच कर गए। सिर झुकाए, चुपचाप रूपरानी के साथ लौट आई। मिस से शिकायत करने वाली बात पाँचवीं की लड़कियों को पता लग गई थी। दरवाज़ा खुला था क्लास रूम का और सब अपने-अपने डेस्क पर विराजमान थीं। मुझे घुसते देख, तारा ने ताना मारा, "कर आईं शिकायत? क्या कहा मिस ने?"

प्रभो बोली, "अजी बस अभी मिस लाल आकर हमें फाँसी की सज़ा सुनाएँगी!"

मेरी रुलाई फूट पड़ी। दीक्षित जी की शान्ति शायद उन सब में भली-मानस थी। वही उठकर मेरे पास आई और कहने लगी, "किरन! रो मत! असल बात, यह है कि तुम हम सब से उम्र में छोटी हो। न रस्सी कूदने और न ऊँची कूद—किसी में भी तुम हम लम्बी लड़कियों की बराबरी नहीं कर सकती। रही गानों की बात-सो वो भी न तुम्हारी समझ में आ सकते हैं अभी, और न तुम्हें अच्छे लगेंगे। यूँ चाहोगी तो कल से आधी छुट्टी में हम दरवाज़ा बन्द नहीं करेंगे।" इस तरह, इधर स्कूल में मेरा पहला दिन खट्टा ज़्यादा और मीठा कम रहा।

उधर माँ घंटों से मुझे घर में न पाकर परेशान थीं। महरी की लड़की को मोहल्ले के हर सम्भावित घर में मुझे तलाशने भेज चुकी थीं। बाबूजी से कहा तो उन्होंने शान्त स्वर में कहा, "तुम तो यूँ ही घबरा जाती हो। किसी सहेली के घर के कोने में घुसकर कहानी की किताब पढ़ रही होगी। अपने आप आ जाएगी।"

मैं जब घर में घुसी, तब माँ अपना लहँगा पहन कर मोहल्ले में मेरी तलाश में जाने को तैयार थीं। मैं दौड़कर बाबूजी के पीछे खड़ी हो गई और बोली, "बाबू जी, मेरा दाख़िला पाँचवीं में हो गया। टीचर ने मुझे गोद में उठा कर प्यार किया।"

"अच्छा!" बाबूजी ने भी मुझे गोद में उठा लिया। माँ सब समझ गईं। ग़ुस्से से बोली, "अच्छा! भेज दिया और यहाँ मैं लड़की को ढूँढ़ने में पागल हुई जा रही थी। मना करते-करते तुमने अपनी चलाई और इसे ईसाई स्कूल में दाख़िल करा ही लिया।"

बाबूजी बोले, "भाई, वो मैं क्या करता? यह रूपरानी के साथ चली गई अपनी हिम्मत से। तुम तो नाहक डरती हो। रूप्पन तीन साल से वहाँ पढ़ रही है—क्या वह ईसाई हो गई?"

और इस तरह मुझे आगे पढ़ने का अवसर मिल गया। चार महीनों में मैं अपनी कक्षा में सबसे आगे थी। साथी लड़कियों की तानाकशी बन्द हो गई थी क्योंकि मैं अब उनकी गणित सहित हर विषय की मुश्किल में मदद करने को तैयार रहती थी। खाने की आधी छुट्टी का सदुपयोग मैं उससे पहले मिले होमवर्क को करने में करती। आधी छुट्टी के बाद का होमवर्क भी स्कूल में ही करने का रास्ता भी ढूँढ़ लिया था—बुलाने वाली से कहकर मैंने अपना नाम आख़िरी ट्रिप में लिखाकर बस पूरी छुट्टी के बाद मैं क्लास में बैठकर सारा होमवर्क ख़त्म कर लेती थी और बस्ता वहीं डेस्क में रखकर ख़ाली हाथ झुलाती घर लौटती। घर पर किशोरी भाई की लाई पत्रिकाएँ पढ़ा करती। घर पर माँ ने मेरा नाम रखा था—'पढ़ाकू' और भैया

का 'लड़ाकू', क्योंकि वह रोज़ ही कोई-न-कोई नई चोट या घुटने छिलवा कर ही घर में घुसा करता था।

नवम्बर में अर्द्धवार्षिक परीक्षा हुई। एक आयरिश लेडी, जो अच्छी हिन्दी जानती थीं, हमारी परीक्षा लेने आईं थी। उन्होंने गणित व हिन्दी में मुझे शत-प्रतिशत अंक दिए। मिस लाल से उन्होंने मेरी तारीफ़ की, पर साथ ही यह भी कहा, "इस बार आपके स्कूल से लोअर मिडिल की एक भी लड़की नहीं है। हो सकता है, आपकी ग्रांट में कटौती हो जाए।"

मिल लाल चिन्ता में डूब गईं। मैं उनकी प्रिय स्टूडेंट बन चुकी थी, इसलिए मैं हिम्मत करके बोली, "मिस, मैं छठी की परीक्षा देने को तैयार हूँ। कम-से-कम एक लड़की लोअर मीडिल की परीक्षार्थी होगी।"

मिस लाल ने मेरी तरफ़ देखा और धीरे-से बोली, "और अगर वह लड़की फेल हो गई तो सदर स्कूल के लिए छपेगा कि लोअर मिडिल का रिजल्ट सौ फ़ीसदी फेल रहा।"

मैंने कहा, "मिस, अगर वह लड़की पास हो गई तो यह छपेगा कि सदर का रिज़ल्ट शत-प्रतिशत रहा।"

मिस लाल मेरे उत्तर पर हँस पड़ीं। मैंने फिर अनुरोध किया, "मिस, पिछले साल आर्यसमाज में मैंने दूसरी, तीसरी, चौथी एक साल में ही पास की थी। क्या यहाँ पर मैं पाँचवीं-छठी नहीं कर सकती? बस, आप मेरी मदद कर दीजिएगा। मैं घर भी जाकर ख़ूब पढ़ूँगी।" अन्त में, मिस लाल राज़ी हो गईं, पर अब दूसरी मुश्किल सामने आई-लोअर मिडिल की परीक्षा के समय छात्र की आयु बारह वर्ष से कम नहीं होनी चाहिए और मैं तो ग्यारह से भी कम थी।

बाबूजी ने इसका हल निकाला। फ़ार्म पर मेरी जन्म तिथि जनवरी 1919 लिख दी। इस तरह परीक्षा देते समय, मैं बारहवें में लग गई थी।

मैंने मन लगाकर कोर्स पूरा किया। वह आयरिश महिला स्कूल में आकर मेरा उत्साह बढ़ा जाती थीं। इस बार ऐच्छिक विषय मैंने ड्राइंग नहीं ली थी। मुझे याद था कि चौथी की वार्षिक परीक्षा में मैं ड्राइंग का कोरा काग़ज़ रख आई थी। इस बार ऐच्छिक विषय उर्दू था मेरा, क्योंकि उसे मेरे बाबूजी पढ़ा सकते थे।

परीक्षा का दिन आ गया। मिशन स्कूल से मैं अकेली परीक्षार्थी थी। मिस लाल को मेरे साथ जाना था, परन्तु वही आयरिश लेडी उस दिन स्कूल आई और वही मुझे अपने साथ ले गई। शहर, सदर व लाल कुर्ती के सभी स्कूलों की लड़कियाँ इसी सेंटर पर परीक्षा देने आई थीं। पहले दिन गणित का पेपर था।

उन आयरिश महिला ने मुझे ढाढ़स बढ़ाते हुए समझाया, "देखो चन्दरकिरन! पेपर अगर मुश्किल लगे तो भी घबराना मत। उसे दो-चार बार ध्यान से पढ़ना। एक-दो सवाल ज़रूर समझ में आएँगे, आसान लगेंगे। उन्हें पहले हल करना। बस इस तरह आगे हल करने की कोशिश करती जाना। हर सवाल को पूरा करने के बाद दोहरा लेना अपनी तसल्ली के लिए। प्रश्न-पत्र पर अपने उत्तर ज़रूर लिख लेना याद से।

मैं बाहर बैठकर तुम्हारा सारा पर्चा हल करूँगी, जिससे उत्तर मिला लेंगे।" उन्होंने निरीक्षक से गणित का एक पर्चा माँग लिया।

मैं परीक्षा-कक्ष में गई। प्रश्न-पत्र कुल साठ अंकों का था। कुल सात प्रश्न थे, जिनमें से कोई छह प्रश्न करने थे। संयोग से उसमें कोई भी प्रश्न मुझे कठिन नहीं लगा और मैंने कुल डेढ़ घंटे का समय लिया। दो घंटे से पहले कोई भी छात्रा बाहर नहीं जा सकती थी। बिना इधर-उधर देखे चुपचाप अपनी सीट पर आधा घंटा बैठना मुझे बहुत ही कठिन लगा। उस समय को काटने के लिए मैंने वह सातवाँ सवाल भी अपनी कॉपी में कर डाला और उत्तर-पुस्तिका के पहले पृष्ठ पर, सबसे ऊपर लिख दिया, "कोई छह सवाल देख लीजिए।"

दो घंटे बाद जब मैं परीक्षा-भवन से बाहर आई, तब एकदम शान्ति थी। कोई भी छात्रा बाहर नहीं आई थी। कुर्सी पर बैठी वह आयरिश महिला एक तरफ़ हमारा पर्चा हल कर रही थी। एकाएक नज़र उठी और उन्होंने मुझे जब अपने सामने खड़े पाया तो ख़ुद भी खड़ी हो गई और बोली, "अरे चन्दरकिरन। इतनी जल्दी? क्या पर्चा बहुत मुश्किल लगा?"

मैंने बहुत आराम से जवाब दिया, "नहीं मिस, पर्चा तो बहुत आसान था। मैं सारे उत्तर लिखकर लाई हूँ आप मिला सकती हैं।"

वे अभी पाँचवाँ प्रश्न हल कर रही थीं। पूरा पर्चा हल कर लेने के बाद उन्होंने मेरे प्रश्न-पत्र से सारे उत्तर मिलाकर देखे। सब सही थे। उन्होंने मेरी पीठ ठोकी और अगले विषयों में भी उसी तरह मेहनत करने को कहा। भूगोल, हिन्दी व इतिहास—सभी के पर्चे सरल थे और मैंने मन लगाकर अच्छी तरह किए थे। बस, इतिहास वाले दिन की तैयारी में, मेरे बाबूजी ने मेरी मदद की थी। उन दिनों ईश्वरी प्रसाद वर्मा का इतिहास लगा हुआ था—सन् तीस के गांधी-इरविन पैक्ट तक था। सन् इतने थे कि मेरे होश उड़ गए। बाबूजी से पूछा तो उन्होंने कह दिया, "बेटा! सन् तो याद करने ही पड़ेंगे। उनके बिना हिस्ट्री बेकार है...तुम्हारे पाषाण और ताम्र-युग भले ही सन् से बचे हुए हैं, पर ईसवी सन् से भी पहले भारत का इतिहास संवत् से भरा पड़ा है। तुम एक चार्ट बना लो और फिर उसे रट डालना। चार्ट में पानीपत की दोनों लड़ाइयाँ कब हुईं, चन्द्रगुप्त मौर्य ईसा से कितने साल पहले गद्दी पर बैठा, उसके बेटे अशोक ने कब से कब तक राज्य किया वग़ैरह।"

बस, मैंने एक चार्ट कॉपी पर बनाया और उसका घोटा लगा लिया। अब हिस्ट्री मेरी उँगलियों पर थी।

लोअर मिडिल की परीक्षा समाप्त हो गई थी पर मैं बराबर स्कूल जाकर पाँचवीं कक्षा की पढ़ाई कर रही थी। मिस लाल ने भी ज्ञानवती जी वाली शर्त रखी थीं—छठी में अगर फेल हो गई, तो पाँचवीं की पूरी परीक्षा उत्तीर्ण होने के बाद ही छठी में चढ़ाया जाएगा। वे आयरिश महिला हर दूसरे-तीसरे दिन स्कूल आती रहती थीं। उन्हें मुझसे विशेष लगाव हो गया था; मेरे लिए वे अंग्रेज़ी की *किंग रीडर* पुस्तक (उस वक़्त की आंग्ल भाषा की पहली किताब) लाईं। अपने पास बैठा कर अंग्रेज़ी पढ़ाना

भी शुरू कर दिया। मैं भी मन लगाकर पढ़ने लगीं। पाँचवीं की तो सारी किताबें मैंने अपने डेस्क में बन्द कर दी थीं—मन में पूरा विश्वास था कि मैं छठी की परीक्षा अवश्य पास कर लूँगी।

मेरा आत्मविश्वास सच्चा था—मैंने परीक्षा प्रथम श्रेणी में उत्तीर्ण की, गणित में विशेष योग्यता सहित। जिस आयरलैंड चर्च से हमारा यह सदर मिशन स्कूल ग्रांट पाता था, उनकी तरफ़ से पुरस्कारस्वरूप दो बड़ी फ्रेम्ड तस्वीरें मेरे लिए आईं—इनमें ईसा मसीह का जन्म दिखाया गया था—गऊशाला में चरनी में लेटे शिशु ईसा और मरियम व जोज़फ़ का चित्र। दूसरे में एक सुन्दर डिब्बे में साबुन-कंघा और इत्र की शीशी के साथ-साथ सुन्दर ग़रारे-कुर्ते का कपड़ा भी मुझे अपने स्कूल की तरफ़ से दिया गया।

उसी वर्ष मेरठ में रघुनाथ गर्लज हाईस्कूल खुला। मैंने बाबूजी से कहा, "बाबूजी! एक साल में आप मुझे अंग्रेज़ी की सातवीं तक की पढ़ाई पूरी करा दें। मैं अगले साल रघुनाथ हाईस्कूल में सातवीं या आठवीं में दाख़िला ज़रूर लूँगी।" बाबूजी तो मान गए, पर माँ और मोहल्ले-पड़ोस वालों की दृष्टि में मैं अब सयानी हो चली थी। पहले मैं पीछे के बाज़ार से छोटा-मोटा रोज़ का सामान, जैसे दही, माचिस आदि ले आया करती थी क्योंकि भैया स्कूल से लौटने के बाद दोस्तों के साथ ग़ायब हो जाया करता था पर अब माँ ने मेरा अकेले इस तरह बाहर आना बन्द करा दिया। अगर अपने मोहल्ले या आस-पास भी किसी सहेली के जाना होता तो मेरा बड़ा भानजा कैलाश, जो सात-आठ साल का था, मेरे साथ जाता था। मैं मन-ही-मन सोचती—अगर कहीं कुछ झगड़ा-लड़ाई हो भी गया तो भला यह छोटा-सा मेरी क्या रक्षा करेगा! पर माँ का आदेश था—मानना ही था। मैंने अपना समय भाई के द्वारा लाई किताबें पढ़ने और कढ़ाई सीखने में लगाना शुरू कर दिया। बाबूजी ने थोड़ी अंग्रेज़ी भी मुझे सिखानी शुरू कर दी। उर्दू के अख़बार पढ़ने से उसका अभ्यास भी होता रहा।

सन् इकत्तीस का वर्ष था। गांधी जी का 'असहयोग आन्दोलन' पूरे जोश के साथ देश भर में फैला था। 'स्वदेशी अपनाओ', 'विदेशी-वस्तुओं का बहिष्कार करो'—मंत्र की तरह गूँजता था। मेरठ में भी जुलूस निकलते। विदेशी कपड़ों की होली जलाई जाती। हमारे मँझले भाई किशोरी लाल पूरे तन-मन से समर्पित थे। कांग्रेस के परचे घर-घर बाँटते, विलायती कपड़े बटोरते, तकली कातते।

एक दिन दरोगा जी ने घर आकर बाबूजी से कहा, "बाबूजी! आप सरकारी पेंशनर हैं। आपका बड़ा बेटा सरकारी नौकर है। कहीं मँझले के कारण आप पर कोई आँच न आ जाए। आप उन्हें समझा दें।"

बाबूजी अच्छी तरह यह बात जानते थे और चिन्तित भी रहते थे, पर किशोरी भाई उनकी बात नहीं मानते थे बल्कि उन्होंने उनसे और माँ से कसम धरा ली कि वे कोई विलायती कपड़ा नहीं पहनेंगे, न ख़रीदेंगे। खद्दर महँगा लगे तो देसी मिल की धोती और कपड़े ही घर में लाए जाएँगे।

मैं भाई की पक्की चेली थी। होली पर अपने लिए मोटे खद्दर की लाल रंग से

रँगी, गोटे लगी धोती मैंने बनवाई, पर किसी भी तरह उसे बाँधना मुझे नहीं आ रहा था। तब माँ ने तीन-चौथाई धोती में ऊपर किनारी मोड़कर नाड़ा डाला और पेटीकोट की तरह मुझे पहनाकर शेष धोती कन्धे पर पिन से टाँक दी।

उन दिनों मोहल्ले में कपड़े बेचने वाले बजाज आते थे। घर की औरतें उनसे धोती, पेटीकोट, कुर्ते, ब्लाउज़ आदि के कपड़े ख़रीद लिया करती थीं क्योंकि उन दिनों महिलाओं का आम बाज़ारों में जाकर ख़रीदारी करने का रिवाज़ नहीं था। एक दिन माँ ने इसी तरह बढ़िया पाँच गज़ की मलमल ख़रीदी और मुझसे बोलीं, "निक्की, इस पर नन्हे-नन्हे फूल छपवा दूँगी तो काढ़ देना। फिर सफ़ेद बेल लगाकर तेरी जिज्जी के लिए सावन में भिजवा दूँगी।"

दोपहर में किशोरी भाई घर आए। दालान में चारपाई पर मलमल देखकर बोले, "मौसी! यह विलायती मलमल क्यों ख़रीदी है?"

माँ ने बताया, "क्या जाने बाबा! बजाज तो इसे देसी मिल का बता रहा था। यह बिब्बी की साड़ी के लिए ली है।"

भाई ने साड़ी का कपड़ा बग़ल में दबाकर कहा, "हिश! यह एकदम विलायती है। इसे मैं कल विदेशी कपड़ों की होली में जला दूँगा।"

माँ के तो होश उड़ गए। बाबूजी की पेंशन के बाद घर के हालात वैसे भी आर्थिक दृष्टि से ख़स्ता थे, पर मेरी माँ अपनी बेटी को देने में पहले की-सी प्रतिष्ठा का ध्यान रखती थीं। चाहे कहीं कटौती करनी पड़े, बाबूजी का मान बेटी की ससुराल में बेटी का मान है—सो, बिब्बी के लिए वह कुछ भी करने को तैयार रहती थीं। उन्होंने तुरन्त किशोरी भैया के हाथ से वह मलमल ले ली और दृढ़ स्वर में कहा, "किशन! अपनी यह देशभक्ति बाहर ही दिखाया कर। कितनी मुश्किल से यह कपड़ा ख़रीदा है, तुझे क्या पता? मैं तो इसे जलाने को नहीं दूँगी।"

भैय्या दो मिनट हक्का-बक्का खड़ा रहा। मौसी के हाथ से साड़ी छीनने की हिम्मत उसमें नहीं थीं। बस ग़ुस्से में, एकदम बाहर चला गया।

तीसरा पहर बीत गया, मँझले भाई खाना खाने घर नहीं आए। बाबूजी और माँ, दोनों चिन्तामग्न हो गए। वह बाहर भी कुछ खाने के अभ्यस्त नहीं थे। बाबूजी ने ग़ुस्से से माँ से कहा, "लो, और मोहल्ले के बजाजों से कपड़ा ख़रीदो। पाँच गज़ मलमल के पीछे मेरा लड़का आज दिनभर भूखा-प्यासा घर से बाहर है।"

माँ की भी रुलाई फूट पड़ी। वह मलमल तुरन्त उन्होंने पड़ोसन के घर भिजवा दी और दरवाज़े पर खड़े होकर बेटे के लौटने की राह देखने लगीं। शाम छह बजे भाई घर लौटे—सूखा मुँह, धूल-धूसरित कपड़े, हाथ में तकली। घुसते ही बोले, "मौसी! आज पता नहीं क्यों बड़ी भूख लग रही है इस समय! घर में कुछ हो तो देना।"

माँ ने उलाहने के साथ-साथ प्रसन्नता मिश्रित स्वर में कहा, "आज दोहपर में तू खाने के लिए कब आया; सब खाना यूँ ही जाली में रखा है।"

भाई ने आश्चर्य से कहा, "ओह! तभी मैं सोचूँ कि चार बजे से पेट में चूहे क्यों दौड़ रहे हैं? मैं सोचता था, खाना खाने घर आया था।" सरल हृदय, भुलक्कड़

भाई को साड़ी की क्या याद रहती, जो यही भूल गए थे कि वे दोपहर खाना खाने घर आए ही नहीं।

अपने मँझले भाई के भुलक्कड़पन की एक अन्य घटना मेरे मन में आज भी स्पष्ट रूप से अंकित है। कार्तिक पूर्णिमा को मेरठ के सभी छोटे-बड़े, ग़रीब-अमीर गढ़मुक्तेश्वर जाकर गंगा में स्नान करके पुण्य लूटना चाहते थे। किशन भाई किसी धार्मिक वृत्ति के कारण नहीं, बल्कि अपनी भ्रमण-लालसा की तृप्ति के लिए प्रतिवर्ष गढ़मुक्तेश्वर जाते थे, पर लौटने पर, हर बार ही उनके सामान में से कोई न कोई चीज़ ज़रूर खो जाया करती थी, लोटा-तौलिया या एक-आध धोती आदि। माँ झींककर कहतीं, "किशोरी, गंगा-स्नान का पुण्य तो तू लूटता है और घाटा मुझे होता है। ज़रा होश से भी काम ले लिया कर। अपना सारा सामान ध्यान से रख कर लाना भी उतना ही ज़रूरी है जितना गंगा-नहान।" भाई चुपचाप उलाहना सुन लिया करते। जानते थे, मौसी सही कह रही थीं।

एक बार, गंगा नहा कर गढ़मुक्तेश्वर से लौटे तो आते ही बड़े उत्साह से बोले, "मौसी, इस बार सब चीज़ें गिन लो। कुछ भी नहीं खोया है मैंने। यह रहा तौलिया, यह साबुन। यह लड्डू वाला डिब्बा और तुम्हारे लिए लोटे में बीच धारा का स्वच्छ पवित्र गंगा जल भी लेकर आया हूँ।" उन्होंने माँ को मिट्टी की सुराही थमाते हुए अन्त में कहा, "और इस बार प्रसाद भी लाया हूँ।"

माँ ने सारी चीज़ सहेजते हुए पूछा, "और रज़ाई कहाँ हैं?" "ऐं" भाई चौंक पड़े। थोड़ी देर सिर खुजाते रहे, फिर बोले, "लगता है, सोते समय रात में कहीं उतर कर गिर गई होगी। तभी सवेरे ठंड लगी तो मेरी आँख खुल गई। मैं भी सोचूँ इतनी सर्दी भला क्यों लग रही है मुझे?"

सुनते ही माँ की हँसी फूट पड़ी और वह बोल पड़ी, "शुक्र है, भगवान ने तेरे हाथ-पैर मज़बूती से जोड़े हैं वरना कहीं एक-आधा गिर जाता तो तुझे पता भी नहीं चलता।"

सन् '31 का नमक-सत्याग्रह आन्दोलन पूरे यौवन पर था। नगर के रईस लोगों की पत्नियाँ भी मैदान में आ गई थीं। मशहूर होम्योपैथिक डॉ. चौधरी की सुन्दर पत्नी कमला चौधरी, होमवती जी, उर्मिला शास्त्री सहित अनेक भद्र महिलाओं ने जुलूस निकाले। विदेशी शराब व कपड़ों की दुकानों पर धरना दिया।

माँ के मना करते-करते भी मैं आँख बचा कर अकेली ही सुन्दर बाज़ार भाग जाती। कैलाश को साथ ले जाना भूल जाती। स्वाभाविक था—माँ की डाँट खानी पड़ती। मैंने सुना अंग्रेज़ सरकार सबको जेल में बन्द कर रही है। उनसे चक्की पिसवाती है और उन्हें जेल में मिट्टी मिली रोटियाँ खाने को मिलती हैं। गांधी जी भगवान की भाँति पूजे जाने लगे थे। कभी अफवाह उड़ती, गांधी जी जेल से बाहर घूमते देखे गए और जेलर ने उसी समय जेल में भी अन्दर देखा। कोई कहता, बापू तो लन्दन में भी दिखे थे। मैं बाबूजी के पीछे पड़ जाती, "बाबूजी, आप मेरा नाम कांग्रेस में लिखा दो। मैं सबके साथ धरना दूँगी। मैं चक्की भी चलाना सीख गई हूँ। मिट्टी वाली रोटी भी खा सकती हूँ।"

बाबूजी मुझे समझाते, "बेटे! तुम अभी बहुत छोटी हो। कांग्रेस बच्चों को धरना देने नहीं भेजती। तुम पहले थोड़ी और बड़ी तो हो जाओ।"

पर बड़ा होना क्या मेरे बस की बात थी? ग्यारह और सोलह में पाँच साल का व्यवधान था।

मँझले भाई लाइब्रेरी के मेम्बर थे। मेरी बड़ी जीजी के आने पर वह रोज़ एक नई किताब लाते, जिसे वह लालटेन की रोशनी में रात को पढ़तीं फिर अपने बक्स में छिपा कर रख देतीं। पूरी होने पर वह लौटा देते और नई किताब लाकर देते। कहानी-उपन्यास, पत्र-पत्रिकाएँ इत्यादि पढ़ने का शौक़ मेरा जन्मजात था, पर बहन अपने लिए आई एक भी किताब मुझे नहीं देतीं। बस इतना कहतीं, "बड़ी हो जाओ, तब पढ़ना।"

उफ़! यह छोटा होना भी क्या मुसीबत था? साठ मिनट का एक घंटा, चौबीस घंटों का एक-दिन रात...फिर ऐसे तीस दिन-रातों का एक महीना और तब ऐसे बारह महीनों का एक साल। मेरी पढ़ने की क्षुधा नए-नए उपाय सोचती। मोहल्ले के जिस भी घर में कोई हिन्दी-उर्दू की कोई किताब या मासिक, साप्ताहिक पत्रिका दिखाई देती, मैं उसे वहीं चाट जाती, पर उन दिनों घर में आमतौर पर पुस्तकें होती ही कितनी थीं, ख़ासकर निम्न मध्यवर्ग में। पढ़ने के लालच में मैंने *रामचरितमानस* पूरा पढ़ डाला। बाबा के घर रखी कबीर की *साखी-सबद रमैनी* व *सुखसागर* सब। इनके अर्थ न बाबा समझते थे, न मैं। फिर भी उस समय जो भी पढ़ा, उसका आनन्द लिया। भाग्य ने और भी मेरा साथ दिया जब किशन भाई के स्कूल के मित्र ओम प्रकाश मोहल्ले में रहने लगे। उनके पिता रामस्वरूप अग्रवाल की सब्ज़ी-मंडी सदर के साथ कोठी थी। उन्हीं से जुड़े उनके बनवाए आठ-दस क्वार्टर थे, जिनमें पढ़े-लिखे बाबू लोग किराये पर रहते थे। उन सबकी ट्रांसफर वाली सरकारी नौकरियाँ थीं।

ओम प्रकाश की छोटी बहन प्रेमवती आर्य कन्या पाठशाला में। तीसरी में मेरे साथ पढ़ती थी। अन्य बड़ी ज्ञानवती, सुलभा और सावित्री। रामस्वरूप जी स्वयं अधिक पढ़े-लिखे नहीं थे, पर अपनी सन्तानों की शिक्षा का उन्होंने उस समय पूरा ध्यान रखा। बड़े लड़के रघुनन्दन ने एल.एल.बी. किया, ओम प्रकाश भी एम.ए. में थे। लड़कियों को भी उस समय उन्होंने रघुनाथ गर्ल्स स्कूल में पढ़ाया। यह बड़ी बात थी। उस वक़्त *माधुरी, सरस्वती, चाँद* आदि उनके यहाँ आतीं थी। पुस्तकें ख़रीदने का भी उन्हें शौक़ था, सो नई से नई किताब उनके घर होती। मेरे मँझले भाई ने स्वयं आठवीं के बाद पढ़ाई छोड़ दी थी, पर कांग्रेसी कार्यकर्ता होने से उनका आना-जाना बड़े घरों में भी था। वे लोग चन्दा देकर कांग्रेस की सहायता करते थे। ओम प्रकाश के घर भी उनका आना-जाना इस कारण बहुत था। सो, वह घर हमारे लिए वरदान सिद्ध हुआ। भाई जीजी के लिए वहाँ से भी किताबें लाकर देते थे। उन दिनों *देवदास* भी लाइब्रेरी में आया। बहन ने पढ़ने के बाद अपने बक्स में कपड़ों के नीचे डाल दिया। बक्स में ताला नहीं था। मुझसे ही वह अपने बच्चों के कपड़े लाने-रखने का काम कराती थीं। एक दिन मैंने कपड़े रखते समय पुस्तक देख ली।

मैंने तुरन्त उसे निकाला और रसोईघर में रखे चावल के कनस्तर में रख लिया। माँ की आदत थी (अपनी भारी देह से उठ पाना सम्भव न होने के कारण) मुझ से ही दाल-चावल, मसाले वग़ैरह निकलवाना। बस, मैंने दो दिनों में दो-चार पृष्ठ कर-कर के ऐसे कामों के दौरान *देवदास* पूरी पढ़ ली और चुपचाप किताब को पुन: जीजी के बक्स में यथास्थान रख दिया। जब भाई पुस्तक लौटाने जाने लगे, तो भाई-बहन में *देवदास* पर चर्चा छिड़ गई। वे *देवदास* की मजबूरियों का बखान करते हुए उसके प्रति अपनी सहानुभूति जताने लगे। मुझे उनकी यह देवदास-प्रियता नहीं भाई, और आँगन में गुट्टे खेलते हुए मैंने उनकी बात काटी, "जीजी! 'क्या देवदास! देवदास!' लगा रखी है—वह बिल्कुल निकम्मा था। जब पारो उसके घर आई तो उसे डर से भगा दिया और फिर उसकी शादी हो जाने पर शराब पीने लगा। आख़िर में उसी के दरवाज़े पर जाकर मर गया! डरपोक कहीं का।"

बहन का मुँह आश्चर्य से खुला रह गया। वह हड़बड़ाकर बोली, "तूने *देवदास* कहाँ पढ़ी?"

मैंने बता दिया, "कहाँ क्या? आपके बक्स में ही तो था। हमने रसोई के चावल के कनस्तर में रखा और पढ़ लिया। उसमें ऐसा था क्या जो आप मुझे पढ़ने से मना करती थीं?" जीजी क्या बोलती? चुप हो गई। पर आगे से उन्होंने वह किताबें, जिन्हें मुझसे छिपाना चाहतीं थीं, किसी और जगह रखने लगीं।

जो काम करने से मना किया जाए, उसे करने की इच्छा बाल-हृदय में और भी तीव्र हो जाती है—यह मनोवैज्ञानिक सत्य हैं। *देवदास* की भाँति *हातिमताई* के साथ भी मेरे बचपन की ऐसी ही दूसरी घटना जुड़ी है। गर्मियों की छुट्टियाँ थीं। मैं लीला के घर उसे खेलने के लिए बुलाने गई। उनकी भाभी ने बताया कि वह घर में नहीं है। उस समय उनकी सास घर में नहीं थी। भाभी चौके में थी। मैं चुपचाप उनके कमरे में घुस गई। सोचा, शायद कुछ पढ़ने को मिल जाए। उनके कमरे में दीवार में ही एक बड़ी अलमारी थी, जिसमें तीन ऊपर-नीचे तख़्तों से ख़ाने बने थे। नीचे के खाने में भाभी का कंघा-शीशा व अन्य फुटकर चीज़ें रखीं थी। बीच के खाने में मुझे एक मैली-सी पुस्तक दिखाई दी मानो मेरे लिए बिल्ली के भाग्य से छींका टूटा था। किताब थी *हातिमताई* का हिन्दी संस्करण। मैंने तुरन्त अलमारी के बीच के ख़ाने से पुस्तक उठाई और पाँव मोड़कर गुड़ी-मुड़ी होकर अलमारी के ऊपरी ख़ाने में लेट गई और किताब पढ़ने में मग्न हो गई। दीन-दुनिया का मुझे कुछ होश नहीं था।

इधर घर में सब परेशान; घंटों से मेरा पता न था। माँ ने छोटे भाई को मुझे ढूँढ़ने भेजा—वह सब जान-पहचान वालों को पूछ आया। मैं कहीं नहीं थी। लीला के घर भी वह गया था—भाभी ने उसे बता दिया कि कई घंटों पहले आई तो थी मैं, पर लीला नहीं थी, सो चली गई। भाभी ने चौके से ही मुझे जवाब दिया था, कमरे में घुसते हुए उन्होंने मुझको देखा नहीं था। तीन-साढ़े तीन घंटे में मैंने *हातिमताई* पढ़ ली। जून की गरमी में आलमारी के एक खाने में सिमटी देह से पसीने की धारें चू रही थीं। मेरा गरारा कुर्ता तो निचोड़ने की दशा में था। जैसे ही मैं धम्म की आवाज़ के साथ

कूदी, तो भाभी आवाज़ सुनकर अपने कमरे में आईं। और मेरी पसीने से तर-ब-तर सूरत देखकर बोलीं, "कन्हैया दो बार पूछ गया है—घर जा, आज तेरी ख़ैर नहीं।"

मैं बहुत डर गई। किस्मत अच्छी थी—दरवाज़े पर जीजी से मुलाक़ात हुई। अम्मा मुझे ढूँढ़ने गई हुई थी। जीजी ने बेहद ग़ुस्से से कहा, "कहाँ थी तू अब तक? और यह अपना हुलिया क्या बना रखा है? क्या किसी ने तेरे ऊपर लोटा भर पानी डाल दिया है?"

मैंने डरते-डरते बताया, "नहीं जीजी, यह तो पसीना है। असल में, मैं लीला के घर की अलमारी में घुस कर *हातिमताई* पढ़ रही थी।"

हातिमताई! बहन को तो जैसे बिच्छू का डंक छू गया हो। चीखकर बोलीं, "आने दे आज मौसी से तेरी ख़ूब मरम्मत कराऊँगी। *हातिमताई* जैसी किताब पढ़ने को किसने कहा था और ख़ुद को देख ज़रा, जैसे पानी में डुबकी लगाई हो..."

मैंने बीच में ही उनकी बात काट कर कहा, "हातिम कोई बुरा आदमी या राक्षस था, जिससे आप हमें बचाना चाहती थीं—वह तो हनुमान जी से भी बड़ा और बहादुर था। हनुमान जी ने सिर्फ़ एक काम किया था। लंका में जाकर सीता का पता लगाया और हातिम ने अपने दोस्त मुनीर शामी के सातों सवाल पूरे किए। पूरे सात..." और हथेलियों को फैलाकर सात गिनवा दिए।

बहन ने हकलाकर कहा, " हाँ! सो तो किए...पर उसने बीच में दो शादियाँ भी तो कीं, ये क्या कोई अच्छे काम थे?"

मैंने कहा, "ओह! ये काम बस उसने अच्छे नहीं किए, पर मैं उसकी यह बात थोड़ा ही याद रखूँगी? जीजी! तुम्हीं तो कहा करती हो–"सन्त हँस गुन गहहिं पय परिहरि वारि विकार"–सो, मैं भी हातिम के वीरता के कारनामे याद रखूँगी, शादियाँ नहीं।" जीजी ने मेरे आगे हाथ जोड़े और बोली, "तुम तो माता भवानी हो! तुम से बहस में भला कौन जीतेगा? चाहे जो पढ़ो और मरो, पर अभी तो गुसलख़ाने में जाकर नहाओ, कपड़े बदलो झटपट वरना अगर मौसी आ गई तो सारी हातिमताई की बहादुरी भूल जाओगी। जब वह तुम्हें इस दशा में देखेंगी, जमकर तुम्हारी मरम्मत करेंगी।" जीजी ने उस दिन मुझे माँ के ग़ुस्से और पिटाई से बचा लिया।

मैं अपने बड़े भाई की अभिनय-प्रतिभा और संगीत-प्रेम की चर्चा किए बिना नहीं रह सकती। अपने 'भारत-नाटक-समाज' द्वारा अभिनीत नाटकों के द्वारा वह मेरठ में उच्च वर्ग के साथ-साथ आम लोगों में भी प्रसिद्ध थे। हिन्दी में रंगमंचीय नाटक उस समय बहुत नहीं थे। अनूदित होकर शरत्-साहित्य के साथ बांग्ला के द्विजेन्द्रलाल राय के नाटक भी हिन्दी में आ चुके थे। हिन्दी में, उस वक़्त राधेश्याम कविरत्न (जिन्होंने पूरी *रामायण* पद्य में लिखकर भूरि-भूरि प्रशंसा पहले ही प्राप्त कर ली थी) के *वीर अभिमन्यु, अम्बरीष* और *ज़हरे-इश्क़* जैसे नाटक उपलब्ध थे। इनमें पारसी थियेटर का पूरा अनुसरण किया था और पात्र गद्य-पद्य दोनों में संवाद बोलते थे। केवल द्विजेन्द्र रॉय के नाटक इस दोष से मुक्त थे। स्वगत-कथन उनके नाटकों में भी ख़ूब होता था।

बड़े भाई ने शुरू में *वीर अभिमन्यु* नाटक किया। आठ आने से लेकर पाँच रुपये तक का टिकिट था। तीन दिन लगातार यह नाटक मेरठ में मंचित हुआ और उनका नाम मेरठ में जाने-माने लोगों में होने लगा। उनसे मिलने वाले हमारे घर पर नहीं आते थे। भाई के रिहर्सल वाले कमरे में वे लोग आते थे। कमरे के सामने ही उनकी मोटर खड़ी होती थी। *वीर अभिमन्यु* के मंचन से जो राशि आई, उसमें से हॉल का किराया, परदों और तबले-बाजेवालों का व्यय आदि निकालने के बाद पूरे चार सौ रुपये बचे, जिन्हें भाई ने मेरठ की कांग्रेस पार्टी के फंड में दे दिया।

श्याम लाल भाई ही नाटकों के डॉयरेक्टर थे—सो, हम सब के लिए सबसे पहली वाली पंक्ति में सोफा रखा जाता था। बाबूजी ने भाई का एक या दो नाटक देखे, पर माँ व मैंने उनके लगभग सभी नाटक आगे के सोफे में बैठकर शान से देखे थे। माँ की मित्रता भी अनेक धनी महिलाओं से हो गई थी। उस समय की बहुत-सी बातें याद हैं। उनमें से एक घटना तो बहुत महत्वपूर्ण है।

भाई राय साहब के *राणा प्रताप सिंह नाटक* की तैयारी कर रहे थे। शाम को मंचन से पूर्व सारे टिकट बिक चुके थे। हॉल खचाखच भरा था। पर्दा उठने से पाँच मिनट पहले ही लाला लाजपत रॉय के निधन का समाचार आया। सारा वातावरण ही पल में बदल गया। श्यम्म लाल भाई तो स्तब्ध थे। कांग्रेस के इतने बड़े नेता का निधन हुआ था। वे करते तो क्या करते? नाटक नहीं होगा तो टिकट लेकर बैठी दर्शक मंडली तोड़-फोड़ मचा देगी और टिकट की राशि वापस करना भी कोई बच्चों का खेल नहीं था। भाई साहब राणा प्रताप की वेशभूषा में ही मंच पर पर्दे के सामने आए और माइक पर आकर हाथ जोड़कर बोले, "भाइयो व बहनो! हमारे कांग्रेस के नेता लाला लाजपत राय अंग्रेज़ सरकार के जुल्म का निशाना बन गए। जुलूस में लाठी की चोट से घायल वे अस्पताल में थे। अभी-अभी उनके स्वर्गवास का समाचार मिला है। आप ही हमें बताएँ हम नाटक खेलें या नहीं? नाटक न होने की दशा में आप सब पंक्तिबद्ध रूप से अपना-अपना टिकट दिखा कर पैसे टिकट खिड़की से वापस ले सकते हैं। जो नाटक देखना चाहते हैं—अपने हाथ उठा दें।" जनता शायद कभी-कभी प्राप्त होने वाले मनोरंजन से वंचित नहीं रहना चाहती थी—अधिकांश हाथ ऊपर उठ गए। भाई ने सभी को धन्यवाद दिया और भीतर चले गए। लाला लाजपत राय के निधन पर रंगकर्मियों का शोक प्रकट करने के लिए भाई ने बाज़ार से तुरन्त एक गज़ काला कपड़ा मँगाया, पट्टियाँ कटवाईं और सभी कलाकारों के हाथ पर कस कर बँधवा दीं। नाटक सफलतापूर्वक हुआ। उसकी पूरी आमदनी पाँच सौ रुपये कांग्रेस के फंड में दी गई।

मँझले भाई में भी अभिनय प्रतिभा थी। वह बड़े भाई के साथ एक-दो नाटकों में मुख्य पात्र के रूप में मंच पर उतरे भी, पर उन्हें सदा अपने बड़े भाई के सम्मुख हीनता का बोध सताता रहता था। बात सच भी थी। बड़े भाई तो रौबीले, टीपटॉप रहने वाले व्यक्ति थे—जिनकी उस क्लब में बहुत ही महत्त्वपूर्ण भूमिका थी। कहाँ मैले कपड़ों में लाला की मुनीमी करके पच्चीस रुपये कमाने वाले किशोरी लाल

आठवीं फेल—उनके स्वयं बड़े भाई भी कभी अपने समकक्ष नहीं मान पाए। वे स्वयं बहुमुखी प्रतिभा से सम्पन्न थे। 'भारत-नाटक क्लब' के लगभग हर विभाग को उन्होंने सँभाला था। अपने व्यवहार से सब तरह के काम करवा लेते थे, चाहे वह पर्दों, रंगमंच-सज्जा का काम हो या पार्श्व संगीत का सही इस्तेमाल। वे ख़ुद तबला, हारमोनियम और सितार—सब बजाना जानते थे। धाराप्रवाह अंग्रेज़ी बोलते थे। नाटकों का कुशल निर्देशन वही करते थे। सो, मँझले भाई यूँ ही उनके सामने ख़ुद को छोटा महसूस करने लगते।

बाबूजी ने इसे लक्ष्य किया और मँझले भाई को समझाया, "तू क्यों श्याम लाल के कमरे पर जाता है? वह तो लाट साहब समझता है ख़ुद को। घर में ही किसी से ज़्यादा बात नहीं करता। तू अपनी कांग्रेस में लगकर देशसेवा करता है—यही बहुत बड़ी बात है।"

तब से मँझले भाई ने उनके कमरे पर जाना छोड़ दिया। बड़े भाई ने उनसे यह भी नहीं पूछा कि वह अब क्यों उनके साथ नहीं आते या नाटकों में दिलचस्पी लेते।

किशन भाई ने अपना शौक़ अपने तरीके से पूरा किया। अपने ही जैसे कुछ युवकों को इकट्ठा करके, 'बाल-भारत नाटक समाज' नाम की एक मंडली बनाई। धर्मशाला में अपने साथियों के साथ नाटकों की रिहर्सल करते। कालान्तर में कुछ नाटक भी खेले, पर वे सब मोहल्ले वालों के मनोरंजन तक ही सीमित रहे। बिना टिकट के जो शौक़ के सामान्य स्तर तक ही रहे।

मँझले भाई की कांग्रेस सम्बन्धी गतिविधियों के कारण हमारे घर एक बार पुलिस ने तलाशी ली थी। वह दिन मुझे अच्छी तरह आज भी याद है क्योंकि माँ ने उस दिन काली उड़द की दाल में पालक डालकर सगपैता बनाया था, जो मुझे एकदम नापसन्द थी। जो देखने में अच्छी न लगे, मैं खाने में छूती तक नहीं थी। बाबूजी मुझे उस दिन दही लाने के लिए एक पैसा अलग से दिया करते थे।

पुलिस वाले घर आए। जो दरोगा साथ थे, वह शायद बाबूजी के परिचित निकले। उन्होंने कहा, "बाबूजी! सरकारी ड्यूटी निभानी पड़ती है—इसलिए दिखावे के लिए तलाशी तो लेनी ही पड़ेगी, पर मैं जानता हूँ आपका बेटा क्रान्तिकारी नहीं है। एक मामूली कांग्रेसी है।"

माँ तो पुलिस को देखते ही डर गई थी। रुआँसी हो गईं—सारा मोहल्ला दरवाज़े पर जमा हो गया था। पुलिस वालों ने बैठक की सारी किताबें अलमारी से निकाल कर दरी पर फेंक दी थीं। पुलिस ने दीवार पर टँगे उस कैलेंडर को अपने कब्ज़े में कर लिया, जिसमें लक्ष्मीबाई को अपने दत्तक पुत्र को पीठ पर बाँधकर तलवार हाथों में लिये घोड़े पर सवार होकर दौड़ते हुए दिखाया गया था। फिर स्वामी दयानन्द की फ़ोटो भी रख ली थी, पर चलते समय छोड़ कर चले गए। आधे घंटे में बैठक में तो मानो भूचाल आ गया था। माँ चीज़ें ठीक करती जातीं और रोते-रोते कहती जाती, "न जाने आज सवेरे किसका मुँह देखा था कि घर में पुलिस आ धमकी।"

मैंने आँगन से ही जवाब दिया, "काला सगपैता बनाओगी तो पुलिस आएगी

ही।" इतना सुनना था कि माँ का पारा और चढ़ गया और वह मुझको मारने दौड़ी, पर तब तक मैं दरवाज़े से बाहर नौ-दो-ग्यारह हो चुकी थी।

पूरे मोहल्ले में मेरे बाबूजी का एक ख़ास मुकाम था। अपने आसपास के कम पढ़े-लिखे, अनपढ़, ज़रूरतमन्द लोगों के लिए, सामान्य बीमारियों के लिए वह दवाइयाँ तो देते ही थे, साथ ही उनको दीन-दुनिया की ख़बरों से भी अवगत कराने का काम बख़ूबी करते थे। घर में बाबूजी दैनिक *तेज़* ख़रीदते थे जो एक आने का आता था। साप्ताहिक में *जमींदार* और मासिक में *क्रान्ति* जो पंजाब आर्यसमाज का पत्र था—ख़रीदा करते थे। शाम को हमारे घर पर मोहल्ले के लोगों की बैठक लगती थी। उसकी पूरी तैयारी पहले से होती थी। छोटा भैया कच्छा पहन कर बाहर के कुएँ से दो बाल्टी पानी भर कर चबूतरे पर घूम-घूम कर नहाता और इस तरह चबूतरा धुल जाता। फिर दो चारपाइयाँ बिछतीं। बीच में बाबूजी की आरामकुर्सी रखी जाती। चारपाई पर एक तरफ़ बीड़ी का बंडल। कपड़े में लिपटे चार बीड़े पान के और तम्बाकू रखे जाते। माचिस की डिब्बी तक पास में होती थी। बाबूजी अख़बार सहित आराम कुर्सी पर बैठते। पहले दातादीन ताऊजी, सालीग्राम चाचा, छोटे लाल, हरिप्रसाद जी सहित अन्य लोग 'नमस्ते', 'जयरामजी' की व 'राम! राम!' के बाद चारपाई पर बैठ जाते। उसके बाद धीरे-धीरे और भी आकर बैठ जाते। उन्हीं में से कोई एक कहता, "बाबूजी! आज की नई ख़बर सुनाइए।"

बाबूजी मुख्य समाचार पढ़ते। बातचीत का विषय बाद में कांग्रेस होती या आर्यसमाज। कभी-कभी मोहल्ले में घटी कोई महत्त्वपूर्ण घटना चर्चा का मुद्दा बन जाती थी। मुझे बाबूजी हमेशा बगल में बैठा कर रखते थे। वह मुझे अपना एन्साइक्लोपीडिया कहा करते थे। बीच-बीच में वार्तालाप के दौरान मुझसे पूछते "हाँ बेटा, ज़रा बताना रावण के नाना का क्या नाम था? रावण की माता कौन थी" या फिर कहते, "हाँ तो निक्की! मैं भूल गया हूँ—तुम इन सभी को बता दो रामचन्द्र देहलवी ने परसों अपने लैक्चर में क्या कहा था?"

मैं चूँकि पाठ्य-अपाठ्य सभी कुछ पढ़ा करती थी; इसलिए इन सभी सवालों के जवाब तुरन्त दे देती थी। दातादीन ताऊजी मुझसे विशेष स्नेह करते थे। उन्हें उर्दू आती थी। मुझे बहुत सारी कहानियाँ भी सुनाते थे, जैसे *तिलिस्मे हुशरबा, गुलबकावली, किस्सा सात शहजादियों का* वग़ैरह, वग़ैरह।

पड़ोसी हर प्रसाद चाचा साप्ताहिक *गुरुघंटाल* मँगाते थे। उसके सम्पादक कोई यशपाल कपूर हुआ करते थे। अधिकतर अंग्रेज़ी उपन्यासों के उर्दू रूपान्तरण *गुरुघंटाल* में ही छपाए जाते।"

टॉम काका की कुटिया मैंने *गुरुघंटाल* में ही लगातार सिरीयलाइज़ होने पर पढ़ी थी। इसी पत्रिका के होली, दीवाली, दशहरे इत्यादि के अंक बड़ी सज-धज के साथ निकलते थे। दो पृष्ठ लाल स्याही से, अगले दो नीली स्याही से और कुछ हरी स्याही में छपे होते। कृष्ण जी और राम जी पर लेख होते और वे सब मुझे बहुत ही आकर्षक लगते। मैं सोचा करती, इन लेखों के लेखक कितने भाग्यशाली हैं?

लाल-हरी स्याही में छपे हैं, पर लेख इनके कितने मामूली हैं? इनमें कुछ ख़ास नहीं होता। इनसे अच्छा तो मैं लिख सकती हूँ।

असल बात यह थी कि हिन्दी में प्रेमचन्द, कौशिक और सुदर्शन को पढ़ लेने के बाद उर्दू लेखकों की वे रचनाएँ मुझे उस उम्र में भी बहुत सतही और हल्की प्रतीत हुआ करती थीं। मन फिर तर्क करता, अगर मैं लिख भी लूँगी तो भला बड़े लोग उसे छापेंगे क्यों? जब बच्चे कांग्रेस में भर्ती नहीं किए जाते, तो अख़बार वाले भी एक बच्ची द्वारा लिखे लेख क्यों स्वीकार करेंगे? मैंने किसी लेखक या सम्पादक को देखा तो था नहीं, पर विभिन्न रंग-बिरंगे पृष्ठों पर उनके लिखे लेखों से मेरा मन ईर्ष्या से भर उठता। अपनी झोंक में आकर एक आधा लेख लिखा भी, पर फिर असमंजस की मन:स्थिति में उसे फाड़ भी डाला।

कलकत्ता से उन्हीं दिनों एक बाल-मासिक पत्र निकला—*विजय*। ओम प्रकाश जी के घर मैंने वह पढ़ा और तभी मैंने सोचा—यह नया पत्र है, इसमें लेखकों से रचनाएँ माँगी गई हैं क्यों न मैं इसमें लिखकर भेज दूँ—शायद इस नए पत्र में छप जाएँ। बस, पतले काग़ज़ पर मैंने एक कहानी लिखी 'अछूत'। कहानी किसी बड़े लेखक की रचना से चुराई नहीं गई थी, पर जो पढ़ा करती थी, उसी की अधकचरी प्रक्रिया रही होगी। मैंने कभी कोई गाँव नहीं देखा था, पर कहानी में एक गाँव दिखाया था, उसका एक ज़मींदार भी था। उसके यहाँ घीसू चमार नाम का चमार लकड़ी काटने, गोबर पाथने का काम करता था। अछूत होने की वजह से वह घर के बर्तन नहीं छू सकता था, न ही कुएँ पर चढ़ सकता था। ज़मींदार ने उससे जंगल में इतनी ढेर लकड़ी कटवाई कि वह बीमार पड़ गया और थोड़े समय बाद उसकी मृत्यु हो गई। उसका दस साल का एक लड़का था—रामदास। उसे सब 'रमदसवा' कहते थे। वह भीख माँग कर पेट भरने लगा। भीख में रोटी तो मिल जाती थी घरों से, पर पानी की मुश्किल थी। उसे पानी देने पर ख़ुद पर ज़रूर छींटे पड़ते और फिर नहाना पड़ता। एक दिन वह बहुत प्यासा था। उसने कुएँ के डोल से पानी भर लिया। उस पर गाँव वालों ने उसे बहुत मारा। उधर से एक पादरी जा रहा था। उसने उस रमदसवा को प्यार किया और साथ ले गया। वह ईसाई बन गया। पढ़-लिखकर डिप्टी कलेक्टर बन गया। उसका नाम हो गया था—रैमजे साहब। डिप्टी बनकर वह अपने पुराने गाँव आया क्योंकि उस गाँव के ज़मींदार की सरकार के पास बहुत-सी शिकायतें पहुँची थीं। डिप्टी साहब का आना सुनकर जमींदार साहब फलों की डोली लेकर उनके तम्बू में गए, मिठाई भी साथ ले गए। हाथ जोड़कर खड़े रहे उनके सामने। रैमज़े साहब ने बस उससे इतना कहा, "आपने मुझे नहीं पहचाना? मैं वही रमदसवा हूँ, जिसे आपने और आपके गाँव वालों ने बेरहमी से सिर्फ़ पानी भरने पर मारा था।" ज़मींदार मन-ही-मन बहुत डर गया। उसने सोचा, डिप्टी साहब उसे जेल भेज देगा। बस, रात को घर पहुँचने के बाद, उसने ज़हर खा लिया और मर गया। सवेरे जब उनकी अरथी डिप्टी साहब के तम्बू के सामने पहुँची तो रैमज़े साहेब ने बाहर आकर पूछा, "कौन मर गया?" लोगों ने बताया, "ज़मींदार साहब मर गए।" रैमजे साहब

ने उन्हें सम्मान देने को तुरन्त अपना हैट सिर से उतार लिया। बस, कहानी ख़त्म।

कहानी ख़ूब बारीक-बारीक अक्षरों में पतले से काग़ज़ पर लिखी। फिर उसे एक आने वाले लिफ़ाफ़े में परत बना कर एक छोटे-से पर्चे के साथ बन्द कर दिया। उस पर्चे में मैंने लिखा था—"सम्पादक जी, नमस्ते। मैं एक छोटी लड़की हूँ मेरी यह कहानी अच्छी लगे तो छाप देना वरना रद्दी की टोकरी में फेंक देना...आप मेरी कहानी घर वापस न भेजें, इसलिए अपना पता नहीं लिख रही हूँ—चन्द्रकिरण।"

सम्पादक को कहानी अच्छी लगी या छोटी लड़की पर तरस आया, कह नहीं सकती, कहानी *विजय* में छप गई। लेखक के स्थान पर लिखा था—कुमारी चन्द्रकिरण, मेरठ। शहर का नाम उन्हें लिफ़ाफ़े की मोहर से मिला होगा।

भाग्य से रचना वाला अंक ओम प्रकाश जी के यहाँ भी आया। उन्होंने रचना पढ़ी। लेखिका के साथ अपने शहर मेरठ का नाम देखकर उन्हें और भी अच्छा लगा कि मेरठ की लड़की लेखिका है इसकी, फिर जब नाम पर दृष्टि गई, तो उन्हें मेरा ध्यान आया। उन्होंने तुरन्त किशोरी भाई को बुलाकर पूछा, "क्या तुम्हारी बहन कहानी लिखती है? देखो! अपने मेरठ की किसी चन्द्रकिरण की कहानी छपी है। भई...ज़रूर यह तेरी बहन है, क्योंकि यह नाम मैंने तो आज तक किसी लड़की का सुना नहीं।"

भाई बोले, "धत्! वह तो अभी छठी पास कर चुकी है। यूँ हमने उसका नाम 'पेशावर मेल' रखा हुआ है क्योंकि वह हर समय चटर-पटर बोलती रहती है।"

ओम प्रकाश ने ज़िद करके कहा, "पूछने में क्या हर्ज़ है? तू जाकर पूछ तो सही!"

भाई पत्रिका लेकर घर आए। बैठक से ही पुकार लगाई, "निक्की, इधर तो आना ज़रा जल्दी से।"

मैं दौड़ती हुई अन्दर से बैठक में आई। किशन भाई ने बड़े गम्भीर स्वर में कहा, "निक्की! तुम अब झूठ भी बोलने लगी हो!"

"क्या!" मैंने एकदम प्रतिवाद करते हुए जवाब दिया, "मैं कभी झूठ नहीं बोलती। बेकार में दोष लगाएँगे आप, तो बाबूजी से शिकायत कर दूँगी।"

"हाँ, बोलती तो नहीं, पर अभी झूठ बोलोगी" और उन्होंने पत्रिका का कहानी वाला पृष्ठ दिखाकर पूछा, "यह कहानी तुमने लिखी है?"

मैं एकदम सहम गई। डरते-डरते, सिर झुकाकर हामी भर ली। झूठ बोलना तो आता नहीं था। सोचा, बस अब एक ज़ोर का चाँटा पड़ेगा।

पर आश्चर्य! भाई ने मुझे गोद में उठा लिया और "बाबूजी! बाबूजी!" कहते हुए, गोद में लिये हुए मुझे दालान में पहुँच गए, "अपनी निक्की तो राइटर बन गई। मैंने न जाने कितने शे'र लिख-लिख कर भेजे अख़बारों में। एक न छपा, सब वापस आ गए और इसकी कहानी छप गई।"

बाबूजी ने मेरी पीठ पर हाथ फेरकर कहा, "काश! यह लड़का होती तो डॉक्टर न सही, पर मैं इसे वकील ज़रूर बनाता। कोर्ट में दूसरे पक्ष की यह धज्जियाँ उड़ा देती।"

उस दिन मेरे मन से यह भय दूर हो गया कि कुछ छपने के लिए भेजने पर मार पड़ेगी। उलटे लगा कि यह तो इतना अच्छा काम है कि इससे तारीफ़ ही होगी।

घर पर रह कर ही मैंने बड़ी लगन व मेहनत से अंग्रेज़ी की पाठ्य-पुस्तकों को अपने बाबूजी की मदद से पढ़ना शुरू कर दिया। मैं रघुनाथ गर्ल्स हाईस्कूल में पढ़ना चाहती थी। ओम प्रकाश जी की बहन प्रेमवती वहाँ पढ़ने जाती थी। घर पर माँ को एक ही चिन्ता सताती कि मुझे अब तक घर के काम, ख़ासतौर से खाना बनाने में कोई रुचि नहीं थी। उस वक़्त घरों में बारह साल की लड़की बड़ी सयानी समझी जाती थी, जिसे घर के सारे काम-काज आने चाहिए। आमतौर पर अक्सर माँ-बाबू जी में मेरी इस कमी को लेकर नोंक-झोंक होती रहती। वह कहती, "इसके उम्र की लड़कियाँ पूरा खाना बना लेती हैं और इसे चाय बनाना भी नहीं आता। मसाला भूनना तो दूर की बात है।" असल में जबसे जीजी जल गई थीं वह मुझे आग के पास नहीं जाने देते थे।

संयोग से, उन्हीं दिनों माँ को ज्वर आ गया। बाबूजी ने कहा, "चलो निक्की बेटे। आज हम तुम्हें सब्ज़ी बनाना सिखाएँगे।" मटर-आलू की सूखी सब्ज़ी बनानी थी। बाबूजी ने भारी भरत की पतीली में घी डाला, जीरा डाला। फिर पिसा मसाला डालकर भूना। बाद में सब्ज़ी डालकर भी हल्की आँच पर भून लिया। पानी का हल्का छींटा देकर ढक्कन बन्द करने के बाद मुझसे कहा, "अब तुम यहाँ बैठ कर सब्ज़ी पकाओ यानी थोड़ी-थोड़ी देर बाद ढक्कन उठाकर सब्ज़ी करछुली से चलाना। मटर-आलू को हाथ से दबाना। गलने पर मुझे बुला लेना। हाँ, आँच मत तेज़ करना, वरना पानी बिना सब्ज़ी जल जाएगी।" बाबूजी रसोई से बाहर चले गए; दालान में कुर्सी पर बैठने। मैं चूल्हे के पास बिछे पटरे पर बैठ गई, हाथ में एक पत्रिका थी (नाम याद नहीं), जिसमें प्रेमचन्द की कहानी छपी थी। बस, मैं उसी को पढ़ने में लग गई। उसी में डूब गई—चूल्हे की सब्ज़ी कहाँ याद रहनी थी? अचानक बाबूजी की आवाज़ सुनाई दी, "निक्की! बेटा, सब्ज़ी बन गई।"

मैंने हड़बड़ाकर पत्रिका फेंकी-देखा चूल्हे की आँच तेज़ हो गई थी। अपने आप जल्दी से कपड़े से पतीली का ढक्कन खोला तो नीचे की सब्ज़ी जल चुकी थी। जलायन्द आ रही थी। हड़बड़ाहट में करछुली से जल्दी में नीचे की सब्ज़ी ऊपर कर दी तो काली जली मटर और जले आलू के टुकड़े और ऊपर आ गए। डर के मारे फटाफट सडाँसी से पतीली, ढक्कन के बिना चूल्हे से नीचे उतारी और बाबूजी के रसोई तक पहुँचने से पहले कमरे में घुसकर भीतर से दरवाज़ा बन्द कर लिया और रोने लगी।

जलायन्द की गन्ध से माँ अन्दर के कमरे से और बाबूजी तो दालान से ही रसोई में आ चुके थे। माँ के ग़ुस्से का ठिकाना नहीं था; बरस पड़ी, "देखे अपनी लाडली के हाल? सारी तरकारी जला दी...थोड़ी देर पतीली और चूल्हे पर रहती तो भरत की पतीली ही टूट जाती।"

बाबूजी उन्हें शान्त करते हुए, कहा, "जाने दो, ग़लती हो गई। ग़लती इनसान से ही होती है न! मैं पतीली में पानी भर के रख दूँगा, सवेरे जलायन्द सारी छूट जाएगी। बैंगन पड़े हैं। मैं आलू-बैंगन चढ़ा देता हूँ। तुम लेटो जाकर, परेशान मत हो।"

गुस्से से खीजते हुए माँ ने कहा, "अपनी सलाह रखो अपने पास। जाओ रसोई से बाहर। मैं सब कुछ ख़ुद कर लूँगी।" और उन्होंने बुख़ार में ही खाना बनाया।

जब बाबूजी खाना खाने बैठे तो उन्हें मेरी याद आई। कमरे का दरवाज़ा खटखटा कर बोले, "बेटे! बाहर आ जाओ। चलो, खाना खालो। डरो नहीं, माँ को मैंने समझा दिया है। वह तुम्हें कुछ नहीं कहेंगी।"

मुझे भूख तो लगी थी। दरवाज़ा खोल कर बोली, "बाबूजी! कल सवेरे जब पीछे वाली दादी जी या चाची माँ से मिलने आएँगी तो माँ पतीली जलाने वाली बात उनसे ज़रूर कहेंगी और फिर वह मुझे ताने मारेंगी।"

बाबूजी ने आश्वासन दिया, "नहीं-नहीं, मैं यह बात तुम्हारी माँ से कह दूँगा! वह उनसे कुछ नहीं कहेंगी।" और उसी वक़्त उन्होंने माँ से कहा, "देखो जी! किसी से भी यह पतीली जलने वाली बात मत कहना।"

माँ वैसे ही थकी थीं और ग़ुस्सा उनका उतरा नहीं था अब तक। सो उन्होंने कोई जवाब नहीं दिया।

दूसरे दिन दोपहर को पड़ोसिन दादी आईं। पहले तो उन्होंने अम्मा का हाल-चाल पूछा। माँ ने उन्हें पान बनाकर पान पकड़ाया और कहने लगी, "मामी! मैं तो अब ठीक हूँ। शाम को बुख़ार थोड़ा ज़्यादा था। बाप-बेटी खाना बनाने चले थे, सो हमारी पतीली बस टूटते-टूटते बची, क्योंकि उनकी लाडली ने अपनी करामात दिखा दी थी..." और इस तरह विस्तारपूर्वक मेरी पूरी लापरवाही की कहानी माँ ने उन्हें बता दी।

दादी पान चबाती-चबाती बोली, "अरे तो दुल्हन! फ़िकर काहे की? ससुराल जाएगी तो ससुर को मोज़े बुन देगी, सास को सूटर बुन देगी, देवर को कढ़ा हुआ कुर्ता दे देगी और फिर सबसे कह देगी—खाना तुम सब होटल में खा आओ। तुम्हारा नाम चमका देगी।" मैं चुपचाप सिर झुकाए सुनती रही। बाबूजी सब्ज़ी ख़रीदने गए थे। उनके लौटते ही मैंने माँ की शिकायत की, "देख लो बाबूजी! अम्मा ने पोपली दादी से कल वाली सारी बात बता दी ...फिर दादी ने भी मुझे ख़ूब ताने मारे।" बाज़ार से बाबूजी थके-थकाए लौटे थे। एकदम भड़क गए, "सेर भर पानी हज़म कर सकती हो, आधा सेर अनाज खा सकती हो, पर मामूली-सी बात नहीं पचा सकती। लड़की को रुलाने में तुम्हें क्या मज़ा आता है?"

माँ ने भी उसी स्वर में जवाब दिया, "तुम्हारी लाडली ख़ूब सिर चढ़ी है। मेरी बिब्बी ने मुझे कभी कोई बात नहीं सुनवाई। इसकी वजह से रोज़ घर में महाभारत छिड़ जाता है। भगवान का शुक्र है, यह मेरी अपनी जाई है। कहीं मैं सौतेली माँ होती तो इसकी शिकायत पर तुम मुझे मार ही डालते। चुड़ैल जिस घर जाएगी, उसके भाग्य खुल जाएँगे; सास तो तौबा मान जाएगी..."

इस तरह बाबूजी को माँ से मेरे कारण प्राय: मोर्चा लेना पड़ता था।

उन्हीं दिनों, रूपरानी की माँ बीमार पड़ीं। लू चल रही थी। हमारे घर तोता पला हुआ था—गंगाराम। उसे बाबूजी रोज़ाना शाम को उसका पिंजरा नल के नीचे रख

कर ऊपर से लोटा-लोटा पानी डाल कर नहलाते। तोता गंगाराम फुदक-फुदक कर नहाता था मज़े से।

तीसरे पहर माँ ने रूपरानी की माँ को देखने जाते-जाते समय मुझसे कहा, "निक्की! आँगन बड़ा गन्दा हो रहा है। दो बाल्टी पानी डाल कर झाड़ू मार देना।"

मैंने आँगन धोने के बाद, बाबूजी की तरह गंगाराम का पिंजरा भी नल के नीचे रखा और ख़ूब नहला दिया। यथास्थान पिंजरा रखकर रसोई में उसके लिए हरी मिर्च खाने को लेने गई। लौटकर आई तो देखा, चोंच नीची किए गंगाराम पिंजरे में लुढ़का पड़ा हैं। मैंने पिंजरा खोला। उसे हिलाया-डुलाया। वह मेरे हाथ में बिना हिले-डुले पड़ा रहा। मैं एकदम डर गई। ज़ोर-से चिल्लाकर बोली, "बाबूजी! बाबूजी! मिट्ठू को देखिए क्या हो गया? यह बोलता नहीं। हिल भी नहीं रहा।"

बाबूजी आए। देखकर बोले, "बेटे! यह तो भगवान के घर चला गया। शायद इसे लू लग गई। तुमने भरी-दोपहरी में नहला दिया, लू इसीलिए लग गई। ख़ैर! तुम हटो। मैं इसका अन्तिम संस्कार कर दूँ...।"

मैंने बहुत ही दुःखी मन से गंगाराम को बाबूजी के हाथ में दिया। उन्होंने उसे अपने सफ़ेद रूमाल में लपेटा, फिर एक और कपड़ा डालकर उसे बाहर लेकर चले गए। उन्होंने उसे कहाँ दफनाया, नहीं मालूम, पर मेरा मन अन्दर ही अन्दर रो रहा था।

एक घंटे बाद माँ रूपरानी और उसके छोटे भाई बाँके बिहारी को साथ लेकर लौटीं। उन्होंने मुझे बताया, "निक्की! रुप्पन की अम्मा भगवान के घर चली गई हैं। तुम इन दोनों के साथ घर में खेलना। जाली के ऊपर केले रखे हैं, मिलकर खा लेना। मैं अभी दुबारा इनके घर जा रही हूँ। बाबू घर आएँ तो उन्हें भी वहीं भेज देना।"

मैंने रूप से कहा, "रुप्पन तुम्हें पता है, हमारा गंगाराम भी भगवान के पास चला गया।"

"अच्छा।" रुप्पन बोली, "तुम्हारा गंगाराम ही बड़ा पाज़ी निकला। आप तो गया साथ ही हमारी अम्मा को भी ले गया।"

मैंने तुरन्त अपने गंगाराम का पक्ष लिया, "हरगिज़ नहीं। हमारा मिट्ठू बेचारा इतना छोटा-सा था। तुम्हारी माँ इतनी भारी-भरकम! भला वह उन्हें कैसे ले जा सकता था? तुम्हारी अम्मा ही हमारे मिट्ठू को अपने साथ ले गई है!" और हम दोनों में लड़ाई हो गई।

बाबूजी घर में घुसे मिट्ठू को दबाने के बाद, तो मुझे समझाया, "तुम्हारी सहेली की माँ भगवान के पास है (उन्हें बाहर से ही उनके स्वर्गवास की ख़बर मिल चुकी थी) उससे लड़ना क्या शोभा देता है? तुम्हें उसके साथ मिलकर खेलो प्यार से। छोटे भाई का भी ध्यान रखना। मैं भी इनके घर जा रहा हूँ।"

हम दोनों फिर मिलकर गुड़िया खेलने लगीं। अपनी बेवकूफी की एक और कहानी मुझे याद आ रही है। श्यामलाल भाई ने डी.एल. रॉय का *उस पार* नाटक खेला। हमेशा की तरह मैं बाबूजी और माँ के साथ ड्रामा देखने गई। उस समय नाटक की दृश्यावली को बदलने, पात्रों की वेशभूषा आदि को दृश्यानुकूल बनाने

में समय लगता था। सो, इस अन्तराल के बीच दर्शकों का मनोरंजन करने के लिए मखमली पर्दे के बाहर कोई भी कलाकार चुटकुले या हास्य-व्यंग्यपूर्ण छोटे आइटम पेश करता या कोई सुन्दर पात्र रेशमी साड़ी पहनकर नाच दिखाता। बाजे वाले तो स्टेज के नीचे बैठे होते थे। वे साज़ बजाकर नाच को और भी मनमोहक बना देते। अंक की समाप्ति पर यह सब कुछ पेश किया जाता था। इस नाटक के दौरान भी पहले अंक की समाप्ति पर एक पन्द्रह-सोलह साल का लड़का लाल साटन की सलवार-कुर्ता व लाल जार्जेट का दुपट्टा पहनकर स्टेज के मखमली पर्दे के बाहर नाचने लगा। साज़ बजने लगे। दूसरे और तीसरे अंकों के बीच भी उसी ने नाच पेश किया। नृत्य सचमुच बहुत सुन्दर था। नाटक समाप्त हो गया। घर आने पर बाबूजी बोले, "भई! यास्मीन आज गज़ब का नाचा।" माँ भी कहने लगीं, "मैंने श्यामलाल के ड्रामे में इतना सुन्दर नाच नहीं देखा था अब तक।" और मेरी तो कुछ पूछो ही मत। मैं तो वह नाच देखकर एकदम अभिभूत थी। रात में सपने में वह लाल साटन वाला नाचते दिखाई दिया। दिन भर वही नाच आँखों के सामने घूमता रहा। दो दिन बीत चुके थे, पर मुझ पर से उस नाच का नशा नहीं उतरा। मन करता, दुबारा वही नाच देखने जाऊँ (उस वक़्त ऐसे नाच देखने को भी कम मिलते थे)। अब मैं बहुत चिन्तित हो गई। कारण—मैंने किताबों में पढ़ा था जो व्यक्ति या वस्तु बार-बार आँख के सामने आए, समझ लो उससे प्यार हो गया। नाच के वे दृश्य चौबीस घंटे मेरी आँखों के सामने घूमते रहते। साथ ही जब याद आता कि नाचने वाला लड़का था, लड़की नहीं, जिसका नाम बाबूजी ने लिया था—यास्मीन—यानी वह मुसलमान था। बाप रे! एक आर्यसमाजी हिन्दू लड़की को मुसलमान लड़के से प्रेम हो गया। मुझे तो डूब मरना चाहिए। किसी को पता चल गया, तो मेरे माँ-बापू जी की कितनी बदनामी होगी? हे ईश्वर! मैं अब क्या करूँ? ऐसा लगता था, भगवान भी मेरी मदद नहीं करना चाहते थे। तीसरे दिन भी मेरी मनःस्थिति में कोई बदलाव नहीं आया। अब तो मरने के अलावा मेरे सामने कोई रास्ता शेष नहीं था। बाबूजी को पता लगा तो वे क्या सोचेंगे? घर में मर जाने का कोई सामान मुझे दिखाई न दिया। विष खाने से भी तो मर सकते हैं—पर समस्या थी कि विष कहाँ से मिले? मैंने एक पुस्तक में पढ़ा था कि शहद और घी समान मात्रा में नहीं खाना चाहिए, वह विषतुल्य होता है। वाह! कितना आसान बन गया मरना। दोनों ही चीज़ें घर में थीं। दोपहर में बाबूजी कमरे में और माँ दालान में आराम करती थीं। शहद की बोतल पहले ही अलमारी से निकाल लाई थी। एकान्त पूरा था—घी की हाँड़ी से घी निकाला, फिर बाबूजी की छोटी तराजू में रखकर दोनों को समान मात्रा में तोला। एक कटोरी में दोनों को मिलाकर अपने गुड़िया घर में रख आई। रात को भोजन के बाद जब सोने गई, तो कटोरी उठाकर बिस्तर पर रख ली। आँखें मूँद कर प्रार्थना की—हे ईश्वर! मेरी ग़लती क्षमा करना। मैंने जानबूझ कर तो यास्मीन से प्रेम नहीं किया, मैं क्या करूँ? अपने माँ-बापू जी की बदनामी मैं सहन नहीं कर सकती, इसलिए आत्महत्या कर रही हूँ। ओम शान्ति! शान्ति ओम! पर आश्चर्य मरना तो दूर, सिर में दर्द तक नहीं था।

सवेरे ठीक समय पर आँख खुल गई। अब क्या करूँ? दैनिक कार्यों में लग गई। उस दिन रविवार था। उस दिन बाबूजी का लगा-बँधा नाई बूढ़ा अब्दुल्ला आता था, जो उनकी हजामत बनाता, नाख़ून काटता और सिर में तेल लगाता था। उस दिन वह समय पर नहीं आया तो बाबूजी सामान ख़रीदने बाज़ार चले गए। थोड़ी देर में किसी ने दरवाज़ा खटखटाया तो मैं खोलने गई। देखा, एक फटी-मैली-सी बनियान और मैला पुराना पाजामा पहने, कन्धे पर नाईवाली मैली 'किसबत' लटकाए एक लड़का खड़ा है। मुझे देखकर बोला, "बीबी जी! अब्बा को आज बुख़ार आ गया है। उन्होंने मुझे बाबूजी की हजामत बनाने भेजा है।"

मैंने उत्तर दिया, "बाबूजी तो नहा-धोकर बाज़ार चले गए! तुम कौन हो?"

लड़के ने शरमाकर दाँत निपोरते हुए कहा, "अरे बीबी जी! आप हमें नहीं पैछानी (पहचानी)? हम यास्मीन हैं, यास्मीन। भइया जी के डिरामे में लाल सूट पहन कर नाचे थे।"

"ओह!" मेरे मन से जैसे मन भर का बोझ उतर गया, "यह! यह यास्मीन है? हिश—मैं इस गंदे लड़के से कैसे प्रेम कर सकती हूँ? मैं तो साटन सूट वाले नाच से प्रेम करती हूँ।" फिर दस-पाँच दिन और बीते तो उस नाच की याद भी धुँधली पड़ गई।

यह सन् '33 की जून का महीना था। बाबूजी मुझे रघुनाथ गर्ल्स स्कूल में पढ़ाने को राज़ी थे। बड़े भाई को जब यह बात पता चला तो वह बोले, "बाबूजी! क्या आप फ़ीस के साथ रोज़ लाने-ले जाने वाली फ़ीस के पैसे भी भर सकेंगे? फ़ीस तो तीन-साढ़े तीन रुपये ही होगी, पर फ़िटन का किराया सात या आठ रुपये हो जाएगा।"

बाबूजी ने कुछ देर सोचने के बाद ज़रा सकुचाते हुए बताया, "नहीं, फ़िटन का किराया तो नहीं दे पाऊँगा। यह किशोरी तो अपनी दुकान की उगाही करने के लिए साइकिल पर दिनभर दौड़ता रहता है। उसी ने वायदा किया है कि वह इसे साइकिल पर बैठा कर छोड़ भी आएगा और ले भी जाएगा।"

"साइकिल पर!" बड़े भाई ने विरोधी, ऊँचे स्वर में कहा, "तो अब इतनी सयानी लड़की बाज़ार में साइकिल के पीछे बैठ कर आया-जाया करेगी? लोग क्या कहेंगे?" और बस तेज़ी से घर से बाहर चले गए। बड़े भाई घर में ज़्यादा बात ही नहीं करते थे, पर उनका रौब बहुत था। मैंने उनके जाने के बाद रोना शुरू कर दिया। मुझे रोते देख वे थोड़ी देर चुप रहे, पर फिर बाबूजी ने कुछ सोचकर मेरी पीठ पर हाथ रखा और बोले, "रोती क्यों है? तुझे मैं स्कूल ज़रूर भेजूँगा।" छह जुलाई को मँझले भाई की साइकिल के पीछे बैठकर मैं स्कूल गई। प्रारम्भिक परीक्षा के बाद मुझे आठवीं में प्रवेश मिल गया। मैं बहुत प्रसन्न थी—इसलिए और भी कि ओम प्रकाश की बहन प्रेमवती वहाँ सातवीं में थी...पर मेरी यह प्रसन्नता केवल दो दिन की थी। तीसरे दिन के बाद मुझे स्कूल जाना नसीब ही नहीं हुआ।

कारण था—माँ की अकस्मात् भयंकर बीमारी। पूरे जून भर माँ को रोज़ ही हल्का बुख़ार आ जाता था। पीठ में एक जगह बहुत दर्द रहता था। सूजन भी थी। हमारे फैमिली डॉक्टर डॉ. बनर्जी का इलाज़ बराबर चल रहा था। उन्हीं ने बाबूजी

को सलाह दी—"इन्हें आप किसी सर्जन को दिखाइए। पीठ में फोड़ा बन गया है और वे डायबिटिक भी हैं।"

बाबूजी ने उस समय के मशहूर सर्जन भोपाल सिंह को दिखाया, "उन्होंने कहा यह कारबंकल फोड़ा है। तुरन्त ऑपरेशन होगा।"

तीसरे दिन माँ के पीठ के फोड़े का ऑपरेशन हुआ। घर में स्त्री के नाम पर केवल मैं थी। जीजी करनाल में थीं और आ नहीं सकती थीं, क्योंकि ख़ुद बीमार थीं। बाबूजी ने उन्हें बुलाना ठीक नहीं समझा। माँ के ऑपरेशन और उसके बाद दवाओं आदि का इतना ख़र्चा था कि वे खाना बनाने के लिए मिसरानी लगाने की बात सोच भी नहीं सकते थे।

माँ तो चारपाई से ही लग गईं। टट्टी-पेशाब तक के लिए चारपाई की अरदावन काट कर नीचे चिलमची रख दी गई थी। उन पर पंखा करने, पानी, दूध, दवा देने के लिए हर वक़्त एक व्यक्ति उनके पास चाहिए था। सो, दोनों समय भोजन बनाने, माँ के सारे काम करने और आए-गए को देखने में मेरा सारा समय लग जाता। आस-पड़ोस और समाज की महिलाएँ माँ को देखने आती रहतीं। उनके लिए भी पानी-पान का प्रबन्ध एक अच्छा-ख़ासा काम था। बाबूजी रात भर उनके सिरहाने बैठते, पर तीन दिन बाद ही वे भी पस्त हो गए। बीमार पड़ गए।

मँझले भाई अपने दुकान के कामों में बाहर घूमते रहते। छोटे वाले भाई कन्हैया लाल की मैट्रिक करने के बाद बाबूजी के दफ़्तर में ही टेम्प्रेरी नौकरी लग गई थी। सो, घर में देखभाल करने वाले हम दो प्राणी रह गए थे—बाबूजी और मैं। दिन भर तो सँभल जाता था, पर रात में कौन जागकर उनका ध्यान रखे? छोटा भाई रात को बिल्कुल नहीं जाग पाता था। कुर्सी पर बैठे-बैठे सो जाता। मँझले भाई की दशा भी उनके जैसी ही थी। बड़े भाई ने किसी के लिए अपना रूटीन नहीं बदला—वही दफ़्तर; उसके बाद अपनी रिहर्सल की व्यस्तता। रात ग्यारह बजे के बाद कहते, वह माँ को देख लेंगे। तब बाबूजी ने कहा, "फिर सोओगे कब? अपने कमरे पर जाना छोड़कर शाम सात से बारह बजे तक सँभालो बाक़ी रात मैं निकाल लूँगा।" पर भाई अपना कमरे पर जाना नहीं छोड़ना चाहते थे। बोले, "आपको इससे क्या! रात बारह के बाद का ज़िम्मा मेरा।"

बाबूजी नाराज़ होकर बोले, "तो तुम मुझे माफ़ करो। अपना कमरा और दोस्त तुम सँभालो।"

बड़े भाई मुँह सुजाकर चले गए। बाबूजी बड़बड़ाए, "नवाब साहब अपनी शाही आदतें नहीं बदल सकते। चले हैं माँ की सेवा करने!"

पर समस्या का कोई तो हल निकलना ही था। बाबूजी पूरी रात नहीं जाग सकते थे। माँ को दुबारा बुख़ार आने लगा। डॉक्टर ने मलेरिया बताया। कुनैन देनी थी। उनकी चीनी एकदम बन्द कर दी गई थी। फीका दूध एक कप भी पिलाना मुश्किल होता। वह दूध का कुल्ला कर देतीं, रोने लगतीं। धीरे-धीरे उनका खाना-पीना बहुत कम हो गया। नमकीन साबूदाना या दाल का पानी तक लेना नहीं चाहती थीं। सिर्फ़

अनार का रस थोड़ा ले लेती थीं—पर उनकी जैसी भारी देह कैसे उससे चलती?

माँ के लिए घर में यह रूटीन बनाया गया—सवेरे से रोटी-पानी आदि देखने के बाद रात सात बजे से नौ बजे तक मैं माँ को देखूँगी। तब बाबूजी सो जाएँगे। फिर बाबूजी जाग कर माँ के पास आ जाएँगे। शनिवार को बड़े भाई रात में कमरे से लौटकर ग्यारह बजे आ जाते थे और बाबूजी तब और मैं सो पाते थे क्योंकि रविवार को बड़े भाई दिन में दस बजे तक सो सकते थे।

माँ की बीमारी के तीन महीनों में मैंने मेरठ के दोनों पुस्तकालयों की पुस्तकें चाट डालीं उनमें मराठी से अनूदित *उषा काल* जैसे बड़े उपन्यास भी थे। *चन्द्रकान्ता* ही नहीं *चन्द्रकान्ता सन्तति* भी थी। शरत् का सम्पूर्ण अनूदित साहित्य, *बंकिम-ग्रंथावली*, गांधी जी की आत्मकथा, रविबाबू के उपन्यास तथा अंग्रेज़ी से अनूदित सैक्सटन ब्लैक सीरीज़ भी मेरे स्वाध्याय का अंग बनी। हिन्दी के प्रेमचन्द, कौशिक व सुदर्शन की तो सभी रचनाएँ मैंने पहले ही पढ़ी हुई थीं। उस समय हिन्दी के एक लेखक थे—चंडी प्रसाद, जिनकी पच्चीस लम्बी कहानियों का एक संग्रह निकला। नाम था *मणिमाला*। उनकी भाषा अत्यन्त कठिन थी—उस भाषा की क्लिष्टता ने मेरे लिए उन्हें अलभ्य बना दिया—मैं सोचती, क्या मैं कभी ऐसी भाषा लिख पाऊँगी? उनकी कहानी के दो वाक्य मुझे आज भी याद हैं, "चन्द्रिका धवल गगन मंडल में सद्य:स्नाता उषा सुन्दरी के चिबुक को अपने कर-कमल से उठाकर चिन्ता विषाद-वन्दना ने कहा...।" प्रयत्न करके भी मैं ऐसी हिन्दी कभी नहीं लिख पाई।

माँ की दशा कुछ सँभली। वह उठकर आँगन में बिछी चारपाई पर लेटने लगीं। हमारे रात्रि जागरण में थोड़ी शिथिलता आई। उनकी पीठ का ज़ख़्म काफ़ी भर गया था, कम्पाउंडर आकर नियमित रूप से सुबह-शाम उस ज़ख़्म की ड्रेसिंग अब भी करता था। माँ ने ज़िद करके जीजी को बुलवा लिया। तबीयत सँभलने के बावजूद माँ को महसूस होने लगा कि शायद वह ज़्यादा दिन चलेंगी नहीं। बाबूजी से बार-बार कहने लगीं, "देखो जी! मैं अब बचने वाली नहीं। तुम मेरे सामने निक्की की सगाई कर दो।"

"सगाई!" बाबूजी ग़ुस्से से बोले, "मरी जा रही हो और मल्हार गा रही हो? पहले ठीक तो हो जाओ, फिर देखी जाएगी!"

दूसरे दिन माँ ने फिर अपनी बात दोहराई तो बाबूजी ने अपना फैसला सुना दिया, "बिब्बी के हालात देख कर भी तुमने सबक नहीं लिया? मैं सोलह साल से पहले निक्की की शादी नहीं करने वाला।"

माँ को पता नहीं क्या ज़िद चढ़ी कि उन्होंने फिर शाम लाल भाई साहब का सहारा लिया और बुलाकर कहा, "शाम लाल। तू तो घर का सबसे बड़ा लड़का है। लायक है, कमाऊ पूत है—बाबूजी तेरी बात कैसे टालेंगे! निक्की भी तेरह की हो गई है। कोई छोटी है भला? न हो, गौना रोक लेना..."

बड़े भाई साहब को माँ की बात जँची और वह बाबूजी से बोले, "आप मौसी की बात क्यों नहीं मान रहे? वह बीमार हैं—उनकी इच्छा निक्की की सगाई कराने की ही है। उसमें ऐतराज़ की क्या गुंजाइश है? शादी तो बाद की बात है।"

बाबू जी मजबूर हो गए। उन्होंने *क्रान्ति* में एक विज्ञापन दे दिया, "तेरह वर्षीय मिडिल पास, उर्दू जानने वाली, हारमोनियम बजाने वाली, गृह-कार्य-दक्ष वैश्य कन्या के लिए आर्यसमाजी वर चाहिए।"

एक सप्ताह में सात-आठ उत्तर भी आ गए। बड़े भाई बोले, "मैं जाकर सब लड़कों को देख आता हूँ...ज़्यादातर लड़के लाहौर-अमृतसर के ही तो हैं।" बाबूजी से सफ़र का पूरा ख़र्चा लेकर वह निकल पड़े। चौथे दिन लौट भी आए। बाद में पता चला था कि वह केवल लाहौर गए थे, जहाँ उनका एक दोस्त रहता था। वह उनके साथ ही मेरठ आ गया क्योंकि उसकी कोई नौकरी अब तक नहीं लगी थी।

भाई साहब ने बाबूजी को बताया, "अच्छा लड़का मिल गया है—उम्र बाईस-तेईस की है। इंटर पास करके लाहौर की एक कम्पनी में नौकर है। अलीगढ़ के पास गाँव में खेत और ज़मीन है, जहाँ माँ-बाप रहते हैं। लड़के ने कहा है साफ़तौर पर कि लड़की ब्याह के बाद दो-चार दिन ही वहाँ रहेगी। हमेशा तो उसी के पास लाहौर में रहना होगा। लड़के का नाम है—हरीशचन्द्र।"

तीसरे दिन लड़का भी आ गया। माँ, बाबूजी, जीजी—सभी को अच्छा लगा। लड़के को रुपया-नारियल दे दिया गया।

मुझे यह सब बिल्कुल भी अच्छा नहीं लगा। मैं तो रात-दिन ईश्वर से प्रार्थना करने में लगी थी कि अम्मा जल्द से जल्द अच्छी हों। मैं फिर स्कूल जाकर पढ़ूँ। सगाई की चर्चा का मतलब था—शादी और शादी का अर्थ था पढ़ाई ख़त्म। मैं जीजी के सामने ख़ूब रोई, पर वह बेचारी भी क्या करतीं?

लड़का लाहौर लौट गया। अनिच्छापूर्वक ही बाबूजी ने सगाई का सामान अलीगढ़ भेज दिया। मध्यवर्गीय स्थिति के अनुसार सोने की एक अँगूठी, लड़के के सूट का कपड़ा, पीतल की बड़ी परात जिसमें इक्कीस सेर लड्डू थे और मलमल का बारह गज़ का एक थान नाई ले गया था—वही नाई लौटते समय उनके घर से सगाई का सामान लेता आया—एक साड़ी-ब्लाउज़, थोड़ी-थोड़ी पाँचों मेवा, सिन्दूर की डिब्बी और काँच की लाल-हरी चूड़ियाँ तथा एक अँगूठी।

भादों का महीना था, माँ ने सारे पड़ोस में मेरी सगाई का न्यौता भिजवाया। स्वयं भी किसी प्रकार सहारे से उठकर कुर्सी पर बैठीं। गाना-बजाना हुआ। मुझे पटरे पर बैठा कर सगाई चढ़ाई गई अर्थात् कुर्ते के ऊपर ही कन्धों पर साड़ी लपेट दी, गोद में मेवा रख दी। चूड़ियाँ बहुत बड़ी-बड़ी थीं, इसलिए कलावे से हाथों में बाँध दी। रोली का टीका लगाया गया और नायन ने ज़रा-सा सिन्दूर भी माथे पर लगा दिया। परन्तु गाना-बजाना व लड्डू वितरण के बाद जब भीड़ छँट गई तो बाबूजी ने अपने कमरे से बाहर आते-जाते ही माँ को डाँटा, "ये तुमने सिन्दूर इसके माथे पर क्यों लगाया है? सिन्दूर शादी पर चढ़ता है।" हाथ से रगड़ कर उन्होंने सिन्दूर पोंछ दिया। माँ बोली, "ग़लती से लगा गई थीं। तुमने पोंछ क्यों दिया! सगाई भी तो आधा ब्याह होती है।" मैंने भी साड़ी उतारने व चूड़ियाँ डिब्बे में रखने के बाद चैन की साँस ली, पर उसी रात माँ को फिर ज्वर आ गया जो किसी भी तरह उतरने का नाम

नहीं ले रहा था। भयंकर मलेरिया का आक्रमण हुआ था। दिन-रात में दो बार 105 डिग्री तक चढ़ता और उतरता रहता। माँ को शक्कर मना थी, दूध भी फ़ीका दिया जाता था। माँ दूध पीती ही नहीं थी। उबकाइयाँ लेने लगतीं। मुश्किल से एक-दो घूँट पीतीं, डॉक्टर की दी कुनैन जारी थी। यही नहीं, बाबूजी भी एक-आध मात्रा अपनी ओर से भी खिला देते।

माँ धीरे-धीरे मृत्यु के मुख में पहुँच गई। 10 अक्तूबर, सन् '33 को उनका स्वर्गवास हो गया।

बाबूजी तो जैसे अपंग हो गए। कुछ पूछने पर केवल मुँह ताकते रहते। बात दोहराने पर बड़ा सोच कर उत्तर देते, पर उन्होंने माँ की अन्तिम इच्छा याद रखी। उन्हें मुखाग्नि देने का काम शाम लाल भाई ने ही किया। सदर मेरठ का सारा आर्यसमाज उस दिन माँ की अरथी के साथ था।

माँ को हरा रेशमी लहँगा पहनाया गया था। लाल चुनरी, सिन्दूर व बड़ी-सी बिन्दी से सुशोभित उनका मुख उस मृत दशा में भी अपनी गरिमा से मंडित था। तेरहवीं वाले दिन जैसे माँ को श्रद्धांजलि देने सारा मेरठ उमड़ पड़ा था—कुछ माँ की मिलनसारिता के कारण, कुछ बड़े भाई के भारत नाटक समाज के डायरेक्टर व कर्ता-धर्ता होने के कारण, घर के बाहर बाबा चरनदास का चबूतरा व दालान आगन्तुकों से भरा था। दो बड़े कढ़ाव हलवा बना था जो हवन के बाद प्रसाद के रूप में बाँटा गया। माँ के सनातनी पूजा-पाठ के कारण बाबूजी ने ब्राह्मणी बुलाकर उसे भी कपड़े तथा बिछिए इत्यादि दिए।

मैं मातृहीन हो गई। पढ़ने स्कूल जाने का स्वप्न भी उनके साथ ही जल गया। तेरहवीं वाले दिन एक-दो शुभचिन्तकों ने चिन्ता व्यक्त की, "बुढ़ापे में बाबूजी को इस लड़की के कारण बड़ी परेशानी उठानी पड़ेगी। सयानी हो चली है, घर में कोई स्त्री नहीं है। यह सब चाहे जहाँ घूमेगी, कौन देखभाल करेगा?"

बाबूजी शायद यह सब नहीं सुन पाए क्योंकि माँ के न रहने से वह जैसे अन्तर्मुखी हो गए थे, परन्तु मेरे कानों में ये बातें जलते लावे की भाँति घुस गईं। बड़ी बहन तो तेरहवीं के बाद ससुराल चली गई क्योंकि उनके पेट में बच्चा था और यहाँ उनके प्रसव के लिए कोई स्त्री नहीं थी।

घर पूर्ववत् चलने लगा, क्योंकि दोनों समय भोजन बनाना व घर की सफ़ाई मैं कर लेती थी। बर्तन महरी माँजती थी। अपना बचा समय मैं बाबूजी के पीछे-पीछे घूमती रहती। उनका मन बहलाने को प्रेमचन्द या कौशिक या सुदर्शन की कहानियाँ पढ़ कर सुनाती क्योंकि वे हिन्दी भलीभाँति नहीं पढ़ पाते थे।

पड़ोस की लड़कियाँ मेरे साथ खेलने आतीं। मैं उनके आने पर उनसे बातें तो करती, पर उनके बुलाने पर भी उनके घर नहीं जाती थी। दस-पन्द्रह दिनों में उन्होंने भी हमारे घर आना छोड़ दिया। बाबूजी ने यह बात लक्ष्य की तो मुझसे पूछा, "बेटे, ये लीला, रुप्पन, कस्तूरी या माया तुमसे मिलने क्यों नहीं आतीं? क्या तुम्हारा उनसे झगड़ा हो गया है?"

मैंने उत्तर दिया, "नहीं बाबूजी, झगड़ा तो किसी से नहीं हुआ। पता नहीं क्यों नहीं आतीं?"

बाबूजी ने मुझसे और प्रश्न नहीं किया, पर बाहर गए तो रास्ते में लीला मिली। उससे बाबूजी ने पूछा होगा तो उसने उत्तर दिया, हम सब तो आपके घर जाते रहते हैं, पर निक्की ने हमारे घर न आने की जैसे कसम खाई है। वायदा करके भी नहीं आती। हमारी अम्मा ने कहा, "अगर वो नहीं आती तो तुम भी जाना बन्द कर दो।"

बाबूजी ने घर आकर लीला का कथन दुहराकर मुझसे कहीं न जाने का कारण पूछा। झूठ बोलना मेरे लिए सदैव ही मुश्किल काम रहा है। सो, तेरहवीं वाले शुभचिन्तकों की बात बताकर मैंने कहा—"बाबूजी! नाहक आपकी बदनामी हो, इससे यही ठीक है कि न मैं घर से निकलूँगी, न कोई ऐसी-वैसी बात कहेगा।"

बेचारे मेरे बाबूजी सुनकर सोच में पड़ गए। उन दिनों उत्तर प्रदेश में हिन्दी के प्रचार-प्रसार के लिए हिन्दी-साहित्य-सम्मेलन की स्थापना हुई थी। पंजाब में 'रत्न भूषण', व 'प्रभाकर' की परीक्षाएँ मात्र हिन्दी माध्यम से होने लगी थीं, जो सरकारी तौर पर दसवीं-बारहवीं व बी.ए. के समकक्ष मान ली गई थीं अर्थात् केवल उस कक्षा की अंग्रेज़ी परीक्षा (चाहे प्राइवेट हो) दे लो तो यूनिवर्सिटी डिग्री दे देती थी। 'प्रभाकर' बी.ए. का दर्जा रखती थी। 'हिन्दी साहित्य सम्मेलन' ने 'प्रथमा' को दसवीं, 'विशारद' को इंटर व 'साहित्य रत्न' को बी.ए. के रूप में स्थापित किया था। 'साहित्य रत्न' का कोर्स यूनिवर्सिटी के एम.ए. हिन्दी के तुल्य था। 'प्रथमा' व 'विशारद' की परीक्षाएँ अन्य नगरों के हिन्दी संस्थानों में परीक्षा स्थल बनाकर दी जाती थीं, परन्तु 'साहित्य रत्न' की परीक्षा केवल प्रयाग जाकर ही देनी पड़ती थी। इन परीक्षाओं को पास करना भी देशभक्ति का अंग माना जाता था।

ठेकेदार रामस्वरूप सदर के धनी व्यक्तियों में थे। उनकी बड़ी कन्या ज्ञानवती से अंग्रेज़ी स्कूल की पढ़ाई चल नहीं पा रही थी तथा उनके बड़े बेटे रघुनन्दन की बहू जो दसवीं पास थी और (दसवीं पास बहू होना भी एक सम्मान का विषय था) 'विशारद' की परीक्षा में बैठ रही थी। इस कारण उनके घर सभी प्रकार की पाठ्य-पुस्तकें ख़रीदी गईं थी। रामस्वरूप स्वयं केवल मामूली हिन्दी पढ़े थे, पर वे अपने बच्चों को पढ़ाने के बेहद शौक़ीन थे। उनके घर उस समय की सभी पत्र व पत्रिकाएँ आती थीं। उनकी एक लड़की प्रेमवती जो आर्य कन्या पाठशाला में मेरे साथ पढ़ती थी, अब रघुनाथ गर्ल्स स्कूल में पढ़ रही थी। रघुनन्दन एम.ए., एल.एल.बी. करके वकालत कर रहे थे। उनसे छोटा लड़का ओम प्रकाश भी एम.ए. में था। वह किशोरी भाई के साथ कभी छठी-सातवीं में पढ़ा था। उसके नाते किशोरी भाई उनके यहाँ आते-जाते थे। उन्होंने बाबूजी से कहा, "बाबूजी! ओम प्रकाश की बहन व भाभी सम्मेलन की परीक्षाएँ दे रही हैं। निक्की को आप वही क्यों नहीं दिलवाते? मैं पुस्तकें उनके घर से ला दिया करूँगा। बस, परीक्षा की फ़ीस भरनी पड़ेगी।

बाबूजी तुरन्त राज़ी हो गए। कहावत है, 'भूख में किवाड़ भी पापड़ लगते हैं।' मेरी तो वही दशा थी। मैं इतने से ही अपने को भाग्यवान समझने लगी थी। भाई वहाँ

से पुस्तकें ला देते, मैं प्रत्येक पुस्तक दो-तीन दिन बाद लौटा देती। *छन्द प्रभाकर* की छोटी पुस्तक तो मैंने पूरी रट डाली।

रामायण की 'प्रथमा' व सम्मेलन की 'प्रथमा' मैंने साथ-साथ उत्तीर्ण की (*हिन्दी शब्द-कोश ही* मेरा शिक्षक था)। दिन के बचे समय में बाबूजी पीछे वाले कमरे में हारमोनियम रख कर स्वयं तबले की तीन ताल व कहरवा पर मुझे गीत व भजन सिखाते। मैं धीमे-धीमे गाती थी। कमरा पीछे का होने के कारण बाहर आवाज़ भी बहुत कम जाती। छोटा भाई कन्हैया भी देखा-देखी सीखने बैठा, पर दो-चार दिन में ही 'सा रे गा मा' से उसका मन ऊब गया। वो बहाने बना कर सीखना टाल देता।

होली आने से पहले ही अलीगढ़ से पत्र आया कि वे लोग बैसाख में शादी चाहते हैं। बाबूजी ने उत्तर दिया, "अक्तूबर में मेरी पत्नी का स्वर्गवास हुआ है। यह वर्ष हमारे यहाँ गमी का है, हम कोई शुभ कार्य नहीं करेंगे।"

वहाँ से उत्तर आया, "आर्यसमाजी तो घर में साल भर मृतक के फूल (अस्थियाँ) नहीं रखते, न गंगाजी में विर्सजन को प्रधानता देते हैं। हम शादी चाहते हैं। हमारा लड़का परदेस में अकेला रहता है—ढाबे में खाता है। ब्याह हो जाएगा तो उसे भोजन की सुविधा हो जाएगी।" बाबूजी पत्र पाकर बहुत चिढ़े। उन्होंने उत्तर दिया, "मैं आर्यसमाजी हूँ, इसलिए सोलह से पहले लड़की की शादी नहीं करूँगा। आपसे पहले ही यह शर्त तो हो चुकी थी।" पर वहाँ से दुबारा वही बात दोहराई गई—उन्हें बैसाख में शादी चाहिए ही।

बाबूजी ने पत्र द्वारा सूचित किया, "मैं सगाई तोड़ रहा हूँ, आपका सामान वापस कर रहा हूँ।" अँगूठी, साड़ी व चूड़ियाँ उन्होंने वापस भेज दीं। कुछ दिन बाद अँगूठी व सूट का कपड़ा हमें भी वापस मिल गया। हाँ, परन्तु इक्कीस सेर लड्डू व थान का घाटा सहना पड़ा, पर बाबूजी ख़ुश थे, मैं भी।

होली के दो दिन बाद हमारे यहाँ एक अपरिचित भलेमानस आए। पिताजी को उन्होंने परिचय दिया, "दिल्ली से आया हूँ—आपके अम्बाला के घनिष्ठ मित्र विजय सिंह चौहान का सगा भाई हूँ।" बाबूजी ने उनका स्वागत किया। आने का कारण भी पूछा। उन्होंने दुःखी स्वर में बताया, "विजय सिंह का दो साल पहले किसी दुर्घटना में निधन हो गया है। वे अम्बाला हाई स्कूल में मास्टर थे। (बाबूजी प्राय: उनका ज़िक्र किया करते थे)। पीछे चार कन्याएँ व दो पुत्र छोड़ गए हैं। दो लड़कियाँ विवाह योग्य हैं। राजपूतों में अब बहुत दहेज की माँग है। मैं उतना जुटा नहीं पा रहा—आप तो आर्यसमाजी हैं। आपके तो तीन लड़के है। अगर उनकी दो बेटियाँ अपने घर ब्याह के ले आएँ तो विजय सिंह की आत्मा व उनके परिवार को शान्ति मिलेगी।"

बड़े भाई उस समय लगभग 29 वर्ष के थे, पर पता नहीं शादी क्यों नहीं करना चाहते थे, इसलिए बाबूजी के बताए रिश्ते उन्होंने कभी माने नहीं थे। और बड़े से पहले छोटे का ब्याह उन दिनों कोई सोचता नहीं था, पर मृत्यु से चार दिन पहले माँ बड़े भाई से वायदा ले गई थीं कि वो शादी करेगा। भाई ने उनसे हामी भर ली थी। बाद में बड़े भाई ने बताया कि वो चोरी-चुपके क्रान्तिकारियों की सहायता करते थे।

कोई-कोई उनके बाज़ार वाले कमरे पर दो-चार दिन छिप कर रहे भी थे। वे इसी डर से शादी को मना करते थे कि कभी सरकार को पता चल गया तो वे पकड़े जाएँगे (इधर उन्होंने इन सबसे नाता तोड़ लिया था)। बाबूजी ने उनसे विजय सिंह की बेटियों की चर्चा करके कहा, "भई, मैं उस परिवार की सहायता करना चाहता हूँ। तुम तैयार हो तो करनाल से बिब्बी को ले आओ। दिल्ली उतर कर वो लड़कियों को देख लेगी। उसने पसन्द कर लिया तो तुम्हारी व किशोरी की शादी साथ-साथ कर देंगे।"

बड़े भाई जीजी को लेने करनाल चले गए। जीजी दिल्ली उतर कर उन लोगों की बल्लीमारान वाली हवेली में—जहाँ वे किराये पर रहते थे—लड़कियाँ देखने गईं। बड़ी सरस्वती सत्रह की थी। छोटी प्रेमवती पन्द्रह की। नयन-नक्श दोनों के ही सामान्यतया अच्छे थे। हाँ, बड़ी का रंग पक्का था—मतलब न साँवला न गोरा। बीच का। छोटी का रंग गोरा था। दोनों लड़कियों के हाथ की कढ़ाई भी दिखाई गई। जो स्वेटर वे बुन रही थीं, उन्हें भी दिखाया। भोजन भी उन्होंने बनाया था। बहन ने उन लोगों को अपनी स्वीकृति बता दी। बड़े भाई व जीजी के लिए भोजन परोसा गया तो दुबारा पानी इत्यादि पूछने जो लड़की आई, वो बेहद गोरी, लम्बी व सुन्दर थी। पता लगा वो विजय सिंह की बड़ी साली की लड़की मुन्ना है। वो किसी और मुहल्ले में रहती है। और लम्बी भले ही हो गई हो, वो प्रेमवती से भी दो महीने छोटी है। बहन जब उठने लगी तो उन्हें बाबूजी को दिखाने को लड़कियों की एक फ़ोटो भी दे दी गई। वो फ़ोटो किसी शादी में खींची गई थी, जिसमें सरस्वती, प्रेमवती व मुन्ना साथ-साथ खड़ी थीं। जीजी ने बाबूजी को बताया कि लड़कियाँ अच्छी हैं। उनके पंडित ने आषाढ़ लगते ही भड़रिया नौमी का दिन बहुत शुभ बताया है। बाबूजी ने शामलाल भाई से पूछा तो अकस्मात् उन्होंने बहन से कहा—बिब्बी, मैं इस तीसरी लड़की से शादी करना चाहता हूँ, इन दोनों में से किसी से नहीं। वो भी बिना बाप की बेटी है। उनकी माँ या भाई इनकार नहीं करेंगे।" इतना कहकर वे उठ कर बाहर चले गए।

बाबूजी यह सुन कर हत्‌बुद्धि रह गए। साठ रुपये पाने वाला शहर के 'भारत नाटक समाज' का डॉयरेक्टर बड़े-बड़े लोगों में मशहूर बेटे से बाबूजी, बूढ़े पेंशनर क्या बोलते? वे विजय सिंह के भाई को क्या उत्तर दें? अन्त में जीजी ने एक लम्बा-चौड़ा पत्र बाबूजी की सहायता से लिख कर भेजा, "बड़ा लड़का आपकी साली की लड़की से शादी करना चाहता है। मैं बहुत ही शर्मिन्दा हूँ, पर अपना वचन पूरा करने को आपकी दोनों भतीजियों की मैं अपने मँझले व छोटे लड़के के लिए ले सकता हूँ। छोटा लड़का अभी अठारह साल का है, और नौकर हो गया है।"

उनका उत्तर भी आ गया, "हमें आपका प्रस्ताव स्वीकार है। हमारी साली भी इतनी अच्छी नौकरी वाला लड़का छोड़ना नहीं चाहती। वे भी तैयार हैं। हाँ, हम यह बता देना अपना कर्तव्य समझते हैं कि मुन्ना को सीना, पिरोना, पढ़ना या खाना बनाना कोई काम नहीं आता। कारण यह है कि वो छह भाई-बहनों में सबसे छोटी है और पिता की मृत्यु के बाद जन्म लेने से माँ की दुलारी है।"

बाबूजी ने शाम भाई को पत्र सुना दिया। वे बोले—"यहाँ आएगी तो बिब्बी

उसे सब सिखा देगी।" तीनों विवाह एक ही मुहूर्त के पाए गए अर्थात् आषाढ़ की भड़रिया नौमी।

तीन बहुओं को ज़ेवर चढ़ाने की बात आई तो भी बाबूजी परेशान। दोनों पत्नियों के गहने दो बहुओं को हो जाएँगे, पर तीसरी का हिसाब कैसे बैठेगा? उस समय माँ के साढ़े आठ तोले के झुमकों ने बड़ी मदद की। उनके भारी-भरकम सोने के कड़े भी सहायक बने। सहालग के दिन थे। शादी के दिन तक सब ज़ेवर तो बन गए। बस एक जोड़ी कड़े अधबने रह गए थे। सुनार बोला, "बाबूजी, जब बहू यहाँ से लौट कर जाएगी तब तक तैयार करके दे दूँगा।" तीन लड़कों की इकट्ठी शादी। बारात भी सौ की गिनती से नीचे नहीं जा रही थी।

बाबूजी ने जीजी से कहा, "बेटी, तीनों बहुओं के कपड़े और सौ लोगों के दिल्ली आने-जाने का किराया? इतना पैसा कहाँ से आएगा?"

जीजी ने कहा, "बाबूजी! मौसी मुहल्ले व परिचितों में इतना कुछ दे गईं है कि लड़कों की लगन वाले दिन टीके में सैकड़ों रुपया आ जाएगा। आप चिन्ता न करें।" हुआ भी वही। तीनों भाभियों के लिए बनारसी साड़ियाँ व दावत का ख़र्च जुट गया। हाँ, ज़री के शॉल नहीं ख़रीदे जा सके। लोगों ने बाबूजी से कहा, "शॉल किराये पर लेकर चढ़ा दें। बारात की शान बढ़ेगी" पर बाबूजी ने उत्तर दिया "नहीं, यह फ्रॉड मैं नहीं करूँगा। शॉल चढ़ा कर बहुओं से वापस लेना बहुत ही ओछा काम होगा।"

यहाँ से बारात इकट्ठी गई। दिल्ली जाकर उसके दो भाग हुए एक भाग बाबूजी सहित मँझले व छोटे भाई की ससुराल गया, दूसरा जीजा जी समेत बड़े भाई की ससुराल। हाँ, यह अवश्य हुआ कि मँझले भाई के फेरों के बाद जब छोटे भाई के फेरे (लगभग दो बजे रात) को होने लगे तो बूँदें पड़ने लगीं। पंडित ने जल्दी-जल्दी मंत्र पढ़ कर विवाह सम्पन्न कराया। चढ़ावे के सामान में छोटी बहू के लिए कड़े नदारद थे, ख़ाली पहुँचियाँ थीं। बाबूजी ने बता दिया, "सुनार बना कर नहीं लाया था। बहू जब विदा होकर यहाँ लौटेगी तब तक बन जाएँगे, पर सुना था छोटी भाभी अपने घर ख़ूब रोई, "हाँ, मेरा ब्याह भी पंडित ने जल्दी-जल्दी मंत्र पढ़ कर करा दिया, तो ज़ेवर कैसे पूरे मिलेंगे? सरस्वती हाथ में दो चीज़ें पहनेंगी, मैं एक ही पहनूँगी।"

बहुएँ विदा होकर हमारे घर आईं। गौना दिसम्बर में होना तय पाया गया था। परछन, गाना-बजाना सब हुआ।

दूसरे दिन एक मजेदार घटना हुई—हरि प्रसाद चाचा के घर *गुरुघंटाल*—उर्दू का ताज़ा अख़बार आया था। मैं सवेरे ही उसे ले आई। उसके प्रथम पृष्ठ पर एक कविता छपी थी। मैं आँगन में खड़ी होकर ज़ोर-ज़ोर से उसे पढ़ने लगी (मन में, असल बात यह चल रही थी कि नई भाभियों को पता लग जाए कि मुझे उर्दू भी आती है!) कविता क्या, तुकबन्दी ही समझो। वह यह थी—

नए फ़ैशन की बीबी का तमाशा देखते जाओ।
मियाँ के कान खिंचते हैं ये मंज़र देखते जाओ॥

कहा बीबी ने खाविंद से—'कहाँ थे अब तक बतलाओ।
फटाफट कितने पड़ते हैं स्लीपर देखते जाओ॥'

कन्हैया भाई कमरे से बाहर आकर बोले, "तू ये सब इतने ज़ोर-ज़ोर से क्यों पढ़ रही है?"

मैंने कहा, "मेरी मर्ज़ी! इससे आपको क्या?"

वह ग़ुस्से से बोले, "नहीं यह तू मुझे सुना रही है। क्या मेरी बीवी मुझे मारेगी? क्या मैं ऐसा हूँ?" और वह मेरे हाथ से अख़बार छीनने लगा।

मैंने अख़बार अपनी तरफ़ खींचते हुए कहा, "तुम क्यों चिढ़ते हो? क्या तुम ऐसे हो?"—और लो अख़बार फट कर दो टुकड़े हो गया। मैं चीख-चीख कर रोने लगी, हरिप्रसाद चाचा अब मुझ पर बिगड़ेंगे। उनका नया अख़बार भैया ने फाड़ दिया।"

पूरा घर आँगन में जमा हो गया। जीजी ने भैया को समझाया। "पागल! अख़बार में छपी चीज़ से क्या चिढ़ना? छोटी बहन से ऐसी हाथापाई करोगे तो बहू क्या सोचेगी? चलो भीतर, नाश्ता करो..." वह भैया को पकड़ कर भीतर ले गईं। फिर बाहर आकर मुझे समझाते हुए बोली, "तुम्हें भी निक्की यह कविता ज़ोर-ज़ोर से पढ़ने की क्या ज़रूरत थी?" जीजा जी ने अलग मुझे ढंग से समझाया, "तुम समझ लो—कन्हैया की अब शादी हो गई है। वह तुमसे काफ़ी बड़ा है। उससे झगड़ना बन्द कर दो। आज से कसम खाओ कि दुबारा ऐसा नहीं करोगी। अख़बार के लिए परेशान न हो। मैं हरिप्रसाद के घर नया अख़बार ख़रीद कर दे दूँगा।"

मैंने मन-ही-मन कसम खाई और यह सच है कि इसके बाद नोंक-झोंक तो होती थी, पर विवाहित भाई का सम्मान करना मैंने जल्दी ही सीख लिया।

ब्याह के बाद जीजी अपनी ससुराल चली गई। बाबूजी अब नया मकान किराए पर लेने की सोचने लगे, क्योंकि तीन बहुओं के लिए तीन कमरे चाहिए थे। एक कमरा बाबूजी और मुझे भी चाहिए था। बड़े भाई ने शीघ्र ही गेंदामल के हाथेवाले मोहल्ले में, जो कबाड़ी बाज़ार के पास ही था, एक बड़ा शानदार मकान ढूँढ़ लिया। मकान ठेकेदार मित्तल साहब का था। उनके देहान्त के बाद उनका पूरा परिवार छोटे मकान में चला गया था—किराया था, बीस रुपये महीना। सन् तैंतीस में मामूली नौकरी करने वाले की तनख़्वाह के बराबर। बाबूजी इतना किराया देने की स्थिति में नहीं थे।

भाई ने समझाकर बाबूजी को बताया कि उनके मित्र तलवाड़ की पत्नी आ गईं हैं। वे दोनों ऊपर वाले हिस्से में आधा किराया देकर रहेंगे। सभी को पुराना मोहल्ला छोड़ने का बुरा लग रहा था, पर इतना सन्तोष था कि पास ही में जा रहे हैं।

नया घर ख़ूब बड़ा था—पाँच-छह कमरे थे, पर पन्द्रह दिन बाद ही उसे छोड़ने की नौबत आ गई क्योंकि बड़े भाई के मित्र, जो ऊपर रहने आए थे, मकान छोड़ने को विवश हो गए। उनकी पत्नी काफ़ी बीमार हो गईं। वह उन्हें उनके मायके अमृतसर छोड़ आए। स्वयं अपने एक-दूसरे पंजाबी दोस्त के साथ रहने चले गए। पूरा किराया देने की सामर्थ्य बाबूजी की नहीं थी।

पर उन दिनों मकानों की भी तंगी नहीं थी। बाबूजी के आर्यसमाजी सज्जन मित्र थे—शादीराम जी। उनका मकान ख़ाली था। चार कमरे, आँगन, दालान, रसोई—सब था। चौथा कमरा ऊपर था। चौदह रुपये किराये पर उसे ले लिया गया।

दिसम्बर में तीनों भाभियाँ गौना होकर आ गईं। रसोई छुलाने की रस्म के बाद तीनों को खाना बनाने का काम सौंपा गया। मँझली और छोटी भाभी खाना पकाना जानती थीं, उन्हें कोई कठिनाई नहीं हुई। मुसीबत बड़ी भाभी अर्थात् मुन्ना भाभी की आई। अब उनका नाम भी बड़े भाई की इच्छानुसार 'विमला' रख दिया गया था। जीजी करनाल से आई हुईं थीं। उनकी बारी पर वही बराबर बड़ी भाभी के साथ रसोई में जाती। सब्ज़ी काटने-छौंकने, आटा गूँधने, दाल-चावल वग़ैरह बीनने, धोने, बनाने और आख़िर में रोटी बेलने-सेंकने तक उनके साथ रह कर करतीं व सिखाती जाती थीं। जीजी को सास ने बुला भेजा तो यह काम मेरे कन्धों पर आ गया।

इससे पहले मेरा काम उन्हें अक्षर-ज्ञान कराना भी था। सरस्वती और प्रेमवती भाभी को हिन्दी पढ़ना-लिखना आता था। बड़ी वाली ही एकदम कोरी थीं। उनकी रुचि पढ़ने-लिखने में बिल्कुल नहीं थी; पर मेरे यह समझाने पर कि वह पढ़ना-लिखना सीखकर ही मायके ख़त लिख सकेंगी या भाई साहब के बाहर चले जाने पर वह उन्हें ख़त लिखेंगे तो किससे पढ़वाएँगी? इन दोनों दलीलों ने उन्हें सन्तुष्ट कर दिया और मन्दबुद्धि वह नहीं थीं—सो, जल्द ही पढ़ाई की गाड़ी चल पड़ी। मेरा अधिक समय अब उनके साथ बीतने लगा, क्योंकि मैं दोनों कामों में उनकी सहायता करती—पढ़ाई और रसोई में खाना पकाने में।

मँझली भाभी मुझसे प्राय: अप्रसन्न रहती थीं। असल में, एक दबा-सा आक्रोश सरस्वती भाभी के अचेतन में हर वक़्त मौजूद रहता था—बड़े भाई का रिश्ता पहले उन्हीं से तय किया गया था, पर भाई के इनकार करने के बाद मँझले भाई से हुआ।

घर में सभी बहुओं का खाना-पहनना एक-सा था। बाबूजी घर चलाते थे। सो किसी तरह का पक्षपात नहीं था, पर बड़े भाई का वेतन काफ़ी था। वह जेब ख़र्च भी काफ़ी लेते थे, इसलिए अपनी कमसिन पत्नी के लिए रोज़ ही लगभग मिठाई का दोना या नमकीन लाते थे। चुपके-से क्रीम-पाउडर भी उसे लाकर दिया करते। सरस्वती भाभी के मन में कहीं फाँस-सी ज़रूर रही कि ये सारे ठाठ-बाट उन्हीं के होते अगर यह मुन्ना बड़े भाई के सामने न आ गई होती। उसके गोरे रंग पर भाई साहब एकदम रीझ गए और सब कुछ बदल गया। अब मैं ज़्यादा वक़्त बड़ी भाभी के साथ रहती तो उनकी सोच यह थी कि मैं अमीर भाभी की ज़्यादा कद्र करती हूँ। कई बार मैंने उन्हें ऐसा कहते सुना, तो सफ़ाई दी और कारण बताया कि सिर्फ़ पढ़ाने और खाना बनाना सिखाने के कारण ही मैं उनके साथ रहती हूँ। वह सामने-सामने 'हाँ! हाँ!' करके मान लेतीं, पर थोड़ी देर बाद वही ढाक के तीन पात। उनका मुँह मुझे लेकर फूला रहने लगता। यूँ किशोरी भाई भी कभी-कभी मिठाई या छोटे-मोटे उपहार भाभी के लिए लाए, पर बाबूजी से किसी बहाने से दो-चार रुपये माँगने के बाद भी अक्सर अपने भुलक्कड़पन की वजह से लाई हुई चीज़ दुकान पर ही भूल

आते थे, पर भला भाभी क्यों कर उन पर विश्वास करतीं? बस, शिकायत और ग़ुस्से के लिए नया कारण ज़रूर मिल जाता था उन्हें।

मैं समझ जाती थी—वह झूठ कभी नहीं बोलते थे। हाँ, अपने सीधेपन और भुलक्कड़ होने की वजह से हमेशा सभी की डाँट और उपदेश सुनने की उन्हें आदत भी पड़ गई थी। दो दृष्टान्त घर में ऐसे और हुए, जो मेरी बात की पुष्टि करते हैं। वह मित्तल साहब की टॉर्च और बिजली की दुकान में काम करते थे। साइकिल पर रात-दिन उन्हीं के काम से घूमा करते थे। एक दिन सवेरे ही साइकिल उठाकर बाहर चले गए। दोपहर को खाने के लिए घर पैदल आए। किसी का ध्यान इस पर नहीं गया, पर जब वह रात को भी घर पैदल आए, तो बाबूजी ने पूछा, "किशोरी, साइकिल क्या दुकान पर ही छोड़ आए हो?"

"साइकिल?" अब भाई चौंके। उन्हें कुछ याद नहीं था कि साइकिल उन्होंने कहाँ छोड़ी? बोले, "नहीं, दुकान पर तो नहीं छोड़ी। मैं तो यह सोचकर कि आज मैं साइकिल लेकर ही नहीं आया। सारे दिन पैदल ही घूम कर काम करता रहा हूँ।"

"नहीं, तुम सवेरे साइकिल लेकर घर से गए थे"—बाबूजी ने कहा।

अब भाई चुप। सारी रात तो किसी तरह बीती। सवेरे फिर साइकिल की बात चली। सभी परेशान थे। मैंने उन्हें याद दिलाते हुए कहा, "किशन भाई! आप कल सुबह कह रहे थे—स्टेशनरी का रिम लेकर दुकान जाना है। एक बही भी ख़रीदनी है। तो, आप सवेरे सबसे पहले भोलानाथ स्टेशनरी वाले के तो नहीं गए थे? ज़रूर जल्दी में वहीं साइकिल छूट गई होगी।"

अब भाई को कुछ-कुछ याद आया। वह बनियान-तहमद पहने ही तुरन्त बाहर चले गए। और सचमुच साइकिल वहीं छूटी थी। दुकानदार ने पहले सोचा, ग्राहक थोड़ी देर में आकर ले जाएगा, कुछ सौदा ले रहा होगा। उसमें ताला भी नहीं लगा था—सो, दिनभर उसे नज़र रखनी पड़ी—कोई राह चलता न ले जाए; शाम को उसने पहले सोचा थाने में जमा करा दें, पर फिर यह सोचकर कि कल और देखकर ही वह थाने जाएगा। दुकान के अन्दर बन्द कर गए, जब दुकान बढ़ाई। दूसरे दिन जब भाई पहुँचे तो पहले ख़ूब डाँटा और फिर सख्त हिदायतों सहित साइकिल दी।

ऐसे ही गौना ले जाने से पहले भाई के लिए बाबूजी ने नया गर्मकोट सिलवाकर दिया था। जाड़े थे—भाई उसे पहन कर ही दुकान जाते थे। इतवार को दुकान बन्द रहती थी, पर अगर उन्हें बाहर जाना होता, तब भी वही कोट पहनकर निकलते थे। एक इतवार को किसी दोस्त के घर गए। वहाँ से लौटकर मित्तल साहब के घर चले गए। उस मकान में उनकी दूसरी पत्नी अपने दो बेटे—नित्यानन्द और दयानन्द के साथ रहती थीं। उनकी पत्नी को हम 'भाभी' कहते थे। किशन भाई आँगन में बान वाली चारपाई पर बैठकर गप्पें लगाते रहे भाभी से। चारपाई पर पैताने रजाई-गद्दे वाला बिस्तरा लिपटा रखा था। धूप निकली। गरमी लगी तो कोट उतारकर बातें करते-करते उसी चारपाई के पैताने रखा और बाद में बिना कोट उठाए घर चले आए। उनके घर, नौकर ने जब बिस्तर लगाया तो कोट गद्दे के नीचे दबा रह गया। दिन

भर निकल गया। शाम को जब ठंड लगी तो घर में कोट की ढुँढ़ाई शुरू हो गई, पर वह घर में होता तो मिलता। भाभी और मुझे याद था कि भाई सवेरे कोट पहन कर बाहर गए थे पर जिनके घर गए थे, वहाँ भी पुछवाने पर नहीं मिला। बाबूजी सब से ज़्यादा दुःखी और परेशान क्योंकि शादीशुदा लड़के की भुलक्कड़पन की आदत के लिए वह कहाँ तक उससे कहा-सुनी कर सकते थे। नाराज़ तो हुए, पर फिर बोले, "रामजी मल कपड़े वालों के यहाँ से उधार कपड़ा ले लो। अस्तर भी वहीं मिल जाएगा। फिर मेरे नाम लिखा देना...धीरे-धीरे चुकाता रहूँगा।"

भाई सिर झुकाकर सुनते रहे। इसके बाद दो दिन बीत गए। भाई भी कमीज़ पर पतला-सा स्वेटर डाल कर दुकान गए। शर्म के मारे कपड़े वाले के यहाँ भी नहीं गए।

तीसरे दिन दयानन्द हाथ में सिकुड़ा-सिकड़ाया कोट झुलाते हुए घर में घुसा और बोला, "मँझले भाई! लो अपना कोट पकड़ो।" हम सब आश्चर्य में पड़ गए। दयानन्द ने बताया, "दो दिन पहले, जब भाई हमारे घर गए थे, चारपाई के पैताने कोट छोड़ आए होंगे। नौकर ने बिस्तर के नीचे बिना देखे इसे दबा दिया। आज जब चादर-गद्दा झाड़कर बिछाने के लिए उठाया, तो यह कोट नीचे से निकल आया। जब यहाँ से पुछवाया गया था, तब तो ऊपर कहीं था नहीं, सो मना कर दिया था।" इस तरह बाबूजी कर्ज़ से और भाई शर्म से मुक्त हुए।

सभी पारिवारिक छोटी-मोटी पर तात्कालिक दृष्टि से वक़्त के हिसाब से एक किशोरी के मन की इच्छाओं पर अंकुश लगाने वाली सैकड़ों स्थितियाँ पैदा होती रहीं हमारे घर में। यह कोई नई बात एक निम्न मध्यवर्गीय परिवार के लिए नहीं थी। पर अपने समय की सीमाओं में रहते हुए भी मैंने कभी हार नहीं मानी। अपनी सारी ज़िम्मेदारी पूरी तरह निभाते हुए मैंने घर बैठे 'विशारद' की परीक्षा दी। स्कूल जाना तो नसीब नहीं हुआ। हाईस्कूल तक लगातार पढ़कर बोर्ड में ऊँची श्रेणी में हाईस्कूल पास करना मेरा सपना ही रह गया। स्वाध्याय और उपलब्ध स्रोत ही मेरी पूँजी थे।

'विशारद' का परीक्षाफल निकला। मेरे सब पेपरों में प्रथम श्रेणी के अंक आए थे। पर दर्शनशास्त्र के दोनों परचों में मैं रह गई थी, सो कम्पार्टमेंट आया था। किशोरी भाई दुकान के काम से कुछ दिनों को बाबूगढ़ चले गए। मुझे दर्शनशास्त्र की पुस्तकें लाकर देने वाला कोई नहीं था। वह सिर्फ़ दो दिन पहले आए और तब ओम प्रकाश के घर से, मेरे लिए पुस्तकें लाए। सारे काम-काज करते हुए इतने थोड़े समय में, परीक्षा के लिए तैयारी असम्भव थी—सो, नतीजा वही होना था। पर मैंने कम्पार्टमेंट की परीक्षा देने के बजाय 'विशारद' की पूरी परीक्षा देने का निश्चय कर लिया था।

होली के बाद बड़े भाई का तबादला देहरादून हो गया। पहले वह अकेले गए, पर एक महीने बाद ही वह भाभी को साथ ले गए। जाने के बाद एक पैसा भी उन्होंने घर नहीं भेजा। किराये के चौदह रुपये भी देने अब बाबूजी के लिए मुश्किल थे। शादीराम जी के वहाँ एक साथ तीन मकान थे। पड़ोस के मूलचन्द जी भी भाई के साथ देहरादून ट्रांसफर पर चले गए। यह मात्र संयोग था कि वे उसी जगह बीच वाले मकान में रह रहे थे। उनके जाने के बाद बाबूजी को वह नौ रुपये किराये का छोटा

मकान बगल में ही मिल गया और बड़े वाले मकान में खुर्जा निवासी, रोशनलाल गोयल आ गए। उनके परिवार में पत्नी, दो लड़के—प्रेम प्रकाश व सूरज प्रकाश, एक पाँच साल की बेटी लल्ली थी। उनके भाई की साली, किरण भी उनके यहाँ रहती थी।

इस घर में आने के बाद मैंने अलंकार व छन्दों पर एक दो लेख लिखे, जो आगरे से प्रकाशित आर्यसमाजी साप्ताहिक पत्र *आर्यमित्र* में छपे थे। बेटी के लिखे उन सामान्य लेखों को भी बाबूजी हर आने वाले को दिखाते थे। किरण वे दोनों अंक अपने घर ले गई। जब मैं वापस लेने गई तो लल्ली की माँ ने मेरी बड़ी ख़ातिर की; और बताया, "हमारा प्रेम भी 'विशारद' का इम्तहान दे रहा है।"

लल्ली बड़ी सुन्दर प्यारी बालिका थी—हमसे दो ही दिन में हिल-मिल गई। दिन भर हमारे घर बनी रहती। दोनों घर के मुख्य द्वार पास-पास थे, सो सारे दिन आना-जाना लगा रहता था।

हमारा परिवार भाई साहब के देहरादून चले जाने के बाद आर्थिक दृष्टि से संकट में था—उन्होंने घर पर बिल्कुल ख़र्च को कुछ नहीं भेजा। बाबूजी लगभग 63 वर्ष के थे। दमे का शरीर, ढलती उम्र और सबसे ज़्यादा घर का पूरा उत्तरदायित्व उनकी चिन्ता के लिए काफ़ी थे। पर सारी परेशानियों का सिरमौर बनकर मैं उनके सामने मौजूद थी। घर ख़र्च मैं ही चलाती थी—सो, येन-केन-प्रकारेण बाबूजी के दूध, दवा या टॉनिक में कमी कोई नहीं आने दी, पर मेरा विवाह बड़ी अजीब परिस्थितियों में एक समस्या बन गया जबकि मेरी माँ मेरे लिए गहने अलग डिब्बे में रख कर गईं थीं; काफ़ी बर्तन भी ख़रीद कर बोरी में बन्द करके गईं थी। निम्न-मध्यवर्गीय परिवारों में उन दिनों बड़ी नकद रकम का विशेष चलन नहीं था। दो नम्बर के अमीर अभी अस्तित्व में नहीं आए थे। खानदानी अमीर सेठ, ज़मींदार, राज-रजवाड़ों के दीवानों की अलग बात होगी। आम आदमी तो सोचता था कि लड़की की ससुराल कितनी तीयलें (जोड़े) जाएँगी। बारातियों को कलई की थाली, गिलास या कटोरे का उपहार ही ख़ुश कर देता था। इतना करना तो मेरे लिए बाबूजी के लिए मुश्किल न था, पर मेरठ में जो मेरी मामूली-सी प्रसिद्धि थी, वही मेरे सम्बन्ध के आड़े आ गई क्योंकि जिन मामूली घरों में रिश्ते के लिए जाते, वहाँ लड़के नौवीं तक आते-आते विद्या का धनुष उठाने में असमर्थ हो जाते, ख़ासतौर पर अंग्रेज़ी की वजह से। बस, फिर वे अपने पुश्तैनी कारोबार में लग जाते—दुकानदारी या जो भी व्यापार सम्बन्धी काम-काज हो। बस फिर घर का कामकाज जानने वाली, मामूली अक्षरज्ञान वाली लड़की से ब्याह हो जाता—सो, मेरी पढ़ाई वहाँ माइनस प्वाइंट बन गई।

आर्यसमाज के जलसों में मैं माँ के समय से जाती थी। हवन, संध्या बहुत ही शुद्ध स्पष्ट मंत्रोच्चारण से करती। हारमोनियम पर भजन भी गा लेती थी। अपनी बनाई तुकबन्दियों को भी जलसों में गाती—जैसे, "अवतार महात्मा गांधी हैं, भारत का भाग्य जगा देना" (बतर्ज़ बजरंगबली मेरी नाव चली ज़रा, कृपा की बल्ली लगा देना) चरखे की तोप चलाकर तुम, पूनी का गोला लगाकर तुम मैनचेस्टर लंकाशायर की सारी ही मिलों को उड़ा देना" वग़ैरह-वग़ैरह।

मेरे द्वारा रचित एक व्यंग्यात्मक भजन मेरठ सदर की महिलाओं में विशेष लोकप्रिय हो गया, जो वैसे तुकबन्दी ही थी—

मोहन अब मत आना ब्रज में।
चक्र सुदर्शन नहीं मिलेगा, है मशीनगन तोप;
मुँह धोने को यहाँ मिलेगा पीयरसन का सोप,
बैरिस्टर तुम बन जाना ब्रज में,
दूध-दही की जगह मिलेगा सोडा लैमोनेड

और

मोर मुकुट कमली की जगह पर है, पतलून और हैट
बदल जाएगा बाना ब्रज में मोहन अब मत... इत्यादि।

मैं उर्दू पढ़ लेती हूँ—यह भी वहाँ एक अजूबा था। लड़की और उर्दू? थर्मामीटर मैं देख लेती हूँ। मोहल्ले भर के बच्चों के लिए काजल बनाकर बाँटती हूँ। यहाँ तक तो निभ भी जाता शायद पर सबसे बड़ा ग़ज़ब यह हो गया कि मेरा नाम अख़बार में छप गया। मामूली घरों के लिए मैं एक तेज़-तर्रार लड़की हो गई। उनका कहना था, "आपकी लड़की बहुत पढ़ी-लिखी है, सारे गुण हैं, बहुत नाम पा लिया है, पर बहू हमारे लड़के के सिर पर पाँव रखकर आवे—यह हमें मंजूर नहीं।" यानी पत्नी को हर हाल में पति से कम पढ़-लिखा और हर तरह झुका होना चाहिए। सो, मेरे सब गुण ब्याह के बाज़ार में अवगुण सिद्ध हुए। मेरठ में दो-चार हमारी बिरादरी में शिक्षित परिवार भी थे, 'जहाँ सिर पर पाँव' रखने वाली बात न होती, पर वे उतने ही अमीर भी थे। बाबूजी की हैसियत वहाँ बात चलाने की नहीं थी। सोलह वर्षीय चन्द्रकिरण अब बाबूजी की सबसे बड़ी चिन्ता थी।

मैं मन-ही-मन सोचती—कैसे बाबूजी को बताऊँ कि आप कैसे भी अनपढ़ या ग़रीब लड़के से मुझे ब्याह देंगे, मैं वहाँ गुज़ारा कर लूँगी। कभी गहने या कपड़े की फ़रमाइश नहीं करूँगी; उसके घर-परिवार की सेवा मन लगाकर करूँगी, पर बाबूजी से मैं कभी यह कह नहीं पाई। बस, अपनी सामर्थ्य भर उनकी सेवा करती रहती थी।

मैंने आर्यसमाज के जलसों में जाना छोड़ दिया क्योंकि दोनों भाभियों को उसमें रुचि नहीं थी और अकेले मैं जा नहीं सकती थी। गर्मियाँ बीत गईं। बाबूजी दवा खाते रहने पर भी कमज़ोर होते जा रहे थे। उनका लिवर ख़राब रहता था।

उधर देहरादून में बड़ी भाभी जब गर्भवती हुईं तो दिल्ली से उनकी माँ और करनाल से जीजी पहुँच गई थीं। सितम्बर 1935 को देहरादून में बड़े भाई को पुत्र-रत्न की प्राप्ति हुई, पर अनुभवहीनता के कारण देहरादून में सारी तनख़्वाह ख़र्च कर दी गई। हर महीने कुछ बचाया नहीं। प्रसव के लिए भाई को भाभी के सोने के कड़े बेचने पड़े और अन्त में दो महीने के बच्चे के साथ उन्होंने भाभी और जीजी को मेरठ भेज दिया। उनकी सास दिल्ली लौट गईं। ख़र्च के लिए भाई ने एक पैसा

नहीं भेजा। उन्हें लिया कर्ज़ जो उतारना था—जीजी ने ही यह सब बताया कि भाई देहरादून में परेशानियों से घिरे हैं।

पहला पोता हुआ था—बाबूजी को बेहद ख़ुशी थी। हाथ तंग होते हुए भी अपने घनिष्ठ मित्र परिवारों की उन्होंने दावत की। बाबूजी ने बड़े लाड़ से पोते का नाम परीक्षित कुमार रखा।

उधर जीजी के साथ भी एक ऐसा हादसा देहरादून जाते समय दिल्ली स्टेशन पर हो गया था कि वह भी कम परेशान न थीं। दिल्ली में ट्रेन बदलने से पहले टिकट के लिए पैसे निकालते समय उन्होंने बक्स से बटुआ निकालने को खोला, तब जल्दी में कपड़े उलटने-पलटने में एक पुराने से रूमाल में बँधी बूँदों की जोड़ी कहीं गिर गई। उन्हें देहरादून पहुँच कर ही यह पता चला। मेरठ आने पर यह बात उन्होंने सिर्फ़ मुझे ही बताई। बाबूजी तो अपनी बेटी को पोते की ख़ुशी पर सास, दामाद, सभी बच्चों और लड़की के जोड़े के साथ-साथ ढेर से लड्डू देकर ढंग से विदा करने की जुगाड़ में जुटे थे। सोने के बुंदों की कहाँ गुंजाइश थी उस वक़्त के तंग बजट में? दूसरे, जीजी उनकी परेशानी बढ़ाना नहीं चाहती थी। बड़ी बेटी के इस नुकसान का पता चलने पर उनकी तबीयत तक बिगड़ सकती थी। पर उन्हें अपनी सास का डर खाए जा रहा था—वह तो बिना बुंदों के पहुँचने पर उनकी खाट खड़ी कर देंगी! जीजी के पास अपने पैसे भी न थे, जो नई जोड़ी बनवा सकतीं।

मुझे एक हल सूझा जो मैंने उन्हें बताया, "जीजी! सोने के मेरे सारे गहने बाबूजी के बक्स में हैं, पर चाँदी की एक भारी तगडी अम्मा के पुराने बक्स में ही है, पर जिसकी याद उनको अभी तो बिल्कुल नहीं है। पिछले मोहल्ले की कौशल्या चाची सुनार के यहाँ ज़ेवर बनवाती है। आप चुपके-से तगड़ी लेकर उन्हीं के साथ चली जाएँ। तगड़ी आधा सेर से ज़्यादा की है। उसे बेचकर पुराने बुंदों के डिज़ाइन से मिलते-जुलते बुंदे ख़रीद लें।"

जीजी बेचारी क्या करतीं? मान गईं। बुंदे आ गए; शायद नौ रुपये बच भी गए थे जो मैंने उनसे बाबूजी को फ़ीस देकर घर पर डॉक्टर को दिखाने के लिए माँग कर ले लिए।

घर के अन्दर का हाल कुछ बेहतर नहीं था। सोलह वर्षीय कमज़ोर, अनुभवहीन माँ; बीमार-कमज़ोर दो मास का शिशु—अपने आप में काफ़ी कठिन परिस्थिति थी। ऊपर से सास का न होना ऐसे वक़्त में कंगाली में आटा गीला होने वाली बात बन गई क्योंकि बड़ी भाभी जीजी की बात तक नहीं मानती थीं; भाई साहब के ज़्यादा लाड़ से हठी हो गई थीं। मना करने पर भी बादी और भारी भोजन करतीं; चटपटा खातीं। सो, बच्चे को दस्त लग गए। बुख़ार भी आने लगा। बड़े बेटे की बहू होने का पूरा रौब दिखा रही थीं। रात में बच्चा कितना भी रोये, यह उठ कर उसका लँगोट भी नहीं बदलती थीं। जब तक जीजी थीं, उन्होंने रात का काम किया। उनके जाने के बाद बच्चे की रात की ड्यूटी मैंने ले ली।

'विशारद' की परीक्षा की पूरी तैयारी करनी थी। बच्चा रोता तो मैं उसे कन्धे

लगाकर टहलाती; सामने के ताक में पाठ्य-पुस्तक खुली रखती और याद करती जाती। फिर कुछ समय बाद बड़ी व छोटी भाभी कुछ दिनों के लिए अपने मायके दिल्ली चली गईं।

शरद ऋतु के नवरात्र चल रहे थे। दशहरे से एक दिन पहले मेरठ में भरत-मिलाप उत्सव शहर में होता था। किशोरी भाई सरस्वती भाभी को भरत-मिलाप दिखाना चाहते थे। उन्होंने बाबूजी से कहा, "बाबूजी! निक्की को भरत-मिलाप दिखालाऊँ नौ बजे तक लौट आएँगे।"

बाबूजी उनकी मंशा समझ गए और बोले, "दिखा लाओ! बहू को भी ले जाओ" फिर बहू की तरफ़ मुँह घुमाकर कहने लगे, "बहू रानी, यह हाथी की सूँड़ जैसा घूँघट मत निकालना। देखभाल कर किशोरी के पीछे-पीछे चलना...यह तो पीछे मुड़कर देखेगा नहीं कि छोटी बहन या बीबी किधर है?"

हम लोग भरत-मिलाप देखने चले गए। मेला बहुत शानदार लगा। चाट खाई। भीड़ काफ़ी थी। ताँगा मिलने में कठिनाई हो रही थी। भाई भीड़ छँटने के इन्तज़ार में फुटपाथ पर खड़े हो गए। ऊपर देखते हुए उनकी दृष्टि सिनेमा हाउस पर पड़ी, नाम था—मिनर्वा। उस दिन वहाँ न्यू थिएट्र्स की फ़िल्म *सीता* लगी थी। भाई ने जेब से निकाल कर पैसे गिने, फिर मुझसे बोले, "निक्की! सिनेमा देखोगी? सामने देख, *सीता* लगी है।"

सिनेमा! सुनकर ही मेरा मन ख़ुशी से उछल पड़ा। मैंने कहा, "वाह भाई! नेकी और पूछ-पूछ? आप दिखाएँगे तो ज़रूर देखूँगी।" उस वक़्त हमारे घरों की बहू-बेटियों को सिनेमा देखना कब नसीब होता था! "पर", भाई फिर कुछ सोचकर बोले, "बाबूजी से कुछ कहकर नहीं आए हैं। लौटते-लौटते रात का एक बज जाएगा। उनका तो फ़िक्र के मारे बुरा हाल हो जाएगा। कहीं थाने ही न पहुँच जाएँ!" असल दुविधा थी—एक तरफ़ फ़िल्म, दूसरी तरफ़ बाबूजी की परेशानी! मुझे पता था फैसला क्या होना है—सो, सारी ख़ुशी और उत्साह पल भर में उड़न छू हो गए।

मैं मुँह लटकाए मेले की भीड़ को देख रही थी कि मेरी आँखें चमक उठीं, मैंने भाई का ध्यान उसी तरफ़ आकृष्ट किया, जिधर से मुझे अपने पड़ोसी (पिछले मोहल्ले में उनका घर था)—रामअवतार चाचा निकलते दिखाई दिए थे।

मैंने ख़ुशी से चिल्लाते हुए कहा, "भाई! रामअवतार चाचा से घर कहलवा दो, तो बाबूजी को ख़बर मिल जाएगी। बस, उनकी चिन्ता मिटेगी।"

भाई तेज़ क़दमों से उनकी तरफ़ बढ़े और पास जाकर सन्देश दे आए। आने के बाद उन्होंने बताया, "चाचा, बाबूजी को घर जाते-जाते कहते जाएँगे कि हम लोग पिक्चर देखने जा रहे हैं। सेकेंड शो है, सो पहुँचते-पहुँचते डेढ़-दो बज जाएगा। अब हम आराम से फ़िल्म देखेंगे।"

वैसे फ़िल्म देखते समय तो कुछ पता नहीं लगा। शो ख़त्म होने पर घड़ी देखी—एक बजा था। एक-दो ताँगों से पूछा। सबके सब अठन्नी की जगह बारह आने पर अटके थे और भाई के पास सिर्फ़ अठन्नी ही बची थी। भाई मुझ से बोले,

"देख निक्की, अगर बाबूजी नाराज़ हुए तो मैं कह दूँगा कि निक्की ज़िद कर रही थी। सो, फ़िल्म देखने जाना पड़ा।"

मैंने तुरन्त प्रतिवाद किया "मैंने कब ज़िद की थी? आपने ख़ुद ही पहले देखने की बात कही थी।"

मँझली भाभी ने बचाव करते हुए कहा "मैंने हनुमान जी का पाँच आने का प्रसाद बोल दिया है। वह बाबूजी की नाराज़गी से हमें ज़रूर बचा लेंगे।"

मैंने कहा, "भाभी, गायत्री मंत्र में बड़ी शक्ति होती है। आओ, उसका जाप करते चलते हैं। बाबूजी नाराज़ नहीं होंगे।" पर भाभी को अपने महावीर जी पर अधिक विश्वास था। हम तीनों पैदल मार्च करते हुए घर पहुँचे। डरते-डरते द्वार खटखटाया; "खोलता हूँ"—बाबूजी का निद्रा से अलसाया स्वर सुनाई पड़ा।

उन्होंने पहले घड़ी देखी, फिर कहा, "तुम लोग अब लौटे हो? पौने दो बजे हैं।"

मैंने जल्दी से कहा, "बाबूजी, हमने रामअवतार चाचा से कहला तो दिया था कि हम लोग सेकेंड शो में *सीता* पिक्चर देखकर आएँगे। पहले से कोई विचार नहीं था, वरना आपको घर पर ही बता कर जाते। आगे से बिना बताए नहीं जाएँगे।"

बाबूजी ने उत्तर दिया, "रामअवतार तो नहीं आया। शुक्र है भगवान का कि आज जो नौ बजे मेरी आँख लगी तो अभी तुम्हारे पुकारने पर खुली वरना मेरा तो फ़िक्र से मारे दम ही निकल गया होता।" हम लोग जल्दी से अन्दर आ गए। बाबूजी ने भी अधिक बात नहीं बढ़ाई और जाकर लेट गए।

आज तो भगवान सचमुच हमारे सहायक रहे वरना बाबूजी ने कभी भाइयों तक को रात का शो देखने की अनुमति नहीं दी थी। वह कहा करते थे भले लड़के कभी आधी रात तक सड़कों पर नहीं घूमा करते।

अन्दर आते ही मैंने भाभी से कहा, "देखा भाभी! गायत्री मंत्र कितना शक्तिशाली है? मैं पूरे रास्ते जपती आई थी और बाबूजी बिल्कुल नाराज़ नहीं हुए।"

भाभी बोली, "जी नहीं! यह सब तो महावीर स्वामी की कृपा है। मैंने परसाद जो बोला था।"

हम दोनों ही का विश्वास अटल था। यह तो किशोर मन की निःश्छल श्रद्धा थी। यूँ इसे आज के किशोर 'टचवुड' कह कर, मात्र संयोग मान लेते।

'विशारद' की परीक्षा सिर पर आ गई और पिछले साल वाली समस्या दूसरे रूप में आकर खड़ी हो गई। किशोरी भाई फिर दस दिनों के लिए दुकान के काम से रायगढ़ चले गए थे। इस बार मेरी तैयारी शुरू साल से थी, पर चूँकि विशारद की परीक्षा शहर के एक स्कूल में होनी थी, मेरे साथ वहाँ तक जाने वाले की मुश्किल खड़ी हो गई। बाबूजी तो बराबर बीमार चल रहे थे। पड़ोसी गोयल साहब वाली किरण ने सुझाव दिया, "प्रेम प्रकाश भी तो यही परीक्षा दे रहे हैं। वह अपनी साइकिल पर तुम्हारे ताँगे के साथ-साथ चले जाएँगे और लौटते भी यही तरीका ठीक रहेगा।"

प्रेम प्रकाश मेरठ कॉलेज में सेकंड ईयर में थे। आयु होगी कोई अठारह वर्ष।

मैं भी लल्ली की देखा-देखी उन्हें 'प्रेम भाई साहब' कहती थी। किरण वाला सुझाव बाबूजी ने मान लिया और मैंने विशारद की परीक्षा दे दी।

बाबूजी ने बड़े भाई को कई बार पत्र लिखकर दो-चार दिन के लिए मेरठ आने को कहा। उन्हें ज़रूरी बातें करनी थीं अपने बड़े बेटे से; पर शायद छुट्टी न मिलने की वजह से वह नहीं आए।

उधर दवा खाते हुए भी बाबूजी की भूख एकदम कम हो गई। पैरों पर क़ाफ़ी सूजन आ गई थी। जाड़े से अब तक तीन डॉक्टर बदल लिये थे। भोपाल सिंह के इलाज़ से भी कोई अन्तर नहीं पड़ा था। बाज़ार जाने योग्य क्या रहते, दरवाज़े पर ही चार क़दम चलकर थक जाते थे। हार कर किसी अच्छे वैद्य को दिखाने की सलाह बनी। लक्ष्मीधर वाजपेयी मेरठ के प्रसिद्ध वैद्य थे। उन्हीं की दवाई शुरू की।

सन् '36 अप्रैल का महीना था। होली हो चुकी थी। मैं सब कुछ भुला कर बस अपने बाबूजी के पास बनी रहती। दवा, फलों का रस, दूध—सब का कोई सकारात्मक प्रभाव नहीं पड़ रहा था। बाबूजी को अपना अन्त समय निकट ही दिखाई दे रहा था। वे आने वाले मित्रों और किशन भाई से कहते, "जब भगवान का बुलावा आता है, तब दवा भी काम नहीं करती। ...क्यों बेकार में रोज़ डॉक्टर बदलते हो?"

उनके मित्र कहते, "बाबूजी! आप तो बड़े भाग्यवान हैं। तीन-तीन बेटे हैं। पोते का मुँह भी देख लिया। आप तो स्वर्ग में जाकर ऐश करेंगे।"

बाबूजी हँसते और कहते, "पोता क्या स्वर्ग की सीढ़ी है? भाई, स्वर्ग-नरक तो मनुष्य को अपने कर्मों से मिलता है। मैंने तो कह दिया है—मेरी तेरहवीं पर ब्राह्मण मत बुलाना, अनाथालय के बच्चे बुलाकर उन्हें खिलाना। गंगा जी ले के जाने की ज़रूरत नहीं। यहाँ का सूरजकुंड क्या बुरा है? वैसे, मेरे तो सब काम पूरे हो गए। एक बस यह लड़की ज़रूर कुँआरी रह गई है—इसके लिए भी ज़ेवर-कपड़ा-बर्तन तो इसकी माँ ही तैयार कर गई थी। ऊपर के ख़र्चे के लिए पाँच सौ रुपये मेरी पास बुक में बचे हुए हैं। शाम लाल जाड़ों में आ गया होता तो दो लड़कों का पता लगा था। देख आता। उसका मिज़ाज भी ऐसा है कि किशोरी, कन्हैया का किया काम पसन्द नहीं आता। दोनों रिश्ते हाथ से निकल गए।"

"हाँ बाबूजी! बड़े लड़के की बात तो माननी ही पड़ती है। घर का बड़ा जो हुआ। ज़िम्मेदारी भी वही उठाएगा।"

कभी बाबूजी कहते, "मरने के बाद लोगों के हाथ-पाँव टेढ़े हो जाते हैं। मुझे मरते समय याद रहा, तो सीधा लेटकर हाथ-पाँव भी सीधे कर लूँगा।"

उस दिन अप्रैल की 16 तारीख़ थी—सवेरे से ही बाबूजी कुछ अशान्त दिखाई दिए—कभी लेटते; कभी उठकर बैठते; फिर लेटते। मैंने पूछा : "कहीं दर्द है क्या, बाबूजी?...लाइए, तेल मल दूँ। भाई वैद्य जी को लेने गए हैं।"

बाबूजी बोले, "नहीं बेटा, दर्द नहीं है, पर लेटता हूँ तो मन करता है उठूँ, सो बैठ जाता हूँ, पर फिर मन करता है तो लेट जाता हूँ। कुछ अजीब बेचैनी है। बस..."

उसी समय वैद्य जी आ गए; देखभाल के बोले; "आपके लिवर पर सूजन आ

गई है। नमक एकदम बन्द करना होगा। एक लेप देता हूँ, इसे सीने पर लगाना है। प्यास लगे तो बर्फ़ चूसिए।"

बाबूजी बोले, "वैद्य जी, ज़्यादा गड़बड़ हो तो बताइए—मैं अपने बड़े लड़के को तार देकर बुला लूँ..."

वैद्य जी हँस पड़े और बोले, "जब पन्द्रह दिन बाद उसे छुट्टी मिल रही है तो तभी आ जाएगा। ऐसा कोई ख़तरा नहीं है।" कह कर वैद्य जी चले गए।

बाबूजी को दवा दे दी; लेप लगा दिया; दूध भी किसी तरह मनाकर पिला दिया। उनकी बेचैनी सुबह जितनी नहीं थी, पर पूरी तरह आराम से भी नहीं था।

तीन बजे दिन में दूसरे कमरे में सन्तरे का रस निचोड़ते हुए मैंने किशन भाई से कहा, "आप बड़े भाई को तार देकर बुला ही लो। बाबूजी दूध पीना नहीं चाहते। उनके डर से पी लेंगे। अभी बोले—कान में तेल डालो। डालने लगी तो एक में डाला ही था कि बस मना कर दिया।"

शाम के साढ़े पाँच बज गए। मैं बाबूजी के लिए दुबारा रस निचोड़ने कमरे में आ गई। उसी कमरे में किशन भाई चारपाई पर ज़रा आराम करने को लेट गए। कन्हैया भैया भी बाबूजी को सोता हुआ जानकर उसी कमरे में आ गया। बाबूजी बैठक में अकेले रह गए। उन्हें शायद पेशाब लगा था। उन्होंने किसी को भी नहीं बुलाया, ख़ुद ही पाख़ाने में चले गए। वह बैठक के पास ही था। लौटते हुए दीवार का सहारा लेते आए कि बैठक के दरवाज़े को पकड़ते ही अचानक उनकी ज़ोर की आवाज़ आई, "किशोरी! हमारी गर्दन को क्या हुआ—टेढ़ी हो गई," भाई दौड़कर आए। देखा, बाबूजी बैठक का दरवाज़ा थामे हैं और उनकी गर्दन दाहिनी तरफ़ झुकी है। भाई ने उन्हें पकड़ा और सँभालकर अपने कन्धों पर लेते हुए कहा, "आप ने मुझे आवाज़ क्यों नहीं दी? बिना सहारे उठकर जाने की ज़रूरत क्या थी?" और उन्हें बिस्तर पर लिटा दिया। मैं रस लेकर आई। एक चम्मच उनके मुँह में डाला, पर फिर उन्होंने हाथ से मना कर दिया। अचानक उनका बोलना भी बन्द हो गया था। बैठक में ताक पर गंगा जल की बोतल रखी थी। उन्होंने इशारे से कहा, "बोतल से गंगा जल मुख में डालो।" किशन भाई ने तुरन्त बोतल उतारी। मुझे दी, मैंने चम्मच से गंगा जल डाला। फिर बाबूजी ने इशारा किया उन्हें धरती पर लिटाने का। दोनों भाई एक-दूसरे का मुँह देखने लगे। उन्होंने फिर ज़ोर से संकेत किया, तब हम तीनों समझ गए कि बाबूजी का बोल बन्द हो गया है। उनकी बात कैसे टालते? बैठक में पूरी दरी बिछी थी। पलंग पर पैताने रखी चादर दरी पर बिछाई, तकिया रखा और फिर दोनों भाइयों ने मिलकर बाबूजी को नीचे उतार कर, सँभाल कर लिटा दिया। उनके माथे की नसें फड़क रही थीं, ज़ोर-से। लेटते ही उन्होंने अपने हाथ-पैर एकदम सीधे किए और मुख व आँखें बन्द कर लीं। मैं चम्मच में गंगा जल लेकर उनके मुँह की तरफ़ झुकी ही थी कि एकाएक उनकी आँखें खुल गईं। मुख भी खुला, पर वे अब साँस नहीं ले रहे थे। किशन भाई ने उन्हें हिलाया-डुलाया, फिर रुआँसे स्वर से बोले, "बाबूजी तो गए, निक्की!"

मेरे हाथ से चम्मच छूट गया धम्-से उन्हीं पर गिर पड़ी। दोनों भाइयों ने मुझे अलग किया, और एक कोने में बैठा दिया।

भीतर से दोनों भाभियाँ आ गईं। ज़ोर-ज़ोर से रोने लगीं, "बाबूजी! हाय! हमें अकेला छोड़कर क्यों चले गए?" थोड़ी देर में सारा पड़ोस-मोहल्ला जमा हो गया। उन्हीं में से कोई जना तुरन्त बड़े भाई और जीजी को बाबूजी के स्वर्गवास का तार देने चला गया। धीरे-धीरे भीड़ छँटी। कुछ औरतें व बुजुर्ग रह गए। रात काटनी थी—मैं उसी कोने में ख़ामोश बैठी थी। एक आँसू तक नहीं गिरा लगता था, मैं पूर्णतः चेतनाशून्य हो गई हूँ। बस, सिर फट रहा था—हथौड़े से बज रहे थे—बाबूजी नहीं हैं अब। मेरे बाबूजी अब कभी मेरे साथ नहीं होंगे—मेरे सिर से जैसे छत उड़ गई हो और मैं जड़ हो गई हूँ। आँखों में आँसू नहीं थे। वे जल रही थीं मानो गरम बालू भर गई हो।

सवेरे दस बजे जीजी करनाल से पहुँची, रोती-कलपती। भाभियों ने सबसे पहले मेरी शिकायत की, "यह निक्की बीबी जी। जब से बाबूजी गए हैं, जहाँ मँझले जी ने बैठा दिया था—वहीं पत्थर-सी जम गई हैं। एक आँसू नहीं गिरा इनकी आँख से!"

जीजी का कलेजा तो मुँह को आ गया। वह मेरी मनःस्थिति को तुरन्त समझ गईं होगी। सो, एकदम दौड़कर मुझे गोद में भर लिया, हिलाया-डुलाया। पीछे से किसी बूढ़ी की आवाज़ सुनाई पड़ी, "बिब्बी! इसे रुला, कहीं ये गूँगी न हो जाए," (जीजी को घर में सभी 'बिब्बी' कहते थे!)।

जीजी ने मेरे कान में कहा, "निक्की! अब किसे 'बाबूजी' कहेगी? उठकर उन्हें जी भर के देख ले। आज के बाद यह सूरत नहीं मिलेगी देखने को। तू बिना माँ की तो थी ही, अब बिना बाबू वाली भी हो गई! निक्की, रो! तू अनाथ हो गई।"

उनके स्वर में पता नहीं क्या था कि मेरे दिल पर जैसे कोई बड़ा भारी पत्थर रखा था, वह एकदम से पिघला और मैं उनसे 'जीजी!' कह कर लिपट गई और मानो बाँध टूटा—चन्द्रकिरण इतना रोई कि जीवन भर शायद बड़ी-से-बड़ी विपत्ति में भी दुःख में भी इतने आँसू नहीं आए। बाद में मैंने देखा, जीजी की आँखें तो ख़ुद पहले से ही रो-रो कर गुड़हल का फूल बनी हुई थीं।

बड़े भाई की प्रतीक्षा में सभी थे। वह पहले सवेरे वाली गाड़ी से नहीं आए, तब बुजुर्गों ने मँझले भाई को कहा, "दूसरी गाड़ी लगभग तीन बजे आती है। तब सूरजकुंड पहुँचते-पहुँचते शाम हो जाएगी। शाम को अग्नि नहीं दी जाती। उनकी जगह तुम ही मुखाग्नि दे देना।" बस, बाबूजी का अन्तिम संस्कार इसी प्रकार होना तय पाया। एक बजे बाबूजी का पार्थिव शरीर घर से चला गया। बड़े भाई तीन बजे पहुँचे; फिर उसी ताँगे से सीधे सूरजकुंड चले गए। बाद में भाई ने बताया कि पहला तार चार बजे ही पहुँच गया होगा, पर तब वह घूमने गए हुए थे। पड़ोसी ने रख लिया। दूसरा छह बजे बाद आया, तभी पड़ोसी ने पहला भी उन्हें थमा दिया। उन दिनों देहरादून से कोई गाड़ी सात बजे के बाद रात में नहीं चलती थी। सो, वह सवेरे ही निकल पाए। वजह कोई भी बनी, पर बाबूजी अपने बड़े बेटे से अपने अन्तिम दिनों में बात नहीं कर पाए, न बड़े बेटे को मुखग्नि देने का अवसर मिला। तेरहवें दिन बाबूजी की

इच्छानुसार अनाथालय के बच्चों को खाना खिलाया गया और हवन हुआ।

बड़े भाई इस बार तीनों भाभियों सहित मुझे भी देहरादून लेकर आए। जीवन में पहली बार मैं मेरठ से बाहर निकली थी। बाबूजी ने कभी एक रात को भी मुझे नहीं रहने दिया था। बहन के साथ कभी करनाल भी नहीं जाने दिया था। देहरादून में भाई 'भगवान दास क्वार्ट्‌र्ज' नाम की कॉलोनी में रहते थे। उस समय की दृष्टि से वह एक पॉश बाबू कॉलोनी थी—जहाँ सरकारी नौकर किराये पर रहते थे। मकान बहुत पक्के, बढ़िया और हवादार थे। हमारे वाले मकान के पास एक पक्का तालाब भी था। उसमें कोई नहाता नहीं था। वह केवल शोभा की वस्तु था—चारों ओर पक्की सीढ़ियाँ बनी थीं। कॉलोनी के लोग उसके आसपास अपनी चारपाइयाँ व कुर्सियाँ डालकर बैठकर गपशप करते थे।

उन दिनों देहरादून में पानी पाइप द्वारा घरों में नहीं आता था। पहाड़ी छोकरे बाँस की बहँगी में दोनों तरफ़ दो कनस्तर लटका कर बाहर से पानी लाते थे। सबके घरों में, गुसलखाने में पीतल या लोहे के ड्रम, पानी स्टोर करके रखने को रहते थे। भाई ने नारायण नाम का चौदह-पन्द्रह साल का पहाड़ी छोकरा नौकर रखा हुआ था। वह घर ही रहता, खाता-पीता और सोता था। घर की सफ़ाई, बर्तन माँजना और पानी लाना भी उसी का काम था। उसको भाई क्या वेतन देते थे, मुझे पता नहीं।

देहरादून में घर अच्छा था, पर उसमें सामान सब बहुत ही अस्त-व्यस्त दशा में पड़ा था—रसोई में डिब्बे खुले हुए। बर्तन यूँ ही इधर-उधर बेतरतीब से पड़े हुए थे। कमरों में धुले कपड़े पलंग पर बिखरे थे। बैठक का दृश्य तो देखने वाला था—आठ-सात कुर्सियाँ थीं, एक सेंटर टेबल और एक अलमारी। सारी चीज़ें लावारिस बच्चों की तरह फैली-बिखरीं।

मँझली व छोटी भाभी ने बड़ी भाभी के घर की 'सुघड़ाई' पर छींटे तो कसे, पर वे लोग थोड़े दिन मेहमान की तरह घूमने-फिरने आई थीं, वे क्यों घर को थोड़ा-सा भी ठीक-ठाक करने की तकलीफ़ करतीं? बस, रसोई की कामचलाऊ थोड़ी सफ़ाई कर दी। पूरे दो महीने नन्हे परीक्षित को सँभालने और रसोई घर में खाना वग़ैरह बनाने में लगे रहने से घर को व्यवस्थित करने का समय मुझे बिल्कुल नहीं मिला। संध्या के समय भाई के मित्र बैठक में आते। उन्हें चाय-नाश्ता कराया जाता। यह सब पूरी तरह मेरी ज़िम्मेदारी थी, क्योंकि जेठ जी के मित्रों (जो रिश्ते में जेठ ही लगे) के सामने घर की बहुएँ उस ज़माने में नहीं आती थीं।

देहरादून में सहस्त्रधारा और गुच्चू पानी जैसे कई दर्शनीय स्थल हैं। भाई ने सभी कुछ दिखाया। बड़ी भाभी रोगी ही थीं, मेरठ से आकर पेचिश लग गई, पर हाल वही पुराना, दवा तो खानी, पर परहेज़ न करना और भाई साहब जितने समय घर रहते-उठते-बैठते 'हाय राम! हाय राम!' कहना उनका नित्य-कर्म था। शाम को मोहल्ले की सभी स्त्रियों और तीनों भाभियों का घूमने जाने का कार्यक्रम होता और इस वजह से रात का खाना बनाने के नाम पर तीनों में कुश्ती होती। मुझे यह सब कभी अच्छा नहीं लगता था। नतीजा, यह उत्तरदायित्व भी मैंने अपने कन्धों पर ले लिया।

अकेले काम सँभालने का एक लाभ भी हुआ। मैंने पूरे कामों को जल्दी और तरीके से निबटा कर अपने लिए कुछ समय निकाल लिया। भाई के मित्रों में एक बंगाली सज्जन भी थे; जिन्हें सब 'चटर्जी बाबू' कहते थे, मैं 'दादा' कहती थी। पूरा नाम जानने की ज़रूरत ही नहीं पड़ी कभी। वह चार दिन की छुट्टी में कलकत्ता जा रहे थे। उन्होंने मुझसे पूछा, "निक्की! तुम कलकत्ते से क्या मँगाना चाहोगी?"

"दादा! आप मेरे लिए बंगाली भाषा की वर्णमाला की पहली व दूसरी पुस्तक ले आना। मैं बांग्ला सीखना चाहती हूँ," मैंने कहा।

और सचमुच वह पुस्तक लाना नहीं भूले। पूरे परिवार का खाना बनाने के बाद भी मेरे पास समय बचता था। शाम को अकेले में मैंने जल्दी ही दोनों पुस्तकें कंठस्थ कर लीं। दादा ने अपने घर से, पुराना बंगाली में एक पूजा विशेषांक ला दिया। चेष्टा करके अभ्यास करते-करते मैं थोड़े दिनों में उसे भी पढ़ने लगी। मेरी इतनी लगन देखकर दादा बहुत ही ख़ुश हुए और उन्होंने भाई साहब से कहा, "शाम लाल! कलकत्ते से *देश* साप्ताहिक निकलता है। एक साल के लिए लगा लो। निक्की की बांग्ला निखर जाएगी।"

भाई साहब भी इतने अच्छे मूड में थे कि तुरन्त उसका चार रुपये का वार्षिक चन्दा उसी समय दादा के हाथ में देते हुए बोले, "यार! तू ही मँगा भी देना।"

मेरी तो लॉटरी निकल आई। इस तरह साँझ का समय सुन्दर ढंग से व्यवस्थित हो गया। रसोई का काम करने के बाद मैं एकान्त में बैठकर उस पत्रिका को पढ़ती। मुझे बोलने का अवसर नहीं मिला, क्योंकि दादा तक हिन्दी में ही बातचीत करने के अभ्यस्त थे। आसपास और कोई बंगाली परिवार नहीं था, परन्तु पढ़ते-पढ़ते मैंने बंगाली पूरी तरह सीख ली थी और शरत्-साहित्य पूरा बांग्ला में पढ़ा।

यही बात गुरुमुखी के साथ हुई। पड़ोस में लगभग सभी पंजाबी परिवार बसते थे। महीने भर में ही मैं पंजाबी बोलने व समझने लगी थी। गुरुमुखी सीखने की चाह उठी। पड़ोसन रक्षी की माँ के घर उसकी वर्णमाला भी मिल गई। पढ़ ली, अक्षर भी रट लिए, पर अभ्यास के लिए गुरुमुखी में लिखी पुस्तकें किसी घर में नहीं थीं। केवल एक घर में पाक-शिक्षा पर गुरुमुखी में लिखी एक पुस्तक मिली, "काचू दे नाल अम्ब कट के, मसाला पा के अचार डालना।" तक ही पंजाबी पढ़ने को मिल सकी।

गुजराती के लिए वर्णमाला रटने वाला फ़ॉर्मूला अपनाकर एक घर से माँग कर लाई *महात्मा गांधी की आत्मकथा* केवल गुजराती में पढ़ने को मिल पाई। इसके अतिरिक्त कोई गुजराती पुस्तक नहीं पढ़ी।

दोनों भाभियाँ कुछ दिन रहने के बाद मेरठ लौट गईं। बाक़ी घर तो व्यवस्थित हो गया था, पर बैठक उसी दशा में थी। भाई से कुछ भी माँगना मेरे लिए बहुत ही कठिन था। आज तक केवल बाबूजी से ही अपनी छोटी-बड़ी फ़रमाइशें करती आई थी। दूसरे, इधर तो कई वर्षों से घर ख़र्च मेरे ही हाथ में था। सो, उलटे बाबूजी ही सामान लाने को पैसे माँगते थे।

किसी तरह संकोच की दीवार तोड़ कर मैंने बड़े भाई से कहा, "शम्भो भाई!

बैठक की कुर्सियाँ एकदम नंगी हैं। आज अगर चार गज वैल्वटीन (मख़मल का सस्ता जापानी डुप्लीकेट) और कुछ डी.सी.एम. के गोले ला दें तो मैं सब पर गद्दियाँ चढ़ा दूँगी। दो गज़ लट्ठा भी अगर आ जाएगा तो सेंटर की गोल मेज़ का मेज़पोश बन जाएगा।"

बड़े भाई घर में बहुत कम बोलते थे। उनका ख़याल था—अपने से छोटों से ज़्यादा निकटता रखने पर रौब और अधिकार में कमी आ जाती है, पर मन से वह परिवार वत्सल, पुराने समय के घर के मुखिया थे। घर के हर छोटे-बड़े की इच्छा और आवश्यकता को पूरा करना वह अपना पहला धर्म समझते थे; पर वह इच्छा उनकी दृष्टि में उचित होनी चाहिए। दूसरे ही दिन पाँच गज़ उन्नावी रंग की वैल्वटीन; पूरी डी.सी.एम. के गोलों की डिब्बी; चार गज़ लट्ठा तथा दो फूलदान भी मुझे ख़रीद कर ला दिए। रंगीन फूल बनाने वाले क्रेप काग़ज़ भी साथ ही लाए थे। भाभी यह सब देखकर ख़ुश नहीं थीं। भाई की आँख ओट वे बड़बड़ाई, "इतना सामान मँगा लिया। हमें बताने की तो कोई ज़रूरत ही नहीं समझी गई!"

मैंने कोई जवाब नहीं दिया। लकड़ी के छापों पर गुलाबी रंग पोत कर उन्हें कपड़ों पर दबाने से उसकी प्रतिकृति उतर आती थी। लट्ठे के मेज़पोश पर किनारे-किनारे जाली बनाकर फूल उतारे और कढ़ाई में जुट गई। वैल्वटीन की गद्दियों पर पिसा चॉक घोल कर छापों में लगातार फूल उतारे...भाई की पुरानी रज़ाई की रूई से छोटी-छोटी गद्दियाँ बनाकर उन पर धुली पुरानी धोती के खोल चढ़ाके और फिर मखमली कढ़ी गद्दियाँ चढ़ा दीं। आठ-दस दिन में अपना सारा वक़्त नन्हे और खाना पकाने से जो बचता था—रात-दिन इस काम में लग कर सब कुछ मैंने तैयार कर लिया। बैठक के दोनों दरवाज़ों के पर्दे मैंने भाभी की दो पुरानी साड़ियों को (उन्हें भाभी ने कंडम करके, पलंग के नीचे मुद्दत से फेंका हुआ था) दुहरा करके नीचे-ऊपर तुरपाई करके धोया, कलफ़ लगाया। प्रेस करके अच्छे-ख़ासे पर्दे बना दिए। कुर्सी की पीठ के कवर भी वैल्वेट के बना दिए। अलमारी में काट कर झालर लगा दी थी। फूलदान में काटकर क्रेप के फूल सजा दिए थे। एक खिड़की में काग़ज़ बिछाकर सजा दिया फूलदान। दूसरा बीच वाली गोल मेज़ पर कढ़ा हुआ मेज़पोश डालकर उस पर रख दिया। अब पर्दे लगे थे। कुर्सियाँ पीठ पर कवर चढ़े नीचे गद्दी, कढ़ी हुई ख़ूबसूरती और करीने से बैठक में एक ओर सुव्यवस्थित ढंग से रखीं थीं। मेरी अपनी क्षमता और समझ के अनुसार बैठक सज गई थी।

भाई के मित्रों ने भाभी की ख़ूब तारीफ़ की भाभी की तबीयत भी सँभली तो बैठक भी सँवर गई। अकेले कहाँ सब हो सकता था? भाभी थोड़ा सन्तुष्ट थीं, पर दूसरे दिन कॉलोनी से आई पड़ोसिनों में से एक पंजाबी पड़ोसन ने, भाभी से कह दिया, "ऐ शाम लाल दी वोटी बीबी जी ने बैठक न चार चन ला दित्ते। दुल्हनवरगी वणगी है।"

भाभी ने तुरन्त मुँह बनाते हुए व्यंग्य से कहा, "अरे, सजाई है तो किसी पर अहसान किया है? अपने भाई की बैठक ही सजाई है न। कोई मेरे बाप का घर तो सजाया नहीं!"

मैं वहीं खड़ी थी। सुनकर सन्न रह गई। चुपचाप अन्दर चली गई। ऐसी ही एक-दो घटनाएँ और भी हुईं, पर मैं किसी से क्या कह सकती थी? मन-ही-मन बाबूजी को याद करती।

घर की दालान वाली खुली अलमारी में एक बहुत फटा-पुराना कम्बल लिपटा रखा था...जाड़े पड़ रहे थे। भाई साहब ने नारायण को दूसरा कम्बल दिलवा दिया था कि एक दिन एक भिखारी द्वार पर आकर खड़ा हो गया। चीथड़ा बनियान और एकदम तार-तार फटी धोती पहने था। भीख का आटा देने मैं द्वार पर जब गई तो उसने गिड़गिड़ा कर कहा, "कोई फटी-पुरानी चादर या कम्बल हो तो दया करके दे दो। जाड़े में रातभर काँपता हूँ।"

देहरादून की सर्दी। वह उस वक़्त भी काँप रहा था। मैंने उसे वह फटा हुआ कम्बल देते हुए कहा, "इसके दो टुकड़े कर लेना। फटा वाला बिछा लेना, ज़रा साबुत वाला ओढ़ लेना"—और वह दुआएँ देता हुआ चला गया।

भाभी हमेशा की तरह घर पर नहीं थीं, क्योंकि भाई के दफ़्तर जाने के बाद ही वह नन्हे को लेकर किसी न किसी पड़ोसन के घर गप्पें लगाने चली जाती थीं। वह होतीं, तो उनसे पूछे बग़ैर हरगिज़ मैं किसी चीज़ को हाथ भी नहीं लगाती। पर उस भिखारी को जाड़े में ठिठुरता देखा नहीं गया मुझसे, और वह कम्बल बेकार, फटा-सा महीनों से वहीं पड़ा हुआ था। सो, मैंने दे दिया, पर जैसे ही वह आईं तो मैंने पूरी बात उन्हें बता दी।

सुनना था कि वह एकदम आग बबूला हो गईं, "बीबी! तुम्हें तो सब हरा-हरा सूझता है न! बस चले तो तुम पूरा घर ही उठाकर दान कर दो। कम्बल फटा था तो क्या? गिरस्ती में सब कुछ काम आता है। जब अपनी गिरस्ती चलाओगी, तब आटे दाल का भाव पता चलेगा..."

मैं सन्न खड़ी रह गई थी। मन-ही-मन रोना आ रहा था। जी में आया, कह दूँ कि तेरह साल की उम्र से ही गृहस्थी कर रही हूँ...पर ऐसा कुछ नहीं हुआ। मैं चुपचाप कमरे में चली गई। उनके क्रोध का कारण तात्कालिक नहीं था। आज पीछे मुड़कर देखती हूँ तो समझ में आता है कि ईर्ष्या और कम्बल दोनों की देन था वह क्रोध। हम दोनों एक ही उम्र थी किशोरी थीं। उनका गोरा रंग, सबसे बड़े, कमाने वाले घर के मुखिया की पत्नी-पद, पैसा और पति का लाड़-परिवार में अभिमान के लिए और क्या चाहिए! दूसरी मैं बिना माँ-बाप की, पर कर्मठ, गुणी और चुपचाप सब सहने वाली ननद! मोहल्ले, पड़ोस की महिलाएँ प्रायः अपनी ऊन व सलाइयाँ लेकर आतीं और मुझे थमा कर कहतीं, "बीबीजी! त्वाडा पौखा बड़ा चंगा वे...जेड़ी चीज़ नूं हथ लान्दे हो, ओ छेत्ती तैयार हो जांदी वे। ज़रा अपने भ्रा दे स्वेटर दीयां चार लाइनां वुंण दो, बाक़ी मैं नाल्यांगी।"

उनकी चार लाइनों का मतलब था, स्वेटर का पूरा बार्डर बुनना जो उस वक़्त बारीक सलाइयों पर बुना जाता था; शेष मोटी सलाइयों पर। मैं संकोचवश किसी को भी मना नहीं कर पाती थी। समय निकाल कर बुनकर दे देती। इसी तरह ऊनी

मोज़ों, दस्तानों के साथ होता था। बताते-बताते पूरा बन जाता था। लड़कियों-बच्चों के ऊनी फ्रॉकों और स्वेटरों के कँगूरे वाले बार्डर भी मैं ही बनाकर देती थी। वे ही भाभी की सहेलियाँ यदा-कदा उनसे कह देती, "तेरी बीबी में, कुछ भी कहो, बड़े गुन हैं वे..."

बस, भाभी उनके सामने तो कुछ कह नहीं पातीं थीं। घर आकर छोटी-से-छोटी बात ढूँढ़ती रहतीं और मौक़ा मिलते ही सारा रोष मुझ पर निकालतीं। अपनी श्रेष्ठता सिद्ध करने को वे अपनी सहेली मंडली को अक्सर अपनी तरफ़ से खोमचे वाले को बैठा कर चाट और दही बड़े खिलवा देतीं। उस वक़्त कोई पड़ोसन तारीफ़ ज़रूर करती : "शाम लाल दी वौटी बड़ी दिलदार है!"

पीठ पीछे उन्हीं में से कोई आलोचना भी करती और कहती, "क्या शाम लाल दी वौटी नूं घर दी कोई परवाह नईं; खसम दी कमाई चुटकियों में उड़ा दी है... इत्यादि। ऐसी आलोचना पड़ोसनें एक-दूसरे की चुगली के चक्कर में भाभी तक भी पहुँचा देतीं। बस, क्रोध का भाजन उनकी सहेली नहीं, मैं बनती। चूँकि असली ईर्ष्या पड़ोसिनों से नहीं, मुझसे होती थी भाभी को।

पंजाब में बाल-विवाह की प्रथा न के बराबर थी। सो, पड़ोस के कई घरों में बड़ी-बड़ी कुँआरी लड़कियाँ भी थीं। एक अहलूवालिया साहब थे, जिनकी तीन लड़कियाँ थीं—सुशीला, लीला, सरोज। सुशीला नौवीं से पढ़ाई छोड़ कर बैठी थी। वह मुझसे आयु में दो-तीन महीने बड़ी थी। लीला आठवीं में थीं और सरोज पाँचवीं में। लीला और सरोज मुझसे गणित में मदद लेने आती रहती थीं। सुशीला भी अक्सर आती। एक अन्य परिवार से अन्नपूर्णा भी मेरे पास आया करती। कभी-कभी वे सब मुझे अपने घर ज़बरदस्ती ले जाती थीं (मैं जाना नहीं चाहती थी)। मेरी बड़ी आवभगत करतीं। घर में फल-मिठाई न हो तो नौकर को भेजकर बाज़ार से मँगवातीं। (सम्भवत: मेरे पढ़ाने का प्रतिदान हो सब कुछ) पर मैं बड़ी मुश्किल में पड़ जाती थी। जब वे सब हमारे घर आतीं तो मैं उनकी आवभगत कैसे करूँ? यह नहीं कि भाई फल, मिठाई, नमकीन वग़ैरह लाते न हों; पर वह जल्दी ही ख़त्म हो जाता। भाभी अधिक-से-अधिक खा लेतीं; बच्चा तो बहुत छोटा था। फिर अपना पेट खराब कर लेतीं और दवा लेनी पड़ती। 'हाय! हाय!' का सिलसिला शुरू हो जाता भाई के सामने। मेरे पास पैसे नहीं होते; जो नारायण को भेजकर कुछ मँगा लेती सहेलियों के आने पर। मैंने फिर अपने तरीके से, एक उपाय निकाल लिया। जब भाई इकट्ठा फल-मिठाई लाते थे तो मुझे भी पूरा हिस्सा देते थे। मैं अपना हिस्सा खाने के बजाय अपनी हमेशा खुली रहने वाली कपड़ों की अटैची में ऊपर रख लेती। जब मेरी सहेलियाँ आती, तो वही सन्तरे, सेब, अनार या मेवा-लड्डू का नाश्ता मैं उनके सामने रख देती थी। भाभी ने कभी मेरी अटैची खोल कर देखी होगी। जब फल या मेवा रखी देखी तो उन्होंने चुपके-से भाई से शिकायत कर दी, "बीबी जी फल-मिठाई चुराकर अपनी अटैची में रखती हैं।"

बड़े भाई ने मुझसे कुछ नहीं पूछा, परन्तु किशन भाई जब किसी काम से देहरादून

आए तो उन्होंने मुझे बताया। सुनकर मेरा मन पीड़ा से भर उठा, पर बड़े भाई को सफ़ाई देने का साहस भी मुझमें नहीं था।

उन्हीं दिनों मैंने एक-दो कहानियाँ भी लिखीं। लिखने के पीछे सबसे बड़ा लोभ यह था कि इस नाते पत्रिका घर आएगी। पंजाब की *शान्ति* में अगर एक कहानी छपे तो पूरे वर्ष वह पत्रिका निःशुल्क घर बैठे आएगी। मैंने भाई साहब को पत्र दिखाया तो उन्होंने बस कहा, "ठीक है"—मेरे लिए उनका इतना उत्तर यथेष्ट था।

बंगाली पत्रिका *देश* की एक कहानी मुझे इतनी अच्छी लगी कि उससे मिलते-जुलते कथानक पर मैंने भी एक कहानी लिखी, 'बच्ची का बच्चू'—यह एक नन्हे कुत्ते और उसकी पालने वाली बालिका की कहानी थी। कहानी छपी भी। मैंने पूरी ईमानदारी से कहानी के ऊपर लिख दिया था—'एक बंगाली गल्प की छाया में।'

देहरादून में भी लाइब्रेरी होगी, पर मुझे उसका पता नहीं था। होता भी तो पुस्तकें लाता कौन? पढ़ने की बुभुक्षा से मेरा मन-मस्तिष्क अशान्त रहता। दिन भर तो गृहकार्य और थोड़ा-बहुत पड़ोसी-परोपकार में निकल जाता, पर रात को सोने से पहले पुस्तक पढ़ते-पढ़ते सोने के अभ्यास ने मुझे दुःखी कर रखा था। बांग्ला का *देश* और मासिक *शान्ति* ही एकमात्र पठन-सामग्री रह गई थी, जो मेरे जैसे पुस्तक-प्रेमी के लिए ऊँट के मुँह में जीरा सदृश्य थी। *चाँद, माधुरी, सरस्वती* जैसे पत्रों का वहाँ दूर-दूर तक कहीं पता नहीं था। गर्मियों में मुझे टाइफाइड हो गया। तुरन्त ही तार देकर मेरठ से छोटी भाभी को बुलाना पड़ा, क्योंकि भाई साहब जानते थे, भाभी घर ही नहीं सँभाल पाती, वह बीमारी क्या सँभाल पाएँगी? इक्कीस दिन के बाद बुख़ार उतरा। साथ में पहले ही दिन सिर धोने पर पूरे बाल हाथ में आ गए। मैं गंजी हो गई थी। एकदम। छोटी भाभी ने समझाया, "बीबी जी! बाल दुबारा आ जाएँगे। तब तक सिर पर काला कपड़ा बाँधे रहना।" यही किया। सिर पर काला कपड़ा बाँधा; उतरे सारे बाल धोए, सुखाए और अन्त में एक बड़े शीशे के जार में बन्द करके रख दिए।

बहन का करनाल से मेरी बीमारी के बारे में पता चलते ही ख़त भाई के पास आया कि वह मुझे छोटी भाभी के साथ मेरठ भेज दें। हवा-पानी बदल जाएगा। भाई ने बात मान ली। मैं भाभी के साथ मेरठ आ गई। जीजी भी करनाल से मेरठ आ गई थीं। वह दत्तचित्त होकर सिर्फ़ मेरी सेवा में लग गईं। किशोरी भाई पुनः पुराने, छोटे वाले बाबा चरनदास वाले मकान में आ गए थे। सारी मोहल्ले की औरतें हमसे मिलने, हाल-चाल पूछने आईं।

एक दिन दोपहर को जीजी मुझे मौसमी का रस देते हुए बोली, "देहरादून में सब ठीक तो रहा न, निक्की? बड़ी का स्वभाव मैं अच्छी तरह जानती हूँ। पहली बार घर से गई थी तू।"

मैंने कभी किसी से घर की बात नहीं की, पर जीजी मेरे लिए अब माँ की तरह थीं। इस वक़्त छोटे बच्चे की तरह उन्होंने मुझे लम्बी बीमारी से उबरने और पूरी तरह स्वस्थ होने में मदद की। मेरे बालों के झड़ने का उन्हें मुझसे ज़्यादा अफ़सोस था।

रोज़ाना बादाम रोगन की मेरे सिर में मालिश करती थीं। उन जैसी तीमारदारी करने वाले आज भी विरले मिलेंगे।

उनके पूछने पर मैंने दो ही घटनाएँ बताईं। एक बार भाभी के साथ मैं भी नन्हे (गोदी का भतीजा, जिसका बाबूजी ने परीक्षित नाम रखा था) को गोदी में लिये भाभी की सहेलियों सहित घूमने गई। करनपुर रोड पर आते ही मुझे लगा आँधी आने वाली है। हवा एकदम तेज़ हो गई। सो, मैंने भाभी से कहा : 'भाभी जी! चलिए लौट चलें। लगता है, आँधी आएगी।"

भाभी ने नाराज़गी से कहा, "तुम्हें तो घर से इतना प्रेम है कि बाहर आते नानी मरती है। कौन वहाँ चोरी हो जाएगी? तुम्हारे भाई और नारायण तो हैं...और मौसम कितना सुहाना है यहाँ घूमने वाला..." और वह तेज़ी से अपनी मित्र-मंडली से जा मिलीं। तभी आकाश में बिजली चमकी, अचानक बाज़ार की बत्ती भी चली गई। मेरी गोद में डेढ़ वर्ष का नन्हा था। मैंने तो घर की तरफ़ क़दम बढ़ाया। बच्चे को अपने पल्ले से ढँक लिया। वह डर कर गोद में और दुबक गया था। आँधी ने विकराल रूप ले लिया। मकानों की छतों के टिन उड़ते हुए सिर से निकल गए। चारों तरफ़ भगदड़ मच गई थीं। पेड़ बुरी तरह मानो उखड़े पड़ रहे थे। ऊपर से ओलों के साथ बूँदें भी पड़नी शुरू हो गईं थी। मैं किसी तरह घर पहुँच गई। दरवाज़ा बार-बार खुल-बन्द हो रहा था। भाई साहब बेचैनी से दालान में टहल रहे थे। नारायण खड़ा था—भीतर घुसते ही मैंने नन्हे को साड़ी का पल्ला हटाकर गोद से उतारा। वह भीगा नहीं था, पर अब डर कर रोने लगा। मैं भीग गई थी। मैंने नन्हे को सँभाल कर पुचकारा और नारायण से उसके लिए गरम दूध लाने को कहा। भाई तब तक नन्हे को गोद में ले चुके थे। मुझसे बोले, "तू जल्दी कपड़े बदल। एकदम भीग गई है।"

आधे घंटे में आँधी-बारिश का ज़ोर थम गया। नन्हा भी दूध पीकर मेरी गोद में सो गया था। तभी अचानक बाहर से भाभी चीख़ती-चिल्लाती घर में घुसीं, "अरे, मैं तो लुट गई। बीबीजी नन्हे को लेकर जाने कहाँ चली गईं? मेरे साथ चलना उन्हें अच्छा कहाँ लगता है? सबसे अलग ही चाल चलती हैं। हाय मेरा बच्चा..."

भाई तुरन्त कमरे से बाहर आए और डाँट कर बोले, "यह रोना-धोना बन्द करो। नन्हा घर आ गया है और निक्की की गोद में सो रहा है।" उस दिन भाई के ऊँचे स्वर और सच्चाई ने उनको एकदम चुप करा दिया। जीजी ने सब सुनकर कहा, "निक्की! भाई दिल के बहुत अच्छे हैं, पर बस गोरी, अल्हड़ बीबी से दब जाते हैं। उन्होंने तुझे सीधे तो कभी नहीं डाँटा होगा।"

तब मैंने कहा, "सीधे नहीं डाँटा, पर औरतों का जलसों वग़ैरह में जाना उन्हें एकदम नापसन्द है। इस मामले में वह अपने बाबूजी से भी सौ साल पीछे हैं।"

जीजी ने कहा, "देहरादून में तू कौन-से जलसों में गई? घर-घुस्सू तो बन गई है मौसी के जाने के बाद से।"

तब मैंने उन्हें देहरादून में घटित दूसरी घटना सुनाई। शहर में सुभाष चन्द्र बोस आए हुए थे। उनका भाषण सुनने तो पूरा देहरादून उमड़ पड़ा था। हमारी कॉलोनी

के लगभग सभी लोग जा रहे थे। तब भाभी के साथ मैंने भी जाने की इजाज़त ले ली थी। भाई नहीं गए थे। सुभाष बाबू का भाषण हुआ। उसके बाद जलसे के संचालकों ने मंच से अपील की, "सुभाष बाबू के प्रति श्रद्धा निवेदन करने वाले सज्जन भी मंच पर आकर बोल सकते हैं।"

दो-चार लोग भी उठे, जिन्होंने सिर्फ़ दो-चार शब्द कहे। एक युवक ने चार-पाँच वाक्य बोले, बस। न जाने मुझे यह सब देखकर क्या सूझा कि मैं भी खड़ी हो गई। संचालकों ने आने का इशारा किया। मैंने भीड़ में अपना रास्ता बनाया और मंच पर पहुँच गई! कभी मैंने सुभाष बाबू पर दो घनाक्षरियाँ लिखीं थीं, वे मुझे उस वक़्त पूरी याद थीं। ख़ूब जोश से मैंने सुनाईं। लोगों ने तालियाँ बजाईं। संचालकों ने बहुत सराहा। जलसा समाप्त हुआ। सभी लोग अपने-अपने घर लौट गए। हम भी कॉलोनी के लोगों के साथ घर पहुँच गए।

सवेरे भाई सैर करने निकले तो कॉलोनी के किन्हीं सज्जन ने उनसे कह दिया, "भाई! कल तुम्हारी बहन ने कमाल कर दिया सुभाष बाबू के जलसे में, अकेली वही लड़की थी, जिसने कविता सुनाई।"

भाई का घूमना तो वहीं छूट गया। वह उलटे पाँव घर लौटकर मुझसे तो कुछ नहीं कहा, पर ऊँचे स्वर में भाभी से बोले, "सयानी लड़की साथ ले जाती हो, पर उसे सँभालना नहीं आता? वह चाहे स्टेज पर खड़े होकर कविता सुनाए और बाद में सारा शहर उसकी चर्चा करे। यही नेकनामी एक दिन बदनामी में बदल जाएगी। आगे से मुझे ऐसी बात कभी सुनाई नहीं देनी चाहिए। ध्यान रखो!"

यह डाँट भाभी पर नहीं, मुझे पड़ी थी। सुनकर ही मेरे देवता कूच कर गए। चुपचाप कान पकड़े, अब कभी ऐसा नहीं करूँगी। घर में भाई की अनुमति और इच्छा—दोनों सर्वोपरि थीं। मैं पूर्णत: स्वस्थ हो गई थी। एक दिन लल्ली और उसकी माँ घर आई और जीजी से बोली, "किरन को 'साहित्य-रत्न' की परीक्षा क्यों नहीं दिला देती? 'विशारद' में इसके हमारे प्रेम से भी ज़्यादा अच्छे नम्बर आए हैं। अभी फार्म भरने में दस दिन बाक़ी हैं।"

जीजी ने कहा, "भाभी! 'साहित्य-रत्न' की तो किताबें ही इतनी अधिक हैं कि भाई साहब से मँगाने को कहना उन पर बड़ा बोझ डालना होगा।"

लल्ली की माँ बोली, "अरे, हमने प्रेम के लिए पूरा कोर्स मँगाया है। उन्हीं से निक्की भी पढ़ लेगी।"

जीजी ने फिर बात काटकर कहा, "इसकी परीक्षा भी तो प्रयाग में होती है। किशन भाई इसे लेकर कहाँ ठहरेंगे? बड़े भाई की एक साली ज़रूर है वहाँ, पर वह घर परीक्षा-स्थल से पन्द्रह मील दूर है..."

लल्ली की माँ ने इस समस्या का समाधान भी किया। वह कहने लगी, "अरे बाबा! मेरे मामा का जी.टी. रोड पर बड़ा-सा मकान है। आजकल ख़ाली है। बस, वहाँ एक नौकर और महाराज रहता है। प्रेम वहीं ठहरेगा; किशोरी भी वहीं ठहर लेंगी। रही फ़ीस की बात, वह भी मैं भर दूँगी।" जीजी के पास अब कोई तर्क शेष

नहीं था। परीक्षा सितम्बर में, आख़िरी सप्ताह में होनी थी। यह जून का महीना था।

जीजी ने शम्मो भाई को सब कुछ बताते हुए अपनी राय देते हुए लिखा, "मेरे विचार से जब ठहरने का इन्तज़ाम हो सकता है और पूरी किताबों की भी मदद मिल रही हो, तो लल्ली की माँ की बात पर हम ग़ौर कर सकते हैं। 'साहित्य-रत्न' हिन्दी की सबसे ऊँची परीक्षा है। हमें सिर्फ़ पन्द्रह रुपये फ़ीस के और दो जनों का प्रयाग आने-जाने का किराया निकालना है।" भाई की स्वीकृति आ गई। जीजी करनाल लौट गईं। उनका बड़ा बेटा कैलाश यानी मेरा ग्यारह वर्षीय भानजा, हमारे पास ही रह गया। उसका नाम मेरठ में एक स्कूल में लिखा दिया गया था।

कुछ दिन बाद ही, बड़े भाई का दूसरा पत्र आया, जिसमें सूचना और हिदायत दोनों थी—बड़ी भाभी दुबारा गर्भवती थीं, सो वह उन्हें मेरठ भेज रहे थे। और एक थोड़ा बड़ा घर किराये पर लेना है। किन्हीं शास्त्री जी का मकान मिला, जो कबाड़ी बाज़ार वाले घर से बहुत दूर नहीं था। बडी भाभी आ गईं: मँझली भाभी भी उम्मीद से थीं और दोनों के समय लगभग आस-पास ही थे। जीजी के घर उनकी सास को बता दिया गया था कि जनवरी में जीजी को मेरठ आना पड़ेगा।

मेरे पास घर के काम-काज के बाद समय कम ही बचता था। किताबें भी माँग कर आती थीं। कैलाश प्रतिदिन एक किताब लाता, जिसे मैं लगकर पढ़ती। दूसरे दिन वह लौटाई जाती, तो दूसरी आती। फिर भी पढ़ाई का सिलसिला ठीक-ठाक चल ही रहा था। परीक्षा की तिथि 26 सितम्बर थी।

पहली सितम्बर को, लल्ली की माँ हमारे घर आईं। मुझसे बोली, "किरण! प्रयाग में 12 तारीख से 'साहित्य-रत्न' के लिए शाम को विशेष व्याख्यानों का आयोजन किया गया है। प्रेम उन्हें देखना-सुनना चाहता है। तुम भी किशन भाई के साथ चली चलो।"

मैं क्या कह सकती थी? भाई से पूछकर ही जवाब देती। भाई श्रीराम अग्रवाल, टिम्बर मर्चेंट के यहाँ मुनीम के पद पर काम करते थे। वेतन तो तीस रुपये ही था, पर श्रीराम कभी सातवीं में उनके साथ पढ़ते थे, सो मुलाज़िम कम, और छोटे भाई जैसा उनके साथ व्यवहार करते थे। घर में जलाने वाली लकड़ियाँ अँगीठी भी बुरादेवाली जलाई जाती थीं, सो एक बोरी बुरादा नौकर महीने के शुरू में हमारे घर पहुँचा जाता था। भाई ने उनसे 24 सितम्बर से 2 अक्तूबर तक की छुट्टी पहले ही माँग ली थी। प्राइवेट दुकान से इतनी छुट्टी मिल जाना भी बड़ी बात थी।

उस दिन शाम को दुकान से जब किशोरी भाई आए तो लल्ली की माँ के द्वारा 15 तारीख से प्रयाग-प्रस्थान की बात और वजह बताई, तो वह बोले : "अग्रवाल साहब से इतनी लम्बी छुट्टी न मैं माँग सकता हूँ, और न कोई दुकानदार देता है, निक्की। मैं तो 23 तारीख को ही चल सकूँगा तेरे साथ।"

मैंने कैलाश से ही यह सन्देश उनके घर भिजवा दिया। चौदह तारीख को जब कैलाश रामचन्द्र शुक्ल का *हिन्दी-साहित्य का इतिहास* माँगने गया तो पता चला प्रेम प्रकाश सभी किताबें साथ लेकर प्रयाग चला गया है।

मेरे लिए यह वज्रपात से कम न था। पूरे दस दिन तक न मेरे पास कोई किताब

थी, न पुस्तक पाने का कोई दूसरा रास्ता। क्षोभ और निराशा से मेरा मन रो पड़ा। पर इन दस दिनों में मैंने छन्द, अलंकार, रट-रटकर और मध्यकालीन भारत का इतिहास पढ़कर बिताए (एक प्रश्न-पत्र इतिहास का भी था कोर्स में), पर यह अब स्पष्टतः आसार नज़र आए कि 'साहित्य-रत्न' मैं अच्छी श्रेणी में नहीं पास कर पाऊँगी।

23 तारीख को किशन भाई के साथ मैं प्रयाग पहुँची। हम लोग बड़े भाई की साली के घर पहले गए। उनका घर साहित्य सम्मेलन स्थल से पन्द्रह-सोलह मील दूर था। सवारी के नाम पर वहाँ इक्के चलते थे। किशन भाई बोले, "यहाँ से रोज़ाना इम्तिहान के लिए सवेरे सात बजे उतनी दूर पहुँचना किसी तरह सम्भव नहीं होगा।"

मैं अलग इक्के की ऊँचाई और डंडा पकड़कर बैठने की विधि देखकर असमंजस में थी। कैसे उस पर बैठकर धचके खाते-खाते जाऊँगी, पर फिर हमने दूरी की वजह बताते हुए बड़ी भाभी की बहन के घर से विदा ले ली और लल्ली की माँ के मामा के घर पहुँचे, जो जी.टी. रोड पर, मेन बाज़ार में था। पता पहले ही हमारे घर वह दे गई थीं। नीचे दुकान, ऊपरी मंजिल पर घर था। प्रेम प्रकाश ने ऊपर के लोहे वाले छज्जे से हमें सड़क पर ही देख लिया था। वह तुरन्त हमारा स्वागत करने नीचे आए और किताबों सहित अपने पहले आ जाने पर बार-बार माफ़ी माँगने लगे। भाई से बोले, "किशन भाई! चिन्ता मत कीजिए। किरन तो दस दिन की यह कमी दो दिन में पूरी कर लेगी। अभी चार-पाँच दिन के लेक्चर भी बाक़ी हैं—उनसे भी इसे बहुत मदद मिलेगी। आज प्रोफ़ेसर धीरेन्द्र वर्मा का *रामचरितमानस* पर व्याख्यान है।"

मैंने किसी भी बात का कोई उत्तर नहीं दिया। भाई ने तो क्या ही बोलना था? चुपचाप उसके पीछे-पीछे सामान लिये हम लोग सीढ़ी चढ़ कर घर में आ गए। उसने हमें अपना कमरा दिखाया और कहा, "आप लोग जल्दी से सामान सेट कर साथ वाले कमरे में आइएगा। वहीं भोजन लगवाता हूँ। महाराज गरम-गरम पूरियाँ उतार रहा है। मुझे तो बहुत भूख लगी है।"

भूख हमें भी लगी थी। जब हम खाने पर बैठे, तब प्रेम भाई लगातार बोलते ही रहे, "किशन भाई, आप की यह बहन शायद 'साहित्य-रत्न' की परीक्षा देने वाली सबसे छोटी परीक्षार्थी होगी। कुल दो और लड़कियाँ पूरे भारत से आई हैं—एक सुशीला जी जो आन्ध्रा से हैं और दूसरी गुरुकुल काँगड़ी महाविद्यालय के प्रोफ़ेसर की बेटी दमयन्ती। दोनों ही उम्र में तीस के आसपास हैं और लड़के परीक्षार्थी लगभग सौ होंगे। उनकी तो पूछो मत। कई सफ़ेद दाढ़ी वाले भी हैं। दो-एक तो संस्कृत के महापंडित भी हैं..." और वह हँसने लगे। अब मैं भी हँस पड़ी। प्रेम भाई को ख़ूब बुरा-भला कहूँगी, झगड़ा करूँगी—वह सब उसी हँसी के साथ विलीन हो गया।

खाने के बाद मैं 'मतिराम-ग्रंथावली' पढ़ने मे जुट गई। प्रेम भाई भी पढ़ने में लगे रहे। किशन भाई वहीं बड़े कमरे में लेटे रहे। फिर बड़े भाई को पत्र लिखकर बताया कि हम अन्दर भाभी के बजाय प्रेम प्रकाश के साथ जी.टी. रोड पर ही ठहरे हैं, क्योंकि वह जगह इन्तहान की जगह से पास है।

सन्ध्या हुई। लेक्चर का हॉल दूर नहीं था। इस मकान से एक फ़र्लांग की दूरी

होगी। पैदल ही पहुँच गए। ज़ीना चढ़कर ऊपर गए। आमने-सामने दो कमरे थे। उनके द्वार अभी बन्द थे। दोनों पर दो बोर्ड थे—'विशारद' एक पर, 'साहित्य-रत्न' दूसरे पर।

दरवाज़ों पर विद्यार्थियों की भीड़ जमा थी। मैं 'साहित्य-रत्न' वाले ग्रुप में उन दोनों महिलाओं के पीछे खड़ी हो गई, जिनका ज़िक्र प्रेम भाई ने किया था। पीछे से एक सज्जन बोले, "देवी जी! आप ग़लत लाइन में लग गईं हैं—'विशारद' उधर सामने की तरफ़ है।"

मैंने उत्तर दिया, "मैं सही लाइन में हूँ। मुझे वर्मा जी का लेक्चर सुनना है!" वह सज्जन तो चुप हो गए, पर पीछे से किसी की दूसरी आवाज़ सुनाई पड़ी, "हम जैसों को तो इस परीक्षा में बैठना ही नहीं चाहिए था, भाई! छोटी-छोटी लड़कियाँ 'साहित्य-रत्न' दे रही हैं।" मैं छोटे कद की (पाँच फुट से भी कम) वजह से, सत्रह की होने पर भी, चौदह-पन्द्रह की लगती थी।

वर्मा जी का लेक्चर बड़ा ही प्रभावी था। प्रफुल्लित होकर घर आए। रात को भोजन के बाद पढ़ने के बजाय सो गए। सफ़र की थकान के साथ-साथ दिन भर भी लगातार पढ़ने का ही काम किया था—तय किया कि सुबह चार बजे पढ़ाई शुरू करेंगे। मैं और किशन भाई एक कमरे में और प्रेम प्रकाश बड़े हॉल कमरे में चारपाई डालकर सोए। वहीं पर एक लम्बी बड़ी मेज़ पड़ी थी। उसी के पास दो कुर्सियाँ डालकर हम दोनों पढ़ने बैठे। भाई भी सामने की कुर्सी पर। साथ लाया उपन्यास लेकर बैठ जाते थे। भूषण बड़े हैं या मतिराम या अन्य किसी भी प्रश्न पर मैं प्रेम भाई से उलझ पड़ती थी। मेरे तर्क कुछ ज़्यादा वज़नदार होने लगते, तो प्रेम ज़ोर लगाकर ऊँची आवाज़ में कहते, "भूषण देशभक्त थे। वे शिवाजी व छत्रसाल के कवि थे।" मैं प्रतिवाद में कहती, "प्रेम भाई! बात देशभक्ति की नहीं हो रही, साहित्यिक-मूल्यांकन की है—भूषण अच्छे कवि थे, पर मतिराम का साहित्य उनसे अधिक विशाल है। भाषा परिमार्जित है।"

इसी तरह हमारे बीच जयशंकर प्रसाद जी की *कामायनी* और अयोध्या सिंह 'हरिऔध' के *प्रिय प्रवास* को लेकर वाद-विवाद छिड़ जाता तो अन्त में प्रेम भाई चिढ़कर कहते, "किरण! तुम्हारी बुद्धि ईश्वर ने कुछ स्पेशल बनाई हैं—हर चीज़ का, हर बात का खंडन करना तुम्हारा पहला कर्त्तव्य होता है...।" मैं भी उत्तर देने से नहीं चूकती, "आप भी खंडन कीजिए न। किसी ने मना किया है क्या..." इसी नोंक-झोंक के साथ हमारा अध्ययन चलता रहता।

तीसरे दिन प्रेम साहित्य-सम्मेलन से गत वर्षों के 'साहित्य-रत्न' के प्रश्न-पत्र ले आए। उन्होंने सुझाया, हम घड़ी रखकर तीन घंटे में एक-एक प्रश्न-पत्र हल करेंगे। इससे हमें अपनी लेखन-गति का पता चल जाएगा। हमने वैसा ही किया। तीन घंटे बाद प्रेम भाई ने तो सारे प्रश्नों के उत्तर लिख लिये और मैं पाँचवें पर अटकी थी। एक प्रश्न छूट गया। देखकर प्रेमभाई ने कहा, "उत्तर अच्छे लिखे हैं, पर जो प्रश्न छूट गया, उसके अंक तो परीक्षक तुम्हें नहीं देगा न! कुल मिलाकर डिवीज़न गिर जाएगी।"

दूसरे दिन भी जब उसी तरह मेरा पर्चा छूटा, तब प्रेमभाई ने कहा, "किरण!

तुम्हें लिखने की स्पीड बढ़ानी होगी। केवल पढ़ने से क्या होता है? तुमने इस तरफ़ पहले ध्यान क्यों नहीं दिया?"

मैं रुआँसी हो गई। भरे गले से बोली, "आप कॉलेज में पढ़ते हैं। नोट्स लिखते है। आपका लिखित-कार्य कोई देखने वाला है?"

कुछ सोचकर वह ख़ामोश हो गए। लिखाई की स्पीड तो दो-चार दिन में कितनी बढ़ सकती थी? खिन्न मन से मैं पढ़ाई में लगी रही। 25 तारीख की शाम थी। भाई और प्रेम भाई बाहर गए हुए थे। मैं छज्जे पर खड़ी बाज़ार की चहल-पहल देख रही थी। तभी महाराज ने एक लिफ़ाफ़ा लाकर थमा दिया। किशन भाई के नाम शम्भो भाई का पत्र था। पत्र पढ़कर मुझे लगा, मैं ज़मीन पर आ गिरी हूँ। उन्होंने भाई को करारी डाँट लगाई थी, "तुम मूर्ख हो, मूर्ख ही रहोगे। जवान लड़की को साथ लेकर अकेले घर में एक जवान लड़के के साथ रहने चले गए! कुछ गड़बड़ हुई तो तुम जानोगे! वग़ैरह...। बड़े भाई ने प्रकारान्तर से यह सब मुझ पर विश्वास न होने के कारण ही लिखा था। मुझ पर वज्रपात हुआ था। मेरा सिर चकरा रहा था। सारी धरती घूम रही थी...मेरी बुद्धि सोच नहीं पा रही थी कि बड़े भाई ने अभी तक के मेरे व्यवहार में ऐसा कौन-सा चारित्रिक दोष देख लिया जो मुझ पर उन्हें भरोसा नहीं है। बाबूजी के जाने के बाद से मैंने ख़ुद को एकदम घर में क़ैद कर लिया था—न किसी के घर जाना, न मुंडन-छेदन के उत्सव में शामिल होना; सहेलियाँ तो बड़े दूर की बात थीं। घर में हर वक़्त रसोई का काम। बच्चों को सँभालना या फिर अकेलेपन की साथी—किताबों में डूब जाना—यह मेरी दिनचर्या बन गई थी। सफ़ेद धोती को छोड़ कभी रंगीन कपड़ा नहीं पहना सीधे पल्ले की धोती सिर पर हमेशा पल्ला, टेढ़ी माँग नहीं निकाली (जो तीनों भाभियाँ तक निकालती थीं)। अब तो अंग्रेज़ी सीखने की बात भी मुँह से नहीं निकालती—इन सब बातों के बावजूद बड़े भाई का विश्वास मैं नहीं जीत पाई। वह मेरे बारे में इतनी संकीर्ण दृष्टि रखते हैं? मन कर रहा था, इसी छज्जे से कूद कर जान दे दूँ—इतनी ऊँचाई से गिरकर मर तो जाऊँगी। भाई और सब लोगों की परेशानी ख़त्म हो जाएगी। दूसरे ही पल-विवेक जागा—आत्महत्या तो पाप है। यह मेरे आर्यसमाजी संस्कारों का परिणाम था, जो मैं इस गहराई तक सोच पाई। अँधेरा हो गया था। मैं वहीं खड़ी थी—पत्थर की प्रतिमा बनी—दुःख, अपमान और क्षोभ से भरी हुई...।

जाने कब प्रेम भाई ने अँधेरा कमरा देखकर ज़ोर-ज़ोर से मेरा नाम पुकारते, छज्जे में प्रवेश किया, "किरण, कहाँ हो भई? अँधेरे में क्या कर रही हो?"—मुझे छज्जे में, सड़क की ओर मुँह किए देखकर वह बोले—"अरे वाह! तुम तो सचमुच अँधेरे में खड़ी हो। क्या सोच रही हो?"

मैंने उत्तर नहीं दिया। मन बहुत ही भरा हुआ था दुःख से। उत्तर न पाकर, प्रेम भाई ने निकट आकर फिर पूछा, "किरण! सच बताओ अँधेरे में खड़ी-खड़ी किस सोच में डूबी हो? तुम्हें भगवान की कसम है जो न बताओ।"

मैंने कड़वे स्वर में उत्तर दिया, "खड़ी हूँ! बस! आपको क्या! मन कर रहा

था—इसी छज्जे से कूद पड़ूँ, तो सारे झंझट ही मिट जाएँ।"

"वाह! वाह! "उन्होंने बात का मज़ाक़ बनाते हुए कहा, "मेरे रहते तुम कैसे कूद सकती हो? पीछे से चोटी पकड़ कर घसीट लूँगा। कूद कर देखो तो सही।"

मैं और भी चिढ़ गई! "क्यों? आप कौन होते हैं मुझे रोकने वाले?" कहते-कहते मैं पलट कर दौड़ती हुई हॉल वाले कमरे में आ गई। कुर्सी पर मुँह ढँक कर अपनी सिसकियाँ रोकने लगी। अब तक प्रेम भाई शायद समझ गए थे कि मैं मज़ाक़ के मूड में नहीं थी। उन्होंने हॉल में आकर लाइट जलाई। पास आकर कुर्सी के हत्थे पर हाथ रख कर सहानुभूतिपूर्वक पूछा, "किरण! सच बताओ, क्या हुआ है? क्या किसी ने कुछ कह दिया?" मैंने चुपचाप उन्हें भाई का ख़त थमा दिया। पत्र पढ़कर वे भी चुप खड़े रह गए। मैं क्षोभ मिश्रित क्रोध में बड़बड़ाई, "आप अपनी भाभी से पूछ लें कि मैं कहीं आती-जाती नहीं; सिर्फ़ लेडी टीचर न मिलने के कारण मैं अंग्रेज़ी नहीं पढ़ सकी। मैट्रिक पास करना भी मेरे लिए..." शेष वाक्य मेरे गले की भर्राहट में ही दब गया।

प्रेम भाई ने आत्मीयता से कहा, "अरे, भाभी तो तुम्हारी तारीफ़ करते नहीं थकतीं। कहती हैं, तुम-सी लड़की दूर-दूर तक ढूँढ़ने से भी नहीं मिलेगी...और हाँ, तुम हमारे घर तो आ सकती हो। मैं किरण मौसी को अंग्रेज़ी पढ़ाता हूँ, उन्हीं के साथ पढ़ लेना। मैं जानता हूँ, इसी मार्च में तुम दसवीं की परीक्षा में बैठ सकती हो।"

मैंने सिर हिलाकर कहा, "उहूँ! यह भी सम्भव नहीं है। रोज़ का आना-जाना न घर वाले और न बाहर वाले...हाँ, आप अगर मेरे कैसे भी मौसी, चचेरे या ममेरे भाई होते, तब यह हो सकता था। हमारे समाज में लड़के-लड़की, मामा-भानजा, बुआ-भतीजे या रिश्ते से भाई हो तभी रोज़ का मिलना सम्भव है। हमारे यहाँ लड़की-लड़के की विशुद्ध मित्रता की कोई जगह नहीं है। वे केवल मित्र के रूप में कभी स्वीकृत नहीं हो सकते।"

कहने को कुछ शेष न था। किशन भाई आए तो मैंने उन्हें भाई का ख़त पकड़ा दिया और पलंग पर जाकर लेट गई; बिना खाना खाए सो गई। भाई ने मुझसे कुछ कहा नहीं, पर हाँ, बेचारे अब दिन में भी मुझे अकेली छोड़कर बाहर नहीं जाते थे।

दूसरे दिन वह नहाने गए थे कि प्रेम मुझे अकेला देखकर आए और बोले, "सुनो किरण! मैंने बहुत सोचा...भाभी तुम्हें बहुत चाहती हैं। तुम अगर हमारे घर बहू बनकर आ जाओगी तो सारी परेशानी ख़त्म हो जाएगी। मेरी भाभी (माँ) को इतनी पढ़ी-लिखी समझदार बहू मिल जाएगी, जो लल्ली और सूरज सबको सँभालने के साथ घर की काम भी करेगी तो एक तरफ़ वह ख़ुश। दूसरी तरफ़ मेरी चिन्ता भी समाप्त होगी। मैं राहुल सांकृत्यायन के साथ रह कर बौद्ध-साहित्य पर रिसर्च करना चाहता हूँ। वह भी आसान हो जाएगा..." वह तूफ़ान मेल की रफ़्तार से बोले जा रहे थे और मैं भौंचक्की-सी उनकी तरफ़ ताक रही थी।

पल भर में जब बात समझ में आई तो एकदम मैंने जल्दी से उत्तर भी दे दिया, "भाभी! कभी मुझे घर की बहू नहीं बनाएँगी। आप लोग बीसे अग्रवाल हैं। हमारी तो

तीनों भाभियाँ भी वैश्य नहीं हैं। हमें तो मेरठ में लोग दस्सों से भी नीचा समझते हैं।"

"क्यों नहीं मानेंगी? मैं यह बीस-दस्से नहीं जानता। सूरज जन्म से मन्दबुद्धि होने के कारण सोलह साल का है, पर तीसरी से आगे पढ़ा नहीं। सो, एक तरह से मैं ही अकेला, बड़ा बेटा हूँ। वह मेरी बात कैसे टालेंगी? उन्हें मानना ही पड़ेगा।"

प्रेम आगे कुछ कहते कि उन्होंने भाई को गुसलख़ाने से निकलते देख लिया और तेज़ी-से कमरे से बाहर चले गए पर मेरे मस्तिष्क में तूफ़ान उठ खड़ा हुआ था। अब तक ऐसी बात या प्रस्ताव कभी किसी ने नहीं दिया था। लल्ली की माँ बच्चों की पढ़ाई में मेरी मदद के कारण ही मुझ पर ज़रा ख़ास मेहरबान थीं। अपनी देवरानी की बहन किरण को सिर्फ़ पढ़ाने के लिए अपने पास लाई थीं। मुझे लगा, अगर मैं उनके घर की बहू बन सकूँ तो सबको दिखा सकती हूँ—पढ़ना किसे कहते हैं? प्रेम की तारीफ़ करते वह नहीं थकती थीं। मेरी लगन देखकर वह बेटे की तारीफ़ करना भूल जाएँगी...और मेरा मन कल्पना के आकाश में पंख लगाकर उड़ने लगा। प्रेम गोरे, सुन्दर युवक थे। मेरा रंग, उनकी तुलना में काफ़ी गिरा हुआ था, पर उनके द्वारा ख़ुद विवाह का प्रस्ताव मिलना मेरे किशोर मन के लिए बड़े गर्व का कारण बन गया। पति के रूप में उनकी छवि ने मुझे रोमांचित कर दिया और मैं संकोच और भय—दोनों से विचलित हो गई। अनिश्चय की दशा थी—लगा, देख लिया न? भाई का कहा ही सच हो गया न? फिर सोचा, उनकी परेशानी भी तो दूर हो जाएगी। यह सब मेरे दिमाग़ में चल रहा था—ऊपर से मैं अपने नहाने के लिए कपड़े निकाल रही थी और गुसलखाने में चली गई।

ब्रजभाषा व खड़ी बोली के ऊपर आज अन्तिम लेक्चर था। कल से परीक्षा आरम्भ थी। हम लोग पैदल चल रहे थे—भाई ज़रा आगे थे, मैं काफ़ी पीछे प्रेम धीरे-धीरे (शायद जानबूझ कर) मेरे साथ होकर हल्के-से बोले, "विवाह का प्रस्ताव लड़की वाले भेजते हैं। वह तुम्हारे ही घर से आना चाहिए।"

मैंने पहली बार प्रेम भाई न कह कर केवल 'प्रेम' सम्बोधित करते हुए कहा, "देखो प्रेम! जब तक यह हमें नहीं पता हो कि तुम्हारे ('आप' भी अपने आप ही बदल गया 'तुम' में) घर से इनकार नहीं होगा, हमारे घर से कोई नहीं आएगा।"

"वाह! आना तो पड़ेगा...मैं भाभी से यह थोड़े ही कह सकता हूँ कि आप लड़की माँगने जाएँ?" प्रेम ने प्रतिवाद किया।

"मैं यह कब कह रही हूँ...?" मैंने समझाया, "मैं तुम्हारा शुक्ल जी का इतिहास अपने घर ले जाऊँगी। भाभी बस उसे माँगने चली आएँ। हम समझ लेंगे, तुम्हारी भाभी को इस रिश्ते से ऐतराज़ नहीं है। दूसरे ही दिन हमारे घर से बड़े या मँझले भाई या करनाल से जीजी को बुला लेंगे। कोई भी इनमें से रिश्ता लेकर पहुँचेगा (और टिप्पणी करते हुए चुटकी ली)। बाद में भाभी को भी पता चल जाएगा पढ़ने में कौन ज़्यादा तेज़ है—बेटा या बहू?'

प्रेम ने अब पूछा, "तुम्हें विश्वास है, तुम्हारे घर में सब राज़ी होंगे?"

"हाँ" मैंने विश्वास से कहा, "एक बार जीजी और किशन भाई ने मेरी शादी

की चर्चा करते हुए तुम्हारे घर प्रस्ताव लाने की बात सोची थी, पर फिर तुम लोग 'बीसा, सनातनी' हो, नीचे बनियों की लड़की क्यों लोगे—यह तर्क बहुत काफ़ी था बात को दबाने के लिए। अब तो सब कुछ तुम्हारी हिम्मत पर है।"

भाई ने पीछे मुड़कर देखा। हम तेज़ क़दमों से उनके पास पहुँच गए।

आज 26 सितम्बर थी...कल से परीक्षा आरम्भ थी। भाई की पढ़ने की किताब ख़त्म हो गई थी दोपहर में, तो वह हम दोनों को अकेला छोड़कर कब गए, मुझे पता नहीं चला। मैं बहुत ही मनोयोग से पढ़ने में लीन थी।

अचानक प्रेम की छाया मुझे अपनी पुस्तक पर दिखाई दी। वह कब मेरी कुर्सी के पीछे आकर खड़ा हो गया, मुझे पता ही न चला। मैंने ज्यों ही पढ़ना छोड़ सिर ऊँचा किया, प्रेम ने पीछे से गले में हाथ डाल, मेरे मस्तक पर अपने गरम होंठ रख दिए। मैं पल-भर को संज्ञा-शून्य-सी हो गई। दूसरे ही क्षण चेतना लौटते ही मैंने प्रेम को ज़ोर-से धक्का दिया, अपने को मुक्त करके, ज़ोर-ज़ोर से रोने लगी। साथ ही चीख़ने लगी, "तुमने पाप किया है, तुमने पाप किया है। भगवान हमें कभी क्षमा नहीं करेंगे।"

प्रेम एकदम घबरा गया था। वह पीछे हट गया। दोनों हाथ जोड़कर बोला, "किरण! प्लीज़ माफ़ कर दो! अब ऐसा कभी नहीं होगा..."

पर मैं रोये जा रही थी, "नहीं! ब्याह से पहले तुमने यह क्या किया? यह तो एकदम अक्षम्य पाप है!"

प्रेम ने फिर प्रबोध दिया, "भई, ग़लती हो गई...आगे नहीं होगी यह बात कभी... इतना क्यों रो रही हो? मैं भाभी को हर हाल में मना लूँगा।"

मैंने रोते-रोते ही कहा, "और वह न मानी तो?"

"तो मैं आत्महत्या कर लूँगा...घर पहुँचने के चौथे दिन तुम्हें समाचार मिल जाएगा"—प्रेम बोला।

"आत्महत्या!" सुनते ही मेरा रोना थम गया, "अरे, आत्महत्या तो महा पाप है। मरने की बात भी मत करना। तुम भाभी के सबसे बड़े लड़के हो। उनका तुम पर पूरा अधिकार है। मेरी फूटी किस्मत में जो लिखा है, वही होगा। तुम इसमें क्या कर सकते हो?" प्रेम मेरे कन्धे पर हाथ रखकर मुझे सांत्वना देते हुए कहने लगा, "डरो मत...! अपने घर वालों को मनाना मेरा काम है..." किशन भाई चुपचाप कब कमरे में आ चुके थे, यह हम जान ही नहीं पाए।

"प्रेम!" उन्होंने पुकारा। प्रेम ने मेरे कन्धे से हाथ हटाते हुए, कहा, "किशन भाई! आप किरण को मत डाँटिएगा। इसका कोई दोष नहीं है। मैंने ही किरण से विवाह करने की इच्छा व्यक्त की है और वायदा करता हूँ, मैं किरण से ही विवाह करूँगा।"

भाई हक्के-बक्के थे। प्रेम के कमरे से जाते ही बोले, "निक्की! यह सब क्या है? भाई साहब ने यह सब सुना तो मेरी ख़ैर नहीं। यहाँ तो उनकी ही बात सच हो रही है—वह कभी राज़ी नहीं होंगे।" मैं चुपचाप रोती रही। तब शायद भाई को लगा, इम्तहान से पहले यह गड़बड़ी मेरी तैयारी पर बुरा असर डाल सकती है। सारी मेहनत-परेशानी पर पानी फिर जाएगा अगर मैं फेल हो गई तो! सो, नर्म स्वर में मुझे

समझाते हुए बोले, "चलो, अब जो होना है, वह तो मेरठ जाकर देखेंगे! तुम मन पढ़ने में लगाना। इधर-उधर की बेकार बातें मत सोचना। न होगा, मेरठ में बिब्बी को भी करनाल से बुला लेंगे। तू चिन्ता न कर। भगवान सब ठीक करेंगे।"

मैंने भी सब तरफ़ से ध्यान हटा कर केवल परीक्षा की ओर केन्द्रित कर लिया। मेरे लिए जीवन-मरण का प्रश्न था—कैसे-कैसे 'साहित्य-रत्न' की तैयारी करने का मौक़ा मिला। माँग के किताबें पढ़ीं। भाई को छुट्टी लेनी पड़ी...सब स्मरण हो आया। एक-एक कर के लिखित प्रश्न-पत्रों के बाद वायवा (मौखिक परीक्षा) की तिथि भी अन्त में आ गई। डॉ. रामकुमार वर्मा परीक्षक थे। बड़े हॉल में सभी परीक्षार्थी एकत्रित थे। एक-एक करके बारी-बारी से एक जन कमरे में जाता। वायवा के बाद कमरे के दूसरे द्वार से दूसरी तरफ़ से निकल जाता था। वह शेष परीक्षार्थियों से नहीं मिल पाता था। यह व्यवस्था अनुशासन और नियम के अनुसार ही की गई होगी।

अपनी बारी आने पर मैं भी परीक्षा-कक्ष में गई। लेक्चर्स के दौरान कई बार प्रश्न पूछने के कारण वे लोग शायद मेरे चेहरे से भी परिचित हो गए होंगे। नाम तो सूची में होगा ही, रोल नम्बर के साथ। न मालूम क्यों, उन लोगों ने प्रश्न उर्दू-साहित्य पर किया, "उर्दू की कितनी स्टाइल हैं?"

पहले मैं थोड़ा झिझकी, पर फिर बोलने लगी, "सलीम उर्दू व मुहावरा उर्दू, गुलाबी उर्दू इत्यादि-इत्यादि।

सभी प्रश्न समाप्त होने के बाद मैंने साहस करके पूछा, "वर्मा जी! आप साधारण-ज्ञान के मौखिक परीक्षक हैं। यह परीक्षा भी हिन्दी माध्यम की 'साहित्य-रत्न' की मौखिक-परीक्षा है। उर्दू-साहित्य पर प्रश्न किया जाना तो अधिकार-सीमा का अतिक्रमण है। मैं थोड़ी उर्दू जानती हूँ, इसलिए जैसे-तैसे आपके प्रश्नों के थोड़े-बहुत उत्तर दे सकी। अन्य परीक्षार्थियों का क्या होगा? वे तो उर्दू के आसपास भी नहीं हैं। उनकी असफलता तो फिर निश्चित ही होगी।"

वह मेरी ढिठाई से चकित हो गए। वर्मा जी बोले, "तुम्हें दूसरों से क्या मतलब? मैं कुछ भी पूछूँ?"

"वाह! मतलब क्यों नहीं? वे सब मेरे सह-परीक्षार्थी हैं। मैं सबको जाकर सचेत करती हूँ कि वे उर्दू पर पूछे गए किसी भी प्रश्न का उत्तर न दें। यह अन्याय है।" मैं यह निर्भीक उत्तर देने के साथ-साथ पिछले द्वार से जाने के बजाय सामने के प्रवेश-द्वार से ही बाहर आई और खड़े हुए परीक्षार्थियों से बोली, "आप लोगों से यदि उर्दू पर कोई प्रश्न किया जाए तो उत्तर मत दीजिएगा। यह पाठ्यक्रम की सीमा से बाहर है।"

'साहित्य-रत्न' और वर्मा जी से सम्बद्ध एक उनकी अपने सम्बन्ध में टिप्पणी बहुत वर्षों बाद मुझे मालूम हुई। उन्होंने एक-दो हमारे साल वाले 'साहित्य-रत्न' के लिखित प्रश्न-पत्रों की उत्तर-पुस्तिकाएँ जाँची थीं। मेरी लिखाई के बारे में उन्होंने कहा था, "एक यह दूसरी महादेवी की नानी पैदा हो गई हैं। इनकी लिखाई पढ़ते वक़्त चश्मा लगाना पड़ेगा।"

मैं, भाई व प्रेम प्रकाश प्रयाग से मेरठ आ गए। उस घटना के बाद मेरी और प्रेम

में कोई बातचीत नहीं हुई। 'साहित्य-रत्न' परीक्षा-प्रकरण सम्पन्न होते ही मानो दुबारा मेरे लिए संघर्ष का और भी पीड़ादायक दौर इन्तजार में खड़ा था। हालाँकि प्रेम भाई से कह गए थे चलते-चलते कि तीन दिन के भीतर उनकी माँ इतिहास की पुस्तक माँगने (अर्थात् उनकी मेरे लिए स्वीकृति) आएँगी। मेरी दशा न पूछिए। असहनीय मानसिक व दैहिक कष्ट था। निर्णय अनिश्चय शंका के तले मानो ज़िन्दगी और मौत का प्रश्न हो (था भी मेरे लिए)। चुम्बन का पाप अलग भूत की तरह सिर पर सवार हो कर मेरी जान ले रहा था।

यह तक मन में आया—इससे तो 'साहित्य-रत्न' का झंझट ही न पाला होता। न प्रयाग जाती और न यह सब होता। बेचारे किशन भाई अलग सूली पर टँगे थे—'न' या 'हाँ' —दोनों ही स्थितियों में उन्हें शम्भो भाई का कोपभाजन बनना था। 'हाँ' में तो बात उन तक जाती ही, 'न' में भी, अगर किसी भी स्रोत से भनक कान में पड़ने पर मेरी और उनकी—दोनों की ख़ैर नहीं थी।

आज जब इस घटना को लिखते समय दोबारा उन स्मृतियों की गलियों से गुज़र रही हूँ, बड़े भाई का किशोरी भाई को लिखा पत्र मेरे प्रति अविश्वास का द्योतक न होकर परिस्थितिजन्य सम्भावनाओं की ओर संकेत अधिक था। दो युवा भावनाओं का नियंत्रण वास्तव में बहुत कठिन है। यह बात तत्कालीन स्थितियों में कोई किशोर-मन नहीं समझ पाता बल्कि बड़े भाई स्वयं को मेरे लिए अधिक उत्तरदायी समझते थे। वे मेरी ओर से पूर्ण सन्तुष्ट होने पर भी दूसरे युवक के लिए कैसे आश्वस्त हो सकते थे?

आज जब हाफ पैंट पहनने, डिस्को जाने या रात को पार्टीज़ में जाने से किशोरी कन्याओं के अभिभावक रोकते हैं, तो वे ज़्यादा बेबाक़ हैं। तुरन्त जवाब हाज़िर है, "हम अपना भला-बुरा समझ सकते हैं! हमारा जो दिल चाहेगा, पहनेंगे। किसी का क्या बिगड़ता है?" उन्हें यह समझाना ज़रा मुश्किल है—किसी का कुछ नहीं, उन्हीं का कुछ बिगड़ने की सम्भावना हो सकती है। हम लोग बड़ों के आगे जुबान नहीं खोल सकते थे, पर अपने ऊपर भरोसा न होने पर दिल जान देने तक की तैयारी कर लेता था। अब बात उलटी है—यही अन्तर बीसवीं सदी के शुरू और इक्कीसवीं सदी के आरम्भ का है।

ऐसा लगता था—तीन दिन तीन युग बन गए थे। दुःख का वक़्त काटे नहीं कटता। अन्ततः तीसरा दिन बीत गया। लल्ली की माँ को नहीं आना था। हाँ, मुझे इस आघात से बुख़ार चढ़ गया। किशन भाई ने चुपके-से मुझे बताया, "मैं आज जान-बूझकर प्रेम के मकान के सामने से गुज़रा। प्रेम दालान में खड़ा गाय दुह रहा था। मुझे देखते ही सिर झुका कर अन्दर चला गया। फिर बाहर ही नहीं आया।"

उस रात ज्वर और बढ़ गया। सब घबरा गए। किशोरी भाई ने जीजी को करनाल ख़त लिखा और तीन दिन के अन्दर वे मेरठ आ गईं। मुझे देखकर अचम्भे में आ गईं। मैं एकदम सूख गई थी। रात को एकान्त में मैंने जीजी को एक-एक बात बता दी। रोते-रोते कहा, "जीजी! मुझसे इतना बड़ा पाप हो गया। बाबूजी की आत्मा कितनी दुःखी होगी? प्रेम के यहाँ से जवाब आया नहीं। भाई मेरी शादी कहीं और

कर देंगे तो वह भी पाप के भागी बनेंगे। उनकी बहन ब्याह से पहले ही..." आगे मुझसे बोला नहीं गया। बस, अन्दर से रुलाई फूटी पड़ती थी। बहन ने मुझे अंक में भर लिया। पुचकार कर बोली, "इतना क्यों दु:खी हो रही है? एक चुम्बन से कोई पापी नहीं होता। तू इतनी बड़ी बैल हो गई है, पर तुझे यह नहीं पता कि असल पाप क्या होता है? उस पाप-पुण्य से तेरा परिचय शादी के बाद ही होगा।" मैंने धीरे-से पूछा, "आपकी तो शादी हो चुकी है। आप तो सब जानती होंगी।"

उन्होंने रुक कर कहा, "हाँ! जानती हूँ। तेरे जीजा जी के साथ मैं संन्यासिनी बन कर नहीं रही हूँ, पर तुझे तो सब बताया नहीं जा सकता। रात बहुत बीत चुकी है, चुपचाप सो जा! अब बस जैसे भी हो, तेरा ब्याह जल्दी ही करना होगा। मैं जानती हूँ—लल्ली की माँ ने बेटे की बात टाल दी होगी या हो सकता है, प्रेम ने डर के मारे घर पर कुछ कहा ही न हो।" दो दिन बाद वह मुझे साथ लेकर करनाल चली आईं। यह परिवर्तन मेरे लिए बहुत ज़रूरी था उस वक़्त।

जीजा जी करनाल के डेयरी फार्म में मिल्क-रिकॉर्डर के पद पर थे। सवेरे पाँच बजे डेयरी चले जाते थे। दस बजे सब गाय-भैंसों की दुहाई को रजिस्टर में दर्ज़ करके घर लौटते तो साइकिल पर एक छोटे कैन में दूध भरकर लौटते तभी दूध के साथ क्रीम भी आती थी। इस तरह घर में दूध-दही की कोई कमी न थी। बहन मेरा स्वास्थ्य ठीक रखने के लिए दोनों समय मुझे दूध पिलाती थीं। उनके डर के मारे मना भी नहीं कर पाती थी।

जीजी के पड़ोस में कई घर बनियों के थे और दो-एक मुसलमानों के भी थे। करनाल में हिन्दू-मुसलमानों का प्रतिशत लगभग समान ही था। पड़ोसी हैड कांस्टेबिल का लड़का महमूद जीजी के पीछे पड़ा रहता, "चची, मुझे तुम हिन्दू बना लो।" पर जीजी ने परेशान होकर उसे समझाया, "बेटे! यहाँ के सब मुसलमान हमारे विरुद्ध हो जाएँगे। जीना मुश्किल हो जाएगा।" उसने कहा, "आप मेरठ में मामा जी से पूछो... वह भी आर्यसमाजी हैं।" जीजी को राधेश्याम वाली बात याद थी।

उन्होंने महमूद को समझाया, "बेटे! हिन्दुओं में दूसरी कौमों को हज़म करने की ताक़त ही नहीं है। आर्यसमाज भी बस ढोल की पोल है। हिन्दू बनाकर अकेला छोड़ देंगे। मुझे तू अपने कैलाश से कम प्यारा नहीं है। मेरी बात मान, तुझे गोश्त खाना नापसन्द है। अम्मी से कह दे, तू गोश्त नहीं खाएगा। इस्लाम में गोश्त खाना अनिवार्य तो नहीं है न? तू बहन से शादी करना अच्छी बात नहीं समझता। ताऊ की लड़की से शादी नहीं करना चाहता, मत कर। तेरी अम्मा झक मार कर बाहर से रिश्ता ढूँढ़ेगी। बेटा! हिन्दू बन कर कुछ नहीं मिलेगा। अपने छूट जाएँगे; पराए अपने न होगें, न अपना बनाएँगे। तुम्हारा ख़ुदा, हमारा भगवान सब एक हैं। मन्दिर-मस्जिद अलग-अलग इबादत की जगहें हैं। कोई फर्क नहीं है तुम में, हम में।"

महमूद मान गया। बहन के कहने से ही उसकी अम्मी ने उसके रिश्ते के लिए बाहर लड़की देखी। हालाँकि घर की लड़की न लेने के कारण उसके जेठ और दूसरे बहुत-से रिश्तेदार बहुत बिगड़े थे। शादी में नहीं आए।

बहन ने मुझे एक मिनट भी अकेला नहीं रहने दिया। मैं ख़ुश रहूँ—इसलिए अड़ोस-पड़ोस में जहाँ भी ब्याह, सगाई, मुंडन-छेदन होता, जीजी मुझे अपने साथ रखती थीं। धीरे-धीरे सदर करनाल में लक्ष्मी नारायण गुप्ता की पत्नी व साली गाने व हारमोनियम बजाने के लिए मशहूर हो गई। उनकी सास भी गाने-बजाने की शौक़ीन थीं। ख़ुद गाना नहीं आता था, पर उनके लिए यही गर्व की बड़ी बात थी कि उनकी बहू जैसी सदर में गीत-भजन गाने वाली दूसरी कोई नहीं।

जीजा जी को मेरे लिए लड़का भी मिला। उन्होंने जीजी से कहा, "लज्जाराम अपने मोती के लिए निक्की का रिश्ता माँग रहे हैं।'

जीजी बोली, "लज्जाराम की हैसियत बुरी नहीं है। घर का मकान है। दुकान ख़ूब चलती है...लड़का भी गोरा है, पर पढ़ाई में फिसड्डी है। आठवीं से आगे नहीं पढ़ा है।" जीजा जी ने फिर कहा, "बस, इसी कमी को पूरी करने के लिए ही तो वह निक्की का रिश्ता चाहे रहे हैं। लज्जाराम कह रहे थे, पढ़ी-लिखी बहू आएगी तो बिगड़ेगा नहीं उनका मोती!" जीजी ने फिर भी पूरी छानबीन करने की सोची। पडोस की महरी-नायन, सबको मोती के चाल-चलन की ख़बर पर लगा दिया। परिणाम कुछ सुखकर नहीं था। पता लगा, अठारह साल के मोतीराम ने बहुत से शौक़ पाल रखे हैं—कबूतरबाज़ी, पिक्चरबाज़ी, सैर-सपाटा और शराबबाजी—सभी कुछ बाप की कमाई पर चल रहा है। यूँ बातचीत में बहुत शालीन है। जीजी ने सब कुछ जान लेने के बाद जीजा जी से कहा, "मैं निक्की को कुएँ से निकालकर खाई में नहीं डालूँगी। माना कि घर पर तीन भाभियों के बीच में वह सैंडविच बनी हुई है। बड़े भाई भी नाराज़ हैं...लेकिन वह भी किसी शराबी से रिश्ते को राज़ी नहीं होंगे। और चाहे जो हो, भाई साहब निक्की को बहुत चाहते हैं—किसी ऐरे ग़ैरे घर या लड़के को नहीं सौंप देंगे।" बात वहीं ख़त्म हो गईं।

डेढ़ महीने बाद हम लोग मेरठ लौट आए। 1 जनवरी को बड़ी भाभी के और 10 जनवरी को मँझली भाभी को लड़की हुई। बड़ी का नाम 'आशालता' और छोटी वाली का 'कुसुमलता' रखा गया। बड़े भाई देहरादून से आए तो बड़ी भाभी के लिए साड़ी लाए होंगे। उन्होंने दूसरे दिन ख़ुश होकर बड़े उत्साह से सबसे कहा, "बेटी होने पर हमें कित्ता अच्छा इनाम मिला...?" सभी ने साड़ी की तारीफ़ की।

सरस्वती भाभी को मन में ठेस लगी, क्योंकि मँझले भाई अलग से उनके लिए कुछ नहीं लाए थे। उन्होंने मुँह से किसी से कुछ नहीं कहा, पर ग़ुस्सा उतरा गोंद-मेवा के लड्डुओं पर। बड़े भाई साहब ने दोनों जच्चाओं के लिए बराबर सामान, गोंद-मेवा के लड्डू के लिए मँगा दिया था। जीजी ने वे लड्डू बड़ी मेहनत और प्यार से बना कर दोनों भाभियों के कमरों में अलग-अलग कटोरदान में भर कर भिजवा दिए। बड़ी ने आराम से चुपचाप खाए। मँझली बोली, "बीबी जी! आप तो जानो, मुझे मीठा कम ही पसन्द है। मैं कहाँ यह लड्डू खाऊँगी?"

जीजी ने कहा, "प्रसव के बाद तो जच्चा को खाना ही पड़ता है। तभी तो जान आएगी बदन में। आप दवा समझ कर ही दूध के साथ रोज़ एक खा लिया करना।"

एक-दो दिन जीजी ख़ुद दूध पिलाने उनके कमरे में गईं और लड्डू खिलाया, पर रोज़ाना इतने बड़े घर के काम-काज में इस हद तक सेवा करना सम्भव नहीं था। मँझली भाभी के लड्डू यूँ ही रखे रहे। बहुत टोका-टाकी हुई तो भाभी ने किशोरी भाई को कटोरदान थमाते हुए कहा, "भई! मैं नहीं खाऊँगी। इन्हें भी तो बेटी की ख़ुशी है, यही खा लेंगे ये लड्डू!" और सचमुच किशन भाई ने ही धीरे-धीरे वे लड्डू ख़त्म किए। वह थे ही भोले भंडारी!

'साहित्य-रत्न' का परिणाम आया। मैं द्वितीय श्रेणी में उत्तीर्ण हुई थी। इस बीच न कभी लल्ली की माँ आई, न वहाँ की कोई ख़बर मिली। जीजी ससुराल जाते समय मुझे बड़े प्यार से प्रबोध दे गईं थी, "निक्की! इस संसार में जन्म लेकर सबको अगले-पिछले कर्मों के फल भोगने पड़ते हैं। तेरे भी पिछले कर्मों के कारण यह कष्ट मिला है। सो, तुझे झेलना पड़ेगा, पर बेटे! अपने बाबूजी और घर के मान-सम्मान के लिए, जहाँ भाई साहब तेरा रिश्ता करेंगे, वही मन से स्वीकार करना। भगवान है न! वह बहुत सुख देंगे तुझे! तू तो ख़ुद ही इतनी समझदार है। और हाँ! मेरे जाने के बाद फिर तो नहीं बीमार पड़ोगी। तन्दुरुस्ती से बड़ी कोई नियामत नहीं।"

मैंने सिर हिलाकर धीरे-से कहा, "बीमार नहीं पड़ूँगी! अपना ध्यान रखूँगी और फिर अब तो घर में दो-दो नवजात बेटियाँ हैं। नन्हा व कैलाश तो थे ही मन लगाने को। तीनों भाभियाँ हैं घर में। काम भी घर का सँभालना है सारा, तुम्हारे हिस्से वाला भी। सो, बीमारी तो यूँ ही दूर रहेगी, पर तुम्हें मेरा इस बात में ज़रूर साथ देना होगा कि मेरा ब्याह प्रेम की शादी के बाद ही हो वरना जीवन में कभी भेंट हो गई तो ताना देगा, तुमने मेरा इन्तज़ार कब किया! पहले ही शादी कर ली।"—जीजी कुछ नहीं बोली। वह मेरी पीड़ा को महसूस कर सकती थीं। वह जानती थीं, अभी घाव ताज़ा है। वक़्त बड़े-से-बड़े घाव को भर देता है। काम में दिनभर लगे रहकर मैं ख़ुद ही अपने दु:ख से उबर जाऊँगी। हुआ भी वही। इतने बड़े घर-परिवार के आय-व्यय का हिसाब सुचारु ढंग से सँभालना किशन भाई के बस की बात नहीं थी। बड़ी भाभी तो 100 तक की पूरी गिनती तक याद नहीं रख पाती थीं, मँझली भाभी बहुत ग़ुस्से वाली थीं। सबको साथ लेकर हिसाब-किताब का झंझट भरा काम उनके बस की भी बात नहीं थी। रह गईं सबसे छोटी भाभी। सो, वह तो दो टूक बात करती थीं। तुरन्त अपनी अस्वीकृति देते हुए बोलीं, "न बाबा! महीने भर की सामान की फेहरिस्त बनाओ... पैसे-पैसे का हिसाब रखो...फिर भी अगर महीने के आख़िर में रुपये ख़त्म हो जाएँ तो सब सोचें, मैंने बचा लिये...हमें तो माफ़ ही कर दो...बाबूजी के समय में बीबी जी सब सँभालती थीं। बाबूजी तब उन्हीं से पैसे माँगते थे; अब भी वही ख़र्चा चलाएँ।"

सो अन्ततः भाई साहब के भेजे रुपये, अपनी और भैया की तनख़्वाह किशन भाई ने मेरे हाथ पर रखते हुए कहा, "निक्की! किसी तरह ऐसा हिसाब बैठाना कि बड़े भाई से दुबारा माँगने की नौबत न आए।"

इस तरह मैं काम में पूरी तरह फँस गई। आगे पढ़ने के सारे रास्ते बन्द थे—मैट्रिक, इंटर के लिए अंग्रेज़ी पढ़ाने वाला कोई नहीं था। किताबों और पत्रिकाओं को

पढ़ने के शौक़ ने पीछा नहीं छोड़ा था, पर उसका भी उस वक़्त कोई साधन उपलब्ध नहीं था। यहाँ तक कि पढ़ी हुई पुरानी पुस्तकों पर ही किसी से चर्चा भी कर सकूँ, ऐसा भी कोई प्राणी आस-पास नहीं था। मनःस्थिति पर नियंत्रण करने को; अपनी घुटती-छटपटाती आत्मा को जब किसी तरह चैन नहीं आता था तो रद्दी काग़ज़ों पर ही उलटे-सीधे छन्द बनाने लगती। *देश* साप्ताहिक कब का बन्द हो चुका था। घर-ख़र्च में से कुछ बचा कर कोई पत्रिका मँगा लूँ, यह साहस मुझमें नहीं था। इतने बड़े परिवार का व्यय-ब्यौरा रखना ही अपने आप में एक जटिल काम था—बड़ी चतुराई और सूझ-बूझ चाहिए थी। ईश्वर की कृपा से किसी को भी मुझसे इस काम को लेकर कभी कोई शिकायत नहीं हुई।

उन दिनों तुकान्त कविताओं का बोलबाला था। *प्रिय प्रवास* के अतिरिक्त अन्य कोई रचना मैंने अतुकान्त छन्दों में नहीं पढ़ी थी। तुक मिलाने में काफ़ी श्रम और समय लगता था। उन दिनों 'समस्यापूर्ति' कवियों का प्रिय शौक़ था। एक 'समस्यापूर्ति' उन्हीं दिनों मुझे पढ़ने को मिल गई, "आज ऋतुराज है..." उस पर मैंने कुछ अपनी पक्तियाँ घनाक्षरी छन्द में बनाईं। उसमें कवि का नाम या उपनाम भी आता था। मेरा अपना नाम उसके लिए लम्बा था, इसलिए 'छाया' उपनाम से मैंने उन्हें छन्दबद्ध किया। यह सब मैं पुरानी डायरी में लिखा करती थी! मेरठ में इतने मकान बदले गए कि वह कहाँ रह गई, पता नहीं। इस समय मुझे केवल एक छन्द याद आ रहा है, "देश का रवैया! गुजरात का कन्हैया! वही निकाभरण भारती के मस्तक का ताज है। पूर्ण अवधूत, 'छाया' शान्ति का दूत है, वह डूबी हिन्दू जाति को बेहित...जहाज़ है। लेखक पपीहो को है, स्वाति नक्षत्र गांधी, भक्त को किलाओं के लिए ऋतुराज है।" 'बच्चन' जी की कविताओं पर भी एक-दो गीत लिखे थे, जैसे, "नभ के तारे मुझे बुलाते-झिलमिल-झिलमिल हँसते रहते, प्रतिपल वे मुझको ललचाते..." इत्यादि, इत्यादि। इनमें से कुछ भी पत्रों में भेजने का साहस नहीं हुआ। भला पन्त, प्रसाद, निराला को छापने वाले यूँ रद्दी रचनाएँ क्यों छापेंगे? देहरादून से *शान्ति* पत्रिका में रचना के छपने पर वह पत्रिका घर आने लगी थी, परन्तु वह साहित्यिक-दृष्टि से मुझे कुछ अधिक जँचती नहीं थी।

करनाल-प्रवास में मेरा सम्पर्क अनेक ऐसे व्यक्तियों से हुआ था, जिनकी दशा (या दुर्दशा) ने मुझे छुआ था। उन्हीं की याद आने पर मैंने एक छोटी कहानी लिखी—'उमा' और हिम्मत कर के *माया* में भेज दी। सोचा, वह कहानी की ही पत्रिका है। सो, शायद छाप दे। सचमुच चार दिन बाद ही वहाँ का 'स्वीकृति-पत्र' आया कि वह उसे छाप रहे हैं, साथ ही, अन्य रचना की प्रतीक्षा रहेगी। मैंने अनुभव से जाना कि कविता की रचना करने में तुक मिलाने की बन्दिश होने के कारण श्रम अधिक करना पड़ता है। कहानी लिखना कितना सहज और सरल है—बस, कोरे काग़ज़ को सामने रखो और धाराप्रवाह लेखनी स्वयं ही चलती चली जाती है। लो, इतने कम समय में कहानी तैयार! मैंने दो कहानियाँ लिखीं—एक ही अंक में दोनों छपीं। एक कहानी पर लेखक के स्थान पर 'कुमारी चन्द्रकिरण' और दूसरी पर

'ज्योत्स्ना' प्रकाशित हुआ। साथ ही, सम्पादक का पत्र आया—"आप रचनाएँ भेजते रहें। पिछली कहानियों का पुरस्कार (यानी पारिश्रमिक, जो उस समय इसी नाम से पुकारा जाता था); हम प्रति कहानी पाँच रुपये के हिसाब से भेज रहे हैं।" मैंने लौटती डाक से उत्तर दिया, "सम्पादक भाई, कृपा कर के पुरस्कार भेजने का कष्ट न करें। आप तो मेरा लिखना ही बन्द करा देंगे। मेरे भाई साहब को अगर यह भनक भी पड़ गई कि मैं रुपये कमाने के लिए कहानी लिखती हूँ तो वह तो बहुत ही नाराज़ होंगे।"

उसके बाद से पुरस्कार नहीं आया और लेखनी चल पड़ी। सन् '30 में भाई साहब ने मेरठ ख़बर भेजी कि उनका तबादला मेरठ होने वाला है। सो, उन्हें एक कमरा अपने लिए अलग से चाहिए होगा, परन्तु बड़ा मकान ढूँढ़ना पड़ेगा। सदर कबाड़ी बाज़ार में बड़े टिम्बर-मर्चेंट्स के विशाल भवन के बड़े तीन फाटकों के अन्दर कई मकान थे (वे आज भी हैं)। बीच का बड़ा फाटक 'भोलानाथ का मन्दिर' कहलाता है। यह सम्पत्ति किसकी थी—ठीक से नहीं बता सकती, पर उन दिनों एक ट्रस्ट उसका प्रबन्ध करती थी। भीतर पहले मन्दिर व पुजारी का घर था। भीतर एक अनेक कमरों वाली विशाल पुरानी हवेली तथा दो-तीन नए मकान थे। पुरानी हवेली में पहले लड़कियों का एक प्राइमरी स्कूल था। वह कहीं और चले जाने से पुरानी हवेली ख़ाली पड़ी थी। विशाल बड़े आँगन के इर्द-गिर्द दोनों ओर दालान, उसके बाद चार-चार कमरें...बाहर दो शौचालय व हौदियाँ। आँगन में ऊँची दीवार बीच में खड़ी करके दो खंडों में बाँट दिया गया था। तेरह रुपये के सुलभ किराये पर क़िशोरी भाई ने उसका दाहिना भाग तय कर लिया। उसकी बैठक के द्वार के साथ एक ब्राह्मण गृहस्थ रहते थे। उनके आँगन के पिछले दरवाज़े से जाने से हमारे चरनदास जी वाले मकान का रास्ता था—जो हमारे लिए व उस मोहल्ले वालों के लिए दूसरा वरदान था। हम इस मकान में आ गए। भाई साहब भी देहरादून से आ गए। उनके भारत-नाटक-समाज वाले साथी सब बिखर गए थे। दो-चार थे—वे अब बड़े-बड़े बच्चों वाले प्रौढ़ गृहस्थ थे। इसलिए भाई ने बाहर तो कोई कमरा किराये पर नहीं लिया। उनके मित्र यदा-कदा यहाँ घर आते जाते थे।

मुझे घर में कलह या लड़ाई-झगड़ा बहुत ही बुरा लगता था। सो घर के काम का बँटवारा इस प्रकार किया। बड़ी भाभी व मँझली भाभी के पास नन्हे बच्चे हैं। वे सवेरे उन्हीं के काम में लगी रहेंगी। छोटी भाभी घर के सफ़ाई व लैम्प-लालटेन संध्या के लिए तैयार रखने का काम करेंगी। सवेरे की सारी रसोई मेरे ज़िम्मे रही। सवेरे का काम झंझट का होता, क्योंकि बड़े और छोटे भाई को ठीक साढ़े नौ बजे भोजन की थाली तैयार देनी होती—दाल, सब्ज़ी, रोटी सहित। मँझले भाई दो परांठों का नाश्ता कर के आठ बजे से पहले दुकान चले जाते थे। भोजन दोपहर में आकर करते थे। कैलाश को भी खिला-पिला कर स्कूल भेजना होता था। मैं मुँह अँधेरे उठ कर, हैंड पम्प के पानी से नहा कर चौका सँभाल लेती। जाड़े में बुरादे की अँगीठी पर एक कनस्तर पानी गरम होने चढ़ा देती। इससे, बाद में सभी को गरम पानी मिल जाता। दोहरे बने चूल्हे पर फुर्ती से दाल-चावल, सब्ज़ी तैयार करती। साढ़े दस बजे

तक रसोई का खाना बनाने का काम पूरा हो जाता था। तीनों भाभियाँ भी इस बीच नहा-धो लेती थीं। ग्यारह बजे हम सब एक बड़े थाल में दाल-सब्ज़ी, चावल-रोटी रख कर खाने बैठ जातीं, क्योंकि सवेरे हम लोग नाश्ता नहीं करते थे। बर्तन माँजने वाली लगी थी।

बाद में बड़ी भाभी पड़ोसिनों से मिलने चली जाती। मँझली छोटी का कढ़ाई-बुनाई का काम शुरू हो जाता। मैं भी उन्हीं के साथ कढ़ाई-बुनाई करती थी। उन दिनों दुसूती की कढ़ाई का बहुत फ़ैशन था। तार गिन कर इसमें क्रॉस-स्टिच से डिज़ाइन बनाए जाते थे। सो, काफ़ी वक़्त लगता था। मैंने पलंग की कई चादरें और खादी के मेज़पोश बनाए। आस-पड़ोस की लड़कियों को भी मैं जितना जानती थी, आकर पूछने पर बता देती थी। उस समय के लिहाज़ से मुझे बहुत कुछ आता था।

उन दिनों धनाढ्य सनातनी हिन्दू परिवारों में घर में भजन-कीर्तन का कार्यक्रम रखने की लहर-सी जागी हुई थी। कारण मैं नहीं जानती; पर प्रत्येक धनी घर में कीर्तन होने लगा। घर की चहारदीवारी में रहकर भजन-कीर्तन करते समय हारमोनियम, ढोलक और मंजीरों के साथ गाते-गाते विभोर होकर महिलाएँ नाचने लगतीं। इस तरह श्रीराम-कृष्ण जी की भक्ति के साथ-साथ संगीतमय वातावरण में उनकी गाने-नाचने की इच्छा भी पूरी हो जाती थी। सदर-कबाड़ी बाज़ार के धनी वैश्य परिवारों में प्रतिदिन ही किसी-न-किसी हवेली में कोई-न-कोई मन की 'मनता' पूरी होने या पूरी होने के लिए कीर्तन का आयोजन होता था। ख़र्चा नहीं के बराबर होता–प्रसाद के लिए बताशे मँगाए जाते थे। बड़ी भाभी तो ऐसे मनोरंजन पर मन-प्राणों से न्यौछावर हो गईं और अपनी प्रमुखता जताने के लिए महरी के हाथों हारमोनियम भिजवा देती...पर मुश्किल यह थी कि उसे बजाने वाली वहाँ उस मंडली में महिलाएँ न के बराबर होतीं। तब भाभी महरी भेजकर मुझे बुलवा लेतीं। इस तरह 'छोटी बीबी जी' नाम से मैं कबाड़ी बाज़ार के प्राय: सभी घरों में जानी जाने लगी। कीर्तन में गाने-बजाने को बुरा नहीं मानते थे लोग इसीलिए जब बड़े भाई के मिलने वाले मेरे हुनर को कहते, "शाम लाल, तुम तो बिना कुछ किए पुण्य के भागी बन गए।" तब उन्होंने बुरा नहीं माना। शायद मन में वह सन्तुष्ट ही होंगे। यहाँ तक कि मन्दिर के पुजारी ने उन्हें नमस्कार करते हुए मन्दिर में रोज़ ही मुझे गाने के लिए बुलाने की बात की, तो उन्होंने कोई रोक नहीं लगाई। इस तरह मैं हर वक़्त घर में घुट-घुटकर रहने से बच गई।

परन्तु दिन भर की व्यस्तता के बाद भी रात आठ बजे तक रात का भोजन समाप्त हो जाने के बाद 10 बजे तक-दो घंटे का ख़ाली वक़्त काटना मेरे लिए सज़ा थी। बाबूजी के समय से ही रात का खाना जल्दी खाने का चलन हमारे परिवार में था। उनका कहना था—

"बहू-बेटियों को भी अपना समय मिलना चाहिए। चौका-चूल्हा जब तक नहीं निबटता, औरतें ख़ाली नहीं हो सकतीं।" मैं उनके साथ ही तब कुछ-न-कुछ सीख़ती थी। उर्दू पढ़ी उन्हीं से। अख़बार पर चर्चा वग़ैरह होती थी।

आज लगता था, मेरे लिए जीवन रुक गया है। न कुछ पढ़ने को, न कोई

सारगर्भित देश, समाज या साहित्य सम्बन्धी चर्चा करने वाला साथ, क्योंकि भाभी-भाई लोग अपने-अपने परिवार के साथ रम जाते। कैलाश भी उन्हीं के छोटे बच्चों में लग जाता। रह गई मैं—पिंजरे की मैना—खाने-पीने, पहनने और कमाने की कोई चिन्ता नहीं। एक सामान्य लड़की को और क्या चाहिए? पर मेरी पढ़ने, घर-परिवार के अतिरिक्त अन्य विषयों पर व्यक्तियों से चर्चा करने की ललक, घर की चहारदीवारी से बाहर की दुनिया देखने की इच्छा मेरे अन्तःकरण को बेचैन करती रहती। कहानी भी तब लिखी जाती, जब कोई घटना या समस्या मेरे सामने होती। बन्द पिंजरे में क़ैद मैना की फड़फड़ाहट का अनुमान लगाना हर एक के बस की बात भी नहीं। आम लड़कियों की तरह सिर्फ़ कपड़ों, गहनों और भाई-भाभी की दुनिया में ताक-झाँक के तरीक़ों के बारे में सोचना मेरी मानसिकता की परिधि से बहुत दूर था। व्यक्तिगत रूप से मैं बहुत ही सादे लिबास में सीधा-सादा, अपनी ज़िम्मेदारियों को निभाते हुए एकाकी जीवनयापन करती जा रही थी। मेरा एक ही शौक़ था—पढ़ना-लिखना और उसी से मैं वंचित थी।

डॉक्टर चौधरी की पत्नी कमला चौधरी और होमवती जी के कहानी-संग्रह छपे थे—यह बात मैंने किशन भाई से सुनी थी। मेरठ के एक लेखक थे—रामसरन शर्मा। वह किशन भाई के जानने वाले थे। उन्होंने भाई से कहा, "अपनी बहन से मिलवाओ न...यहाँ के साहित्य-जगत् से परिचित होकर वे जल्दी ही अच्छी लेखिकाओं की श्रेणी में आ जाएँगी।"

किशोरी भाई ने असमर्थता जताते हुए स्पष्ट कह दिया, "बड़े भाई साहब यह सब बिल्कुल नहीं पसन्द करते।" कभी-कभी भाई जब रामस्वरूप अग्रवाल की कोठी पर जाते तो एक-आध पत्रिका ले आते *चाँद* और फ़िल्मी पत्रिका *चित्रपट* जैसी। मैंने *चाँद* में एक कहानी 'एज्यूकेटेड वाइफ' भेजी। वह दूसरे ही अंक में छप गई। मेरे लेखन को साहस मिला। फिर मैंने *माया* में भी 'उधार का सुख' शीर्षक से कहानी भेजी, जो छपी। उसकी प्रशंसा में पाठकों के पत्र आए।

उसी समय श्री सुमित्रानन्दन पन्त और नरेन्द्र शर्मा ने एक साहित्यिक पत्रिका निकाली *रूपाभ*। उसके पहले व दूसरे अंक भाई रामस्वरूप जी के घर से लाए। पत्रिका एकदम साहित्यिक थी। उसमें गम्भीर लेख थे सभी साहित्यिक विधाओं पर। विज्ञापन नहीं थे, दो कहानियाँ भी थीं।

लोकेषणा की कामना पर बड़े-से-बड़े योगी भी विजय प्राप्त नहीं कर पाए तो मैं उससे अपने आपको मुक्त कर पाती भला? पूरी ईमानदारी से मैं कहती हूँ कि मेरे मन में प्रबल इच्छा जागी कि पन्त जी और नरेन्द्र जी के पत्र में मेरी रचना छपे। तब ही मैं समझूँगी मेरा लेखन कुछ साहित्यिक मूल्य रखता है। मैंने एक कहानी लिखी—'अकीला', मुस्लिम परिवार पर थी। *रूपाभ* में बुक-पोस्ट द्वारा कहानी भेजी और उत्तर भी आ गया। नरेन्द्र जी की मोती-सी सुन्दर लेखनी से सजा पत्र था—"कहानी प्राप्त हुई। *रूपाभ* के अगले अंक में दे रहे हैं।"

मेरी ख़ुशी का ठिकाना नहीं था। भाभी के द्वारा बड़े भाई को पत्र दिखाया था—

पन्त जी व नरेन्द्र शर्मा जी की कविताएँ वे रेडियो पर सुन चुके थे। उन्होंने 'ठीक है' कह कर भाभी को पत्र लौटा दिया। बड़े भाई के वे दो शब्द ही मुझे अपना पुरस्कार लगे। मैंने झटपट अपनी तीन और कहानियाँ नरेन्द्र जी को भेज दीं, यह लिखकर, "नरेन्द्र जी, यदि इनमें कोई रचना आपको अपने पत्र के लिए उपयुक्त लगे, तो शेष लौटा दीजिएगा।"

उत्तर थोड़ी देर से आया तो मन पहले ही शंकाकुल था और उत्तर पढ़कर तो मेरी सारी प्रसन्नता पर तुषारपात हो गया। लिखा था, "बहन चन्द्र किरण, बहुत अफ़सोस से लिख रहा हूँ कि आपकी कोई रचना *रूपाभ* में नहीं छपेगी, क्योंकि *रूपाभ* अब बन्द होने जा रहा है। बस, जो छप रहा है, वह अन्तिम अंक है। उसी में तुम्हारी 'अकीला' छप रही है। *रूपाभ* के बन्द होने के कारण भी तुम्हें बता देता हूँ—जिज्ञासा शान्त हो जाएगी तुम्हारी। मैं और पन्त जी केवल लेखन सामग्री का सम्पादन कर रहे थे। उसका आर्थिक-संचालन एक-दूसरे सज्जन देख रहे थे। उन्होंने गोलमाल करके सारा पैसा हज़म कर लिया। तुम एक उदीयमान लेखिका हो। अच्छे पत्र के अभाव में लेखन तुम्हारा रुक न जाए, तुम्हारी तीनों रचनाएँ मैं श्री भगवती चरण वर्मा को भेज रहा हूँ। *चित्रलेखा* के लेखक से तो तुम परिचित होगी ही। वे कलकत्ते से एक नया पत्र *विचार* निकालने जा रहे हैं। उन्होंने तीनों रचनाएँ पढ़ ली हैं। सस्नेह, नरेन्द्र शर्मा।

दूसरे दिन उनका एक और पत्र मिला, "प्रिय चन्द्रकिरण, तुमको एक सलाह देने का साहस कर रहा हूँ। ...तुम बहुत छोटे-छोटे अक्षर लिखती हो। पैराग्राफ़ बिल्कुल नहीं छोड़ती और चन्द्र बिन्दु के स्थान पर बिन्दी लगाती हो—कम्पोज़िटर को इससे बड़ी कठिनाई होती है। आशा करता हूँ—तुमको बुरा नहीं लगेगा।...सस्नेह, नरेन्द्र।

बुरा लगना? इतने बड़े कवि ने मुझे सलाह देने का कष्ट उठाया, यह बहुत बड़ी बात थी मेरे लिए। उनकी स्वयं की सुन्दर लेखनी से तो मैं पहले ही प्रभावित थी। इसी पत्र में उन्होंने मेरठ के अनेक साहित्यकारों के नाम भी लिखे थे कि उनसे तुलनात्मक आलोचना द्वारा रचना परिमार्जित करके भेजोगी, तो ज़्यादा अच्छा होगा। कई अंग्रेज़ी लेखकों के बारे में भी बताया कि मैं उन्हें ध्यान से पढ़ूँ (वे बेचारे क्या जाने कि मैंने लोअर मिडिल के बाद कभी स्कूल का मुँह नहीं देखा था)।

तभी कलकता से एक नया मासिक निकला। सम्पादिका कोई सीता देवी थीं; पत्र का नाम था *महिला*। इसके दो अंक ओम प्रकाश जी ने भाई द्वारा मुझे भिजवा दिए। उसका काग़ज़ और गेटअप बढ़िया था। मैंने एक कहानी भेजी—'नारी'। वह उसमें उसी महीने छप गई। सम्पादिका ने लिखा, कहानी के अतिरिक्त यदि लेख भी लिखती हूँ, तो मैं उन्हें भेजूँ।

उसी समय 'बच्चन' जी की *निशा निमंत्रण* और रामेश्वर शुक्ल 'अंचल' की *मधुलिका* काव्य-पुस्तकें प्रकाशित हुईं थीं। दोनों को पढ़ने के बाद मैंने उनकी आलोचना लिखी। आलोचक न मैं तब थी, और न ही आज हूँ—भावुकतापूर्ण मूल्यांकन करने वाले दो लेख थे, पर दोनों ही छपे।

आश्चर्य की बात तो तब हुई, जब मुझे अपने पते पर 'बच्चन' जी के छपे

हस्ताक्षर सहित *निशा-निमंत्रण* की एक प्रति मिली। मैंने समझा, नरेन्द्र जी ने भेजी है। उनसे लिखकर पूछा, तो उन्होंने उत्तर दिया—"वह प्रति मैंने नहीं, स्वयं 'बच्चन' जी ने भेजी है, तुम्हारी समीक्षा *महिला* में पढ़ने के बाद।"

मेरे मन में गर्व मिश्रित हर्ष की लहर दौड़ गई। इस दौरान मुझे नरेन्द्र जी बहुत अपने-से लगे, क्योंकि उन्होंने कहानियाँ भेजने पर मुझे आत्मीयतापूर्ण पत्र लिखे थे। 'मर्यादा' कहानी पढ़कर उन्होंने टिप्पणी की थी, "ओह! इस कहानी को पढ़कर मुझे भी रोना आ गया था कि घर की चहारदीवारी के अन्दर रह कर जो त्रासदी नारी को भोगनी पड़ती है—उसका आभास हम जैसे परिवार से बाहर रह कर घुमक्कड़ प्रवासी को कहाँ से हो सकता है?"

नरेन्द्र जी की लिखाई छपे अक्षरों जैसी सुडौल और स्पष्ट होती थी। बड़ी भाभी उन्हें जोड़-जोड़ कर पढ़ लेती थी। मँझली व छोटी भाभी को मेरे लेखन-कार्य में कोई दिलचस्पी नहीं थी। दूसरे, बड़ी भाभी उनके अपटु हाथों का खाना खाकर जब भाई नाराज़ होते तब वह सब्ज़ियाँ, रात के खाने के लिए, मुझसे बनवा लेती थीं। वैसे मैंने तीनों से ही कहा हुआ था—जब भी उनमें किसी का मन न करे, वह मुझे बता दें। मैं उस दिन शाम को भी खाना बना दिया करूँगी। मँझली और छोटी भाभी ने कभी नहीं कहा, पर बड़ी भाभी प्रायः सिरदर्द, किसी के घर ज़रूरी जाना या बच्चे की तबीयत न ठीक होना, कुछ नहीं तो गन्दे कपड़े धोने हैं—इत्यादि-इत्यादि बहानों से मुझे शाम की भी ज़िम्मेदारी सौंप जाती थीं। मैं जब काम कर देती तो दोनों अन्य भाभियाँ नाराज़ होतीं कि ज़्यादा कमाने वाले बड़े भाई के नाते मैं उन्हीं पर ज़्यादा ध्यान देती हूँ, उनकी अधिक परवाह करती हूँ जबकि ऐसा कुछ भी नहीं था। तीनों भाभियों के बीच मैं तालमेल बैठाने में ही लगी रहती थी। अपना काम पीछे रह जाता।

चार दिन बाद रात को समय मिला तो *प्रवासी के गीत* पर मेरी नज़र पड़ी और मुझे याद आ गया कि नरेन्द्र जी को मैं भी कुछ भेजना चाहती थी। बहुत सोच कर मैंने एक गज़ सफ़ेद दुसूती का कपड़ा मँगा कर चारों तरफ़ क्रॉस-स्टिच की बेल काढ़ी। नमूना एक किताब से उतारा था। वह सुन्दर मेज़पोश मैंने रक्षाबन्धन से एक सप्ताह पहले भेजा था। साथ में राखी रखते हुए एक पंक्ति भी लिखी थी, "आशा करती हूँ, रक्षाबन्धन वाले दिन इसे बाँध कर आप मुझे अपनी छोटी बहन बनने का शुभ अवसर देंगे।"

एक हफ़्ते बाद ही नरेन्द्र जी का स्नेह-सिक्त उत्तर आया,

> "प्रिय बहन चन्द्रकिरण, तुम्हारा प्रेमोपहार मिला। राखी मैंने बाँध ली। मेज़पोश कमरे में पड़ी मेरी इकलौती मेज़ पर शोभायमान है। यहाँ तक कि उसकी चर्चा मेरे मित्रों में हो रही है। सचमुच बहुत सुन्दर कढ़ाई करती हो तुम। बड़ी भाभी के अनगढ़ अक्षरों में 'देवर जी नमस्ते' भी मैं सादर ग्रहण करता हूँ। उनके लिए मैं *चन्द्रकान्ता* भेज रहा हूँ। अगर मन लग गया तो भाषा में उनकी गति सहज हो जाएगी। और हाँ, तुम्हारे इस मेज़पोश ने एक नव-विवाहित दम्पती का भी स्वागत किया। वे तुम्हारे मेरठ के ही हैं—प्रेम प्रकाश

गोयल और भगीरथी—एक दिन पहले उन्होंने कोर्ट-मैरिज की थी। आशा है, तुम प्रसन्न होगी। साहित्य का अध्ययन व लेखन अपना निरन्तर जारी रखना।

सस्नेह,

तुम्हारा भाई,
नरेन्द्र।

नरेन्द्र जी के पत्र से प्रेम के विवाह का समाचार मिला। प्रयाग वाली घटना को लगभग दो वर्ष हो चले थे। उनके घर से हमारे यहाँ आना-जाना बन्द था। बस, इतना मैंने सुना था कि प्रेम को पढ़ने के लिए इलाहाबाद यूनिवर्सिटी भेज दिया गया है।

प्रेम के, प्रेम विवाह का समाचार नरेन्द्र भाई के ख़त से जानने के बाद मुझ पर उस समय मिली-जुली प्रतिक्रिया हुई थी। कहीं हर समय, जो एक अनदेखा-सा, अव्यक्त, बारीक-सा मन के एक कोने में बँध-सा बँधा था, वह एकाएक खुल गया। मुक्ति का-सा भाव जगा कि ज़िन्दगी में प्रेम अब कभी भी भेंट होने पर कोई उलाहना नहीं दे सकेगा। पल भर को अपमान, क्षोभ और आत्मग्लानि मिश्रित पीड़ा भी हुई। अचेतन में भगीरथी के प्रति ईर्ष्या का भाव भी रहा होगा, जिसके लिए प्रेम ने वह किया, जो मेरे लिए कर सकता था। पर जोड़ियाँ तो ऊपर वाला बनाकर भेजता है। शायद उसने इसीलिए घर बताए बिना ही पहली भूल का प्रतिशोध लेने के लिए कोर्ट में शादी ही कर ली। मेरे मन-मस्तिष्क में प्रेम-भाव पहले भी उतना ही था, जितना पाप-बोध था। समय ने उसे भी भर दिया था।

हाँ, पूरे मोहल्ले में ज़रूर इस सिविल मैरिज़ की चर्चा थी। कन्या, हालाँकि उन्हीं जैसी वैश्य-कुल की बीसे अग्रवाल परिवार से थी, पर चूँकि लड़के ने ख़ुद पसन्द से की थी शादी, पितृ-कुल बहुत नाराज़ था और भाभी का दम्भ चूर-चूर हो गया कि उनका बेटा तो श्रवण कुमार है। लल्ली की माँ को ज़बरदस्त धक्का लगा था। पिता रोशन लाल को कोई दहेज़ की लालसा भी नहीं थी। वह गम्भीर व्यक्ति थे। उन्होंने कोई प्रतिवाद या टिप्पणी भी नहीं की, पर माँ कोर्ट मैरिज वाली बहू को घर में स्वीकार करने को तैयार नहीं थीं।

पन्द्रह दिन बाद, महरी ने हमारे घर में बताया, "अरे बहू जी! कुछ सुना? वह खुर्जे वाले रोशन लाल हैं न, जिनके बेटे ने इलाहाबाद में सरकारी शादी कर ली थी—अपने ही कॉलेज की किसी छोरी से उनकी कल दुबारा शादी हुई। कल दिन में उनके यहाँ आँगन में मढा गड़ा और पंडित ने बहू-बेटे के फेरे डलवाए। न कन्यादान हुआ, न बाराती थे—हाँ, ब्याह देखने वालों की भीड़ थी। अजी, दूल्हे के घर कभी दुल्हिन का ब्याह सुना है? अब कलजुग में जो न हो सो थोड़ा।"

भाभी ने हँस कर कहा—"अरी! तुझे तो लड्डू मिले होंगे!"

"ख़ाक लड्डू मिलते! फेरों से उठकर तुरन्त बहू अपने कमरे में चली गई। बस, ब्याह ख़त्म"—कहती हुई महरी चली गई। चार-छह दिनों में इस ब्याह-पुराण की चर्चा धूमिल हो गई।

विशारद की तैयारी के दिनों में मेरा सम्पर्क एक अन्य किशोरी के व्यक्तित्व से

हुआ था जो मेरी दृष्टि में सचमुच की हीरोइन बन गई थीं। शादी राम के मकान के साथ तीसरा मकान, एक कायस्थ परिवार के पास था। उनके परिवार में दो पुत्र और दो कन्याएँ थीं। उनकी पत्नी बहुत ही मिलनसार थीं। वे बाबूजी की बीमारी के दिनों में भी मुझे ढाढस बँधाती रहती थीं। उनकी एक छोटी बहन दिल्ली से आई थीं और उनके साथ रहती थीं। उसका नाम था, कमलेश। वय में मेरे बराबर, रंग पक्का, श्याम वर्ण था। सो, ब्याह में अड़चन आ रही थी। पढ़ाई आठवीं तक ही हो पाई थी। हम दोनों हमउम्रों की अच्छी दोस्ती हो गई। कमलेश लगभग प्रतिदिन ही आया करतीं। वास्तव में अपने प्रेम-पत्रों की भाषा दुरुस्त कराने आती थीं, जो वह अपनी मँझली बहन के देवर को लिखा करती थीं। जिन दिनों वह उनके घर पर एक महीने रहने के लिए ठहरे थे, उन दोनों में प्रेम हो गया था। उसके प्रेम करने के साहस पर मैं चकित थी। उसी के कहने पर उन प्रेमी जी को मैंने भी 'जीजा जी' सम्बोधित करते हुए यह सुझाव दिया था कि वह अपनी माता जी द्वारा कमलेश की माता जी को अपनी सहमति बताएँ, पर हुआ यह कि उन प्रेमी महोदय ने अपनी माँ के बताए एक रिश्ते को अपनी सहमति दी और वहीं विवाह भी हो गया उनका।

कमलेश दो-चार दिन, इस घटना के बाद उदास रही, पर फिर मुझसे बोली, "ऐसे बदमाश को मैंने भी मन-ही-मन ठोकर मार दी।" मैं उसकी इस संक्षिप्त-सी प्रतिक्रिया को देख कर भी दंग थी। हम तो कुल मिलाकर बड़े भाई साहब के कड़े अनुशासन के नीचे एक आज्ञाकारी किशोरी की तरह रहा करते थे। कुछ दिनों बाद वह अपने घर दिल्ली चली गई। वहाँ से यदा-कदा उनके पत्र आते रहे। उन पत्रों से मुझे मालूम हुआ कमलेश ने अपनी एक दूसरी सहेली देववती शर्मा के साथ मिल कर सीताराम बाज़ार में लड़कियों का एक प्राइवेट स्कूल खोल लिया है। अभी छठी कक्षा तक है। उन्हें दो टीचर भी मिल गई हैं। कमलेश के हर काम में उनकी माँ और भाई का पूरा सहयोग था। फिर वह भाई के पयासों के फलस्वरूप आठवीं तक मान्यता प्राप्त हो गया। उस समय में अपने रूप-रंग के कारण विवाह न हो पाने पर आर्थिक दृष्टि से एक स्कूल सफलतापूर्वक चलाते हुए आत्मनिर्भर बन जाना-आज की कर्मठ नारी का आदर्श उदाहरण था। भला वह मेरी दृष्टि में हीरोइन से क्या कम होती? जब भी मेरठ आती, वह मुझसे ज़रूर मिलकर जाती थी। उन्हीं की बड़ी बहन के जीवन से अनुप्रेरित होकर मैंने अपनी प्रसिद्ध कहानी 'गृहस्थी का सुख' लिखी थी जिसकी चर्चा आज श्रेष्ठतम कहानियों में होती है और यह अनेक भाषाओं में अनूदित भी है।

कमलेश के कर्मठ जीवन के बिल्कुल विपरीत मेरी जीवनधारा शान्त, निर्विकार, नीरस बही जा रही थी। हाँ, जो भी मैं लिखती थी, वह छप जाता था—इससे यह विश्वास अवश्य मन में पैदा हो चला था कि और कुछ कर पाऊँ या नहीं, मैं लेखिका अवश्य बन रही हूँ, किन्तु जो साहित्यिक जगत में अक्सर होता होगा, उससे मेरा परिचय पहली बार हुआ, और मैंने उसके विरुद्ध आवाज़ भी उठाई, पर परिणाम कुछ नहीं निकला क्योंकि बात प्रतिष्ठित लेखक की थी और मैं केवल एक नई-नई किशोरी कहानीकार थी। उस समय महादेवी वर्मा *चाँद* की सम्पादिका थीं। मैंने हिन्दी

की एक पाठ्य-पुस्तक में संकलित आचार्य चतुरसेन शास्त्री की 'दुखवा मैं कासे कहूँ मोरी सजनी' कहानी पढ़ी। बहुत ही मार्मिक लगी, किन्तु तभी मुझे साहित्य भवन लिमिटेड से प्रकाशित किन्हीं पारस नाथ त्रिपाठी की एक कहानी और पढ़ने को मिली। वह पुस्तक रूप में थी और त्रिपाठी जी ने आमुख में स्पष्टतः लिखा था, यह कहानी उनकी—'सलीमा बेगम' बांग्ला से अनूदित है और यह बांग्ला उपन्यास *रंग महल* का एक अध्याय है। 'सलीमा बेगम' और 'दुखवा मैं कासे कहूँ मोरी सजनी' उतनी ही अलग थी, जितनी दो अनुवादकों द्वारा अनूदित एक ही कहानी हो सकती है। आचार्य चतुरसेन शास्त्री जी की यह चोरी मुझे पीड़ित कर गई। इतने प्रसिद्ध रचनाकार और बांग्ला रचना को ही ज्यों-का-त्यों अपना बनाकर मौलिक रचना के रूप में प्रकाशित करना—एक साहित्यिक अपराध है। उससे भी ज़्यादा उसका मौलिक रचना माना जाकर, पाठ्य-पुस्तक में पढ़ाया जाना इस ऐतिहासिक झूठ पर मोहर लगाने के बराबर है। सो, मैंने अपने विचार महादेवी जी तक पहुँचाए :

'माननीय महादेवी जी,

आप प्रसिद्ध कवयित्री हैं। हिन्दी साहित्य में आपका विशिष्ट स्थान है। मैं दो कहानियाँ भेज रही हूँ—'सलीमा बेगम' और शास्त्री जी की पाठ्य-पुस्तक में संकलित 'दुखवा मैं कासे कहूँ मोरी सजनी' साथ ही, इन दोनों का मूल स्रोत भी। आप स्वयं ही पढ़कर देख लीजिएगा। जाँच और भी कराई जा सकती है—मूल बांग्ला उपन्यास *रंगमहल* मँगाकर। कम-से-कम कोर्स में से शास्त्री जी की यह कहानी निकलवा दीजिए। आप *चाँद* की सम्पादिका हैं, स्वयं सम्पादकीय के माध्यम से भी बहुतों को सचेत कर सकती हैं।

आशा है, आप एक नवोदित रचनाकार के सुझाव पर ध्यान देंगी।

आपकी,
चन्द्रकिरण।

नक्कारखाने में तूती की आवाज़ न तब सुनी जाती थी और न आज। हमेशा ही शीर्षस्थ और शक्तिजन का सच-सच माना जाता था—फिर वह शक्ति चाहे धन की हो या पद की। यह एक प्रकार से प्रकृति का नियम लगता है। न मेरे पत्र का उत्तर आया और न ही इस बात की कहीं चर्चा तक हुई। मैंने उसके बाद *चाँद* में कोई कहानी छपने के लिए नहीं भेजी। शायद यही मेरे वश में एक विरोध-प्रदर्शन का साधन था।

उन्हीं दिनों भाई साहब के पास बड़े फाटक वाले मकान में रहने वाले उनके दोस्त मित्तल साहब आए। वह कभी-कभी ही आया करते थे। एम.ए., एल.एल.बी. थे। उन्होंने बातों-बातों में कहा. "यार! शामलाल, तुम्हें निक्की की कुछ फ़िक्र है या नहीं? बीस-इक्कीस की तो हो गई होगी?"

भाई ने परेशानी से उत्तर दिया, "है क्यों नहीं! पर तुम जानते हो कि बाबूजी उसकी ज़िम्मेदारी मुझे सौंप गए हैं। घर बैठे-बैठे इतना पढ़ गई है, कहानी-वहानी भी लिखती है—किसी मामूली दुकानदार से तो ब्याह नहीं सकता!" मित्तल बोले, "मैं तुम्हें एक लायक रिश्ता बता सकता हूँ। लड़के को मैं जानता हूँ...इलाहाबाद में

उसका-मेरा काफ़ी साथ रहा है अमीर नहीं है, पर बड़ा मशहूर है। क़ई किताबें छप चुकी हैं। बस, एक ही बात है कि अभी-अभी उसकी पत्नी का स्वर्गवास हो गया है, पर उसकी उम्र अधिक नहीं है...तीस-इकत्तीस का होगा।"

"दुहाजू!" भाई चौंके, "न भई, यह बात कोई कम दोष नहीं है। फिर भी लड़के का नाम क्या है—बताओ। मशहूर है तो हमने भी सुना होगा..."

मित्तल बोले, "ज़रूर सुना होगा। रेडियो पर उसकी कविताएँ आती हैं। कायस्थ है। तुम्हारे यहाँ तो जात-पात की वैसी कोई बन्दिश नहीं है। इसी से कहता हूँ—निक्की के लिए एकदम ठीक रिश्ता रहेगा। नाम उसका है—हरिवंश राय बच्चन।"

भाई ने तुरन्त अस्वीकृति में सिर हिलाते हुए कहा, "बिलकुल नहीं...यह वही कवि है न, जिसकी 'मधुबाला' या जो भी नाम हो, के गीत छोकरे गाते-गाते फिरते रहते हैं। एकदम वाहियात लगते हैं...उम्र भी तीस कह रहे हो, तो निक्की से दस साल बड़ा, ऊपर से दुहाजू...फिर शायर!" मित्तल बोला, "भई! वह शायर है, पर शराब नहीं पीता, मैं गारंटी देता हूँ।"

"रखे रहो अपनी गारंटी"—भाई का स्वर उत्तेजना में ऊँचा होता गया, "मैं कोई बच्चा नहीं हूँ। आज तक मैंने कोई शायर ऐसा नहीं देखा, जो शराब न पीता हो। फिर वह शायर जो शायरी ही शराब की करता हो। और नहीं तो पत्नी का ग़म भुलाने को भी दुगुनी पीता होगा। मुझे शराब से सख़्त नफ़रत है।"

मित्तल चुप रह गए। बात वहीं समाप्त हो गई। मँझली भाभी ने ताना मारा, "पता नहीं सात समन्दर पार से कौन-सा राजकुमार ढूँढ़ कर लाएँगे अपनी बहन के लिए..."

'बच्चन' तब भी मेरे लिए बहुत बड़े कवि थे। आज भी मैं उनका पूरा सम्मान करती हूँ। इसलिए भाभी का ताना सुन कर मन किया कि भाई से कह दूँ—"भाई साहब! होने दीजिए शराबी! इतने प्रसिद्ध कवि की पत्नी बनना ही गर्व की बात होगी..." पर जुबान पर तो हमेशा की तरह ताला लगा रहा। बात भी आई-गई हो गई।

उसके थोड़े दिनों बाद ही भाई का तबादला दिल्ली छावनी हो गया। प्रमोशन के बाद वह हेड क्लर्क से सी.ओ. बन गए थे। बड़ी भाभी का एक बच्चा पिछले महीने आठ महीने का होकर चल बसा। वह काफ़ी दुःखी थीं। बड़ी भाभी भाई के साथ दोनों बच्चों सहित दिल्ली आ गईं।

पन्द्रह दिन बाद ही भाई एक रविवार-छुट्टी में मेरठ आए और मुझसे कहा, "तुम मेरे साथ दिल्ली चलोगी।" यह मेरी इच्छा नहीं पूछी जा रही थी बल्कि मेरे लिए उनका आदेश था। मैंने क्या कहना था? चुपचाप एक सूटकेस में अपने कपड़े रखे और बस मेरी तैयारी हो गई और हम दिल्ली के लिए रवाना हो गए।

रास्ते भर में सोचती आ रही थी कि ज़रूर बड़े भाई का यह सख़्त स्वर उन्हीं ख़तों के कारण होगा जो मुझे *विचार* के युवा उपसम्पादक कान्तिचन्द्र सौनरेक्सा ने लिखे थे। किशोरी भाई ने जब वे दिखाए होंगे, तो परिणाम वही होना था। हालाँकि यहाँ भी मेरा कोई दोष नहीं था।

वास्तव में यह सिलसिला भाई के दिल्ली जाने के पहले शुरू हुआ था। *महिला*

में मेरी रचनाएँ छप रही थीं, लेख भी। उधर भगवती बाबूजी तीन कहानियाँ नरेन्द्र जी के माध्यम से ले गए थे—उनमें से एक साप्ताहिक *विचार* में छपी। पत्रिका के साथ उप सम्पादक श्री कान्तिचन्द्र जी का एक लम्बा पत्र भी था, जो अजीब बात थी। मैंने ख़ुद अभी तक उनका नाम नहीं सुना था, न एक भी रचना पढ़ी थी। पत्र में कहा गया था, "भगवती बाबू सम्पादक हैं—वह सम्पादकीय लिखते हैं। अन्य सब कार्य वही सँभालते है। आपकी कहानी यूँ बहुत अच्छी हैं। उसके कई प्रयोग तो अत्यन्त सुन्दर हैं, जैसे 'नानुकुर' वाला मुहावरा, पर क्षमा कीजिए—'चौथा बच्चा' कहानी में आवश्यक नहीं था..." आज इतने वर्षों बाद पूरा पत्र तो याद नहीं आ रहा, पर पत्र के भाव बिलकुल यही थे, और वह बहुत ही बड़ा था।

मुझे अपनी आलोचना अच्छी नहीं लगी क्योंकि अब मेरा आत्मविश्वास बढ़ गया था। मैंने उत्तर दिया, "नारी की त्रासदी की कहानी नारी ही अधिक समझ सकती है। आप पुरुप होकर मेरी कहानी के चौथे बच्चे को कला से बाहर कैसे कह सकते हैं?" सोचा था, सम्पादक जी नाराज़ होकर मेरी बाक़ी बची दोनों कहानियाँ लौटा देंगे। कहीं और भेज दूँगी। छप तो जाएँगी ही, पर हुआ उसका उलटा। एक लम्बा-चौड़ा पत्र आ गया जिसमें क्षमा-याचना सहित लिखा था, "*महिला* की सीता देवी आपको पुरुष समझती हैं। दोनों कहानियाँ अगले अंकों में आ रही हैं।" इसमें आगे था... आप बहुत छोटे अक्षर लिखतीं हैं...काग़ज़ भी अच्छा नहीं होता। चाहिए तो काग़ज़ के लिए मैं पैसे भेज दूँ। अभी *विचार* तो पारिश्रमिक देने की स्थिति में नहीं है।"

मैंने दोनों पत्र किशोरी भाई को दिखाए, तब वह बोले, "निक्की! इतने बड़े पत्र आने पर भाई साहब नाराज़ होंगे।" मैं भी यही सोच रही थी। मैंने ख़त छोटा लिखने और काग़ज़ के लिए पैसे की बात भी करने की मनाही करते हुए चार पंक्तियाँ लिख दीं, पर कहने के बावजूद लम्बे पत्र नहीं रुके तो किशोरी भाई ने उन्हें स्वयं लिखा, "किरन एक सयानी कुँआरी लड़की है। इतने लम्बे-लम्बे पत्र उसके लिए मुश्किलें पैदा करेंगे।"

उत्तर आया, "मैं उनकी मित्रता खोना नहीं चाहता...उन्हें भाई चन्द्रकिरण मान लूँगा" साथ ही वंशावली सहित अपना पूरा परिचय भी लिखा। वह एक वकील के बड़े बेटे हैं। उनके नाना बरेली के कई गाँवों के ज़मींदार थे। अब उनका स्वर्गवास हो चुका है। घर में सौतेली माँ है। दो बहनें और तीन छोटे भाई हैं। उनका भाई स्वराज्य बी.ए. में प्रयाग में पढ़ता है। वह स्वयं एम.ए. की पढ़ाई छोड़कर भगवती बाबू के साथ *विचार* में काम करने कलकत्ता आ गए हैं। उनका एक कहानी-संग्रह *चौराहा* प्रयाग में छप चुका है इत्यादि-इत्यादि। मैं घबरा गई थी और अन्तिम लम्बे पत्र के साथ जब भाई दिल्ली से आए एक दिन के लिए, पहले पत्र भी सारे किशोरी भाई ने उन्हें दिखाए। बस, यह दिल्ली, उनके साथ चलने का आदेश मिलने के लिए बहुत काफ़ी था।

दिल्ली छावनी में, जहाँ हम रहते थे, बहुत से नए क्वार्टर्स बने हुए थे। सभी में नौकरी-पेशा लोग रहते थे। अधिकतर जी.ई. ऑफ़िस के क्लर्क थे। केवल दो-चार

घर ही ऐसे थे, जो कहीं और दुकान या अन्य व्यवसाय करते थे।

भाई सी.ओ. थे। आस-पड़ोस में शीघ्र ही भाभी ने अपनी आदत के अनुसार परिचितों की मंडली बना ली। अब तो पैसे के मामले में भी बढ़ा वेतन आया। बस, दरियादिली से चाट, पकौड़ी, समोसे, जलेबी से ख़ातिर होती सबकी। घर काम के लिए एक चौबीस घंटे का नौकर और मैं थी। यहाँ भी देहरादून की तरह पंजाबी अधिक थे। मेरा कुँआरी होना इतनी आयु तक यहाँ मेरठ की तरह चर्चा का विषय नहीं बना, क्योंकि कई मेरी हमउम्र कन्याएँ यहाँ कुँआरी थीं।

एक सरदार परिवार से मेरे पास दो कन्याएँ—जसवन्त और बलवन्त कौर बुनाई सीखने और कढ़ाई के नमूने उतरवाने आती थीं। इस परिवार में सरदार-सरदारनी दोनों की ही यह दूसरी शादी थी। सरदार जी की पहली पत्नी से अठारह-बीस साल का एक बेटा और बलवन्त कौर बेटी थी। सरदारनी के भी पहले पति से जसवन्त कौर थी। बड़ी भाभी की इन सरदानी से बहुत पटती थी। वह शम्मो भाई को 'भाई साहब' कहती थीं। दोनों लड़कियों की उम्र पन्द्रह वर्ष की थी।

एक दिन जसवन्त कौर ने अकेले में मुझसे कहा, "भैनजी! पता नहीं एक महीना हो गया, मुझे महीना (मासिक धर्म) ही नहीं हुआ। अब मैं क्या करूँ?"

मैंने बड़े बुजुर्ग की तरह समझाया, "तू कमज़ोर है न, इसीलिए बन्द हो गया होगा। अगले मास सब ठीक हो जाएगा। मुझे भी तीन महीने मासिक धर्म नहीं हुआ था टाइफ़ायड बुख़ार से उठने के बाद फ़िक्र मत कर।"

बीच-बीच में, रह-रह कर, जसवन्त अपनी परेशानी, इस सम्बन्ध में कहती। लगभग चार महीने बाद, फिर कहने लगी, "भैन जी, ज़रूर कुछ गड़बड़ है। अब तो चार महीने बीत गए हैं। ऐसी भी क्या कमज़ोरी?"

मैं इस बार झल्लाकर बोली, "बेकार परेशान है। महीना बन्द होने पर तो ब्याही लड़कियाँ चिन्ता करती हैं कि बच्चा हो जाएगा। तेरा क्या ब्याह हो गया है?"

पर उसकी परेशानी सही थी। मैंने भी इधर अपने घर में नोट किया था कि सरदारनी अक्सर ही भाई-भाभी से बन्द कमरे में सलाह-मशवरा करती थीं। सरदार जी तो कहीं पंजाब में नौकर थे (या कोई अपना व्यवसाय मुझे ठीक से याद नहीं)। वे महीने-दो महीने में दो-चार दिनों को ही आते थे। पूरे मोहल्ले में ख़बर आग की तरह फैली—जसवन्त गर्भवती है।

मैं सुनकर सन्न रह गई। बहुत दुःख भी लगा। जसवन्त तो इतनी सीधी-सादी भोली किशोरी थी। एक दिन सरदारनी उसे लेकर दिल्ली शहर चली गई। दो दिन बाद लौटी तो जसवन्त को हमारे घर पर ही छोड़ा। वह एकदम कपास के फूल ही तरह सफ़ेद हो गई थी। उसका सारा ख़ून जैसे किसी ने निचोड़ लिया हो। वह मेरे गले लग कर ख़ूब रोई।

भाभी हमारी तो इश्तहारनामा थी ही। उन्हीं के मुँह से पता चला कि जसवन्त के सौतेले भाई ने ही उसका जीवन नष्ट किया था। सरदार जी के बेटे ने शुरू से ही सौतेली माँ को माँ माना ही नहीं था, न उनकी लड़की को बहन। पर सारा दंड

लड़की को ही भोगना पड़ा। उस गर्भपात के बाद न जाने क्या गड़बड़ी हो गई कि शादी के बाद जसवन्त माँ नहीं बन सकी।

इस घटना ने मेरे मन को झिंझोड़ कर रख दिया था, पर मैं चाहकर भी इस विषय पर कहानी नहीं लिख पाई। 'भाई-बहन' के सामाजिक रिश्ते पर आते ही मेरी लेखनी को जैसे साँप सूँघ जाता था। आज मैं जब अपनी मानसिकता का विश्लेषण करती हूँ तो लगता है, मैं मर्यादा और पवित्रता के आर्यसमाजी चश्मे से ही सब कुछ देखती थी। सम्बन्धों की जटिलताओं का, कुरूपता का मुझे कुछ भी ज्ञान नहीं था। इसीलिए बेबाक चित्रण करने में उस वक़्त मेरी लेखनी संकुचित हो गई। फिर भी *शान्ति* तथा अन्य पत्रों में मेरी दो-एक रचनाएँ प्रकाशित हुईं।

अधिक लिखने का अवसर भी नहीं मिलता था। भाभी-भाई साहब की पूरी गृहस्थी मेरे कन्धों पर थी। शाम को भाई के दोस्तों के लिए ही चाय-नाश्ता भेजते-भेजते पाँच से आठ बजते थे। उनके दोनों बच्चे (नन्हा और आशा) वैसे ही हर वक़्त मेरे पीछे लगे रहते; क्योंकि भ.भी अपनी मित्र-मंडली में मस्त रहतीं। नौकर के साथ दोनों समय का खाना-नाश्ता, बाज़ार का काम निबट जाता था। ऊपर से, भाई को ख़ुश करने को भाभी यह और सुनातीं, "तुम्हारे बच्चे तो बुआ के दीवाने हैं। मैं मर जाऊँ तो एक दिन भी याद नहीं करेंगे! हाँ भई! घुटने पेट को ही मुड़ते हैं...हम तो पराए घर की ठहरीं।"

मेरे पास पढ़ने के लिए *महिला* और *शान्ति* नियमित आने लगी थी। सो, यहाँ मेरठ वाला ख़ालीपन नहीं महसूस होता था। सारे दिन घर के काम की व्यस्तता और बच्चों से समय का पता ही नहीं चलता था। रात को सोने से पहले पढ़ने की जो आदत थी, उसके लिए ये दोनों पत्रिकाएँ मेरे पास बिस्तर पर होतीं।

अचानक एक दिन भाभी से पता चला भाई साहब से कोई कलकत्ते से मिलने आ रहे हैं। यह सन् 1940 के शुरू की बात है। एक दिन मैं जसवन्त के घर से शाम को लौटी (वहाँ भी उन्हीं ने मुझे बहाने से भेजा था), तो भाभी ने कहा, "तुम्हारे भाई ने कहा है, भीतर वाले कमरे में रहो। बाहर मत निकलना। वह लड़के से बातचीत कर रहे हैं।"

लड़का? मेरी समझ में नहीं आया। फिर याद आया, कलकत्ते से किसी के आने का ज़िक्र भाभी कर रही थीं। अरे कहीं यह कलकत्ता से निकलने वाले *विचार* पत्र के उप-सम्पादक तो नहीं! कमाल की बात थी—किशोरी भाई साहब के मना करने के बाद भी उन्होंने कैसे बड़े भाई से पत्र-व्यवहार किया कि वह उनसे मिलने को तैयार हो गए और आज भाभी शायद उन्हीं को 'लड़का' कह रही हैं। भाभी दुबारा मेरे पास कमरे में आईं और फुसफुसाईं, "बीबी जी! लड़का देखने में अच्छा है। फटाफट अंग्रेज़ी बोल रहा है। वह तो एकदम राज़ी है। बस, तुम्हारे भाई और मान जाएँ तो काम फतह है! हमारे सिर का बोझ भी उतर जाएगा। दुनिया के सामने सिर उठा कर चलेंगे वरना आजकल जो-जो न हो थोड़ा। जान सूली पर ही टँगी रहती है।"

भाभी के आखिरी वाक्य तीर की तरह मेरे दिल में लगे। मैं 'बोझ' तो थी ही

बीस-इक्कीस साल की। ऊपर से माँ-बाप नहीं थे। सो, हर वक़्त नाक कटने का डर। जिस पर जसवन्त वाली घटना ने उस समय सभी को कुछ कहने का मौक़ा दिया हुआ था। भाभी भला कहाँ चूकने वाली थी।

मैंने भी मन-ही-मन भगवान से प्रार्थना की—'हे प्रभु, आज भाई मान जाएँ! कैसा भी घर हो, कैसा भी लड़का हो—मैं सब तरह गुज़ारा कर लूँगी..." और मेरे कान बड़े ध्यान से साथ वाले कमरे से आने वाली आवाज़ सुनने लगे।

भाई का ऊँचा स्वर सुनाई दिया, "देखो कान्ति! मुझे तुम पसन्द हो। कायस्थ होना हमारे लिए कोई अड़चन नहीं है, पर अगर तुम्हारे पिताजी इस रिश्ते के लिए मानेंगे, तभी बात बनेगी। हो सकता है, उन्हें बनिये की लड़की को बहू बनाना पसन्द ही न हो...।"

उत्तर में दूसरा स्वर आया, "भाई साहब! बताया तो मेरे पिता जी कट्टर आर्यसमाजी हैं। गोश्त, शराब छूते तक नहीं। सौतेली माँ के कारण मैं नाराज़ होकर पढ़ाई छोड़ कलकत्ता चला गया था...। अब मैं ख़ुद ही दद्दा से (वह शायद पिता को 'दद्दा' कहते होंगे) बात करूँगा, तो वह अवश्य मान जाएँगे।"

भाई ने फिर कहा, "मैं भी छुट्टी लेकर ख़ुद अलीगढ़ जाकर तुम्हारे पिता जी से मिलकर बातचीत कर सकता हूँ। अगर वह राज़ी होंगे तो हम एक महीने में शादी करने को तैयार हैं।"

पर उधर से दूसरा स्वर याचनापूर्ण प्रतिवाद के रूप में उभरा, "भाई साहब! आप यह कष्ट क्यों करें? दद्दा को मनाना मेरा काम है। आप मुझ पर शत-प्रतिशत विश्वास करें—वह मान जाएँगे। आप पहले क्यों मिलें? जब वह मान जाएँ तब बात आप भी कर लीजिएगा। वह मेरे बाबूजी हैं, मैं उन्हें अच्छी तरह जानता हूँ—क्या आपको मुझ पर भरोसा नहीं है?"

भाई साहब की जगह एकाएक मुझे कमरे से भाभी की आवाज़ सुनाई दी, "अजी! किस सोच में हो? रुपया-नारियल देकर लड़का रोक क्यों नहीं लेते? बनियों में तो बी.ए. पास लड़का हज़ारों मोल बिकता है। यहाँ कलकत्ते से हज़ार मील चल कर लड़का दरवाज़े पर आया है। शुभ काम में देरी कैसी?" भाभी शायद, तीर की तेज़ी से सवा रुपया, नारियल और रोकने का सामान लाई होंगी और पलक झपकते ही 'रोके' की रस्म भी की होगी, क्योंकि देखा मैंने कुछ नहीं, पर पाँच मिनट बाद ही भाभी का खिलखिलाता स्वर, मैंने कमरे से ही सुना, "लो भई, टीका हो गया, नारियल-रुपया गोदी में ले लो—अब आज से तुम हमारे छोटे ननदोई हो गए।"

कान्ति जी को भाभी ने स्वयं ही चाय-नाश्ता कराया और आधे घंटे बाद, कान्ति जी स्टेशन चले गए। तब कहीं मेरी कमरे की क़ैद ख़त्म हुई।

दूसरे दिन, जब भाई दफ़्तर चले गए तो भाभी का प्रचार-मिशन शुरू हो गया—घर बैठे मेरे लिए लड़का मिलना, तुरन्त उनके द्वारा उसका 'रोका' कर देना प्रत्येक परिचित घर को पता चल गया।

अगले दिन *महिला* और *विचार* के अंक आए, पर *विचार* में उप-सम्पादक के

स्थान से कान्ति जी का नाम ग़ायब था। हाँ, *महिला* में उनका एक लेख चित्र सहित अवश्य छपा था। हैट सहित उनके उस फ़ोटो को भाभी ने गर्व से सारे मोहल्ले में दिखाया। भाई अलीगढ़ नहीं गए। हाँ, कान्ति जी का पत्र आया कि उन्होंने 'विचार' छोड़ दिया है और वह प्रयाग में सरस्वती प्रेस के लिए पुस्तकें अनुवाद कर रहे हैं। बड़े भाई के पास लगातार कान्ति जी के पत्र आते रहे। एक बार किशोरी भाई जब मेरठ से मिलने आए तो शम्मो भाई ने कहा, "यह लड़का काफ़ी तेज़ है...प्रेस की नौकरियाँ बेकार होती हैं। मैं शादी के बाद इसे ऑफ़िस में क्लर्क लगवा दूँगा...जल्दी ही सीढ़ियाँ पार कर लेगा।"

दूसरा महायुद्ध आरम्भ हो गया था। सब चीज़ों के भाव बढ़ने लगे थे। कान्ति जी ने लिखा, "शादी की तारीख 30 दिसम्बर रखते हैं।"

सबने समझा, यह बात वह अपने पिताजी की अनुमति से लिख रहे हैं। दिन रविवार का पड़ता था। उन्होंने लिखा था शायद कि सगाई की रस्म मत कीजिए। हम गोद भराई को आ रहे हैं। गोद भराई करने जो देवी आईं, उसे उन्होंने अपने रिश्ते की भाभी बताया। सारे सामान के साथ एक बनारसी, ख़ूब कामदार लहँगा-ओढ़नी आया था, पर वह था पुराना। सोचा गया कि सौतेली माँ है तो नई साड़ी न ख़रीदकर अपनी ही सास का जोड़ा भेज दिया होगा और ख़ुद न आकर रिश्ते की बहू भेज दी। ज़ेवर में स्वस्तिक डिज़ाइन के छोटे-छोटे बुंदे थे—लग्न भी साथ ही थी। पता लगा, यह भाभी ग़ाज़ियाबाद में टीचर हैं। गोद भराई हो गई। भाभी का नाम था—श्रीमती सावित्री वर्मा।

आप भाई को लम्बी छुट्टी नहीं मिली, इसलिए उन्होंने मेरठ के बजाय दिल्ली-सदर से ही विवाह करना तय किया। यहाँ काम सँभालने को उनके ऑफ़िस का पूरा स्टाफ था। मेरठ से सारा परिवार आया। करनाल से बड़ी बहन जी और लाहौर से बुआ जी की बेटी रामो और उनके पति भी। वे लोग ही अब हमारे बाबा की कोठी में रहते थे। रामो जीजी और मोहनलाल जीजा जी का आना बहुत ही अच्छा लगा। मोहनलाल जी बहुत ही भले इनसान और ख़ुशमिज़ाज स्वभाव के थे। मुझे हल्दी और उबटन लगाने के बाद बचा सारा उबटन-हल्दी भाभी व उनकी सखियाँ जीजा जी को ही लगा देती थीं। वे हँसकर सब लगवा लेते थे। मंडप के नीचे रखने वाले कलश का पानी उन्हीं ने एक हाथ से कुएँ से भरा। कन्धे पर रखकर मंडप के कलश में डाला। सलहजों के मज़ाक़ का जवाब भी बड़ी ख़ुशी-ख़ुशी देते—"वाह! मेरी साली की शादी है। उसकी अख़बारों में धूम है। ऐसी मशहूर साली के लिए पहाड़ भी उठाना पड़े, तो हाज़िर है बन्दा!" ज़ेवर, कपड़ा, बर्तन—माँ सब सहेज कर गई थीं मेरे लिए। हाँ, सभी बड़े-छोटों के भाभी सहित नए कपड़े अवश्य बने। बड़ी भाभी ने तो कई साड़ियाँ ख़रीदीं अपने लिए और मेरे लिए उन्नावी रंग की, 45 रुपये की एक बढ़िया बनारसी साड़ी ज़रूर ख़रीदी गई थी। शेष बड़ी भाभी ने अपने लिए साड़ियाँ ख़रीदीं, किसी ने उन्हें नहीं टोका, पर जब मेरी माँ की बड़ी नथ दामाद को देने वाली भारी अँगूठी और दो गिन्नियाँ, ज़ेवर के बक्स में से निकाल लीं तो जीजी

को बहुत बुरा लगा, किन्तु घर की मालकिन भाभी थीं—वह कुछ कह भी नहीं पाईं। मामा न होने से भाभी की माँ ही मेरे लिए बिछिये और एक तार जैसी पतली छोटी नथ लाई थीं—वही मुझे देना तय पाया गया।

शादी का दिन आ गया। बारातियों की गिनती का तो पता नहीं था, पर घराती लगभग डेढ़ सौ के आस-पास थे। पीछे कनात तनवाकर, हलवाई बैठाया गया। बड़े भाई अपने मेहमानों की ख़ातिर में लगे। बारात की प्रतीक्षा में सभी थे। भाई ने जनवासे में किसी को भेजा तो उसने आकर बताया, "बारात तो आ गई है। मुश्किल से बीस-बाईस आदमी हैं। पर न बाजा है, न रोशनी। दूल्हे ने बताया कि उनके जीजाजी ताँगे में 'मौर' भूल आए हैं, उसे ढूँढ़ने गए हैं।" भाई चौंक गए। आँगन से उठकर बाहर चले गए। घर के सभी जन रोशनी और बिना बैंड-बाजे की बारात के समाचार से चकित थे। भाई बाहर से लौटे तो क्रोध और उत्तेजना से काँप रहे थे। आँगन में आकर जीजी को पुकारा "बिब्बी!" जीजी घबरा कर दौड़ती हुई उनके पास पहुँची। भाई का गरजता स्वर सुनाई पड़ा, "यह लड़का बड़ा झूठा है। इसने मुझे अलीगढ़ अपने बाप से मिलने जाने नहीं दिया...अब देखो बारात में न उसके बाप हैं, न भाई! न बारात अलीगढ़ से आई है। सिर्फ़ प्रयाग से कुछ दोस्त हैं। हाँ, दोनों जीजा हैं, जिन पर उनके पिता रोक नहीं लगा सकते थे। मैं बारात लौटा दूँगा।"

जीजी समेत घर के लोग सन्नाटे में आ गए। भाई ने फिर कहा, "बिब्बी! निक्की के लिए मैं जल्दी ही दूसरा लड़का तलाश करके शादी कर दूँगा।"

जीजी ने साहस करके उत्तर दिया, "भाई साहब! निक्की अब नन्ही बच्ची नहीं है। बारात लौटाने से पहले उससे भी पूछ लेना ठीक रहेगा।"

"पूछ लो..." भाई का गम्भीर स्वर गूँजा। मैं नहाकर मारकीन की रँगी पीली धोती पहने खड़ी थी कमरे में। चूँकि गुसलखाने में थी, सो पूरी बात सुनाई नहीं दी थी। कमरे में आकर जीजी ने जब पूरी बात बताई व बारात लौटाने का बड़े भाई का निर्णय सुना तो मेरे पैरों तले से ज़मीन निकल गई। मैं थोड़ी देर तक संज्ञाशून्य-सी रही। जीजी ने मुझे कमरे में पड़ी चारपाई पर बैठाया और फिर पूछा, "निक्की! मैंने तुम्हारा जवाब भाई साहब को जाकर देना है। उनका फ़ैसला ग़ुस्से में ज़रूर लिया गया है, पर उनके मन में तुम्हारे लिए कितना प्यार है—यह भी बताता है। पर आख़िरी मर्ज़ी इस मामले में तुम्हारी होनी चाहिए। यही कह कर मैं यहाँ तुम्हारे पास आई हूँ।"

अब तक मैं सँभल गई थी और जो कुछ मैंने कहा था, आज भी अक्षरश: मुझे याद है। मेरे शब्द थे, "जीजी! किसी के भाग्य को कोई नहीं मिटा सकता। मेरे भाग्य में एक झूठा पति लिखा है तो वही मिलेगा। पर तुम सोचकर देखो, दरवाज़े पर डेढ़ सौ आदमी जमा हैं। भाई का कितना रुपया खाना बनवाने में लगा है? बारात लौटाना कोई हँसी खेल है? बारात लौटेगी तो क्या मेरी कम बदनामी होगी? जो सुनेगा यही कहेगा—लड़की में ज़रूर कोई ऐब होगा, इसी से बारात लौट गई। किस-किस को आप या भाई साहब असलियत बताने जाएँगे? पत्र-पत्रिकाओं में भी बात छपेगी। हम न भी देंगे, तो वह पक्ष अपनी सफ़ाई में झूठी-सच्ची बातें बनाएगा..."

जीजी मेरी बात सुनकर बोली, "फिर बता न, क्या करें?"

"कुछ मत करिए..." मैंने अन्तिम रूप में कहा, "जो ब्याह कर ले जाएगा, वह जहाँ रखेगा, रह लूँगी; उसके घर का सब काम सँभाल लूँगी। अपने वशभर उसकी सेवा करूँगी तो क्या वह दो रोटी नहीं देगा? आप भाई साहब से कह दें—बारात न लौटाएँ, मैं उनके हाथ जोड़ती हूँ।" जीजी ने मेरे दोनों हाथ थाम लिये, फिर बाहर चली गई।

भाई को उन्होंने शान्त कर लिया, मनाया और बारात दरवाज़े पर आई। दूल्हे के सिर न मौर था; (वह जीजा जी को ताँगे छूटने के बाद न मिला होगा) न हाथ में बँधा कंगना; अचकन की जगह उन्होंने सफ़ेद गरम फ़लालेन का कुर्ता-पाजामा पहना था। भाभी ने आरती की, द्वाराचार के बाद फेरे भी पड़ गए और इस तरह विवाह सम्पन्न हुआ। बाराती और घरातियों, सभी ने दावत खाई। मुझे ज़रूर दिसम्बर की सर्दी में कलश के पानी से नहाने के कारण तेज़ बुख़ार रात में ही चढ़ गया था।

दूसरे दिन, दोपहर तक विदाई हुई। मुझे ये और बड़े जीजा जी ग़ाज़ियाबाद सावित्री वर्मा के घर ले जा रहे थे। छोटे जीजा जी अपनी पत्नी सहित दिल्ली घूमने गए हुए थे। बारात की बस पहले देहली-स्टेशन गई। सभी बाराती, जो मित्रता के नाते अपने ख़र्चे पर बारात की शोभा बढ़ाने आए थे, गाड़ी पकड़ कर प्रयाग जाने के लिए तत्पर थे। बस लगभग ख़ाली हो गई। चाँदनी चौक से गुजर रही बस को रोक कर जो सज्जन बस में चढ़े थे वे मेरे छोटे ननदोई कृष्ण प्रसाद थे और उनके साथ थीं—ननद सरस्वती देवी। उन्होंने घूँघट हटा कर मेरा चेहरा बस में देखा और कहा, "मैं तुम्हारी ननद सरस्वती हूँ।"

मैंने आँखों से ही उन्हें नमस्कार किया। बुख़ार से मेरा शरीर तप रहा था और उठ कर उनके चरण-स्पर्श करने की हिम्मत मेरी, बस में नहीं हुई। रात नौ बजे बारात ग़ाज़ियाबाद, सावित्री जी के घर पहुँची। न द्वार पर कोई वन्दनवार, न कोई लाइट। शादी की रोशनी की तो उम्मीद करनी ही मूर्खता होती! द्वार खटखटाने पर, नौकर ने दरवाज़ा खोलते हुए कहा, "मालकिन तो सो गई हैं।"

कमरे में जाने से पहले सरस्वती दरवाज़ा रोक कर खड़ी हो गईं और दरवाज़ा रुकाई माँगने लगी। कान्ति जी ने जेब से पाँच रुपये निकाल कर देते हुए कहा, "सरस्वती जीजी! इस समय तंग मत करो। मैं बहुत थक गया हूँ।"

बड़े जीजा जी बहू को गोद में उठाकर लाने की रस्म को पूरी करने को बज़िद थे। उन्होंने मुझे शॉल में लिपटे बंडल की तरह उठा लिया। शायद मेरा हाथ उनके हाथ से छू गया होगा। वह ज़ोर-से बोले, "इसे तो बुख़ार चढ़ा है। सरस्वती, दरवाज़ा खोल दो।" सब लोग भीतर चले गए अर्थात् बड़े जीजा जी, सरस्वती, मैं और कान्ति जी। सावित्री जी उठ कर नहीं आईं। मकान कई कमरों वाला लग रहा था। मेरी ननद अपने पति के साथ एक अलग कमरे में चली गईं। दूसरे में बड़े वाले जीजा जी।

जिसमें हम लोग थे, वह कमरा काफ़ी बड़ा था। एक किनारे पलंग पड़ा था। होल्डऑल से मखमली गद्दा, दुसूती वाली कढ़ी चादर बिछा कर साटन की रज़ाई रख दी गई थी (बाद में मालूम हुआ-यह काम सरस्वती जीजी ने किया था)। अब

मैं और कान्ति जी अकेले थे। पत्रों द्वारा परिचय हो चुका था। इसलिय, घूँघट हटा कर बातें करने में मुझे कठिनाई नहीं हुई। थके हुए वह भी थे। नींद में बोझिल आँखों को मुश्किल से खुली रखते हुए कान्ति जी ने मुझे गोद में समेट कर लिटाना चाहा... मैं एकदम अकड़ गई। बोली, "ऐसा क्यों करते हैं? (मैंने अपनी ब्याही सहेलियों से बस जो कुछ सुना था, उसका इतना अर्थ समझा था कि पति-पत्नी निर्वस्त्र होकर लेट जाएँ, तो बच्चा हो जाता है) क्या आपको अभी बच्चा चाहिए?"

"बच्चा!" कान्ति जी ने हँस कर कहा, "अपने पेट का ठिकाना नहीं है। बच्चा किस बेवकूफ़ को चाहिए?"

उन्होंने फिर हाथ बढ़ाया तो मैं बोली, "आप अब मुझे छूना चाहेंगे तो मैं ज़ोर से चिल्लाऊँगी। दूसरे कमरे में जीजी-जीजा जी हैं, वे जाग जाएँगे।"

उनके बढ़े हाथ रुक गए, "अच्छा बाबा, कुछ नहीं करूँगा। लो, मैं करवट करके, किनारे सो जाता हूँ।" सचमुच वह पलंग के आधे हिस्से में किनारे की तरफ़ लेटे, और रज़ाई ओढ़ने के थोड़ी देर बाद ही सो भी गए, पर मैं पूरी रात अपने बड़े बक्स पर शॉल ओढ़े बैठी रही, कुछ सोती, कुछ जागती-सी।

सवेरे सावित्री जी के दर्शन हुए। वे तैयार होकर आई थीं, "मैं स्कूल, पढ़ाने जा रही हूँ।" कहती हुईं बाहर चली गईं।

सरस्वती ने खिचड़ी बनाई और कहा, "बहू! हम तो आज दिल्ली घूमने जा रहे हैं। आज रात की गाड़ी से चले भी जाएँगे, क्योंकि कल इन्हें ऑफ़िस जाना है।" उन्होंने जीजा जी को खिचड़ी परोस दी।

एक कौर खाते ही; जीजा जी बोले, "इसमें तो नमक है ही नहीं।"

"ओह! शायद मैं नमक डालना भूल ही गई," सरस्वती जीजी ने यह कहते-कहते नमक-मिर्च एक प्लेट में निकाल कर रख दिया। जीजा जी दो-चार कौर खाकर उठ गए। बड़े जीजा जी ज़्यादा सीधे लगे। उन्होंने फीकी खिचड़ी में शक्कर मिलाई और पेटभर खा लिया। वे अभी कानपुर जा रहे थे।

हम दोनों दिन भर बातें करते रहे। इन्होंने कहा, "फ़िक्र मत करो! मुझे यहाँ दिल्ली में ही नौकरी मिल जाएगी। यहीं मकान लेकर रहेंगे।" रामेश्वर शुक्ल 'अंचल', भगवती प्रसाद वाजपेयी व अनेक लेखकों से वे परिचित थे। उनके साहित्य पर बातें करते-करते दिन बीत गया। इनके बहुत आश्वासन देने पर, उस रात मैं पैताने की तरफ़ सिमट कर सो गई।

तीसरे दिन बुधवार था। दस बजे मैं नहा कर निकली तो देखा, करनाल वाले पंडित चाचा जी, जो जीजी के किरायेदार थे, एक डलिया मिठाई लिये आए बैठे हैं। मुझे देखते ही बोले, "निक्की बीबी! बड़ी भाभी आज मेरठ जा रही हैं। और सब तो मेरठ जा चुके हैं। वहाँ भाजी बाँटनी है न। आप फौरन तैयार हो जाएँ। जवांई बाबू दस दिन बाद मेरठ से तुम्हें लिवा लाएँगे।"

ये बोले, "आज बुध है। बुध को कोई अपना घर छोड़कर नहीं जाता। इन्हें आप आज न ले जाएँ।"

मैं डर गई। पंडित काका ख़ाली हाथ लौटे तो बड़े भाई बहुत नाराज़ होंगे। वह अब भी मुझसे नाराज़ ही थे वरना क्या मँझले या छोटे भाई को विदा कराने न भेजते?

मैंने समझाने की कोशिश की, "आप आर्यसमाजी हैं। यह बुध-मंगल क्यों मानते हैं? और यह घर कोई मेरी ससुराल तो है नहीं, जहाँ से बुध को बिछोह हो रहा है। फिर मैं अपने घर जा रही हूँ (दो दिन में कोई भी लड़की ससुराल को अपना घर नहीं मानने लगती। बहुत दिनों तक मायका ही घर लगता है)। यहाँ मुझे वैसे भी अच्छा नहीं लग रहा।"

वे चुप हो गए। मैंने अपना कपड़ों का बक्स, जिसमें सारे ज़ेवर रखे थे, सहेज कर ताला लगा दिया। बड़ी कुंड में बर्तन थे। रज़ाई-गद्दे और चमड़े का सूटकेस, जिसमें इनके दो गरम सूटों का कपड़ा रखा था—वहीं पलंग के नीचे खिसका कर रखवा दिये।

मैं पंडित चाचा के साथ पहले छावनी आई। फिर भाभी के कहने से ख़ूब सज-धज कर मेरठ के लिए चली। ससुराल की बनारसी साड़ी, सोने का चमकता भारी हार, (जो बाद में पता चला सरस्वती जी का था और उन्होंने केवल दिखाने भर को ब्याह में चढ़ावे में भेज दिया था) ढेर-सी लाल-हरी चूड़ियाँ; पाँवों में महावर, तीन-तीन बिछिये; माँग में मोटी लाल सिन्दूर की रेखा और माथे पर बड़ी-सी चमकती सुर्ख़ बिंदिया—मेरा एकदम दूसरा ही रूप था।

सारे अगले-पिछले मोहल्ले वालियों से घर भरा हुआ था, जब मैं घर 'भोलानाथ का मन्दिर' मेरठ पहुँची, सभी ने ख़ूब प्यार किया और आशीर्वाद दिया। कहीं मन से ग़ाज़ियाबाद के सूने-उदास श्रीहीन स्वागत की छवि का बोझ भी उतरा।

हमेशा सफ़ेद धोती और हाथों में दो-दो चूड़ियाँ पहनने वाली निक्की मेरठ के अपनों के लिए एकदम मुमताज़ महल बन गई थी। सबने अपने घर आने और खाने का न्यौता दिया। एक बनैनी पड़ोसन बोली, "निक्की बीबी! थारे कोई देवर कुँवारा हो तो इसे अपनी लाडो के लिए बताना।" लाडो उनकी चौदह बरस की बेटी का नाम था। उन्हें यह नहीं पता था कि मेरा विवाह बनियों में नहीं, कायस्थ परिवार में हुआ है।

"हाँ! हाँ! ज़रूर बताऊँगी।" कहकर मैंने उन्हें आश्वासन दे दिया। बड़ी भाभी नायन को साथ लेकर बढ़िया बनारसी लहँगा पहन कर मोहल्ले-भर में भाजी बाँटने निकली। फीकी मट्ठियाँ, बड़े मठ्ठे, शक्कर पारे और लड्डू से परात भरी थी, और नायन का काम था, तौल-तौलकर सबके घर देते जाना, जिस बीच भाभी ननद की शादी शान से करने का श्रेय बटोरती रही—बढ़ा-चढ़ाकर ज़ेवर-कपड़े, दावत और बारात के स्वागत का बखान करने की भाभी की इच्छा भी पूरी हुई। दो दिन बाद वह दिल्ली छावनी लौट गईं। मैं मेरठ ही में रही। तीसरे दिन प्रयाग से कान्ति जी का पत्र मेरे पास आया। लिखा था, "बुध को घर से जाने का नतीजा मिल गया न—प्रयाग स्टेशन पर एक जंगली कुत्ते ने मेरी पिंडली में काट लिया। अब चौदह इंजेक्शन पेट में लगवाने पड़ेंगे मुझे।"

कुत्ते के काटने का समाचार पढ़कर बहुत ही बुरा लगा मुझे। साथ ही, चौदह इंजेक्शनों की पीड़ा ने दुःख भी दिया। यह परिवर्तन नया अनुभव लगा। एक सप्ताह पूर्व एक प्राणी नितान्त अपरिचित था—आज उसकी वेदना मेरी अपनी हो गई थी, बिलकुल। मैंने तुरन्त ही जवाब दिया और बहुत-बहुत माफ़ी माँगी, अपने उस दिन के निर्णय के लिए, पर अन्त में मज़ाक़ भी कर लिया, यह लिखकर कि "कुत्ता भी बेवकूफ़ था—दोष तो मेरा था। बुध को मेरठ के लिए मैं निकली थी—उसे यहाँ मुझे काटना चाहिए था—वह कहाँ प्रयाग पहुँचा और आपके साथ यह दुर्घटना हो गई।"

उनके उसी पत्र में आगे लिखा था—"मेरी नौकरी छूट गई हैं। पैसे भी नहीं है।"

मेरे पास टीके व कन्यादान में मिले रुपये थे, पर मनीऑर्डर किससे कराती? किशोरी भाई से या छोटे भाई से कराती तो शर्म आती कि इनके पास पैसे नहीं हैं। अन्त में मैंने एक लिफ़ाफ़े में अपने पत्र के साथ ही 10 रुपये का नोट रखकर भेज दिया। उसके मिलने की सूचना पाने के बाद, दूसरा 10 रुपये का नोट दूसरे ख़त के साथ भेज दिया। वह दूसरा लिफ़ाफ़ा भी सुरक्षित पहुँच गया था।

26 जनवरी को कान्ति जी अचानक मेरठ आ पहुँचे मुझे लिवाने। उनकी नौकरी 30 रुपये मासिक पर *विश्वमित्र* पत्र में लग गई थी। मँझली भाभी के हाथ में रुपये नहीं थे। वह गौने की रस्म के लिए चिन्ता में थीं। तब मैंने उनसे कहा, "भाभी! जहाँ मैं खाने पर गई थी, लगभग सभी ने अधिकतर धोतियाँ दी हैं। सूती हैं, पर दो किनारीदार इकलाई की हैं। कुछ मलमल रँगी हुईं, पतले गोटे की किनारी टँकी हुई हैं। ये सारी गौने की कह कर आप रख दीजिएगा। रही मिठाई की बात, तो कौन मैं अलीगढ़ जा रही हूँ जो सास देखेंगी या बाँटेगी! शगुन के छटाँक भर पेड़े रख देना। किसी को कुछ भी दिखाने की ज़रूरत नहीं!" भाभी चिन्ता मुक्त हुईं।

रात नौ बजे हम ग़ाज़ियाबाद सावित्री जी के घर पहुँचे। बदस्तूर, नौकर ने दरवाज़ा खोला और अन्दर चला गया। बाहर वाले उस कमरे में, मेरा सामान ज्यों-का-त्यों रखा था। पलंग की चारों पाटियाँ कोने में खड़ी थीं। निवाड़ का गोला और फ्रेम दीवार से टिका था। सब सामान पर धूल ही धूल थी। बिछे पलंग पर एक थाल पंखे से ढँका रखा था—उसमें चार पतले-पतले फुलके, कटोरी में दाल और कोने में ज़रा-सी सब्ज़ी थी। सब कुछ सर्दी में बर्फ़-सा ठंडा था। हम लोग मेरठ से खाकर आए थे। पेट भरा हुआ था। मैंने थाली पलंग से उठाते हुए कहा, "सवेरे गऊ को डाल देंगे।" कान्ति जी ने उसी समय थाली स्वयं उठा ली और बाहर चले गए। कुछ देर बाद लौटकर बोले, "दूर जाकर डाल आया। सवेरेअगर ज़रा भी देर हो जाती, और सावित्री जी की नज़र पड़ जाती तो अच्छा नहीं लगता।"

मैंने सब सामान ज़रा ऊपर से ही टिकाते हुए कहा, "सुनिए! कल ही कहीं एक कमरा ही मिले, तो भी देख लो। मैं यहाँ नहीं रह सकती। हमारे पास सत्तर रुपये हैं। इससे तवा, कढ़ाई, चिमटा, अँगीठी और खाने का ख़र्च पूरा हो जाएगा। अगले महीने तो आपको वेतन मिलेगा ही।" बर्तनों में लोहा तो कोई लड़की वाला नहीं देता था; और स्टेनलेस स्टील का तब तक नामोनिशां नहीं था।

इन्होंने पैसे ले लिए, पर दूसरा ही प्रोग्राम बताया, "हम सवेरे ही कानपुर जा रहे हैं। सरस्वती का हार लौटाना है..."

मैंने कहा, "बीबी जी तो कानपुर में होंगी नहीं। वे लोग तो 26 तारीख़ की किसी शादी में अपनी ननद के घर झाँसी गई होंगी और आज 26 है।"

पर इन्होंने निश्चयात्मक स्वर में कहा, "तुम क्यों पराई क़ीमती चीज़ अपने पास रखने का जोखिम उठाओ? हम उनकी सास को हार लौटा देंगे। फिर मुझे इलाहाबाद भी जाना है। वहाँ मेरा बहुत सारा सामान पड़ा है।"

अस्तु, हम लोग दूसरे दिन कानपुर में थे। बीबी जी की बूढ़ी सास को जब मैंने हार लौटाया, तो वह बोलीं, "दुलहिन तो झाँसी, शादी में हार बिना चली ही गई थीं। अब चाहे एक दिन बाद लाई हो, तो और एक महीने बाद लातीं तो क्या फर्क पड़ना था!"

बात दोनों ही सच थीं—उनका कहना अपनी जगह बिल्कुल सही था, चाहे उस समय मुझे चुभा ज़रूर, क्योंकि यहाँ मेरा तो कोई दोष नहीं था। मायके में ससुराल की इज़्ज़त रखने को ही, वह साथ ले गई थी। वही इकलौता गहना था। करती भी क्या? बाक़ी देर तो इनकी नौकरी छूटने, दुबारा अब लगने की वजह से हुई। पास में नहीं थे—तो कानपुर कैसे आते? बहरहाल, हार-पुराण समाप्त हो गया इस तरह। इनकी बड़ी बहन अलीगढ़ में ही थीं। इसीलिए वहाँ नहीं गए। कानपुर में कई इनकी फुफेरी बहनों से मिली। हँसी-मज़ाक़ होता रहा। खाना-वग़ैरह भी अच्छा था—पर मुँह-दिखाई किसी ने नहीं दी। शायद बाबूजी की मर्ज़ी के ख़िलाफ़ शादी करने का यह स्वाभाविक परिणाम था। दूसरे दिन हम प्रयाग पहुँचे और सीधे 'हिन्दू-हॉस्टल' गए। स्वराज्य, मेरा देवर, हमें देखकर आश्चर्यचकित हो गया। इन्होंने कहा, "यहाँ मेरा बहुत सारा सामान पड़ा है, उसे लेने आना ही था।"

स्वराज्य बोला, "दादा! मार्च में मेरा इम्तहान हो ही जाता, तब कमरा ख़ाली करना ही था—मैं अपने साथ आपका भी सारा सामान ले आता। बेकार आपने किराया ख़र्चा इतना!"

वे कुछ नहीं बोले। सामान सचमुच कुछ ख़ास नहीं था—पीतल की एक पुरानी छोटी थाली, एक गिलास, दो कटोरियाँ और कुछ प्याले; एक पुराने सूटकेस में जिल्द चढ़ी *विचार* की दो फ़ाइलें और कुछ काग़ज़-पत्र।

दूसरे दिन हम यूनिवर्सिटी गए और यूनिवर्सिटी में प्रोफ़ेसरों के साथ-साथ साहित्यिक हस्तियों से भी मिलने का अवसर मिला। मेरे लिए यह भेंट, जीवन के अविस्मरणीय क्षणों में से एक है। इलाहाबाद आना सफल लगा। मैं अपने भाई नरेन्द्र जी और बच्चन जी से मिली। मैंने बच्चन जी से उनकी प्रशंसिका की तरह बात करते हुए कहा, "आप सरल-भाषा के महान कवि हैं। पन्त, निराला, प्रसाद और महादेवी हिन्दी-साहित्य जगत् के विद्वान-प्रबुद्ध जनों की धरोहर हैं, पर आपके गीत जन-साधारण को भी काव्य-रस का आनन्द देते हैं। आपकी सरलता ही आपकी महानता है।"

बच्चन जी हँसने लगे, फिर बोले, "कितना भी महान हो जाऊँ, आप से तो छोटा ही रहूँगा। सम्पादक भी आपको ही बड़ा मानते हैं।"

मैंने स्पष्ट-स्वर में ज़ोर देकर प्रतिवाद किया, "क्यों आप झूठ-मूठ मेरा मज़ाक़ बनाते हैं। आप आयु में बड़े हैं ही। रचना की दृष्टि से भी कहाँ आप कहाँ मैं..."

"अरे, मैं इसका सबूत दिए देता हूँ—" और इतना कहकर पास रखी *शान्ति* पत्रिका का नवीनतम अंक उन्होंने मेरे सामने खोलकर रखते हुए आगे कहा, "देखो, तुम्हारी कहानी पूरा पत्र घेरे है, जिसके केन्द्र में चारों ओर फ्रेम में जैसे जड़ देते हैं—मेरा छोटा-सा गीत छापा है!"

देखा, तो सचमुच यही था। मैंने लज्जित स्वर में कहा, "बच्चन जी, मैं इसे मोहनलाल जी (*शान्ति* के सम्पादक) की नासमझी ही कहूँगी। इसके लिए कम-से-कम मैं ज़िम्मेदार नहीं हूँ..."

"अरे भई किरन! यह कौन कह रहा है...?" बच्चन जी की इस टिप्पणी के साथ सभी उपस्थित जन हँसने लगे।

कान्ति जी को 2 फरवरी को दिल्ली में *विश्वमित्र* की नौकरी ज्वाइन करनी थी। उसी रात चलकर हम ग़ाज़ियाबाद आ गए। आने पर इन्होंने मेरे हाथ पर चौदह रुपये कुछ आने रख दिए, यह कहते हुए कि शेष सब आने-जाने में ख़त्म हो गए।

सत्तर रुपये में बस यह बचा था—और सारा महीना सामने था—ख़ाली हाथ! मन में सोचा—क्या कानपुर-इलाहाबाद जाना इतना ज़रूरी था? मैंने मन-ही-मन दो टूक निर्णय कर कहा, "चाहे जो हो—मैं अब इस घर में एक मिनट भी नहीं रहूँगी! न हो तो मुझे मेरठ भेज दीजिए अभी। जब मकान मिल जाए, और पैसे हो जाएँ तब मुझे लिवा लाइएगा।" यह भी एकदम चुप हो गए। फिर जैसे कुछ याद करते हुए-से बोले, "विष्णु प्रभाकर का नाम तुमने सुना होगा?" मैंने कहा, "हाँ, उनकी एक-दो कहानी पढ़ी हैं। सुना है, उनका उपन्यास भी छपा है, पर मैंने देखा नहीं।"

"हम अभी मयसामान उनके घर चलते हैं...एक-आध दिन में मकान ढूँढ़ ही लेंगे"—इन्होंने कहा।

मैंने क्या कहना या करना था, मेरे सामने कोई विकल्प नहीं था। पति से भी अन्तरंग होने का यथेष्ट समय नहीं मिला था। कुल जमा छह दिन की मुलाकात थी क्योंकि मैं मेरठ रही और कान्ति जी इलाहाबाद। पति की आज्ञा का पालन करते हुए एक पराए घर से निकलकर हम दूसरे नए, पराए घर चल पड़े। दो ताँगों पर सामान रखा और हमने ग़ाज़ियाबाद छोड़ दिया। सावित्री जी घर नहीं थीं। नौकर को कहकर हम आ गए थे। विष्णु जी उन दिनों हौज़काज़ी पर पीपल-महादेव मोहल्ले में एक हवेली में रहा करते थे (हवेली अब भी है, पर उसका रूप बदल कर दुकानों में परिवर्तित हो चुका है)। वहाँ पहुँचते ही नीचे से इन्होंने विष्णु जी का नाम पुकारा।

वे दुमंज़िले पर रहते थे। तुरन्त सीढ़ियाँ उतर कर आए तो पत्नी के साथ 'इन्हें' सामान से लदे-फदे देख विष्णु जी एक पल तो चकित रह गए। पर दूसरे पल आगे बढ़कर बड़े स्नेह से उन्होंने स्वागत किया। बहुत ही विनम्र, गौर वर्ण के सत्पुरुष। सहज व सरल व्यक्तित्व के स्वामी लगे।

ये दो मिनट बाद ही ऑफ़िस चले गए। पहला दिन था, समय पर उपस्थिति

अनिवार्य थी। विष्णु जी ने मकान-मालिक के चौकीदार से कुछ बात की। फिर सामान नीचे बने एक बड़े हॉल से कमरे में किनारे रखवा दिया। कमरे में दरी के ऊपर चाँदनी बिछी थी सफ़ेद, चारों ओर सफ़ेद ही गावतकिए लगे थे। सामान रखने के बाद विष्णु जी मुझे साथ लेकर ऊपर गए। उस हवेली के तीन कमरों में विष्णु जी का पूरा परिवार रहता था। पहला कमरा सबसे बड़ा था। वहीं एक पलंग पर उनके पिता जी लेटे थे। तीन-चार कुर्सियाँ पड़ी थीं। अलमारी पुस्तकों से भरी थी। उसके बाद के दोनों कमरों में विष्णु जी व उनके बड़े भाई ब्रह्मानन्द सपरिवार रहते थे। बड़े भाई के तीन साल का लड़का और एक साल की कन्या थी। विष्णु जी के एक साल की एक बेटी थी। उनकी माता जी, भाभी व पत्नी सुशीला जी बहुत ही आत्मीयता से मिलीं, पर यह मैं देख रही थी—इनके पास मेहमान को टिकाने के लिए कोई कमरा नहीं था। हमारा सामान मकान-मालिक के मेहमानख़ाने में रखा गया था।

शाम को कान्ति जी लौटे। हम दोनों ने विष्णु जी के परिवार के साथ भोजन किया। एकान्त मिलते ही मैंने इनसे कहा, "चलिए, मकान देखने निकलते हैं।" बाहर आकर सारी स्थिति मैंने बता दी कि बेचारे विष्णु जी को चौकीदार का अहसान लेना पड़ा है बैठक खुलवाने में। उनके अपने घर में बिल्कुल कोई जगह नहीं है।

उन दिनों दिल्ली आज की तरह हर तरफ़ फैली, लोगों की भीड़ से भरी नहीं थी। पुरानी दिल्ली में ही लाल पत्थरों से बनी कितनी हवेलियाँ थीं, जिनमें मकान-मालिक कई किरायेदारों के साथ रहते थे। पहली हवेली में ही दो हिस्से ख़ाली थे। दुमंज़िले पर मकान मालिक रहते थे। नीचे और सबसे ऊपर किरायेदार थे। ऊपर खुला, हवादार, धूप आने की वजह से महँगा था—पन्द्रह से बीस तक। नीचे धूप न होने से पक्के होने पर भी सीलन बहुत थी। किराया आठ से दस रुपये तक था। 'ये' ऊपर वाला लेना चाहते थे, पर मैं क्या कहती? 30 रुपये तनख्वाह में अगर पचास प्रतिशत किराये में दे देंगे तो दो जन खाएँगे क्या? दूसरा विश्व-युद्ध चल रहा था—महँगाई बढ़ रही थी। ढाबे तक में सात की जगह नौ-दस रुपये में भोजन मिलने लगा। यह दो समय सिर्फ़ खाना था, चाय-पानी अलग।

हमने कई मकान देखे, पर नए किरायेदार से सब पेशगी माँगते, जो पास हमारे थे नहीं। 'कल आकर दे जाएँगे', का बहाना बना कर हम लौट आए। लौटने के बाद यह तो थके होने की वजह से तुरन्त सो जाते, मैं रातभर उन चौदह रुपये कुछ आनों की गिनती के साथ पन्द्रह रुपये की पेशगी के तालमेल में खोई रहती। दूसरे दिन भी नई हवेली के चक्कर काटकर बिना मकान तय किए हम लौट आए। ये कहीं से उधार जुटाने के जुगाड़ में थे, पर कौन उधार देगा?

तीसरे दिन जैसे ही यह ऑफ़िस गए, चौकीदार ने विष्णु जी की माता जी को बताया कि तीसरे पहर मालिक के मेहमान आ रहे हैं। मतलब यह था कि हम अपना सामान हटवा लें।

माता जी ने चिन्ता में पड़कर मुझे ऊपर आकर बताया, "किरण, कमरा तो अभी ख़ाली करना पड़ेगा। तुम्हारा सामान छज्जे के नीचे रखवा भी दूँ तो आसमान

में इतने बादल खड़े हैं कि बारिश होने पर बौछार से भीग जाएगा। रात को सोने की भी समस्या होगी।"

मैं क्या कहती? दो क्षण सोचकर बोली, "अम्मा जी! सामान तो छज्जे के नीचे ही रखवा दीजिएगा। भीगता है तो भीगे। कैलाश भाई के साथ, मैं मेरठ की बस में बैठने के लिए निकल लेती हूँ। वह मुझे बस में बैठा कर लौट आएँगे। मैं दिन-दिन में पहुँच जाऊँगी। शाम को जब ये आएँ तो बता दीजिएगा जो हुआ और जब मकान मिल जाएगा, ये मुझे लिवा लाएँगे।"

मुँह से निकल तो गया था, पर वास्तव में मैं किस मुँह से मेरठ जाऊँगी? क्या बहाना बनाकर रहूँगी? यह शादी मैंने अपनी ज़िद से की थी। बड़े भाई-भाभी के पास तो मैं छावनी में, दिल्ली में ही जा सकती थी पर बड़े भाई का सामना करने से तो मरना बेहतर था। संयोग से कैलाश व प्रह्लाद में से कोई नहीं था। सो, तुरन्त कुछ सम्भव नहीं हुआ। अम्मा बोली, "किरण! अभी तो कोई भी घर नहीं है। जैसे ही कोई आएगा, मैं तुम्हें मेरठ की बस में बैठवा दूँगी।"

फिर कुछ देर सोचने के बाद मैं विष्णु जी की माता जी के पास बैठ गई, चुपचाप। वे बोलीं, "क्या बात है, किरण? जाके थोड़ा आराम कर लो। बस में जाना है—थकान हो जाएगी। सामान की तुम चिन्ता न करो, मैं कहीं-न-कहीं बारिश से बचाकर सामान को रखवा दूँगी। उस वक़्त चौकीदार के कहने से मैं घबरा-सी गई थी। भगवान सब रास्ता निकालते हैं। कुछ-न-कुछ ज़रूर होगा।"

बस, मैंने उन्हीं के शब्द पकड़ लिये और कहा, "ठीक कह रही हैं आप, अम्मा जी! आप ही मेरी मदद कीजिए। मेहरबानी कर के मेरे साथ चलिए। हो सकता है, जो काम हम दोनों नहीं कर पाए आपके साथ होने से आज हो जाए। अगर आस-पास एक कमरा भी मिल जाएगा, हमारी समस्या हल हो जाएगी।"

माता जी के दिल को शायद मेरी बातों ने छू लिया और वह एकदम तैयार हो गईं और बोलीं, "चल किरण बेटी! शुभ काम में देरी क्यों?"

भाग्यवश, जिस पहली हवेली में हम दोनों गईं वहाँ नीचे का आधा भाग ख़ाली था। धूप की कमी से सीलन तो थी, पर बड़ी हवेली उसका बड़ा-सा आँगन। सामने का दालान। दो कमरे—एक पंजाबी परिवार के पास थे। इस वक़्त एक गोरी-सी वृद्धा अपने पोते को कुछ खिला रही थीं। रेशमी जोड़े में, हाथ में चूड़ा पहने बहू थाली में दाल बीन रही थी।

दूसरा ख़ाली भाग देखा—एक साफ़-सुथरा, ताज़ा पुता हुआ लम्बा कमरा। उसके आगे तीन दरों वाला दालान। बगल में एक छोटा कमरा, जिसका दरवाज़ा बाहर गली में खुलता था। आधा आँगन इधर के हिस्से में था। गुसलख़ाना और शौचालय भी दो-दो थे। पानी का नल भी था। मैंने सीलन की कोई परवाह नहीं की। मैंने माता जी से कहा, "अम्मा जी! आप मकान-मालिक से मेरी तरफ़ से बात करें। बस, यह बात साफ़तौर पर कह दीजिएगा कि पेशगी नहीं दे पाएँगे।"

माता जी संयोग से मकान-मालकिन को जानती थीं। ऊपर जाकर उन्होंने

समझा दिया, "आप मेरी गारंटी पर मकान दे दें। पहली तारीख़ को आपको किराया मिल जाएगा।"

और इस तरह आठ रुपये महीने पर वह मकान हमें मिल गया। हाँ, बिजली नहीं थी। ऊपर दोनों भागों में थी। नीचे के किरायेदार बिना बिल चुकाए चले जाते थे, तो बाद में मकान-मालिक को देना पड़ता था। सो उन्होंने कहा, "अगर बिजली चाहिए, तो अपने नाम से ले लें कनेक्शन।"

अम्मा जी और मैं घर लौटे। कैलाश जी आ गए थे। उन्होंने दो आने में दो कुली किए और हमारा सामान एक ही बार में हवेली में आ गया। कैलाश जी साथ थे। उन्होंने पलंग के फ्रेम को लोहे के कब्ज़ों में कस कर पायों में जमा दिया। कुलियों से बाहर पड़ी ईंटों को भी दालान में रखवा दिया। अत: काम समेटने की अब मेरी बारी थी।

जब मैं काम में लगी थी, पड़ोसियों का बालक मेरी तरफ़ इशारा करके अपनी दादी से कह रहा था, "दादी! वौट्टी (बहू) नवीं वौट्टी!" दादी ने भी 'हाँ' में 'हाँ' मिलाई। बच्चे को गोद में लिये, वह इधर की तरफ़ आ गईं। मैंने भी सुन कर उनके पाँव छुए। वृद्धा के मुख पर सरल मुस्कान थी। सिन्दूर, बिन्दी, चूड़ी, महावर और नई साड़ी में देख कर वह साफ़ हिन्दी में बोली, "ब्याह को लगता है, थोड़े ही दिन हुए हैं।"

"हाँ जी! नौकरी यहाँ लगी है, इसी से..." मैंने कहा।

"चंगा है बेटी, रोज़ी से रोज़ा होता है...हम भी मुद्दत से यहीं रहते हैं।" वृद्धा बोली।

"आओ मुन्ने!'' मैंने बच्चे की ओर हाथ बढ़ाया। दादी की तरफ़ देखते हुए वह मेरे पास आ गया। मैंने उसे गोद में ले लिया, प्यार किया और एक पोटली से बादाम-किशमिश निकालकर उसकी मुट्ठी में भर दी। यह मेवा भाभी ने विदा करते समय मेरी गोद में डाली थी।

वृद्धा ने कहा, "इसका नाम सुभास चन्दर है।"

"बढ़िया नाम है—लो सुभाष बाबू! ज़रा गोद से उतर जाओ। चाची को बहुत काम करना है।" मैंने यह कहते हुए उसे गोद से उतारा और कूड़ की चादर खोलकर बर्तन निकाले। कपड़े से पोंछ कर जब बाहर रख दिए सारे, तो पता चला बड़ा मुरादाबादी पानदान, फूल का बड़ा कटोरा और जयपुर से ख़ास माँ ने रंगीन चकला-बेलन मँगाया था मेरे लिए, जिसके बेलन में घुँघरू लगे थे—सब ग़ायब थे। ये चोरी कहाँ हुई होगी, कहना मुश्किल था। सावित्री जी के नौकर का काम हो सकता था, या फिर यह भी सम्भव था—जिस तरह भाभी ने अपनी माँ के परामर्श पर मेरी दो तोले की भारी बड़ी नथ, दामाद की भारी अँगूठी और अशरफियाँ रख ली थीं, बर्तनों में भी ख़ास चीजों पर उनकी कृपा दृष्टि हो गई हो। ख़ैर, छह-छह कटोरियों, थाली, गिलास के सेट, दो बड़े थाल, भगौना, पतीली, सब मौजूद था। दालान में ईंटें लगाकर चौतरा-सा बनाया। अख़बार बिछाया और मैंने बर्तन क़रीने से सजा दिए। शादी के दोनों पटरे रसोई के पास रख दिए। द्वाराचार की चौकी बहुत

सुन्दर थी—मखमल चढ़ी, उसे बैठने के लिए रख दिया। दो बजे तक सारा सामान घर का सेट कर चुकी थी मैं, पर अब समस्या भोजन की आई—हमारे पास न अन्न का एक दाना था और न बनाने को अँगीठी, तवा जैसे साधन। कुल जमा पूँजी मेरे पास चौदह रुपये कुछ आने।

इतने में देखा, पड़ोसी वृद्धा माता जी हाथ में थैला लिये बाहर जाने को तैयार हैं। मैंने तुरन्त कहा, "माँ जी! बाज़ार जा रही हैं न? मैं भी चलूँ?" वह हँस कर बोली, "एक से भले दो, चल न!"

एक रुपया, नौ आने एक डिबिया में घर में छोड़े और शेष तेरह रुपये साथ लेकर मैं उनके साथ हो ली। बाज़ार हवेली के पीछे ही था। सबसे पहले कोयले की दुकान पड़ी। माँ जी ने अपने उसी परिचित कोयले वाले से कहा, "बीस सेर कोयला, हमारे घर भिजवा दो। पुरानी बोरी अभी वापस नहीं करूँगी।"

दो रुपये का कोयला लेने के बाद ग्यारह रुपये बचे थे। अँगीठी, तवा लेने के लिए, एक दुकान पर रुके; अँगीठी एक रुपये की, तवा बारह आने का—दाम सुनकर मेरे तो देवता ही कूच कर गए। चिमटे के साथ पूरे दो रुपये ख़र्च हो जाते। वृद्धा अनुभवी थीं। मेरी परेशानी बिना कहे समझ गईं और धीरे-से बोलीं, "पुराने लोहे वाले की दुकान पर चलते हैं। वहाँ सस्ता और अच्छा भी मिल जाएगा।"

सचमुच सेकेंड हैंड सामान की दुकान पर, पुराने लोहे की दुकान पर सस्ता और ठीक-ठाक मिला। वहाँ नीलामी से ख़रीदा माल था। आठ आने का तवा, दो आने का चिमटा और चार आने की अँगीठी ख़रीदने के बाद 10 रुपये बचे थे—और पूरे महीने की जिंस बाक़ी थी लेनी। फरवरी की सर्दी में भी मुझे पसीना आ गया। आधा सेर अरहर, पाव-पाव भर उड़द, मूँग की दालें, चार सेर आटा, एक सेर चावल, आधा सेर सरसों का तेल और आधा पाव देसी घी-बनिये से लिया। 10 रुपये फुर्र सिर्फ़ कुछ आने हाथ में बचे थे बस! न लालटेन ख़रीदी थी, न चकला-बेलन। बचे आनों में सब्ज़ी ली। वह सस्ते का ज़माना था—1 आने में छोटे वाले 1 सेर आलू, 2 पैसे की 1 सेर मटर, 2 पैसे की मेथी और 1 पैसे की हरी प्याज लेने के बाद एक-एक आने का मिर्च, हल्दी, धनिया और पिसा नमक लिया। सारे पैसे ख़त्म हो गए बस—और मैं माँ जी के साथ लदी-फदी घर आई। खाने का यह सारा सामान पन्द्रह दिन से ज़्यादा चलने वाला नहीं था।

चार बज चुके थे। हवेली के नीचे का भाग में अँधेरा और जल्दी आने वाला था। मैंने झटपट दाल बीन कर भिगोई—भीगने के बाद जल्दी बनती। आटा गूँधा, फिर अँगीठी जला कर दाल चढ़ा दी। मटर-आलू छील काटकर रख लिये। बस, मुझे हाथ से रोटी बनानी नहीं आती थी। अपने घर मँझली और छोटी भाभी ही मक्की-बाजरे की रोटी शौक़ से खाने के लिए हाथ से बनाया करती थीं। दाल पकते ही मैंने तवा रखा और किसी तरह थाल उलटा रखकर लोइयों को हथेली से गोल करके टेढ़ी-मेढ़ी सात रोटियाँ बनाईं; क्योंकि बाद में कोयले बुझने लगते जो मैं दुबारा डालना नहीं चाहती थी। रोटी बनते-बनते कोयले बुझने आ गए। मैंने गरम तवे पर ही भगवान

का नाम लेकर मटर-आलू छौंक दिए। सोचा, अगर नहीं गलेंगे तो माँ जी से कहकर उनकी बाद की अँगीठी पर गला लूँगी। उनकी अँगीठी तो पत्थर के कोयले की थी। बाद तक भी आँच बहुत रहती है, पर इसकी नौबत नहीं आई क्योंकि नए आलू और कचिया मटर थीं—उतनी ही आँच में गल गए।

अँधेरा हो चुका था। पड़ोसन की लालटेन आँगन में उनकी तरफ़ रखी थी। मैंने एक कटोरी में सरसों के तेल का मोटी-सी रूई की बाती बनाकर, चिराग जलाकर अपनी तरफ़ वाले दालान में रख दिया। इस तरह दालान-आँगन में मीठा-सा उजाला फैला था। पड़ोस में अपनी बनाई एक कटोरी दाल और सब्ज़ी देना मैं नहीं भूली थी। माँ जी ने मेरी सारी ख़रीदारी बहुत ही अपनेपन से कराई थी। मैंने भी अपने तरीक़े से अच्छी पड़ोसन का कर्तव्य निभाने की कोशिश की। उन्होंने भी, उस कटोरी में सरसों का घुटवाँ साग रखकर दिया।

ये विष्णु जी के घर से चाय पीकर सात बजे आए। अँधेरे में भी दीये के प्रकाश में बर्तन चमक रहे थे। क़रीने से पलंग, चौकी रखी थी—कान्ति जी के चेहरे पर प्रसन्नता और सन्तोष यह सब देखने पर स्पष्ट झलक रहा था। बोले, "तुमने तो कमाल कर दिया। वहाँ मैं पहुँचा तो कैलाश ने बताया कि तुम नाराज़ होकर मेरठ चली गई हो। मैं सुनते ही पलट कर जाने लगा। भूल गया कि मेरठ जाने के लिए पैसे तो हैं ही नहीं, पर फिर कैलाश ही ने सच बताकर मुझे हवेली के बाहर तक छोड़ा। अच्छा हुआ, माता जी की मदद से यह बढ़िया जगह मिल गई।" इस वक़्त इन्हें सीलन का दोष नज़र नहीं आया।

मैं इतना थकी हुई थी कि कुछ कहने की शक्ति भी नहीं बची थी। बस मैं बोली, "जल्दी से रोटी खा लो। टेढ़ी-मेढ़ी हैं। क्या करती? चकला-बेलन बर्तनों में से ग़ायब था।"

मग्न मन खाने बैठ गए। मैंने भी दो रोटियाँ खाईं। चौका-बर्तन करने की तो हिम्मत ही नहीं थी सवेरे के लिए छोड़, पलंग पर लुढ़क गई। आज पहली बार, ब्याह के बाद, मैं अपने घर में बेफिक्र होकर सोई थी।

सवेरे मैंने अँगीठी नहीं जलाई, कोयले की बचत तो करनी थी। थोड़ा आटा गूँथ कर पड़ोसन की अँगीठी पर ही तीन, टेढ़े-मेढ़े पराँठे सेंक कर इन्हें खिला दिए। सब्ज़ी रात की गरम करके दे दी।

इनके दफ़्तर जाते ही अपना धोबी घाट लगाना था। विष्णु जी के घर गुसलख़ाना ज़्यादा देर के लिए नहीं मिल पाता था। सो इलाहाबाद-कानपुर की यात्रा वाले दिन से कपड़े गंदे जमा थे। कपड़ों से निबटी, तो रात का चौका-बर्तन समेटा। बस, बर्तन माँजना ही मेरे लिए सबसे कष्टकर था, क्योंकि घर के सारे काम मैं ख़ुशी-ख़ुशी कर लेती सिवाय इसके मुझे यह एकदम नापसन्द था। दोपहर के दो बज चुके थे। पेट में चूहे धमा-चौकड़ी मचा रहे थे। चौके में रात की दो रोटियाँ और ज़रा-सी दाल रखी थी, पर भूख में किवाड़ भी कैसे पापड़ लगते हैं—यह उसी दिन अनुभव हुआ वह बर्फ़-सा ठंडा खाना खाते समय।

उसी वक़्त मँझली भाभी का छोटा भाई किशोर जो मेरठ गया था, मेरे पुराने कपड़ों का सूटकेस लिये घर में घुसा। मेरी ख़ुशी का ठिकाना नहीं था। कोई आत्मीयजन घर में आया था। मनोबल बढ़ाने को उसका उत्तर काफ़ी था। जब सूटकेस लाने पर मैंने बार-बार आभार जताया, तो वह बोला, "जीजी! धन्यवाद काहे का? मैं क्या आपका छोटा भाई नहीं हूँ? अब तो आप दिल्ली में ही हैं। मैं जीजा जी से मिल कर आया हूँ। पता लेना था न! मेरठ में सरसुती जिज्जी ने कहा, आपके कपड़े पुराने वहाँ यूँ ही रखे थे—आपकी कढ़ाई-बुनाई का सामान भी इसमें है। वहाँ कोई लड़की तो है नहीं, जो इस सबका इस्तेमाल करे।"

मैंने कहा, "हाँ भैया! ये तो मेरे लिए सब काम की चीज़ें हैं (उससे क्या कहना था—पर मेरी दो गोटे वाली नई धोतियाँ सफ़ाई-बर्तन के काम में पोचा हो गई थीं। अब पुराने कपड़े पहनकर घर का काम करूँगी)। तुम आज तो काम से आए हो, वैसे भी आया करना।" किशोर बोला, "यह भी कोई कहने की बात है? मैं हर हफ़्ते आऊँगा। जो काम हो, आप चिन्ता में न रहना। मैं आकर कर दिया करूँगा। यह मत समझना आप यहाँ अकेली हैं।"

दो दिन बीत गए...पास में चार रुपये भी न होने के कारण, हर वक़्त एक तनाव और दबाव दिमाग़ पर रहता था। जाड़ों के कारण कोयले जल्दी-जल्दी ख़त्म हो रहे थे। दस-बारह दिनों में जिंस भी ख़त्म हो जाएगी। इनसे कह कर भी क्या होगा? कहाँ से पैसे लाएँगे? कान्ति जी वैसे मगन रहते। बस, अपने बाबूजी और घर के बारे में बताते कि किस तरह उनकी कंजूसी के कारण बचपन में अच्छा कपड़ा पहनने को नहीं मिला, न ही बहुत बढ़िया खाना-पीना।

शाम को जल्दी खा-पीकर ये और मैं घूमने निकल जाते। एक दिन पहाड़गंज वाली सड़क पर चले गए। हम अपनी बातों में खोए हुए थे कि पीछे से एक नारी-स्वर सुनाई पड़ा, "निक्की!"

मैं चौंक गई। स्वर पहचाना-सा लगा। दोहरे शरीर की गोरी महिला ने पीछे से मेरा कन्धा पकड़ा, "अरी निक्की! तू दिल्ली में है?"

सड़क के बल्ब की रोशनी में, मैंने उन्हें पहचाना—वे बाबूजी के घनिष्ठ मित्र कृपाराम जी की सबसे छोटी लड़की कृष्णा थीं, जीजी की पक्की सहेली। छावनी में मेरी शादी में भी अपनी बेटी सहित आई थीं।

उनका कथन जारी था, "कब से है तू यहाँ? तेरी ससुराल तो ग़ाज़ियाबाद में है।"

मैंने कहा, "कृष्णी जीजी! ये यहीं नौकर हो गए हैं। दस-बारह दिन हो गए यहाँ मकान लिये।"

"दस-बारह दिन!" वे ग़ुस्से से शिकायत करने लगी, "और तूने मुझे ख़बर तक नहीं दी। इतनी अपने मन की हो गई? तेरी शादी में बिब्बी को मैं अपना पता देकर आई थी। अगर आज यहाँ न देखती इत्तफ़ाक़ से तो कभी पता भी न चलता कि महारानी जी दिल्ली में ही हैं। ठहर जा, मैं आज ही करनाल चिट्ठी लिखकर बिब्बी से तेरी शिकायत करती हूँ।"

"नहीं! नहीं! ऐसा मत करना! मैं आपके हाथ जोड़ती हूँ। कल-परसों में ज़रूर आपके पास आऊँगी।" मैंने कहा।

"कल-परसों की ऐसी-तैसी! तू अभी मेरे साथ चलेगी कान्ति बाबू के साथ! चुपचाप सीधी तरह!"

"बेटा निक्की! सीधी तरह साथ चल अभी! तुम अपनी इस जीजी को अभी जानती नहीं। मेरी तौबा बुला देती है।" यह बात पीछे खड़े उनके पति प्रीतमदास जी ने कही।

उनका मकान पास ही, पहाड़गंज की खुली गली में ऊपर की मंज़िल पर था, जिसके नीचे दुकानों की लाइन थी। हम जब पहुँचे तो उनकी तेरह-चौदह वर्षीय कन्या जीत व मँझली, स्वर्गवासी बहन दुर्गा की बेटी सन्तोष थी। बड़ी बहन जी भी वहीं थीं, जिन्हें सब 'बेजी' कहते थे। बड़ी गर्मजोशी से हम दोनों का स्वागत हुआ। जीत और सन्तोष तो अपने मासड़ जी (मौसा जी) के इर्द-गिर्द जम गईं और तीनों की गप्पें शुरू हो गईं।

मैं और कृष्णी जीजी बातों में लग गए। बेजी ख़ूब मलाईदार चाय बनाकर लाईं। सबने साथ बैठकर पी। उसके बाद मैंने कहा, "अच्छा जीजी! अब हम चलें? आती रहूँगी जल्दी-जल्दी!"

पीछे से बेजी बोली, "बड़ी आई जाने वाली! बिना खाए जाने दूँगी—" उनके हाथों में दो थालियाँ थीं, जिन्हें उन्होंने मेज़ पर रख दिया। दोनों में सुनहरी मक्की की रोटियाँ, घी से गुँदी हुई, साथ मक्खन सहित हरा-सरसों का साग और बैंगन का भुर्ता रखा था।

"जीजी! खाकर घूमने निकले थे।" मैंने कहा, कृष्णी जीजी बोली, "उँह! खा कर निकले थे! सात बजे का खाना खाया अब तक पेट में रखा होगा? जवान बच्चे हो—खाओ! सब पच जाता है जवानी में।"

"कदी कुड़ियाँ-दमाद बिना रोटी खादे सुसरालों जांदे नें—" बेजी हाथ में पानी के दो गिलास लाते हुए बोलीं।

लाचार दोनों बैठ गए। भोजन गरम-गरम इतना स्वादिष्ट था कि मैंने सचमुच दोनों रोटियाँ खा लीं। इन्होंने भी तृप्त होकर भोजन किया। चलते-चलते भी कृष्णी जीजी ने क़सम दी—"तुझे मेरी क़सम है, जो तू रोज़ न आए वर्ना मैं तेरी शिकायत सीधे बिब्बी से करूँगी।"

मैंने ज़ोर-से सिर हिलाया और आश्वासन दिया, "आऊँगी! रोजाना आऊँगी। अगर किसी वजह से न आ सकी कभी, तो माफ़ी माँग लूँगी।"

हम दोनों ही प्रसन्न थे। मैं विशेष रूप से ख़ुश थी, क्योंकि अब हमारा चौदह दिन का राशन पूरा महीना निकाल देगा। शाम को न ईंधन का ख़र्च न अनाज का।

मार्च लगा। इन्हें तीस रुपये वेतन के मिले। मैंने सबसे पहले चकला-बेलन लिया। लालटेन ख़रीदने के बाद जिंस ली। किराया दिया गया। अब कुल छह रुपये बचे। खींच-तान कर सब्ज़ी-दूध निकल ही जाता, पर मार्च में होली पड़ रही थी—त्योहार का पकवान (गुझिया, पपड़िया आदि) कैसे बन सकता था? एक-दो कहानियाँ छपी

ज़रूर, पर उन दिनों पारिश्रमिक का चलन कम था। पहले मैंने ही यह भेजने को मना भी किया था, बड़े भाई की वजह से। इतना बड़ा त्योहार और मेरा हाथ ख़ाली था। कृष्णी जीजी के घर हम रोज़ खाकर आते रहे, और अब उनको त्योहार पर भी कुछ नहीं भेज पाऊँगी। सोचने लगी—यह भी ऊपर वाले की मर्ज़ी है। पाँच-दस पूरियाँ बनाकर ही शगुन कर लूँगी। ईश्वर की कृपा हुई तो अगली होली पर पकवान बना लूँगी। सब तरह मन को समझाती रहती, पर सच यह था कि मेरा मन अन्दर ही अन्दर बेहद दुःखी था, पर किससे कहती यह सब?

होली के दिन तीन रह गए थे। ये दफ़्तर जाने की तैयारी कर रहे थे, मैं रसोई में थी कि कैलाश (मेरा भानजा) सामने से हवेली में घुसता दिखाई दिया। मैं चौंक गई। भाभी ने इसे क्यों भेजा है? मुझसे 'नमस्ते' करके वह सीधा इनकी तरफ़ गया और बोला, "मौसा जी! मामी ने कहा है, पहली होली की आग ससुराल में नहीं देखी जाती। आप तीन-चार दिन को मौसी को छावनी भेज दें। धुलैंडी के दूसरे दिन लौट आएँगी।" कल आने का वायदा करके कैलाश लौट गया। ये मुझसे बोले, "भाभी ने बुलाया है तो तुम्हें ख़ुश होना चाहिए। तुम इतनी चुप क्यों हो?"

मैं बोली, "उन्होंने सिर्फ़ मेरे बुलाने की बात कही। आपको बुलाने की बात नहीं की। यह कोई तरीक़ा है? इतने बड़े त्योहार पर मैं आपको अकेला कैसे छोड़ सकती हूँ? मैं छावनी नहीं जाऊँगी।"

"होगा! भाई अब भी नाराज़ होंगे। धीरे-धीरे सब ठीक हो जाएगा। होली तो हर साल आएगी। तुम्हारा न जाना सभी को बुरा लगेगा। तुम चली जाओ। शगुन वाली बात भी है। मैं चाहे कृष्णी जीजी के चला जाऊँगा या विष्णु जी के।" कान्ति जी ने समझाया।

दूसरे दिन उदास मन से मैं कैलाश के साथ छावनी पहुँची। मेरे आने का समाचार पाकर कॉलोनी की सारी महिलाएँ आ गईं। जसवन्त, बलवन्त भी पहुँचीं। सबसे मैं भी मिली। नन्हे और आशा तो दुम की तरह 'बुआ! बुआ!' कहकर मुझसे चिपक गए। यहाँ के प्यार भरे वातावरण में मेरा मन का दुःख थोड़ा कम हुआ। मैं भाभी से बोली, "आज खाना मैं बनाऊँगी। आप पड़ोस में घूम-घाम आइए।"

वे दुःखी स्वर में बोली, "अरे खाना गया चूल्हे में! तुम पहले अपने ब्याह की मुसीबतों से छुट्टी दिलाओ। तुम्हारे शगुन के टीकों के साथ जो गोले आए थे, वे एक कनस्तर भर कर रखे हैं। आधा कनस्तर चीनी पड़ी है। मैदा बची है, बोतल भर छुआरे हैं। ढेर घी पड़ा है—मुझसे तो भई कुछ बनता नहीं। तुम्हारे भाई अलग रोज़ मुझे इनकी बर्बादी देखकर डाँटते रहते हैं।"

कनस्तर भर गोले देख कर तो मैं भी एक बार सोच में पड़ गई। मेरठ भेजने का कोई साधन नहीं था, पर थोड़ी देर बाद मैंने कहा, "भाभी! मैं देखो कुछ न कुछ जुगाड़ करती हूँ! वाकई इतनी चीज़ों को ठिकाने लगाना कोई हँसी खेल नहीं है, पर फिर भी...शुरू हो जाती हूँ। माल तो तर है—कुछ तो बन ही जाएगा। आप चिन्ता छोड़ दो।"

मैंने नौकर को एक-एक करके सारे गोले कसने को कहा। बाज़ार से दो सेर खोया मँगवाया। छुआरे तोड़ कर चीनी मिले पानी में भिगो दिए। किशमिश-बादाम धूप दिखा कर साफ़ किए और बारीक-बारीक कटवा लिये। फिर धीमी आँच पर बड़ी कढ़ाई में सारी मेवा और गोला घोट लिया। आधा सेर खोआ भी भूनकर उसी में मिला लिया। दूसरी कढ़ाई में चीनी की चाशनी तैयार की। फिर मेवा-खोये सहित गरम-गरम चाशनी में डालकर मिलाया। दो बड़े थालों में घी लगाकर उस सारी सामग्री को जमा दिया। शादी वाले बचे चाँदी के वर्क ऊपर से चिपका दिए। ठंडा होने पर बड़ी-बड़ी बर्फ़ी के टुकड़े काट लिये। ये बर्फ़ियाँ जल्दी ख़राब होने वाली नहीं थीं। गुड़ व खटाई मँगा कर भीगे छुआरों की सोंठ बना डाली। सोंठ भी इतना पका दी थी कि बीस दिन तक तो ख़राब नहीं होती। अब बस मैदा बचा था। अच्छा मोयन डालकर नमक-अजवायन मिलाया और मैदा गूँधने के बाद परात भर मठरियाँ और नमकपारे सेंक डाले। बस, गुझियों और कचौरियों के लिए मैदा बचा ली। आधी रात हो गई थी—इतना सामान, नौकर के साथ मिलकर बनाते-बनाते। बड़े भाई बोले, "क्या बात है, निक्की! पूरी कॉलोनी की दावत करनी है क्या?" मैंने चहक कर उत्तर दिया, "अरे सी.ओ. साहब के घर इस होली पर बहन की शादी के बाद होली की चौपई हो जाएगी!" भाई मेरठ में माँ के समय में ये आयोजन देख चुके थे।

"बस भाई साहब, गाजर की काँजी नहीं बन पाई, क्योंकि अब डाली भी तो दो दिन में उठकर पीने लायक नहीं बन सकती," मैंने रुक कर कहा।

इस पर भाई हँस पड़े, "तो उसकी जगह गोले की बर्फ़ी का नया आइटम हो गया।"

दूसरे दिन जलने वाली होली थी। दिन में मैंने गुझिया और कचौरी का काम किया। तीसरे दिन, रंग खेला गया। सब कुछ बड़ी शान से हुआ। इस सारे कामों में मुझे ज़रा भी सोचने तक की फुर्सत नहीं मिली थी, पर धुलैंडी वाले दिन शाम को मेरा मन बहुत उदास हो गया था। सोच रही थी, यहाँ इतना कुछ बनाया। मेरे अपने घर पर सब ख़ाली और सूना होगा। मैंने भाई से कहा, "ये अकेले होंगे! मुझे भेज दीजिए।"

भाई ने कैलाश से कहा, "जा, मौसी को छोड़ आ!" और फिर भाभी से बोले, "निक्की के साथ ख़ूब सारा पकवान रख कर भेजना। पहली होली पर मायके से जा रही है। और यह तो यहाँ आ गई, इसके घर किसने बनाया होगा? तुम ख़ुद तो पकवान न बना सकती थी और बनकर रखा होगा तो भी सड़ा दोगी। चार दिन बाद देना भी भूल जाओगी।"

भाभी सारे सामान के सदुपयोग और पकवान के बन जाने से ख़ुश थीं। दिल खोल कर मठरी-नमकपारे, गोले की बर्फ़ी, कचौरी, सोंठ, गुझिये डलिया और कनस्तर में बाँधकर रख दिया। मेरे मना करने पर बोली, "बीबी जी! क्यों मुझे अपने बड़े भैया से डाँट पड़वाओगी? कैलाश तुम्हें लिवाने भी तो ख़ाली हाथ गया था। समझ लो, दोनों बार का हिसाब पूरा हो गया।"

मैं शाम पाँच बजे घर पहुँच गई। ये कमरे में लेटे थे। पड़ोसन वाली भानजी

दौड़कर आई। सुभाष 'चाची! चाची!' कहकर लिपट गया। ये आकर बोले : "मैं कहीं नहीं गया। माँ जी ने खाना खिलाया तीनों दिन!"

मैंने पकवान निकाले। थाल भर कर पड़ोसन को दिए। कैलाश अभी गया नहीं था, उसे मैंने रोक लिया। भाभी को पहले ही बताकर आई थीं। उसी के द्वारा विष्णु जी के घर गुझिया, मठरियाँ भेजीं। रात को कृष्णी जीजी के घर गए तो डलिया भर पकवान, गोले की मिठाई, गुझिया और नमकीन लेकर गए हम दोनों। सूखे गुलाल से जीत व सन्तोष ने ख़ूब होली खेली। इस तरह भगवान ने मेरे लिए होली के त्योहार को मनाने का रास्ता निकाल ही दिया। सामग्री मिली बस, मेहनत लगकर पकवान की इच्छा पूरी हो गई। मन का सारा अवसाद दूर हो गया।

फिर भी पैसों की तंगी ने पीछा नहीं छोड़ा था। तीस रुपये में किराया, भंगी का वेतन निकालने के बाद महीने भर दो प्राणी मुश्किल से ही अपना जीवनयापन कर रहे थे। कई बार मन में आया, मेरठ में पड़ा धूल फाँक रहा है हारमोनियम, मैं मँगा लूँ, पर झिझकती थी—जब ख़ुद भाभी ने नहीं दिया तो माँगूँ क्यों? वरना गाना सिखाने की एक-दो ट्यूशन ही मिल जातीं, हारमोनियम होता तो! पर यह बात मेरे मन में ही रही।

दस-पन्द्रह दिन यूँ ही बीत गए। एक शाम कान्ति जी ने कहा, "चलो, आज *विश्वमित्र* के सम्पादक कृष्णचन्द्र जी से मिल आएँ। सोचते होंगे, शादी कर ली, पर एक बार भी पत्नी को मिलाने नहीं आए..."

मुझे क्या ऐतराज हो सकता था? साड़ी बदली और तैयार हो गई। *विश्वमित्र* के सम्पादक मिलनसार व्यक्ति थे। बातों-बातों में कृष्णचन्द्र जी ने मुझसे पूछा, "किरण! तुम तो 'साहित्य रत्न' हो न?"

मैंने कहा, "हाँ जी!"

तब वह कहने लगे, "तब तो तुम छन्द-अलंकार के बारे में अच्छी जानकारी रखती होगी। क्या तुम 'रत्न', 'भूषण' और 'प्रभाकर' की लड़कियों को छन्द-अलंकार पढ़ा लोगी?"

"अवश्य पढ़ा लूँगी" मैंने तुरन्त उत्तर दिया, "छन्द-अलंकार मेरे प्रिय विषय हैं। किसे पढ़ाना होगा?" अन्धा क्या चाहे-दो आँखें, मेरी वही हालत थी। ट्यूशन के लिए मैं पिछले दिनों से ही लालायित थी। पैसों की सख़्त ज़रूरत थी। उसी साँस में मैंने उनके उत्तर की प्रतीक्षा किए बगैर ही अपनी स्थिति स्पष्ट कर दी, "आपकी बड़ी कृपा होगी, अगर मुझे पढ़ाने का अवसर आप देंगे।"

कृष्णचन्द्र जी ने गम्भीर मुस्कान सहित कहा, "चन्द्रकिरण! मैंने सब्ज़ी-मंडी में लड़कियों का एक स्कूल खोला है। 'विशारद' या 'साहित्य-रत्न' करने वाले दिल्ली में कम मिलेंगे। पंजाब के 'रत्न', 'भूषण', 'प्रभाकर' अधिक लोकप्रिय हैं। मुझे एक ऐसी टीचर चाहिए, जो इन तीनों परीक्षाओं में बैठने वाले विद्यार्थियों को छन्द-अलंकार का पेपर तैयार करा सके। निबन्ध वाले पेपर के लिए भी मुझे मुश्किल हो रही है।"

मैंने आत्मविश्वास पूर्ण स्वर में उत्तर दिया, "मैं आपकी सभी मुश्किलें दूर कर सकती हूँ। दोनों ही विषय पढ़ाना मेरे लिए कठिन नहीं होगा।"

"गुड!" वह बोले, "तो कल से ही हमारे स्कूल आने लगो। स्कूल का समय दोपहर ढाई बजे से शाम साढ़े पाँच बजे तक है। यहाँ से सीधे ट्राम सब्ज़ी मंडी घंटाघर तक जाती है। स्कूल वहीं पास में है...।"

"ठीक है," मैंने अधीरता मिश्रित उत्साह से कहा, "मैं समय पर पहुँच जाऊँगी।"

वह फिर बोले, "'भूषण' में कुल छह छात्राएँ हैं—हर लड़की छह रुपये मासिक फ़ीस देती है—इस तरह मुझे छत्तीस रुपये मिलते हैं। छह रुपये लड़कियों को लाने वाली दाई ले लेती है। वह पानी पिलाने का काम भी करती है। पच्चीस रुपये तुम ले लेना। मंजूर है?"

"जी! बिल्कुल मंजूर है," मैंने गद्गद स्वर में उत्तर दिया। फिर मैंने कान्ति जी की तरफ़ देखा। उनके चेहरे और आँखों से भी मेरे निर्णय पर सहमति स्पष्टतः झलक रही थी।

श्री कृष्णचन्द्र जी के यहाँ से लौटते समय हम दोनों ही प्रफुल्लित थे। मैं तो जैसे आकाश में उड़ रही थी—पच्चीस रुपये केवल तीन घंटे पढ़ाना! कहाँ ये *विश्वमित्र* में आठ घंटे, शिफ्ट ड्यूटी के सिर्फ़ 30 रुपये पाते हैं अपने कठिन परिश्रम के! ख़ैर! यह क्षणिक भाव था। सबसे बड़ी कृपा मुझे भगवान की लगी—जिसने हर समय, मेरी हर इच्छा यथासमय पूरी की। चाहे होली के पकवान की बात हो या चौदह रुपये महीने में घर चलाने की। मेरे लिए जीवनपर्यन्त कठिनतम परिस्थिति में स्वयमेव चामत्कारिक विधि से समस्या का समाधान इसी तरह हुआ है। इसीलिए ईश्वरीय शक्ति में मेरी अटूट आस्था है, चाहे आर्यसमाजी संस्कारों के कारण मैंने प्रतिदिन व्रत-उपासना या भजन-कीर्तन का कोई नियम पालन नहीं किया हो।

दूसरे दिन जल्दी-जल्दी काम करके दो बजे से पहले ट्राम द्वारा घंटाघर पर उतर गई। कृष्ण जी वहाँ मिल गए। उनके साथ स्कूल पहुँची। कक्षा में गोरी, सुन्दर, स्वस्थ छह लड़कियाँ थीं। आयु में मुझसे दो-तीन साल ही छोटी होंगी। सुमित्रा, सुशीला मौसी-भानजी थीं। सन्तोष सबसे लम्बी थी और शकुन्तला का ही रंग उन सब में दबा हुआ था—वह साँवली थी। अन्य दो के नाम अब याद नहीं आ रहे। सबने खड़े होकर मेरा स्वागत किया, "भैन जी, नमस्ते!" मैंने तुरन्त छन्द-अलंकार की किताब मँगाई। फिर छन्द याद करने का गुर सिखाने लगी, जिसका सबसे बड़ा मंत्र था, "य माता राज भान, सल गम..." अर्थात् मगण में एक लघु और दो-दो गुरु होते हैं, मगण में तीन गुरु...इत्यादि। पहले दिन ही गुरु-शिष्याएँ ख़ूब आपस में हिल-मिल गईं। मुझे भी इन लोगों को पढ़ाने की वजह से एक बार फिर 'साहित्य-रत्न' का आनन्द उठाने का मौक़ा मिला। वे सब शिष्याएँ कम, सहेलियाँ अधिक बन गई थीं। पढ़ाई भी ठीक चल रही थी, पर मैं ठीक समय पर स्कूल नहीं पहुँचती थी। अन्त में, मैंने उन्हें अपनी परेशानी बताई।

मैं रोज़ ट्राम के समय पर पहुँच जाती, पर मेरे सामने से भरी-भरी ट्राम निकल जातीं और मैं उन्हें पकड़ नहीं पाती थी। यहाँ की जनता को तो आदत थी। एक-दूसरे को धक्का देकर ट्राम के पायदान पर चढ़ जाते लोग। मैं खड़ी रह जाती।

मेरठ में रिक्शे-ताँगों से सफ़र होता था। यहाँ मैं क्या करूँ? सब लड़कियों ने मेरी बात सुन ली। शेष चुप रहीं, सिर्फ़ सुमित्रा ने कहा, "भैन जी! आप यहाँ सब्ज़ी मंडी में ही क्यों नहीं मकान ले लेतीं? हमारा ही मकान ख़ाली है। आप उसे देख लीजिए।"

मैंने सकुचाते हुए कहा, "हम वहाँ नौ रुपये किराये पर हैं। इससे ज़्यादा किराया देना हमारे लिए सम्भव नहीं है।"

सुमित्रा-सुशीला दोनों एक साथ बोलीं, "तो क्या हुआ! हम पापा जी से कह कर किराया कम करवा देंगे। आज आप हमारे साथ चलकर मकान देख लो।"

बात तय हो गई। स्कूल के बाद मैं दोनों के साथ घर देखने गई। लम्बी गली पार करने पर पंजाबी मोहल्ले में सुमित्रा का बड़ा-सा मकान था। वहाँ सभी घर प्रायः अमीर पंजाबियों के थे। आँगन का द्वार पार करके भीतर गई। द्वार के दोनों ओर एक-एक गुसलख़ाना और शौचालय था। बड़े-से आँगन के बीच में मज़बूत टीन से बनी दीवार खड़ी थी, जिसमें आँगन को दो और एक के हिसाब से बाँट दिया था। दीवार के बीच में एक दरवाज़ा भी लगा था। मुझे सुमित्रा आँगन के छोटे वाले भाग में ले गई। उधर आगे-पीछे दो अच्छे कमरे बने हुए थे। छत पर सीढ़ियाँ गई थीं। सीढ़ियों के नीचे की जगह एक रसोई थी। दीवार पर कई खूटियाँ थीं। एक अँगीठी पड़ी थी। साफ़-सुथरे, बढ़िया सीमेंट के फर्श वाले कमरे। यह छोटा वाला भाग मुझे पसन्द आ गया। बीच का टीन वाला दरवाज़ा खोल कर उधर से सुमित्रा अपने पिता सचदेवा साहब को बुला लाई। उन्होंने मेरे नमस्कार का उत्तर देते हुए कहा, "पिछले किरायेदार दस रुपये देते थे, पर आप जो ठीक समझें, आठ-नौ दे दें। दस रुपये में मैं आपको लाइट भी दे दूँगा। आँगन में बड़ा बल्ब लगता है। यहाँ इधर के आँगन को अलग लाइट चाहिए ही नहीं।"

मैंने सचदेवा को आदर सहित उत्तर दिया, "भाप्पा जी! लाइट समेत मुझे दस रुपये मंजूर हैं। एक-दो दिन में हम आ जाएँगे।" सुमित्रा के पिता सचदेवा साहब मुझे इतनी-सी बातचीत में ही बहुत स्नेही जीव लगे। पचास के ऊपर उनकी आयु थी। बाल पूरे सफ़ेद थे। चेहरे पर चमक और आँखों में अनुभव की समझदारी थी।

संध्या को कान्ति जी के घर लौटने पर मैंने उन्हें जब पूरी बात बताई तो वह बोले, "भई! जो तुम्हें ठीक लगे, वह करो, पर सामान बँधवाने, उठाने, लगवाने के काम की ज़िम्मेदारी तुम्हारी। इस काम के लिए मैं ऑफ़िस से छुट्टी नहीं लूँगा।"

कल 31 मार्च थी; अगर मकान कल ही नहीं छोड़ा तो 1 तारीख को तो वह अगले महीने का किराया लगा लेगा, यह शर्त पहले से तय थी। यह तो दफ़्तर चले गए और मैं कुछ सोचती कि देखा, किशोर (मँझली भाभी का भाई) चला आ रहा है। उस वक़्त वह मुझे साक्षात् देवदूत लगा, और हर क़दम पर प्रभु की अनुकम्पा का आभास हुआ। याद आया, बुजुर्ग कितना बड़ा सच कह गए हैं कि ईश्वर अगर नौ दरवाज़े बन्द करता है, तो दसवाँ खुला रखता है, जिसे हम सौभाग्य, संयोग, नीली छतरी वाले की सीधी नज़र—कोई भी नाम दे सकते हैं।

किशोर को मैंने अपनी समस्या बताई तो वह बोला, "अरे वाह जीजी, आप क्यों परेशान हो! बन्दा किस दिन काम आएगा?"

बस, झटपट हम दोनों ने घंटे भर में सामान बाँध लिया। संक्षिप्त-सा ही सामान था—एक पलंग, दो पट्टे, एक चौकी और कपड़े-बर्तन बस! दो ताँगे किशोर ले आया। उसमें लाद कर हम दोनों सब्ज़ी-मंडी पहुँच गए। सुमित्रा ने सफ़ाई करवा कर रखी थी। किशोर और मैंने मिलकर तीन घंटे में यहाँ फिर से पूरा घर सेट कर लिया। इतने में सुमित्रा एक लोटा ताज़ा लस्सी लेकर आई। बोली, "भैनजी! लस्सी पी लो, एकदम ताज़ी है।"

अन्धा क्या चाहे—दो आँखें! उसे धन्यवाद देते हुए कहा मैंने, "तूने तो अच्छा मेरा काम बचा दिया। मुझे चाय-पानी का झंझट नहीं करना पड़ेगा।"

सुमित्रा बोली, "भैन जी! हमारे तो रोज़ ही ढेरों लस्सी, मट्ठा होता है। पीने के बाद जो बचता है, वह भैंस की सानी में जाता है। मैं रोज़ ले आया करूँगी।"

होली वाली बची मठरियों को खाकर मैंने व किशोर ने स्वादिष्ट लस्सी पी ली। भूख का इलाज़ हो गया था। ...थोड़ी देर बाद किशोर चला गया। मैंने जाते समय भी उसका बहुत-बहुत शुक्रिया अदा किया। शाम को 'ये' दफ़्तर से आए और हमेशा की तरह सेट मकान को देखकर ख़ुश हुए। मैंने किस तरह किशोर के साथ मिलकर शिफ्ट किया—रात में खाना खाते समय बताया। अगर उसी दिन ख़ाली न करते तो पहले मकान मालिक को अगले महीने का किराया देना पड़ता, क्योंकि कल पहली तारीख थी और यह उनकी शर्त में था। उन्होंने हमसे पेशगी जो नहीं ली थी। 'ये' बोले, "देखा! ऊपर वाला कितना मेहरबान है हम पर! मेरी पहली नौकरी की बात है। सो, शुरू में छुट्टी कौन देता है पर हमारा हर काम तुम्हारी सूझ-बूझ और किसी न किसी की मदद से हो ही जाता है।" अपने बारे में दो शब्द सुनते ही मेरी सारी थकान उतर गई। दूसरे दिन, वही दिनचर्या—इनका खाना, सफ़ाई, बर्तन बस...। दोपहर के बारह बजे थे।

ज़रा-सी पलंग पर आकर कमर टिकाई तो समझ में आया, सारा काम वक़्त पर हुआ लेकिन क्यों कुछ खटका-सा था बराबर मन में—असल में, सुभाष (पिछली हवेली वाला छोटा बच्चा) की कमी खल रही थी। पर यह क्या चमत्कार हुआ—आँख खोली थोड़ी देर बाद, तो देखा एक गुदगुदी-सी तीन साल की लड़की मेरे पास खड़ी थी। यह शायद सामने वाली पड़ोसियों की बेटी होगी। मैंने एकदम उसे गोद में उठा लिया। एक मठरी खाने को दी। थोड़ी देर में वह मुझसे ऐसे हिल-मिल गई, जैसे बरसों से पुरानी जान-पहचान हो। उसकी माँ उसे लेने आई तो वह दौड़कर दूसरे कमरे में भाग गई। उसकी माँ बोली, "ले मास्टरनी! (नया सम्बोधन अटपटा-सा लगा, पर समझ गई 'सुमित्रा की मास्टरनी तो 'जगत मास्टरनी'!) कुड़ी तो तेरे नाल लग पई। हुण प्यार दी चीज़ा नूँ सँभाल के रखणां! तोड़-फोड़ करण आली कुड़ी है!" और यह कहते-कहते वह बच्ची को गोदी में उठाकर ले गई।

मैं फटाफट तैयार हुई। आज समय पर स्कूल में पहुँची तो पढ़ाने में भी मज़ा

आया। लौटते वक़्त सब्ज़ी मंडी से गुज़री तो ख़ूब सब्ज़ी-फल बिकते नज़र आए। मैंने सब्ज़ी ख़रीदी और घर आ गईं। टीन वाला बीच का दरवाज़ा खुला था। सुमित्रा ने रास्ते में ही सब्ज़ी का थैला मुझसे ले लिया था। वह मेरे वाले हिस्से में घुसी। उसने देखा, पत्थर के कोयलों की अँगीठी के बजाय, मेरे पास कच्चे कोयलों की अँगीठी है। वह बोली. "भैन जी! कच्चे कोयले तो खाना बनाने में बहुत महँगे पड़ते हैं। आप पत्थर के कोयले पर खाना क्यों नहीं बनाती?"

अपनी आर्थिक तंगी पर परदा डालते हुए मैंने कहा, "अँगीठी तो ख़रीद लेती, पर उसमें मिट्टी लगाने की फुरसत ही नहीं मिल रही थी। अब दो-चार दिन में ख़रीद लूँगी।"

वह फिर तपाक-से बोली, "हमारे घर तो अब तक खाना बन गया होगा। मैं अपनी अँगीठी, चार कोयले और डालकर अभी लाई। आपका दो जनों का खाना उसी पर बन जाएगा...।" कृतज्ञता से मेरा मन भर उठा। एक सप्ताह हुआ था यहाँ आए। अच्छा पड़ोस, छोटी बच्ची का घर भर में चहकना और मेरा अपना छोटा-सा संसार—लगा, बस स्वर्ग इसी को कहते हैं। वह सावित्री जी के घर में अजनबी की तरह बिताए चार उदास दिन और चौदह रुपये कुछ आने में घर चलाने की जटिल समस्या—सब भूला हुआ अतीत बन गया था।

अकस्मात् अलीगढ़ से मेरा छोटा देवर—प्रकाश अपना बोरिया-बिस्तर उठाए आ गया। एक सोलह वर्षीय सुन्दर, गौर वर्ण किशोर मैली-सी कमीज़-नेकर पहने खड़ा था। मेरे पैर छुए और मैंने जब चौकी पर बैठाया, तो उसने पूरी राम-कहानी सुनाई, "बाबूजी ने कहा, 'मैंने दसवीं तक पढ़ा दिया। अब आगे पढ़ाने को मेरे पास पैसे नहीं हैं।' हालाँकि सुराज भैया ने मुझे बता दिया है कान्ति दादा की तनख़्वाह ज़्यादा नहीं है। फिर भी मैं भाभी! अब यहीं रहूँगा। प्राइवेट इंटर करूँगा। आपको तो कोई ऐतराज़ नहीं होगा?" मैंने जवाब दिया, "नहीं! नहीं! मुझे क्या ऐतराज़ होगा? तुम यहीं रहो आराम से, पर यह सच है—कॉलेज के दाखिले या सारी किताबों के लिए एकदम-से पैसे हमारे पास नहीं होंगे। तुम धीरे-धीरे एक-एक दो करके किताबें ख़रीद लेना। सेकेंड हैंड भी अच्छी हालत में मिल जाएँगी। अंग्रेज़ी 'ये' पढ़ा देंगे! जेब ख़र्च के लिए चाहोगे तो जान-पहचान बढ़ने पर एक-आध ट्यूशन भी छोटे क्लास की कर सकते हो! बाक़ी हमारे साथ आराम से रहोगे। जो होगा, जैसा होगा ख़ुशी-ख़ुशी बाँटकर खाएँगे। तुम्हें तकलीफ़ नहीं होने दूँगी।"

पहले वह नहाने गया तब मैंने जल्दी-जल्दी उसका सामान समेटा। देखा, बिस्तर के नाम पर एक पुरानी दरी, दो मैली पुरानी चादरें, फटा-सा तकिया था। चिपके हुए टीम के बक्स में तीन-चार नेकर और गुड़ी-मुड़ी अधमैली कमीजें पड़ी थीं—बस!

उसे नहाकर निकलने के बाद मैंने डिब्बे में बची गुझियों में से चार गुझिया एक तश्तरी में रखकर खाने को दी और ख़ुद जल्दी से स्नान करने चली गई। स्कूल जाना था। नहा कर निकली तो देखा, चारों गुझिएँ उसी तरह पलंग पर रख कर बैठा था।

मैंने आश्चर्य से कहा, "अरे, खाकर तो देखो! ख़राब नहीं हुई हैं। खोआ ख़ूब भुना हुआ है।" उसने पूछा, "भाभी, चारों खा लूँ?"

मैंने आश्चर्य से उत्तर दिया, "अरे भई, खाने को तो दी हैं। खाओ न!" वह फिर बोला, "सब खा लूँ?"

मैं बोली, "अजीब लड़के हो! यह बार-बार क्यों पूछ रहे हो?"

प्रकाश इस बार धीरे-से बोला, "भाभी! अलीगढ़ में तो एक दिन में एक गुझिया ही मिलती थी, इसी से पूछा।"

मेरा मन करुणा से भर उठा। कंजूस पिता और सौतेली माँ के कारण चार गुझियों को खाना भी उसे अधिकार के बाहर लग रहा था।

स्कूल के पूरे रास्ते पर मैं एक प्राणी बढ़ जाने से ख़र्चे का ब्यौत कैसे बैठाऊँगी, यही सोचती गई। स्कूल में सुमित्रा का चेहरा देखते ही ख़याल आया कि उसी से पूछकर रात को घर पर ही पढ़ाने की छोटे बच्चे की ट्यूशन कर लूँगी। कुछ सहारा तो हो जाएगा न!

पर देखिए कमाल! इससे पहले कि मैं सुमित्रा से कुछ बात करती, तीसरे दिन दिल्ली रेडियो स्टेशन से अपने नाम एक पत्र मिला। खोला तो, एक कॉण्ट्रेक्ट था, कवि-सम्मेलन में भाग लेने का। एक बार कविता पढ़ने के दस रुपये मिलेंगे। मैंने मन-ही-मन प्रभु का स्मरण किया और उनकी कृपा की छाया यूँ ही बनी रहे—यह प्रार्थना की।

संध्या को जब कान्ति जी आए तब मैंने वह रेडियो वाला पत्र दिखाते हुए पूछा, "आकाशवाणी को मेरे कवि होने की ख़बर कैसे हो गई?"

'ये' बोले, "तुम तो आजकल अपने स्कूल और घर में ही रमी रहती हो। मैं तो बाहर यहाँ साहित्यकारों के सम्पर्क में रहता हूँ। रेडियो पर उर्दू के प्रसिद्ध लेखक कृश्नचन्दर प्रोड्यूसर होकर आए हैं। 'अश्क' और कृश्न तीस हजारी पर रहते हैं। मैं सबसे मिलता हूँ। महिला विभाग की प्रोड्यूसर भी तुम्हारा नाम जानती हैं। इसी वजह से यह कॉण्ट्रेक्ट आया है।"

तीसरे दिन पंजाबी मोहल्ले वालों ने देखा, रेडियो की कार सचदेवा जी के मकान के सामने खड़ी है और मोहल्ले की मास्टरनी अपने देवर सहित उसमें बैठकर जा रही है—अब केवल 'मास्टरनी' से मैं 'रेडियो वाली मास्टरनी' बन गई।

कविता तो क्या कहेंगे उसे, पर 'बच्चन' जी की तर्ज पर आठ-दस पंक्तियाँ जल्दी-जल्दी रात में लिखी थीं, वह सुनाईं वहाँ। प्रथम पंक्ति आज भी याद है, "प्यार सदा पागल क्यों होता..."

दूसरे दिन घर पर फ़ोटोग्राफ़र आकर मेरी फ़ोटो खींच ले गया। वह कविता *आकाशवाणी* पत्रिका में चित्र-सहित छपनी थी। उसके छपने के बाद तो मैं अपने मोहल्ले में विशेष व्यक्ति बन गई। कवि-सम्मेलन में कवयित्री सुमित्रा कुमारी सिन्हा, सुभद्रा कुमारी चौहान और चन्द्रमुखी ओझा इत्यादि से परिचय हुआ।

तीसरे दिन उपेन्द्र नाथ 'अश्क' तहमद बाँधे, मैली-सी कमीज़ पहने हमारे यहाँ

आ धमके। तीस हजारी से पैदल ही घूमते-घूमते आए थे। बड़े बेतक़ल्लुफ़ किस्म के आदमी लगे। पहली ही भेंट में मुझे अपने परिवार का सारा कच्चा-चिट्ठा सुना गए। उनकी पहली पत्नी से उनका सात साल का एक बेटा है। उनकी माँ ने उनकी इच्छा के विरुद्ध दूसरी लड़की देखकर उनकी शादी कर दी है जिससे उनकी पहले दिन से नहीं पटी। तीन महीने रहकर वह मायके चली गई—मायका अमीर है—न वह आई, और न वे लेने जाएँगे। इस वक़्त घर पर केवल वह स्वयं और उनकी माँ हैं। हाथ में रखी एक पुड़िया-सी ले रखी थी, उसे दिखा कर बोले: "देखो, मुझे जुकाम है। यह जोशान्दे की पुड़िया है। माँ सो गई होंगी। इसे उबाल कर देने वाला भी कोई नहीं है।"

मैंने इस पर कहा, "लाइए, मैं उबाल देती हूँ। बोतल में कस कर कपड़ा लपेट दूँ, तो घर तक गरम रहेगा।"

वह ख़ुश हुए और बोले, "छाया! तुम कमाल की लड़की हो। क्या तरकीब निकाली है। और हाँ, तुम अब बराबर रेडियो आया करो। कैसे यह जाने का सिलसिला बने, उसकी तरकीब मैं बताता हूँ। मंटो और कृश्न, दोनों ही ड्रामा प्रोड्यूसर हैं। उर्दू-हिन्दी दोनों ही ड्रामों में महिला आर्टिस्ट की ज़रूरत पड़ती है। लोग अपनी बहन-बेटियों को इसके लिए भेजना पसन्द नहीं करते। कहने को कितने भी प्रगतिशील बनें, सब साले अन्दर से दकियानूसी हैं। तुम अगर ड्रामों में पार्ट करो तो महीने में कई कॉण्ट्रेक्ट मिल सकते हैं। कार से ही आना-जाना होगा।"

'अश्क' चले गए। पैसे कमाने का दूसरा सुलभ साधन मेरे सामने था। मैंने कान्ति जी से पूरी बात बताई। इन्होंने भी 'अश्क' जी का प्रस्ताव मान लिया। दूसरे दिन, मैंने 'अश्क' जी को सूचित कर दिया।

उन दिनों रेडियो-नाटक लाइव ब्रॉडकास्ट होते थे—प्राय: रात सात-आठ बजे। उन दिनों रिकॉर्डिंग नहीं होती थी। दो दिन ड्रामे की रिहर्सल होती थी। इस तरह, एक कॉन्ट्रेक्ट का मतलब होता था—तीन दिन तक आकाशवाणी पर शाम को लगातार जाना। कार बराबर लेने और छोड़ने आती थी। मैं प्रकाश को लेकर जाया करती, जो 'स्वागत-कक्ष' में बैठा अख़बार पढ़ता रहता था। इस दौरान बहुत-से कलाकारों से परिचय हुआ, जिसे मैंने रेडियो तक ही रखा। हाँ, कृश्न चन्दर और 'अश्क' जी के परिवार से घनिष्ठता बढ़ गई थी। कृश्न चन्दर के परिवार में उनकी माता जी, बहन सरला, दो भाई और नवविवाहिता पत्नी थी। उनकी माता जी ही घर की मुखिया थी—बड़ी रौबदार और कड़ा अनुशासन रखने वाली।

इस तरह मेरी ज़िन्दगी को बाहर की दुनिया के वे रंग देखने को मिले, जिनकी मैं कल्पना भी नहीं कर सकती थी। कहाँ मेरठ और दिल्ली-छावनी की, घर की चहारदीवारी में बन्द ज़िन्दगी, और कहाँ आज कवि-सम्मेलनों में, नाटकों में भाग लेती चन्द्रकिरण सौनरेक्सा! मुझे लगा, मैं ज़मीन पर नहीं, आकाश में उड़ रही हूँ।

पर ईश्वर की लीला बड़ी निराली है। फौरन वह ऊपर वाला एक झटके से मनुष्य को धरती पर ले आता है। वह पड़ोसियों की बच्ची मुन्नी जितनी देर तक मैं घर पर होती, हमारे घर ही रहती थी। अपने घर में तो दुनिया का सामान था, माँ कुछ नहीं

छूने देती थी। हमारे घर में कोई फैंसी सामान था नहीं। हर वक़्त वह कमरों में घूमती रहती। 'चाची! चाची!' की उसकी आवाज़ से घर का कोना-कोना गूँजता। सवेरे से दोपहर तक वह मेरे पास ही रहती। खाना खाने के बाद सो भी जाती। मैं सोती को ही उसकी माँ को देकर तब स्कूल जाती।

दो-तीन दिन से मैं सवेरे से ही बाहर जा रही थी, रेडियो की रिहर्सल्ज़ और काव्य-गोष्ठियों की वजह से। रात को आने पर पता चला, वह बीमार है। उसे देखने गई तो पता चला, सो गई है। एक दिन जा नहीं पाई। तीसरे दिन, घर में घुसी तो पता लगा मुन्नी नहीं रही। चौथे दिन सारा पड़ोस उनके घर आया। मैं ही नहीं गई तो कुछ औरतें मेरे घर आ गईं। मैं धरती पर रात से बिना खाए-पिए पड़ी थी। दु:ख से मेरा हृदय फटा जा रहा था। माँ से ज़्यादा दु:ख पाने वाली स्त्री उन्होंने पहली बार देखी थी। एक ने मुझे फर्श से उठाकर पलंग पर लेटाया। दूसरी ने पानी पिलाया। एक बोली, "अरे मास्टरनी! ईश्वर की मर्ज़ी के आगे किसी का बस नहीं चलता। उस नन्ही-सी जान का तुम्हारा साथ इतना ही लिखा होगा! उसकी अपनी माँ ने भी सब्र किया न! तुम भी सँभालो अपने को।" जिसने मुझे फ़र्श से उठाया था, उसने मज़ाक़ से कहा, "इतना उसे मन में मत बसा लेना वरना नौवें महीने तेरे ही घर में जनम ले लेगी।"

ख़ैर! दो-एक दिन में मन सँभल गया, और मैं स्थिर हुई तो स्कूल जाने लगी।

उसके बाद एक दिन ऐसी घटना हुई, जो मेरे लिए एकदम अप्रत्याशित थी। हुआ यह कि उस दिन धोबी कपड़े लेकर आया। प्रकाश ने गिनती करके ले लिये। कपड़ों में एक पुराना सिल्क का कुर्ता भी था, जो 'इनके' दिवंगत नाना जी का था। 'ये' ख़ूब सँभाल कर पहनते थे उसे। कान्ति जी घर पर नहीं थे। प्रकाश लाइब्रेरी जाने के लिए तैयार हो रहा था। वह रोज़ शाम को पढ़ने जाया करता था। जाते समय उसने मैली कमीज़ उतारी और वही कुर्ता पहन कर लाइब्रेरी चला गया। थोड़ी देर बाद, जब 'ये' आए तो कपड़ों में कुर्ता न देखकर मुझसे पूछा तो मैंने सहज भाव से बताया, "प्रकाश लाइब्रेरी जाते समय पहन गया है। अभी आकर उतार देगा।"

अकस्मात् 'ये' एकदम क्रोधित हो उठे। ऊँचे स्वर में बोले, "वाह! वो कैसे पहन गया! तुमने रोका क्यों नहीं? वह मेरे नाना जी की निशानी है। तुम्हें प्रकाश को मना करना चाहिए था!"

मैं इस अकारण क्रोध से हत्बुद्धि रह गई। हमारे मायके में तो दोनों भाई कभी-कभी बड़े भाई या बाबूजी की बढ़िया कमीज़ पहन लेते थे। 'ये' बराबर बड़बड़ा रहे थे। तभी प्रकाश लौट आया। 'ये' उस पर भी ख़ूब नाराज़ हुए। प्रकाश एकदम चुप! बस, उसने कुर्ता उतार दिया। मेरे मन में एक अज्ञात भय छा गया—नाना जी तो प्रकाश के भी थे। एक पुराने कुर्ते के लिए 'इन्होंने' इतना तूफ़ान खड़ा कर दिया। वैसे ही मेरा मन बहुत खिन्न था।

दूसरे दिन करनाल वाले चाचा जी किसी काम से दिल्ली आए थे, तो जीजी का सन्देश लेकर आए घर। 'इनसे' बोले, "कान्ति बेटे! निक्की की जीजी ने कहलाया है। अगर तुम्हें कोई ऐतराज़ न हो तो दो-चार दिन को यह मेरे साथ करनाल चली जाए।"

इन्होंने अनुमति दे दी। असल में जब से पड़ोस वाली मुन्नी गुज़री थी, मैं एकदम बुझी-बुझी-सी रहती थी। 'इन्होंने' सोचा होगा, जीजी के पास रहकर जगह के बदलने से मेरा मन भी बहल जाएगा। मैंने स्कूल से चार दिन की छुट्टी ले ली।

जुलाई का महीना था। बारिश अब तक शुरू नहीं हुई थी, जबरदस्त उमस भरी गरमी पड़ रही थी। करनाल पहुँचने पर सदर की सारी पड़ोसन जीजी की छोटी बहन से मिलने आईं थीं। उनकी मिलने वालों की सीमा काफ़ी विस्तृत थी। एक घंटा उसी में लग गया।

जीजी ने अरहर की दाल और दो सब्ज़ियाँ बनाईं थीं। मैंने स्वादपूर्वक भोजन किया, किन्तु थोड़ी देर बाद ही जी मिचलाया और सारा खांना बाहर आ गया। मैंने जीजी से कहा, "इतनी गर्मी में आपने दाल लहसुन से छौंकी थी, शायद इसी वजह से मुझे खाना हज़म नहीं हुआ। सारा उलटी में निकल गया।"

उन्होंने अपनी ग़लती मान ली, पर रात को हल्की सब्ज़ियाँ बनाईं—लौकी और तुरई, वे खाने के बाद भी मुझे कुछ हज़म नहीं हुआ। तब जीजी बोली, "लगता है, तूने अपने घर कोई बोझ उठाया होगा। नाफ़ उतर गई है। मेरी सास उसे ठीक करना जानती हैं। सवेरे उन्हें दिखा देना।"

इच्छा न होने पर भी, मुझे उनकी सास को दिखाना पड़ा। सवेरे मेरे लेट जाने के बाद नाभि पर हाथ रखते ही वह बोली, "नाफ़ तो ठीक है—" फिर इधर-उधर पेडू पर हाथ रख कर बोली, "तू महीने से (मासिक धर्म) कब हुई थीं?"

मैंने लेटे-लेटे बताया, "इधर कुछ गड़बड़ है। आठ-दस दिन ऊपर हो जाते हैं। आठ दिन अब भी चढ़ गए हैं। एक-दो दिन में हो जाएगा।"

सासू जी अपनी बहू से बोली, "इसकी नाफ़ ठीक है पर दाहिनी ओर छूने पर लगता है, इसके गर्भ ठहरने से उल्टी हो रही है।"

चौथे दिन कान्ति जी लिवाने आ गए। शाम को ट्रेन से चलकर हम ग्यारह बजे दिल्ली में घर पहुँचे। जीजी ने जो पूरी-सब्ज़ी रखी थी, वही हम दोनों ने खाईं। 'ये' सो गए, पर मेरा वह खाना भी सब उल्टी में निकल गया। मैंने सोचा, दोपहर की बनी पूरियाँ हैं—इसीलिए हज़म नहीं हुईं।

'ये' ऑफ़िस जाने से पहले पास के एक हकीम जी से बदहज़मी बताकर दवा ले आए। दवा खाई, पर कोई असर नहीं हुआ। सारे दिन पानी भी पेट में नहीं रुक रहा था। शाम को फिर, हैजा समझकर 'ये' हकीम की दवा ले आए। सब बेकार साबित हुआ। दूसरे दिन जब 'ये' हकीम जी के पास पहुँचे, तो वह देखते ही बोले, "भाई! तुम्हारी बीबी बदहज़मी या हैजे की मरीज़ होती तो या तो अब तक ठीक हो गई होतीं या फिर उठ गई होतीं। मैं एक दाई तुम्हारे साथ भेजता हूँ। वही ठीक से बताएँगी।"

दाई आई। उसने मेरा पेट दबा कर देखा और बोली, "पेट में बच्चा है। अभी दो महीने भी नहीं हुए हैं। ये उल्टियाँ तो अब दो-तीन महीने चलेंगी। हकीम से दवा ले लो। कुछ कमी हो सकती है, बस।"

हमने वैसा ही किया। स्कूल में इधर मैं बराबर छुट्टी पर ही रही। सुमित्रा सभी

लड़कियों के साथ आई। सबने कहा, "आप स्कूल चलिए भैन जी! आपकी कुर्सी के पीछे चिलमची रख देंगे। पास में सन्तरे, लेमन ड्रॉप और इलायची वग़ैरह रखे रहेंगे। आप चूसती रहिएगा। साथ-साथ हमें पढ़ाती भी रहिएगा।"

मैंने भी सोचा, किसी काम में लगूँगी, तभी कल्याण होगा। घर में बैठे-बैठे क्या करूँगी? मैंने स्कूल जाना शुरू कर दिया।

कान्ति जी ने जीजी को पत्र लिखकर सब बता दिया। वे बेचारी अपनी सात वर्षीय बेटी, प्रभा को साथ लेकर उसी रात आ गईं। मुझसे बोली, "आठ-दस दिन चौका-चूल्हा मैं देख लूँगी। तू अपने बाहर के काम देखना और आराम करना।" वास्तव में। उनके आने से बड़ा सहारा मिला।

दूसरे दिन, मैं और जीजी आँगन में बैठे बातें कर रहे थे। प्रभा दीवार के पास खड़ी, मैदान में खेलते बच्चों को देख रही थी चुपचाप। नई-नई आई थी, इसलिए किसी से उसकी दोस्ती नहीं थी। 'ये' उस दिन छुट्टी लेकर कमरे में अन्दर लेटे थे। इन्हें बुख़ार चढ़ा था। दौड़ते-दौड़ते एक लड़का गिर पड़ा। घुटना फूट गया और वह बच्चा ज़ोर-से रोने लगा। रोना सुनकर उसकी माँ घर से बाहर निकली। बच्चे सभी उसकी माँ को आते देख, डर कर भाग गए। वह ड्राइवर लाल सिंह की बीबी थी, जिससे सभी घबराते थे। अपने झगड़ालू स्वभाव के लिए वह मशहूर थी। उसके बेटे ने क्या माँ को बताया, हमें नहीं मालूम, पर प्रभा घबराई हुई अन्दर आई पीछे-पीछे ड्राइवर की पत्नी भी घुसी। आते ही चीख़ने लगी, "त्वाडी कुड़ी बड़ी बदमाश हैगी! साडे मुंडे नू धिक्का दित्ता है... मैं इस दियाँ टँगां तोड़ाँगी..." प्रभा ने बताया, "मौसी! मैं तो अपने दरवाज़े पर खड़ी, दूर से खेल देख रही थी। ये ख़ुद ही बच्चों के साथ खेलते समय दौड़ रहा था तो गिर गया। मैं तो किसी न जानूँ, न पहचानूँ, मैं कैसे खेल में होती?"

हम दोनों बहनों ने ग़ुस्से से भरी उस भारी-भरकम महिला को समझाने की कोशिश की, "बहन जी! यह बच्ची तो आज ही करनाल से आई है। यह सच कह रही है—खेलने वाले बच्चों में यह थी ही नहीं। इसको इसने धक्का नहीं दिया, पर इससे क्या? बच्चे के घुटने की हम सफ़ाई करके, आओ पट्टी बाँध दें।"

पर वह कहाँ सुनने लगी? लगातार लड़की की टाँगे तोड़ने की गर्जना कर रही थी। हारकर मैं ने कहा, "जो जी में आए करना, पर इस वक़्त मेहरबानी करके आप बाहर जाएँ। न मेरा जी अच्छा है, न मेरे आदमी का। उन्हें भी तेज़ बुख़ार है।" उस पर तो जैसी चंडी सवार थी। और भी ज़ोर-से चीख़ने लगी, "अरे, ऐ क्यों नीं क़ैदी रेडियो दी कार विच दा वड्डा घमंड हैगा, तू अते तेरे सारे घर आलाँ नूँ कोई वी दूजा नज़र ई नईं आंदां। मेरे मरद कोलों वी गड्डी है वे, तूं की सोच्या, मेरे मुंडे नूं ऐ कुड़ी मारेगी ताँ मैं चुप खाँगी..." हम दोनों बहनें चुप हो गईं और उठने ही वाली थीं कि कान्ति जी कमरे का दरवाज़ा खोलकर बाहर आए। उनका मुँह बुख़ार और ग़ुस्पे से लाल हो रहा था। बोले कुछ नहीं, बस उस चीख़ती हुई ड्राइवर की पत्नी का हाथ पकड़ा और दरवाज़े से बाहर करके कुंडी चढ़ा दी। फिर हमारी तरफ़ देखकर बोले,

"आप दोनों बहनें उस अकेली औरत से लड़ भी नहीं पा रही थीं। उसकी बकवास मुझसे तो बर्दाश्त ही नहीं हुई। एक तो सिर में दर्द, ऊपर से उसका चीख़ना-चिल्लाना! आखिर जब नहीं रहा गया, तो मैं निकल कर आया।"

मैं धीरे से बोली, "बाबा! नंगे से भगवान डरे...वह लाल सिंह की बीवी है। बड़ी ही लड़ाका। पूरा मोहल्ला उससे डरता है!"

अभी मेरी बात पूरी भी नहीं हुई थी कि पता चला, ज़ोर-ज़ोर से बोल कर उसने सारा मोहल्ला सड़क पर जमा कर लिया था, "हाय! हाय! आज मेरा धरम चला गया। पराए मरद ने मेरा हत्थ फड़ लित्ता मैं तो कदीं मेले-तमाशे विच भी नई जाँदी, जे कदीं पराए मरद दा धक्का-शक्का लग जावें..." न मालूम कब तक वह बोलती रही अकेली। काम-काजी लोग अपने रास्ते चले गए होंगे। हमने इस पर दरवाज़ा खोल कर नहीं देखा। प्रभा बेचारी यूँ ही सहम गई थी। दिन धीरे-धीरे निकला। शाम भी बीत गई। रात खाना खाकर हम लेटे ही थे कि हमारे कमरे का दरवाज़ा पीटने के साथ एक मर्द का कड़कता, पर नशे में डूबा स्वर सुनाई दिया: "ओये मास्टर! निकल बाहर! मर्द का बच्चा है तो मेरा हथ फड़ के वखा! कल्ली औरत देख मेरी वौट्टी का हाथ फड़न दी तेरी हिम्मत किद्दां होई! ओद्दा धरम बिगड़ गया।"

'ये' घबरा गए। कैसे इस शराबी से छुटकारा मिले? मैं दौड़कर लोहे वाला बीच क़ा द्वार खोलकर सचदेवा साहब के पास गई। उन्हें जल्दी-जल्दी दोपहर की सारी बात बताई और कहा, "लाल सिंह बाहर चीख रहा है। शराब पीकर! उसकी बीबी ने घर आने पर उसे सब बताया होगा।"

सचदेवा भाप्पा जी बोले, "वह तो उसने बताना ही था न। पर बेटी! मास्टर को भी पराई औरत को हाथ पकड़कर बाहर नहीं करना चाहिए था। ये मामला औरतों का था, वहीं तक रहता तो ठीक था। ख़ैर! मैं बाहर चलता हूँ, समझाने की कोशिश करता हूँ। वैसे, बड़ा टेढ़ा बन्दा है। मास्टर से कहना, वह बाहर न आए।"

मैं दरवाज़े की ओट में से सब देख-सुन रही थी। सचदेवा जी बाहर निकले लाल सिंह के कन्धे पर हाथ रख कर बोले, "वे लाल सिंह! तू तो इस समय लाल परी पर सवार है। बस, इतना बता तेरी क्या उम्र है?"

वह ज़ोर-से दहाड़ा, "मैं बच्चा नहीं हूँ। चालीस का हो चुका हूँ। दारू पीकर भी काबू रखता हूँ। मास्टर ने मेरी वोट्टी का हाथ पकड़ा है।"

सचदेवा साहब बोले, "लाल सिंह, तू चालीस का है तो, तेरी बहू भी पैंतीस-छत्तीस की तो होगी।"

जवाब में चिढ़कर बोला, "हाँ जी! ज़रूर होगी; पर इससे क्या?" सचदेवा जी ने उसे समझाते हुए कहा, "मास्टर तो अभी बीस-इक्कीस साल का लड़का है। तू उसके चाचा जैसा है। अगर भतीजे ने चाची को हाथ लगा भी दिया, तो कौन-सा ग़ज़ब हो गया? तू मेरे भाई, अभी जाकर घर में सो जा। सवेरे आना, बात कर लेना मास्टर से ख़ुद! पूरी बात मालूम हो जाएगी तुझे भी तब तक!"

हमें दो दिन तक लाल सिंह के आने की धुक-पुकी लगी रही, पर वह फिर नहीं

आया। शायद मोहल्ले वालों से पूरी बात जानने के बाद नशे में न होने पर, उसका ग़ुस्सा अपने आप ठंडा पड़ गया होगा। सचदेवा भाप्पा जी का भी, मैंने मन-ही-मन ख़ूब शुक्रिया अदा किया, जिन्होंने सिरफिरे शराब ड्राइवर को बड़ी चतुराई से रात में समझा कर घर भेज दिया था वरना उस दिन कुछ भी हो सकता था। उस दिन की घटना से सिद्ध हो गया, कभी-कभी अकारण ही छोटी-सी बात तूल पकड़ ले तो गम्भीर परिणाम भी हो सकते हैं। ऐसे वक़्त में ठंडे दिमाग़ और युक्ति से ही काम बन सकता है।

तीन दिन बाद रेडियो से ड्रामे में पार्ट करने का कॉन्ट्रेक्ट आया। इच्छा न होने पर भी ले लिया। दस रुपयों का सवाल था। दो-चार लेमन ड्रॉप्स पर्स में डालीं। कुछ खाया नहीं, जिससे उल्टी न आए, पर उस दिन रेडियो से गाड़ी नहीं आई। पहले सोचा, ताँगा करके चली जाऊँ, पर ताँगे के धक्कों से उल्टियाँ बढ़ जाएँगी, तो रिहर्सल भी नहीं कर पाऊँगी...जाना ही बेकार होगा, तमाशा अलग बनेगा।

शाम को जब 'ये' आए तो पूरी बात बता दी, पर मैं चकित रह गई, जब इन्होंने ग़ुस्से से कहा, "अरे कार नहीं आई थी तो क्या? ताँगे से चली जातीं। डेढ़ रुपये में पहुँचा देता। लौटते में कार मिल ही जाती। तुम्हें तो दस रुपये का नुकसान कोई नुकसान नहीं लगता।"

मैं चुप हो गई, पर एकान्त में जीजी ने मुझसे कहा, "निक्की! तूने भी बड़े विकट आदमी का हाथ पकड़ा है। पूरी ज़िन्दगी कैसे निकालेगी?" मैं क्या जवाब देती? चुप रह गई।

दूसरे दिन कार आई। उसमें बैठे नाटक के दूसरे कलाकारों ने बताया : "मंटो साहब ने कहा, आप एक दिन की रिहर्सल से भी ड्रामा बढ़िया कर लेंगी। आपकी जगह उन्होंने इसीलिए दूसरी लड़की नहीं ली..." चलो, दस रुपये का नुकसान होते-होते बच गया। अब 'इनको' शिकायत नहीं रहेगी।

करवाचौथ आने से दो-दिन पहले जीजी करनाल चली गई। मेरी उल्टियाँ अब कम हो गई थीं। करवाचौथ वाले दिन आठ बजे ब्रॉडकास्ट था। सारे दिन का निर्जल व्रत था। शाम के लिए केवल मटर आलू छील-काट कर रख दिए। सोचा था, रेडियो से लौट कर पूरी-सब्ज़ी बना लूँगी। घर में कच्चा कोयला बिल्कुल नहीं था। पत्थर का कोयला, कच्चे कोयले बगैर जलता नहीं। कोयले की दुकान पास में ही थी। मैने प्रकाश को रुपये देकर कहा, "बीस सेर कच्चा कोयला ज़रूर ले आना, वरना खाना नहीं बन पाएगा।"

ब्रॉडकास्ट के बाद लौटी तो देखा प्रकाश एकदम पानी से भरा, चूरा-कच्चा कोयला लाए हैं। मैंने कहा, "प्रकाश, ये तुम कैसा एकदम पानी चूता, कच्चा कोयला ले आए? इसे कैसे जलाऊँ?" उत्तर मिला, "मैं क्या करूँ? दुकानदार भी देते समय यही कह रहा था, पर उसके पास और था नहीं। आपने लाने को कहा था—सो, मैं ले आया।"

मैं बोली, "अरे भाई! कोयले की दूसरी दुकान थोड़ा और आगे चल कर थी,

वहाँ से ले लेते...। अब इस वक़्त सुमित्रा के घर से माँगने पड़ेंगे। ख़ैर! सवेरे ये कोयला लौटा आना।"

प्रकाश बोला, "मैं कोयला वापस करने नहीं जाऊँगा। एक तो लाओ, ऊपर से पसन्द न आने पर लौटाने जाओ! यह भी कोई बात हुई?"

सवेरे से भूखी-प्यासी, रेडियो से रात नौ बजे घर आई तो खाना बनाने को कोयला नहीं—बस, मुझे भी ग़ुस्सा आ गया, "जाओगे क्यों नहीं? एक तो बेवकूफी करते हो; ऊपर से सुधारोगे भी नहीं। वापस वह ले लेगा दुकान वाला; मेरा नाम ले लेना।"

चाँद दिखाई दे गया। मैंने जल चढ़ाया, फिर एक गिलास शर्बत बनाकर पिया, प्यास से गला सूख रहा था। पंजाबी मोहल्ला था—पंजाबियों ने तो शाम को ही थालियाँ घुमा कर, कहानी कह ली होगी। सारी इकट्ठी हुईं होंगी। मैं रेडियो गई थी। और हमारे, यू.पी. वालों में, घर में ही कहानी कहने की रीति थी। यहाँ किसे जगाती? ऊपर से भूख, थकान, कच्चे गर्भ की उबकाइयों से बेहाल शरीर तो निढाल था ही। प्रकाश के लाए गीले कच्चे कोयलों ने माथा भी एकदम गरम कर दिया। भोजन कैसे बनाती यह भी तो काम सिर पर सवार था। दौड़कर सुमित्रा से जलती अँगीठी माँगी—पूरी सब्ज़ी बनाने की शक्ति शेष नहीं थी (आग भी अँगीठी में कम थी)। मैंने मटर-आलू की तहरी के लिए चावल बीन-धोकर, कटी सब्ज़ी से मिलाकर अँगीठी पर चढ़ा दिए। बनने के बाद बस अचार के साथ तीन थालियों में परोस कर इन्हें और प्रकाश को पुकारा। 'ये' भीतर से बोले, "यहीं ले आओ।" प्रकाश तीन बार बुलाने पर भी नहीं आया। मैं इनकी थाली लेकर गई और बोली, "दूसरे कमरे में प्रकाश रूठा बैठा है। आप उसे कहिए, खाना खा ले।"

'ये' बोले, "तुम से रूठा है, तुम्हीं जाकर मनाओ। मैं क्यों जाऊँ?"

मैंने रुआँसे स्वर में कहा, "ग़लत काम करेंगे, और कुछ कहो तो बुरा मानेंगे! मैं मनाने नहीं जाऊँगी। आप बुला कर खाने को कहिए।"

'इन्हें, मालूम नहीं क्या ज़िद चढ़ी, सामने की थाली सरका कर बोले, "लो, मैं भी नहीं खाता...अब ख़ुश हो?" और इतना कहकर ये पलंग पर लेट गए।

मैं स्तब्ध खड़ी की खड़ी रह गई। तन-मन दोनों टूट चुके थे और मैं समझौते के मूड में नहीं थी। थालियाँ छोड़ पलंग पर लेट गई। भूख लगी थी, पर थकान इतनी थी कि भूखी ही सो गई। सवेरे उठी तो देखा दो थालियों की तहरी नदारद है—दोनों भाइयों को जब भूख ज़्यादा लगी होगी तो ख़ुद ही खा ली होगी।

दूसरे दिन स्कूल पढ़ाने जाते समय कोयले वाले को खराब कोयला देने पर टोका तो वह बोला, "बीबी जी! हमने भैया जी से कहा था कल आकर सूखा ले जाना, पर वह माने ही नहीं...मैं अपने आदमी से अच्छा कोयला भेज रहा हूँ। वापसी में कल वाला भीगा चूरा कोयला ले आएगा।"

मैंने कोयला ले जाने वाले मज़दूर को इकन्नी थमा दी। वह ख़ुश हो गया। दुकानदार को भी अच्छा लगा।

उपेन्द्रनाथ 'अश्क' जी फक्कड़ तबीयत के थे। अक्सर ही घर आया करते थे।

एक दिन अचानक सुनाई पड़ा कि वे तिबारा शादी कर रहे हैं। उन्होंने अपनी माँ से कह दिया कि वह दूसरी पत्नी को कभी घर नहीं लाएँगे। उनकी तीसरी भावी पत्नी कौशल्या पंजाब में कहीं टीचर थीं और 'अश्क' उन्हें पहले से जानते थे। वह आयु में काफ़ी बड़े थे। *गिरती दीवारें* उनका नया उपन्यास साहित्य जगत् में चर्चा का विषय था। मैंने उनके सारे सम्मान-पक्ष को एक तरफ़ रखते हुए दृढ़ स्वर में उनसे कहा, " 'अश्क' जी! जब आपकी दूसरी शादी आपकी इच्छा के विरुद्ध आपकी माँ कर रही थीं, तभी आपको स्पष्ट रूप से मना कर देना चाहिए था। अब भी तो माँ के विरुद्ध जाकर ही आप कौशल्या जी से शादी करने जा रहे हैं। उनकी मर्ज़ी इस शादी में नहीं। इसमें आपकी दूसरी पत्नी का क्या दोष है? आपको भले ही वह पसन्द न आई हों, पर सप्तपदी लेकर ही दो परिवारों की रज़ामन्दी से आपके घर आई थीं।"

पर 'अश्क' एकदम बेबाक़ थे। अपने तहमद की गाँठ कसकर बाँधते हुए बोले, "छाया! तुम बहस अच्छी कर लेती हो, पर यह एकदम सच है कि मैं उसके साथ जीवनयापन करने को बिल्कुल तैयार नहीं हूँ। मरने का भी अभी कोई इरादा नहीं है। तब एक ही बार की बुराई झेल कर अपनी मनपसन्द लड़की से शादी क्यों न करूँ?..."

मैं अधिक क्या कहती? हाँ, शादी वाले दिन मैं कान्ति जी के साथ 'अश्क' के घर गई। कृश्न चन्दर ने धर्म भाई बनकर कौशल्या जी का कन्यादान किया था। उनकी माँ कमरे से बाहर नहीं आईं, न घर में चूल्हा जला। बाज़ार से पूरी, सब्ज़ी, मिठाई मँगाई गई और खाना खाया गया, पर मैंने उनके घर का पानी तक नहीं पिया। शायद यह मेरे मौन विरोध का प्रतीक था।

कानून में उन दोनों में से किसे 'अश्क' जी की पत्नी का दर्जा मिलता—मैं नहीं जानती क्योंकि 'अश्क' जी ने शादी से पहले तलाक़ नहीं लिया था, पर इस बात से यह अवश्य सिद्ध हुआ—दुल्हन वही जो पिया मन भाए।

अपने परिवार की कहूँ तो प्रकाश के आने के बाद बाबूजी नहीं आए, पर अपनी लड़की को उन्होंने मिलने की इजाजत दे दी। जीजी करनाल चली गई थीं। मेरी तबीयत भी सँभल गई थी। तभी मेरी बड़ी ननद लक्ष्मी देवी, जीजा जी और अपने पाँच वर्षीय पुत्र बिल्लू के साथ कानपुर से रहने आईं। जिस घटना का विवरण मैं अब देने जा रही हूँ, वह मानव हृदय की ईर्ष्या और क्रोध से विकृत भाव को दर्शाती है।

रेडियो से मुझे एक चेक मिला, तो हमने घर के लिए जो पहली बड़ी ख़रीदारी की—वह गुलाबी रंग का छह प्यालों, केतली और दूध-चीनीदानी सहित ग्वालियर पॉटरीज़ का एक टी-सेट था। इसे ख़ासतौर पर मैंने सँभालकर आलमारी के सबसे ऊपर तख़्ते पर सजा दिया। सोचा, इसको उसी दिन निकालेंगे, जब कृश्न चन्दर को सपरिवार चाय पर बुलाएँगे। उन्हें बुलाने का विचार जल्दी ही था, क्योंकि हम उनके घर कई बार हो आए थे, जहाँ उनकी माँ ने हमारी बहुत ख़ातिर की थी। बिल्लू ने; शाम को ही कहा, "मामी! हम ऊपर वाले नए प्यालों में चाय पिएँगे।"

मैंने समझा दिया, "बेटा, आज नहीं। इसी इतवार को एक मेहमान आएँगे, तभी हम-तुम इसमें चाय पिएँगे। आज रोज़ के प्याले में ही चाय पी लो।" मैं इतना कहकर

रसोई में खाना बनाने चली गई। बीबी जी कमरे में ही लेटी थी। बच्चे ने शायद माँ से कहा होगा, "अम्मा! हमें नया प्याला उतार दो, हम उसी में चाय पिएँगे।"

बीबी जी ने शायद सुना नहीं या कुछ कहा तो भी पता नहीं, पर बच्चे ने चौकी लाकर आलमारी के पहले तख़्त पर पाँव रखा, दूसरी का सहारा लेकर, हाथ ऊँचा करके प्याला उठा लिया। तभी शायद माँ की नज़र पड़ी होगी। उस पर उन्होंने उसे डाँट कर ज़ोर-से कहा, "ख़बरदार रखो वहीं! नहीं तो अभी आती हूँ ख़बर लेने!"

बिल्लू डर गया और घबराहट में प्याला उसके हाथ से छूटा और खन्न-से फ़र्श पर काँच टूटने-सी आवाज़ हुई। आवाज़ सुनकर मैं रसोई से दौड़कर आई और मेरे मुँह से एकाएक ही निकल पड़ा, "हाय! सेट ख़राब हो गया!"

बस, मेरा इतना कहना था कि बीबी जी ने बिल्लू को घसीटकर धमाधम-धमाधम मारना शुरू कर दिया। मैंने बच्चे को बचाने की कोशिश की उनसे कहा, "बीबी जी! प्याला टूट गया तो टूट गया, बिल्लू को क्यों इतना मार रही हैं?" पर उन पर जैसे चंडी सवार थी—बिल्लू के मुँह, पीठ, गाल सब पर चाँटे ही चाँटे मारती जा रही थीं। उस पर बच्चे के मुँह से रोते-रोते निकल गया, "बाबू आएँगे तो हम उनसे तुम्हारी शिकायत करेंगे..."

और लो, आग में घी पड़ गया। बीबी जी ने मुझे धक्का दिया। और बच्चे को दुगुनी बेदर्दी से मारना शुरू कर दिया। कहती जा रही थी, "तो, तू मेरी शिकायत करेगा?" शोर सुनकर दोनों पड़ोसनें आ गईं। सबने मिलकर बिल्लू को माँ की पकड़ से छुड़ाया।

मैं तो दोनों भाई-बहन के ग़ुस्से को देखकर बहुत ही सहम गई। प्रकाश के प्रति वह नाना जी वाला सिल्क का कुर्ता पहनने पर कान्ति जी की क्रोध की तीव्रता और बीबी जी की एक प्याला तोड़ने पर बिल्लू को मारने का इतना भयंकर रूप—कहीं न कहीं असाधारण प्रकृति का रूप लगा था। मैंने अपने घर में बड़े भाई तक को इस प्रचंड रूप में नहीं देखा था। मेरे लिए यह सब अप्रत्याशित था।

वैसे परिवारों में तो यह सब होता ही रहता है। घर का काम प्रायः ठीक-ठाक बदस्तूर चलता था, पर उसी के साथ-साथ मुझे काम नई जगहों से भी मिलने लगा, क्योंकि रेडियो पर विविध क्षेत्रों में काम करने वाले लोगों से भेंट होती थी। ड्रामा में काम करने वाले सभी कलाकार आकाशवाणी के अतिरिक्त, उससे बाहर छोटी-मोटी नौकरी अथवा व्यवसाय करते थे। मेरे सहित सभी के लिए ड्रामों से कमाया पारिश्रमिक खाने में स्वीट-डिश का काम करता था।

वहीं पर एक दिन एच.एम.वी. वाले *सम्पूर्ण रामायण* की नाटक-रूप में ग्रामोफ़ोन के लिए रिकॉर्डिंग करने के इरादे से आर्टिस्ट्स की खोज में आए। मैंने भी उन्हें ऑडिशन (स्वर-परीक्षा) दे दिया। उन्होंने मुझे सीता का पार्ट सौंपा, पर दुर्भाग्यवश रिकॉर्डिंग के फाइनल वाले दिन मुझे ज़ोर से नज़ले-जुकाम की वजह से आवाज़ की ख़राबी का सामना करना पड़ा। मेरी आवाज़ एकदम भर्रा गई और भारी हो गई थी। कॉण्ट्रेक्ट-साइन हो चुका था और एच.एम.वी. वाले भी परेशान थे। ग्रामोफ़ोन-रिकॉर्ड

की सफलता तो स्वरों पर ही आश्रित थी। मैंने सुझाव दिया, "आप मुझे कैकयी की भूमिका दे दीजिए। वह रामायण की खलनायिका है। श्रोता उसकी आवाज़ के भारीपन को स्वीकार कर लेंगे।"

उन्होंने यह बात मान ली और सीता के स्थान पर मैंने कैकयी के संवाद बोले, जो कैकयी बनी थी पहले, उसने सीता की भूमिका निभाई। इस तरह एच.एम.वी. की *रामायण* पूरी हुई। पारिश्रमिक हर रूप में निश्चित था। इस तरह घर-ख़र्च की परेशानी बहुत हद तक दूर हो गई थी। दिल्ली के लगभग सभी जाने-माने साहित्यकारों से परिचय हुआ। वे हमारे घर प्रायः चाय और खाने पर आने लगे थे। साहित्यिक-वार्तालाप, चर्चाएँ, बैठकें होती थीं। ये प्रकृति से बहुत ही मजलिसी व्यक्ति रहे। सम्मानित प्रसिद्ध व्यक्तियों का सान्निध्य इस बहाने मुझे भी मिला। हालाँकि काम और ख़र्च, दोनों ही इससे बढ़ जाता था, पर स्कूल और रेडियो—दोनों की अतिरिक्त आय से गाड़ी आराम से चल निकली थी।

तभी एक दिन सचदेवा जी ने सूचना दी कि उनके लड़के की शादी तय हो गई है। इसलिए उन्हें हमारा वाला पोर्शन ख़ाली चाहिए, पर इससे पहले कि हम दोनों असमंजस में पड़ें, वह बोले, "आप चिन्ता न करें। आपको मकान दिलाना मेरा काम है। आस-पास में ही मकान ढूँढ़ दूँगा।"

और सचमुच उन्होंने अपना वायदा निभाया। पंजाबी मोहल्ले में घुसने से पहले एक गली पड़ती थी। यहीं एक क्षत्रिय जैन सज्जन की बड़ी हवेली में दो कमरे रसोई वाला भाग दुमंज़िलें पर ख़ाली था। नीचे भी दो-तीन किरायेदार रहते थे। बहुत बड़ा आँगन था, जिसके ऊपर लोहे का जाल कवर की तरह पड़ा था। ऊपर वाले जाल पर चारपाई बिछा सकते थे। मकान मालिक ऊपर के भाग में रह रहे थे। ज़ीना चढ़ने पर पहले उन्हीं की बैठक का दरवाज़ा सामने पड़ता था। उनके परिवार में वृद्ध पिता रेलवे में नौकरी करने वाला बेटा व उसकी पत्नी पद्मा थे। पहले दिन से ही पद्मा से मेरी अच्छी दोस्ती हो गई।

जाल पार कर सामने एक बड़ा बरामदा था। बाईं तरफ़ एक बड़ा व एक छोटा कमरा था। दाईं तरफ़ भी वैसा ही भाग था जो ख़ाली पड़ा था। बाएँ हिस्से में एक पंजाबी परिवार रहता था। पति-पत्नी और उनके चार बच्चे थे उस परिवार में, दो किशोरी कन्याएँ, एक बड़ा बेटा और एक आठ-दस महीने का बालक।

इस मकान में शिफ्ट करने के बाद एक-दो दिन तो सब ठीक-ठाक रहा, पर जल्दी ही एक नई मुश्किल का सामना करना पड़ा। इस बार जीजी करनाल चली गई थीं, पर मेरी आठ साल की भानजी प्रभा मेरे पास ही रह गई थी। वह छोटे-मोटे काम मेरे साथ करवाने की कोशिश करती थी। इस घर में दालान से रसोई में जाते समय आँगन के लोहे के जंगले का एक भाग पार करना पड़ता था। सो, प्रभा जो भी सामान रसोई में लाती, उसके छोटे-छोटे हाथों में से कुछ-न-कुछ गिर जाता, जो जंगले से होता हुआ सीधे सबसे नीचे आँगन में चला जाता। गिरने वाली चीज़ चाहे कोयले का टुकड़ा हो चाहे कटोरी चम्मच या छोटा हाथ का पंखा—स्वाभाविक था,

नीचे रहने वाले को अखरने वाली बात थी। ऊपर से नीचे रहने वाली तीखे स्वभाव की थी। मैं अगर माफ़ी माँगती भी तो वह और बड़बड़ाती, "बहन जी! 'बच्ची-बच्ची' करके तो आप कुछ भी चीज़ नीचे डलवाती रहें, हमें सहना पड़ेगा। ऊपर वाले तो नवाब हो गए, हम कूड़ा घर, चाहे जो डाले। कल को चाकू-छुरी-ईंटा हो-तो सिर फट जाए नीचे वाले का, आपकी तो वह बच्ची रहेगी!"

उस दिन मैं स्कूल से लौटी तो प्रभा बोली, "मौसी! नीचे वाली मौसी ने हमारा चम्मच और पंखा रख लिया। माँगने गई थी तो कहा अब जो चीज़ गिरेगी, वह वापस नहीं करेंगी।"

मैं चुप रही। सोचा, एक-आध दिन में नीचे वाली का ग़ुस्सा ठंडा हो जाएगा, तब मैं ख़ुद ही जाकर दुबारा माफ़ी माँग कर अपनी दोनों चीज़ें माँग लाऊँगी। शाम को 'ये' दफ़्तर से लौटे, तो प्रभा ने अपने मौसा जी को सारी दिन वाली बात बता दी। बस, इन्होंने तेज़ स्वर में ऊपर से नीचे वाली से कहा, "ऐ बहन जी! हमारा चम्मच और पंखा वापस कर दीजिए।"

वह भी उतने ही ज़ोर से बोली, "नहीं करेंगे! क्यों गिराते हो सामान?"

'ये' बोले, "रसोई में जाने का रास्ता ही जंगले से है। मकान-मालिक से कहो जंगले वाली छत पटवा दें..." और लड़ाई ने तो तूल पकड़ लिया। दोनों ओर से तीर छूटने लगे। किसी तरह 'इन्हें' पकड़कर कमरे में ले गई। उस दिन रात आठ बजे मुझे आकाशवाणी पहुँचना था। कार नीचे खड़ी थी। मैं जैसे ही कमरे से निकली, पद्मा दौड़ती हुई आई। फुसफुसा कर बोली, "किरन! नीचे वाला किरायेदार हमारे यहाँ ससुर जी के पास बैठा है। बहुत ग़ुस्से में है। कह रहा था—नया ऊपर वाला किरायेदार मेरी बीबी से क्यों लड़ा? उसे मुझसे बात करनी थी। मैं उसे समझ लूँगा..."

मेरे तो प्राण सूख गए। हम दोनों जीने से उतर कर ही नीचे पहुँचकर कार में बैठते और जीने में ही उनकी बैठक का दरवाज़ा खुलता था। पद्मा समझदार थी। बोली, "घबरा मत! मैं उन्हें नाश्ता देने जा रही हूँ। उनका मुँह मेज़ की तरफ़ है। तुम लोग चुपके-से सीढ़ियाँ उतर जाओ।"

हमने वैसा ही किया। जान बची लाखों पाए। किसी तरह इस तकरार से छुटकारा मिला क्योंकि हम ज़्यादा सावधानी से जंगला पार करने लगे; प्रभा को भी समझा दिया था।

चार दिन बाद ही रविवार को हवन के लिए स्कूल जाने को लेकर 'इन्होंने' आपत्ति की। वास्तव में, संचालक कृष्ण जी कट्टर आर्यसमाजी थे और स्कूल के हवन में रविवार वाले दिन हम तीनों टीचर्स को दो घंटे के लिए अनिवार्य रूप से उपस्थित रहना पड़ता था। एक दिन 'ये' बोले, "इतवार की हवन की ड्यूटी ग़लत है। तुम हवन में नहीं जाओगी।"

लाचार होकर मैंने कृष्णचन्द्र जी से कहा, "मैं हवन के लिए रविवार को स्कूल नहीं आऊँगी अब।"

कृष्णचन्द्र जी ने कहा, "किरण! इसकी अनुमति मैं नहीं दे सकता। यह विद्यालय

के अनुशासन का प्रश्न है—अगर तुम नहीं आओगी, तो दूसरी दोनों टीचर्स भी क्यों आएँगी?"

घर आकर पूरी बात मैंने बताई तो इन्हें भी ग़ुस्सा आ गया और इन्होंने निर्णयात्मक स्वर में कहा, "तुम स्कूल छोड़ दो।"

पूरे पच्चीस रुपयों की आय की हानि से घर चलने की समस्या पुनः खड़ी हो जाएगी, पर पति की आज्ञा शिरोधार्य—मैंने दूसरे दिन कृष्णचन्द्र जी को अपना स्कूल छोड़ने का फैसला सुना दिया। लड़कियों को भी ज्यों ही पता चला, वे सब मुझे मनाने लगीं, पर मेरी अपनी मजबूरी थी। सो, उनको स्पष्ट करके स्थिति समझा दी। तब ये लड़कियाँ बोलीं, "हम भी स्कूल छोड़ देंगे। आपके घर आकर पढ़ लिया करेंगे।"

और वे मेरे साथ ही घर आ गईं। कान्ति जी घर पर ही थे। छह लड़कियों के साथ जब मैं घुसी घर में तो प्रसन्न होकर बोले, "देखा, तुम नाहक घबरा रही थीं।" पर दूसरे दिन ही, 'इनकी' प्रसन्नता, आधी रह गई—तीन लड़कियों के माँ-बाप ने उन्हें डाँट कर स्कूल भेज दिया। बस सन्तोष, सुमित्रा और शकुन्तला आती रही।

इस बीच *विश्वमित्र* अख़बार इन्होंने भी छोड़ दिया था और रक्षा मुख्यालय में एक इंटरव्यू देने के बाद बाबू के पद पर सरकारी नौकरी में आ गए। अपनी मेहनत और बुद्धि के बल पर इनकी पदोन्नति जल्दी हुई। ये डिफेंस में ही फ़ोटो विभाग में आ गए इंचार्ज बन कर। इस बीच स्वराज्य को भी अलीगढ़ से रक्षा-मुख्यालय में बाबू-पद की नौकरी के लिए बुलवा लिया। इस तरह, तीनों भाई इकट्ठे हो गए। प्रकाश की नौकरी भी पंजाब नेशनल बैंक में लग गई थी। आर्थिक स्थिति हमारी कुल मिलाकर ठीक हो चली थी। सबसे पहले साइकिल ख़रीदी, जिससे 'इन्हें' दफ़्तर आने-जाने में सुविधा हुई। धीरे-धीरे मुझे लगने लगा कि हाथ तंग होने से इनकी जो-जो इच्छाएँ अपूर्ण रह गई थीं, वे एक-एक कर के बड़ी तेज़ी से उभर कर आईं। नए-नए कपड़े बनवाना, दोस्तों को मिलने के लिए ही नहीं, बल्कि रहने के लिए, आमंत्रित कर लेना—ऐसे ही शौक़ थे। इसमें कई बार व्यावहारिक दृष्टि से मुझे कितना तंग होना पड़ता था—इस बात की अनदेखी हो गई। कोई दूसरी स्त्री के घर में न होने से मेरी तकलीफ़ का अन्दाज़ा भी 'इन्हें' नहीं होता था (यह जानबूझ कर नहीं, अनजाने में ही होता था)। उसके दूरगामी कुपरिणाम भी मुझे झेलने पड़े।

अक्सर इन्तज़ार करने को मुझे खड़ा करके कहते, "बस, मैं अभी आया।" और फिर आधा घंटे तक कहीं पता नहीं रहता श्रीमान् जी का। फ़रवरी 1942 आ गई थी। घर में दो देवरों के साथ इनके मित्र ब्रजमोहन जी, शिवदान सिंह भी हमारे साथ रह रहे थे। वैसे तो बड़े ननदोई जी ने लक्ष्मी जी (मेरी बड़ी ननद) को कानपुर से दिल्ली, मेरे प्रथम प्रसव के लिए भेजा, पर वे बीच में अलीगढ़ की मशहूर नुमाइश देखने उतर गईं और सन्देशा भिजवाया, वे 17 तारीख़ तक आएँगी। उनकी ट्रेन रात आठ बजे पहुँचती थी। 'ये' ऑफ़िस से आकर बोले, "चलो जीजी को स्टेशन जाकर रिसीव कर आएँ।"

मैं रसोई में सब्ज़ी काट रही थी। बीच में काम छोड़, तुरन्त साड़ी बदली और

चल पड़ी। (मैंने कभी भी 'इनकी' छोटी-से-छोटी बात पर अमल करते कभी मना नहीं किया, क्योंकि क्लेश और झगड़े से बचना चाहती थी!) हालाँकि मेरे पूरे दिन थे और इतने सारे लोगों का पूरा खाना बनाना था—पर एक बार भी अपनी बात नहीं की। स्टेशन पर गाड़ी आई। इन्होंने सारी गाड़ी छान मारी, पर बीबी जी का नामोनिशान न था। मैंने कहा, "अब घर चलो, खाना बनाने को पड़ा है।"

पर 'इन्होंने' कहा, "ज़रा दर्जी की दुकान तक चली चलो। मेरा सूट वहाँ पड़ा है।" इच्छा न होने पर भी चलना पड़ा। टेलर मास्टर की दुकान दुमंज़िले पर थी। उसकी खड़ी सीढ़ियों को देखकर मैं बोली, "मैं ये इतनी खड़ी सीढ़ियाँ नहीं चढ़ पाऊँगी। आप सूट लेकर आ जाएँ।"

ये ऊपर चले गए। मैं नीचे खड़ी थी। उसी समय मेरी कमर का दर्द शुरू हो गया। थोड़ी देर बाद थम गया। पूरे आधे घंटे बाद ये नीचे आए। सूट भी हाथ में नहीं था। मैं बोली, "आप तो वहाँ जाकर बैठ ही गए! नौ बजने वाले हैं। घर पर अभी जाकर खाना बनाना है।"

'इनका' उत्तर मिला, "भई! मेरे खाने की तो चिन्ता मत करो—मैं दूध पीकर सो जाऊँगा।"

मैं उनसे क्या बहस करती? इनके अलावा भी घर में दो प्राणी घर में भूखे बैठे होंगे—स्वराज्य और प्रकाश। घर आई। बीच में कमर में दर्द होता, फिर थम जाता। मैं समझ गई, यह प्रसव पीड़ा की घंटी है। घर आकर अँगीठी जलाई। सब्ज़ी-पराँठे बनाए। तीनों भाइयों ने खाना खाया और सो गए। हल्का-हल्का दर्द था, पर रात भर सो नहीं सकी। साथ ही चिन्ता थी घर में कोई भी स्त्री नहीं है। बीबी जी अब तक नहीं आई थीं। चार बजे उठ गई। सोचा, सिर धोकर नहा लूँ। बच्चा होगा, तो कई दिन उठ न सकूँगी। पानी गरम किया, नहाई और फिर सवेरे के लिए भोजन बनाने में जुट गई। सामने वाली पड़ोसन अपने कमरे से निकली; रसोई में रोशनी देखकर इधर आ गईं, "अरे! इतने मुँहअँधेरे उठकर खाना बना रही हो?" मैंने उसे अपनी दशा बताई तो वह बोली, "तेरी ननद कमाल करती हैं। पन्द्रह दिनों से अलीगढ़ में रुक कर नुमाइश ही देख रही है? पर तू चिन्ता न कर, मैं हूँ न। आ मिलकर छोटा वाला कमरा ख़ाली कर लेते हैं। जापा (प्रसव) वहीं तो होगा!"

आकाश में बादल छाए थे, ख़ूब सर्दी थी। पड़ोसन ने देखा, ये अपने दफ़्तर जाने की तैयारी में लगे थे। पद्मा बोली, "कान्ति बाबू! आज आप ऑफ़िस न जाएँ; देखते नहीं, किरन की तबीयत ठीक नहीं है। आपकी बहन भी अभी तक नहीं आईं हैं। जाइए, दाई को बुलाते लाइए। पिछवाड़े ही रहती है।"

दाई आ गई। ये दफ़्तर नहीं गए। दाई बोली, "बच्चा दोपहर तक हो सकता है, पर इसकी कमर थामने को तो कोई नहीं है...।"

इतने में महरी आ गई। देखकर बोली, "बहू जी! फिकर न करो। हम आज कहीं काम पे नहीं जाएँगे।"

बादल-बूँदी की वजह से तीनों मेरी शिष्याएँ भी पढ़ने के लिए नहीं आईं वरना

ख़बर फैल जाती और आस-पास की पड़ोसनें सभी जमा हो जातीं और बिना मतलब का एक तमाशा बन जाता।

दोपहर में एक पड़ोसन एक गिलास गर्म दूध लाई और बोली, "ले, पी ले। इससे ताक़त आएगी। ख़ूब बादाम पीसकर और चाँदी का वर्क भी डाला है!" पीड़ा से बेहाल मेरा मन पीने को बिल्कुल नहीं था, पर वह इतनी मेहनत से बना कर लाई थीं। क्या करती? दवा की तरह, नाक बन्द कर के उसे पी लिया, पर उसका पेट में जाना था कि उल्टियाँ होने लगीं। पद्मा ने दो बार कमरा साफ़ किया। दाई घबरा कर बोली, "उल्टियाँ होने से बच्चा ऊपर चढ़ गया है। अब बच्चा होने में दो-तीन घंटे और लगेंगे।"

महरी पीछे से कमर पकड़े थी, पर दर्द के मारे एक-एक पल पहाड़-सा लग रहा था और दर्द नीचे की तरफ़ के बजाय, कलेजे की तरफ़ ज़्यादा था। कोई पौने छह बजे इस पीड़ा से मुक्ति मिली; और मैं एक बेटी की माँ बन गई। सबने चैन की साँस ली। दाई ने मुझे लिटा कर इन्हें बुलाकर कहा, "देखिए, रात भर जच्चा ऐसे ही सीधे लेटेंगी। बच्ची को आप या कोई भी सँभाले। अन्दर थोड़ी चीर आ गई है। हिलने पर ज़ख़्म बढ़ सकता है।"

कान्ति जी को गोद के बच्चों से विशेष लगाव है। 'ये' रात भर नवजात शिशु को लेकर बैठे रहे। सवेरे करनाल से जीजी आ गईं, क्योंकि 'इन्होंने' दिन में तार कर दिया था। दूसरे दिन लक्ष्मी बीबी भी अलीगढ़ से आ गईं। कानपुर से बड़े जीजा जी भी आ गए थे। वह पत्नी के ऊपर अलीगढ़ में इतने दिन रुक जाने पर बहुत नाराज़ हुए। जीजी छह दिन बाद लौट गईं, क्योंकि होली आने वाली थीं और बच्चों को वह क़रनाल छोड़ आईं थीं।

बड़ी बीबी अपनी ज़्यादा सफ़ाई की वजह से सवेरे साढ़े नौ बजे तक भाइयों के लिए खाना नहीं बना पाती थीं। वह नहाए बग़ैर रसोई में प्रवेश नहीं करतीं। ऐसा रोज़ देखकर बड़ी कोफ़्त होती। नौ दिन की बच्ची होते ही मैंने बड़ा नहान कर डाला। महरी की मदद से कमरा धो डाला और पहली मार्च को मैंने चौका सँभाल लिया। घुसते ही देखा, रसोई में ढेर-सी मेवा, खोया और मैदा रखी थी। बीबी जी ने बताया, "ये सब सामान गुझियों का है। हमारे घर तो जेठानी जी गुझिएँ बनाती हैं। हम बस सेंक देते हैं।"

मन में बड़ा ग़ुस्सा आया। फिर इतना सारा सामान किसलिए मँगाया था? पर ख़ामोश रही।

मेरी तीनों शिष्याएँ पढ़ने आने लगी थीं। बच्ची उनके लिए खिलौना थी। पढ़ने के बाद वे घंटों उसे खिलाती रहतीं, जिसके लिए मैं उनकी आभारी थी, क्योंकि इससे मुझे काम करने का मौक़ा मिला। महरी की मदद से गुझिएँ, पपड़िएँ, मठरी इत्यादि बनाईं। हाँ, मेरी कमर ज़रूर दुखती थी।

होली वाले दिन जीजा जी बोले, "कल रंग खिलेगा। मुझे रंग खेलना बिल्कुल पसन्द नहीं।"

मैंने कहा, "जीजा जी! यहाँ तो आप मोहल्ले-भर के बहनोई हैं। पड़ोसने रँगे बिना नहीं छोड़ेंगी। एक ही तरकीब है बचने की। रंग खेलना आठ बजे के बाद ही शुरू होता है। आप सात बजे ही लालकिला वग़ैरह घूमने निकल जाना और तीसरे पहर तक आ जाना। रंग खेलकर जब तक सब निबट जाते हैं।"

वह तुरन्त राज़ी हो गए। मैं रंग वाले दिन चार बजे उठी और दो अँगीठियाँ जला कर पूरी-कचौरी व सब्जियाँ बना लीं। फिर टिफ़िन भर कर जीजा जी को दे दी और कहा, "लीजिए सँभालिए अपना दिन भर का राशन। आराम से लालकिले, चांदनी चौक की सैर कीजिए।"

जीजा जी प्रसन्न मन कपड़े पहनते हुए बोले, "वाह, किरन! मुद्दत बाद आज सवेरे-सवेरे ताज़ा भोजन करूँगा वरना मुझे तो रोज़ बासी खाकर दफ़्तर जाना पड़ता है। मेरा दफ़्तर साढ़े आठ बजे का है। मैं घर से आठ बजे जाता हूँ; तब तक बिल्लू की माँ का नहाना-धोना ही ख़त्म नहीं होता।..."

बस, जीजा जी के अन्तिम शब्द सुनने थे कि बीबी जी का रोना शुरू हो गया, "अच्छा तो मैं तुम्हें बासी खिलाती हूँ, पर वह बिना नहाए खाना बनाती हैं तो खाना तैयार कर मियाँ को ताजा टिफ़िन दे सकती हैं। हमें तो भई यह किरन का मलेच्छपन पसन्द नहीं!"

दोनों बातें बिल्कुल सच थीं। मैं केवल धोती बदलकर चौके में चली जाती थी—तीन टिफ़िन तभी बन सकते थे, पर सवेरे-सवेरे रोने का अपशगुन अच्छा नहीं लगा मुझे। ऊपर से धैर्यपूर्वक दोनों को लाल किले देखने को भेजने के लिए ख़ूब मनाना पड़ा। इससे यह अवश्य सिद्ध हुआ। 'विरले ही शुद्ध मन से, किसी की प्रशंसा सुन सकते हैं।'

होली के बाद दिल्ली में हिन्दी कॉन्फ्रेंस हुई। कानपुर से आकर कई साहित्यकार हमारे यहाँ ठहरे। उनमें सम्पूर्णानन्द जी के पुत्र सर्वदानन्द भी थे। सुरेन्द्र बालूपुरी और शिवदान सिंह चौहान भी थे। वे लोग रुक गए। इतने प्राणियों के खाने का व्यय भी पड़ रहा था—पन्द्रह दिन हो चुके थे। पता चला, सर्वदा और बालूपुरी किराये की कमी के कारण नहीं जा रहे हैं। कम-से-कम पन्द्रह रुपये चाहिए। भला चील के घोंसले में मांस कहाँ मिलता—मेरे पास इतने रुपये कहाँ रखे थे। कृश्न चन्दर ने इसका हल निकाला। एक ड्रामे का कॉण्ट्रेक्ट भेज दिया, जिसमें पारिश्रमिक दस से बढ़कर पन्द्रह रुपये हो गया था। कुन्तल (यह बेटी का नाम हमने पर्चियों से निकलवाया था—मेरी भानजी प्रभा ने निकाली थी पर्ची) को सर्दी-जुकाम-बुख़ार था। मैं सारा दिन ठंडे पानी में घर-गृहस्थी का काम करती रहती और बच्ची दूध तो मेरा ही पीती थी। बीमार बच्ची को शिवदान ने देखा (देवर तो ऑफ़िस चले गए थे) और पूरे दिन रिहर्सल के बाद पन्द्रह रुपये का चेक लाई तो दूसरे दिन उनकी विदाई हुई।

मेरा भानजा कैलाश कुछ दिन पहले मेरे पास आया था। प्रकाश और कैलाश का समवयस्क होने से अच्छी दोस्ती हो गई। हमारे बड़े कमरे की एक खिड़की,

सींखचें लगी, पिछली दीवार में थी। पर्दा उठाओ तो झाँक कर पिछली गली में सामने के मकान दिखाई देते थे। कभी-कभी मन बहलाने को मैं भी पर्दा सरका कर गली में झाँक लेती थी। सामने गली के पास एक दुमंज़िला मकान था—दो कमरे और छत वाला—जिसमें कोई परिवार रहता था। उन्हीं के घर में शायद कोई युवाकन्या होगी। इत्तफ़ाक से मैंने उसे कभी नहीं देखा था, पर कैलाश व प्रकाश दोनों उस लड़की को देखने टँगे रहते—अक्सर! प्लान किसी ने बनाया हो, पर दोनों ने मिलकर एक प्रेम-पत्र लिख डाला। कैलाश तो आठवीं तक पढ़ा था; पर वह प्रकाश की भाषा लगती थी। ख़त का मज़मून था—"आपको छत पर देख कर हमारा मन प्रसन्नता से भर जाता है। आप बड़ी सुन्दर हैं। आपकी हँसी तो एकदम फर्स्ट क्लास है। आप हम दोनों को देखकर हँसती भी हैं। बताइए, हम दोनों में से किसे पसन्द करती हैं इत्यादि-इत्यादि अन्त में था—आपके प्रेमी—कैलाश व प्रकाश।" भारी छोटे पत्थर में बाँध कर यह पत्र सामने वाली छत पर फेंक दिया, पुड़िया-सी बना कर।

शाम को पद्मा द्वारा मुझे ऊपर वाली सब बातों की जानकारी हुई। लड़की के पिता उसके ससुर के पास आए थे। धमकी दे गए हैं—आपने इन किरायदारों को नहीं निकाला तो हम दोनों लड़कों की टाँगें तुड़वा देंगे। आपकी भी बदनामी करेंगे कि गुंडों को मकान में बसाया हुआ है, और वह खिड़की बन्द हो जाए, हमेशा के लिए। अपने किरायेदारों को तुरन्त निकालो यहाँ से।

सुनते ही मेरी तो परेशानी का ठिकाना नहीं रहा। फिर से घर तलाश करना आसान नहीं था। 'इनसे' कहना बेकार था। कैलाश को तुरन्त करनाल रवाना कर दिया। प्रकाश को डाँटा, तो बोला, "भाभी! वह लड़की हम दोनों को देखकर हँसती थी। मुस्कराती थी। हमने समझा..." मैंने फिर डाँटा, "वह तुम दोनों को बेवकूफ समझकर ही हँसती होगी। हर वक़्त खिड़की में जो दोनों चिपके रहते थे। कभी दो लड़के एक लड़की को मिलकर प्रेम-पत्र लिख सकते हैं? इससे बढ़ कर मूर्खता क्या होगी?" प्रकाश ने सिर झुका लिया।

मैंने पद्मा से कहा, "तेरी महरी तो कई घरों में काम करती है। उसी से कह कर मकान ढुँढ़वाते हैं।"

दूसरे दिन ही पद्मा ने बताया, उनकी हवेली के पीछे ही एक ऊपर का मकान ख़ाली है। हमारी छत उस मकान से लगी है। चाहो तो सारा सामान छत से उतरवा कर उस घर में रख सकती हो। मैं तुरन्त मकान देखने चली गई। तय कर आई और उसी दिन छत पर से ही सामान उधर पहुँचा दिया। सो हर हाल में, भगवान ने हमारी मुश्किल यथासमय आसान कर दी।

हमारे नीचे कई मकान थे। उन घरों में वह गली 'मुलतानी ढांडा' कहलाती है। कमरे इस मकान में भी दो ही थे। ज़ीना चढ़कर जाने पर पहले छोटा-सा लम्बा आँगन था। बाईं तरफ़ ऊपर जाने की सीढ़ियाँ थीं। वहीं पर शौचालय व नहाने के लिए स्नानगृह था। एक कमरा अच्छा बड़ा था, दूसरा इसलिए छोटा था कि एक तिहाई दीवार खींच कर उसमें रसोई बना दी गई थी। छोटे कमरे में मैंने बड़ी चारपाई

व खटोला डाल लिया। बड़े कमरे में शादी वाला पलंग डाला और दूसरी ओर तीन कुर्सियाँ और मेज़ (जो हाल में ही ख़रीदी थीं) लगा दीं। सामने के मेंटल पीस पर बढ़िया कपड़ा बिछाकर घड़ी व दो तस्वीरें लगा दीं। रसोई वाले भाग में ही एक ओर अपने दोनों कपड़ों के बक्स रख दिए।

इस मकान में सेट होने के बाद एक दिन पहाड़गंज में हौज़क़ाज़ी वाली हवेली में रहने वाली पड़ोसन मिल गई। मेरी गोदी में नन्ही कुन्तल थी। बच्ची को देखते ही वह बहुत ही ख़ुश हुई। बोली, "लो किरण! भगवान ने अब तुम्हें तुम्हारी मुन्नी लौटा ही दी।"

मुझे भी पुरानी पड़ोसन से मिलकर बहुत अच्छा लगा। उनके याद दिलाने से मुन्नी की याद फिर से ताज़ा हो गई। सचमुच यह बात तो मुझे याद ही न रही थी। काम की इतनी व्यस्तता रही कि कुछ सोचने की सुध ही नहीं रहती थी। वह मुन्नी तो एक मीठी याद बन कर मेरे मानस में सुरक्षित थी—मेरे मोह में उसका दुबारा मेरे पास आना—मेरी बेटी के जन्म की ख़ुशी को दुगुना कर गया।

इस मकान में भी कान्ति जी के मित्रों का आना-जाना और ठहरना बदस्तूर चलता रहा, क्योंकि इन्होंने खुले मन से सबका स्वागत और सत्कार किया। दिल्ली के साहित्यिक व्यक्तियों द्वारा प्राय: यही कहा जाता, "अरे भाई! दिल्ली आकर रहने की क्या परेशानी? छाया व कान्ति का घर मौजूद है।" हमें भी उनके आने से प्रसन्नता होती थी। अपनी क्षमता और सामर्थ्य भर भोजन, नाश्ते और रहने का प्रबन्ध करते। कठिनाई रात में सोने की रहती। बड़े पलंग पर दो लोग, पलंग के नीचे खटोला डालकर तीसरा, तीन कुर्सियाँ जोड़ मेज़ सरकाकर गद्दा बिछा चौथा प्राणी सो जाता। चार से अधिक होने पर सब कुछ बाहर कर, नीचे दरी पर बिस्तर लगाकर कर, सब सो जाते थे। यूँ भी लोग एक कहावत पहले कहा करते थे—"लेखक और टीचर, दोनों फटीचर।" सो, आने वाले प्राय: सभी लेखक निम्न मध्य वर्ग के ही होते थे। मुफ़्त में रहने की यह जगह सबको ग़नीमत लगती। आने वालों में 'निराला' जी भी थे, हालाँकि वे ठहरते अन्यत्र थे। सुरेन्द्र बालूपुरी कुछ दिन बाद दुबारा आ गए रहने—स्थायी रूप से। कान्ति जी ने मुझे बताया, "बालूपुरी घोर कम्यूनिस्ट हैं। बम्बई में पार्टी का काम करते थे। बीमार होने पर अपने जन्म स्थान बालूपुर चले गए थे। अब भी पूरी तरह स्वस्थ नहीं है, पर घर में झगड़ा हुआ तो फिर दिल्ली आ गए।" (हालाँकि मुझे बाहर से उनमें कोई बीमारी के लक्षण नहीं नज़र आए)। शिवदान सिंह चौहान भी ठहरा करते थे।

इतने वयस्क प्राणियों का भार वहन करने के लिए मात्र इनका नौकरी करना कैसे काफ़ी पड़ता? मेरी तीनों शिष्याएँ 'प्रभाकर' कर चुकी थीं। रेडियो के एक-दो प्रोग्रामों से पूरा नहीं पड़ता था। सो, मेरा नौकरी करना अनिवार्य था। मुझे एक प्राइवेट स्कूल में नौकरी मिल गई, जिसका समय था प्रात: दस बजे से एक बजे तक।

घर-ख़र्च में दोनों देवरों का योगदान कुछ यूँ शुरू हुआ—स्वराज्य नौकर थे, पर मैंने कभी नहीं पूछा। प्रकाश तो पहले से रहते थे। सो, जब बैंक में नौकरी करते

डेढ़ महीना हो गया, तो मैंने उससे पूछा, "प्रकाश! बाबूजी (उनके पिता) को तुमने क्या भेजा?"

प्रकाश बोला, "मैंने तो कुछ नहीं भेजा। अपना जेब ख़र्च निकाल कर शेष मैंने बैंक में ही जमा कर दिया।"

मैं आश्चर्यचकित रह गई। थोड़ी देर बाद मैंने कहा, "भाई! माना तुम दिल्ली ग़ुस्से में आ गए थे, पर नौकर हो जाने पर बाबूजी को अलीगढ़ कुछ भी नहीं भेजोगे, तो वह यही समझेंगे भाई-भाभी सारी कमाई ले लेते हैं। और वह कुछ न भी समझें तो भी बड़े हैं। कुछ कहें भी तो क्या? घर कुछ तो ज़रूर भेजना चाहिए—यह कायदा भी है और फ़र्ज़ भी।"

कमरे से हमारी बातें सुनकर कान्ति जी बाहर आए और बोले, "क्यों भेजे यह दद्दा को कुछ भी? क्या किया है उन्होंने उसके लिए? दसवीं करते ही घर से निकाल दिया। यह एक पैसा घर नहीं भेजेगा।"

मेरे मुँह पर तो ताला पड़ गया, पर उसी दिन शाम को स्वराज्य ने मेरे हाथ पर बीस रुपये रखते हुए कहा, "भाभी! अब तो मैं कमाता हूँ। कम-से-कम मुझे व प्रकाश को अपने खाने का ख़र्च तो देना ही चाहिए।"

दूसरे दिन प्रकाश ने भी बीस रुपये मेरे हाथ पर रखे। लड़ाई छिड़ जाने से महँगाई लगातार बढ़ रही थी। नौकरी-ट्यूशन सभी कुछ करके मुझे घर चलाना था। सब्ज़ी मंडी के हमारे घर से कुछ दूर चन्द्रावल नाम की एक जगह है—वहाँ के एक धनी खत्री परिवार की कन्या को 'प्रभाकर' की परीक्षा के लिए पढ़ाने का काम मिल गया। पारिश्रमिक था—बीस रुपये मासिक एक घंटा प्रतिदिन पढ़ाने पर। यह पारिश्रमिक उस समय के लिए मायने रखता था।

अब मेरी दिनचर्या थी—अँधेरे पाँच बजे उठकर दो अँगीठियाँ जलाना, सभी के लिए 'बेड टी' देना। फिर भोजन बनाने में जुट जाती। बीच-बीच में, कुन्तल को दूध पिला आती। उसके टट्टी-पेशाब के लँगोट बदल आती। फिर बस एक गनीमत थी—स्वराज्य व बालूपुरी नन्ही बच्ची को खिलाते रहते थे। साढ़े नौ बजे तक परांठों का नाश्ता करके तीनों भाई अपना-अपना टिफिन सँभालकर दफ़्तर चल देते। इसके बाद ही मुझे दाँत माँजने का होश आता। आधे घंटे में तैयार होकर स्कूल पहुँचना होता था। किसी तरह नहा कर निकलती, जल्दी से तैयार होते-होते बिस्कुट के साथ ठंडी चाय निग़लती (गरम करने का वक़्त कहाँ था!) बालूपुरी का खाने का थाल ढँक कर रख देती। स्कूल की महरी के आने पर बच्ची और उसका कपड़ों का थैला (रात को ही तैयार कर लेती थी) उसे सौंप, फटाफट साड़ी बाँध तीनों जन स्कूल चल देते। डेढ़ बजे महरी के साथ घर आती। वह तो चली जाती, मैं जल्दी-जल्दी बच्ची की मालिश करती; नीचे वाली से एक लोटा गरम पानी माँगकर उसे नहलाती और दूध पिलाकर सुला देती। ढाई बजे खाना खाने के बाद घर की सफ़ाई में जुटती। सवेरे तो कुछ हो ही नहीं सकता था। घर एकदम अव्यवस्थित अवस्था में मिलता था—बिस्तरे ठीक करना, फर्नीचर दुबारा ठीक से सेट करना, फर्श की सफ़ाई—कुल मिलाकर एक

घंटा लग जाता था। इस बीच बर्तन वाली अपना काम करती थी। मेरा हाथ बँटाने को आँगन वह पूरा धो जाती थी। अँगीठी लगाने का काम उससे तय था। चार बजे तक मैं संध्या की सब्ज़ियाँ काट-छील कर, दाल बीन कर, आटा गूँध कर रखती क्योंकि ट्यूशन से लौटते समय साढ़े पाँच से ऊपर हो जाता था। मैं दोबारा ख़ुद तैयार होती, बच्ची को तैयार करती; उसके सामान के साथ, एक पीतल का डोल दूध के लिए हाथ में लेती। बाएँ हाथ में बच्ची को थामती और चन्द्रावल के लिए चल देती। गृहस्वामिनी भली महिला थी—एकदम बच्ची को थाम लेतीं। कुन्तल शान्त और सीधी प्रकृति की थी—सबके पास चली जाती थी और भूखी न हो तो रोती भी नहीं थी।

उनकी बड़ी लड़की के साथ सातवीं में पढ़ने वाली दूसरी लड़की भी अपनी किताबें लेकर आ बैठती। मैं बीच-बीच में उसे भी पढ़ाती जाती। सो, अक्सर पढ़ाई डेढ़ घंटे तक चलती। इस बीच मुझे वहाँ एक सुविधा हो गई थी कि उनका नौकर अपने साथ-साथ मेरा दूध भी, ताज़ा दुहा कर, ला देता था। गृहस्वामिनी कुन्तल को चम्मच से दूध भी पिला देती थीं। कुन्तल के लिए तीन-चार नेकर बॉकर भी सी कर दिए (जिसमें बड़ी मुश्किल से कपड़े के दाम लिये मुझसे)। वहाँ से छुट्टी करके मैं बच्ची का सामान व दूध की बाल्टी लेकर तेज़ क़दमों से घर लौटकर आती। घर पर पहले से ही तीनों भाई, बालूपुरी और इनके साथ एक-दो मित्र आ चुके होते। कोयले की अँगीठी के नीचे काग़ज़ लगा कर कपड़े बदलती औ़र चाय बनाकर एक प्लेट में बिस्कुट भरकर कमरे में दे आती। खाना बनाते, बीच-बीच में उन लोगों की साहित्यिक चर्चा में भी हिस्सा लेती। दुबारा चाय माँगते, तो फिर केतली भर दे आती। रात को नौ बजे तक खाना-पीना निबटता तो मैं उल्टा-सीधा चौका सँभालकर बच्ची को साथ लेकर सो जाती।...दिन समाप्त।

इस व्यस्त दिनचर्या में भी मैं परम प्रसन्न और सन्तुष्ट थी। इस बीच बहुत कुछ ऐसा घटता देखा, जिसने मेरी कई अच्छी कहानियों को जन्म दिया। सोचने की बात है कि अपना सृजन करने का एकान्त या अवकाश मुझे कब और कहाँ मिलता था? सो, मेरे साथ सरस्वती का ऐसा वरदहस्त था कि मुझे अपना लिखने के लिए न एकान्त चाहिए था, न कोई विशेष वातावरण। चूल्हे-अँगीठी पर दाल चढ़ाकर वहीं बैठे-बैठे भी दो-चार पृष्ठ लिख लेती। दोबारा व्यवस्थित करने का समय न मिलता, तो कहानी का पहला ड्राफ्ट ही पत्रों में भेज देती। बुक-पोस्ट कर देती और वह कभी गुम नहीं हुआ। हमेशा गंतव्य स्थान पर पहुँचा और कहानी छपी भी।

मनुष्य सामान्यत: अपनी दुर्बलताओं पर नियंत्रण नहीं कर पाता है। हमारे देश में स्त्री को हर क़दम पर अपने मन को मारने का अभ्यास कराया जाता है, पुरुष कुछ भी करने का साहस (या दु:साहस कहिए) रखते हैं। हमारे घर में दो घटनाएँ ऐसी ही हुईं। घर में मांस-मछली नहीं पकाया जाता था हालाँकि मेरे पति व देवर दोनों मांसाहारी थे, पर इतने शौक़ीन भी नहीं कि घर में बनाना पड़े। मैं तो ख़ैर छूती भी नहीं थी।

हमारे घर के अन्दर पाँच-छह जंगली कबूतर रहते थे। पिछले समय से मुझे लग रहा था—कबूतर कुछ कम हो गए हैं। फिर सोचा, किसी दूसरी जगह रहने लगे

होंगे—पक्षी ही तो ठहरे। उधर महीने का अन्त था, कोयले ख़त्म हो रहे थे। मैंने बोरा यह सोच कर उठाया था कि जगह धोकर ही नया कोयला रखूँगी तो बोरी उठाते ही मेरा जी धक्-से रह गया। नीचे कबूतरों के नुचे हुए वही पंख रखे थे। लो, कबूतरों के ग़ायब होने का रहस्य खुल गया। मैंने बालूपुरी से पूछा, "ज़रूर ये कबूतर तुम्हीं ने मारकर खाए हैं!"

उन्होंने सिर झुका कर हामी भरी। कहने लगे, "भई किरण! मांस खाने की बहुत ही तीव्र इच्छा उठी। बस, मैंने इन्हीं को पकड़ कर मारा और भूनकर खा लिया।" ग़ुस्सा तो बहुत आया, पर अपने से आठ-दस साल बड़े स्थायी मेहमान से क्या कहती!

शाम को कान्ति जी व स्वराज्य आए, तब मैंने उन्हें सब बात बता दी। आस-पास सभी शुद्ध शाकाहारी लोग रहते थे। उन पंखों को फेंकने की तरकीब सोची गई। एक अख़बार में सारे लपेटे, फिर अच्छा प्रिंट वाला कपड़ा लपेटा और हम तीनों उन पंखों का क्रिया-करम करने गली में आ गए। गरमी के दिन थे, सभी घूमने निकले हुए थे। कुछ गली में ही किनारे कुर्सी डाल कर बैठे थे। कोई चौतरे पर बैठकर गपशप में मशगूल थे। बड़ी रौनक़ थी। एक पड़ोसी ने बंडल की तरफ़ इशारा करते हुए इन्हें हाथ जोड़कर नमस्ते करते हुए पूछा : "अरे भाई! कान्ति! इसका क्या बनवाना है?"

'ये' बोले, "कुछ सेमल की रूई मिल गई थी। एक तकिया बनवा लेंगे। दर्ज़ी को रूई और खोल का कपड़ा देने जा रहे हैं!" (यह जवाब घर ही में पहले से सोचा हुआ था)।

वही पड़ोसी सज्जन एकदम सच्चे हितैषी की तरह बोले, "अरे! सेमल की रूई तो बेहद गरम होती है। उसका तकिया लगाया तो सिर में दर्द होने लगेगा। भूल कर भी सेमल का तकिया न बनवाना।"

मैंने तुरन्त दूसरा बहाना सोच कर कहा, "भाई साब! असल में मेरे पाँव न जाने क्यों आज भी बर्फ़ से ठंडे रहते हैं। दर्द भी बहुत रहता है—सो, मैं अपने पैताने रखने को बनवा रही हूँ।"

"अच्छा!"—आश्चर्य से उनकी आँखें चौड़ी हो गई थीं। इससे पहले कि वह कुछ और बात करने लगते, हम तेज़ी से आगे बढ़ गए। दो-चार व्यक्तियों ने और भी पूछा और हमने गली पार करते-करते, वही बहाना बनाया और 'राम-राम!' करते रोशनआरा रोड तक आ गए। डर लगता ही रहा था कि कहीं कोई जिज्ञासु उस सेमल की रूई का स्पर्श ही न करने लगे और सारा भांडा फूट जाए। ऊपर वाला मेहरबान था बड़ा। एक अँधेरे कोने में सड़क किनारे हमने वे पंख फेंके, बगल में और कपड़ा दबाकर, घर लौट आए।

बालूपुरी के दूसरे कारनामे से पहली बात बड़ी बचकानी-सी लगने लगेगी। कबूतर खाना तो समझ लीजिए वयस्क बच्चे का अपनी भूख को या यूँ कहिए पसन्दीदा चीज़ को पाने के लिए, जो सामने मिला, उसे झपटकर पा लेना था पर बिना पूछे किसी की मेहनत की कमाई में से अपने आप उठा लेना और खुल जाने पर तर्कपूर्ण उत्तर देना किसी भी तरह न्यायसंगत नहीं ठहराया जा सकता।

किन्तु हुआ इस तरह कि चन्द्रावल वाली ट्यूशन मैंने बीस तारीख को पिछले महीने शुरू की थी उसका पारिश्रमिक 10-10 के दो नोटों के रूप में मैं जब घर लाई तो मन में बहुत ही ख़ुश थी कि चलो, अब महीने का आख़िर आराम से निकलेगा। दूध की बाल्टी और कुन्तल को लिये-लिये मेरे हाथ बहुत थक गए थे। मुट्ठी में रखे वे दोनों नोट मैंने कमरे के मेंटल-पीस पर रखे और दूध की बाल्टी रसोई में रखने चली गई। लौटी तो देखा, कमरे में बालूपुरी खड़े हैं और उनके हाथ में एक दस का नोट है। मुझे देखकर, वह बोले, "माफ़ करना किरण! मुझे इस समय दो तार देने हैं। यह रुपये मैं उधार के तौर पर ले रहा हूँ"—कहते हुए वह तेज़ी से सीढ़ियाँ उतर गए। उन्होंने मेंटल-पीस के दो दस-दस के नोटों में से एक नोट उठा लिया था। मुझे पहले तो इस बात का ग़ुस्सा था कि उन्होंने नोट मुझसे पूछे बगैर लिया था। उधार लेने वाला पहले पूछता है। फिर कोफ़्त हुई—मेरे लिए, महीने की तंगी ज्यों की त्यों खड़ी थी। इतनी मेहनत से कमाए, वे रुपये; इनके मित्र ने, एक मिनट में उठा लिये। रात में मेरा सामना दूसरे झटके से हुआ। जब मैंने सारी घटना कान्ति जी को बताई, तो उलटे मुझ पर ही नाराज होकर बोले, "तुमने रुपये दिए ही क्यों? साफ़ मना कर देती। मुझे तो लगता है, धन्ना सेठ बन गई हो। वह क्या उधार चुकाएगा—कहीं काम-धाम तो है नहीं!"

आख़िरी बात इनकी सच थी। बालूपुरी न चुकाने की हालत में थे और न उन्होंने चुकाए, पर पहली बात सही नहीं थी। रुपये मैंने दिए नहीं थे, उन्होंने ख़ुद उठा लिये थे। दूसरी बात, ज़्यादा कुछ कहने का उन्होंने मौक़ा कहाँ दिया था। एक वाक्य कहकर एकदम चले गए थे। बाद में यह सोचकर चुप रही थी कि 'इन्हीं' के मित्र हैं। तीन महीने से तो सारा इनका बोझ हम उठा रहे हैं—एक इतनी-सी बात पर तीखा बोल कर या मना करके बालूपुरी का अपमान नहीं करना चाहती थी। मैंने सोचा था, 'ये' ही कहेंगे, 'तुमने इतने दिनों के अहसान पर एक मिनट में दस रुपये के लिए मेरे दोस्त का अपमान करके पानी फेर दिया।'

पर उलटा ही हुआ उसका। असल में, कान्ति जी की प्रतिक्रिया के विषय में कुछ भी कहना कठिन है। कभी-कभी बड़ी से बड़ी बात पर, 'वे' बहुत ही संयम से धैर्य से शान्तिपूर्वक बात करते और कभी छोटी-सी बात पर एकाएक उत्तेजित हो जाते थे।

इसी तरह बालूपुरी के साथ का अनुभव रहा। वैसे उन्होंने दिन-प्रतिदिन के व्यवहार में मुझे कभी कोई शिकायत का मौक़ा नहीं दिया था बल्कि प्रकारान्तर से, दूसरे 'इनके' दोस्तों को देखते हुए हमेशा अपना काम ख़ुद किया, जिससे मेरी मदद हुई। मसलन, वह अपना प्याला-प्लेट चाय पीने के बाद, अपना कटोरी-थाली-चम्मच खाना खाने के बाद हमेशा ख़ुद धोकर साफ़ करके रखते थे। खाने में कभी कोई नुक्स नहीं निकाला, अपना मैला कपड़ा कहीं भी न छोड़ा, न धुलवाने को कहा—ख़ुद ही समेट कर, धोकर रखते थे। सबसे बड़ी बात, बच्ची को रोने नहीं दिया। कुन्तल को गोद में लेकर, छत पर घुमाना बाहर ले जाना-खिलाना बालूपुरी का काम था।

पर एक सप्ताह बाद ही बालूपुरी के व्यक्तित्व का एक ऐसा पहलू सामने आया, जो निन्दनीय था—सामाजिक दृष्टि से विशेषकर। वह घटना इस प्रकार थी—

हमारे मकान के नीचे एक दुकानदार वैश्य सज्जन रहते थे, युवा पत्नी थी, एक बच्चा था। पत्नी का नाम था लल्ली। वह कभी-कभी हल्दी, चाय, चीनी माँगने ऊपर मेरे पास आती थीं। एक दिन प्रकाश मुझसे बोला, "भाभी! आप जब स्कूल पढ़ाने चली जाती हैं और नीचे वाला अपनी दुकान चला जाता है तो लल्ली हमारे घर आती है।"

मैंने चकित होकर कहा, "जब मैं नहीं होती तो भला वह क्या करने आएगी यहाँ? और तुमने कब देख लिया?" प्रकाश ने उत्तर दिया, "पिछले हफ़्ते, जब बैंक गया तो मेरी तबीयत ख़राब हो गई और लगातार दो दिन लौटकर आना पड़ा। सो दोनों दिन लगभग उसी समय लल्ली को मैंने सीढ़ियों से उतरते देखा। बालूपुरी भाई साहब को आपके बड़े वाले कमरे से बाहर आते देखा।"

प्रकाश के कहने पर मुझे याद आया, प्रकाश दो दिन लगातार बैंक से लौट कर आया था—बुख़ार और सिरदर्द की वजह से। लल्ली वाली बात सुनकर मेरे पैरों तले की ज़मीन निकल गई। प्रकाश को साथ ले मैं तुरन्त बालूपुरी के पास पहुँची। वे आराम से अख़बार पढ़ने में लगे थे। मैंने सारी बात, प्रकाश का आँखों देखा सच बताते हुए जब उनके सामने रखी तो वह आँखें झुकाकर चुप हो गए। फिर धीरे-से बोले, "किरण! मैं उससे कोई सच्चा प्रेम नहीं करता, पर...पर आदमी की एक ज़रूरत और भी तो होती है।"

"ज़रूरत!" मैं गुस्से से काँप रही थी, "आप हमें इस मकान से भी निकलवाएँगे। पड़ोस में ज़रा-सी सुन-गुन भी हो गई तो हमारी ख़ैर नहीं! आप विधुर हैं, मानती हूँ। पर तीस-पैंतीस साल के हैं, एक बच्चे के पिता भी हैं—कभी सोचा कि लल्ली के पति को इसकी सूँघ भी लग गई, तो क्या वह उसे घर में रखेगा? आप एक बसा-बसाया घर उजाड़ रहे हैं। शर्म आनी चाहिए आपको।"

फिर उसके बाद मैं लल्ली के घर पहुँची। प्रकाश से पता करवा लिया था। पति उसका दुकान पर बैठा था। उसे मैंने आड़े हाथों लिया, "वाह! देवी धन्य हो! अच्छा-ख़ासा कमाऊ पति है, बच्ची है। तुम को कौन-सी आग लगी कि चेंज के लिए दूसरा अधेड़ आदमी ढूँढ़ लिया? विलायती मेमों को भी पीछे छोड़ दिया तुमने। अब अगर तुम कभी मेरी सीढ़ियाँ चढ़ी भी तो तुम्हारे पति को मैं तुम्हारी सब रंगरलियों के बारे बता दूँगी। कहीं की नहीं रहोगी।"

शायद मेरी धमकी का असर हुआ और लल्ली ने वायदा किया कि भविष्य में वह यह ग़लती नहीं करेगी। इस तरह की घटनाएँ मानव-मन की दुर्बलताओं से एक रचनाकार का परिचय भी कराती रहीं कि तन की भूख अपने आप में पशु-वृत्ति का ही एक रूप है, जो अनियमित होने पर अच्छे-अच्छों का ईमान डगमगा देती है।

वे सारी मीमांसा आज अस्सी बरस की उम्र में सूझ रही है, पर उस वक़्त तो गुस्से, क्षोभ और बेबसी का वह हाल था कि मेरा बस चलता तो बालूपुरी को हाथ पकड़कर उसी समय घर से निकाल देती, पर इस घटना की चर्चा न मैंने 'इनसे'

की और न प्रकाश को करने दी। जब चार-पाँच दिन में विश्वास हो गया कि लल्ली अब हमारे घर का रुख ही नहीं करेगी (शायद मेरी धमकी का परिणाम था)। कारण, कान्ति जी की प्रतिक्रिया क्या होगी, यह मैं कह नहीं सकती थी। सो, एक चुप भली, सौ झंझटों से।

पर यह सिलसिला हमारे परिवार में नित नए रूप में चलता ही रहता था, क्योंकि आए दिन कोई-न-कोई नया मित्र कान्ति जी की दरियादिली का फायदा उठाकर मेहमान बन कर आ जाता था। चन्द्रपाल एक ऐसे ही किसी पत्रिका के सम्पादक थे, पर आजकल बेकार थे। इन्होंने कहा, "ज्यों ही काम मिल जाएगा, यह अपना ठिकाना कर लेंगे।" और सौनरेक्सा साब का घर तो था ही धर्मशाला। वह भी एडजस्ट हो गए। क्रिसमस का मौक़ा था और यह चन्द्रपाल जी तमिल क्रिश्चियन थे। कई बार, 'इनके' और मेरे—सबके सामने कह चुके थे, "आज यार! इतनी खराब हालत हो गई है मेरी कि मैं अपनी माँ-बहन को कोई गिफ़्ट भी नहीं भेज सकता।" हम लोग क्या मदद करते? घर की गाड़ी किसी तरह चलती रहे इज़्ज़त से, यही बहुत था। सो, सब चुप रहे। संयोग से उस समय के प्रसिद्ध साहित्यकार और आलोचक डॉ. रामविलास शर्मा भी अपने किसी काम से दिल्ली आए। वह हमारे घर ठहरे। उसी दिन जब स्कूल के लिए तैयार होते समय मैं अपनी साड़ी निकालने के लिए बक्स के ताले की चाभी ढूँढ़ने लगी, तो वह नहीं मिली। मैं रसोई वाले ताक की एक डिब्बी में वह चाभी रखती थी। देर हो रही थी, स्वराज्य ने किसी तरह कुंडा तोड़ कर ताला खोला। दूसरा धक्का लगा—कोने में ऊपर की तरफ़ रखे बूँदों की जोड़ी और एक अँगूठी ग़ायब थी। बड़ी उलझन—ज़ेवर बन्द बक्स में से कहाँ चले जाएँगे? पर ख़ैर! ताला बदल दिया। तीसरे दिन अँगीठी साफ़ करने पर नीचे की राख में पुरानी चाभी मिल गई। आश्चर्य और भी बढ़ गया।

डॉ. रामविलास जी उसी दिन आए थे, पर बहुत अनुभवी थे; बोले, "यह काम सिर्फ़ चन्द्रपाल का है। क्रिसमस गिफ़्ट के लिए उसने चोरी की है, पर कुछ कहना मत क्योंकि कोई लाभ न होगा। हाँ, चाभी की जगह बदल दो।"

मैंने भी मुँह पर ताला लगा लिया। अगला रविवार आया। बहुत सारे कपड़े धोने थे। तीनों भाई और बालूपुरी भी घूमने चले गए। चन्द्रपाल रह गए। मैंने कहा, "तुम भी घूमने चले जाओ। अगर नहीं जाते तो घंटा-डेढ़ घंटा कमरे में ही रहना। बाहर मत आना। मैं कपड़े धो रही हूँ।" वह कमरे में ही लेटे रहे जनाब। मैं बाहर छोटे आँगन में, पेटीकोट-ब्लाउज़ पहन कर ही कपड़े धोती थी। पहनी हुई धोती भी साथ धोने के लिए, भिगो देती थी। अभी दो-तीन कपड़े ही धोए थे कि चन्द्रपाल बाहर आकर खड़े हो गए। जैसे ही मैंने नज़र उठाई, उन्हें देखा तो चिल्ला पड़ी, "भीतर जाइए!" पर वह वहीं रहा और एक क़दम आगे बढ़ाया था कि मैं बिजली की तेज़ी से रसोई वाले कमरे में घुसी और कुंडी चढ़ा ली। अन्दर दूसरी धोती-ब्लाउज़ पहन कर दरवाज़ा खोला और देखा वह वहीं मौजूद था। मैंने कड़कती, दृढ़ आवाज़ में कहा, "चन्द्रपाल! चोर और लम्पट हो! एकदम इस घर से बाहर जाओ! निकलो

वरना शोर करके पूरा पड़ोस जमा करके वह मरम्मत कराऊँगी कि अपनी शक्ल नहीं पहचान पाओगे।"

चन्द्रपाल डर गया। चप्पल पहनी और चला गया। शाम को सब मिले, तो सब को पता चला। 'ये' धीरे-से बोले, "अभी तो बेचारे की नौकरी भी नहीं लगी है"... मैंने कड़े स्वर में कहा, "अब यहाँ चन्द्रपाल नहीं आएगा। जहाँ गया हो (थोड़े से कपड़े भर थे), उसका सामान भिजवा देना। उसकी नौकरी से हमें क्या मतलब है? बस, चन्द्रपाल इस घर में अब कभी नहीं आएगा।"

किसी ने इस सम्बन्ध में आगे कुछ नहीं पूछा।

घर में तो सब कुछ इसी तरह चलता रहता था, पर मेरी सृजनात्मक प्रक्रिया हर चट्टान से टकराती हुई निर्बन्ध चलती रहती थी। उसकी ऊर्जा का तेज कभी कम नहीं हुआ। कम-से-कम समय में बिना किसी अतिरिक्त सुविधा के मेरी लेखनी कोरे काग़ज़ पर कहानियों को आकार देती थी। उसी समय की मेरी रचना थी—'बेजुबाँ'—मुझे ख़ुद को वह बहुत ही अच्छी लगी और मैंने उसे *हंस* में छपने भेज दिया। अक्षरशः तो स्मरण नहीं आज, पर *हंस* के तत्कालीन सम्पादक-श्री अमृतराय (प्रेमचन्द जी के सुपुत्र) को मैंने ऐसा पत्र लिखा था—

"प्रिय अमृतराय जी!

हंस के लिए एक कहानी भेज रही हूँ। आशा है, पसन्द आएगी। इसके अतिरिक्त एक निवेदन यह है कि आपकी पत्रिका के एक लेखक बालूपुरी जी भी हैं। सितम्बर-अक्तूबर में उनके दो लेख *हंस* में छपे हैं। वे कहते हैं, अभी तक उसका पारिश्रमिक उन्हें नहीं मिला है। वे बीमारी की हालत में कई महीनों से हमारे घर पर ही हैं। आप तो जानते ही हैं लेखक और टीचर, दोनों फटीचर। रहने-खाने का प्रबन्ध तो हर गृहस्थ में हो जाता है, पर जेबख़र्च! आप अपनी अकाउंट्स ब्रांच से पूछ कर पता लगाएँ। यदि बात सच है तो कृपा कर उनका पारिश्रमिक हमारे ही पते पर भेज दें।

आपकी,
चन्द्रकिरण।

चौथे दिन उनका उत्तर आ गया। वह कुछ इस प्रकार था—

"प्रिय चन्द्रकिरण,

कहानी मिली। सचमुच ही बहुत सुन्दर है! एकदम यथार्थवादी रचना है। आप *हंस* को अपना ही पत्र समझें। आगे जो भी लिखें, उसे पहले *हंस* में भेजें। मैं सचमुच लज्जित हूँ—अकाउंट्स चेक करने पर पता चला वास्तव में बालूपुरी का पारिश्रमिक भूल से रह गया है। आज ही मनीऑर्डर से भिजवा रहा हूँ। आपकी दूसरी रचना की प्रतीक्षा रहेगी।

आपका,
अमृतराय।"

पत्र पढ़कर ऐसे ही खुला, मैंने बड़े कमरे की मेज़ पर डाल दिया। सभी पत्र-

व्यवहार इसी तरह करती थी। खुला रख देती थी, जिससे 'यह' शाम को दफ़्तर से आने के बाद उन्हें पढ़ लें। यथासमय कान्ति जी लौटे और पत्र पढ़ते ही बोले, "वाह! बड़ी तारीफ़ लिखी है आपकी अमृतराय ने।" मैं रसोई में काम करते हुए ही सुन रही थी। दो मिनट बाद ही फिर मैंने सुना 'ये' तल्ख़ी से भरे स्वर में कह रहे थे, "ये साले सम्पादक भी लड़कियों को बड़े मीठे-मीठे पत्र लिखते है। अभी कोई पुरुष लेखक अपनी रचना भेजता तो उत्तर ही पन्द्रह दिन बाद मिलता या मिलता ही नहीं।" और 'यह' रसोई के सामने खड़े थे—क्रोध-ईर्ष्या की मिली-जुली तस्वीर बन कर—"तुमने भी तो कहानी भेजते समय पत्र में कुछ न कुछ तो लिखा ही होगा ज़रूर...उसके चूतड़ों में घी मला होगा।"

मैं स्तब्ध थी—इस प्रतिक्रिया के लिए तो मैं सपने में भी नहीं सोच सकती थी। मेरी बुद्धि से परे था कि आखिर इस साधारण से पत्र को पढ़कर 'इन्हें' क्रोध क्यों आया; और यह 'घी मलने की बात' तो बिल्कुल ही अकल्पनीय थी। थोड़ी देर बाद जब इस बात का गालीनुमा अर्थ स्पष्ट हुआ दिमाग़ में तो मेरा सिर घूम गया। आज तक बाबू जी के मरने के बाद एक मामले में एक बार भाभी ने ज़रूर फलों की चोरी का दोष लगाया था—पर गाली या अपशब्द बोलने की किसी में हिम्मत नहीं थी। मैं तो ख़ुद ही फूँक-फूँक कर क़दम रखने वाली, अपने काम से मतलब रखने वाली रही शुरू से। मुँह से मैंने कुछ नहीं कहा, पर क्रोध और अपमान से मेरी देह ऊपर से नीचे तक जल रही थी। बस! यंत्रवत् मैंने खाना बनाया सबका। सबको खिलाया। कान्ति जी और मैं साथ-साथ खाते थे, पर उस दिन वे स्वयं 'पत्र' और पत्र की अपनी प्रतिक्रिया से आक्रान्त थे—अपनी थाली उठाकर कमरे में जाकर खाने लगे। सब लोग सो गए। मैं रसोई में भूखी बैठी-बैठी सोच रही थी—"क्या इस तरह की गाली खाने के लिए ही मैं इस परिवार को चलाने के लिए ख़ुद को तिल-तिल कर खपा रही हूँ? तीन वर्ष के विवाहित जीवन के बाद कोई विश्वास का आधार नहीं बन पाया अब तक, तो आगे क्या आशा हो सकती है? एक साधारण प्रशंसा-पत्र हमारे बीच इतनी घिनौनी गाली बन कर खड़ा हो सकता है—विश्वास नहीं होता था, पर एक कड़वा सच था, मैंने ऐसे व्यक्ति का साथ चुन लिया था, जो शक के चश्मे से ही सब कुछ देखता है वरना जिस व्यक्ति को मैंने आँख से नहीं देखा (अमृतराय को) केवल सम्पादक के नाते पत्र-व्यवहार किया, उसी का नाम लेकर ऐसी गाली? छिः! कभी कोई सन्तुलित सामान्य व्यक्ति नहीं देता। बस, अब और नहीं बढ़ने दूँगी यह सिलसिला। अविश्वास की धुन्ध में मानो मेरा दम घुटने लगा...मैंने निर्णय किया मैं 'इनके' साथ नहीं रहूँगी। घर छोड़कर मेरठ चली जाऊँगी। बड़े भाई तो यह बात सुनकर, यूँ भी दुबारा यहाँ भेजने का नाम नहीं लेंगे। भाभी को ज़रूर बुरा लगेगा। सोचेंगी, किसी तरह राम-राम करके बीबी जी को ब्याह करके विदा किया था, अब एक लड़की समेत लौट आई हैं। मैंने ख़ुद ही उत्तर तलाश लिया। मैं उन पर आर्थिक भार नहीं डालूँगी। मेरठ में भी स्कूल की नौकरी और ट्यूशन से अपना जीवनयापन कर लूँगी। भाई को समझा दूँगी—कोई कुंवारी कन्या तो नहीं हूँ अब, जो बाहर नौकरी

करने से परिवार की बदनामी होगी। अपनी बेटी का पालन करने की सामर्थ्य मुझमें है—यह शादी के बाद मुझे ख़ुद के बारे में अच्छी तरह मालूम हो गया था, पर हाँ यह ज़रूर सुनना पड़ेगा—किरण के पति ने उसे छोड़ दिया। पति-गृह से निष्कासित लड़कियाँ उन दिनों भी मायके में ही रहती थीं।

मैंने अपना बक्स ठीक किया, एक लम्बा पत्र 'इनके' लिए लिखा। शब्द-प्रतिशब्द कुछ याद नहीं आज, पर उसका मूल कथ्य यही था—'तीन वर्षों में भी, मैं आपका विश्वास अर्जित नहीं कर सकी तो पूरा जीवन आपके साथ अविश्वास के घेरे में रह कर बिताना मेरे लिए असम्भव है।'

कड़े संघर्ष के यह वर्ष मैंने रात-दिन के जान-तोड़ परिश्रम से बिताए थे। अपनी शक्तिभर कान्ति जी व उनके मित्रों तथा परिवारजनों के लिए सामान्य दाल-रोटी जुटाने की चिन्ता में अपनी किसी सुविधा की बात तक नहीं सोची थी। विवाह से पहले अपने मुहल्ले को छोड़ कर कभी अकेले पैदल जाने का साहस भी नहीं किया था। अपने घर यानी मेरठ में लड़कियों का कमाई करना अत्यन्त घृणित माना जाता था। यहाँ दस-बीस रुपयों की खातिर मैं मील भर पैदल चलती थी। मुझे इसकी शिकायत भी नहीं थी, किन्तु अविश्वास के इस भयावह अन्धकार ने जैसे मुझे दिशाहीन कर दिया था।

मैं उच्च वर्ग की या उच्चशिक्षित परिवार की कन्या नहीं थी (किन्तु सदाचार का पाठ तो सदैव मेरा साथी रहा था)। मायके के अतिरिक्त और कहाँ जा सकती थी? साथ में एक छोटी बच्ची के पालन-पोषण का उत्तरदायित्व भी था। यूँ तो किसी शायर ने कहा है—

"सुबह होती है; शाम होती है तन्हाई में यूँ ही ज़िन्दगी तमाम होती है" पर यह तमाम होना कोई आसान बात नहीं थी। मैं फिर ज़िन्दगी के दो राहों पर खड़ी थी—साधनहीन, मित्र व परिजनविहीन। पति परित्यक्ता नारी है यह, मैं ख़ूब समझती थी, किन्तु गाली खाकर, निर्दोष होने पर भी अविश्वास रूपी धुआँ घर में रहना भी मृत्यु के समान पीड़ादायक था। वह रात मेरे लिए मृत्यु से भी अधिक भयावह थी।

उत्तरार्द्ध

जीवन एक सतत बहती जल की धारा है जो ऊँचे-नीचे अनेक स्तरों पर चलती-चलती अन्त में मृत्यु-सागर में विलीन हो जाती है। समय के साथ-साथ जैसे जलधारा मार्ग बदलती है, वैसे ही मनुष्य भी अनुभव व आयु वृद्धि के साथ अपने विचारों में परिवर्तन करता है। यह प्राकृतिक नियम है। उस विषम अविश्वासमयी रात्रि में पूरी रात जागती रही—समाधान पाने को। कोई उपाय ऐसा हो, जिससे मेरे ससुराल तथा मायके वालों को मेरे कारण परेशानी न उठानी पड़े। उनके जीवन के लिए मैं अपनी उपस्थिति से अशान्ति का कारण न बनूँ, पर मैं हूँ तो मनुष्य ही—रहने, खाने, साँस लेने और कुछ सोचने के लिए कहीं तो आश्रय लेता है। उस रात मेरे देवर स्वराज्य ने मेरी आठ महीने की बच्ची कुन्तल को अपने पास सुलाया था। वह समझ गया था, भाभी परेशान हैं, आधी रात को बहुत कहने पर वह बच्ची को मेरे पास खटोले पर लिटा गया। तब भी कहने लगा—"आप भाभी! आराम से लेटो। मैं कुन्तल को बोतल का दूध पिलाकर अपने पास ही सुला लूँगा।" पर मैंने बहुत समझाया, "मैं ठीक हूँ! बच्चा रात में वैसे ही तंग करता है। तुम आराम से सोओ।" तब जाकर स्वराज्य अपनी जगह सोने गया।

मैंने फैसला कर लिया—जब ये सब लोग दफ़्तर चले जाएँगे तो मैं ताला लगा कर चाभी नीचे वाली पड़ोसन कमला की माँ को देकर मेरठ चली जाऊँगी। कुन्तल सोते-सोते रोई, तो स्वराज्य फिर उठ कर आ गया—"भाभी! लाओ मैं इसे आँगन में घुमाता हूँ...आप लेटी रहिए।"

मैंने तब तक थपथपाकर कुन्तल को फिर सुला दिया था। स्वराज्य बहुत कहने पर तब दुबारा सोने गया। मेरी विचारधारा ने फिर एक नया मोड़ लिया। क्रोध, क्षोभ की पीड़ा दस घंटों में ख़ुद-ब-ख़ुद कम हो चली थी। आँखों के सामने दूसरे दृश्य घूमने लगे। अभी स्वराज्य दो बार मेरी परेशानी का कारण जाने बिना—स्वयं कुन्तल को अपने पास सीने से लगाकर ले गया। उसे मेरा और बच्ची, दोनों का कितना ख़याल है! प्रकाश भी जब तक घर होता है—खिलाता है इसे। दोनों बड़े जीजा जी तो इस पर प्राण छिड़कते हैं। हर दूसरे महीने कानपुर से किराया ख़र्च करके एक-दो दिन को आते हैं—सिर्फ़ कुन्तल को खिलाने! कान्ति जी भी बच्ची को मन-प्राण से चाहते हैं—वह कुछ भी कर सकते हैं इसके लिए। मैं इसे मेरठ ले जाऊँगी तो इसकी दसाल एकदम छूट जाएगी। बस, मामा-मामी और ममेरे भाई-बहन से ही नाता रह जाएगा। बड़े होने पर अगर यह पूछेगी, "मेरे चाचा; चाची, बुआ कहाँ हैं? मुझे इनसे

तुमने क्यों अलग किया? मेरे किस अपराध की यह सज़ा है?" तो मैं इसे क्या उत्तर दूँगी? घर छोड़कर जाने का मेरा संकल्प दुर्बल पड़ गया था। रात भर मेरी पलक नहीं झपकी। मेरठ जाने का मेरा इरादा ख़यालों में जैसे आया था, वैसे ही ख़यालों में गुम हो गया, पर भविष्य में अपने आप को कल शाम की स्थिति में दुबारा न पड़ने और कान्ति जी को, किसी भी प्रकार अपशब्द की उस सीमा तक जाने का अवसर न प्रदान करने के लिए, मैंने दूसरा निश्चय किया—कहानी लिखूँगी, पर इन्हीं को पकड़ा दूँगी—फिर 'यह' चाहे जहाँ प्रकाशन के लिए भेजें—मेरा कोई सीधा सम्पर्क नहीं रहेगा—न सम्पादक के पत्र आएँगे, न ये झगड़े होंगे। शायद यही वह सबसे आदर्शवादी, पतिव्रता पत्नी का निर्णय था जिसकी कीमत मेरे पूरे साहित्यिक जीवन ने चुकाई और लगभग गुमनामी के कगार पर खड़ी अभिशप्त सरस्वती के वरदान-सी मैं खड़ी हूँ।

भविष्य में मैंने अपनी रचना का नाता लिखने तक ही रखा। तीन-चार वर्षों तक, मैं कहानी लिखती तो 'इन्हें' पकड़ा कर कह देती, "मुझे भेजने का समय नहीं मिलता, आप भेज दें!"

कान्ति जी बहुत ही मित्र-वत्सल प्राणी रहे सदा। जिसने भी प्रयाग या कहीं से भी कोई नया पत्र निकाला और कहानी माँगी—'ये' उदारतापूर्वक मेरी अच्छी से अच्छी कहानी उसे भेज देते। *हंस* में उसके बाद मैंने कोई कहानी नहीं भेजी। सिर्फ़ हिटलर पर एक व्यंग्यात्मक 'आल्हा' लिखा था जिसे रामविलास जी ने मुझसे लेकर वहाँ भेजा था और वह छपा भी था।

घर की गतिविधियाँ सामान्य रूप से चल रही थीं। उसी की भाग-दौड़ में सीढ़ियाँ चढ़ते समय पाँव फिसल जाने से कई सीढ़ियाँ नीचे गिरी और तीन मास का गर्भपात हो गया। जीजी को करनाल से बुला लिया था। मुझे चार-पाँच दिन का विश्राम देकर वह चली गईं।

जनवरी 1944 में इन्हें सरकारी मकान अलॉट हो गया—पहाड़गंज के थाने के समीप सड़क पर बनी, कई दुमंज़िलें मकानों की श्रृंखला थी। मकान नीचे का था। धूप केवल सड़क के किनारे बने बाहरी दालान में आती थी, भीतर बिल्कुल नहीं आती थी। पहले विशाल आँगन था। दाहिनी ओर अच्छी बड़ी रसोई व बड़ा-सा स्टोर घर था। सामने एक बड़ा कमरा और उसके अगल-बगल दो कमरे थे। बाईं तरफ़ एक लम्बा कमरा और था—स्थान की कमी नहीं थी। तीनों भाइयों को एक-एक कमरा मिल गया। ड्राइंग-रूम अलग था। हमेशा की तरह करनाल से जीजी मकान बदलवाने के समय मेरी मदद के लिए मौजूद थी। शिवदान सिंह चौहान उन दिनों हमारे यहाँ ही रह रहे थे। कुन्तल नए मकान को घूम-घूम कर देख रही थी। हम लोग सभी मकान में सामान रखवाने में लगे थे। मकान के पीछे भी एक लम्बा दालाननुमा कमरा था, जिसका द्वार पिछवाड़े की गली में खुलता था। पिछवाड़े की गली में सब घर मुसलमान घोसियों के थे। दो-तीन सब्ज़ी वाले भी थे। उधर हिन्दू का एक भी घर नहीं था।

कुन्तल पिछवाड़े का द्वार खुला देख उधर से गली में चली गई। गली में उतर तो गई, पर घर भूल गई। हम लोग उस जगह अभी सामान रख ही रहे थे, घर याद किसे रहता? गली वालों के लिए भी हम अजनबी थे। बच्चे को किसने पहचानना था? घोसियों ने देखा, एक बच्ची बढ़िया गरम कोट पहने इधर-उधर घूम रही है। उन्होंने वहाँ एक दो क्रिश्चियन परिवारों से पूछा, "आपकी बच्ची है?"

उत्तर नकारात्मक होने पर एक वहाँ रहने वाली नर्स ने कुन्तल को गोद में उठा लिया और बड़ी सड़क की ओर निकल आई। इधर बच्ची को नदारद पाकर हम सबके होश गुम हो गए। 'ये' तो एकदम रुआँसे हो गए...चौहान ने इन्हें आश्वासन दिया, ढाँढस बँधाया, "यार! दिल क्यों छोटा करता है? हम सब हैं न? मिल कर ढूँढ़ते हैं। बच्ची है—ज़्यादा दूर नहीं गई होगी।" और वह दौड़ कर बाहर सड़क पर पहुँच गए। वहाँ वह नर्स कुन्तल को गोद में लिये घर-घर दिखाकर पूछ रही थी। वह बच्ची से भी पूछ रही थी, पर वह चुप थी। तभी दौड़ कर चौहान उस महिला के पास पहुँचे और कुन्तल उनको देखते ही रोने लगी। चौहान ने बच्ची को गोद में लिया और उस महिला का शुक्रिया अदा किया।

इस मकान में दूसरे दिन एक और मज़ेदार घटना हुई। प्रकाश को वेतन मिला। बाईं ओर वाला लम्बा कमरा उसे मिला था। उसके सामान में केवल एक बक्स और बिस्तर था। बिस्तर को चारपाई पर लगा दिया था। उसी कमरे में एक किनारे दो मन कोयला डलवा दिया था। प्रकाश को वेतन में पाँच-पाँच के नोट मिले थे। उसने सारे नोट पलंग पर रख दिए और ड्राइंग रूम में आ गया। वहाँ चाय-नाश्ता करके अपने दादा और उनके दोस्तों की बातें सुनने में लग गया। आठ बजे भोजन करके अपने कमरे में आया तो पाँच मिनट बाद ही रसोई में आकर मुझसे बोला, "भाभी! शाम को बैंक से आने के बाद मैंने पूरी तनख़्वाह पलंग पर रख दी थी, पर अब वहाँ एक भी नोट नहीं है।"

मैं अचम्भे में आ गई, पर ठंडे दिमाग़ से उसी से पूछा, "याद करो, रुपये कहाँ रखे थे? पलंग पर अगर रखे होते, तो वहाँ से कौन ले जा सकता है?" प्रकाश ने सिर हिलाया और कहा, "भाभी! मेरी याद इतनी खराब नहीं है! अभी तीन घंटे पहले ही, पलंग पर रखे थे।"

अब सारे लोग प्रकाश के कमरे में रुपये ढूँढ़ने में लग गए। साठ पावर का बल्ब जल रहा था और पलंग व एक बक्स के अलावा कोई सामान नहीं था। सिर्फ़ दूर कोने में कोयलों का ढेर ज़रूर पड़ा था। अचानक कोयले के ढेर पर मुझे एक सफ़ेद-सा काग़ज़ का टुकड़ा नज़र आया। मैंने दौड़कर उठाया तो वह पाँच का नोट था। मैंने तुरन्त प्रकाश को दिखाते हुए कहा, "प्रकाश! एक नोट तो यह मिला। चलो, ढेर के आस-पास चल कर देखें। शायद कुछ सुराग मिले।"

सबने जल्दी-जल्दी कोयला हटाना शुरू कर दिया, और एक कोने में बाक़ी नोट भी मिल गए। बात असल में यह थी कि उस कोने में चूहे का बिल था। चूहे भी बच्चे देने के लिए काग़ज़, रूई आदि के टुकड़े कुतर-कुतर कर रखते हैं। इस कमरे में

चूहों को आज नए-नए नोट जमा करने के लिए मिल गए। उन्होंने कोयले के ढेर से सुरंग बना ली थी, पर प्रकाश के सौभाग्य से अभी तक कोई भी नोट कटा नहीं था।

पाठकगण! इसे कहते हैं मुक़द्दर का सिकन्दर।

इसी तरह स्टोर में बड़ी कुंड में पानी भर कर रख लिया था कि बार-बार आँगन में दौड़-दौड़ कर पानी न लाना पड़े। मैंने सब्ज़ी में आधा किलो परवल मँगाए थे। वे कुछ बासी लगे तो मैंने कूड़ के ऊपर ढकी परात में थोड़ा पानी डाल कर, परवल डाल दिए। मुझे बड़ा आश्चर्य हो रहा था कि कूड़ के ऊपर वाली थाली में सवेरे एक भी परवल नहीं था। कूड़ को ज़रा-सा सरकाया तो वहाँ दो परवल नीचे पड़े थे और सामान सारा हटाया तो देखती क्या हूँ—वहाँ भी चूहे का बिल है, जिसके पास हमारे परवल इकट्ठे हैं और दो चूहे मिल कर एक परवल को अपने अगले पाँवों से दोनों ओर से उठाए, पिछले पैरों के बल पर चलते हुए बिल की तरफ़ जा रहे हैं। मैंने तुरन्त सारे परवल बटोर लिए और डरकर वह दोनों चूहे भी भाग खड़े हुए। मनुष्य-जाति कितनी स्वार्थी है—चूहों की रात भर की मेहनत से जमा किए परवल उठाने में मुझे पाँच मिनट भी नहीं लगे। इस मकान में बड़े घर के सभी सुख मिले, पर दूरी की वजह से ट्यूशन और स्कूल, दोनों मेरे छूट गए थे।

इनका वेतन भी काफ़ी था—(कितना? नहीं बता सकती, क्योंकि इन्होंने कहा, "घर-ख़र्च को जितना चाहिए ले लो, बाक़ी बैंक में डाल देता हूँ।") मुझसे बोले, "मन न लगे या समय का सदुपयोग करना चाहती हो तो कमलेश की तरह तुम भी अपना एक स्कूल खोल लो। कमलेश का स्कूल पाँचवीं तक सीताराम बाज़ार में ख़ूब चल रहा है। (आज भी कमलेश जी व उनकी माता जी का स्वर्गवास हो चुका है, परन्तु वह स्कूल आठवीं तक मान्यता प्राप्त है और सीताराम बाज़ार में बढ़िया चल रहा है।)

पर मैं इस विषय में एकदम अनाड़ी थी—दब्बू किस्म की एक आम लड़की। मेरे वश में घर-घर घूम-घूम कर लड़कियाँ जुटाना नहीं था। वैसे, मुझे रेडियो के प्रोग्राम मिलते रहते थे, कहानियों का पारिश्रमिक भी पैसे की मदद बराबर करता रहता था। घर बड़ा था, इसलिए काम भी बढ़ गया था। कान्ति जी नीलामी में से सोफ़ा-सेट ख़रीद लाए थे, चार कुर्सियों वाली खाने की मेज़ भी ख़रीद लाए थे। सोफे पर क्रीम कलर की टैपस्ट्री का खोल चढ़ा था। हर शनिवार को वह भारी-भरकम खोल धोना पड़ता था; क्योंकि वो सात दिन में गन्दा हो ही जाता था। बड़े घर की साफ़-सफ़ाई ही दो-तीन घंटे ले लेती थी, पर देखिए न—मेरी मदद को कैसे दरवाज़ा खुला इस बार? 'इनके' ऑफ़िसर का एक पहाड़ी चपरासी रहने की जगह माँगने लगा। मैंने उससे कहा, "भाई! मैं तुम्हें खाना भी दूँगी। तुम हमारे बर्तन माँज देना।" (पता है न—यही वह एक काम है, जिससे मैं सबसे पहले निजात माँगती हूँ।) उस चपरासी का नाम उमेद सिंह था। खाने की बात सुनते ही उसके चेहरे पर अजीब-सी ख़ुशी झलकने लगी और वह उल्लास भरे स्वर में बोला, "बीबी जी! डोंट फ़िकर। अब घर का सारा काम मेरे ज़िम्मे रहेगा। आप बस खाना बनाया करें।"

सचमुच गज़ब की फुर्ती थी उमेद सिंह में। शाम को 'ये' अपने तथाकथित दोस्तों के साथ घर आते; चाय-नाश्ते के साथ सब हिन्दी साहित्य का बेड़ा पार लगाते-लगाते आठ बजा देते। उस समय कान्ति जी चौके में आकर मुझसे कहते, "भई! इन बेचारों को भी कुछ और खिला दो। न हो, जो भी घर में बना रखा हो—सब परोस दो, हम लोग मिल-बाँट कर दो-दो रोटी खा लेंगे।"—और फिर दोस्तों में ज़ोर-शोर से 'प्रेमचन्द से एक हज़ार क़दम आगे' जैसे विषयों पर नए सिरे से बहस हो जाती, पर दो-दो रोटी खाने का प्रस्ताव तो मात्र औपचारिकता थी। शाम को अक्सर ही आठ-दस-बारह व्यक्तियों का भोजन बनाती थी। कुन्तल सोने के लिए रोती। डेढ़ साल का बच्चा माँ के साथ ही सोना चाहता है। ऐसे वक़्त उमेद कहता—"बीबी जी! आप बिटिया को लेकर लेट जाएँ। सब्ज़ी-दाल सब बनी पड़ी है। अभी तो बाबूजी दो घंटे और बातों में लगे रहेंगे। जब साहब खाना माँगेंगे, मैं तवा रखकर आपको बुला लूँगा। उनकी चाय-पानी मैं बीच-बीच में बराबर पहुँचाता रहूँगा।"

सचमुच वह वैसा ही करता। मैं कुन्तल को लेकर लेट जाती थी—कभी-कभी आँख लगती तो एक घंटे की नींद ले लेती। नहीं तो नींद के बिना भी आँखें बन्द करके लेटे रहने से शरीर को विश्राम मिल जाता था। उमेद के जगाने पर फिर रसोई सँभाल लेती। आटा कम पड़ता तो वह तुरन्त आटा गूँध देता, सब्ज़ी कम देखता तो फौरन दूसरी अँगीठी जलाकर आलू चढ़ा देता। उबले आलू सूखे-गीले दोनों काम देते थे। खाना खाते, समेटते-समेटते दस बजते। उमेद कहता, "बीबी जी! अब जाकर लेटो। मैं भी सोता हूँ। काम मुँहअँधेरे उठ के करूँगा।"

सवेरे अँधेरे ही उठ कर वह रात के बर्तन समेट आँगन की हौदिया में रखता, चौका धोकर दोनों अँगीठियाँ भरता। बीच-बीच में एक-एक कमरे में जाकर झाड़ू भी लगाता जाता। साढ़े नौ बजे तक वह मशीन की भाँति लगा रहता। ये लोग सभी अपनी-अपनी साइकिलों से ऑफ़िस चले जाते, वह अपना और दोनों साहब लोगों का टिफ़िन लेकर तेज़ क़दमों से दफ़्तर जाता। मुझसे उसने क़सम देकर कह रखा था, "बीबी जी! बर्तन आप एक भी नहीं माँजना। सब आँगन में इकट्ठा कर देना। बस, चौका धोकर एक अँगीठी भर लेना, जिससे आप सब की चाय बना सको और दाल-सब्ज़ी चढ़ा सको। सबके आ जाने पर तो चाय-पानी का काम फैल जाता है। मैं दफ़्तर से आते ही पहले बर्तन निकालूँगा, फिर कुछ करूँगा।"

उमेद बीड़ी तक नहीं पीता था। लगभग सारा वेतन बचाता था। एक दिन मैंने उससे पूछा, "उमेद! तू कभी अच्छा कपड़ा भी नहीं ख़रीदता। एक-एक पैसा बचाता है। क्या तेरे ऊपर कोई कर्जा चढ़ा है?"

उसने जवाब दिया, "नहीं, बीबी जी! हमारे यहाँ बेटी ब्याहते हैं तो उसका मोल भी लेते हैं, पर मैं अपनी बहन का मोल वाला ब्याह नहीं करूँगा। मैं कन्यादान करूँगा; उसमें कुछ दहेज़ भी देना पड़ता है। इससे गाँव में इज़्ज़त बढ़ेगी, पुण्य भी होगा। फिर अपने लिए भी तो लड़की चाहिए। सो, उसका मोल भी तो मुझे ही देना होगा।"

उमेद गोरा-चिट्टा ख़ूबसूरत लड़का था। मैंने उसे हँसकर कहा, "तेरे जैसा जवांई

पाने वाला कभी मोल नहीं माँगेगा।" वह भी हँस पड़ा।

कान्ति जी की ननिहाल बरेली में थी। उनकी माँ इकलौती सन्तान थीं, पर उनके चार-पाँच चाचा थे। सबके पाँच-पाँच लड़के थे। मैं हँसी मैं कहती, "स्वराज्य! तुम लोगों के पचपन मामा हैं—यानी पूरी बरेली लगभग ननसाल है।"

स्वराज्य कहता, न सही बरेली, पर "भूँड़ों का पूरा मोहल्ला सचमुच हमारा 'मामानगर' है।" कान्ति जी के चचेरे मामा तेज़ बहादुर थे—जो आयु में इनसे छोटे, पर स्वराज्य से बड़े थे। अपने ऑफ़िस में ही कान्ति जी ने अपने मामा की नौकरी की व्यवस्था करवा दी थी। सो मामा, उनकी पत्नी और माँ हमारे घर में हमारे साथ ही रहने आ गए। माई (मामी) आयु में मुझसे छोटी, गोरी, सुन्दर, ख़ुशमिज़ाज स्त्री थीं। रिश्ते में मामी लगीं, सो 'माई' कहती थी, पर वह और मैं सहेली बन गईं। स्टोर के पास वाला कमरा हमने उन्हें दे दिया। स्टोर का सारा सामान एक किनारे व्यवस्थित करके। उन्होंने अपनी रसोई बना ली।

उनकी सास गोरी, गदबदी, साठ वर्षीय हँसमुख महिला थीं। मामा बहुत दुबले-पतले और कद में छोटे थे। नानी (तेज़ बहादुर मामा की माँ) हँसते-हँसते बतातीं, "तेज़ बहादुर के साथ जब इनकी दुलहिन को दिल्ली ला रहे थे तो बरेली में सब कह रहे थे—भइया! दुलहिन को सँभाल के ले जाना। कभी कोई रास्ते में छीन ले और तुम ताकते रह जाओ।"

कुन्तल दो साल की होने जा रही थी, पर दूध के अलावा रोटी-दाल कुछ नहीं खाती थी। सच्चाई यह थी कि इतने सारे लोगों का खाना-पीना देखते-देखते ही मैं थक जाती थी। दूध तो बोतल, गिलास से पिलाया दिया जाता था। गोद में बैठकर, छोटे-छोटे ग्रास बनाकर-खिलाने का वक़्त ही मेरे पास कभी नहीं रहा। माई ने पहले तो मुझे डाँटा, "किरण! तुमने बच्ची की तरफ़ ध्यान क्यों नहीं दिया? अब देखना हफ़्ते भर में कुन्तल खाना सीख जाएगी।"

माई ने ख़ुशी-ख़ुशी यह काम किया। नमक-अजवायन की छोटी-छोटी पूरी-पराँठा बनाती। कुन्तल को गोद में बैठाकर, छोटे-छोटे ग्रास बनाकर खिलाती। बीच-बीच में दूध या पानी का घूँट पिलाती जातीं। थोड़े दिन में कुन्तल ख़ुद खाना खाना सीख गई। माई के पास कुन्तल बहुत ख़ुश रहती। उनकी शादी को कई साल हो गए थे, पर बच्चा नहीं हुआ था अब तक। नानी हँसते हुए चुटकी लेतीं, "एक हमारा ज़माना था—सभी मर्द बड़े कमरों में सोते थे—बाप-बेटे सभी। बहुएँ भीतर के कमरों में। चोरी-छिपे मरद अपनी-अपनी बहुओं के कमरे में जा पाते थे। तब भी दूसरे-तीसरे साल बहुएँ लड़का या लड़की बना लेती थीं। आजकल सब रोज़ मियाँ के साथ रात को अलग कमरे में रहती हैं। फिर भी बच्चा नाय होत।" उनका इशारा अपनी बहू की ही तरफ़ होता।

नानी इसके अलावा अपने वक़्त की ऐसी मज़ेदार बातें करतीं कि सुन-सुनकर अचम्भे के साथ-साथ हँसी भी आती। वह नाना जी की दूसरी पत्नी थीं। एक दिन एक रहस्योद्घाटन करती हुई मुझे बताने लगीं, "किरन! तुम विश्वास नहीं कर

सकतीं, पर सच यह है कि तेरे नाना जी ने अपनी पहली दुलहिन का मुँह तीन बरस नहीं देखा था..."

"गज़ब!" मैं चौकी, और पूछा, "नानी! भला यह सज़ा उन्होंने बड़ी नानी को क्यों दी?"

"अरे! कछु नाय दुलहिन—"वह हँसती रहतीं और बोलती जातीं, "फेरन पे जत्र हथलेवा के टेम दुलहिन का हाथ देखो तो वो बड़ो कारो हतो" (अर्थात् हाथ का रंग बहुत काला था)...बस, फिर उन्होंने सुहागरात को भी दुलहिन का घूँघट हटाय के मूँ नाय देखो!"

"हे राम!" मैंने लम्बी साँस भरी, "बेचारी बड़ी नानी!"

पर नानी उसी मूड में कहती गईं—"अरो तो का फ़रक परतो है? पहले ही साल मेरी सौत के श्याम बहादुर पैदा हवै गए रहे।" मेरा मुँह आश्चर्य से खुला रह गया। नानी अपनी रौ में कहे जा रही थीं, "इसमें अचम्भे काय को? उन दिनों कोई बिजली तो हर्ती नाय। घरन में दीया-लालटेन जलत रये। सो तेरे नाना ने दीयो न जलायो, न लालटेन माँगी। बस, बिना रोसनी काम चलत रुओ। रही दिन की बात, तो मरद सबै बाहर बैठत रये। बहुएँ दो हाथ को घूँघट काढ़ती रईं।"

नानी ख़ूब गोरी थीं। मैंने मज़ाक़ में पूछ लिया, "नानी! आप तो ख़ूब गोरी हैं। आपका मुँह तो उन्होंने देखा होगा।"

नानी पुरानी यादों में खो गईं—"सो तो किरण! हमारा मूँ उन्होंने दियासलाई जलाय के, उसकी रोसनी में घूँघट हटाय के देखो हतो।" थोड़ी रुक कर फिर शुरू हो गईं, "ले परदो भी कभी-कभी बहुतै नुक्सान करत है...उन दिनों रिवाज हतो के बहू अगर आँगन में खड़ी है और ससुर-जेठ कौनो आए गए तो वहीं आँगनै मा घूँघट लम्बा करिकै बैठ जात रही। वे चले जात रहे, तब उठ के काम करतीं। ऐसन दिन में दुई-चार बार हुई जात रहा। जे हमारी सयाम बहादुर की दुलहिन के पेट में बच्चा रहा। आठवाँ महीना रहा; आँगन में जने कौन बड़ो मरद घुसो तो, बहू एकदम घूँघट खींच के धम-से बैठी, पर बोझ के कारन गिरि परी। वाई दिन बाद बहू के लड़कों भयौ, पर जन्मते ही मर गयो। बस, ताई दिन मैंने आफत मचाय दीनी—अब से कौन्हो बहू जेठ-ससुर को देख धरती पर नाय बैठेगी और जेठ-ससुर भी खाँस के, मौक़ा देखि भाल के आँगन में आवेंगे।" कुछ दिनों बाद नानी बरेली लौट गईं।

कुछ भी कहिए—उम्र के इस पड़ाव पर आकर समझ में आता है, हर कल में ही हर आज के बीज होते हैं। पर्दे और घूँघट से बाहर आने के लिए अपनी-अपनी जगह किसी-न-किसी ने ज़रूर अपनी तरह से कोशिश की होगी। बीसवीं सदी के आरम्भ को देखते हुए जो सामान्य घरेलू औरतों का दायरा था, उससे हमारा घर उस वक़्त भी बहुत आगे था। पर्दे के मामले में भी स्त्रियों की सुख-सुविधा का मेरे बाबूजी सबसे ज़्यादा ध्यान रखते थे। लड़कियों को (बहुओं सहित) गाना-बजाना, पड़ोस में घूमना—सब तरह की आज़ादी थी। ससुराल में तो कोई नहीं था बड़ा—मेरे पास शुरू में—पर कान्ति जी भी इस बारे में बिल्कुल भी रूढ़िवादी नहीं थे।

परन्तु कहीं-न-कहीं कोई बुजुर्ग या अनुभवी साथ न होने से ऐसी भूल भी अनजाने में ही सही, हो जाती है, जिसका कुपरिणाम दूरगामी झेलना पड़ता है। हमारे साथ भी हुआ। उस वर्ष दिल्ली में चेचक महामारी के रूप में फैली थी। सब्ज़ी मंडी वाले मकान में दो बार चेचक का टीका लगाने वाले आए भी थे। मुझे बस इतना मालूम था कि इस टीके के लगने से बच्चों को बुख़ार आ जाता है। बस, इस डर से कुन्तल को चेचक का टीका नहीं लगवाया। उस समय इस टीके की ज़रूरत को बताने वाला कोई नहीं था। बस, नए मकान में आने के कुछ ही दिन बाद बच्ची को तेज़ बुख़ार चढ़ गया। मुँह एकदम लाल। मैं हकीम के यहाँ लेकर गई। वह बोले, "इसके माता निकल रही है। दवाई से यह बुख़ार नहीं उतरेगा।"

दूसरे दिन कुन्तल को चेचक निकल आई। सारी देह दानों से भर गई। तुरन्त तार देकर अलीगढ़ से छोटी कुँवारी ननद मुन्नी को बुलाना पड़ा। (अब धीरे-धीरे सभी लोग अलीगढ़ के आने-जाने लगे थे। स्वयं बाबूजी भी आए थे और बहुत ख़ुश थे।) मैं तो रात-दिन बच्ची के सिरहाने बैठी रहती, नीम की टहनी लिये। उसके मुख पर, पलकों पर इतने बड़े दाने निकले कि आँखें बन्द हो गई थीं। किसी तरह होंठ खोलकर चम्मच से दूध या पानी की बूँद डालती थी। डॉक्टर बुलाया। उसने कहा, "देखिए अभी यह नहीं कहा जा सकता है कि बच्ची की आँखें बचेंगी या नहीं—अगर पुतली पर, अन्दर की तरफ़ दाना निकला तो आँखें अवश्य ही नष्ट हो जाएँगी।"

मैं रोने लगी। डॉक्टर ने सांत्वना दी—"देखिए, अभी तक आँख अन्दर ठीक है। अगर इसके तारे पर दाना निकला तो आँख से ख़ून की बूँद ज़रूर निकलेगी।"

डॉक्टर तो चला गया और मैं अब दिन-रात बस कुन्तल का मुँह बिना पलक झपकाए ताकती रहती, "कहीं ख़ून की बूँद तो नहीं निकली? बच्ची के अन्धे होने की कल्पना से ही मेरे रोंगटे खड़े हो जाते। ख़ुद को कोसती—क्यों चेचक का टीका पहले नहीं लगवाया? कहाँ दो दिन का बुख़ार और कहाँ बच्ची की असहनीय पीड़ा। और अब यह आँख की रोशनी खोने का भय। अन्धी, बदसूरत लड़की का क्या जीवन रह जाएगा?—मैं भगवान से प्रार्थना करती—"प्रभु! इसकी आँखें ठीक रखना या इसे अपने पास बुला लेना।"

भगवान की दया हुई। बच्ची का बुख़ार टूटा। दाने सूखने लगे, पर मेरी नासमझी की वजह से, उसके चेहरे पर लाल-लाल गड्ढे पड़ गए थे। सलोनी बिटिया चितकबरी हो गई थी। रंग साँवला हो गया। धीरे-धीरे स्वस्थ होती गई, घूमने-फिरने लगी। एक दिन खेलते-खेलते ड्राइंग रूम में चली गई। वहाँ एक बड़ा शीशा टँगा था। कुन्तल ने जैसे ही अपने को शीशे में पहली बार देखा (बीमारी के बाद) तो डर गई और चीख़ कर ज़ोर-ज़ोर से रोने लगी। उसके बाद तो मुद्दतों मैंने घर के शीशों पर कवर चढ़ाए रखा। उसकी त्वचा को ठीक करने को जो-जो कुछ बताता, मैं करती रहती। खीरा लगाना, उबटन लगाना, दूध से नहलाना आदि-आदि। कच्चे गोले का पानी चेहरे पर लगाने से चेहरे का चितकबरापन तो चला गया था, पर चेचक के दाग़ रह गए थे।

18 फरवरी को इसका जन्मदिन था। इन्होंने वर्षगाँठ पर पुराने ऑफ़िस के मित्रों

और अन्य साहित्यकारों को चाय पर बुलाया था। मैंने भी सब्ज़ी मंडी के पुराने फल वाले से ही फल मँगाने को बुलाया। वह केले-सन्तरों को दो बड़े झाबों में रख कर ले आया। मैं पैसे देने लगी तो उसने कानों को हाथ लगाया और सच्चे मुसलमान की तरह बोला, "क्या बीबी जी! मैं बिटिया की सालगिरह पर इतना से फल भी नहीं दे सकता? ख़ुदा उसको उम्रदराज़ करें। हमेशा ख़ुश रखे बिटिया को। आप भूल गईं होगी, पर मैं ज़िन्दगी भर याद रखूँगा। जब मेरी बोरी के नीचे से किसी ग्राहक ने दस रुपये पार कर लिए थे; तब आप ने ही मेरी मदद की थी—आप रुपये न देतीं तो दूसरे दिन मैं कैसे दुकान लगाता? अब आप इतना दूर हमेशा के लिए चली आई हैं, तो क्या हुआ? आपकी बिटिया के लिए इतना-सा कुछ करने का हक़ तो हमारा भी बनता है।" और उसने एक पैसा भी नहीं लिया।

लोगों को महान नेताओं-अभिनेताओं की सूरतें याद रहती हैं, दीवारों पर पोस्टर्स मीडिया में हर वक़्त ये चेहरे सामने रहते हैं, पर कुछ चेहरों को इसकी ज़रूरत नहीं होती। ममत्व और कृतज्ञता का दर्पण उस फल वाले का चेहरा आज भी मेरे मानस में अंकित है। साठ वर्ष बाद भी उसके भावों की सच्चाई यह साबित करती है कि सृष्टि अब भी उन्हीं पर टिकी है।

उन्हीं दिनों कान्ति जी ने देहली के साहित्यकारों के साथ मिलकर एक 'शनिवार क्लब' की स्थापना की। हिन्दू-उर्दू के साहित्यकार प्रत्येक शनिवार को एक सदस्य के यहाँ शाम को मिलते। उनमें से किसी एक की ताज़ा रचना पढ़ी जाती और फिर उस पर समीक्षात्मक चर्चा होती। सदस्यों में कृश्न चन्दर, अश्क, विष्णु जी, नूर मोहम्मद राशिद इत्यादि सभी होते।

एक-दो बैठकें ही किसी अन्य साहित्यकार के घर हुईं; क्योंकि अन्य कोई भी गृहिणी पन्द्रह लोगों के चाय-पानी की व्यवस्था करने को तैयार नहीं थी। अन्त में, यह उत्तरदायित्व भी दरियादिल कान्ति जी ने ही उठाया और हमारे पहाड़गंज वाले मकान पर, यहीं बैठकें हर शनिवार होती रहीं। मैं भी ज़्यादा कुछ नहीं कर पाती थी, क्योंकि मुझे स्वयं भी उस बैठक में पूरे समय सदस्य की हैसियत से भाग लेना होता था। घर से सामान देकर, बेकरी से बनवाए बिस्कुट एक थाल में भर कर रख देती और चार-पाँच केतली चाय बनाकर पहुँचा देती। कभी एक सेर मूँग की दाल अंकुरित करके, छौंककर चाय के साथ नाश्ते के लिए रख देती। उमेद मेरा साथ चौके में देता था और कुन्तल को माई सँभाल लेती थीं। उन बैठकों में से दो की चर्चा मैं विशेष रूप से करना चाहती हूँ। एक विष्णु प्रभाकर जी, जो उस समय उदीयमान रचनाकार थे और हमारे अभिन्न मित्र, जिनके घर शादी के कुछ दिन बाद हम रहे भी थे और दूसरी मैं, जिसने उनकी कहानी के प्रत्युत्तर में कहानी लिखी थी।

एक शनिवार, विष्णु जी ने जो कहानी पढ़ी, उसका कथानक कुछ इस प्रकार था—एक गली में आमने-सामने दो परिवार रहते थे—एक हिन्दू, दूसरा मुस्लिम। हिन्दू घर में एक युवा कन्या थी, जो छत पर बैठ कर अपनी सिलाई-कढ़ाई करती थी। सामने वाला मुसलमान युवक दूर से फब्तियाँ कसता, फिर कहता, "बड़ी दूर

हो तुम तो, अपनी कोई निशानी ही फेंक दो।" और उस कन्या ने कुछ रूमालों पर फूल काढ़े और 'बहन की ओर से भाई को भेंट' का परचा चिपका कर उस युवक तक पहुँचा दिया। उस पर्चे का उस युवक पर इतना प्रभाव पड़ा कि उसका हृदय-परिवर्तन हो गया और उसने सचमुच उसे अपनी बहन मान लिया इत्यादि-इत्यादि...।

कहानी सुन्दर रूप से गुँथी हुई थी। शिल्प गठित था—सभी ने विष्णु जी की प्रशंसा की। मेरी बारी आई तो मैंने कहा, "कहानी शिल्प की दृष्टि से सुन्दर है, पर यह यथार्थवादी रचना नहीं है। एक आदर्शवादी रचना है। युवक का हृदय-परिवर्तन ऐसा सुधार है, जो सिर्फ़ कल्पना में हो सकता है। वास्तविक जीवन में इसके विपरीत होता है।"

कृश्न चन्दर बोले, "तो छाया! तुम्हें तो हम प्रगतिशील कथाकारों में मानते हैं—तुम इसे कैसे लिखतीं?" मैंने स्वीकारते हुए कहा, "अगले सप्ताह इसी विषय पर मेरी रचना सुनिएगा।" मैंने कहानी लिखी, वह बाद में थी। उसका सारांश कुछ ऐसा था—

आमने-सामने दो परिवार रहते थे। एक हिन्दू था, दूसरा मुसलमान परिवार था। हिन्दू कन्या अपना दहेज का सामान बनाने छत पर आकर बैठ जाती है। वह मिडिल पास है, और उसकी सगाई हो चुकी होती है। उसने अपने पसन्दीदा लेखक की 'दिल बदल' वाली कहानी पढ़ी थी। जब वह छत पर कढ़ाई में तल्लीन होती है, सामने वाला मुस्लिम युवक बोलियाँ कसता है। सीटी बजाता है। वह ध्यान नहीं देती। दूसरे दिन, वह दुबारा छत पर अपना काम करने लगती है तो उसी युवक की फबती कानों में पड़ती है, "जानेमन! सामने तो हो, पर फिर भी कोसों दूर हो। अरे कोई निशानी ही देती जाओ, उसे सीने से लगाकर तसल्ली कर लेंगे।" उसे अपने प्रसिद्ध मनपसन्द लेखक की पढ़ी कहानी स्मरण हो आई। उसने सोचा, देखो कितने महान लेखक हैं वह—मेरे अपने जीवन में सचमुच वैसी ही स्थिति आ गई। उन्हीं के द्वारा दिखाए रास्ते पर चलूँगी। यह सड़कछाप मजनूँ भी सुधर जाएगा। बस, उसी नायिका की भाँति छोटे रूमाल काढ़े और साथ में—'बहन की ओर से भाई को भेंट' का पर्चा सूई से छह रूमालों की एक पैक बना कर सिल दिया। फिर ढेला बाँध कर सामने वाली छत पर फेंक दिया।

वह लड़का लड़की के ध्यान न देने पर चिढ़ा बैठा था—(वह बेचारी मनोयोग से 'भाई' के लिए रूमाल काढ़ने में लगी थी)। रूमाल पाते ही ग़ुस्से में सबसे पहले उसने भाई-बहन वाले पर्चे के पुर्ज़े-पुर्ज़े कर के फेंके। फिर सभी रूमालों की नुमाइश लगा ली—हर दोस्त को मोहल्ले भर में बताया—"मेरी माशूका ने मेरे लिए रूमाल बना कर भेजे हैं।" दो दिन में ही यह रूमाल-रोमांस पूरे मोहल्ले में चर्चित हो गया। घर में लड़की को पिता और भाई ने ख़ूब डाँटा। उसका छत पर जाना बन्द कर दिया गया। घर पर गाज तब गिरी, जब हफ़्ते बाद लड़की की भावी ससुराल से एक ख़त आ गया, "सर्वोत्तम जोग लिखी हापुड़ से फ़लाने लाल जी की जैरामजी बाँचना। भाई आपने शादी की तारीख पुच्छी है—सो निवेदन है कि हमने सुना है, कन्या के चरित्र में दोष है। वह किसी विधर्मी से प्रेम करती है, उसे निशानी में रूमाल तक भेजे हैं।

सो भाई, हम ये सगाई तोड़ रहे हैं। शादी ख़त्म। सबको हमारी जैराम जी बाँचना।"

इस तरह अगले शनिवार जब यह कहानी मैंने पढ़ी तो सबने स्वीकार किया कि मेरी रचना यथार्थवादी है। 'शनिवार क्लब' यथावत् चलता रहा। हमारे ही घर पर ज़्यादातर बैठक होती थी।

उन्हीं दिनों मुझे फिर दिन चढ़े, तो मैं पिछली बार वाली ग़लती नहीं करना चाहती। ऊपर-नीचे चढ़ने से दुबारा नुकसान न हो, इसलिए कान्ति जी ने कानपुर से बड़ी बीबी (बड़ी बहन लक्ष्मी देवी) को बुला लिया। इस बार बहुत ही उल्टियाँ लगी थी, सो, मैं काम नहीं कर पाती थी, और काम का सारा बोझ उन पर पड़ गया। मेहमानदारी बदस्तूर जारी थी। चार दिन में ही वह घबरा गईं। उन्होंने सरस्वती बीबी (छोटी ननद) को कानपुर पोस्टकार्ड डाला, जो इत्तफ़ाक से मेरी नज़र में पड़ गया। उन्होंने लिखा था, "चक्की जहाँ जाए वहाँ पीसी जाए। हम तो अपने घर तो जुटे ही रहते हैं काम में। यहाँ आए हैं तो बहूरानी जी तो मुँह औंधा किए, बिना खाए-पिए पड़ी रहती हैं। सारा खाना हमारे सिर पर है।"

उनकी सब बातें बिल्कुल सच थीं, पर ईश्वर ने इस बार मेरी फिर सुन ली—उल्टियाँ जल्द ही कम हो गईं। मैंने चौका-पानी पुनः सँभाल लिया। बड़ी बीबी जी कानपुर चली गईं।

इस घर में सड़क वाले दालान में धूप आती थी। मैं चारपाई बिछा कर कुन्तल के कपड़े रोज़ वहीं सुखाती थी। उधर से गुजरते दो-तीन हिजड़े मुझे देखते ही, दालान में आकर कहते, "भगवान बेटा दे! हमें भी आने का मौक़ा मिले।"

मैं हँस पड़ती। धीरे-धीरे वक़्त बीतता गया, और 11 फ़रवरी, 1945 को शिवरात्रि थी। मेरठ में कोई हिन्दी की कॉन्फ्रेंस हो रही थी। 'ये' ज़िद करने लगे कि मैं भी साथ चलूँ।

मैंने दृढ़ स्वर में कहा, "आप मेरी हालत नहीं देख रहे? कभी भी कुछ हो सकता है।"

'इन्होंने' इस पर भी कहा, "तो क्या हुआ? मेरे नानाजी के कई परिचित हैं वहाँ। अस्पताल भी है। चलो न!"

मैंने नकारात्मक उत्तर देते हुए स्पष्ट कहा, "आपको तो कुछ भी कहना मुश्किल है, पर मैं तमाशा नहीं बनना चाहती वहाँ मेरठ की कॉन्फ्रेंस में। आपको जाना है तो आप जाइए।" 'ये' सवेरे ही चले गए। रविवार होने से स्वराज्य-प्रकाश की छुट्टी थी। वे दोनों पिकनिक पर जाना चाहते थे। मैंने उमेद की सहायता से उन लोगों के लिए, पूरी-सब्ज़ी बनाकर टिफ़िन भर दिए। वे दोनों भी चले गए। ख़ूब बादल घिरे थे; बूँदें पड़ रही थीं। घर ख़ाली था। मैंने उमेद से कहा, "तू बाल्टी भर-भर कर पानी डाल, मैं आँगन धो देती हूँ।"

सारा घर का काम निबटाते दोपहर के तीन बज गए। तभी मुझे कमर में दर्द महसूस हुआ। मैं स्वराज्य-प्रकाश की प्रतीक्षा कर रही थी कि ये लोग आ जाएँ तो पिछवाड़े वाली उसी नर्स को बुलवा लूँ, जिसने जब हम इस मकान में शिफ्ट कर

रहे थे तो कुन्तल को खो जाने पर हमें लाकर दिया था। अँधेरा होने पर दोनों लौटे। दोनों थके थे। खा-पीकर जल्दी लेट गए। उमेद को ही भेज कर नर्स को बुलाया। उसने देखकर कहा, "दूसरा बच्चा है। पहले की तरह देर नहीं लगेगी। ग्यारह बजे तक आप निबट जाएँगी। पर आप ज़रा ज़ोर लगाइए।"

हर पाँच मिनट बाद वह यही दोहराती। मैंने खीज़ कर कहा, "आप नर्स हैं। आप भी जानती हैं दर्द मेरे ज़ोर लगाने से नहीं; अपने समय से बढ़ेगा। आपको इतनी आफ़त क्या है?"

पता लगा, वह अपनी पाँच महीने की बच्ची को घर छोड़ कर आई हैं। मैंने फिर उनसे नम्र स्वर में कहा, "सिस्टर! यह तो फिर बच्ची के साथ नाइंसाफ़ी है न! आप पहले बच्ची को ले आइए और दूध पिलाकर यहीं सुला दीजिए। फिर अपना काम तसल्ली से कर पाएँगी!"

बच्ची आ गई। नर्स ने फिर ज़ोर लगाने की रट लगानी भी छोड़ दी। ग्यारह बजे मेरी दूसरी बेटी कल्पना ने जन्म लिया। बच्ची बेहद सुन्दर और गोरी थी। बारह बजे नर्स चली भी गई। तेज़ बहादुर मामा वाली माई हमारे साथ ही रहती थीं, सो किसी को भी इस बार नहीं बुलाया था हमने। कुन्तल तो उनसे हिली ही थी। उन्हीं ने दूसरे दिन स्वराज्य-प्रकाश दोनों का खाना बनाया। प्रकाश ने सुना कि रात लड़की हुई है, तो माई से बोला, "फिर एक लड़की हो गई!" और टिफ़िन लेकर दफ़्तर चला गया। स्वराज्य कमरे में आया। बच्ची देखकर बोला, "भाभी! एकदम गोरी है।" वह भी दफ़्तर चला गया।

दोपहर को मेरठ से जैनेन्द्र जी कॉफ्रेंस से लौटे तो पहले हमारे घर आए। नवजात शिशु को देख बोले, "सुन्दर कहानी बनाई है, छाया जी!" मैं भी हँस पड़ी।

रात तक कान्ति जी भी लौट आए। कन्या-जन्म पर प्रसन्न थे। नन्हे बच्चों को तो खिलौने की तरह घंटों खिला सकते थे। उसे भी खिलाया। हाँ, प्रकाश ज़रूर; शाम को दफ़्तर से आने के बाद कमरे में आया तो बच्ची को देखते ही बोला, "हाय भाभी! इसे ढँक लो वरना इसे नज़र लग जाएगी।"

मैंने गिला करते हुए उत्तर दिया, "आया बड़ा 'नज़र लग जाएगी' कहने वाला। सवेरे तो लड़की को सुन कर बिना देखे ही चला गया था।" प्रकाश ने सिर झुका लिया। फिर हँस पड़ा, "वह तो भाभी! बस यूँ ही...पर सारे दिन मैं सोच इसी के बारे में रहा था, दफ़्तर में भी..." इस प्रकार देवर-भाभी के मज़ाक़ के साथ बात ख़त्म हो गई।

कल्पना दस दिन की हुई और माई बरेली चली गईं, क्योंकि माई व मामा होली सबके साथ वहीं की करना चाहते थे। लीजिए अब एक तीन साल और दूसरी दस दिन की बच्ची के साथ घर का पूरा काम मेरे कन्धों पर आ गया। घर में धूप न आने से बाहर वाले दालान में एक चारपाई खड़ी करके दूसरी बिछाकर मैं चादर डालती और नन्ही कल्पना को लिटा देती और खड़ी वाली पर भी चादर डाल, बाज़ार की तरफ़ से परदा कर देती थी। कुन्तल को वहाँ बैठा देती और कहती, "बेटे! मुन्नी को देखती रहना। यहीं खेलना वरना इसे कोई ले जाएगा।"

कुन्तल शुरू से ही बहुत शान्त और आज्ञाकारी बच्ची थी। वह मुन्नी की चारपाई के आस-पास घूमती रहती। दूसरी मंज़िल और नीचे वाले बच्चे भी उसे अपने पास या घर बुलाते तो वह सिर हिलाकर मना करते हुए कहती, "हम नईं आएँगे। हमारी मुन्नी को कोई ले जाएगा।"

दोनों को देखने मैं भी काम करते-करते बीच में बार-बार आती थी। एक दिन वही हिजड़े वहाँ से गुज़रे तो एक बोला, "हाय, बहू जी! बिटिया हो गई। हम तो आस लगाए थे कि बेटा होगा, तो नाचेंगे। साड़ी और नेग मिलेगा।"

मैं बोली, "बेटा-बेटी तो ईश्वर की देन है, पर तुम अफ़सोस मत करो। अगर तुम कल आकर नाचो तो मैं तुम्हें लड़के वाला ही पूरा नेग दूँगी।"

"सच!"—वे आश्चर्यचकित थे। फिर कहने लगे, "हम ज़रूर आएँगे।" दूसरे दिन कोई दस बजे वे तीनों हिजड़े अपनी ढोलक मंजीरा सँभाले आ गए। हिजड़ों की आवाज़ सुन कर पूरी बिल्डिंग में हलचल मच गई। सबको पता था कि अख़बार वाली (यहाँ मैं इसी नाम से पुकारी जाने लगी, क्योंकि अब पढ़ाती नहीं थी। 'ये' अख़बार में थे और मैं भी पत्रिकाओं में लिखती थी) के घर पन्द्रह दिन पहले लड़की हुई है और कहीं कोई बच्चा पैदा नहीं हुआ था। सब लोग झुंड बनाकर आँगन में हमारे जमा थे। मैंने भी इतनी देर में बड़े थाल में आध सेर दाल, सेर भर आटा, नमक, घी, गुड़ सजा दिया। अपनी बस दो बार पहनी साड़ी रख दी। सवा रुपये नेग का भी उसके ऊपर रखा (उस समय लड़का होने पर यही दिया जाता था और वे ख़ुशी-ख़ुशी लेते थे। न्यौछावर के पैसे उनकी अलग वाली आमदनी होती, जो नाच देखने वाले उनको देते)।

एक ने झटके से लहँगा-ओढ़नी पहना, घुँघरू बाँधे; दूसरे ने ढोलक पकड़ी और तीसरा मंजीरा बजाने को तैयार था और ख़ूब रौनक़ लगी—दिल खोल कर तीनों गाते गए और नाचने वाला झूमकर नाचता रहा। सोहर सुनने लायक थी: "जन्मे सिरी राम ख़ुशी सब के मन में, राजा दशरथ ने मोती लुटाए, बचा एक मोती कौसल्या जी की नथ में..." और "राम झूले पालने में, झुलावो मेरी सजनी! कौन झूले, कौन झुलावे—किसके हैं ये ललना रे—झुलाओ मेरी सजनी...राम झूले! राई नोन उतारे कौसल्या, अरे हँसने लागे ललना रे झुलाओ मेरी सजनी..."

वह दृश्य चलचित्र की भाँति मेरे मानस में इस समय घूम रहा है। लम्बी दुमंजिली बिल्डिंग के परिवारों में से सब स्त्रियाँ और बच्चे उन हिजड़ों की महफ़िल का मजा ले रहे थे। लड़की के होने पर किसी ने यह जश्न नहीं देखा था इसलिए शायद आमतौर से ज़्यादा ही न्यौछावर भी मिला पैसे, दो पैसे, इकन्नी, दुअन्नी के ढेर लग गए। एक घंटे यह सब चला। फिर अपना सब सामान बटोर कर मुन्नी को गोद में लेकर आशीष दिया हिजड़ों ने और विदा हुए।

बड़ी भाभी ने कुन्तल की पैदाइश पर कैलाश के द्वारा छूछक में सिर्फ़ बच्ची के कपड़े और बिछौना भेजा था। कल्पना के पैदा होने से पहले वह यह बड़ा वाला हमारा फर्नीचर से सजा घर देख गई थी। सो, इस बार ख़ुद शानदार छूछक लेकर

आईं—मेरी साड़ी, 'इनका' कुर्ता-पायजामा, बच्ची के बहुत-से कपड़े, यहाँ तक कि इनकी माई के लिए भी साड़ी थी और हाँ, मुझे सोने की अँगूठी भी मिली थी। सारा सामान देखकर, मेरे मन ने कहा—परम्पराएँ और रीति-रिवाज़ भी स्टेट्स के हिसाब से हमेशा निभाए जाते हैं। यह भावना सार्वभौमिक एवम् सार्वकालिक है।

अब वक़्त की करवट बदलनी देखिए। जिस बड़ी बहू को बाबूजी ने घर में घुसने की अनुमति नहीं दी थी, उसी को स्वराज्य के रिश्तों के पत्र अलीगढ़ भेजने पर उत्तर दिया—"बहू रानी! तुम ख़ुद समझदार हो। तुम्हारी सास तो है नहीं। लड़की भी तुम्हें ही देखनी है। मैं अब बूढ़ा हो गया हूँ।"

आगरा निवासी एक कुलश्रेष्ठ परिवार था। डॉ. कुलश्रेष्ठ सरकारी विभाग में थे। उनकी पोस्टिंग अलीगढ़ के परगनों जैसी छोटी जगहों में होती थी। एक दिन वे अपनी दो लड़कियों सहित दिल्ली आए। बड़ी लड़की उरई में ब्याही थी। दूसरी बारह-तेरह वर्ष की थी। उसका रंग भी ख़ूब गोरा था। उन्होंने अपनी एक लड़की—विमला, जो लखनऊ में पढ़ रही थी (बी.ए. फाइनल में) के लिए स्वराज्य का रिश्ता माँगा। वह बड़ी लड़की से तीन साल छोटी थी। डॉ. साहब साँवले थे, पर उनकी दोनों लड़कियाँ गोरी थी। मैंने सोचा, विमला भी अपनी बहनों की तरह ही होंगी। चूँकि स्वराज्य गौर वर्ण का सुन्दर युवक था, मेरे लिए स्वाभाविक था कि मैं उसके लिए गोरी कन्या चाहती।

डॉ. साहब पिसावा में थे उस समय, और उन्होंने बताया कि विमला छुट्टियों में घर आई हुई है। हम चाहें तो वहीं चलकर देख लें। पसन्द आने पर (बाबूजी ने भी कह दिया था) हम लड़की को कपड़ा पहनाकर रिश्ता पक्का कर लें। बस, इसी कार्यक्रम के अन्तर्गत अप्रैल, 46 में कान्ति जी, मैं और स्वराज्य पिसावा के लिए रवाना हुए। गाड़ी सात बजे पहुँची, स्टेशन पर डॉ. साहब पहले से मौजूद थे। इक्के चलते थे वहाँ। कई मील चलने के बाद इक्के के धचके खाते-खाते नौ बजे रात को हम घर पहुँचे। डॉ. साहब की पत्नी दरवाज़े पर आईं। वह भी गोरी थीं। वह कहने लगीं, "आप लोग हारे-थके है। खाना खाकर इस समय आराम करें। सवेरे लड़की देखिएगा।"

ये दोनों बाहर मैदान में सो गए। मुझे वह भीतर आँगन में ले गईं। ख़ूब बड़ा था आँगन। कई चारपाइयाँ बिछी थीं। चारों लड़कियाँ चादर ओढ़े सो रही थीं। मैं भी द्वार के पास वाली चारपाई पर बच्चों सहित लेट गई। सवेरे पाँच बजे मेरी आँखें खुलीं। भोर का उजाला फूट रहा था। सभी लड़कियाँ सो रही थीं। मैंने उठकर देखा—डॉ. साहब की ये दोनों लड़कियाँ साँवली थी, विशेषकर लखनऊ में पढ़ने वाली विमला। मैं जल्दी-जल्दी बाहर आ गई और दोनों भाइयों को जगाकर कहा—"मुझे दोष मत देना। लड़की का नाक़-नक्श तो बहुत अच्छा है, पर रंग मेरे से भी दबा हुआ है। स्वराज्य के साथ तो बिल्कुल नहीं जँचेगी। बाबूजी क्या कहेंगे—उनके गोरे बेटे को मैंने साँवली लड़की से ब्याह दिया! अभी तो यहाँ किसी को कुछ ख़बर नहीं है। हम लोग डॉ. साहब से क्षमा माँग कर तुरन्त स्टेशन के लिए चल पड़ते हैं। उनकी भी

यह बदनामी क्यों हो कि लड़के वाले लड़की को नापसन्द करके चले गए।" दोनों भाई उठ बैठे।

इतने में ही विमला की माता जी आ गईं वहाँ। मैंने उन्हें सब बात सच-सच बता कर कहा, "देखिए, बाबूजी यदि स्वयं पसन्द कर जाते तो बात और थी। मैं अपनी ज़िम्मेदारी पर इस रिश्ते के लिए कैसे 'हाँ' कर दूँ? डॉ. साहब जब दिल्ली गए थे, बड़ी-छोटी बिटिया को लेकर, तभी साफ़-साफ़ बता देते कि विमला उन जैसी गोरी नहीं है तो हम बाबूजी से वहीं पूछ लेते। मुझे कोई दुविधा नहीं होती।"

उनकी माता जी ने मुझसे तो एक शब्द नहीं कहा, पर स्वराज्य से कहने लगीं, "तुम बेटा! ज़रा मेरे साथ भीतर चलो। फिर जो मर्ज़ी हो करना।"

कान्ति जी और मैं बाहर बैठे रहे। वह स्वराज्य को लेकर भीतर चली गईं। मैं नहीं जानती कि स्वराज्य से उन्होंने क्या कहा, पर आधे घंटे बाद वह बाहर आया, तो बोला, "भाभी! अब आए हैं तो आप रस्म कर ही दें। मुझे रिश्ता मंजूर है।"

मैंने चैन की साँस ली क्योंकि यह लड़के की स्वीकृति थी। मुझ पर कोई ज़िम्मेदारी नहीं थी। बस, दोपहर को विमला के लिए साड़ी दे दी। लड़की अब तैयार होकर आईं, तो कानों में बुंदें पहना दिए। रस्म के वक़्त सभी उनकी परिचित महिलाएँ भी मौजूद थीं। जून में शादी तय पाई गई। मैं बच्चों को लेकर अलीगढ़ आ गई। दोनों ननदें कानपुर से आ गईं। बाबूजी अपने वचन के पक्के थे। उन्होंने लग्न और दरवाज़े पर नक़द में केवल एक-एक रुपया लिया, पर डॉ. साहब ने बारात की ख़ातिर भी ठीक नहीं की। इतनी गर्मी में बर्फ़ का ठंडा पानी तक नहीं जुटाया बारातियों के लिए।

उन दिनों मध्यवर्गीय साधारण परिवारों में बहू के घर से आया सामान कमरे में सजाया जाता था और आस-पास की औरतें वग़ैरह देखतीं और बहू की लाई वस्तुओं पर टीका-टिप्पणी भी करती जातीं। हमने यह रस्म की ही नहीं। बहू के साथ, उसकी अपनी कॉलेज की चार चूड़ियाँ हाथों में ज़ेवर के नाम पर पहनी हुई, चार-पाँच अपनी ही पुरानी साड़ियाँ प्रेस कराकर रखी थीं। इसके अलावा ननदों या नौकरों का जोड़ा इत्यादि कुछ नहीं था। भाभी के नाम पर कुछ था ही नहीं।

हाँ, बाबूजी ने बड़ी बीबी के हाथ में एक सौ का नोट थमाते हुए कहा, "लक्ष्मी! यह सौ रुपये तुम तीनों को मिले हैं। 33 रुपया सवा पाँच आने हर एक के हिस्से में आएँगे। ये तुम्हारी साड़ियों के नाम के हैं।"

बाबूजी डॉ. साहब से बहुत नाराज़ थे। उन्होंने कुछ नहीं माँगा, पर न बारात की आवभगत, न और किसी तरह का किसी का भी मान रखने की कोशिश। मैंने अकेले में उन्हें समझाया, "बाबूजी! अब जो हो गया, ठीक है। शादी स्वराज्य की मर्ज़ी से हुई है। आप बिल्कुल कुछ न बोलें। बेकार घर में क्लेश होगा। बहू अपने घर जाकर क्या कहेगी?" सचमुच बाबूजी ने फिर कुछ नहीं कहा।

शादी-ब्याह में वर-वधू पक्ष में जो भी चतुर हो, वह अपनी चतुराई से दूसरे पक्ष को दबा ही लेता है। जिन बाबूजी के बारे में इतना कुछ कान्ति जी से सुन रखा था। वह वास्तव में एकदम अलग मिले व लगे मुझको। अपने सिद्धान्तों के पक्के। बिना

दहेज़ शादी कराने वाले। सिगरेट-शराब छूते तक नहीं। हाँ, सख़्त-गरम मिज़ाज़ ज़रूर था, पर वह तो उस ज़माने के सभी बड़े-बूढ़ों का होता था।

हम लोग शादी के बाद दिल्ली लौट आए। तेज़ बहादुर मामा का ट्रांसफर शिमला हो गया था। कमरा-स्टोर ख़ाली था। पन्द्रह दिन के बाद गौने की रस्म के लिए स्वराज्य गए और विमला को देहली लिवा लाए। इस बार मायके से बहू गले में हार और कंगन सहित अन्य आभूषण भी लेकर आईं थी। साड़ियाँ भी माँ ने उनकी नई-नई क़ीमती दी थीं। शायद शादी के समय इसी डर से कुछ नहीं दिया था बिटिया को, कि जेठानी और ननदें कोई ज़ेवर या साड़ी न रख लें (इसे दुनियादारी के लिहाज़ से आप आज भी बुद्धिमानी का नाम देंगे। मैंने तब भी इसे मन का छोटापन माना था और आज भी यही मानदंड है मेरा)।

विमला आईं, अच्छा लगा। सबका साथ रहना सुखकर होगा। हम एक से दो स्त्रियाँ घर में होंगी तो परस्पर तालमेल बैठा कर घर बेहतर ढंग से चलेगा, पर यूटोपिया यथार्थ के विपरीत ही सिद्ध हुआ। पहली व्यावहारिक कठिनाई भोजन से ही शुरू हो गई। विमला शाकाहारी तो थी ही, प्याज़-लहसुन से भी उसे परहेज़ था। मांस, मछली, अंडा तो दूर की बात थी। इधर घर में जब से दोनों भाइयों का वेतन अच्छा हो गया था, मांस-मछली भी घर में बनने लगा था। (मैं खाती नहीं थी, पर बनाने लगी थी। हालाँकि यह कभी चार-पाँच महीनों में ही होता था। इन दोनों ने इसे कभी-कभी का ही शौक़ रखा था, मगर विमला के सामने तो उसका नाम तक नहीं लिया गया, पर प्याज़-लहसुन का प्रयोग दिन-प्रतिदिन की बात थी। दाल मैं अलग निकाल देती। आलू उबालकर जीरे के बना देती, पर सभी सब्जियों को दो तरीके से, दो बार बनाना मेरे लिए असम्भव था। केवल जीरे वाली एक ही सब्ज़ी बना पाती थी।

उस महीने स्वराज्य ने वेतन मिलने पर मुझे डबल पैसे दे दिए—पच्चीस-पच्चीस पति-पत्नी दोनों के। फिर उसी महीने विमला का छोटा भाई सतीश रहने आया। उसे एक महीना होने को था तो कान्ति जी ने स्वराज्य से उसके खाने का आर्थिक भार उठाने के लिए कहा, पर मैंने तुरन्त विरोध में कहा, "वह स्वराज्य का साला है, घर का अपना मेहमान; स्थायी सदस्य नहीं। जब तुम्हारे इतने दोस्त महीनों रहते खाते हैं, तब यह नियम कहाँ जाता है?" ख़ैर, बात आई-गई हो गई, परन्तु दूसरे ही दिन विमला ने कहा, "भाभी जी! (उसने जीजी कहना स्वीकार नहीं किया) हम कल से अपनी रोटी अलग बनाएँगे। सतीश को भी प्याज़-लहसुन की गन्ध बुरी लगती है।" गौने आई बहू डेढ़ महीने के अन्दर ही रसोई अलग कर लेगी—यह मुझे उस समय काफ़ी बुरा लगा था (उन दिनों की सोच यही थी)। आज सोचती हूँ—इसमें बुरा लगने की बात क्या थी? जिस चीज़ से दोनों पक्ष दुःखी हों तो उसका यही एक समाधान होना चाहिए था? खाने-पीने की आदत इतनी जल्दी थोड़े ही बदल जाती है? लहसुन-प्याज़ का परहेज़ मुझसे भी तो नहीं निभ सकता था।

उस समय मैंने उससे यही कहा, "ठीक है! जहाँ स्टोर में माई रसोई बनाती थी, तुम भी बना लिया करना।"

स्वराज्य तटस्थ थे—उन्होंने न 'हाँ की थी, और 'न'। विमला की दिनचर्या थी—सवेरे ख़ाली चाय स्वराज्य को देना, फिर दाल पकने और चार फुल्के सेंकने में उसे साढ़े नौ बज जाते। तब देवर जी के लिए मैं ही सब्ज़ी भेजती और इस तरह उनका टिफ़िन दफ़्तर का तैयार होता और यही क्रम जब तक हम दिल्ली में साथ रहे, हमेशा चला यानी बिना प्याज़-लहसुन की सब्ज़ी स्वराज्य को कभी अच्छी नहीं लगी और विमला (आज की भाषा में अधिक आधुनिक थीं—एडजस्टमेंट पति को करना चाहिए) अपनी राह पर चली। हम पुराने लगे उसे, जिसने कुछ भी न खाते हुए सब बनाना सीखा—यहाँ तक कि पति की ख़ुशी के लिए मांस-मछली भी।

सन् 1946 में विभाजन-पूर्व दंगों की हवा गर्म थी। दिल्ली में पंजाब की मार-काट की ख़बरें भी आ रही थीं। एक रात हमारे पिछवाड़े के घोसियों ने रात को "अल्लाह हो अकबर!" और "या अली!" के नारे लगाए। हम सब भयभीत हो गए। 'ये' तो बहुत ही घबरा गए थे। इन्होंने तुरन्त चेंज के लिए आवेदन दे दिया। संयोग से जल्द ही मकान मिल भी गया। तिमारपुर में पुराने डिज़ाइन वाले मकान थे। अच्छे-बड़े कच्चे आँगन, आगे-पीछे दो-दो के क्रम से चार कमरे, रसोई-गुसलख़ाना। इकमंज़िले थे, आँगन में धूप भी आती थी। एकदम शिफ़्टिंग भी हो गई। विमला ने स्टोर के पास वाला कमरा लिया और पूर्ववत् उनकी रसोई स्टोर में चालू हो गई।

यहाँ हमारे पड़ोस में दाहिनी ओर एक चतुर्वेदी जी रहते थे, बाईं ओर एक मुस्लिम परिवार। घर के स्थायी सदस्यों में हमारे साथ सुरेन्द्र बालूपुरी और शिवदान सिंह चौहान भी थे। बालूपुरी ने दो साल पहले अपने गाँव में जाकर शादी कर ली थी। कल्पना के साथ की उनकी एक बेटी भी थी। वे बीच में एक साल को अपने घर चले गए थे। शिवदान सिंह *हंस* से नौकरी छोड़कर आए हुए थे। दंगे बढ़ने लगे। तिमारपुर से कुछ दूरी पर पंजाब से आए सिख हिन्दू शरणार्थियों के कैम्प लगे हुए थे। बरसात आ गई थी। कठिनाइयाँ बढ़ रही थीं। बेचारे लुट-पिटकर आए पंजाबियों के लिए भोजन-वस्त्र जुटाना एक भगीरथ प्रयत्न था। हम सब कान्ति जी, स्वराज्य, शिवदान सिंह और मैं वहाँ सहायतार्थ भोजन, कपड़ा, दवाइयाँ आदि इकट्ठा करते जाते और वितरित करते थे। यह सिलसिला जारी रहा।

बीच में, कान्ति जी और बालूपुरी एक-एक नन्ही स्यामी बिल्लियों का जोड़ा ले आए, पर शामत घर वालों की आई। कल्पना-कुन्तल को उनसे खेलने में आनन्द आता, पर झगड़े की जड़ आँगन में लगा छोटा-सा बगीचा था, जो कान्ति जी ने फूल लगाए थे। ख़ूब गेंदा खिला था। बिल्ली के दोनों बच्चे वहाँ दौड़ते और रोज़ ही फूलों के पौधों की टहनियाँ टूटी मिलतीं। शाम को इन्हें बस इन का ग़ुस्सा मुझ पर, "तुम ज़रा से बिल्ली के बच्चे नहीं सँभाल सकतीं? सारा बगीचा सत्यानाश करवा दिया।"

मैं क्या करती? कुत्ते के पिल्लों को तो गले में जंजीर बाँधो और बैठा दो, पर इनका क्या करूँ? स्वराज्य ने सुझाव दिया, "भाभी, एक बच्चा किसी को दे दो, दूसरा अपने आप कम उछल-कूद करेगा। वहाँ शरणार्थी कैम्प में कोई कार्यकर्ता माँग भी रहे थे।"

मैंने कहा, "नेकी और पूछ-पूछ?" (शिवदान जी से बच्चा देने की इजाज़त पहले ही ले ली थी)। मैं साइकिल पर बच्चा पकड़ कर बैठ गई। कैम्प पहुँचकर मैं उतरी और साड़ी ठीक करने को मैंने वह बच्चा देवर जी को दिया। स्वराज्य ने उसे साइकिल की आगे टँगी टोकरी में बैठा दिया। अचानक वह टोकरी में से कूदा और अँधेरे में तम्बुओं के पीछे ग़ायब हो गया। पीछे से 'ये' भी आ गए। उस बच्चे के भाग जाने पर, हम दोनों पर नाराज़ भी हुए हमने उसे ढूँढ़ने की कोशिश की। कैम्प में लाउडस्पीकर पर घोषणा भी कराई, पर वह बिल्ली का बच्चा तो ऐसे ग़ायब हुआ जैसे गधे के सिर से सींग। इस बिल्ली प्रकरण की चर्चा, इतने वर्ष बाद करने का मेरा एक ही उद्‌देश्य है—कान्ति जी के स्वभाव की भावुकता की अतिशयता बताना, जो कुछ अच्छा लगे। ले आते, यह नहीं सोचते कि घरवाली किस-किस को देखेगी? ख़ुद भी बाग उजड़ने से परेशान थे, पर जब बिल्ली का बच्चा खो गया तो भी बेहद नाराज़।

जनसंघ उन दिनों सक्रिय था। वह मुसलमानों के विरोध में काम कर रहा था। पता चला, दिल्ली में लालकिले में मुसलमान शरणार्थी जमा हो रहे थे। हमें अपने पड़ोसियों की चिन्ता थी। कहीं हिन्दू दंगाई तिमारपुर में आ गए तो जो दो-चार मुसलमान घर हैं, उनका वे सफ़ाया कर देंगे। हमने पड़ोसियों से कहा, "तुम चुपचाप बीबी-बच्ची को लेकर लालकिले में चले जाओ—जहाँ सभी इकट्ठा हैं। तुम्हारा रेडियो और क़ीमती सामान हम अभी रख लेते हैं। फिर मौक़ा देखकर हम ख़ुद सारा सामान तुम्हारे पास पहुँचा देंगे।"

वे तैयार हो कर चले गए। दूसरे दिन संघ वाले हमारे घर आए और पूछताछ करने लगे, "आपके पड़ोसी कहाँ गए?"

"हमें क्या मालूम?" हमने कहा।

"उनके घर से काफ़ी सामान ग़ायब है। लोग कहते हैं, उन्होंने कोई ताँगा या ट्रक भी सामान ले जाते नहीं देखा।" उनमें से एक सज्जन यह कहते-कहते अपने सहकार्यकर्ताओं के साथ हमारी बैठक में घुस आए। एक ही नज़र में सामने के दोनों कमरों के कार्निस पर दो रेडियो देखे, तो एक जन बोला, "एक ही परिवार में दो-दो रेडियो?" मैंने झट-से उत्तर दिया, "एक मेरी देवरानी के दहेज़ का है।" वहीं पर दो-दो बक्स रखे देखे, तो इससे पहले कि कोई कुछ कहे, मैं बोल पड़ी, "मेरा रिश्तों का एक देवर सवेरे आया है। अब तक बक्स ठिकाने पर रखने का वक़्त ही नहीं मिला।" शुक्र है, उन्होंने बक्स खोले नहीं, वरना सारा झूठ पकड़ा जाता। उसके बाद कान्ति जी ने छिपते-छिपाते उनका सामान उन तक पहुँचा दिया। इस तरह हम लोग दूसरों की सेवा में जी-जान से जुटे थे। दंगों के दौरान पूरी दिल्ली का वातावरण विषाक्त था। उसी समय कुन्तल को इक्कीस दिन का टायफाइड हुआ। ठंड लगने से टायफाइड में ही डबल निमोनिया ने भी उसे पकड़ लिया। अब मेरा सारा ध्यान उस पर केंद्रित था। तेज़ बुख़ार कम करने को पूरी-पूरी चादर गीली करके उसे लपेटते थे। डॉक्टर बराबर आता था, पर समस्या आई, जब पैन्सिलीन के इंजेक्शन लगाने की बात आई। हर तीन घंटे पर वह लगाना था। कोई नर्स-कम्पाउंडर अँधेरा होने के

बाद नहीं निकलता था। डॉक्टर ने भी एक बार नुस्ख़ा लिखकर देने के बाद आने से मना कर दिया। जान सबको प्यारी होती है। अब क्या किया जाए? तब डॉक्टर ने ही कहा हम दोनों से, "आप दोनों इंजेक्शन लगाना सीख लो। इंटर-मस्क्यूलर ही है। बैक में हिप्स पर और बाँह पर लगाया जाएगा। कोर्स पूरा होना ज़रूरी है।"

तब कान्ति जी और मैंने ही कुन्तल को वे इंजेक्शन लगाए। इक्कीस दिन बाद जब रिकवरी की उम्मीद हुई, तब बच्ची बहुत कमज़ोर हो गई थी। यहाँ तक कि अपने पैरों से चलना भी भूल गई थी। धीरे-धीरे ताक़त पकड़ी। पहले डॉक्टर आजकल की तरह खाने की अनुमति नहीं देते थे। कुन्तल को बाद में परहेज़ी खाना बहुत दिनों तक दिया। बच्ची ने भी ज़िद नहीं की कभी। बहुत ही सब्र वाली थी कुन्तल। ताक़त आने पर जिस दिन दुबारा अपने आप चली, हम सभी की ख़ुशी का ठिकाना नहीं था। हालाँकि टायफाइड और निमोनिया के दूरगामी प्रभाव बच्ची को बाद में कमज़ोर मसूड़ों और श्वास-रोग के रूप में झेलने पड़े। रोगी की तीमारदारी का ढंग मैंने अपनी बड़ी जीजी से सीखा था। 'इनको' भी ढाढ़स बँधाना पड़ता था। बच्चों के मामले में तो यह विशेषकर इतने भावुक थे कि इन्हें लापरवाही बर्दाश्त ही नहीं थी।

धीरे-धीरे सब सामान्य होने लगा। 15 अगस्त, 1947—आजादी का दिन भी आया। विभाजन से ज़ख़्मी देश ने स्वाधीनता दिवस मनाया। हमारे यहाँ उन दिनों प्रसिद्ध गायक कवि मेघराज 'मुकल' ठहरे हुए थे। अपने आँगन में हमने खड़े होकर झंडा फहराया। सबने वन्देमातरम गाया। डेड़ सौ वर्ष बाद खंडित भारत को स्वतंत्र देश होने का गौरव प्राप्त हुआ। बाद में भी कान्ति जी और स्वराज्य ने शरणार्थियों के लिए भोजन, कपड़ा, दवाइयाँ आदि जुटाने में अनथक परिश्रम लगातार किया।

तभी सुना गया कश्मीर पर कबालियों ने आक्रमण कर दिया है। दिल्ली सरकार ने कश्मीर के महाराजा को भारत में शामिल होने में कहीं कोई बाधा खड़ी न हो जाए, इसलिए उसकी रक्षा के लिए हवाई जहाज़ से सेना भेज दी थी। दिल्ली के पत्रकार आँखोंदेखा हाल जानने वहाँ पहुँचने लगे। लेखकों का एक शिष्टमंडल भी वहाँ जा रहा था। कान्ति जी ने कहा, "तुम लेखकों के साथ कश्मीर चली जाओ। मैं दोनों बच्चों को देख लूँगा। मुझे तो शायद छुट्टी मिल नहीं पाएगी। दिन में विमला है ही।"

शेख़ अब्दुला उस समय कश्मीर के प्रमुख नेताओं में से थे। हमारे शिष्टमंडल में शिवदान सिंह चौहान, रामचन्द्र तिवारी, ख़्वाजा अहमद अब्बास और अचला सचदेव भी थीं। हवाई जहाज़ से हम लोग दोपहर में श्रीनगर पहुँच गए। ज़बरदस्त ठंड थी, बर्फ़ जमी हुई थीं, परन्तु उतरते ही मुझे एक उल्टी हो गई। अन्दर से जी भी कच्चा-कच्चा-सा था। यह तीसरा गर्भ ठहरने की सूचना थी। मैंने अपनी उबकाई को रोकने के लिए ख़ानसामे से कहा, "मुझे सिर्फ़ ज़रा ज़्यादा दही खाने में चाहिए।" वह आश्चर्य में पड़ गया और बोला, "मेम साब! इतनी ठंड है! दही खाया तो निमोनिया हो जाएगा।"

"कुछ नहीं होगा। मैं और कुछ नहीं खाऊँगी, बस।" मैंने दही खाया। राम जी की कृपा से उल्टियाँ भी रुक गई थीं। कबाइलियों ने गाँव के गाँव जला दिए थे।

भारतीय सेना यदि वहाँ समय पर न पहुँचती तो शायद पूरा कश्मीर श्मशान बन जाता।

यहाँ पहुँच कर आते ही सबने अपने-अपने घर सकुशल पहुँचने का समाचार पोस्टकार्ड लिखकर दे दिया था। मैंने भी वही किया।

दुर्भाग्य से, दूसरे ही दिन तेज़ बर्फ़ गिरी और सभी मार्ग बन्द हो गए। सम्पर्क टूट गया—न डाक, न ख़त, न सन्देश का कोई दूसरा साधन शेष था किसी के पास। इधर दिल्ली में बाक़ी सब निश्चिंत थे। सोच लिया था—रास्ते खुलेंगे तो हालचाल मिल जाएँगे। रेडियो से इतना ही पता चला होगा कि भारी हिमपात से रास्ते बन्द हैं।

कान्ति जी में धैर्य कहाँ? वैसे भी 'ये' जल्दी ही इन हालात में घबरा जाते हैं। आठ दिन बीतते न बीतते इन्होंने कश्मीर मंत्रालय पत्र लिखा या किसी सरकारी साधन से फ़ोन करवाया, पर उस पर तुरन्त अमल हुआ। मंत्रालय ने लेखक-शिष्टमंडल को कहलाया, "मिसेज़ सौनरेक्सा को तुरन्त दिल्ली भेज दो।"

अन्य लेखक अभी और रहकर देखना-सुनना चाहते थे। यात्रा हवाई जहाज़ द्वारा नहीं, ट्रक से करना चाहते थे, जो रास्ता खुलने पर ही सम्भव था। मुझे मिलिट्री के एक मालवाहक हवाई जहाज़ से रवाना कर दिया गया। रात्रि ग्यारह बजे मैं अकेली कनॉट प्लेस में सर्दी में खड़ी थी। ग़ज़ब की सर्दी थी। कोई सवारी नहीं मिली। तिमारपुर कैसे पहुँचूँगी? सोचा—यहीं रातभर, दालान में गुज़ार दूँगी। कपड़े तो ओवर कोट सहित काफ़ी पहने थी। फिर सवेरे दिन निकलने पर टाँगा या बस किसी से भी घर पहुँच जाऊँगी। इन्हीं कठिनाई के पलों में जाने कहाँ से भगवान ने बूढ़े रिटायर्ड कर्नल को भेज दिया, जो अपनी ही गाड़ी में बैठे तिमारपुर ही जा रहे थे। मुझे सुनसान सड़क पर अकेली खड़े देखकर गाड़ी रोकी। नीचे उतरे। मेरी बात सुनकर बोले, "बेटे! मैं भी तिमारपुर ही जा रहा हूँ। तुम्हें क्वार्टर तक छोड़ दूँगा।"

मैंने उन्हें और मन में ऊपर वाले को लाख-लाख धन्यवाद दिया और गाड़ी में बैठ गई। बारह बजे घर पहुँच गई। शेष रात बैठ कर एक कहानी लिखी, 'ये भेड़िये'—जो बाद में पत्रिका में छपी भी।

विमला ने बच्चों को रखा और घर भी चलाया। इधर, उसके प्रसव के दिन भी निकट आ रहे थे। मैंने सोचा था विमला की कोई भी इच्छा होगी—उसे पूरा करूँगी। पूरी सेवा होगी जच्चा-बच्चा की। डॉक्टरनी को भी तिमारपुर में दिखा दिया था। सब कुछ नॉर्मल बताया उसने। सभी को नए मेहमान की प्रतीक्षा थी, उत्सुकता और उत्साह से।

उन दोनों पति-पत्नी में प्रसव को लेकर काफ़ी बहस हुई। विमला अपने डॉक्टर-पिता के घर पहला जापा करने जाना चाहती थी। स्वराज्य ने उत्तर दिया, "नहीं! तुम यहीं रहोगी। डॉक्टरों की दिल्ली में क्या कमी है? भाभी तो अकेली थीं, फिर भी मायके नहीं गईं। हम छोटी जिज्जी (लक्ष्मी बीबी जी को सब भाई इसी तरह सम्बोधित करते थे) को कानपुर से बुला लेंगे। तुमको आगरा जाने की क्या ज़रूरत है?"

विमला अपनी बात पर अडिग रही और छोटे भाई को बुलाकर उसके साथ आगरा चली गई। दो महीने बाद स्वराज्य को आगरा से पत्र मिला, "लड़की हुई है। बरही (बारह दिन वाला बड़ा शुद्धिपरक वाला नहान) वाले दिन आइए।" पर स्वराज्य

नहीं गया। मैंने न जाने का कारण पूछा, तो बोला, "छुट्टी नहीं मिलीं।" एक महीना बीत गया। मैंने अनुरोध किया, "स्वराज्य! तुम बच्ची को देखने तक नहीं गए? दो दिन की छुट्टी लो और दोनों को लिवा लाओ।" पर देवर का वही पुराना बहाना कि छुट्टी नहीं मिल रही। इधर विमला के पत्र जल्दी-जल्दी आने लगे। मुझे कुछ सन्देह हुआ, तो एक पत्र, इस बार मैंने खोल लिया। मेरा शक सही था—विमला ने लिखा था, बच्ची के पिता के न आने से सब लोग रोज़ पूछते हैं। घर में सब परेशान हैं। वह भी बहुत परेशान है।

शाम को मैंने स्वराज्य से पहले ख़त खोलकर पढ़ने की माफ़ी माँगी, फिर पूछा, "आख़िर तुम इतने नाराज़ क्यों हो? विमला को न लिवाने की क्या वजह है?"

उसने उत्तर दिया, "भाभी! मैंने साफ़-साफ़ मना किया था कि जापा वहाँ नहीं होगा। आप भी तो यहीं रही थीं, पर विमला ने मेरी बात नहीं मानी। भाई को बुलाया और अपनी मर्ज़ी से चली गई।" मैंने कहा, "अरे भई! अगर चली भी गई तो कौन-सी इतनी बड़ी बात हो गई? हर लड़की को माँ के घर ज़्यादा खुलापन और अपनापन लगता है—सो, उसे लगा उसकी देखभाल वहाँ ज़्यादा अच्छी होगी। फिर उसके अपने पिता डॉक्टर हैं। रही मेरी बात, सो मेरे मायके में कौन से माँ-बाप थे? भाभियाँ नहीं करती सेवा-वेवा।" (मैंने सोचा था कि मेरे हँसी-हँसी में दिए तर्क से स्वराज्य मान जाएगा) पर विमला का पक्ष लेकर बोलना स्वराज्य को नागवार गुज़रा और उसने दृढ़ स्वर में कहा, "आप चाहे जो कहें, जिस तरह वह गई, वह मेरे लिए बर्दाश्त से बाहर था। उससे जाते समय ही मैंने क़सम खाई और कह दिया था कि अपनी मर्ज़ी से जा रही हो तो अपनी मर्ज़ी जब हो, चली आना। मैं लेने नहीं आऊँगा, बस!"

स्वराज्य इतना कहकर अपने कमरे में चला गया। यह तय था कि वह नहीं जाना चाहता। पहले मन में आया, 'इनसे' कहूँ कि आप स्वराज्य को आगरा जाकर विमला को लिवा लाने को कहें, पर ! 'क्षणे रुष्टे, क्षणे तुष्टे' वाले 'इनके' स्वभाव से मैं भी भलीभाँति परिचित थी—कहीं स्वराज्य पर ज़्यादा बिगड़ बैठे तो भाइयों में झगड़ा बढ़ सकता था और क्या मालूम ऊँट किस करवट बैठता? दोनों एकमत हो जाते तो कहीं डॉक्टर साहब पर सारा क्रोध उतर जाता। तब वहाँ स्थिति और भी हाथ से निकल जाती।

अन्ततः मैंने स्वयं ही डॉक्टर साहब को एक लम्बा पत्र लिखा, "स्वराज्य को तो आजकल दफ़्तर में एक अर्से से इतना काम है कि दम मारने की फुर्सत नहीं। छुट्टी के लिए कितनी बार वह कह चुका है, पर उसका बॉस नहीं दे रहा। मजबूरी है। आपकी बड़ी कृपा होगी जो विमला और बच्ची को सतीश के साथ भेज दें।"

चौथे दिन डॉक्टर साहब ख़ुद विमला व बच्ची को आकर छोड़ गए, पर फिर वही रूखा-सा व्यवहार उनके मायके का रहा—बिटिया के साथ न छूछक, न मेवा, न मिठाई। कानपुर से इस समय सरस्वती बीबी जी आईं हुईं थीं। वह बहुत ही नाराज़ हुईं। मैंने उन्हें शान्त किया। बाज़ार से लड्डू मँगाकर आस-पड़ोस में बाँट दिए कि देवरानी के मायके से आए हैं। इनके मित्रों को भी चाय-पार्टी पर बुला लिया। विमला

की माँ ने लड़की को कन्या जन्म पर साड़ियाँ दी थीं, पर ननद-जिठानी के लिए कुछ नहीं था। सरस्वती बीबी जी ने मुझे बताया कि दो मर्तबान भर कर गोंद-पंजीरी विमला अपने लिए मायके से लाई थीं। मुझे तो आँख से देखने को तब मिला, जब महीने बाद खाते-खाते वह ख़ुद ऊब गईं तो तले में पड़ी गोंद-मेवा के मर्तबान रसोई में लाकर बोलीं, "यह आप लोग खा लीजिएगा।"

उसके इस बचकाने-से फूहड़ व्यवहार पर मैंने क्या कहना या क्या करना था? बस, चुप रह गई। चेहरे पर ज़रूर ही कोई प्रिय लगने वाला भाव नहीं होगा। सरस्वती बीबी जी अवश्य काफ़ी बोलीं उस दिन।

उधर बच्ची की वजह से विमला की रसोई का काम और भी ढीला चलने लगा। अब सिर्फ़ चार रोटियाँ ही सिंक पाती थीं। दाल-सब्ज़ी दोनों हमारी रसोई से ही बन कर स्वराज्य का टिफ़िन वक़्त पर दफ़्तर जाता। तनाव दोनों में बढ़ता ही जा रहा था। हुआ यह था कि बच्ची किसी से यहाँ हिली नहीं थी। चारपाई पर लेटने की उसको आदत नहीं डाली गई थी। बस, चौबीस घंटे वह माँ की गोद में चढ़ी रहती। यहाँ तक कि पाख़ाने जाते समय भी विमला उसे साथ ले जाती। एक दिन स्वराज्य बोला, "लड़की को एकदम नवाबज़ादी बना दिया है। बिल्कुल जागते में पलंग पर लेटना ही नहीं चाहती।"

विमला ने पलट कर जवाब दिया, "नवाबज़ादी न सही, बेगमज़ादी तो है ही! मैं चाहे जैसे पालूँ, तुम्हें क्यों चिढ़ लगती है?"

उसी रात स्वराज्य को मैंने अपने कमरे में अकेले में बैठा कर समझाया, "देखो स्वराज्य! बाबूजी को यह सब पता लगा तो वे बहुत दुःखी होंगे। तुमने अपनी मर्ज़ी से स्वीकृति देकर शादी की है। आपस में इतनी कड़वाहट मत बढ़ाओ कि दोनों का साथ रहना मुश्किल हो जाए। ज़िन्दगीभर साथ निभाना है।"

वह बोला, "मेरा तो खाना-पीना छूट गया सब! जीरे-खटाई को छोड़ कर कोई मसाला ही नहीं डालती। शाम को खाना खाना मुश्किल हो जाता है।"

मैंने कहा, "भाई! मैं शाम को एक कटोरी सब्ज़ी भेज दूँ, पर डर लगता है—विमला बुरा मान जाएगी! देखो, इसका भी रास्ता निकालेंगे। तुम भरोसा रखो। यह बच्ची ही बड़ी होकर अंडा-प्याज़ सब खाएगी तो बच्ची के लिए विमला भी ख़ुद-ब-ख़ुद बदल जाएगी। थोड़ा धीरज रखना होगा।"

उधर विमला को भी उसका मूड देखकर समझाया, "जब कभी मछली वग़ैरह बनाऊँगी, तो स्वराज्य के लिए भेजूँ तो नाराज़ मत होना।"

वह शान्त रही (मैंने राहत की साँस ली कि कहाँ प्याज़-लहसुन का नाम लेते डर लगता था, आज मछली के नाम से भी विमला ग़ुस्सा नहीं हुई)। फिर थोड़ी देर बार बोली, "भाभी! आपने भाई साहब को बिगाड़ दिया है। खाती नहीं हैं आप, पर मांस-मछली-अंडा सब बना देती हैं। शाम को रोज़ मज़लिस जुटी रहती है—मैं तो एक दिन में सबकी अक्ल ठिकाने लगा देती!"

मैं क्या जवाब देती विमला को? शायद विधाता ने ही मुझे अक्ल ठीक लगाने

की बुद्धि नहीं दी थी। यह बुद्धि भी परिस्थिति की मोहताज़ है। उसका माँ-बाप का पीछा था न, सो मैं भी व्यंग्यात्मक चुटकी ले ही सकती थी—'अक्ल भी तब चलाई जाती है, जब किसी का ठिकाना हो मज़बूत। उसमें भी, अगर दोनों पक्ष एक-दूसरे की अक्ल ही ठिकाने लगे तो रिश्ते न बने रहें। यह तो शाश्वत सत्य है—सारी दुनिया में झुकना औरत को ही पड़ता है।' पर मैं विमला से उलझ कर समझौते के वातावरण को बिगाड़ना नहीं चाहती थी।

हालाँकि इस जीवन संध्या में मुझे यह अहसास ज़रूर हुआ है कि ऐसे ही अवसरों के समझौतों ने हमारे जैसे लोगों को समझदार कम और कमज़ोर ज़्यादा सिद्ध किया है। आज की पीढ़ी इन्हीं मौक़ों का दामन पकड़ कर दूसरे का सच उसी के मुँह पर मार कर स्वयं को विजयी सिद्ध करने का आनन्द लेना ज़्यादा पसन्द करती है—बजाय रिश्तों को बचाए रखने के लिए, चुप रहने के।

कश्मीर से आने के कुछ दिन बाद हम दोनों कुन्तल-कल्पना के साथ तिमारपुर से चाँदनी चौक ख़रीदारी करने जा रहे थे। ट्राम के साथ-साथ अब सिटी बसें भी चलने लगी थीं। इनकी गोद में कुन्तल बैठी थी, मेरे कन्धे से लगी कल्पना सीट की तरफ़ मुँह करके खड़ी थी। ठीक पीछे वाली सीट पर एक सरदार जी बैठे थे। अचानक कल्पना ने अपने नन्हे हाथ से सरदार जी के मुँह पर एक चाँटा जड़ दिया। सरदार जी सकपका गए और फिर चिल्लाए 'ओय! कुड़ी ने मैनूँ चपेड़ मारी!' मैं चौंक पड़ी। सारे बस-यात्री भी हमें देखने लगे। बात चोट की नहीं थी, सरदार जी का अपमान तो हुआ ही था। हम दोनों ही शर्म से पानी-पानी हो गए। मैंने बच्ची को डाँटा और कहा, "तुमने ऐसा क्यों किया? चलो, हाथ जोड़कर माफ़ी माँगो! माँगो माफी!" 'ये' भी बोले, "कल्पना बेटे! बच्चे बड़ों से एकदम माफी माँगते हैं, ग़लती करने पर। तुमने क्यों किया ऐसा? कहो-माफ़ कर दीजिए।"

पर कल्पना ने सिर झुका लिया, मगर मुँह से कुछ भी बोल के नहीं कहा। हम दोनों ने सरदार जी से बहुत-बहुत क्षमा माँगी। यह भी बताया कि इस लड़की ने कभी ऐसा नहीं किया। ख़ैर! वे शान्त हो गए और हमारा स्टॉप भी आ गया था।

नीचे उतरते ही मैंने कल्पना से पूछा, "तुमने बस में सरदार जी को चाँटा क्यों मारा?"

कल्पना ने 'इनकी' तरफ़ इशारा करते हुए कहा, "पापा ने हमें बताया था कि आप कश्मीर, दाढ़ी वाले कबाली डाकुओं को मारने गईं हैं। सो, मैंने भी एक डाकू को मार दिया।"

माँ-बाप के मुख से निकली बात बच्चे के मन पर गहरी छाप छोड़ती है। घर आकर उसके मन पर से वह छाप मिटाने के लिए मैंने उसे समझाया, "बेटे! वे कबाइली डाकू कश्मीर से भाग गए। अब वहाँ कोई नहीं बचा।" फिर गुरुनानक जी का एक कैलेंडर था। उसे दिखाकर बताया, "पगड़ी बाँधे, दाढ़ी वाले सरदार जी इन नानक देव जी के शिष्य हैं। इनके शिष्य अच्छे लोग होते हैं। सन्त नानक देव सिक्खों के सन्तगुरु है। आगे से किसी दाढ़ी वाले को देखकर ऐसा मत करना।"

उसने हामी भरने के लिए पूरा सिर हिला कर वायदा किया।

स्वाधीनता के पश्चात् सरकारी-व्यवस्था को यथावत् चलाने के लिए अंग्रेज़ अफ़सरों द्वारा रिक्त किए गए स्थानों की पूर्ति अनिवार्य थी। सिविल और प्रोविंशियल सर्विसेज़ की परीक्षाओं में बैठने की आयु-सीमा बढ़ाकर तीस कर दी गई थी। बाबूजी की बड़ी तमन्ना थी कि उनका कोई बेटा डिप्टी कलेक्टर बन जाता।

कान्ति जी और स्वराज्य, दोनों ने परीक्षा दी। अगस्त 1948 का पहला सप्ताह था और 'ये' परीक्षा का परिणाम जानने को लखनऊ गए हुए थे। मेरे तीसरे प्रसव का समय निकट था। बड़ी जीजी इस बार करनाल से आई हुई थीं। बाबूजी भी आए हुए थे। 8 अगस्त को, मेरी तीसरी बेटी, कामना का जन्म हुआ। मेरा मन अवश्य थोड़ा उदास हुआ, क्योंकि बाबूजी घर पर थे और बार-बार पोते की बात करते थे।

कन्या-जन्म के कुछ घंटे बाद ही 'यह' लखनऊ से दो टोकरा भर दशहरी आम लेकर घर में घुसे। दरवाज़ा खोलते ही स्वराज्य ने तीसरी बेटी के जन्म का समाचार 'इन्हें' दिया। कान्ति जी प्रसन्नता से बोले, "बड़ी भाग्यवान मेरी बेटी आई है। मैंने पी.सी.एस. की परीक्षा पास कर ली है। यह तो 'डिप्टी की बेटी' कहलाएगी।"

बाबूजी दिल से दु:खी थे, क्योंकि मेरी छोटी ननद-मुन्नी अभी कुँवारी थी। मेरी दो पहली लड़कियाँ; देवर की एक लड़की मौजूद और एक कन्या की बढ़ोत्तरी चिन्ता को बढ़ाने वाली थी। सो, वह आकर बोले, "बहू! चार कोने तो बेटियों से घिरे ही थे—यह पाँचवीं बीच में लटकन बन कर आ गई।" मैं क्या कहती? चुप रही।

इस इक्कीसवीं सदी में विज्ञान की तरक्की के साथ लिंग पहचान की सुविधा ने कन्या का भ्रूण-हत्या का नवीनतम अस्त्र मानव-समाज को दे दिया है। यह इस बात का प्रमाण है कि लड़की के जन्म पर आधुनिक समझे जाने वाले शिक्षित परिवार तक हर्षित नहीं होते। इस सामाजिक बुराई से हम आज भी क्या शहर और क्या गाँव—हर जगह जकड़े हुए हैं। पर उस वक़्त भी हम दोनों पति-पत्नी इस मानसिकता से स्वत: कोसों दूर थे।

इस सोच के खुलेपन का दूसरा पहलू भी था, जिसे शायद किसी का समर्थन सहज ही न प्राप्त हो। ऊपर से सब कुछ ठीक लगता था—बड़ा-सा घर, बढ़िया फ़र्नीचर और खाने-पीने की पूरी मौज चाहे घरवाली का हाथ दूसरे तरीके से तंग हो जाए। मेरा हाथ हमेशा ही पैसे की दृष्टि से तंग रहता। दाई को देने को नई धोती ख़रीद कर नहीं दे सकी। अपनी पहनी अधपुरानी साड़ी देकर काम चलाया। अपने खाने-पीने पर ज़्यादा ख़र्च नहीं किया, सिर्फ़ एक पाँव दूध बढ़ाया।

एक दिन कान्ति जी बड़े उत्साह से घर आकर बोले, "मैंने जोश मलीहाबादी को घर पर बुलाया है। वह हमारे ऑफ़िस में ऊँचे पद पर हैं। नेहरू जी उन्हें बहुत मानते हैं।"

इतने बड़े शायर आएँगे घर पर, सुनकर ख़ुशी हुई, पर उनके स्वागत के लिए 'इन्होंने' जो तैयारी की, उससे मेरी जीजी बहुत ही अप्रसन्न थी। आधा दर्जन चाइना की महँगी फुल प्लेटें और कट वर्क के फ़ाइन काम वाले शीशे के छह ग्लास और

एक जग ख़रीदे गए। मीट-मछली तो आई ही, साथ में बाईस रुपये की बढ़िया शराब की बोतल भी मँगाई गई। 'इन्होंने' कहा, "जोश साहब कमाल के आदमी हैं। दिन में शराब को हाथ नहीं लगाते, पर शाम को पूरी बोतल चढ़ाते हैं। शराब उनकी शेरवानी की जेब में रहती है...वग़ैरह-वग़ैरह..."

ख़ैर! अगले दिन शाम को जोश साहब आए। बहुत ही नफ़ीस जुबान में नफ़ीस बातें करते रहे। नमकीन के साथ जाम पर जाम चढ़ाए...ख़ूबसूरत शे'र पढ़े...फिर ज्यों-ज्यों नशा चढ़ने लगा वह आशिक़ाना बातों पर उतर आए। मुझे बैठे देख रुक कर कहते, "माफ़ करना बेगम! मैं भूल जाता हूँ कि आप भी महफ़िल में हैं..."

मैं उनका संकोच समझ गई। उठकर भीतर चली गई। देर रात तक खाना-पीना चला। फिर वे विदा हुए।

पर दूसरे दिन जीजी करनाल लौट गईं। जाते-जाते, मुझसे कह गईं, "कान्ति जी के अजब हाल हैं! दाई को देने के लिए दस रुपये की नई धोती न जुटी, जच्चा के पीने को पाव भर दूध है बस, पर शायरों की दावत को 100 रुपये उधार लिये जाते हैं। ऐसी गृहस्थी के लिए भला मैं क्यों अपना ख़ून जलाऊँ? अपना घर-बार, बच्चे छोड़ कर तेरी सेवा को आती हूँ, पर यह सब देखने की अब मुझमें ताकत नहीं।"

मैंने क्या कहना था उनसे? पर अब तक यह साफ़ हो गया था मेरे सामने कि हालाँकि जानबूझकर 'ये' किसी को भी तकलीफ़ नहीं देते, न देना चाहते हैं पर कहीं न कहीं सन्तुलन की कमी ज़रूर रही—अपने शौक़ और मित्रों के लिए कुछ करना अच्छी बात है, पर जिसकी वजह से यह सब घर-संसार चल रहा हो—उसकी सुख-सुविधा की अनदेखी इस सीमा तक अन्य सब सह सकते थे, पर माँ समान अपनी बहन के तो दिल पर लगनी ही थी।

इनके जो भी दोस्त हमारे साथ रहे, उनमें कुछ बिल्कुल घर के सदस्य से हो गए थे। उनमें कमल कुलश्रेष्ठ ऐसे ही मित्रों में थे। भारी देह के, साँवले युवक थे। कल्पना उनसे काफ़ी हिली हुई थी। उसकी चाय छुड़ाने को मैंने कह रखा था, "देख, चाय पीने से गोरे भी काले हो जाते हैं। तेरे कमल चाचा भी चाय पीकर ही काले हो गए हैं।"

कमल सवेरे काम पर निकल जाते, फिर दोपहर को गर्मी में लौटते तो बस-स्टॉप से घर तक आते-आते पसीने से तर-ब-तर होते। मैं मज़ाक़ में कहती, "कमल! प्यार की चाँदनी में नहा कर चले आ रहे हो।" (वास्तव में, वह भावुक गीतकार भी थे, और उन्हीं का एक गीत था—मुझे प्यार की चाँदनी में सुला दो) कल्पना तो उन्हें 'चाँदनी वाले चाचा' तक कहने लगी थी।

कमल के जीवन का प्रेम-प्रसंग अपनी तरह का एक दृष्टान्त था। उसकी चर्चा करने का लोभ मैं सँवरण नहीं कर पा रही। दिल्ली से पहले कमल आसाम में नौकरी करते थे। जिस मकान में रहते थे, उसके मालिक के तीन कुँवारी लड़कियाँ थीं। उनकी सबसे छोटी कन्या से कमल को प्यार हो गया। उन्होंने जब लड़की के पिता से कन्या का हाथ माँगा तो पिता के पास न करने का कोई कारण न था क्योंकि कमल

पढ़ा-लिखा, कमाऊ, स्वस्थ लड़का था, परन्तु उन्होंने उसके सामने एक विचित्र शर्त रख दी—पहले वह उनकी दो बड़ी लड़कियों के लिए वर ढूँढ़ कर लाए, तभी वह उनकी सबसे छोटी लड़की से शादी कर सकेगा। अगर न हो पाए तो वह बड़ी वाली से शादी कर ले।

कमल दिल्ली आ गया। यहाँ भी वह रिश्तों के लिए कोशिश करता रहा, पर यह तो लोहे के चने चबाने जैसा दुष्कर काम हो गया। उसने मुझसे भी कहा। मैं भी किसी तरह की मदद नहीं कर पाई इस सम्बन्ध में। वह दिन पर दिन परेशान होता चला गया। कमल ने अपनी प्रेमिका के पत्र भी दिखाए, जो अब देर-देर से आने लगे थे, और एक ही बात पर ज़ोर कि वह शर्त पूरी करे, वरना वह भी उससे विवाह नहीं करेगी। कमल को मैंने इस उलझन का एक ही रास्ता सुझाया—वह पिता-पुत्री दोनों को साफ़-साफ़ लिख दे कि दो वर ढूँढ़ना उसके लिए सम्भव नहीं है। दो महीनों में उसकी शादी वह अपनी छोटी लड़की से कर दें वरना सारे सम्बन्ध टूट गए हैं—वे दोनों समझ लें। वही मुर्गे की तीन टाँग—कन्या का उत्तर था—'दो लड़के ढूँढ़ो वरना मुझे भी नहीं पा सकते।' अन्ततोगत्वा, कमल को इस मृतप्राय: रिश्ते से मुक्ति मिली। उम्र के इस पड़ाव पर भी मैं इसी निष्कर्ष पर पहुँची हूँ कि शर्तों पर रिश्ते ज़्यादा देर ज़िन्दा नहीं रहते।

इनके दूसरे परम मित्र थे—रामानन्द बख़्शी। उसका विवाह होने के बाद नव-विवाहित दम्पती को इन्होंने खाने पर बुलाया। मुझसे शाम को जब इसके बारे में बताया तो मैं चौंक गई। बुलाने में कोई आपत्ति नहीं थी मुझे, पर कल महीने का आखिरी दिन था—30 सितम्बर। मैंने इनसे कहा, "आपने कल क्यों दावत पर बुला लिया? जानते तो हो, आख़िरी दिन पैसे ख़त्म हो जाते हैं।" कान्ति जी इत्मीनान से बोले, "अरे, कल इतवार है। छुट्टी का दिन है। मैंने सोचा, आराम से लोग सारे दिन घर रहेंगे। घर में छह प्राणियों का भोजन तो बनेगा ही, तीन और आ जाएँगे तो क्या फर्क पड़ेगा?"

मैं और भी ग़ुस्से से बोली, "घर और बाहर में कोई अन्तर नहीं होता क्या? घर वालों के लिए तो आलू घर में पड़े थे, बड़ी डाल कर रसदार सब्ज़ी बनानी थी, और सूखा कद्दू बन जाता। गुज़ारा चल जाता। बख़्शी जी को पहली बार बहू और उसकी साली के साथ आमंत्रित किया है। दही-दूध, सब्ज़ियाँ मँगानी पड़ेंगी या नहीं? उन्हें क्या दाल-रोटी खिलाओगे?"

कान्ति जी कभी हार नहीं मानते थे। बोले, "अजी, हमारे घर जो है वही खाएँगे! बात मिल कर हँसने-बोलने की है, छप्पन भोग खिलाने की थोड़े ही है?"

और यह कहकर 'ये' तो सो गए, पर मेरी नींद उड़ गई। सवेरे-सबेरे जैसे ही कबाड़ी की पुकार सनाई दी, मुझे एकदम ख़याल आया कि तीन महीने से पेपर नहीं बेचे गए। बस, उसे बुलाया और पुराने अख़बार, कुछ बोतलें-डिब्बे बेचकर पाँच रुपये मिल गए। 'इन्हें' ख़ुशी-ख़ुशी बताया कि आज तो घर की रद्दी ने हमारी लाज रख ली है। फिर स्वराज्य से खीर के लिए दूध, ताज़ी सब्ज़ियाँ और दही मँगा लिया।

दोपहर को पूरी-कचौरी सहित सबने बढ़िया दावत खाई। एंटी-क्लाइमैक्स तब आया, जब द्वार तक विदा करते समय इन्होंने हँसते-हँसते बख़्शी से कहा, "यार, बख़्शी आज तुम्हारी दावत असल में पुराने अख़बारों की दावत थी," और दो वाक्यों में मेरी व अपनी बातचीत का खुलासा कर दिया।

मैं कान्ति जी के इस 'सत्य-कथन' को दोस्ती के खुलेपन का प्रतीक मान सकती थी अगर बख़्शी जी अकेले होते, पर उनकी नवविवाहिता पत्नी और उनकी साली के साथ होने की वजह से मुझे लगा कि मेरा सारा परिश्रम व्यर्थ हो गया। इनसे कुछ भी कहना बेकार था।

अभी दो महीने भी नहीं बीते थे कि फिर मैं लगभग इसी तरह की जटिल परिस्थिति में थी। सर्दी शुरू हो गई थी। सुभद्रा कुमारी चौहान दिल्ली आई थीं। वह हमारे ही घर ठहरी थीं। सवेरे से लोग उनसे मिलने आ रहे थे, पर वह उनसे बस नमस्ते करके मेरे पास अन्दर आकर बैठी थीं। उन्हें कुन्तल-कल्पना के पहने स्वेटर की बुनाई बहुत अच्छी लगी। वह मुझसे बोली, "किरण! दोनों बिटियों के स्वेटर तुमने ख़ुद बनाए हैं क्या? बहुत सुन्दर हैं!"

मैंने कहा, "सुभद्रा जी! मैंने ही बनाए हैं।" वह कहने लगी, "इसकी बुनाई ज़रा मुझे भी सिखाना।"

बस, मैं अन्दर से ऊन और सलाइयाँ लाई और चारपाई पर फन्दे डाल कर, सुभद्रा जी के पास बैठी ही थी कि 'ये' बैठक से बाहर आए और मुझसे बोले, "साढ़े बारह बज चुके हैं; चिरंजीत वग़ैरह चार लोग हैं, बस। तुम देख लेना। ये हमारे साथ ही खाना खा लेंगे।" और बस कह कर 'ये' बैठक में चले गए।

सुभद्रा जी मेरा मुँह देखने लगी। उन्हें पता था, मैंने सुभद्रा जी सहित अपने सभी का खाना (रोटी छोड़कर) साढ़े ग्यारह तक बना लिया था। आटा गूँध कर भिगो दिया था। कहने लगीं, "यह कान्ति को क्या हुआ? अरे, मुझसे मिल लिए थे। इतनी देर रोकना ही नहीं था। ऊपर से ये खाना—क्या करोगी?'

मैं बोली, "मुझे तो आदत हो गई है इस सबकी। अब दाल को थोड़ा पतला करूँगी, रायते में भी दूध डालकर बढ़ाऊँगी। एक अँगीठी और जला लूँगी कच्चे कोयले की। उस पर आलू उबाल कर सूखे बना दूँगी। आटा और गूँधूँगी। चावल साथ बने ही हैं, हो जाएगा।"

सुभद्रा जी ने सब सुनकर कहा, "किरण भई! यह सब तुम ही हो जो कर लोगी। मुझसे अगर लक्ष्मण जी (उनके वकील पति) इस तरह की कोई बात कहते तो दोस्तों के सामने ही जाकर मना कर देती या अन्दर से ही इतनी ज़ोर-से मना करती कि दुबारा ऐसा फिर कभी नहीं होता। अव्वल तो तुम्हारे जीजा जी इस तरह एकाएक हर एक को खाने की दावत देते ही नहीं हैं। मर्द की तो ज़रा-सी जुबान हिली, यहाँ औरत के लिए ढेर-सा काम तैयार।"

फिर बस क्या बुनाई-सिलाई! सुभद्रा जी मेरे साथ रसोई में ही पीढ़े पर बैठ गईं। आलू छीलने में, सामान ले जाने में मेरे साथ रहीं। हम दोनों की यह आखिरी मुलाकात

थी। उसके बाद तो, कार-दुर्घटना में उनकी जीवन-लीला समाप्त हो गई, पर उनके साथ बिताया वह पूरा दिन मेरे जीवन की अमूल्य निधि है।

कान्ति जी की बदायूँ पोस्टिंग का शुभ समाचार आया और केवल एक सप्ताह का समय था बीच में ज्वाइन करने के वास्ते। मैंने कहा, "देखो! दिल्ली के इन आठ सालों में मैंने एक साड़ी को छोड़कर कभी कोई नया कपड़ा नहीं ख़रीदा।"

'ये' बोले, "भई! मैंने मना किया था क्या? हमेशा साथ ही तो रहती हो। ख़रीदारी मैं कभी अकेले करता हूँ? अब पिछली बातों को क्या कहना-सुनना? छोड़ो! कल ही चल कर जो मन करे। ख़रीद लेना। डिप्टी साहब की मेमसाहब हो—मज़ाक़ थोड़े ही है?"

कान्ति जी जो इस वक़्त ख़ुशी के मारे हवा में उड़ रहे थे, जल्दी में दफ़्तर चले गए। मैं सामने कुछ कहने की हिम्मत नहीं जुटा पाई, पर अकेले में आँखों के सामने कई घटनाएँ घूम गईं।

शादी में मिली गरम शॉल बिल्कुल छलनी हो गई थी। कुन्तल एक साल की थी। मैं उसे उसी शॉल में लपेटकर रेडियो पर ले जाती। कृश्नचन्दर और सारे सहकलाकार कहते, "छाया जी! आप न स्वेटर पहनती हैं, न शॉल। सर्दी लग जाएगी आपको।"

"अरे भाई! मुझे जाड़ा इतना नहीं सताता। पूरी बाँह वाला मोटा ब्लॉउज़ ही काफ़ी होता है। स्टूडियो बन्द-बन्द होता है, आना-जाना कार में। सर्दी कहाँ लगेगी?" मैं जवाब दे देती, पर असल बात यह थी कि अपनी शॉल के लिए पूरे पन्द्रह रुपये बचाने की नौबत ही नहीं आ पाती थी। सब कुछ घर चलाने में लग जाता था।

एक बार रेडियो के पन्द्रह रुपये मिले तो कान्ति जी बोले, "सब लोग टोकते हैं। इस बार के रुपयों से तुम्हारी शॉल आएगी, बस।"

हम दोनों चाँदनी चौक के काशीनाथ कपड़े वाले के यहाँ पहुँचे। 'ये' वहीं से कपड़े लेते थे। उसने कई शॉल दिखाए। पन्द्रह रुपये का एक शॉल पसन्द आ गया, ख़रीद लिया कि इतने में काशीनाथ ने एक बड़ा हल्का कम्बल—इटैलियन मेक का चारों ओर साटन की गोट लगा इन्हें दिखाया। बस फिर क्या था 'ये' उस पर फ़िदा हो गए। शॉल छोड़ कम्बल पैक करवा दिया। घर चलने के लिए जब बस-स्टॉप पर पहुँचे तो ये अचानक बोल पड़े, "अरे भई! तुम तो फिर फटी शॉल में बच्चा चिपकाए हो—न स्वेटर है, न शॉल! कल फिर सब लोग टोकेंगे।"

मैंने कहा—"अब जब अगला प्रोग्राम मिलेगा, तो शॉल भी ख़रीद लेंगे। घर चलो, खाना भी बनाना है।"

पर 'ये' थोड़ी देर चुप रहे फिर कम्बल का पैकेट उठाए दुबारा कपड़े वाले के पास चले गए। वहाँ से कम्बल देकर शॉल ख़रीदी और आकर मुझे दे दी, पर इनको उदास देखकर मेरी शॉल होने की ख़ुशी उड़न-छू हो गई थी।

इसी तरह फ़ोटोग्राफ़ी विभाग का इंचार्ज होने की वजह से इनके पास कैमरे तो रहते थे। फ़िल्म की रील ख़रीद-ख़रीद कर यह घर भर की फ़ोटो खींचा करते थे। मित्र और उनके परिवार भी इनके इस शौक़ का हिस्सा बन जाते थे, पर यह

शौक़ भी ख़र्चीला शौक़ था। पहले रील का ख़र्च, फिर प्रिंट बनाकर जिनकी तस्वीर बनाते, उनको उनकी प्रतियाँ बनाकर देने का ख़र्च। इसलिए कपड़ों का नम्बर ही कब आता मेरे लिए?

फ़ोटोग्राफ़ी का शौक़, लेखन की प्रतिभा—सब कुछ रहा कान्ति जी में। बीच में इन्हें फ़िल्म जगत् ने भी अपनी ओर आकृष्ट किया। मैंने हमेशा कान्ति जी के हर फ़ैसले को स्वीकार किया। उस वक़्त कुन्तल साढ़े तीन साल की और कल्पना छह-सात महीने की थी। मैं और 'ये' बम्बई के लिए ट्रेन-यात्रा कर रहे थे। 'ये' मर्दाने में थे और मैं ज़नाने डिब्बे में दोनों बच्चों के साथ थी। एकाएक वहाँ थोड़ी देर के लिए मेरे लिए बस जीवन-मरण की स्थिति पैदा हो गई। मैं कल्पना को सुलाने में लगी थी कि कुन्तल पता नहीं कब शौचालय में अन्दर गई और अन्दर से चिटखनी गिरा ली। अब अन्दर से वह चिल्ला रही। "मम्मी! मम्मी। दरवाज़ा खोलो।" नहीं खुला तो ज़ोर-ज़ोर से रोने लगी। मेरे तो होश उड़ गए। डिब्बे की दूसरी औरतें भी मुझे दोषी ठहरा रही थीं कि मैंने बच्ची का ध्यान नहीं रखा। क्या होगा अब? अगले स्टेशन तक इसी तरह यह बच्ची चीख़ती रहेगी। वहीं पर कोई दरवाज़ा तोड़ने वाला लाया जाएगा और काम बनेगा। इनकी तरफ़ से अलग डर लग रहा था। बच्चों के मामले में 'ये' कुछ करें या न करें, पर इतना घबरा जाते थे कि साथ वाला भी अपने औसान खो दे। इनके ग़ुस्से और घबराहट की कल्पना से भी मेरी अपनी हालत ख़राब थी। फिर भी बराबर गायत्री मंत्र का जाप, मेरे मन में स्वत: शुरू हो जाता है कठिन परिस्थितियों में। उस समय मन में गायत्री मंत्र चल रहा था और मैं झुक कर कुन्तल से बराबर कह रही थी, "चिटखनी उठाओ! कोशिश करो, बेटा।"

एकाएक पता नहीं भगवान ने बच्ची को क्या बुद्धि दी कि उसने चिटखनी उठाई और दरवाज़ा खुल गया। वह दौड़ कर बाहर आई और मुझसे लिपट गई। सहयात्री भी अपनी-अपनी जगह चले गए। मैंने भगवान का लाख-लाख शुक्रिया अदा किया।

बम्बई में धर्मशाला में रहे। 'इनकी' किससे क्या बात हुई, मुझे अब बिल्कुल याद नहीं, पर इसके बाद फ़िल्म जगत् में जाने की बात दुबारा नहीं हुई।

होने की ज़रूरत ही नहीं रही—पी.सी.एस. में सफलता प्राप्त करने के बाद तो जीवन की दिशा ही बदलने वाली थी। सारे दिन मैं काम समेटने के साथ इन्हीं पुरानी बातों को सोचने में उलझी रही। हर वक़्त मैं इन्हीं के साथ होती थी, पर नियंत्रण हर गतिविधि पर इन्हीं का रहा। मना कुछ भी नहीं था, पर अपनी आवश्यकताओं की तरफ़ ध्यान देने तक का वक़्त 'ये' नहीं छोड़ते थे। ख़र्चे में कहीं सन्तुलन नहीं था। कुछ रुपये मेरे रखे थे। शाम को आते ही मैंने 'इन्हें' याद दिलाया, "भई! डिप्टी साहब की मेम साहब को क्या पुरानी साड़ियों में ही कलेक्टर व अन्य अफ़सरों से मिलना होगा? कुछ साड़ियाँ लेनी ही पड़ेंगी। थोड़े रुपये मेरे पास हैं।"

इन्हें ख़रीदारी से कब इनकार था? मैं चार अच्छी सूती धोतियाँ, दो सिल्क की और एक सेमी सिल्क की साड़ी ख़रीद लाई। अब बस हम सामान बाँधने में लगे थे। एकाएक दूसरे दिन की 'इनकी' घोषणा ने मेरे पैरों तले की ज़मीन निकाल दी।

इन्होंने कहा, "भाई! मेरे पास तो बदायूँ जाने का किराया भी नहीं है। बैंक में भी पता किया, वहाँ भी कुछ नहीं है। यह कैसे हो सकता था? मुझे पूरी तरह याद है कि इतने सालों में लगभग एक हज़ार से ज़्यादा के रेडियो चेक इन्हें बैंक में डालने को दिए थे। आज तक एक पैसा नहीं निकाला। "सब रुपये गए कहाँ?" मैंने घबरा कर पूछा।

"जाने कहाँ गए? बदायूँ छोटी-सी जगह है। मैंने तीनों बच्चों का साथ है, सो ज़रूरी दवाइयाँ और इंजेक्शन ख़रीद लिये हैं। कुछ अपने लिए कपड़े लिये और नया जूता ख़रीदा है, बस!" कान्ति जी ने सफ़ाई दे दी।

मैं समझ गई—ख़र्चे का कभी हिसाब तो रखा नहीं। जो ख़र्चा मुझे नहीं बताया, वह धीरे-धीरे होता रहा (वरना, एक हज़ार रुपये एक बड़ी रकम थी उस वक़्त) तत्काल ख़रीदी गई दवाइयों और कपड़े-जूतों में नहीं ख़त्म हो सकती थी। वास्तव में, फ़ोटोग्राफ़ी ने काफ़ी रकम खा ली थी।

विमला उस समय मायके गई हुई थी। स्वराज्य थे बस साथ में। किराये के लिए डाइनिंग टेबल और उसकी कुर्सियाँ मैंने पचास रुपये में पड़ोसी चतुर्वेदी जी को बेचीं। बड़ी शीशे वाली अलमारी भी बेच दी। सब औने-पौने दामों में गया, पर किराये लायक पैसा मिल गया था। जो बिल्ली का स्यानी बच्चा था—मीनू, अब पूरी बिल्ली बन गई थी—ख़ूब घुम्मकड़। दिन भर बाहर रहने के बाद रात में मेरे पायताने सो जाती। हमारे चलने वाले दिन भी ग़ायब थी। मैंने स्वराज्य से कहा, "भइया! मीनू का ध्यान रख लेना। जब बदायूँ आओ तब साथ लेते आना।"

इस तरह सन् 1940 से 1948 तक आठ वर्ष का दिल्ली का अन्न-जल हमारा पूर्ण हुआ। स्वराज्य और विमला दिल्ली में रहते रहे। उन्हें अपना क्वॉर्टर मिल गया था। इस कारण हमारा सम्पर्क दिल्ली से बाद में भी लगातार बना रहा।

मेरे साहित्यिक जीवन की प्रारम्भिक उपलब्धि *आदमख़ोर* कहानी-संग्रह 1946 में प्रकाशित हो चुकी थी, जिस पर सेक्सरिया-पुरस्कार भी उसी वर्ष घोषित हो गया था। इसे कान्ति जी ने स्वयं 'जयदेव-प्रकाशन' के अन्तर्गत छापा था और उसके लिए रुपये करनाल वाली जीजी ने हमें पाँच सौ रुपये में अपना ताँगा बेचकर दिए थे। उनके वह रुपये मैंने पच्चीस-पच्चीस की किश्त में हर मास भेजकर धीरे-धीरे अदा किए। आज जब भी मैं अपने दिल्ली-प्रवास के आठ वर्षों को याद करती हूँ तो अपनी जीजी के मातृवत् व्यवहार की मीठी स्मृतियों से घिर जाती हूँ। मैं उनके ऋण से इस जन्म में तो उऋण नहीं हो सकती।

हम बदायूँ पहुँचे—एक कायस्थ सज्जन का मकान बहुत बड़ा था। आधा हमने ले लिया। दो बड़े कमरे दालान, आँगन के सामने रसोई, गुसलखाना इत्यादि। दालान में एक किनारे पतला-सा दरवाज़ा मकान मालिक के उधर वाले भाग में जाने को बना था। उनकी उमा नाम की पन्द्रह-सोलह साल की कन्या थी। मकान-मालिक के युवा पुत्र को गुलाबों का बड़ा शौक़ था। उसने बड़े यत्न से हमारे वाले भाग के पीछे वाली ज़मीन में पचास गुलाब के पौधे लगाए थे। उनका वह पुत्र अकस्मात् चल बसा। घर भर शोकमग्न रहा। जीवन फिर चलता ही है, पर वह गुलाब की बगिया अनाथ हो

गई थी। मकान-मालिक ने कभी भी एक फूल तक अपने घर के लिए नहीं लिया।

कुन्तल दिल्ली से पहली कक्षा पास करके आई थी—छह वर्ष की थी। कल्पना तीन की और कामना तीन महीने की थी। आते ही इन्होंने एक छोकरा रामू, चपरासी से कह कर कामना को खिलाने व घर के ऊपरी कामों के लिए रख लिया। महरी बर्तन माँजती।

उस समय बदायूँ के कलेक्टर थे जनार्दन शुक्ल, जो हिन्दी के बड़े विद्वान थे। तुलसी कृत *रामायण* सुना था, उन्हें कंठस्थ थी। उन्होंने मेरा नाम भी सुना था। जब हम दोनों उनके बँगले पर भेंट करने गए, तब अपने यहाँ उपस्थित अन्य डिप्टियों और प्रतिष्ठित व्यक्तियों के सामने यह कह कर परिचय दिया उन्होंने "चन्द्रकिरण सौनरेक्सा : प्रसिद्ध हिन्दी लेखिका" और साथ आदेशात्मक स्वर में बोले, "कल आपको यहाँ के हाईस्कूल में अध्यक्ष पद ग्रहण करके, 'पुरस्कार वितरण' समारोह में पुरस्कार देने होंगे। जाना मुझे था, पर एक आवश्यक कार्यवश जा नहीं पाऊँगा।" ये बहुत ही प्रसन्नचित्त होकर लौटे।

दूसरे दिन मैं स्कूल पहुँची। प्रधानाचार्या समझीं, मैं कलेक्टर साहब की पत्नी हूँ, पर जब भ्रम टूटा, तो वे उदास हो गईं। कहने लगीं, "अच्छा! आप उन डिप्टी-कलेक्टर की पत्नी हैं, जो अभी-अभी आए हैं।" (यह घटना सिद्ध करती है कि पद की महत्ता को हमेशा मान्यता मिली है) कलेक्टर साहब के आदेश को मानना पड़ा पुरस्कार-वितरण मेरे ही हाथों हुआ। बच्चों को भी मैंने अन्त में सम्बोधित किया और आशीर्वाद दिया।

इधर घर में, कल्पना तो गुलाब की बगिया में मग्न हो गईं। सवेरे ही नौकरों से ढेर से गुलाब तुड़वा कर मँगा लिये उसने। फिर सूई-धागा लेकर बैठ गई माला बनाने को। मुझे भी लगना पड़ा, क्योंकि बच्ची ही थी—सूई लग सकती थी हाथ में। मालाएँ बना कर एक सिर पर लपेटीं, दोनों हाथों की कलाइयों में भी पहनीं और गले में एक माला पहन ली। फिर एक डलिया भर गुलाब साथ में पकड़ा कर नौकर से बोली, "मैं कलेक्टर साब के घर जाऊँगी।" शुक्ल जी के चार वर्ष का एक पुत्र था। उसकी और कल्पना की दोस्ती हो गई थी। कल्पना प्राय: रोज़ नियम से जाने लगी। अगर वह न पहुँचती तो कलेक्टर साहब का चपरासी लेने आ जाता।

हमारे पड़ोस में एक अंगनलाल वकील की कोठी थी। उनकी पत्नी बड़ी मिलनसार महिला थी। उसी दिन हमसे मिलने आईं। कम्मो तो ख़ूब उन्हीं से हिल गई थी—वह रोज़ ही रामू से उसे बुलवा लेतीं।

उन्हीं दिनों प्रकाश अलीगढ़ आ गया था। उसने बैंक की नौकरी छोड़कर बी.ए. की पढ़ाई की और सफल होने के बाद तहसीलदारी की परीक्षा दी थी। अंगनलाल की पत्नी ने अपने लखनऊ वाले भाई कौसर साहब की इंटर पास कन्या अम्बेश्वरी को बुलाया। मैंने बाबूजी से पूछवा लिया। प्रकाश ने लड़की देखी और तुरन्त राज़ी हो गया। शादी अगले जाड़े में तय पाई गई।

जब से 'ये' डिप्टी बने, सभी रिश्तेदारों को, स्वाभाविक था अपने भाई-भतीजे

की शान-बान देखने का चाव मन में पैदा हो—सबसे पहले बड़ी व छोटी बीबी जी दोनों कानपुर से आईं। छोटी वाली सरस्वती बीबी की अपनी कोई सन्तान न थी। कई बच्चे सतवाँसें-अठवाँसे होकर गुज़र गए थे। हाँ, जीजा जी की स्वर्गवासी पहली पत्नी का दस-ग्यारह वर्ष का बेटा गोपाल साथ आया था। अब तक वह हमारे कभी नहीं आया था, क्योंकि बीबी जी की सास (गोपाल की दादी) जब ज़िन्दा थीं और उसे सँभालती थीं। उनके गुज़र जाने के बाद गोपाल उनकी ही ज़िम्मेदारी थी—सो वह साथ आया था। आने के दूसरे दिन ही दोनों बहनें अपनी बरेली वाली बुआ से मिलने चली गई थीं। मैंने जब उसके कपड़े बदलने को उसका सामान देखा तो आश्चर्यचकित रह गई। उसके पहने कपड़े एकदम गंदे चीकट, उसका तकिया और फटी चादर तो हाथ से छूने लायक भी न थे। मैंने दोनों एकदम घूरे पर फिकवा दीं। गोपाल मना करता रहा बराबर! उसके बक्स में ज़रूर नई कमीज़ और नया नेकर रखे थे। नाई बुलाकर सबसे पहले गोपाल के लम्बे-लम्बे बाल कटवाए; गरम पानी से साबुन लगा कर रगड़-रगड़ कर नहलाया। कान के ऊपर ज़ख़्म हो रहे थे, दवा लगाई और नया जोड़ा पहना दिया। हालाँकि बेचारा बार-बार डर के मारे कह रहा था, "अम्मा जी आकर बहुत नारांज़ होंगी।" मुझे लगा, बच्चा बीबी से बहुत ज़्यादा डरता है। नहाया-धोया गोरा लड़का प्यारा लग रहा था। मैंने कहा, "मैं तो हूँ न! तुम डरो मत।" यह भी मुझे बताया गया था कि जीजी का सौत का यह बेटा दिमाग़ से भी कमज़ोर है। दूसरी कक्षा भी पास नहीं कर पाया है, पर इनमें से कोई भी वजह गोपाल को इस तरह लावारिस-अछूत बना कर रखने का अधिकार माँ-बाप को नहीं देती।

गोपाल सही कह रहा था। दूसरे दिन सरस्वती बीबी जी जैसे ही घर में घुसीं और कमरे में गईं जहाँ गोपाल कुन्तल के साथ खेल रहा था, तो दूसरे कमरे में उनकी आवाज़ ज़ोर की, ग़ुस्से से भरी मैंने सुनी, "गोपाल! किसके कहने से तूने ये नए कपड़े निकाल कर पहने?"

मैं दौड़कर कमरे से निकल कर आई और उत्तर दिया, "बीबी जी! मैंने ही निकाल कर गोपाल को नहला-धुलाकर ये कपड़े पहनाए हैं। यह बेचारा तो बार-बार मना कर रहा था, पर आप ही सोचिए, ये बड़े-बड़े आदमियों का पड़ोस है। शाम को आपके भाई के ही पास अफ़सर लोग मिलने आते हैं और गोपाल को वे उसके पुराने हाल में देखते तो इनकी आपकी क्या इज़्ज़त रहती? इसके दो जोड़े नए और बनवाएँगे—मामा के घर पहली बार आया है।" आख़िरी वाक्य ने बीबी जी के बक्स से एक नए जोड़े के निकल आने के दुःख को अवश्य कम किया होगा। मेरी दलील भी नया जोड़ा निकलने की काफ़ी दमदार थी—वह चुप हो गई।

उसके दो दिन बाद गोपाल की मन्दबुद्धि का परिचय भी मिल गया। पहले उसने घर में पली नन्ही लाल मुनियाँ चिड़ियों का पिंजरा खोल दिया—सब चिड़ियाँ उड़ गईं और कुन्तल-कल्पना बहुत दुःखी हुईं।

पर उसके अगले दिन जो हुआ, वह जो ग़ज़ब था—बहुत बड़ी दुर्घटना होते-होते बची। एक कमरे में एक स्विच खुला हुआ था। गोपाल ने उसमें उँगली डाल

दी। बस, करेंट लगा और वह चिपक गया। ज़ोर से चीख़ा, "अम्मा!" सरस्वती बीबी वहीं खड़ी थीं। उन्होंने उसे हाथ पकड़कर छुड़ाने की कोशिश की, तो वे भी चिपक गईं तो वे चिल्लाईं—"छोटी जिज्जी!" तो वह भी दौड़ी बचाने तो उनका भी वही होना था। मैं चूँकि रसोई में थी, आते-आते तीनों चिपके हुए मिले। मेरे तो होश उड़ गए, पर वही ईश सहाय मेरे तो—औसान नहीं खोए थे—दौड़कर उलटे पाँव, आँगन का मेन स्विच ऑफ़ किया। तीनों धड़ाम से गिरे छूट कर। गोपाल का हाथ काफ़ी दिनों तक अकड़ा रहा था।

इस तरह गोपाल एक मन्दबुद्धि बालक अवश्य था, पर मुझे आज तक वह बच्चा नहीं भूलता क्योंकि उसकी जो भी प्रतिभा थी—अगर माँ-बाप ध्यान से, प्यार से उसे परवरिश देते तो उसका वह अन्त न होता, जो हुआ। एक सीधा, आज्ञाकारी लड़का था और भगवान ने जन्मजात उसे मीठी आवाज़ दी थी। अच्छे गायकों के गीतों की पूरी नकल उतार लेता था। कमाल यह कि हमारे यहाँ हारमोनियम पर उसने बिना सिखाए-बताए कई गीत बजाकर दिखा दिए। यह पूर्वजन्म का प्रभाव होगा और क्या कहा जा सकता था? बाद में जीजा जी ने शायद उसे गुरुकुल भेजा वह वहाँ पर वह न रह सका। सौतेली माँ का भय, रूखा व्यवहार, पिता का तटस्थ-रूप—बस, गोपाल घर से भागने लगा। बाद में तो, शायद पता ही लगता था कि कहीं किसी होटल में, कहीं और चाय-वाय की दुकानों पर झूठे बर्तन साफ़ करते-करते वह गुम ही रहा। अब तो न जीजी हैं, न जीजा जी, पर हाँ—गोपाल एक ऐसे प्राणी के रूप में, दृष्टान्त है एक त्रासदी का, जहाँ संगीत से जीवकोपार्जन करके सामान्य जीवन न जी पाने का कारण स्वयं उसका परिवार बना और अमूल्य जीवन नष्ट हो गया।

बदायूँ में ही, 'इनके' श्याम बहादुर मामा, जो रेलवे में नौकर थे, उस समय पोस्टेड थे। उनके चार लड़कियाँ थीं—गायत्री, चन्द्रा, बिन्द्रा और इन्द्रा। गायत्री की शादी हो गई थी। गौना होने वाला था। वे सभी हमारे घर आए। कान्ति जी बोले, "गायत्री को हमें कुछ देना चाहिए, गौने के अवसर पर।" मैं भी देना चाहती थी। चार बढ़िया सूती धोतियाँ मेरे पास थीं, 'ये' लौटते समय एक दर्जन प्लास्टिक की चूड़ियाँ लखनऊ से लाए थे। उस वक़्त वह प्लास्टिक की चूड़ियाँ बिल्कुल नई-नई चली थीं। मैंने गायत्री को धोती-ब्लाउज के साथ चार लाल चूड़ियाँ भी दे दीं।

कुछ दिन बाद बरेली से बुआ जी आईं। इन्होंने कहा, "बुआ जी को भी कुछ दे दो। पहली बार डिप्टी-भतीजे के घर आई हैं।" मैंने एक नई धोती व चार नीली चूड़ियाँ बुआ जी को दे दीं। मन से मेरी इस समय सहमति नहीं थी, क्योंकि वह मेरी सास थी और सास को देने का कोई मौक़ा नहीं था।

पड़ोसी अंगनलाल जी की लड़की सरोज रोज ही लगभग आती थी। प्रकाश के नाते वह उसकी साली भी बनने वाली थी। कान्ति जी बोले, "इन्हें भी कुछ देना होगा। न हो एक धोती और चूड़ियाँ सरोज को भी दे दो।"

उसे धोती-चूड़ी देने का दुःख नहीं था, पर पहनने को अब मेरे पास केवल एक धोती बची थी। बस, कान्ति जी अपनी दरियादिली में इतना बह जाते थे कि

असलियत का ध्यान ही नहीं रहता था। बड़े शौक़ से ख़रीदी चार धोतियों में से सिर्फ़ एक मेरे पास रह गई।

अफ़सर हो जाने के बाद रिश्तेदारों में हमारा मान बढ़ गया था। बरेली में बड़े मामा सरताज बहादुर के यहाँ शादी के चौदह साल बाद एक कन्या का जन्म हुआ था। नानी ने मुझे बुलाया। 'इन्होंने' मुझे तीनों लड़कियों समेत गाड़ी में बैठा दिया। घर पहुँची। दिनभर गाना-बजाना हुआ। सभी तारीफों के पुल बाँध रहे थे, "डिप्टियाइन होकर भी किरण में ज़रा घमंड नहीं है। सोहर ख़ूब गाई, रसोई में सबके साथ जुटी रही।"

शाम को स्टेशन पर ट्रेन छूटने वाली थी। जो डिब्बा सामने था, उसी में बच्चों सहित चढ़ गई। डिब्बा भरा हुआ था। एक तीन वाली बर्थ पर कोई मारवाड़ी सज्जन पत्नी सहित बैठे थे। ख़ाली जगह में उनके खाने की टोकरी रखी थी। मैंने कहा, "नीचे रख लीजिए, तो मेरी दोनों बच्चियाँ भी बैठ जाएँगी।" दोनों पति-पत्नी बोल पड़े, "ना जी! खाने की टोकरी तो हम नीचे नहीं रखेंगे।" एक घंटे की यात्रा थी। मैंने अपना बक्सा सीट के नीचे से खिसका कर, उस पर कुन्तल-कल्पना को बैठा दिया। वे लोग इस पर भी नाख़ुश थे! उनकी पैर लटकाने की जगह कम हो गई थी।

बदायूँ स्टेशन आया (अब ज़रा पद का जादू देखिए)। प्रकाश दो चपरासियों सहित खड़ा था। प्रकाश ने कल्पना को गोद में ले लिया, कम्मो को तुरन्त चपरासी ने पकड़ा, गोद में ले लिया। दूसरा चपरासी बक्स उतरने लगा। वह मारवाड़ी सज्जन दोनों चपरासियों को पहचानते होंगे। उनका तो मुँह देखने लायक था, उस समय। एकदम खड़े हो गए, ख़ुशामदी स्वर में बोले, "भइया! ये क्या डिप्टी सौनरेक्सा के घर से हैं? वाह भई! मेम साहब का जवाब नहीं है—इतने सीधे-सादे वेश में हैं। उलटा पल्ला भी नहीं किया है। मेमसाब, हाथ जोड़ता हूँ। अनजाने में भूल हो गई। आप डिप्टी साहब से कुछ मत कहिएगा। बड़े लोगों की तो ख़ास पहचान ही उनके बड़प्पन और सादगी में है। आप तो साक्षात्" वह कुछ और कहते, पर मैंने कुन्तल का हाथ पकड़ा और मन-ही-मन हँसती हुईं डिब्बे से उतर गई। रास्ते में एक चपरासी ने बताया इन सज्जन का कोई मुक़दमा 'इनके' कोर्ट में लगा है।

तुरन्त मुझे एक विषय-वस्तु मिली, और कई वर्षों बाद मैंने एक कहानी लिखी, 'ख़ास पहचान'।

कुछ दिनों बाद इनकी एक ममेरी बहन की शादी बरेली में पड़ी। बहुत ही मान और अनुरोध से हमें बुलाया गया था। हम सपरिवार एक चपरासी सहित चले। कम्मो अब चंचल बच्ची थी। गले में, कान में कुछ भी पहनो, खींचती थी। मैंने गले की चेन व बुंदे भी उतार दिए थे। चलते समय विवाह में पहनने के लिए मैंने गहनों के दोनों केस एक झोले में रख लिये, दो साड़ियाँ भी। एक केस में शादी वाला भारी हार, कड़े, बुंदे, कंगन व क्लिप थे। दूसरे केस में चेन, बुंदे, बाँह का 'आर्मलेट' व दो अँगूठियाँ थीं। बरेली पहुँचकर मैंने ज़ेवर वाले दोनों केस झोले से बाहर निकाल कर सोचा, मामी को रखने को दे देती हूँ। शाम को बारात आने से पहले माँग लूँगी। कान्ति जी देखकर बोले, "मामी शादी के कामों में व्यस्त हैं। कहीं रखकर भूल गईं

तो! मुझे दे दो। मैं अपने ब्रीफ़केस में रख लेता हूँ।" मैंने दोनों केस इन्हें सौंप दिए।

'ये' बोले, "मैं बरेली के बाज़ार जा रहा हूँ। घर के लिए फ़र्नीचर ख़रीदना है। सरकारी उलटी-सीधी कुर्सियाँ मुझे ड्राइंग रूम में अच्छी नहीं लगतीं।"

संध्या पाँच बजे कान्ति जी लौटे। चपरासी को फ़र्नीचर समेत बदायूँ भेजकर आए। मैं नहा कर, साड़ी बदलकर इनकी प्रतीक्षा कर रही थी कि 'ये' आएँ तो गहने पहनूँ। मामी एक बार टोक चुकी थीं, "नंगी-बूची खड़ी हो...क्या ज़ेवर घर भूल आई हो?"

आने पर, जैसे ही 'इन्होंने' ब्रीफ़केस खोला, एकदम परेशान हो गए। ब्रीफ़केस में मेरे शादी वाले भारी ज़ेवरों वाला केस तो था, पर दूसरा वाला नहीं था, जिसमें चेन, बुंदे, आर्मलेट और दो अँगूठियाँ थीं। 'ये' याद करते हुए बोले, "ब्रीफकेस दिन भर मेरे हाथ में रहा है। हाँ, घंटा-दो घंटा सामान देखते समय ज़रूर चपरासी को थमा दिया था।"

बड़े केस से ज़ेवर निकालकर पहन लिये, पर बारात-शादी सबकी सारी ख़ुशी चौपट हो गई थी। 'ये' बारात के चढ़ने के बाद रुके ही नहीं। बच्चों के साथ मुझे छोड़कर बस से बदायूँ चले गए। जब दूसरे दिन बच्चों सहित शाम को पहुँची तो पता लगा—चालाक चपरासी ने अपनी सफ़ाई में कहा था, "साहब ने ब्रीफ़केस थमाते समय उसमें ज़ेवर होने की बात तो बताई नहीं थी। मैं होटल में चाय पीने भी गया। वहाँ बाथरूम भी गया था तो ब्रीफ़केस टेबल पर छोड़ गया था। किसी ने निकाला होगा। मैंने तो खोलकर देखा नहीं था।"

चुप रह गए हम, पर सुनने वालों ने सूचना दी। "यह चपरासी बड़ा शातिर है। अभी थोड़े दिन पहले ही लगा है—कच्ची नौकरी पर। इसी ने एक ही केस ग़ायब किया है, वरना बाहर का आदमी एक केस क्यों छोड़ जाता? और वह पूरा ब्रीफ़केस उठा ले जाता। क़ीमती चीज़ें निकालकर ब्रीफ़केस कहीं भी दूर ले जाकर फेंक देता। पर नुकसान तो हमारा जो होना था—वह हो गया था। चोर भी सामने था, पर अपनी लापरवाही का परिणाम था। वह साफ़ बच निकला।

कान्ति जी ने दिल्ली में जो फ़ोटोग्राफ़ी का शौक़ पाल लिया था, उसके लिए यहाँ कैमरा ख़रीदा। सस्ता-सा था और घर आने वालों में, जिसकी चाहते, तस्वीर खींचते। बदायूँ में एक नए बंगाली—दम्पती आए। पति इंजीनियर थे। पत्नी बहुत ही सुन्दर, भरी देह की युवती थी। पति थोड़े दुबले और पत्नी के साथ खड़े होने पर क़द में बराबर होने पर भी—अपनी काठी की वजह से दबते नज़र आते थे। ख़ैर! हमारे घर वे भी आए। अन्य अफ़सरों के साथ उनकी भी आवभगत हुई। उनकी पत्नी के अनेक चित्र 'इन्होंने' खींचे। बाद में, उनके घर भी 'ये' गए होंगे। छोटा-सा शहर बदायूँ ठहरा! वहाँ ज़रा-सी देर में अफ़वाहें फैलती हैं। सौनरेक्सा साहब तो रात-दिन बंगाली-इंजीनियर साहब के घर पड़े रहते हैं—यह भी उनमें से एक थी।

मेरे लिए फिर वही दिल्ली वाला चक्र बन गया था—बस, यहाँ साहित्यकार न होकर राजतंत्र के अफ़सर लोग होते। पहले, नए अफ़सर का स्वागत और ट्रांसफर वाले अफ़सर का विदाई का समारोह क्लब में, सब सदस्य ऑफ़िसर्स के कोष से

मिलकर होता था। किन्हीं दो-चार ने 'इनसे' कह दिया, "सौनरेक्सा भाई! तुम्हारे घर की दावत का जवाब नहीं होता। मिसेज़ सौनरेक्सा खाना बहुत बढ़िया बनाती हैं।"

बस, फिर क्या था—मजलिस प्रेमी सौनरेक्सा जी को बहाना मिल गया, "अजी तुम तो सब मैनेज कर लेती हो। अब ये पार्टीज़ हमारी कोठी पर हो जाया करेंगी। क्लब से एक-दो ख़ानसामा भी आ जाया करेंगे और पैसे तो सब मिलकर शेयर करेंगे," इन्होंने मुझे समझाया।

इस तरह मिसेज़ सौनरेक्सा अब 'बेस्ट कुक' और 'बेस्ट होस्ट' डिप्टियाइन का रोल निभा रही थीं। कठिनाई तब आने लगी, जब इन समारोह की दावतों का व्यय नितान्त हमारे कन्धों पर पड़ा। सौनरेक्सा साहब सरीखे शाहदिल इनसान ने संकोच के मारे अपने साथियों से पैसे माँगे नहीं और किसी ने अपने आप योगदान करना अपना धर्म समझा नहीं। मेरी आर्थिक तंगी तो दिल्ली से भी बढ़ गई, क्योंकि वहाँ मेरे पास अतिरिक्त आमदनी का स्रोत रेडियो था। बदायूँ की अफ़सर की बीबी घर बैठे क्या कर सकती थी?

कुन्तल दिल्ली से पहली कक्षा पास करके आई थी। मैंने अंगनलाल की दोनों छोटी लड़कियों के साथ इसे दाख़िले के लिए भेजा था। केशवी तीसरी में थी, बड़ी शशि पाँचवीं में पढ़ रही थी। लौटकर दोनों ने बताया, "हमने कुन्तल को तीसरी में दाख़िला दिला दिया है।" मैंने चौंककर कहा, "यह कैसे हो सकता है? इसने अभी पहली क्लास पास की है। उसका टी.सी. और मार्क शीट दोनों मैंने तुम्हें पकड़ाए थे।"

शशि बोली, "भाभी! डिप्टी साहब की बेटी है कि मज़ाक़? हमने कहा आप इसका टेस्ट ले लीजिए। यह तीसरी की योग्यता रखती है!"

अब कुन्तल बोली, "अम्मा! पहाड़े पूछे थे, इमला लिखाया था—वह सब मेरा सही था।"

कुन्तल को पहाड़े रटे हुए थे, हिन्दी पढ़-लिख लेती थी, पर तीसरे में बहुत सारे दूसरे विषय होंगे, वह नहीं कर पाएगी।

मैंने रात को 'इनसे' कहा यह सब, तो 'यह' बोले, "तुम क्यों परेशान हो? समझ लो, डबल प्रमोशन मिल गया। मेरी बेटी तीसरी में चल जाएगी।"

मुझे स्कूल जाकर एक क्लास नीचे में दाख़िला कराने का विचार छोड़ना पड़ा। कल्पना चार साल की हो गई थी। मैंने सोचा यह दिन भर सिंगार-पिटार में लगी रहती है—बस, गुलाबों की माला बनाना, पहनना और कलेक्टर साहब के घर जाके खेलते रहना—इसी में मस्त हो गई थी। 'इनसे' मैंने कहा, "कल्पना को घर पर पढ़ाने का कोई इन्तज़ाम कर दो। कम-से-कम कुछ तो सीखेगी। मेरा वक़्त तो सारा का सारा इतने बड़े घर की गृहस्थी के साथ आपकी दावतें निबटाने में लग जाता है।"

इन्होंने किसी से कहा होगा—दूसरे दिन एक सीधा-साधा युवक मामूली नेकर-कमीज़ पहने, पुराने जूतों में, आया। जैसे ही उसने अपना परिचय दिया कि वह एक मिडिल स्कूल में अध्यापक है और डिप्टी साहब ने उसे घर भेजा है पढ़ाने के लिए, तो मैंने दूसरे दिन से ही कल्पना को एक घंटा पढ़ाने के लिए, उन्हें बुला लिया।

संध्याकाल कान्ति जी को मैंने कोर्ट से आने के बाद बताया, "कल से कल्पना को वही मास्टर जी पढ़ाने आया करेंगे, जिन्हें आपने भेजा था।"

कल्पना पास खड़ी थी, झट-से बोली, "मैं इन मास्टर साब से नहीं पढ़ूँगी। इनके तो मैं सिर पर से कूद जाऊँ।" मैं बोली, "बहुत सिर चढ़ गई हो! बदतमीज़ होती जा रही हो—मास्टर जी के लिए कोई इस तरह बात करता है?" कल्पना बोली, "हूँ! मास्टर होकर वह नेकर पहने थे, क्या उनके पास पतलून भी नहीं थी? जूते तक पुराने थे, एकदम गंदे!"

यह सब सुनकर मैं दंग रह गई। उसे अपनी तरह उसकी उम्र के हिसाब से समझाते हुए मैंने आदेशात्मक स्वर में कहा, "मैं भी कभी-कभी काम करते वक़्त मैली धोती पहनती हूँ, तो क्या तुम मुझे अपनी अम्मा नहीं मानोगी? कल से यही मास्टर जी आएँगे, समझी?"

कल्पना डर कर चुप हो गई।

बदायूँ में कलेक्टर साहब बदल गए। जनार्दन शुक्ला जी का तबादला हो गया। कुछ ही दिन बाद, 'इनका' भी ट्रांसफ़र-ऑर्डर अचानक आया। सामान्यत: एक अफ़सर ढाई-तीन साल तो एक ज़िले में रहता ही था। हमें अभी पूरा एक साल भी नहीं हुआ था। सरकारी आदेश था। एक सप्ताह के अन्दर बुलन्दशहर का पद सँभालना था।

हमारे घर के पिछवाड़े एक देसी कुतिया ने बच्चे दिए थे। बच्चे तो सभी के सुन्दर लगते हैं। कुन्तल उनमें से किसी को भी आँगन में उठा लाती और खेलती रहती दोपहर में। उसे उनसे लगाव हो गया था और वह एक पिल्ला साथ ले जाना चाहती थी। मैंने मना किया, "नहीं बेटा! देसी पिल्ला है। बड़ा होकर अच्छा नहीं निकलेगा और बस वाले पिल्ला साथ नहीं ले जाने देंगे।" और मैं भूल भी गई। सारी पैकिंग में व्यस्त थी।

सर्दी का मौसम था। रास्ते में ठंड न लग जाए, इसलिए कुन्तल को मैंने ओवरकोट पहना दिया। हम सब बस में बैठ गए तो उसके पास से पिल्ले की 'कूँ-कूँ' सुनाई दी। उचक कर देखा, उसके ओवरकोट की लम्बी जेब में पिल्ला झाँक रहा था। और कुन्तल याचना के स्वर में बोली, "अम्मा! मैं इसे जेब में दुबकाए रखूँगी। बस वाले को पता भी नहीं चलेगा।" मुझे हँसी आ गई। वाक़ई वह पिल्ला गरमाहट में दुबका रहा और हमारे साथ बुलन्दशहर आ गया।

हम लोग कुछ दिन सरकारी डाक-बँगले में रहे क्योंकि वहाँ से किसी अफ़सर का तबादला नहीं हुआ था। कोई बँगला ख़ाली नहीं था। बाद में नहर के किनारे एक बँगले का आधा हिस्सा ख़ाली मिलने पर वहाँ चले गए। आधे में एक पति-पत्नी रहते थे—श्री कुलभूषण सिंहल व सरला सिंहल। सिंहल साहब बहुत ही हँसमुख और खाने-पीने के शौक़ीन आदमी थे। घर आते, तो बस कभी उनकी ज़ुबान पर होता, "भाभी जी! आज आलू की टिक्कियों की दावत हो जाए। भाभी! आज मूँग के कबाब हो जाएँ!" शुरू-शुरू के दिन थे। कान्ति जी के कोई नए अफ़सर मित्र नहीं बने थे—सो, सिंहल साब की ये फ़रमाइशें बड़ी सुखद लगती थीं।

इनका नया चपरासी आया। वह बड़ा सुन्दर हृष्ट-पुष्ट जाट युवक था। वहाँ बँगले के साथ ही सर्वेंट्स-क्वार्टर थे, सो चपरासी अपना परिवार ला सकते थे अन्यथा ये लोग जल्दी-जल्दी छुट्टी लेकर अक्सर गाँव चले जाया करते थे। मैं सोचती थी, इसकी पत्नी भी बहुत सुन्दर होगी, परन्तु जब उसका परिवार आया, तो बड़ी निराशा हुई—उसकी घरवाली उससे उम्र में कम-से-कम छह वर्ष बड़ी, भारी-बदन, साँवली, चेचक के दाग़ थे चेहरे पर। साथ में तीन बच्चे थे—दस, आठ व छह वर्ष के।

तीसरे दिन देखा, एक सुन्दर-सी जवान लड़की भी उसी के गाँव से अकेले आ गई। आते ही दोनों स्त्रियों में झगड़ा होने लगा। चपरासी शाम को आया तो उस सुन्दर वाली से बोला, "द्रौपदी! देख ले—'ये' चाहेगी तभी तू यहाँ रह सकती है! तू मेरी मान, घर लौट जा गाँव में। क्यों मेरी जान साँसत में डाल रही है?" और वह युवती रोती-रोती दूसरे दिन गाँव लौट कर चली गई।

बाद में, जो कुछ उस चपरासी ने अपनी राम-कहानी सुनाते हुए मुझे बताया, वह इस प्रकार था—यह जाटनी उसके सूबेदार बड़े भाई की पत्नी है। बच्चे भी उसी के हैं। द्रौपदी उसी की छोटी बहन है—सगी। उसी से उसकी सगाई हुई थी और मैं उसी से प्रेम भी करता था। अचानक लड़ाई में सूबेदार मारा गया। जाट-प्रथा के अनुसार घर में देवर-जेठ हो तो घर की बहू विधवा नहीं रह सकती—उसे वह चादर डाल कर घर बैठा लेता है। भाभी पच्चीस की हो और देवर बारह-चौदह का भी हो, तब भी चादर डाल सकता है। मैंने अपनी भाभी से कहा, "मैं चादर नहीं डालूँगा; पर तू घर की मालकिन की तरह रहना। उस वक़्त वह मान गई, पर ब्याह के बाद ही जाने इसे क्या हुआ कि बोली, "मैं तो अब दूसरा ब्याह करूँगी, तेरे यहाँ नहीं रहूँगी।" आप जानो, बड़े भाई की घरवाली—घर की इज़्ज़त बाहर चली जाए, ऐसा तो ख़ानदान की नाक कट जाने के बराबर था। हार कर मैंने पूछा, "भई, तू किस तरह हमारे यहाँ रहेगी? सो बता।"

अब वो असली बात बोली, बड़ी जाटनी, "मैं तेरे घर टुकड़े तोड़ने, तेरी भौजाई बन कर नहीं रहने वाली। मैं तो बराबर के हक़ से घरवाली बन कर ही रहूँगी।"

"सो, बहू जी!" चपरासी लम्बी साँस भरते हुए, बोला, "मैं क्या कर सकता था? इज़्ज़त का सवाल था—मैंने भौजाई पर चादर डाल दी। अब द्रौपदी इसकी बहन तो रही नहीं, बस सौत है—इसे वह एक आँख नहीं देख सकती। मैं तो वचन से बँधा हूँ। यह सूबेदार की पत्नी है। मेरी बड़ी भौजाई है, मेरी अब तो बीबी भी हो गई। भाई के बच्चों की माँ भी। इसलिए द्रौपदी को उसके मायके भेज दिया है।"

जीवन की यह मर्मस्पर्शी गाथा मेरी प्रसिद्ध कहानी 'बात का धनी' में हमेशा के लिए जीवित है। यह रचना दिल्ली से निकलने वाली पत्रिका *आजकल* में प्रकाशित हुई।

बुलन्दशहर में नवाब-छतारी की कोठी ख़ाली हुई तो हम उसमें रहने लगे। कान्ति जी के अधिकार में यहाँ शरणार्थियों के क्लेम वाला विभाग भी था। अचानक मेरे पास मेरी फुफेरी बहन रामो का पत्र, अम्बाला से आया। वे लोग 14 अगस्त को लाहौर से अपनी ननद के दोनों लड़कों के साथ निकली थीं। ननद का बड़ा लड़का जगदीश

रामो जीजी ने गोद लिया हुआ था। छोटा ओम प्रकाश तारा के पास था (तारा—रामो की ननद का नाम)। अम्बाले में दो-तीन साल तो निकल गए, पर बड़ी भाभी इतने बड़े परिवार का बोझ उठाने को तैयार नहीं थी। उनके अपने भी तीन बच्चे थे। घर में बहुत क्लेश रहने लगा। वे चारों अब हमारे यहाँ आना चाहते थे।

मैंने उनका ख़त कान्ति जी के सामने रख दिया। 'इन्होंने' पढ़ने के बाद तुरन्त कहा, "इन सबको अपने पास क्यों नहीं बुला लेती?" इस तरह हमारे घर में अफ़सरी की बू और घमंड जैसी बात कभी नहीं रही। कान्ति जी के मन में अपने-पराए जैसी भी कोई बात कभी नहीं थी। ये लोग एक-दो महीने के लिए नहीं, स्थायी रूप से रहने आ रहे थे, पर वक़्त पड़ने पर सच्चे मन से मदद करना, सहारा देना उस समय भी विरलों का काम था। मैंने रामो जीजी को आने को लिख भी दिया और वे चारों आ भी गए।

मेरे अपने मन में फिर भी द्वन्द्व चल रहा था—बाबूजी आते रहते थे; वह क्या सोचेंगे? मायके वाले चार स्थायी सदस्यों को देखकर उन्हें ज़रूर क्रोध आएगा। बहुत सोचा। परेशान रामो जीजी से ही पता लगा था कि उनके लाहौर की मुँहबोली ननद के बेटे ब्रजलाल दिल्ली में तिलक नगर में शरणार्थियों वाले क्वार्टर में रह रहे हैं। वह क्लेम में उन्हें मिल गया था। उनका रोज़गार भी ठीक चल रहा था। बस, समाधान सूझ गया। मैंने रामो जीजी से कहा, "आप और जग्गू (जगदीश का घरवाला नाम) हमारे पास रहिए और तारा और ओमी ब्रजलाल जी के घर दिल्ली में रहने लगें तो क्या ठीक नहीं रहेगा? वहाँ भी रहने-खाने की व्यवस्था ठीक है।"

रामो जीजी बहुत समझदार थीं—बिना कहे उन्हें मेरी स्थिति का अहसास था। उन्होंने तुरन्त दिल्ली पत्र लिखा। सब बातें साफ़ तौर पर निश्चित हो गईं और पन्द्रह दिन होते-होते तारा-ओमी दिल्ली चले गए।

जिस तरह मायके की ऊँच-नीच को मर्यादाबद्ध रखना कन्या का धर्म है, उसी तरह बहू के रूप में ससुराल के लिए भी चारों ओर सन्तुलन बनाए रखना उसी कन्या का पवित्र कर्म है। अपनी बड़ी संयुक्त गृहस्थी के साथ, दिल्ली में रहते हुए जैसे ही मुझे अपनी सास के स्वर्गवास का समाचार मिला था, मैंने नवजात शिशु को (मेरी सास प्रसव-पश्चात् सन्निपात ज्वर में ही गुजरी थीं) लाने का प्रस्ताव रखा था क्योंकि तभी कुन्तल पैदा हुई थी। उस समय बाबूजी हम लोगों से बहुत नाराज़ थे, इसलिए वे राज़ी नहीं हुए और शिशु भी कुछ ही दिनों तक जीवित रहा।

बाद में, जब हम तिमारपुर के मकान में आ गए थे, तब तक तो क्रोध शान्त हो चुका था। कान्ति जी की पहली पोस्टिंग बदायूँ हुई थी। पी.सी.एस. में आने के बाद परिस्थितियाँ अनुकूल होने पर मैंने बाबूजी को अलीगढ़ दुबारा चिट्ठी लिखकर सुझाव दिया कि वे मुन्नी व मुन्ना (मेरे सबसे छोटे देवर और ननद) को हमारे पास भेज दें, जिससे दोनों की पढ़ाई और देखभाल ठीक से हो सके। पर उन्होंने उत्तर दिया, "बहू! मैं अकेला कैसे रहूँगा? मुन्नी सब खाना बना लेती है। मुन्ना बाज़ार का काम कर लेता है और फिर मैं अपनी और घर की देखभाल के लिए तीसरी शादी करना चाहता हूँ।"

उनकी अन्तिम बात चौंकाने वाली थी, पर मैं क्या कह सकती थी? बदायूँ में बाबूजी एक महिला को लाए भी थे। असल में उन्होंने अपनी शादी के लिए विज्ञापन दिया था—पचास वर्षीय विधुर को पत्नी चाहिए। वक़ील हूँ, घर का मकान है, गाँव में ज़मीन भी है। चौदह व बारह वर्षीय दो बालक घर में हैं (पहले के बड़े पाँचों बच्चों का कोई सन्दर्भ नहीं था)।

जो महिला बदायूँ आईं, वे मुझे काफ़ी चतुर लगीं। आयु तो चालीस-बयालीस की होगी, पर उनके मुँह की गन्ध से लगा वह सिगरेट पीती हैं। गोश्त खाने की बात उन्होंने ख़ुद बताई, साथ ही कहा, "सुना है, वकील साहब नहीं खाते, पर कह रहे थे, मेरे अलग बर्तनों में बनाने पर उन्हें आपत्ति नहीं होगी। तुम मेरा यहाँ सब से अपनी सास कह कर परिचय देना।"

मैंने उत्तर दिया, "देखिए 'राजा के घर आई तो रानी कहलाई'—वाली कहावत मैं मानती हूँ, पर जब तक आर्यसमाज में फेरे नहीं हो जाते, मैं यहाँ आपको सास कह कर परिचय नहीं दूँगी।"

वे बाबूजी के साथ अलीगढ़ लौट गईं। फिर पता नहीं वहाँ क्या हुआ, जहाँ से वह आई थीं, वहीं चली गईं। बाद में भेंट होने पर मुन्ना ने बताया था, "भाभी! वकील का नाम और घर का मकान सुनकर एक-दो और भी औरतें आई थीं, पर जल्दी ही बाबूजी की कंजूसी से घर में नाप-नाप के सामान डालने की आदत से तंग आ गईं और चली गईं।"

इस तरह, बाबूजी का तीसरी शादी का प्रकरण हमेशा-हमेशा के लिए ख़ुद ही समाप्त हो गया, पर अलीगढ़ में मुन्नी की पढ़ाई आठवीं के बाद छुड़ा ली गई। वह बेचारी तो घर सँभालने, खाना-बनाने और पिता-भाई की सेवा टहल में व्यस्त हो गई। रह गया किशोर मुन्ना—उसे एक तरफ़ ख़ूब आज़ादी मिल गई थी। बाबूजी अपने कचहरी के कामों में लगे रहते। घर में बहन से कौन डरता था? दूसरी तरफ़, अगर कभी छोटी-सी ग़लती होने पर बाबूजी की भयंकर डाँट और मार पड़ती तो उससे बहन ने मुन्ना की बड़ी ग़लतियों को डर के मारे बाबूजी से बताना छोड़ दिया। परिणाम—दिशाहीन किशोर को बुरी संगत ने सिगरेट का चस्का लगा दिया। अलीगढ़ में किसी सिनेमाघर में कुछ समय के लिए बाबूजी के एक मित्र मैनेजर बनकर रहे, जिन्होंने घर आकर बता दिया कि वह और उनके बच्चे कभी भी बिना टिकिट लिये फ़िल्म देख सकते हैं। बस, मानो बिल्ली के भाग से छींका टूटा कि मुन्ना बिना पैसे एक ही फ़िल्म को कई-कई बार देखने लगा। चूँकि पैसे नहीं लगते थे—बाबूजी ने उसे रोका-टोका नहीं। यह मौज कुछ ही दिन की थी। मैनेजर नया आ गया। फ्री सिनेमा भी बन्द, पर जो स्थायी नुकसान होना था, वह कोई नहीं रोक सकता था—मुन्ना को सिनेमा का चस्का लग चुका था। अब हाथ में पैसा न हो। (उन दिनों बच्चों को पॉकेट-मनी नाम से कुछ नहीं दिया जाता था, पर बच्चे माँ से स्कूल जाने से पहले पैसे माँग लिया करते थे, खाने भर के) माँ थी नहीं, बाबूजी ने कंजूसी के कारण किसी बच्चे को एक पैसा दिया नहीं। तीसरी बुरी आदत मजबूरी में लगनी ही थी—अपने

शौक़ पूरे करने के लिए मुन्ना ने अपनी कोर्स की किताब बेच दी। धीरे-धीरे पुरानी डायरियाँ; हिसाब की कॉपियाँ, बड़े भाइयों की किताबों की पुरानी रद्दी—धीरे-धीरे सब बिक चुक गया। घर के टूटे-फूटे बर्तनों का भी नम्बर लगा—शौक़ ज़्यादा, पर साधन तो सीमित। बाबूजी को कानोकान ख़बर तक न थी अब तक। अब भी अगर बाबूजी मुन्ना को सँभालते तो शायद बात बन जाती। माँ नहीं थीं तो कुछ पॉकेट मनी देते तो चोरी मुन्ना की आदत नहीं बन जाती। उस किशोर को सिगरेट और सिनेमा के लिए प्रतिमास जेब ख़र्च मिलना चाहिए था।

लड़के की बुद्धि बहुत तेज़ थी, उसने नया उपाय ढूँढ़ लिया। बाबूजी कभी-कभी ज़ेवर गिरवी रख कर रुपये उधार भी देते थे। ऐसे ही उन्होंने किसी के सोने के कंगन गिरवी रखे थे—बेचारा किसी विवशता से छुड़ा नहीं सका। कंगन बाबूजी की एक छोटी कुठरिया के डिब्बे में रखे थे। उसमें हमेशा ताला पड़ा रहता था। मुन्ना ने किसी तरह चाभी चुरा ली। उसकी डुप्लीकेट बनवाकर, चाभी वहीं रख दी। बस, अब मुन्ना का नया स्रोत बन गया। अपने लिए जब होता, वह कैंची से ज़रा-सा कंगन का नन्हा सा टुकड़ा काट लेता। धीरे-धीरे एक पूरा कंगन ख़त्म हो गया। दूसरे की बारी आ गई—वह भी एक-तिहाई कट गया।

अब एक दिन जब बाबूजी ने कुठरिया खोल कर डिब्बा देखा तो क्रोध से पागल हो उठे। उससे पहले घर के बर्तनों की कमी पर नज़र जाने पर उन्हें मुन्ना की आदत का पता चल चुका था। इस पर वह उनसे काफ़ी मार खा चुका था, पर इस बार तो बाबूजी ने मुन्ना को इतनी बेरहमी से मारा था कि वह हफ़्ता भर उठने लायक नहीं था। थोड़ा चलने-फिरने लायक हुआ (भगवान का शुक्र था, कोई हड्डी नहीं टूटी थी) तब मुन्नी से कह कर बुलन्दशहर भाग आया। मुझे मुन्ना ने बताया, "भाभी! बाबूजी मुझे बार-बार इस साल फेल होने की वजह से छोटी से छोटी बात पर बहुत मारते हैं। मैं अब वहाँ नहीं रहूँगा।"

उसके सिगरेट की आदत पहले दिन ही पता लग गई मुझे सो, मैंने दो-चार आने रोज़ मुन्ना को देने शुरू कर दिए थे। ख़ुद उसने कभी और पैसे माँगे नहीं तो मैं निश्चिन्त हो गई, पर सिगरेट-सिनेमा का चस्का इतना बढ़ चुका था कि चोरी की आदत भी उसकी मजबूरी बन चुकी थी।

बुलन्दशहर में नवाब छतारी की कोठी बहुत बड़ी थी। मुझे यहाँ आकर अपने घर में लायब्रेरी के लिए कमरा मिल गया। दिल्ली से आई बक्सों में बन्द किताबें कमरे में बनी आलमारी में सजा दीं। एक मेज़ और चार कुर्सियाँ लगा दीं। सबसे निचले खाने में दैनिक अख़बारों का ढेर लगा रहता। उस कमरे में मैं ही कभी-कभी पढ़ने चली जाती, हालाँकि मौक़ा मुश्किल से नसीब होता था। मुन्ना को समझ में आ गया। पढ़ने के बहाने बैठा रहता। मैं सोचती कि चलो, सुधर गया है। किताबों में मन लगने लगा है।

हमारा एक चपरासी था—दलबीर सिंह। बहुत ही चुस्त, चतुर और चालाक बन्दा। उसी ने मुझे ख़बर दी—"बहू जी! मुन्ना भैया बाज़ार जाते वक़्त लाइब्रेरी से

दो-चार अख़बार और किताबें साइकिल के पीछे रख के ले जाते हैं, पर लौटते समय कुछ भी साइकिल के पीछे नहीं होता। हम काफ़ी दिनों से देख रहे हैं।"

मैंने कमरे में जाकर देखा. तो बहुत-सी अच्छी किताबें ग़ायब थीं। अफसोस ही कर सकती थी। बात समझ में आ गई पर ज़्यादा बढ़ाने से डिप्टी साहब के छोटे भाई की, साथ घर की बदनामी ही होनी थी। फिर जग्गू भी साथ आ ही चुका था। नौवीं में दाख़िला मिल गया था। कान्ति जी के प्रयासों से रामो जीजी की 30 रुपये मासिक की सरकारी पेंशन भी बँध गई थी। मुन्ना को शक का फायदा भी जग्गू की वजह से मिल सकता था। 'इनसे' कहने पर तो—ऊँट किस करवट बैठे—ब्रह्मा भी नहीं जान सकते थे। सब कुछ मन में सोच-समझ कर मुँह पर ताला लगा लिया। सतर्कता के तौर पर लाइब्रेरी में ताला लगा दिया, बस...।

पर दाता के मन कुछ और ही था—रामो जीजी को टाइफाइड हो गया। उनकी बीमारी ने मेरा काम बहुत बढ़ा दिया। गनीमत यही थी कि एक छोकरा नौकर मिल गया था और कम्मो सोहन लाल चपरासी से हिल गई थी। मैले कपड़े बहुत सारे जमा हो गए थे। हमारा आँगन भी काफ़ी बड़ा था। एक तरफ़ किचेन-गार्डन बना था—उस समय आलू बोए हुए थे। वहीं धूप में बड़े से पटरे पर पत्थर तो जमा ही था एक तरफ़, कपड़े धोने लगी। हाथ की एक अँगूठी उतारकर वहीं रख दी। क्योंकि उसका नग ढीला था। बीच-बीच में रामो जीजी को भी देखने जाती थी। उनको बुख़ार तेज़ था।

जब सब कपड़े धुल गए तो नौकर को फैलाने को कह कर, पटरी पर अँगूठी देखूँ तो ग़ायब। समझ में नहीं आ रहा था—आखिर वह ग़ायब कैसे हो गई? मुझे ढूँढ़ता देख मुन्ना भी कमरे से बाहर आ गया और बोला, "भाभी! आप कई बार बीच में उठी हैं। शायद आपके पाँव से ही लगकर आँगन में मिट्टी में घुस गई है। मैं और छोटू ढूँढ़ते हैं।" दोनों ने ख़ूब तलाश किया, पर अँगूठी नहीं मिली। शाम को जब 'ये' कोर्ट से आए तो मैंने अँगूठी वाली बात बता दी। उन्होंने कहा, "कभी-कभी छिटक कर दूर भी जा पड़ती है चीज़। आलू उखड़ने में फसल पर तो मिल जाएगी। घर से कहाँ जाएगी?"

बात दब गई थी, पर लीजिए तीसरे दिन दलबीर ने अँगूठी मेरे हाथ पर लाकर रख दी—टेढ़ी-मेढ़ी, नग निकला हुआ। मैं चकित-सी उसकी तरफ़ देखने लगी तो वह धीरे-से बोला, "बहू जी! अँगूठी मुन्ना बाबू ने चुराई थी। वह इसे बेचने ले जा रहे थे, तब हमने उन्हें बीस रुपये देकर ख़रीद ली।"

मेरा मुँह खुला का खुला रह गया। मुन्ना शायद परदे के पीछे था। सो, तुरन्त दलबीर और मुझे साथ देखते ही घर से भाग खड़ा हुआ। अँगूठी का मिलना क्या ख़ुशी लाता—मुन्ना का घर से भाग जाना उससे भी गम्भीर हादसा हो गया। शाम को बाबूजी भी अलीगढ़ से वैसे ही आए थे मिलने, कि उलटे पाँव दोनों पिता-पुत्र मुन्ना को ढूँढ़ने निकल पड़े, पर क्या होना था? बाबूजी ने अलीगढ़, बरेली चिट्ठियाँ डालीं। 'ये' अपने काम से लग गए। मुन्ना को गए तीसरा दिन था। दोनों बाप-बेटे फैसला

कर चुके थे कि मुन्ना को रिफॉरमेट्री स्कूल में भेज देंगे। मैंने सख़्त विरोध करते हुए कहा, "ये स्कूल भी तो एक तरह से बिगड़े बच्चों की जेल ही होते हैं। लड़के पर एक बार वहाँ का ठप्पा लग जाए तो क्या भविष्य बनेगा? बाबूजी! मैंने तो पहले ही उसे बुलाना चाहा था, आपने नहीं भेजा। अगर उसकी कोई आदत ऐसी पड़ी कि वह बिगड़ा तो हम-आप सब ज़िम्मेदार हैं। इसलिए इस बार मुन्ना को सुधरने का पूरा मौक़ा देंगे—साथ ही उसके मददगार भी होंगे।"

दीवाली को तीन दिन रह गए थे और मैं रात-दिन भगवान से मुन्ना के लौटने की प्रार्थना कर रही थी। दोपहर को नौकर बाहर के कुएँ से पानी भरने गया था, पर तुरन्त ही भागा-भागा आया, "बहू जी! बहू जी! मुन्ना भइया पिछवाड़े पेड़ के नीचे छुपे बैठे हैं।"

मैंने बजाय ख़ुद जाने के, यह बेहतर समझा कि नौकर उसे विश्वास में लेकर घर लाए। हो सकता था—दूर से मुझे देखते ही वह भाग जाता। जैसा मैंने समझाया था—नौकर बोला, "मुन्ना भैया। घर चलो, आपकी भाभी अकेली हैं।"

ऊपर से नीचे तक धूल-धूसरित, मैले-कुचैले कपड़ों में, भूख से शिथिल बदन लिये, आँखें नीचे झुकाए मुन्ना घर में घुसा। नौकर मैंने भगा दिया काम से। रामो जीजी और जग्गू दूसरे कमरे में थे। जो कुछ मुन्ना ने बताया, उसका सारांश यह था कि बीस रुपये लेकर वह मेरठ चला गया था। तीन दिन में सब पैसे ख़त्म हो गए, तब बिना टिकिट-किसी-किसी तरह वह घर पहुँचा है। पश्चात्ताप भी मन में था। मैंने स्नेह से सिर पर हाथ फेरा। नहाने को गरम पानी दिया, खाना खिलवाया। फिर आराम से बिस्तर पर सुलाया।

'ये' और बाबूजी लौटे। उन्हें मुन्ना के आने का समाचार दिया। साथ ही, दृढ़ स्वर में कहा, "अगर मुन्ना को दुबारा भागने पर मजबूर नहीं करना है तो न बाबूजी उस पर हाथ उठाएँ और न आप उस पर ग़ुस्सा हों। उसके मन में ग़लती का अहसास है। सो, मैं अपने तरीक़े से उसकी चोरी की आदत छुड़ा लूँगी। बस, थोड़ा वक़्त चाहिए।" सो, दोनों ने उसे कुछ नहीं कहा। रात को उठने के बाद मुन्ना ने दोनों के पैर छुए और माफ़ी माँगने के बाद वायदा किया कि दुबारा वह यह ग़लती कभी नहीं करेगा।

हमारी दीवाली इस तरह सकुशल सम्पन्न हुई। बुलन्दशहर की एक तहसील अनूपशहर है, जिसके कान्ति जी एस.डी.एम. थे। सो, प्रायः दिन में जाते थे और शाम को लौट आया करते थे। मैं घर में जग्गू सहित कुन्तल, कल्पना की पढ़ाई के साथ कम्मो की सँभाल रखने में अपने को ही भूल जाती थी। रामो जीजी की बीमारी के कारण रसोई भी मेरे कन्धों पर पूरी तरह आ पड़ी। चपरासी और एक नौकर अवश्य था पर वे सब ऊपरी कामों में ही उलझे रहते थे। बाहर 'इनसे' काम के सिलसिले में मिलने तरह-तरह के व्यक्ति आते थे। नौकर से चाय भिजवाने के अलावा यहाँ मैंने कोई सम्पर्क किसी से नहीं रखा। दिल्ली में आने वाले लोग लेखन रेडियो और पत्रकार जगत् से होते थे, वहाँ लेखिका चन्द्रकिरण सौनरेक्सा का संसर्ग साहित्यिक-

स्तर पर स्वाभाविक था। बदायूँ में पहली पोस्टिंग थी, बरेली पास था। सभी रिश्तेदारों को अपने अफ़सर बने भतीजे, भाँजे, नाती और भाई का चाव था। यह ज्वार उतर चुका था। यहाँ तो बस डिप्टी साहब से सिफ़ारिश माँगने का काम कराने वाले होते थे। फिर भी मैंने महीने भर में ध्यान दिया कि जीत नाम की लड़की अनूपशहर जिस दिन 'ये' नहीं जाते थे, आ जाती थी। इन्होंने मेरे इशारतन मना करने पर भी उसके फ़ोटो खींचे। बस इससे ज़्यादा कुछ नहीं। बुलन्दशहर में जगदीश जी इनके मित्र थे। वह एक दिन घर आए और मुझसे बोले, "भाभी जी! आप हमेशा आँख मींच कर रहती हैं क्या? सब जगह डिप्टी साहब ने जो जीत को बढ़ावा दिया है—उसकी चर्चा है। उसकी बुआ अनूपशहर में रहती है। उसी का कोई मुक़दमा है। आप तुरन्त जीत का आना-जाना बन्द कराइए।"

कान्ति जी का अभी प्रोबेशन पीरियड था। तीन बच्चों के साथ पूरे बड़े संयुक्त परिवार की ज़िम्मेदारी उनके कन्धों पर थी। मैं इस जीत-प्रकरण को नज़रअन्दाज़ नहीं कर सकती थी। अगर नौकरी पर आ बनी तो क्या होगा? सब कुछ सोचकर उसी दिन मैंने 'इनसे' खुलकर बात की, "क्या आप जीत से शादी करना चाहते हैं?' इनका उत्तर था, "चाहूँ भी तो कैसे कर सकता हूँ? सरकारी नौकर हूँ। मजबूरी है।"

"क्यों?" मैं तीखी पड़ी, "हिन्दू-समाज में पुरुष दस-बीस जितने चाहे विवाह कर सकता है। कह देना, मुझे लड़का चाहिए था; और मेरी बीबी के लड़कियाँ ही होती हैं। मैं लड़के के लिए शादी कर रहा हूँ।"

'ये' सोच में पड़ गए। मैंने बात आगे जारी रखते हुए कहा, "पर फिर मेरी भी एक शर्त है। शादी के बाद मैं साथ नहीं रहूँगी। एक कुँवारी लड़की को अपने बच्चों के साथ न मैं असम्मानजनक स्थिति में डालना चाहूँगी, न अपने और बच्चों के मान का हनन होने दूँगी। मैं बाबूजी के पास अलीगढ़ चली जाऊँगी। बोझ वहाँ भी नहीं रक्खूगी। लेखन और ट्यूशन का सहारा तो आज भी है मेरे पास।" पर इन्हें मेरा अलीगढ़ जाना स्वीकार नहीं था। रोमांस और शादी यथार्थ की धरती पर चूर-चूर हो गए। किसी के दोनों हाथों में लड्डू नहीं हो सकते दुनिया में। यह खोने और पाने का सिलसिला न होता तो दुनिया कब की दुबारा जंगल-राज में बदल चुकी होती।

उधर शायद जीत की बुआ को भी अपनी भतीजी के लच्छनों से इस बात की भनक पड़ गई थी—वह शहर छोड़कर ही चली गईं और यह किस्सा इस तरह अपने अंजाम तक पहुँचा।

श्रीमती अमृता प्रीतम दिल्ली रेडियो पर एनाउंसर थीं। उनके पति सरदार प्रीतम सिंह की सदर बाज़ार में हौज़री की दुकान थी। दिल्ली से ही कान्ति जी का परिचय इनके परिवार के साथ था। वे बुलन्दशहर आईं। यह मेरी उनसे पहली मुलाक़ात थी—सुन्दर, भव्य-महिला, तीन साल की लड़की और एक साल के पुत्र और अपनी एक युवा सहेली के साथ। हम दोनों ने स्वागत किया। फिर नरोरा-नहर पर पिकनिक का प्रोग्राम बन गया। मैं नहीं जा पाई, क्योंकि कम्मो को दाँतों की वजह से दस्त लगे हुए थे। उस समय स्वराज्य संयोग से ही मिलने आया हुआ था अकेले। सो,

साथ में रहा। डाकबंगला था। साहब की तहसील। चार-पाँच दिन मौज-मस्ती करके अमृता जी सपरिवार ख़ुशी-ख़ुशी दिल्ली लौट गईं और जाते-जाते अपने घर आने का आमंत्रण भी दे गईं।

एकान्त मिलते ही स्वराज्य ने मुझे बताया, "भाभी जी! भाई साहब यह बिल्कुल भूल जाते हैं कि एक ज़िम्मेदार अफ़सर हैं। दिल्ली के पत्रकार-जर्नलिस्ट नहीं। वहाँ इन अमृता जी के परिवार की आवभगत में उनकी मसहरी के परदे तक ख़ुद ठीक करते थे। चपरासी, खानसामा सब मुँह दबा कर पीछे हँसते थे।"

स्वराज्य दिल्ली चला गया। दूसरे दिन ही 'ये' बोले, "तुम्हें नरोरा चलना होगा।"

मैंने कहा, "कम्मो की हालत तो देखो—हर पल दस्त करती है। बुख़ार अलग हैं। मैं कैसे जा सकती हूँ? बस के हिचकोलों से इसकी हालत ख़स्ता हो जाएगी।"

कान्ति जी ने कहा, "चलना तो पड़ेगा, क्योंकि यहाँ और वहाँ एक झूठी अफ़वाह फैली हुई है कि सौनरेक्सा साब नरोरा में वेश्याएँ ले जाकर मौज मनाते हैं।"

जाना पड़ा। रास्ते में लड़की की हालत ऐसी हो गई कि शायद अनूपशहर ही न पकड़ेगी, पर 'राम! राम!' मन में बराबर चल रहा था। बस-स्टैंड पर पहुँचते ही वैद्य जी को बुलाकर दिखाया, जिनकी दवा से दस्तों में काफ़ी कमी आई।

नरोरा पहुँचने पर चपरासी ने दाल-बाटी बनाई। इच्छा न होने पर भी बीमार बच्ची के साथ नहर घूमने गई। नहाना-धोना भी चला। कान्ति जी ने फ़ोटो खींचे।

सकुशल लौटने के बाद हमारा दिल्ली का ट्रिप लगा। हम लोग अमृता जी के घर भी गए। अमृता प्रीतम जी का रहन-सहन उस समय उच्च मध्यवर्गीय था। ख़ूब सुन्दर सजा घर पति-पत्नी का हर दूसरे वाक्य में, एक-दूसरे को 'डियर', 'डार्लिंग' कहना मेरे लिए नवीनता थी। मैंने सुना था कि अमृता जी ने प्रेम-विवाह किया था—दोनों के परिवारों में ही सहमति नहीं थी क्योंकि प्रीतम जी अमृता जी के दूर के नाते से भाई लगते थे। दोनों की सुखी, प्रेमपूर्ण गृहस्थी का अनुभव बहुत ही सुखद लगा मुझे।

बुलन्दशहर लौट कर आई। बाबूजी का पत्र मिला। अलीगढ़ की समस्या दूसरे रूप में सामने खड़ी थी। मुन्नी के लिए वह बहुत ही चिन्तित थे—वह अठारह साल की हो रही थी। दो बार प्राइवेट मैट्रिक में बैठी, पर पास नहीं हो सकी (केवल पुस्तकों से कोई परीक्षा में कैसे उत्तीर्ण हो सकता है—पढ़ाने-बताने वाला कोई नहीं-ऊपर से घर का काम, बस!)। कोई लड़का मिल नहीं रहा था।

डिप्टी होने के बाद कायस्थ समाज में हमारा मान बढ़ गया था और प्रकाश व मुन्नी का विवाह तय होना उसका प्रमाण रहा। मुन्नी के लिए कानपुरवासी, एम.ए. पास, डी.ए.वी. कॉलेज में उसी वर्ष हिस्ट्री के लेक्चरर लगे सत्यमूर्ति वर्मा जैसा लड़का मिल गया। पिता नहीं थे; बड़े भाई सत्यव्रत इलाहाबाद में नौकर थे। उनकी माँ की आँखों का ऑपरेशन होने वाला था—दोनों आँखों में मोतियाबिंद था। उन दिनों ये ऑपरेशन भी बहुत ही गम्भीर माना जाता था। उनकी माँ सोचती थीं—अगर ऑपरेशन के बाद रोशनी ही न रही तो वह बहू का मुँह भी नहीं देख पाएँगी। मुन्नी को कानपुर में बड़ी बीबी जी के घर भेजकर सास को लड़की दिखा दी। उन्हें लड़की

पसन्द आ गई और उन्होंने बीस दिन के अन्दर-अन्दर शादी माँगी। 'इन्होंने' और मैंने तुरन्त 'हाँ' कर दी।

बाबूजी इतनी जल्दी नहीं चाहते थे। उन्होंने कहा, "बहू! प्रकाश की सगाई इतनी लम्बी खिंच गई। अब उसकी शादी की तारीख़ निकल गई है। बारह दिन बाद मैं लड़की की शादी कैसे कर सकता हूँ?"

मैंने कहा, "बाबूजी! अच्छा घर-वर मिला है। मुन्नी मैट्रिक भी नहीं है। लड़के की माँ अपनी आँखों की वजह से जल्दी शादी माँग रही हैं। हमारे द्वारा शादी आगे टालने से हो सकता है, रिश्ता ही हाथ से निकल जाए। आप प्रकाश की शादी की फिक्र करें। मुन्नी की शादी बुलन्दशहर से कर देंगे। आपको उसके लिए कुछ भी नहीं करना पड़ेगा।"

हालाँकि काम इतना आसान था नहीं क्योंकि कान्ति जी का ट्रांसफर बलिया हो गया था। 'ये' अकेले चले गए। मैं बच्चों सहित मार्च तक जाने वाली थी क्योंकि कुन्तल चौथी में थी, कल्पना पहली में और जग्गू ग्यारहवीं में। नवाब छतारी ने हमें कोठी में रहने की स्वीकृति भी दे दी थी।

मैं प्रकाश की शादी में अलीगढ़ गई। वहीं मुन्नी की लग्न भी चढ़ी। प्रकाश की शादी सामान्यत: ठीक-ठाक रही दोनों ओर से, पर बस बारात बिना दूल्हा-दुल्हन के आई क्योंकि अम्बे (देवरानी) रोते-रोते बेहोश हो गई थीं। प्रकाश दूसरे दिन बहू लेकर घर आए। मैं पहले दिन ही मुन्नी सहित बुलन्दशहर लौट आई। दस दिन में सब कुछ करना था। 'ये' भी शादी से दो दिन पहले ही आने वाले थे।

बुलन्दशहर में उन दिनों नुमाइश लगी थी। वहीं से कपड़े ख़रीदे—मुन्नी की जेठानी-ननदों की साड़ियाँ लीं, रजाई-गद्दे दर्जी घर बैठा कर बनवाए। उन दिनों सख्त राशनिंग थी। बारात में पच्चीस से ज़्यादा व्यक्तियों की अनुमति नहीं थी, पर डिप्टी साहब की छोटी बहन की शादी थी। सभी तरह का ध्यान रखा जाना था। दो जनवासे लिए गए; द्वाराचार पर बुलन्दशहर के सभी सम्मानित, प्रतिष्ठित व्यक्ति, बारात के सामने थे। बढ़िया पुलिस बैंड था। नाश्ते में मैदा-सूजी की कोई वस्तु नहीं थी। गेहूँ-मैदा पर कंट्रोल था। सो मूँग की दाल के मुंगेर, चने की दाल का हलवा, उड़द की दाल की इमरतियाँ व आलू के लच्छे व टिकियाँ थीं। राशन-ऑफ़िसर ने जो मैदा-सूजी भिजवाई थी, उसका लाभ मुन्नी के साथ जाने वाले मठ्ठों, मठरियों और शक्करपारों में हुआ। कान्ति जी के साथ उनके एक मुसलमान मित्र भी थे। उन्होंने बारातियों के लिए हिरन के कबाब व अन्य नॉन-वेजेटेरियन चीज़ें बनवा कर भेजी थीं। कुल मिलाकर कान्ति जी ने ख़ूब शान से मुन्नी की शादी की, जिसे मुन्नी के ससुराल वालों ने बहुत दिनों तक याद रखा। शादी के बाद कान्ति जी बलिया चले गए। रामो जीजी सहित मैं बच्चों के साथ कोठी में रह गई। नवाब छतारी साहब ने हमसे इनके जाने के बाद किराया तक नहीं लिया। अब समय था। सो, उनसे मैं भी बात करती थी। बातों-बातों में ही एक दिन उन्होंने बताया कि उनके पूर्वजों ने इस्लाम ग्रहण करने के बाद भी उनकी एक शाखा क्षत्रिय हिन्दू थी। विवाह में सब

आते थे। उनका खाना अलग बनता था। सबसे आश्चर्य की बात यह थी कि छतारी के नवाब के घर शादी दोनों धर्मों के अनुसार होती थी—निकाह पढ़ा जाता, फिर बाद में पंडित बुलाकर फेरे भी लिये जाते थे—सिन्दूर भी बाक़ायदा चढ़ता था—तब विवाह सम्पन्न माना जाता था। कोई परिवार इस प्रकार अपनी मूल परम्परा को सम्मान सहित पीढ़ियों तक निभाता आया, यह बड़ा की सुखद आश्चर्य था।

मार्च की परीक्षा के पश्चात् हम भी बलिया पहुँचे। चलते समय मैंने जीजी से कह दिया था, "रास्ते के लिए आप खाना बनवा लें, बस। फिर सारी रसद, दाल-मसाले वहीं सब काम वालों में बाँट दीजिएगा। बलिया में तो 'इन्हें' छह महीने हो गए हैं। सब कुछ प्रबन्ध होगा।"

रामो जीजी ने मुझसे कुछ नहीं कहा, पर बाद में बचा आटा, चावल, मसाले सब बाँध कर बोरी में रख लिये। हम बलिया पहुँचे तो पता लगा, कान्ति जी ने आज तक राशन-कार्ड बनवाया ही नहीं था। चपरासी वाले राशन कार्ड से दोनों का काम चल रहा था।

कोठी देखते ही मन ख़ुश हो गया। बहुत बड़ी—आँगन में एक कटहल का पेड़, बाहर दो लीची के पेड़, बहुत फैला-सा लॉन। इनसे मैंने कहा, "तुरन्त राशन-कार्ड के लिए आवेदन दो" पर वक़्त तो लगना था। उस वक़्त रामो जीजी ने उस बोरी को सामान में से चपरासी द्वारा खुलवाया और तब कार्ड बनने तक भोजन का काम चला।

बलिया में तब तक बिजली नहीं थी। कई लैंप, लालटेन ख़रीदे गए। यहाँ चपरासी ने योगेश्वर नामक एक छोकरा घर के काम के लिए ला दिया था, जो हफ़्ते में एक दिन की छुट्टी लेकर अपने गाँव जाता था। इधर घर से छोटे बच्चों के जूते-चप्पल ग़ायब होने लगे। रामो जीजी ने बताया, चौके में से कटोरी-चम्मच ग़ायब है।

हमारा यहाँ का यह चपरासी हशमत बड़ा ही दिल से काम करने वाला, ईमानदार व्यक्ति था। उसने योगेश्वर के गाँव जाकर जाँच-पड़ताल की तो सारा सामान मिल गया। उसे फिर हमने निकाल दिया।

कुन्तल-कल्पना का दाख़िला सरकारी स्कूल में हो गया। हशमत ही दोनों लड़कियों को स्कूल लाता, ले जाता था। जग्गू बारहवीं की तैयारी में लगा। उसे भी अच्छे अंकों के कारण इंटर कॉलेज में प्रवेश मिल गया।

बलिया के कलेक्टर सिद्दीक़ी साहब बहुत बढ़िया इनसान और अनुशासन-प्रिय व्यक्ति थे। उनके पास सौनरेक्सा साहब की शिकायत पहुँची कि डिप्टी साहब शाम छह बजे तक भी मुक़दमे करते हैं, काम करते रहते हैं। वादी-प्रतिवादी प्रायः दूर देहात से आते थे और शाम को बलिया में कोई ट्रेन कहीं नहीं जाती थी। मुक़दमे वालों की रात ठहरने की समस्या सामने खड़ी हो जाती थी। कलेक्टर सिद्दीक़ी साहब ने समझाया, "देखो सौनरेक्सा! हम सरकारी नौकर हैं। सरकारी दफ़्तर कचहरी पाँच बजे तक बन्द होने का नियम है। क्यों तुम बाद में कोर्ट जारी रखके काम बढ़ा लेते हो? तुम अपनी तरफ़ से जनता का भला करते हो कि उनके मुक़दमों के फैसले जल्द हों, पर यह भूल जाते हो कि देहात वाला शाम को घर लौटना चाहता है। उन्हें देरी

की वजह से ठहरने की मजबूरी हो जाती है। आम लोग तुम्हारी मेहनत की बड़ाई करने के बजाय शिकायत कर रहे हैं। तुमने क्या मुक़दमे ख़त्म करने का ठेका लिया है? आराम से साढ़े चार बजे कोर्ट छोड़ देना कल से। पाँच बजे तक यहाँ अपने ऑफ़िसर्स क्लब में आओ। ताश, पोकर और गेम होते हैं। खेलो, गप-शप करो। याद रहे—कल से पाँच बजे हम यहीं मिला करेंगे।"

कान्ति जी का इस तरह देर तक बैठने का सिलसिला ख़त्म हो गया। साढ़े चार बजे 'ये' घर आते, फ्रेश होते और चाय पीकर क्लब चले जाते। वहाँ अफ़सर-मंडली में 'इनकी' अपने दिल्ली-रेडियो, पत्रकारिता और कवियों आदि की बातचीत हुई होगी। सो, उन सबके आग्रह पर 'इन्होंने' मुशायरे और कवि-सम्मेलन, दोनों का एक साथ आयोजन कराया। उसमें उर्दू के जनाब अर्श मलसियानी, जगन्नाथ आज़ाद के साथ-साथ हिन्दी के नरेश मेहता, दुष्यन्त कुमार, सुमित्रा कुमारी सिन्हा और राजस्थान से मेघराज 'मुकुल' भी आए थे। उनकी हाड़ी रानी पर आधारित 'सेनानी' सबको बहुत ही पसन्द आई थी। साहित्य-प्रेमियों के लिए बड़ा ही सुखकर कार्यक्रम रहा और कवि-शायरों को अपने अफ़सर-मित्र कान्तिचन्द्र सौनरेक्सा का रुतबा देखकर बहुत गर्व का अनुभव हुआ। हमें भी थोड़ी फुरसत मिली और कई अच्छी कहानियाँ मैंने लिखीं जो बहुत प्रसिद्ध हुईं। 'किराये की माँ' व 'सिर्फ़ नौ जमातें' ख़्वाजा अहमद अब्बास द्वारा सम्पादित पत्रिका *सरगम* में प्रकाशित हुईं, जो उन दिनों बम्बई से निकलती थी। 'क्या ज़िन्दगी, क्या मौत', 'प्रेम भी मजबूरी है' इन्हीं दिनों रची गईं।

मुझे लिखने के लिए कभी भी न विशेष मूड, न वातावरण और न सुविधा की अपेक्षा रही। जब भी किसी घटना, व्यक्ति अथवा परिस्थिति ने मेरे मन को छुआ, बस, मेरी लेखनी निर्बाध स्वतः चलने लगती। न समय, न कुछ और बाधक हो सकता था। बस, कोरा काग़ज़ और कलम होना चाहिए हाथ में—फिर चाहे रसोईघर हो, सोने का कमरा हो या बरामदा—थोड़ी फुरसत मिली और मैं लिखने बैठ जाती। एक बात और—मैंने कभी लिखने के बाद अपना एक भी शब्द या वाक्य काटा या दुबारा नहीं लिखा। भाव-विचार और लेखनी पानी की तरह स्वयं ही प्रवाहित हुए—निश्छल, सहज एक नवजात शिशु की तरह। काटने-छाँटने, तराशने, सजाने में मेरा कभी विश्वास नहीं रहा। इसीलिए मैंने कभी बोल कर भी किसी से लिपिबद्ध नहीं कराया।

मैं कहाँ सृजन के संसार में खो गई? यह तो बलिया का बँगला था। चुनाव के दिन का कान्ति जी 'इलेक्शन ऑफ़िसर' थे। फुरसत के माहौल का वातावरण गहमागहमी में बदल चुका था। बलिया की बड़ी-बड़ी हस्तियाँ बँगले पर आतीं। डिप्टी साहब कोर्ट से ज़्यादा घर पर व्यस्त रहने लगे। सरकारी काम-काज में मैंने कभी रुचि नहीं ली। घर में कभी इन्होंने ख़ुद ही बता दिया, तो सुन लिया। चाय-नाश्ता ज़रूर लगातार भिजवाने की ज़िम्मेदारी पूरी तरह निभाई। इसी सिलसिले में शिवमंगल सिंह कोई रईस स्थानीय नेता थे, जिन्होंने आना शुरू किया। उनके बारे में मुझे तब पता चला, जब उनकी पच्चीस-छब्बीस वर्षीय सुन्दर पत्नी कमलेश ने मुझसे भेंट करनी चाही। उनके दो बच्चे भी थे, पर वे घर ही छोड़कर आई थीं। पत्र-पत्रिकाओं में मेरी

कहानियाँ पढ़ी थीं, सो मुझसे विशेषकर मिलना चाहती थीं।

एक रिश्ते की ननद भी साथ थीं, जो विधवा थीं। पर मैंने बाद में सुना, वह अभिनेता देवानन्द पर इतनी फ़िदा थीं कि उन्हें देवानन्द की शक्ल से मिलते-जुलते लड़के से प्रेम भी हो गया। बाद में कमलेश का हमारे घर अक्सर आना-जाना जारी रहा। चुनाव तो मौसमी बात थी। उसके पति कभी न कमलेश को छोड़ने आए, न लेने। वह अकेली ही कभी अपनी कार या कभी रिक्शे से आती।

बाबूजी ने अपने डिप्टी बेटे की शान को और बढ़ाया। तीन हज़ार में हरे रंग की एक सेकेंड हैंड कार (फोर्ड) ख़रीदी गई। फिर वे स्वयं ड्राइवर के साथ उसे बलिया लाए। हम सब उसमें बैठकर बलिया से बनारस गए। रामो जीजी ने, मैंने विश्वनाथ जी के दर्शन किए, गंगा नहाए और प्रसन्न मन लौटकर आए।

इधर मेरा चौथा प्रसव समीप था। बाबूजी अभी यहीं थे और मैं डर रही थी कि कहीं इस बार भी लड़की हुई, तो क्या कहेंगे वे? बार-बार मना रही थी कि बाबूजी चले जाएँ। भगवान जी ने हमेशा की तरह मेरी बात रख ली। किसी मुक़दमे की वजह से, उन्हें अलीगढ़ जल्दी लौटना पड़ा।

28 जून, 1951 को कार्तिकेय, मेरा प्रथम पुत्र पैदा हुआ। मैंने चैन की साँस ली। उसके जन्म पर दावत दी गई। रामो जीजी ने करनाल समाचार देते हुए बड़ी जीजी को लिखा, "बहन जी! आप तीन बार आईं और निक्की के तीनों बार लड़की हुई। देखा न, लाहौर के पानी में कितना दम है? मेरे आते ही लड़का हो गया।"

जीजी ने भी करनाल से मज़ाक़ में लिखा, "लाहौर की शान तो तब साबित होगी न, जब तू मेरे बदले का लड़के का छूछक भी देना।" इस तरह हम तीनों बहनों में बहुत दिनों तक मज़ाक़ चलता रहा। छूछक की बात तो क्या फलीभूत होनी थीं—पर इसमें कोई शक नहीं कि कक्कू (कार्तिकेय का घर का नाम) की पूरी परवरिश रामो जीजी के हाथों हुई। मैं तो मेहमानदारी और दूसरी गम्भीर पारिवारिक उलझनों में फँसी रहीं। उन्होंने ही बड़े लाड़-प्यार से इसकी देखभाल की।

मेरा बड़ी ननद लक्ष्मी देवी के पूरे दिन थे। सातवाँ महीना चल रहा होगा। बिल्लू के बाद उनके तीन लड़कियाँ हुईं, पर कोई एक वर्ष भी नहीं जी। छह-सात मास बाद ही भगवान को प्यारी हो गईं। बात यह थी कि हमारे मायके में सब कहते थे अगर शामलाल की छोटी बहन को सौरी में से दाई नहलाने के बाद सबसे पहले बच्चा थमा दें तो वह जी जाता है। मैंने सोचा, बड़ी बीबी जी का बच्चा होगा तो मैं सबसे पहले गोद में लूँगी—भगवान की दया हो जाए—और बच्चा जी जाएगा।

यही सोचकर कानपुर से बीबी जी को बुलवा लिया था। कक्कू के दो महीने बाद अगस्त में उनको बेटा हुआ। उसका नाम 'प्रदीप' रखा गया (आज वह कानपुर में रहता है, उन्नाव में नौकरी है और दो बेटियों का पिता है)। शिशु को चालीस दिन का करके बीबी जी कानपुर लौट गईं।

हम लोगों की ज़िन्दगी पूर्ववत् चलने लगी। कमलेश जी का आना-जाना बराबर चल रहा था—यहाँ अपना सुख-दुःख भी वह मुझसे बाँटने लगीं। उनके कथनानुसार

शिवमंगल सिंह का चरित्र एकदम बिगड़े रइसों वाला है। उनसे शादी करने से पहले भी उनके एक-दो रखैलें थीं, अब भी हैं। मुझे इतनी सुन्दर स्त्री की इस कथा से बहुत दुःख लगा और अपनी आदत के अनुसार सांत्वना देने लगी, "कमलेश! अपने बच्चों में मन लगाओ। पति को भी ज़मींदारी के रईसी दुर्गुणों से बचाने की भरपूर कोशिश करती रहो। भगवान तुम्हारी तपस्या का फल देंगे। अपने दुःख को काम में भूलो। न हो तो लिखने लगो-पढ़ने का शौक़ तो तुम्हें है ही!"

जब भी इस कमलेश की चर्चा बातों में कभी मैंने 'इनसे' की तो 'ये' मुस्करा कर चुप हो जाते। एक दिन उसका रहस्य मुझ पर खोलते हुए 'इन्होंने' कहा, "कमलेश मुझसे प्रेम करने लगी है।"

मैंने उत्तर दिया, "क्यों झूठ-झूठ मुझे चिढ़ाते हो?"

प्रत्युत्तर में कान्ति जी ने कमलेश का लिखा प्रेम-पत्र मुझे थमा दिया। उसमें लिखा था, "सौनरेक्सा साहब, आप मुझे व मैं आपको चाहने लगे हैं, पर दीदी का घर मैं नहीं बिगाड़ूँगी। मैं अब आपके घर बिल्कुल नहीं आऊँगी, आप भी न आएँ।"

पत्र पढ़कर मैं स्तब्ध थी। चार बच्चों की माँ का पति की बेवफ़ाई पर ग़ुस्से में घर छोड़कर चले जाना सहज नहीं था। इनकी नौकरी ही नहीं, मेरी अपनी लेखन-जगत की प्रतिष्ठा भी दाँव पर लगी थी। सिद्दीक़ी साहब अलग अपने ऐसे अफ़सर का बचाव कभी नहीं करते।

'ये' बोले, "मैं तुम्हें बहुत चाहता हूँ, पर कमलेश के प्रति मोह प्यार जो दिल में है—उसका क्या करूँ?"

कमलेश ने घर आना बन्द कर दिया था। देखने को ऊपर से सब सामान्य लगता। कम्मो बहुत शैतान हो गई थी—कच्छा पहनना इतना नापसन्द था कि पहनाने के बाद ही, लॉन में एक कुआँ था, उसी में फेंक आती थी और हम सब कोठी भर में ढूँढ़ते रहते। एक दिन माली ने पानी का डोल खींचा तो उसमें पानी के साथ कच्छे भी निकल आए। ज्यों ही घर का दरवाज़ा खुला मिलता, तुरन्त बाहर निकल लेती। चपरासी-नौकर उसी की पहरेदारी में थे, पर मौक़ा मिलते ही दूर तक चली जाती। एक बार तो पड़ोसी डिप्टी साहब-जमील जी उसे सड़क से लाए। जमील साहब की पत्नी बहुत ही मिलनसार थीं। कक्कू आठ महीने का था। उसके लिए रोज़ अपनी मुर्गी के ताज़े अंडे भिजवाया करती थीं।

जग्गू का इंटर हो गया था, पर कॉलेज की पढ़ाई के लिए उसे कानपुर भेजना पड़ा क्योंकि ग्रेजुएशन की सुविधा नहीं थी। बी. कॉम करने के लिए वह बड़ी बीबी जी के घर रहा। इस तरह अब घर पर तीनों लड़कियों व कक्कू के साथ रामो जीजी थीं। कक्कू को घर रख लेती थीं, पर मैं जब जल्दी-जल्दी फ़िल्में देखने जाने लगी तो जीजी बोलीं : "निक्की! इतना क्या कान्ति को रात को पिक्चर देखने का शौक़ चढ़ा है कि तुम्हें भी रात में तीनों लड़कियों के साथ ले जाने लगे हैं? कक्कू रात में नहीं रुकता अब... ।"

मैं चुप। उनसे मैं कुछ कह नहीं सकती थी, पर वे बच्चा नहीं थीं। चार साल में

उन्हें मालूम था 'ये' फ़िल्म के शौक़ीन नहीं हैं। वास्तविकता यह थी कि मैं बच्चों सहित थियेटर में रहती थी। कान्ति जी कमलेश से, जिसकी कोठी उस हॉल के पास थी, मिलने जाते थे। एक बार तो फ़िल्म ख़त्म हो गई। चपरासी के साथ बच्चों को लिये ख़ाली हॉल में बैठी रही। निष्फल क्रोध और अपमान से पीड़ित चाहकर भी मैं कुछ नहीं कर पा रही थी। चपरासी बुलाकर लाता, तब हम कार में बैठ कर घर आते। हशमत चपरासी यथासम्भव चुपचाप काम करता था। बाहर बात नहीं करता होगा, पर फिर भी हवा में ज़रूर शक होगा। पर मुझे नहीं मालूम था।

कमलेश इसी बीच मायके गई, तो मेरा कम-से-कम फ़िल्मों से पीछा छूटा, पर इनके लिखे पत्र से वहाँ इन दोनों के बारे में उनके भाई को पता चल गया। वंश की बदनामी असह्य थी उनके लिए। सो कमलेश जब इस बार बलिया आई, तो बहुत डरी हुई थीं। उनके पति हमेशा की तरह नेतागीरी में उलझे लखनऊ में थे। पर 'इनके' दो बार जाने पर भी वह सामने नहीं आई। ऐसे ही व्यर्थ प्रतीक्षा करने के बाद उस दिन 'ये' रात के दस बजे कार चलाकर घर आ रहे थे। सड़क के बीच एक सत्तर वर्षीय बूढ़ा ग्रामीण चमार जा रहा था। 'इन्होंने' हॉर्न बजाया तो वह पेवमेंट की तरफ़ दौड़ा और कार से टकरा कर पेवमेंट पर गिर पड़ा। फुटपाथ के पत्थर से टकराकर उसके सिर में चोट लगी और वह बेहोश हो गया। कान्ति जी ने कार रोकी; उसे कार में डाला और अस्पताल में भर्ती कराके घर आए। मुझे पूरी बात बताने के बाद सोने चले गए।

मुँहअँधेरे घातक दुःखद समाचार मिला कि वह बूढ़ा अस्पताल में मर गया। सिर की चोट में अन्दर के रक्तस्राव से उसकी मौत हुई। बलिया के एस.पी. दीक्षित साहब और कान्ति जी के सम्बन्ध पहले से ही अच्छे नहीं थे। अगर दीक्षित को पता चल गया और थाने में रिपोर्ट हो गई, तो 'इनके' लिए बहुत मुश्किल हो सकती थी। सिद्दीकी साहब को तो ऐसे हंगामे यूँ ही नापसन्द थे। एक बार कानूनी दाँवपेच में कोई भी फँस जाए तो नाराज़ एस.पी. कुछ भी कर सकता था।

इस संकट की घड़ी में वफ़ादार चपरासी बहुत काम आया। मृतक बूढ़े की बीवी एस.पी. से मिलने बलिया आ गई थी पर उसने, इससे पहले कि वह थाने पहुँचती। मुझसे उसको मिलवाया। वह पच्चीस-तीस वर्ष की, 'मृतक की जवान घेरुआ थी अर्थात् वह ब्याहता नहीं, बस बिरादरी के लोगों की रोटी करके उसकी सहमति से घर में बिना फेरे बैठा ली गई थी। समाज के इस वर्ग में यह आम प्रथा थी। मैंने उससे कहा, "देख, तेरी तो उम्र है कम दूसरा पति मिल ही जाएगा। डिप्टी साहब की पुलिस में शिकायत करेगी तो उनका तो जो नुकसान होना होगा, होगा ही—पर तुझे भी कोई लाभ नहीं होगा। शिकायत अगर नहीं करेगी तो हम तुझे उसकी पूरी क़ीमत देने को तैयार हैं। बोल, तुझको कितने रुपये चाहिए?"

सोच कर वह बोली, "हजार रुपये लूँगी।"

उस वक़्त को देखते हुए यह काफ़ी बड़ी रकम थी और मेरे घर के लिए तो और भी ऊँची। कारण, घर में तो हज़ार पैसे भी नहीं थे। ठीक याद नहीं, पर शायद

सात सौ पर बात तय हो गई। स्वाभाविक था, एकमात्र स्त्री-धन—आभूषण काम आए। छोटा सेट तो बदायूँ में ही चोरी चला गया था। माँ के सँजोकर रखे गए गहने बेचने को निकालकर दिए। पैर के बिछिए के अलावा अब कुछ भी नहीं बचा था। सुनार भला आदमी था। उसे मालूम था कि आभूषण कहाँ के हैं। सो बिना टाँका काटे, बनवाई के रुपये छोड़कर बाईस कैरेट के दाम दिए। यहाँ तक बोला, "गहने बिल्कुल नए से हैं। हम तो इन्हें ऐसे ही बेच लेंगे।" अन्ततः उस बूढ़े की विधवा का मुँह बन्द हो गया। एस.पी. दीक्षित अवश्य हाथ मलते रह गए। सौनरेक्सा साहब उनके चंगुल में नहीं फँसे। वस्तुतः काननून ग़लती न होने पर भी विधवा की शिकायत पर वह सिविल सर्जन के साथ मिलकर कुछ भी कर सकते थे।

कलेक्टर सिद्दीकी साहब को सारी बातों का पता लगना ही था, इसलिए प्रकारान्तर से उनका लखनऊ से सौनरेक्सा साहब के ट्रांसफर ऑर्डर मँगाना हमारी मदद ही था। उस समय सिर्फ़ एटा में जगह थी और एटा इनका 'होम-टाउन' था (जो मुश्किल से मिलता है) पर इनका ट्रांसफर वहीं हो गया।

वही एक सप्ताह का समय था—उससे पहले कार के पेट्रोल के दो सौ, क्लब के चार्जेज़—सब पे करने थे। रामो जीजी की पेंशन हमारे पास ही जमा रहती थी, सो उनसे उधार लिया। कुछ अपने बक्से के कोने-अतरे टटोले। कुल मिलाकर सब भुगतान कर दिया गया। कान्ति जी भी कमलेश-प्रकरण भुला कर जाने की तैयारी में जुट गए। पत्नी से क्षमा माँग ली 'इन्होंने' और इस तरह 'बलिया-प्रवास' की इतिश्री हुई।

एटा आकर अकेलापन नहीं महसूस हुआ, क्योंकि 'इनके' यहाँ पर एक मामा-मामी और ताऊ जी रहते थे। पड़ोस में भवानी शंकर वकील साहब का मिलनसार परिवार था। उनकी बड़ी लड़की शैल और दूसरी शोभा कुन्तल के साथ की थीं। उनके साथ हमारा एकदम घर जैसा व्यवहार था।

यहाँ भी मूँड़ों की कोठी हमारा घर था। बहुत बड़ा, पुराने ढंग का ड्राइंग रूम वाला हॉल इतना बड़ा—घर से अलग, शुरू ही में कि हमारे दो बड़े-बड़े सोफ़ा-सेट के बाद दस सरकारी कुर्सियाँ भी उसमें डाल दी गई थीं।

कुन्तल प्रथम श्रेणी में छठी पास करके आई थी, पर प्रथम आने वाली छात्रवृत्ति बलिया में दूसरी लड़की को दे दी गई, क्योंकि परिणाम के बाद ही हमारी बदली हो गई। कल्पना पाँचवीं में थी। दाखिले में कोई दिक्कत थी ही नहीं। एक सरकारी स्कूल से दूसरे सरकारी स्कूल में साल के बीच में भी प्रवेश मिल जाता था। ट्रांसफर पर आए बच्चों को मना नहीं किया जा सकता था। जग्गू कानपुर में बी. कॉम. कर रहा था। उसकी पढ़ाई पर भी कोई असर नहीं होना था। रामो जीजी हमारे साथ ही थीं।

'इनकी' अप्रत्याशित प्रतिक्रियाओं का फल अब बच्चों को भी सहना पड़ा। कुन्तल की छात्रवृत्ति थी मात्र छह रुपये, पर बच्चे का हौसला बढ़ता है उससे। इसलिए मैंने 'इनसे' कहा आप अगर थोड़ी सी लिखा-पढ़ी कर लें, तो एक सरकारी स्कूल से दूसरे सरकारी स्कूल में छात्रवृत्ति आसानी से दी जा सकती है, पर व्यस्तता के कारण इस पर कान्ति जी न ध्यान दे पाए। कुन्तल को हर ज़िले में आठवीं कक्षा तक कक्षा

में प्रथम आने पर भी वज़ीफ़े से हाथ धोना पड़ा, क्योंकि सवा-डेढ़ साल में परीक्षा देने बाद हमारी बदली हो जाती थी और दूसरे नम्बर पर आई छात्रा को वह दे दी जाती थी। दूसरी तरफ़, मामूली-सी बात पर अगर कान्ति जी का ध्यान आकर्षित हो जाए तो राई का पहाड़ बन जाता था। एटा में ऐसा ही हुआ। दोनों लड़कियाँ हमेशा चपरासी के साथ समय पर स्कूल पहुँचती थीं। एक बार कुन्तल की रसीद में तीन दिन लेट पहुँचने का फ़ाइन लग कर आ गया। मुझे ग़ुस्सा आया और शायद इन्हीं के सामने मेरे मुँह से निकल गया, "कुन्तल कभी लेट नहीं जाती। पता नहीं, इसकी क्लास टीचर ने कैसे ग़लती से जुर्माना ठोक दिया है?" बात आई-गई हो गई।

थोड़े दिन बाद कुन्तल एक दिन रोते-रोते स्कूल से आई, "अम्मा! पता नहीं क्या हुआ, आज इंस्पेक्टर ऑफ़ स्कूल आए थे। हमारी क्लास टीचर को दफ़्तर में, रजिस्टर के साथ बुलाया गया। उनके बाद मुझे भी ऑफ़िस में बुलाकर पूछा गया कि मैं क्या लेट आई थी? क्लास में आने पर टीचर ने डाँटा। पापा ने क्यों टीचर की शिकायत की? मुझे तो साल भर उन्हीं से पढ़ना है।" जुर्माना ज़रा-सा था, पर असल दंड कुन्तल ने सहा। वह टीचर उससे चिढ़ी ही रही। कान्ति जी ने छात्रवृत्ति के लिए तो नहीं लिखा, पर जुर्माने को लेकर शिकायत कर दी। पर क्या हो सकता था? मैं 'इनसे' कहती भी तो क्या लाभ था? कुन्तल को चुप करा दिया प्यार से कि बेटे, आप टीचर का मान करना। थोड़े दिन में अपने आप सब ठीक हो जाएगा।

13 अक्तूबर, 1953—मेरे दूसरे पुत्र कौन्तेय का जन्म हुआ। कक्कू की तन्दुरुस्ती ठीक नहीं रहती थी। उसे बुख़ार आ रहा था। सो, मेरी गोद से उतर ही नहीं रहा था। नर्स मेरे पीछे-पीछे घूम रही थी। लगभग साढ़े आठ बजे नर्स ने खीज कर कहा, "मेम साहब! आप बच्चे को दे दीजिए और चारपाई पर लेट जाइए, वरना पेट वाले बच्चे की साँस घुट जाएगी।"

रामो जीजी ने ज़बरदस्ती कक्कू को मेरी गोद से लिया। आधे घंटे बाद जैसे ही लड़का पैदा हुआ; उसे नहला-धुलाकर खटोले पर लिटाया और कक्कू मेरे पास आ गया।

करनाल से बड़ी जीजी प्रभा और इन्दर के साथ मिलने आईं। मुझे सौरी में देख चौंक गईं। उन्हें इसके गर्भ की बात की ख़बर नहीं थी। आने पर रामो जीजी ने वही पुराना मज़ाक़ उनसे दोहराया, "देखो बहन जी! मेरे रहने से ही, निक्की की बेटों की जोड़ी बन गई।"

बड़ी जीजी ने कहा, "अरे, इसमें तुम और मैं कहाँ से आ गए बीच में? सब कुछ ऊपर वाले की लीला है—हम-तुम तो ख़्वामख़्वाह अपने मुँह मियाँ मिट्ठू बनते रहते हैं।"

प्रभा को नन्हा बच्चा देखकर बहुत ख़ुशी हुई। उसी ने शिशु को 'बुग्गा! बुग्गा!' कहना शुरू कर दिया और कौन्तेय का घर का नाम 'बुग्गा' पड़ गया।

पंडित जी ने पत्री बनाते समय बताया कि बच्चा मूलों में पैदा हुआ है, सो मान्यता के अनुसार 'मूल-पूजन' कराना अनिवार्य है। उसमें सत्ताईस कुँओं का जल, सत्ताइस

गलियों की मिट्टी, सत्ताईस वृक्षों की पत्तियाँ आदि बच्चे के पिता को स्वयं लानी पड़ती है। उन्नीसवें दिन ही मूल-पूजन के बाद डशटौन होगा, हवन होगा। मूल-पूजन सामग्री की जटिल प्रक्रिया कैसे पूरी होती? पंडित जी ने तुरन्त कहा, "देखिए, सब समस्याओं का हल है न। गंगा जल में सारी पवित्रता समाई है। गंगा की रेत में सब तरह की मिट्टी का प्रतीक है और पीपल की पत्तियाँ विभिन्न वनस्पतियों का अंश हैं—सो, हम ये सारी सामग्री स्वयं लेते आएँगे। डिप्टी साहब केवल उसे हाथ से छू दें, काम हो जाएगा।"

उन्नीसवें दिन तक मैं भी घर का काम-काज देखने लगी थी। मैंने चार दिन पहले कान्ति जी से पूछा, "क्या आप डशटौन पर अफ़सरों और रिश्तेदारों को दावत देना चाहेंगे?"

'इन्होंने, स्पष्ट शब्दों में मना करते हुए कहा, "अजी, पाँचवाँ बच्चा है। दावत क्या करनी? लड्डू बँटवा देना। मैं एक मन लड्डू तहसील के हलवाई से बनवाकर मँगा दूँगा।"

शैल मुझसे कह चुकी थी, "भाभी! मैं पूजा वाले दिन ही बच्चे के कपड़े लेकर आऊँगी।"

दोनों जीजी और मैंने फिर सलाह की कि मामा-मामी, ताऊजी और शैल सहित वकील साहब के परिवारों को तो खाने पर बुला ही लेंगे। चपरासी ने महाराज का प्रबन्ध कर दिया था।

पूजा वाले दिन नगर के सभी अफ़सर अपने-अपने ड्राइवरों के साथ आए थे। पूजा दस बजे तक सम्पन्न हो गई। ड्राइंग-रूम में लड्डू और नाश्ता भिजवा दिया था। मामा-मामी आ गए थे। शैल ने एक बजे के बाद आने का सन्देश भिजवाया।

इतने में ड्राइंग-रूम से चपरासी भागा-भागा आया और बोला, "बहू जी! साहब कह रहे हैं बारह बज रहे हैं। अब तो इन सभी अफ़सरों को खाना खिलाना पड़ेगा।"

मेरे तो प्राण सूख गए। घर में बीस-बाईस व्यक्तियों के लिए बढ़िया खाने का प्रबन्ध था—यानी पूरी-कचौरी; सोंठ, बूँदी का रायता इत्यादि-इत्यादि, पर उतने ही और आदमी और विशेषकर ड्राइवरों के साथ। इनको 'नहीं' कहने का साहस ही कहाँ था, वह भी इस स्तर की अतिथि-मंडली के बीच। ('इन्होंने' कदापि परिस्थिति की गम्भीरता को व्यावहारिकता के स्तर पर खड़े होकर नहीं आँका। हमेशा करने वालों को सूली पर चढ़ाकर रखा), पर राम जी भी सदा सहाय रहे मेरे। इस बार प्रकाश की बहू अम्बे संयोग से, उसी दिन सवेरे आ गई थी। वह बोली, "जीजी! घबराओ मत! मैं देख लूँगी सब। महाराज से पाँच सेर आटा पूरी का और गुँधवा लें। वह पूरी निकालता जाएगा। और हाँ—शैल बीबी के घर कहला दो कि वे बधावा शाम को लाएँ।"

जैसा अम्बे ने कहा था, वैसा ही किया। भीतर मामा-मामी आदि की पत्तलें उसने ख़ुद लगा कर भेजीं। खाना बरबाद न हो, जूठा न फिंके—इसका पूरा ध्यान रखा। ड्राइवरों को नए आटे की पूरियाँ भेजी गईं। अफ़सर वर्ग भी ठीक से खा गया। इस

तरह हमारी इज़्ज़त रह गई, पर ढाई बजे घर में खाने को कुछ नहीं बचा था—मेरे समेत दोनों जीजी, अम्बे, ख़ुद महाराज, चपरासी—सब खाने को बाक़ी थे। महाराज और अम्बे ने जल्दी-जल्दी चावल बीन कर एक बड़ा भगौना जीरे वाले चावल बनाए और हम सबने अचार से वही खाए। 'ये' थक कर ड्राइंग-रूम में सोफे पर सो गए थे।

शाम को वकील साहब का परिवार आना था। चपरासी को सामान लाने भेजा। तीन बजे थे—पास के बाज़ार से आटा मँगाया, पर सब्ज़ियों में सिर्फ़ कद्दू-लौकी व आलू थे। वही बना, यानी रायता लौकी का, कद्दू-आलू की सब्ज़ी और पूरियाँ। शैल चढ़ावा लाई थी बड़े चाव से—उनकी माँ ने सोने का पानी चढ़े चाँदी के कड़े बच्चे के लिए भेजे थे। खाना खाते समय शैल से रहा नहीं गया और वह बोली, "सुबह शोभा यहाँ आई थी। घर में बता रही थी। सोंठ, खस्ता कचौरी हैं। बूँदी का रायता है। हलवा-वग़ैरह-वग़ैरह भी था, भाभी! वह सब भई कहाँ है?"

मैंने हँसी में बात बनाई, "वो सब तुम्हारे भैय्या के मित्रों के पेट में गईं-तुम्हारे लिए कद्दू पूरी है न। खाओ और भाई के नहीं, प्रभु के गुण गाओ!"

मेरा ध्यान अब अपनी लड़कियों की पढ़ाई और संगीत-नृत्य की शिक्षा की ओर था। मुन्ना को मुन्नी के घर पढ़ने भेज दिया था। भेजते समय उससे समझाते हुए कह दिया था, "देख मुन्ना! वह बहन का घर है। वहाँ कोई ऐसी-वैसी हरकत मत करना—अपनी बेटी की इज़्ज़त भी बाबूजी के साथ जुड़ी है। मैं तुम्हें बराबर पन्द्रह रुपये हर महीने जेबख़र्च को भेजूँगी।" हम दोनों ने अपनी-अपनी बात का मान रखा। मुन्ना ने वहीं—डी.ए.वी. कॉलेज से एम.ए. किया, लाइब्रेरियन बन गया। उसने जासूसी उपन्यास भी 'पंचम' उपनाम से लिखे।

एटा में एक भटनागर परिवार था—उसमें सरोज और आशा भटनागर संगीत व नृत्य सिखाती थीं। कुन्तल-कल्पना को वहाँ भेजने का निश्चय किया। वहाँ कत्थक नृत्य सीखना आरम्भ किया दोनों ने। अपने स्कूल में भी स्टेज पर नाच-गाने में हिस्सा लेती थीं दोनों। कुन्तल को गाने का और कल्पना को नाचने का शौक़ था।

दिसम्बर में गढ़वाल के तबादले का आदेश आ गया। 'ये' अकेले गए। कुन्तल आठवीं में थी। इम्तहान मार्च में दिलाकर ही जाना था। होली पर दो दिन को कान्ति जी घर आए। कौन्तेय छह महीने का था। दो दिन से बुख़ार था। सिविल सर्जन घर आकर देख गए थे। दवा दी। बच्चे को खाँसी बहुत थी, पर मैंने महसूस किया कि खाँसने पर गले से अजीब आवाज़ निकल रही थी—जैसे पीतल के बर्तन पर ठन-ठन होती हो। वहीं डॉ. दुबारा आया। बोला, "बच्चे को डिप्थीरिया है। उसके इंजेक्शन कासगंज के सिविल हॉस्टिपल में मिलेंगे।" उसने बच्चे का थूक काँच के दो बीकर्स नमूने के लिए लिया और कासगंज में परीक्षण के लिए दे दिया।

दूसरे दिन धुलैंडी थी। बच्चों के लिए, चाहे वह किसी का हो, 'ये' कुछ भी कर सकते थे। गोदी के बच्चे की देखभाल में कान्ति जी जैसा कोई दूसरा नहीं हो सकता। उसका टट्टी-पेशाब-थूक—किसी से उन्हें कोई परहेज नहीं रहा। उसका सब काम वह बेझिझक बहुत सावधानी से, प्यार से और पूरी लगन से कर सकते थे। यहाँ तो

अपने बेटे के जीवन-मरण का प्रश्न था—उसी वक़्त कार लेकर चल पड़े। रास्ते भर कार पर कीचड़, पानी, रंग, मिट्टी, पड़ी, यहाँ तक कि शीशा रंग से धुँधला गया था—फिर भी बराबर बढ़े। कासगंज पहुँचे परीक्षण के बाद रिपोर्ट आई, तो डॉक्टर ने कहा—यह तो गम्भीर डिप्थीरिया का केस है। आप चले तो क्या हालत थी?"

'ये' बोले, "जब मैं चला, तब तक तो बच्चा सामान्य था। बस, खाँस बहुत रहा था।"

इंजेक्शन साथ लेकर तुरन्त 'ये' चल दिए। शाम को पहुँचे। आते ही सिविल सर्जन ने इंजेक्शन लगाया और बुग्गे की हालत सुधरने लगी। सवेरे तक वह ख़तरे से बाहर था। होली भी सकुशल मनाई गई।

इन्होंने इस बार जाते समय बता दिया कि टिहरी-गढ़वाल में 'इनका' हेडक्वार्टर श्रीनगर (कश्मीर वाला नहीं) है, पर घर अलकनन्दा के किनारे पहाड़ी पर कीर्तिनगर में छोटा-सा मकान है। इसलिए फ़र्नीचर रखने की गुंजाइश वहाँ नहीं होगी। यह तय पाया गया कि सारा सामान भवानीशंकर जी की कोठी में एक फालतू पड़े छोटे कमरे में बन्द कर दिया जाए। हम बस बर्तन और कपड़ों के बक्सों के साथ, कीर्तिनगर के लिए चल पड़े।

रास्ते में हरिद्वार पर रुके। रामो जीजी ने मुझसे कहा, "पहाड़ में टोना-टोटका बहुत होता है। कक्कू-बुग्गे दोनों के पेट के बाल हैं। वैसे भी दोनों बीमार ही चलते हैं। गंगा के किनारे आए हो। भगवान का नाम लेकर मुँडवा दो। दावतें तो हर छोटी बात पर तुम्हारे यहाँ होती रहती हैं। फिर कभी कर लेना, पर इस वक़्त बाल उतरवा दो। टोने-टोटके का डर चला जाएगा।"

बस, एक नाई बुलवा लिया, पाँच आने के बताशे ख़रीदे, दोनों का सवा-सवा रुपया नाई को दिया और गंगा-किनारे मुंडन कराकर बाल-आटे की लोई बना कर वहीं विसर्जित कर दिए। दो-दो बताशे हम सबने चख लिये। कीर्तिनगर पहुँच गए। जीजी फिर अपने रिश्तेदारों से मिलने कुछ दिनों के लिए दिल्ली चलीं आईं। जग्गू हमारे पास ही रहा।

कान्ति जी का अधिकार क्षेत्र केदारनाथ तक था। 'इन्होंने' वहाँ का दौरा करना था—सो बोले, "तुम सब भी चलो। केदारनाथ के दर्शन भी कर लेना।"

केदारनाथ-बदरीनाथ हमारे प्राचीन तीर्थ स्थल हैं। चारों धामों में इनकी गिनती होती है। धर्म के स्थान के कारण नहीं, बल्कि आदि शंकराचार्य की सांस्कृतिक धरोहर के रूप में। पैदल चलकर उसके दर्शन की इच्छा मेरी अवश्य थी। आर्यसमाज का कुछ ऐसा गहरा प्रभाव था मेरे मन में कि हरिद्वार पहुँच कर भव्य-आरती का आनन्द तो लिया था, पर हर छोटे-बड़े मन्दिर में दर्शन करने मैं तब भी जीजी के साथ नहीं गई थी।

उन दिनों ऋषिकेश से यात्रा आरम्भ होती थी। यात्रा लम्बी और कठिन थी—मैंने एक बोरी आटा, एक बोरी आलू, दाल-घी-मसालें बोरी में भरे। चाय-चीनी-पत्ती की व्यवस्था भी रखी। दो पहाड़ी कुली दौरे पर 'इनको' मिले थे। जाने से दो दिन पहले बड़ी लक्ष्मी देवी व छोटी सरस्वती देवी कानपुर से छुट्टियों में रहने आ गईं। वे भी

हमारी यात्रा में साथ हो गईं। उनके साथ बड़ी बीबी जी का साढ़े तीन साल का प्रदीप भी था। इस तरह हमारा अच्छा-ख़ासा काफ़िला बन गया, पाँच बच्चे, जगदीश व मेरे सहित आठ प्राणी थे। तीन कानपुर वाले, दो पहाड़ी कुली। उन दिनों पहाड़ी मार्ग पर यात्रियों के लिए चट्टियाँ बनी होती थीं। हर चार-पाँच मील पर रास्ते के छोटे गाँव के किनारे दो-एक घर होते, जहाँ पुते साफ़ चूल्हे, लकड़ियाँ और पानी मिल जाता था। यात्री वहाँ खाना बनाते, खाते, विश्राम करते और फिर आगे चल देते थे। लोग किराया नहीं लेते थे, लकड़ियों और दूध वग़ैरह के दाम दे देते थे। हमने कक्कू और प्रदीप के लिए दो कंडी वाले पहाड़ी कर लिये थे। वह बच्चों को बैठाकर, पीठ पर लादी जाती थी, पर न कक्कू बैठने को राज़ी हुआ, न प्रदीप। कक्कू तो पैदल चलता रहा, पर प्रदीप माँ की गोद में जा चढ़ा। वह भला कहाँ, उसे उठातीं? उनके लिए ख़ुद ही चढ़ाई मुश्किल थी। हारकर जग्गू ने यह कर्तव्य निभाया। प्रदीप उसकी पीठ पर बैठ कर गया। कंडी वाले ख़ाली चल रहे थे कि कल्पना उचक कर एक कंडी में बैठ गई। हमने मना किया, पर कुली बोला, "आपने हमें तय तो किया है न। और हम लोग मन भर का बोझ लेकर भी पहाड़ पर चढ़ सकते हैं। इस बिटिया को बैठने दो।" दूसरी कंडी में फिर कम्मो को मनाकर बैठाया। बुग्गे को तो शौक़ से सभी कन्धे पर बैठाते थे। पर प्रदीप चपरासी तक के पास नहीं जाता था। जग्गू के लिए साढ़े तीन साल के बच्चे को, कन्धे चढ़ाकर, पहाड़ों पर चढ़ना-उतरना आसान नहीं था।

चलते-चलते बारह बजे चट्टी पर पहुँचे। सभी थक कर चूर थे। आराम करने लगे, पर मेरे लिए तो यह छूट नहीं थी—पहले बुग्गे को दूध पिलाया। इस बीच चपरासी से दो चूल्हे जलवा लिये—एक पर ढेर से आलू चढ़ाए, दूसरी आँच पर चाय का भगौना भर पानी रखाया। दूध ख़रीद कर मँगवाया। सबने चाय पी। बच्चा चपरासी को थमाया। दूसरा चपरासी अपने लोगों का भोजन बनाने लगा। ऊँचाई पर दाल नहीं ग़लती, घंटों लगते हैं। सुबह चढ़ाओ तो तीसरे पहर तक पकेगी। सो, नमकीन चावल और गीले आलू बनाए। साथ रोटी सेंकी। 'इन्होंने' जग्गू और दोनों बीबियों ने बच्चों के साथ खाया। मुझे फिर शाम के खाने की चिन्ता हुई। अगली चट्टी चार मील पर थी—पहुँचते-पहुँचते रात होनी थी—तब मेरे में खाना बनाने की हिम्मत नहीं हो सकती थी। दो किलो आटा चपरासी से गुँधवाया; शाम के लिए भारी पराँठे सेंके, दो कटोरदानों में भरे; एक कटोरदान भर सूखे आलू भूनकर रख लिये। तीन बज रहे थे। हम सब अगली यात्रा को चल पड़े। दूसरी चट्टी पर बस चूल्हे पर चाय बनाई। दोपहर के बने भोजन से काम चलाया। यही क्रम पूरी यात्रा भर चला। रात को ही मैं बुग्गे के दिन भर के लंगोट और गीले बिछौने धोकर फैलाती थी। सुबह तक वे फरहरे हो जाते थे। केदारनाथ यात्रा में गौरी-कुंड का जब तक उल्लेख न हो, वह अधूरी ही होगी। वहाँ एक ओर बर्फ़ीली अलकनन्दा शोर करती हुई पहाड़ों में से अपना गर्जन करती कल-कल, छल-छल करती बहती है तो दूसरी तरफ़ उबलते पानी का गौरी-कुंड था—जिसमें चावल पक जाते थे। मैंने भी कपड़े की पोटली में चावल धोकर बाँधे और पन्द्रह मिनट बाद निकाले तो वे पक चुके थे। दो पोटलियों

में इस तरह चावल बने। घी-चीनी या घी-नमक लगा कर सबने स्वाद से खाए। और कुछ वहाँ पर नहीं पकाना पड़ा। वास्तव में, सब ही चल-चल कर इतना थके होते थे कि इस तरह संक्षेप में बनाया भोजन सभी को बहुत स्वादिष्ट लगता था। रास्ते में ये गाँवों में दौरा भी करते और मुक़दमों के फैसले भी करते जाते थे।

पहाड़ से उभरा प्राकृतिक शिवलिंग ही मूल केदारनाथ का मन्दिर है। यहाँ पर पूरे विधि-विधान से इन्होंने पुजारी के निर्देशानुसार पूजा की। एक रात हम लोग वहाँ पर रहे। फिर हमारी लौटने की यात्रा शुरू हो गई। 'इन्होंने' रास्ते भर जाते-आते सुन्दर दृश्यों के कैमरे से चित्र भी बराबर खींचे थे। इस तरह पूरे अठारह दिन की पैदल चढ़ाई-उतराई के बाद हम कीर्तिनगर पहुँचे।

घर लौटते ही मुझे तेज़ बुख़ार चढ़ गया। चार-पाँच दिन मैं चारपाई पर रही। असल में, यह अनियमित श्रम और थकान का परिणाम था। पूरे काफ़िले में, यात्रा के दौरान, विश्राम का समय सबसे कम मेरे हिस्से ही आता था—सो, शरीर को आराम चाहिए ही था। दोनों बीबी जी मेरा बुख़ार उतरते ही कानपुर लौट गईं। रामो जीजी दिल्ली से लौट आई थीं। यहीं जग्गू का परिणाम निकला। उसकी बी.कॉम. में थर्ड डिवीज़न आई थी। रामो जीजी चाहती थीं कि वह अब कोई नौकरी कर ले। इनको जब यह पता लगा तो पहली बार घर में 'ये' ज़ोर से ऊँची आवाज़ में बोले। इससे पहले आज तक 'इनकी' ऊँची, ग़ुस्से से भरी आवाज़ किसी बच्चे ने नहीं सुनी थी। 'इन्होंने' जीजी और मुझे, दोनों से कहा, "एक बार थर्ड आ गया तो क्या? कानपुर में रहा—परेशानी होगी ज़रूर कोई। क्या जग्गू को क्लर्क बनाना है? एम. कॉम. फर्स्ट डिवीज़न में करेगा। नौकरी तो बढ़िया मिलेगी। अभी इसे पढ़ने दो। नौकरी नहीं करेगा यह।"

पर अब प्रश्न उठा—कॉलेज था ही नहीं, स्कूल तीन मील दूर श्रीनगर में था। कुन्तल-कल्पना रोज़ नहीं जा सकती थीं। पहाड़ में तो अपने पाँव ही सवारी थे। आख़िर यह निर्णय लिया गया कि मैं रामो जीजी सहित बच्चों को लेकर देहरादून में और कान्ति जी कीर्तिनगर में रहेंगे। बीच-बीच में जल्दी-जल्दी आएँगे। देहरादून में 'इनको' सरकारी काम से हफ़्ते-दस दिन में आना ही पड़ता था।

हम लोग सीधे पहले लक्ष्मी बीबी जी के जेठौत (जेठानी के पुत्र) श्री रणवीर सक्सेना के घर पहुँचे। वह स्वयं वहाँ कॉलेज में कला-विभाग में प्राध्यापक थे और उनकी पत्नी सरला वहाँ के सरकारी स्कूल में संगीताचार्या थीं। दोनों पति-पत्नी हमारा हृदय से सम्मान करते थे। 'मामा-मामी जी' कह कर हमेशा हमारा ध्यान रखा।

वहाँ पहले रंजीत क्वार्टर्स में फ़्लैटनुमा घर मिला। कुन्तल को आठवीं में भी प्रथम श्रेणी मिली थीं, पर वही वज़ीफ़ा नहीं ले सकी। कल्पना छठी में आ गई थी। कुन्तल नौवीं में थी। दोनों का दाख़िला सरकारी स्कूल में हो गया। जग्गू का प्रवेश एम. कॉम. में डी.ए.वी. कॉलेज में हो गया, जहाँ रणवीर थे।

बाद में नांगल राय रोड पर शर्मा जी का पहले महीने छोटा, दूसरे महीने बड़ा वाला मकान मिल गया। इसी में बच्चों के साथ हमने जीवन के सबसे शान्त, सुखमय दो वर्ष

व्यतीत किए। न सरकारी गतिविधियों की गहमागहमी, अफ़सरी औपचारिकताओं का बोझ और हाँ, न ही 'इनके' किसी क़िस्से-कहानी की आशंका। मैं और जीजी बच्चों में मस्त हो गए। कोई फ़र्नीचर नहीं था। कुन्तल-जग्गू बक्सों की मेज़ बनाकर, ज़मीन पर बैठ कर पढ़ते थे। शाम को रामो जीजी के साथ बैठकर संध्या करते। एक कोने में मन्दिर था। पहले भजन गाते और बाद में, जग्गू का कंठ भी सुरीला था, कुन्तल भी सीख रही थी, गाने। दोनों गाते बक्से का तबला बन जाता था। कल्पना भजन व गानों पर नाचती। यहाँ दोनों को कत्थक सिखाने के लिए एक गुरु जी की व्यवस्था भी हो गई थी। वे शाम को हफ़्ते में तीन दिन सिखाने आते थे।

रणवीर सक्सेना को घर में रम्मन के नाम से सब बुलाते थे। मैं भी इसी नाम से बुलाने लगी। सरला तो बहू थी ही, बच्चे 'भाभी' कहते थे घर में उन्हें, रम्मन को रम्मन दादा। रम्मन के चित्र बड़े प्रसिद्ध थे। वे बड़े ही मेधावी और परिश्रमी जीव रहे। अपनी आठवीं पास पत्नी को स्वयं पढ़ने की प्रेरणा देकर अपने समकक्ष खड़ा कर लेने वाला सच्चा जीवन साथी मैंने उसी को पाया। उन पति-पत्नी के बीच कहीं भी झूठे अभिमान या अहंकार की दीवार नहीं देखी।

वंचिता उपन्यास की विषय-वस्तु उन्हीं के वहाँ मिली। रम्मन ने ही हमें एक भोटिया कुत्ता छोटे-से पिल्ले के रूप में लाकर दिया कि हम लोग अकेले रहते हैं, तो वह हमारी रखवाली करेगा। छोटा था तो सँभल गया, पर भोटिया नस्ल की वजह से, बड़ा खूँखार निकला। आने-जाने वाले, पड़ोसी—सब तंग आ गए। हम लोगों ने एक बार उसे गुच्चू पानी तक छोड़ा, पर वह लौट आया। चुंगी के पास घर था। बस्ती ज़्यादा न थी। उसने वह कुत्ता सुरक्षा के कारण माँगा। वहाँ भी कुत्ते ने माल लाने वाले गाड़ीवान के बैल को काट खाया, सो उसने कुत्ता हमें लौटा दिया। अन्ततः पहाड़ से नीचे से आए एक दूधिये ने हमें उससे निजात दिलाई। जाड़े में करनपुर में आकर वे दूध बेच जाते थे। दूधिया बोला, "बहू जी! यह कुत्ता कोई शहर में पालने वाला है? हम लोग ऊपर पहाड़ पर जंगलों के आस-पास रहते हैं तो इन्हें अपनी भेड़, बकरियों और गायों की रखवाली के लिए पालते हैं। इस नस्ल के कुत्ते भेड़िये तक को पास नहीं फटकने देते, सो, वह ख़ुशी-ख़ुशी उस बला को हम से ले गया। ग़लत जगह क़ीमती से क़ीमती चीज़ बेचारी दुत्कारी जाती है। जंगल का भोटिया कुत्ता राजा था। हम शहर में उसे वश में कर प्रकृति के विरुद्ध काम कर रहे थे।

देहरादून की स्मृतियों में एक बंगाली परिवार अपने सुघड़ रहन-सहन के लिए हमेशा याद रहेगा। पति का वेतन अधिक न था। दो बच्चे व पति-पत्नी, पर कभी तंगी का रोना रोते नहीं देखा दोनों को। उनके साथ भी हम लोग घुल-मिल गए थे। तीन-चार मुर्गियाँ पालीं थी उन्होंने। सायंकाल बंगालिन केवल भात पकाती, दो अंडे उबालती, थाल में भात फैलाती और तनिक-सा घी का हाथ लगाती। फिर उबले अंडे चावल पर नमक-मिर्च मिलाकर चूरा करके बिखेर देती। पूरा परिवार एक साथ बैठ कर रात्रि भोज कर लेता।

आज की लड़कियाँ, मेरी देहरादून में जो बर्तन माँजने वाली शरणार्थी महिला

थी, उससे बहुत कुछ सीख सकती हैं। नारी का मान रखने को उस साठ-पैंसठ वर्ष की शरणार्थी वृद्धा ने अपने सफ़ेद बालों को किसी की दया पर नहीं छोड़ा था। हमेशा चमचमाते सफ़ेद सलवार-कमीज़-दुपट्टे में आई वह। उनके मुँह से पता चला, "मेरा बेटा नहीं है। मैं बेटी-दामाद के साथ रहती हूँ। दामाद बहुत अच्छा है, माँ की तरह मानता है, पर जब तक हाथ-पैर चलते हैं, मैं कपड़े या ऊपर के ख़र्च के लिए हाथ क्यों फैलाऊँ? छह-छह रुपये के दो चौके करती हूँ। एक तुम्हारा मिल गया और अठारह रुपयों में मैं बेटी को भी दस रुपये दे सकूँगी।"

दो साल वही रहीं। मूढ़े पर बैठकर बर्तन चमका जातीं दर्पण की तरह वह श्वेत-वसना, दमकते चेहरे वाली पंजाबी, कर्मठ वृद्धा अब नहीं होंगी, पर मेरे मानस में उसी तरह सुरक्षित हैं आज भी!

क्या विरोधाभास है—अब पढ़ी-लिखी, नौकरी करती लड़कियाँ सिर्फ़ हाई-फ़ाई लाइफ़-स्टाइल लिये, ख़ुद को बेचने से नहीं हिचकिचातीं। मूल्यों का हनन भयावह है।

मेरी लेखनी को भी पंख लग गए थे—बढ़िया कहानियाँ 'माली', 'छोटे कमीन, बड़े कमीन', 'सभ्यता की देन' इत्यादि लिखीं।

गर्मी की छुट्टियों में हम सब इस बार नरेन्द्रनगर गए। वहाँ के 'ये' एस.डी. एम. थे। यहाँ की कोठी बहुत सुन्दर थी। ऊपर बड़ी-सी टैरेस थी। नीचे के आँगन के ऊपर लकड़ी का एक चौड़ा-सा लट्ठा था, जो ऊपरी मंजिल की टैरेस की छत और आँगन की दीवार के पिछवाड़े वाले हिस्से के आर-पार फिट था। कक्कू-कम्मो टैरस पर खेल रहे थे। कान्ति जी घर पर ही फ़ाइलों में उलझे थे। मैं चौके में थी। एकाएक कक्कू के रोने-चिल्लाने की आवाज़ सुनाई दी। मैं रसोई से निकलकर ऊपर भागी, पर कक्कू डर के मारे चिल्ला रहा था, 'कम्मो गिर गई!' मेरी नज़र नीचे गई। कम्मो नीचे आँगन में ख़ून से लथ-पथ बेहोश पड़ी थी। मैं 'इनको' आवाज़ देती हुई नीचे की तरफ़ दौड़ी। 'ये' भी आ गए थे। कम्मो को गोदी में ले लिया। बिस्तर पर लिटाया। इन्होंने डॉक्टर को बुलाने, चपरासी को भेज दिया। हम दोनों, गीले तौलियो से कम्मो को पोंछने लगे; मुँह पर गीला लगते ही उसे होश आ गया, और डर के बोली, "अम्मा, फिर झगड़ा नहीं करूँगी।" कक्कू के रोते-रोते बताने से मालूम हुआ कि दोनों उस लट्ठे से एक साथ पार होना चाहते थे।

आगे-पीछे के झंझट में कक्कू का धक्का लगा और कम्मो नीचे गिर गई। डिटॉल से पूरा बदन पोंछने और कपड़े बदलने के बाद गर्म दूध में हल्दी डाल कर मैं कम्मो को पिला रही थी, जब डॉक्टर साहब आए। उन्होंने आते ही एक टिटनेस का इंजेक्शन दिया और दर्द की गोली दी। फिर कम्मो सो गई। डॉक्टर साहब ने हम से कहा, "शाम को उसे अस्पताल ले आइएगा, एक्स-रे ले लेंगे। हड्डी अगर अन्दर टूटी होगी, तो पता चल जाएगा। वैसे, अगर बड़ा फ्रैक्चर होता तो बच्ची चैन से सो नहीं सकती थी।" ख़ून भौं के फटने और ठोढ़ी में पत्थर लगने से निकला था। शाम को एक्स-रे में सब कुछ ठीक-ठाक आया। मैंने पुनः ईश्वर का मन-ही-मन धन्यवाद किया कि कम्मो को कहीं गहरी चोट नहीं आई। हाथ-पैर सब सही-सलामत थे। यह

चमत्कार से कम नहीं था हमारे लिए। 'ये' तो हमेशा की तरह घबरा इतना जाते हैं कि इन्हें अलग ढाढ़स बँधाना पड़ता है। कुन्तल-कल्पना अलग सहमी-सहमी-सी थीं। छट्टियाँ ख़त्म होने को थीं। सो, इनका सरकारी काम बना और हम लोग सब देहरादून आ गए।

कुन्तल की दसवीं की बोर्ड की परीक्षा थी और जग्गू का एम. कॉम. फ़ाइनल। राम-राम करके फ़ाइनल इम्तहान हुआ। इससे पहले कान्ति जी की बदली बस्ती हो चुकी थी। हमारे जाने का तो सवाल ही नहीं था—दोनों बड़े बच्चों की पढ़ाई थी 'ये' अकेले ही बस्ती गए थे।

इस बार गरमी की छुट्टियों में बच्चे कहीं नहीं गए। हम सब देहरादून में थे। इन दो वर्षों में हम लोग देहरादून में शान्तिपूर्वक रह रहे थे। मेरी बड़ी जीजी का परिवार मुश्किलों के दौर से गुज़र रहा था। करनाल में जीजा जी शाही तबीयत वाले तो थे ही। अपना जितना भी वेतन था, अपने शौक़ पर ख़र्च कर देते थे। बड़ा बेटा कैलाश आठवीं के बाद पढ़ने नहीं गया। बस-ड्राइवरी सीख कर छोटी-मोटी जगह ड्राइवर का काम करने लगा। उम्र उन्नीस पार कर चुकी थी, पर प्रभा और प्रेम मेहनती निकले। प्रभा ने ग्रेजुएशन के साथ स्टैनो और टाइप का काम सीखा था। प्रेम ने काँच के प्रयोगशाला में बनने वाले उपकरण बनाने का काम सीख लिया था। प्रभा को सरकारी नौकरी मिल गई, प्रेम भी दिल्ली में काम करने लगा। अब जीजी दोनों बच्चों के साथ पुरानी दिल्ली के गांधी नगर में स्थायी रूप से रहने आ गईं। इन्दर की पढ़ाई शेष थी, सो वह थोड़े दिन करनाल ही रहा। फिर बाद में वह भी बी.ए. के बाद दिल्ली आने वाला था।

देहरादून-प्रवास के दूसरे वर्ष में जीजी का पत्र मेरे पास आया, "कैलाश की अच्छी मामूली नौकरी, एक कम्पनी में मैसेंजर के तौर पर लग गई है। वह उगाही का काम करता है। कम्पनी की ओर से उसे एक मोटरसाइकिल भी काम के कारण मिल गई है। अब इसकी शादी के बारे में सोचती हूँ—अगर कोई ग़रीब कन्या भी मिल जाए तो कैलाश का घर बस जाता। करनाल होती तो मैं ख़ुद कर सकती थी। दिल्ली तो महासमुद्र है और हमारे लिए तो परदेस ही है न? क्या करूँ? तुझे ख़त लिखकर, बस मन हल्का कर लिया।"

बड़ी जीजी मेरी हर ज़रूरत के वक़्त पर माँ की तरह मेरे साथ खड़ी रहीं—मैं आज भी महसूस कर सकती हूँ—उनका मेरे पास भगवान के वरदान की तरह इशारा मिलते ही पहुँच जाना, चाहे उनको अपने घर-द्वार और बच्चों को कैसे ही छोड़ना पड़ा हो! उनका कर्ज़ तो शायद मैं अगले जन्म में ही उतार पाऊँगी।

उनका ख़त मिलते ही मैंने भी सोचा, सचमुच कैलाश सुधर गया है तो गृहस्थ बन कर और भी ज़िम्मेदार हो जाएगा। जीजी को भी बहू का सुख मिल जाएगा। मैंने एक छोटा-सा विज्ञापन हिन्दी अख़बार में दिया, "अट्ठाइस वर्षीय मिडिल पास, वैश्य युवक, कम्पनी में मैसेंजर के पद पर काम करने वाले के लिए मामूली पढ़ी, सुशील कन्या चाहिए। दहेज़ की कोई माँग नहीं।"

देहरादून का पता था, चार-पाँच पत्र आए। साथ ही, एक सज्जन हरिद्वार से स्वयं आ गए। उनकी अठारह वर्षीय मिडिल पास कन्या थी 'करुणा' नाम था। वह, आर्थिक दृष्टि से काफ़ी विपन्न लगते थे; ज़रूरतमन्द भी। ज़िद करके वह मुझे अपने साथ हरिद्वार ले गए। लड़की साँवली-सलोनी, स्वस्थ थी। मुझे पसन्द आई। फिर करुणा के पिता से मैंने कह दिया कि वह अपनी बेटी का एक फ़ोटो साथ ले जाएँ और दिल्ली जाकर लड़के का घर और काम की जगह देख आएँ। पसन्द आने पर हमारी माँग केवल गिने-चुने बारातियों को भोजन कराने की है। हमें केवल लड़की चाहिए। करुणा के पिता को सब पसन्द आया और शादी तय हो गई।

मैं थोड़ा पहले दिल्ली आ गई। बहू के ज़ेवर, कपड़ों की चिन्ता जीजी को थी। मैंने सुझाव दिया कि उनकी बुआ सास जो ज़ेवर प्रभा के लिए दे गई थी, उन्हें ही तुड़वा कर बहू के लिए गहने बनवा देंगे। कैलाश दस-दस रुपये महीना करके साल-दो साल में बहन के लिए ज़ेवर बनाने लायक रकम उन्हीं के पास जमा कर देगा। ऐसा ही जीजी ने किया।

मैं अपनी ओर से रुपये की मदद नहीं कर सकती थी, क्योंकि कान्ति जी मुझे तीन सौ रुपये देते थे। (उसी में से पन्द्रह रुपये महीना मुन्ना को भेजती थी, पन्द्रह रुपये लड़कियों के डांस-मास्टर की फ़ीस थी। शेष रामो जीजी का उधार देने के बाद जो बचता था—उससे घर चलाती थी)। मैंने अपनी कहानियों की पारिश्रमिक राशि के फलस्वरूप दो गिन्नियाँ अवश्य ख़रीद ली थीं। कुछ पैसे बचे भी थे, सो जीजी के साथ जोड़-तोड़ बैठा कर बहू के लिए साड़ियाँ भी ख़रीद ली गईं।

शादी सकुशल हो गई। बहू तीन दिन बाद हरिद्वार चली गई। बहू का द्विरागमन क्वार के नवरात्रों के बाद तय पाया गया। शादी जुलाई में हुई थी। मैं देहरादून लौट गई, पर अगले महीने ही मुझे कैलाश के निधन का दुःखद समाचार मिला। उसकी मोटर साइकिल दुर्घटना में घायल होने के बाद अस्पताल में मृत्यु हुई। मेरठ पहुँचने पर जीजी ने, किशन भाई ने सब बताया। जीजी के बहुत मना करने पर भी कैलाश सावन में करुणा से मिलने जाना चाहता था। उन्होंने कहा, "अच्छा, चले जाओ। बहू के लिए सावन की साड़ी भी दे दूँगी और बस का किराया भी। मोटर साइकिल पर मत जाना।" पर मानो कैलाश पर होनी सवार थी। उसने मोटर साइकिल पर ही, माँ को बिना बताए, हरिद्वार की राह पकड़ी। शायद रात में लाइट्स ने भी काम नहीं किया और मेरठ पास आते-आते रात हो चुकी थी। हाई-वे पर रोशनी कहाँ? सड़क के किनारे पड़े एक ड्रम से तेज़ रफ्तार से दौड़ती मोटर साइकिल टकराई, पलटी और कैलाश के गिरने पर उसके पैर उसी के नीचे दब गए। टैंक की लगी आग ने उसके पेट तक के भाग को बुरी तरह जला दिया। खेतों से लौटते गाँव वालों ने उसे निकाला। होश बाक़ी था, सो उसने मेरठ कबाड़ी बाज़ार का पता बता दिया था। मेरठ में प्यारे लाल अस्पताल में कैलाश को गाँव वालों ने भर्ती करा दिया। उन्हीं में से किसी ने कबाड़ी बाज़ार सूचना दी। भाई-भाभी रात दो बजे अस्पताल पहुँच गए थे। दिल्ली से जीजी और हरिद्वार से कैलाश के ससुर करुणा को लेकर आ गए थे।

डॉक्टरों ने जीजी से कहा, "मरीज़ की एक टाँग काटनी पड़ेगी, क्योंकि गैंगरीन हो गया है।"

कैलाश को जैसे ही यह पता लगा; उसने ज़ोर से कहा, "मैं टाँग कटने से, मरना बेहतर समझूँगा। टाँग काटने के बाद ड्राइवर ही नहीं रहूँगा। (ससुर को देख कर) आप करुणा को ले जाएँ। एक हफ़्ते बाद आ जाइएगा।"

वे सब बाहर आ गए और डॉक्टर ऑपरेशन की तैयारी के लिए चले गए। जब ऑपरेशन-थियेटर में ले जाने को कैलाश के बेड पर नर्स आई तो उसकी जीवन-लीला समाप्त हो चुकी थी। कैलाश का अन्तिम संस्कार मेरठ में ही हुआ।

उसके ससुर करुणा को नहीं लाए थे। सभी का कहना था कि करुणा को तेरहवीं पर भी न बुलाया जाए। तीन दिन की बहू की चूड़ियाँ क्यों बढ़ाई जाएँ? इस घातक मनःस्थिति से गुज़रने के बाद करुणा के बारे में सोचेंगे। तेरहवीं से पहले मैंने जीजी से कहा, "क्यों न प्रेम के लिए हम करुणा को स्वीकार कर लें? देवर ही तो है। बेचारी तीन दिन के लिए क्यों वैधव्य का दंड भोगे?"

जीजी शायद कैलाश की मौत से अभी उभरी नहीं थीं। मेरे सुझाव पर एकदम नाराज़ हो गईं, "निक्की! तुझे क्या हुआ है? कैलाश की तेरहवीं अभी हुई नहीं और तुझे करुणा की शादी की जल्दी पड़ी है। तीन दिन को घर में उसके क़दम पड़े और मेरा बड़ा बेटा चला गया। दूसरे के लिए सोचूँ भी कैसे? फिर प्रेम से भी तो पूछना होगा!" बात टल गई। तेरहवीं पर करुणा नहीं आई थी। उसके पिता भी यही चाहते थे। मैं एक दिन को दिल्ली भी गई, प्रेम व जीजी से बात करने को। उस समय उन दोनों को यह प्रस्ताव किसी भी तरह मान्य न था। करुणा की ज़िम्मेदारी वह पूरी तरह लेने को तैयार था, पर पत्नी की तरह नहीं, बड़े भाई की विधवा के रूप में। जीजी ने भी कहा कि वह उसे पढ़ा-लिखा कर अपने पैरों पर खड़ा कर देंगी। प्रेम के लिए मुझे उस समय लगा था कि गोरा, ख़ूबसूरत लड़का है। शायद करुणा जैसी लड़की उसे अपने योग्य न लगी होगी। वह विधवा उद्धार में क्यों त्याग करता? जीजी भी बेटे के मन को समझ गई होंगी या सचमुच ही करुणा को अपनी बहू को दुबारा सुहागन नहीं बनाने के पक्ष में होंगी। प्रेम से उसका विवाह उन्हें भी नहीं स्वीकार होगा। आज वे दोनों ही इस संसार में नहीं हैं। प्रेम ने बाद में भी विवाह नहीं किया। वास्तव में, वह शादी करना ही नहीं चाहता था। कुछ भी बाद में हुआ, पर उस समय जीजी और प्रेम का निर्णय करुणा के प्रति मुझे घोर अन्याय लगा था।

ईश्वर ने स्वयं ही करुणा के जीवन का फैसला कर दिया। उसे टाइफाइड हुआ। वह लैप्स हुआ और चालीस दिन रोग भोग कर करुणा भगवान को प्यारी हो गई।

इसी बीच टिहरी गढ़वाल से कान्ति जी का तबादला बस्ती हो गया था। हम सब देहरादून में ही थे। तीन महीने बाद 'ये' छुट्टी पर आए हुए थे। मैंने दिल्ली में जीजी को, करुणा की मृत्यु के बाद लम्बा-सा पत्र लिखा था। मेरे पास टिकिट रखे थे, पर कोई लिफ़ाफ़ा नहीं था। इनके काग़ज़ों में ख़ाली लिफ़ाफ़े अक्सर मिल जाते थे। बढ़िया स्टेशनरी रखना भी 'इनका' शौक़ था। चाहे वह टाइप के काग़ज़ हों, नए

फ़ाइल-कवर्स हों, राइटिंग पैड्स हों या छोटे-बड़े लिफ़ाफ़े—जो चाहो मिल सकता था। इत्तफ़ाक़ से उसी दिन अपने लिए एक लिफ़ाफ़ा ढूँढ़ने के चक्कर में 'इनका' बस्ती वाला खाना, मेरे हाथ से खुल गया। नीचे लिफ़ाफ़े देखकर, जिज्ञासावश, दो उठा लिये—और वे किसी बस्ती की लड़की के प्रेम-पत्र थे। और पैकेट उठाया तो 'इनके' लिखे उत्तर भी थे।

मेरा सिर घूम गया—बस्ती में परिवार का कवच भी नहीं था और कान्ति जी ने फिर एक मुसीबत मोल लेने की पूरी तैयारी कर ली थी। अब तक, ये सारे चलते-फिरते रोमांस मेरे लिए बस मुसीबत रह गए थे। 'इनकी' बेवफ़ाई नहीं। —स्वाभाविक था—मैंने 'इनसे' इस सम्बन्ध में खुलकर बात की। मेरे शब्द थे, "हर ज़िले में आप के साथ क्यों ऐसे क़िस्से जुड़ जाते हैं? अब आप दो सयानी लड़कियों के पिता हो, पैंतीस वर्ष के हो चुके हों। ये सब क्या शोभा देता है?"

कान्ति जी बोले, "ये लड़कियाँ ही मेरे पीछे पड़ती हैं। मैं कभी गम्भीरता से इस सबके बारे में नहीं सोचता। यह वाली बात भी यूँ ही थी। अब कुछ नहीं है।"

मैंने क्या करना या कहना था? हमेशा की तरह इनकी बात को सुन लिया और चुप रह गई। उम्र के इस पड़ाव पर, न मैं ख़ुद तमाशा बनना चाहती थी और न 'इनका' बनवाना चाहती थी। 'ये' प्रमोशन के सिलसिले में लखनऊ चले गए। बाद में मुझे 'इनके' बस्ती तबादले का कारण भी मालूम पड़ा। उन दिनों श्री सम्पूर्णानन्द जी यू.पी. के मुख्यमंत्री थे। वह टिहरी गढ़वाल से होते हुए केदारनाथ-बदरीनाथ जाने वाले थे। मुख्यमंत्री श्रीनगर का दौरा कर के ऊपर चले गए। शायद उनके पान ख़त्म हो गए होंगे। कलेक्टर साहब ने 'इनसे' कहा, "सौनरेक्सा! तुम देहरादून से दो सौ पान का बंडल ले आओ। चपरासी से उनको भिजवा देंगे तो मुख्यमंत्री जी को लगेगा, हमने उनकी छोटी-से-छोटी ज़रूरत का ध्यान रखा। वह ख़ुश हो जाएँगे।"

'ये' दूसरे दिन देहरादून आए। पान लेते समय, किसी ने इतने पान एक साथ लेने की वजह पूछी, तो बजाय अपने अफ़सराना ढंग से गोल-मोल उत्तर देने के, अपने पत्रकार वाले स्वभाव और ढंग की वजह से मज़ाक़ में बोले, "भाई! मंत्री जी के पान रह गए थे—हम उसी को लेने आए हैं। एक चपरासी अब इन्हें उन तक पहुँचाएगा।"

पत्रकारों को तो मसाला मिलना चाहिए नेताओं व अफ़सरों की टाँग खींचने का अख़बारों में पहले पृष्ठ पर छपा—'आगे-आगे मंत्री जी, पीछे-पीछे पान' और 'मंत्री जी के मँहगे पान, लाए देहरादून से अफ़सरान' इत्यादि-इत्यादि। मुख्यमंत्री ने न पान के लिए कलेक्टर से कहा था। न ही बाद में पान उन तक पहुँचे, पर कलेक्टर की उस बात से इतना हंगामा खड़ा होने की वजह से सम्पूर्णानन्द जी ने उस समय उनकी अच्छी-ख़ासी ख़बर ली होगी। उन्हें बाद में यह भी पता लगा कि सौनरेक्सा के कारण उनकी इतनी बदनामी हुई है। सो, इनका तबादला तुरन्त बस्ती हो गया था। ये वहाँ भी कुछ ही दिन टिके। फिर लखनऊ से, मुझे 'इनके' पत्र द्वारा ख़ुशख़बरी मिली कि प्रमोशन पर यह डिप्टी डॉयरेक्टर, सोशल वेलफ़ेयर बनकर लखनऊ ट्रांसफ़र होकर आ गए हैं।

अप्रैल का महीना। कुन्तल और जग्गू के सालाना इम्तहान हो रहे थे। उसी वक़्त कल्पना, कम्मो को खसरा निकल आई। कल्पना केवल तीन पर्चे ही दे पाई। रामो कक्कू-बुग्गे दोनों को सँभालने में लगी थीं। खसरे की वजह से मैं उन दोनों को अपने और दोनों बीमार बहनों से दूर रख रही थी। रात आँखों में कटती थी। 'ये' उन दिनों 'बस्ती' से लखनऊ जब आते, प्रकाश (देवर) की ससुराल लखनऊ में थी, उन्हीं के घर ठहरते थे। पत्र में लिखा होता, कौसर साहब के घर पर लखनऊ में हूँ। दाँत-दर्द के कारण छुट्टी पर यहीं रुका हुआ हूँ।"

इनकी बीमारी का हाल जानकर मैं देहरादून में और भी चिन्तित हो गई। एक दिन अकस्मात् मुझे बस्ती वाली उस लड़की, सावित्री का पत्र मिला, जो लखनऊ के 'महिला कॉलेज' की बी.ए. द्वितीय वर्ष की छात्रा थी और हॉस्टल में रहती थी। उसका सारांश कुछ इस प्रकार था, "आप मुझे नहीं जानतीं, पर मैं आपको जानती हूँ। आप सौनरेक्सा साहब की पत्नी हैं वे आपकी बहुत तारीफ़ भी करते हैं, पर सच मानिए, मैं चाहूँ तो उन्हें आप से जुदा कर सकती हूँ। वे मुझे बहुत अच्छे लगते हैं। मैं उन्हें जब चाहूँ, मुट्ठी में बन्द कर सकती हूँ—पर मैं यह नहीं चाहती कि वे आपको छोड़ दें। बस, आप मुझे अपनी छोटी बहन समझ लें तो कोई झगड़ा ही नहीं रहेगा। उन्हें छोड़ने में तो आप बहुत घाटे में रहेंगी।"

ख़त पढ़ते ही मैं ऊपर से नीचे तक सुलग उठी। क्रोध 'इन' पर था। मैं यहाँ बीमार बच्चों और घर-गृहस्थी को सँभालने में जीवन होम कर रही हूँ और कान्ति जी, बीमारी के बहाने लखनऊ में सावित्री के साथ मौज कर रहे हैं।

मैंने भी सावित्री को जो प्रत्युत्तर दिया, वह लगभग यूँ था, "सावित्री जी! आपका पत्र मिला। आप किसे और कब मुट्ठी में बन्द कर सकती हैं, मैं न जानती हूँ और न जानना चाहती हूँ। सौनरेक्सा साहब अच्छे आदमी हैं। अच्छी चीज़ सबको अच्छी लगती है। आपको भी वह अच्छे लगे, पर यह छोड़ने की धमकी देने की ज़रूरत नहीं है। कभी-कभी छूटनेवाले की जगह छोड़ने वाला घाटे में रहता है। मैं किसी धमकी से डरने वाली नहीं। घुटने टेकना मेरी प्रकृति ही नहीं है—चन्द्रकिरण।"

पन्द्रह दिन बाद, 'ये' देहरादून आए। गाली-गलौज, क्लेश करना मैंने कभी नहीं चाहा। बड़ी से बड़ी बात को, शान्ति से धैर्यपूर्वक हल करने की कोशिश की। यही वजह थी कि किशोर बच्चों व रामो जीजी को, इस बात की तनिक भी भनक नहीं पड़ी। हम पति-पत्नी की ऊँची आवाज़ भी, अब तक घर में, किसी ने नहीं सुनी थी। इनके आने पर, मैंने कुछ नहीं कहा। 'ये' मेरे मौन से परेशान थे। बोले, "लखनऊ पहुँचना है। तुम तो एकदम मौनी बाबा बन गई हो। माना, सावित्री वाली बात से नाराज़ हो, पर तुमने भी तो उसे कड़वा पत्र लिखा है।"

मैंने कहा, "जवाब गया चूल्हे में। आप यह क्यों भूल जाते हैं कि आपके पिता या मेरे भाई कोई भी हमारी इतनी बड़ी गृहस्थी को चलाने की स्थिति में नहीं हैं। अब तो कानून भी बिना तलाक़ लिये दूसरी शादी की अनुमति नहीं देता। हिन्दी लेखक समाज में कोई खलबली न भी मचे, पर अपनी बिरादरी में ज़रूर हलचल होगी। और

सबसे बड़ी बात—सरकारी नौकरी गई तो इन बच्चों का क्या होगा?"

हमेशा की तरह कान्ति जी ने अपनी ग़लती स्वीकार करते हुए सब कुछ भूल जाने का वायदा किया। विश्वास करना मेरी मज़बूरी थी।

हम लोग कौसर साहब के घर लखनऊ आ गए। थोड़े दिन उनके घर रहे, फिर 'न्यू हैदराबाद' में एक कोठीनुमा अच्छा घर मिला। उसमें हम एक ही महीने रहे थे कि लखनऊ महानगर निगम की गोमती के किनारे एक बड़ी कॉलोनी थी—रिवर बैंक कॉलोनी। वह अफ़सर और डॉक्टर वर्ग के लिए ही बनी थी। 'रेज़िडेंसी' के पीछे यह उस समय लखनऊ का पॉश एरिया था। 'भातखंडे संगीत विद्यालय' भी दूर नहीं था। वहाँ पहले ऊपर-नीचे दो मंज़िलों में बँटा बड़ा घर मिला पर हमने नहीं लिया, क्योंकि पाँच वर्षीय कक्कू बहुत ही नटखट था। ट्राइस्किल पर ही सीढ़ियों को पार करना चाहता। नीचे-ऊपर वाले में चौबीस घंटे उसकी रखवाली बड़ी मुश्किल थी—चढ़ने-उतरने में हड्डी-पसली टूटने का डर बना रहता था। सो, नीचे वाला सी-4/2 वाला मकान 'इन्होंने' एलॉट कराया। उसमें तीन कमरे; बाहर बरामदा, बड़ा लॉन, अन्दर भी एक बरामदा और बड़ा आँगन। पर बुलन्दशहर, एटा और बलिया की बड़ी-बड़ी कोठियों के सामने यह बहुत छोटा था। हम जैसे ही इस मकान में आए, कुन्तल बोली, "अम्मा! हम अब इतने छोटे मकान में रहेंगे?"

कुन्तल की दसवीं में सेकेंड डिवीज़न आई। मुझे अफ़सोस था, क्योंकि भूगोल की कॉपियाँ खो जाने से सभी परीक्षार्थियों को औसत अंक देकर छोड़ दिया गया था जबकि वह पर्चा कुन्तल का बहुत बढ़िया हुआ था—उसके नक़्शे तो पूरे-पूरे नम्बर के सही थे। ऐसे में, ख़राब पर्चे करने वालों का लाभ हुआ, पर कुन्तल जैसों की डिवीज़न ख़राब हो गई।

जग्गू की एम. कॉम. में प्रथम श्रेणी आई थी। 'नारी-शिक्षा-निकेतन' की इंटर कॉलेज की प्रधानाचार्या थी—श्रीमती स्वरूप कुमारी बख़्शी। वह स्वयं लिखती थीं, और मेरा नाम भी सुना हुआ था। कुन्तल का दाख़िला तो बोर्ड के फल के अनुसार फर्स्ट ईयर में हो गया। कल्पना बीमारी के कारण सातवीं की वार्षिक परीक्षा के पूरे पर्चे नहीं दे पाई थी, सो मैंने सोचा था कि मिसेज़ बख़्शी उसे आठवीं में नहीं लेंगी शायद, पर उन्होंने उसके छठी के वार्षिक और सातवीं के अर्द्ध-वार्षिक परीक्षा के परिणाम को देखकर उसे आठवीं में दाख़िला दे दिया। कम्मो बाल-शिक्षा-निकेतन की पहली कक्षा में दाखिल हो गई। कक्कू को पढ़ाने के लिए मुकुन्द सिंह नाम के इंटर में पढ़ने वाले लड़के को लगाया, जिसने उसे बहुत प्यार से पढ़ाया। उस मेहनती, मेधावी युवक के पिता नहीं थे, पर वह ट्यूशन करके अपनी पढ़ाई कर रहा था। जब कक्कू का मन पढ़ने को नहीं करता था, तब वह उसे गोमती किनारे या जू अपनी साइकिल पर बैठा कर ले जाता था, घुमाने के लिए।

तीनों लड़कियों का दाख़िला हो गया, कक्कू की ट्यूशन लग गई। बच्चों को भी नए मित्र मिल गए। पड़ोस भी अच्छा था। हमारे ऊपर की मंजिल में ख़ुदाई जी, बराबर में नीचे गुप्ता जी और गुप्ता जी के ऊपर पांडे जी रहते थे। जन्माष्टमी पर

कुन्तल, कल्पना और जग्गू ने मिलकर बढ़िया सांस्कृतिक कार्यक्रम तैयार किया। हमारे दालान में बाहर मन्दिर बना था और कार्यक्रम गुप्ता जी वाले बरामदे में किया गया। पांडे जी की भी दो लड़कियाँ जुड़वाँ—इन्दु-ऊषा कुन्तल से बड़ी थीं, पर उसकी सहेली बन गईं उनकी छोटी बेटी मंजू कल्पना के साथ थी। उनमें, उषा को गाने का शौक़ था। वे दोनों नारी-शिक्षा-निकेतन की इंटर की फाइनल कक्षा में थीं। उषा ने प्रोग्राम में हिस्सा लिया। जग्गू ने स्टेज सँभाला हुआ था। जग्गू ने भी मोनो एक्टिंग का अपना एक सुन्दर आइटम दिया। कुन्तल-कल्पना ने 'झनक-झनक पायल बाजे' फ़िल्म का 'नैन सो नैन नाही मिलाओ' गीत पर वही कत्थक-शैली वाला नृत्य प्रस्तुत किया। आख़िरी आइटम किसी ज़ोहरा नाम की पन्द्रह-सोलह साल की लड़की का राधा-कृष्ण से सम्बन्धित टुकड़ों पर आधारित कत्थक-नृत्य था। उसके साथ अपना तबला वादक भी था। सभी ने उसकी प्रस्तुति की दिल खोलकर प्रशंसा की। बाद में सभी जग्गू से पूछने लगे, यह नृत्य किस लड़की ने किया है? उसने बताया, "मेरे पास गुप्ता अंकल के जानने वाले कोई सज्जन आए थे कि यह लड़की भी इस प्रोग्राम में हिस्सा लेना चाहती है। मैंने रख लिया लिस्ट में। अभी हम सबको तो पहचानते नहीं। सोचा, यहीं-कहीं, किसी की बेटी होगी।"

फिर सबका ध्यान तबलची की तरफ़ गया। उनसे पूछा गया। तो पता चला जोहरा कि माँ कभी वेश्या थी, पर अब यह बच्ची तो शास्त्रीय नृत्य सीख़ती है घर पर और स्कूल में पढ़ती भी है। लड़की बेचारी सहमी-सी खड़ी थी—प्रतिष्ठित लोगों की प्रशंसा एकाएक घृणा में बदल गई थी। जिन अंकल से निवेदन करके वह इस उत्सव में भाग लेने आई थी; वे प्रोग्राम ख़त्म होने से पहले ही शायद चले गए थे। वह लड़की चुपचाप अपने उस्ताद के साथ तेज़ी-से चली गई। इस घटना ने मेरी एक मशहूर कहानी 'और सपना टूट गया...' को जन्म दिया, जो *ज्ञानोदय* में छपी थी बाद में।

पर पड़ोस में सभी लोग नाख़ुश से हो गए। श्रीमती गुप्ता, ख़ासतौर से बोलीं, "अरे बाबा! अब तो बस नाच-गाना ही होगा। सौनरेक्सा साहब के बच्चे न ख़ुद पढ़ेंगे, न किसी को पढ़ने देंगे।"

ऐसा न होना था, न हुआ। नृत्य-संगीत-अभिनय के साथ-साथ मेरी दोनों लड़कियाँ पढ़ने में सबसे आगे रही। हमारे घर में खुला वातावरण था। बच्चे अपना काम ख़ुद करते थे और लड़के-लड़की में कभी कोई भेद-भाव नहीं था।

ज़िन्दगी सीधी लीक पर चल ही रही थी कि एक दिन शाम को एक युवक और एक युवती साथ घर आए 'इनके' साथ। परिचय कराते हुए, कान्ति जी ने कहा, "ये भाई-बहन बस्ती के हैं। सावित्री महिला कॉलेज में पढ़ती है और अपने भाई की नौकरी के सिलसिले में मेरे पास आई है।" सावित्री बीस-बाईस साल की, गोरी-सुन्दर लम्बी युवती थी। नाम सुनते ही मेरा माथा ठनक गया।

अन्दर बुलाकर मैंने कहा, "आपको क्या कभी चैन से खुद रहना है और हमें भी रहने देना है या नहीं? इस सावित्री को घर तक ले आए! बाबूजी अलीगढ़ से

आए हुए हैं। रामो जीजी हैं। काम के लिए भई ऑफ़िस में आए, घर आने का क्या मतलब है?"

'ये' हँसकर बोले, "भई, नाहक बिगड़ रही हो। यह ख़ुद आई है भाई के साथ। कोई मैं बुलाने गया था? अभी चली जाएगी।"

जग्गू अब समझने लगा था। बाद में, मुझे पता चला कि ये दोनों, सावित्री और कान्ति जी होटल में साथ रहे थे। जग्गू बाहर चपरासी वग़ैरह से कुछ न कुछ सुनता होगा। उसने भी बताया, "मामी जी! यह लड़की ठीक नहीं है।"

पर सावित्री पर तो भूत सवार था। 'ये' दफ़्तर में रहते और वह घर आकर हमारे बड़े कमरे में घुस जाती; इनके कपड़े उलटती-पलटती। एक-दो कमीज़ों के कॉलर भी खींच कर फाड़ गई, बड़बड़ाती हुई बाहर चली जाती थी। बाबूजी और मैं बेहद परेशान थे। 'इनसे' कहती, "तुम डाँट कर उसे घर में आने से रोक दो।"

'ये' कहते, "मैं क्या बुलाने जाता हूँ? मैं तो ख़ुद डॉयरेक्टर साहब की लड़की की शादी के काम में जुटा हुआ हूँ। पहले ऑफ़िस, फिर उनके काम की भाग-दौड़!" पर कल्पना से पता चला, जब वह हॉस्टल जाती थी कभी-कभी सावित्री से मिलने तब वह उसके ख़त लाकर एक-दो बार पापा को देती थी। उसने मुझे बताने से मना किया था। पापा ने भी उसके हाथ जवाब भेजे थे। पर कल्पना को ज़्यादा समझ नहीं थी।

एक रात अनहोनी घटना हुई—रात के नौ बजे थे। 'ये' अभी बाहर से नहीं लौटे थे। सब खा-पीकर लेट गए थे। बाबूजी दालान में थे। दोनों कमरों में बच्चे व जीजी सो रहे थे। सिर्फ़ मैं बड़े कमरे में इन्तज़ार कर रही थी। दरवाज़ा खटका। मैंने खोला तो देखा, 'ये' खड़े थे, और 'इनके' पीछे बाहर दालान में सावित्री खड़ी थी। इतनी रात कॉलेज हॉस्टल से वह कैसे बाहर आई, वही जाने। मैंने घबरा कर कहा, "इतनी रात में यह यहाँ कैसे? इसे तुरन्त रिक्शे से कॉलेज भेजो।"

'इन्होंने' धीरे-से कहा, "रात को हॉस्टल गेट बन्द हो जाता है। इतनी रात में अमीनाबाद में सड़क पर तो छोड़ा नहीं जा सकता। ('महिला' कॉलेज अमीनाबाद में था।) आज रात यहीं रहने दो। सवेरे पाँच बजे यह हॉस्टल चली जाएगी।"

बाबूजी, लक्ष्मी बीबी जी (जो सवेरे ही कानपुर से आईं थीं) और रामो जीजी—सब थे घर के अन्दर। बाबूजी ग़ुस्से वाले थे। कुछ कर बैठते या कॉलोनी में पता चल जाए तो कितनी बदनामी होगी? मैं हत्प्रभ थी—क्या करूँ? 'ये' और सावित्री कमरे में आ गए। 'ये' बोले, "तुम बच्चों के कमरे में सो जाओ। मैं इसे मुँह अँधेरे ही अमीनाबाद पहुँचा दूँगा।"

उस कमरे का एक दरवाज़ा गैलरी में खुलता था। उससे मैं गैलरी में आ गई और भीतर से द्वार बन्द हो गया। क्रोध, अपमान, आत्मग्लानि से मेरा तन-मन जल रहा था। आँसू नहीं थे आँखों में। मैं किसी भी कमरे में जाती तो बात खुल जाती। गैलरी में अख़बार रखे थे। उन्हीं को बिछाकर, द्वार से टेक लगा कर बैठ गई बीच-बीच में ऊँघ भी गई हूँगी।

सवेरे मुँह अँधेरे बाबूजी गैलरी से बाथरूम की तरफ़ आए, तो मुझे देखकर चौंक गए। बोले, "बहू! तुम गैलरी में क्यों बैठी हो?"

मैं चुपचाप उठकर खड़ी हो गई। उन्होंने दुबारा पूछा तो मैंने धीरे-से कहा, "बाबूजी! सावित्री रात को हॉस्टल से भाग कर आ गई थी। रात को कहाँ छोड़ते? सो वह..."

मेरी बात पर ऊँचे स्वर में बोले, "सो, तुम अपना कमरा उसे सौंप कर ख़ुद गैलरी में रात भर पड़ी रही। यही न! तुमने उसे बाहर ही क्यों नहीं निकाला चुटिया पकड़ कर? ब्याहता हो, कोई मज़ाक़ है! मुझे जगा देतीं, मैं ख़ुद डिप्टी साहब और उसे, दोनों को बाहर खड़ा कर देता!"

इस आवाज़ से शायद दोनों जाग गए थे और चुपचाप सामने वाला दरवाज़ा, जो बाहरी दालान में खुलता था, खोल कर रिक्शे से अमीनाबाद चले गए होंगे।

मैंने बाबूजी को शान्त करते हुए कहा, "बाबूजी! दोनों को बाहर करने में कॉलोनी में शोर मचता। यहाँ भी सब हमारे शुभ-चिन्तक थोड़े ही हैं? तब भी नौकरी पर संकट आता और 'इनकी' नौकरी ही हम सबका सहारा है।"

बाबूजी चुप हो गए। किसी को और कुछ पता नहीं चला। मैंने या बाबूजी ने 'इनसे' बिल्कुल कुछ नहीं कहा, पर बाबूजी ने दूसरे दिन एक काम किया—सावित्री के घर, बस्ती कल्पना के हाथ से गुमनाम पोस्ट-कार्ड लिखवाकर डाल दिया। मैंने बहुत मना किया, पर बाबूजी ने कहा, "बहू! मैं भी वकील हूँ। कुछ अक्ल मेरे पास भी है। ये बदमाश लड़कियाँ माँ-बापू को भी धोखा देती हैं। वे बेचारे ख़र्च भेजते हैं, हॉस्टल में रखकर पढ़ाते हैं और ये चालू लड़कियाँ घर बिगाड़ती घूमती हैं।" मैं चुप हो गई।

पोस्टकार्ड का सन्देश कुछ इस तरह का था, "मैं सावित्री की एक सहेली आपको सूचना दे रही हूँ कि सावित्री पढ़ती-लिखती नहीं है। अब वह कॉलेज से हॉस्टल से ग़ायब होकर इधर-उधर घूमती है। यहाँ के डिप्टी डॉयरेक्टर सौनरेक्सा के घर ज़बरदस्ती पहुँचती है। सारे घर को परेशान करती है। आप अपनी लड़की को तुरन्त बुला लें। शुभचिन्तक सहेली।"

इसके चार दिन बाद, 'महिला-कॉलेज' से एक चपरासी आया। उसने कहा, "प्रिंसिपल साहिबा आप से मिलना चाहती हैं। कृपा कर आप मेरे साथ कॉलेज तक चलने का कष्ट करें।"

बुलाने का कारण तो एकाएक मेरी समझ में नहीं आया, पर मैं रिक्शा में बैठकर कॉलेज पहुँची। कुमारी कंचनलता सब्बरवाल 'महिला कॉलेज' की प्रधानाचार्य थीं; उन्होंने बाहर आकर मेरा स्वागत किया। ऑफ़िस में घुसे तो देखा, सावित्री और उसके साथ एक चालीस-पैंतालीस वर्ष की दुबली-पतली महिला भी उपस्थित थी। वह कुर्सी पर व कंचनलता अपने स्थान पर बैठीं। वह मेरी तरफ़ देखकर बरस पड़ी, "यही है उस दग़ाबाज़ डिप्टी की बहू।" प्रधानाचार्या ने तुरन्त सख्त स्वर में टोका, "देखिए, तमीज़ से बात करें। कसूर आपकी लड़की और साहब का है। आपका

इनसे इस तरह पेश आने का कोई मतलब नहीं है। आपके कहने पर मैंने सिर्फ़ इन्हें बुलाया है। आपको जो कहना है—शान्ति से कहिए।"

पर वह उसी तरह ग़ुस्से से कहती गई, "(सावित्री की तरफ़ एक बार देखा) इस कुलच्छनी से तो घर चलकर निबटूँगी! पर इन्हें (मेरी तरफ़ इशारा करते हुए) भी तो मालूम होना चाहिए कि हमने डिप्टी साहब को भला आदमी समझा था। हमारे परगने के अफ़सर थे। उनके हाथ हमने सावित्री के लिए कुछ कपड़े लखनऊ आते वक़्त भिजवाए थे कि साहब हॉस्टल में उसे यहाँ आने पर पहुँचा देंगे। उन्होंने हमारी बेटी को ही बहका लिया!"

मैं एकदम ख़ामोश, नीचा मुँह किए सुन रही थी। सावित्री एक कोने में चुपचाप खड़ी थी।

मिस सब्बरवाल ने कहा, "देखिए, आपकी लड़की दूध पीती बच्ची नहीं है। बालिग़ है, सब समझती है—इसलिए बराबर की दोषी है। मैं ऐसी लड़की को अब अपने हॉस्टल और कॉलेज में नहीं रख सकती। बदनामी से सभी डरते हैं। आप इसे तुरन्त घर ले जाएँ। जाकर मेडिकल भेज दीजिएगा। फ़ाइनल में बैठ सकेगी। मैं इतनी मदद करूँगी कि अटेंडेंस की कमी को विशेषाधिकार का इस्तेमाल करके पूरा कर दूँगी। साल-दो साल में आप इसकी शादी कर दीजिए। इसी तरह इस समस्या का हल हो सकता है। दूसरा कोई रास्ता नहीं बचा है हमारे पास।"

मैं बिना कुछ बोले घर आ गई। रास्ते में इतना तो अनुमान हो गया था कि यह उस बस्ती भेजे गए पोस्टकार्ड का परिणाम था। घर आकर बाबूजी और कान्ति जी को मैंने जो कुछ कंचनलता सब्बरवाल के ऑफ़िस में हुआ था, अक्षरशः बता दिया। सावित्री को उसकी माँ बस्ती ले गई थी। घर पर शायद पिता ने सावित्री से डरा-धमका कर सारी बातें विस्तार से मालूम कर लीं। 'इनके' लिखे पत्र भी ले लिये। कुछ ही दिनों बाद कान्ति जी को सावित्री के पिता का पत्र मिला। (मैंने उस पत्र को देखा नहीं था, पर बाद में पता चला था) वह खुले शब्दों में ब्लैकमेल वाली धमकी थी—

"आपने हमारी इज़्ज़त पर हाथ डाला है। आपको भारी जुर्माना देना होगा। मुझे तुरन्त तीस हज़ार रुपये दे दें। तभी मेरा मुँह बन्द रहेगा वरना आपकी नौकरी समझ लो, गई।"

प्रत्युत्तर गया या नहीं, मुझे आज भी नहीं मालूम, पर उस वक़्त इतनी बड़ी रकम कहाँ रखी थी? ऊपर से देखने को सरकारी गाड़ी, टेलीफ़ोन, ऑफ़िस में सारा रौब-दाब, पर सिविल सर्विस में वेतन तो सीमित होता था। नौकरी में 'इन्होंने' अपने बिन्दास स्वभाव से स्वच्छन्द, बिना तोल के बोलने के स्वभाव से अपने दुश्मन अवश्य बना लिये थे, पर जहाँ तक ड्यूटी का ताल्लुक था—बड़ी ईमानदारी और मेहनत से की थी। भेंट या रिश्वत का छींटा तक घर में कभी नहीं आया था। हमारी 'फोर्ड' कार एक बार कीर्तिनगर में गड्ढे में गिरी। सो, किसी तरह दिल्ली पहुँचा दी थी—और स्वराज्य बेचारा उसकी मरम्मत में जुटा था। दूसरी आने का प्रश्न ही नहीं था—पैसे कहाँ से आते?

सावित्री के पिता की माँग भी पूरी होने का सवाल कैसे उठता! नतीजा, सावित्री के पिता ने 'इनके' और सावित्री के प्रेम-पत्रों सहित सारा वृत्तान्त लिखकर कान्ति जी के डॉयरेक्टर राधाकृष्ण जी के कार्यालय में भेज दिया। वह चाहते, तो 'इनको' आसानी से बचा सकते थे। उनका इतना ही उत्तर पर्याप्त होता—'इस केस में मेरे अधीनस्थ अफ़सर के विरुद्ध न गबन का मामला है, न रिश्वत लेने का और न काम की लापरवाही का। आप उन पर सिविल केस कर दें। दोषी होने पर जो सरकारी फैसला होगा। पालन किया जाएगा।'

वह सौनरेक्सा साहब से ऊपर से अन्त तक मीठे बने रहे। अन्दर ही अन्दर, 'इन्हें' कानोकान ख़बर तक नहीं लगी और सी.बी.आई. को केस सौंप दिया। शिकायत तक की भनक 'इनको' नहीं लगने दी। यह तो उन्हीं की लड़की की शादी के इन्तज़ाम में दिन-रात एक किए हुए थे। उनकी नाराज़गी की वजह आज भी मुझे मालूम नहीं। परिवार में अलग संकट था। नवम्बर 1956 में बाबूजी बहुत बीमार पड़े। रामो और जग्गू दिल्ली जा चुके थे, क्योंकि जग्गू को दिल्ली में नौकरी की उम्मीद थी, पर दोनों जीजा जी, मुन्ना-मुन्नी, दोनों ननदें, प्रकाश-स्वराज्य उनके बहू-बच्चे-यानी सारा ख़ानदान जमा था—बाबूजी का प्रोस्ट्रेट का ऑपरेशन मेजर था। हमेशा की तरह कान्ति जी पहले तीन सौ रुपये देते पहली को, फिर बाद में महीने के तीसरे-चौथे सप्ताह में माँगने पर सौ-डेढ़ सौ दे देते थे।

13 दिसम्बर, 1956 हमारे लिए राहु की तरह था—'इनका' ऑफ़िस से फ़ोन आया, "मुझे सस्पेंड कर दिया गया है।" और बस फ़ोन रख दिया।

इनकी आवाज़ बिल्कुल रुँआसी थी। मैं सन्न रह गई। शाम को पूरी बात बताते हुए कान्ति जी ने इतनी सूचना दी"—राधाकृष्ण साहब ने मेरी पीठ में छुरा मारा है। इतने दिनों मेरे ख़िलाफ़ सी.बी.आई. इंक्वायरी हुई और मुझे हवा भी नहीं लगने दी। 'आज बस एक सस्पेंशन लेटर मेरे ऑफ़िस में भिजवा दिया।'

किसी से क्या कुछ कहना-सुनना था? बाबूजी तो मेडिकल कॉलेज में ऑपरेशन के बाद पड़े थे। शेष सारे मेहमान की तरह उन्हें देखने को एकत्र थे। रात को, अपनी परेशानी में, मुझे दूसरे संकट में डाल दिया, जब यह खीज़ कर बोले, "मुझसे अब एक भी पैसा मत माँगना। वैसे ही, अब आधा वेतन मिलेगा-और मैं अब अपना मुक़दमा लड़ूँगा या सब को देखूँगा?"

मैंने कहा, "और जो बाबूजी के लिए सारे लोग आए हुए हैं, उनसे क्या कहूँ?"

कान्ति जी ने एकदम दो टूक उत्तर दिया, "सबसे कह दो, अपने-अपने घर जाएँ। बाबूजी को हम लोग देख लेंगे। मुन्ना रह जाएगा बस!"

मैंने एक बार फिर, मर्यादा को आँच न आए, इसका बीड़ा उठाया। तत्कालीन व्यवस्था के लिए लखनऊ आकर एक मात्र इज़्ज़त रखने को सोने की चेन पहनने को ख़रीदी थी, वही दुबारा इज़्ज़त बचाने को मुन्ना के हाथों अमीनाबाद के कन्हैयालाल ज्वैलर्स के यहाँ दो सौ रुपये में बिकवाई। चेन के दाम ठीक मिल गए क्योंकि उन्हीं के यहाँ से मैंने ख़रीदी भी थी।

बाद में सारी बात खुलकर सामने आई कि सी.बी.आई. की जाँच कैसे चुपचाप पूरी हुई। कोई दफ़्तर का केस तो था नहीं। उन्हें सावित्री के पिता की शिकायत में ही, ख़तों से प्रमाण मिले, होटल में ठहरने के प्रमाण सावित्री की फ़ोटो पहचान कर मिल गए। आरोप सिद्ध हुआ और विभागीय कार्यवाही के अन्तर्गत सस्पेंशन आदेश जारी हो गया। इनके सेक्रेटरी का उत्तर भी आया, पर वह बड़ा गोल-मोल था।

समाचार-पत्रों को तो एक रंगीन अफ़साना मिल गया—*ब्लिट्ज़* तक में मसालेदार चटपटी ख़बर की तरह सब छपा। कहीं नाम सहित, कहीं बेनाम, पर लखनऊ भर में काफ़ी बदनामी उस वक़्त फैली। उस समय, कम्मो, कक्कू तो बहुत छोटे थे, पर कुन्तल-कल्पना नाजुक किशोरावस्था से गुज़र रही थीं। हमारे परिवार पर हर दृष्टि से यह घोर संकट काल था। बाबूजी की बीमारी, पैसों की तंगी। सबसे ज़्यादा बदनामी का तूफ़ान, उसमें पहली दो हों तो, सहानुभूति का वातावरण होता है—पर हमारे समाज में लड़की को लेकर कोई भी ऐसी-वैसी घटना में कोई फँस जाए तो ऊपर से सहानुभूति दिखाने वाले लोग भी, बाहर जाकर बातें बनाते हैं।

मेरे पास तो इन सबके लिए भी वक़्त नहीं था पर दोनों लड़कियाँ बहुत दुःखी थीं। कुन्तल वक़्त से पहले ही बहुत बड़ी और गम्भीर हो गई। चुप रह कर घर के कामों और पढ़ाई में लगी रहती, पर कल्पना एक दिन घर आकर बोली। मैंने प्यार से पूछा, "बेटे! किसी ने तुमसे कुछ कहा?"

"नहीं" वह बोली, "हमें लगता है, सब हमारी तरफ़ देख रहे हैं और आपस में कुछ-कुछ बोल रहे हैं।"

मैं उसकी और कुन्तल की मानसिक पीड़ा को महसूस कर रही थी, पर उनके सामने तो ढाँढस और सांत्वना के लिए अपने आँसू पीकर यही कहना था "बेटे! आँधी आने पर जैसे सब कुछ धूल से भर जाता है; पैर भी उखड़ने लगते हैं—उसी तरह हमारे लिए भी यह तूफ़ान आया है। मैं सब कुछ करती हूँ न! जीजी भी स्कूल जाती है, घर का काम अब ज़्यादा करती है। बहादुर की तरह तुम भी पढ़ने में ध्यान लगाओ। लोगों की तरफ़ मत ध्यान दो। थोड़े दिनों में सब भूल जाते हैं। पढ़-लिखकर अच्छे नम्बर लाना, बस यही तुम्हारा काम है। हमें मिलकर मुसीबत का सामना करना है। रोना मत कभी।"

कुन्तल-कल्पना ने इसके बाद मुझे कभी शिकायत का मौक़ा नहीं दिया। स्वराज्य-प्रकाश सपरिवार अपने-अपने घर चले गए। बाबूजी को भी अस्पताल से छुट्टी मिल गई थी, पर एक दिन 'इनसे' किसी बात पर घर आने के बाद कहा-सुनी हो गई, तो मुन्ना के साथ वह मुन्नी के घर कानपुर चले गए। दोनों बीबी जी भी कानपुर चली गई थीं।

पर घर में हर वक़्त 'इनके' मुक़दमे के सिलसिले में पुराने अफ़सर मित्र, वकील, एम.एल.ए. वग़ैरह लोगों का बराबर आना-जाना लगा रहता। श्री सुशील चन्द पांडे, श्री जे.एन. तिवारी जैसे सच्चे शुभचिन्तक अफ़सर थे। बस्ती के एक मुसलमान रईस शैदा हसन साहब मित्र बने—'इनसे' तीन-चार वर्ष छोटे, बड़े ही मिलनसार और

ख़ातिर करने वाले। कान्ति जी को बस्ती की पोस्टिंग के दिनों में उन्होंने अलग नहीं रहने दिया था। उनकी ख़ूबसूरत पत्नी और दो छोटे बच्चों ने बस्ती का इनका समय बहुत अच्छी तरह व्यतीत कराया था। देहरादून में शैदा साहब कान्ति जी के साथ भी एक-दो बार बस्ती से आए थे। इस संकट के दौरान, शैदा बराबर 'इन्हें' तसल्ली देने आए। घर आकर कहा, "कान्ति भाई! भाभी जी! आपको जब किसी चीज़ की ज़रूरत हो, मुझे ख़िदमत का मौक़ा दें। मुझे पराया न समझें। बस्ती में जब से आप मेरे साथ रहे हैं—मैंने आपको बिल्कुल अपना माना है। यह बुरा वक़्त आया है, गुज़र भी जाएगा। मैं हर तरह आपके साथ हूँ।"

इतनी मेहमानदारी हो तो काम तो रहता है, पर ईश्वर हमेशा ही सहायक रहे। कोई चपरासी वग़ैरह नहीं रहा था, पर त्रिलोकी हमेशा मेरे साथ था। बलिया से आया, तब छोटा-सा था। हमारे घर बच्चे की तरह रहा। घर पर ही उसे पढ़ाया। काम में थोड़ा साथ देता था। लखनऊ आते-आते बड़ा हो गया था, तब 'इन्होंने' अपने 'सोशल वेलफेयर' विभाग में चपरासी लगवा दिया था। जब सस्पेंशन हुआ तो त्रिलोकी उस वक़्त दूसरे अफ़सर के साथ लगा हुआ था, पर उसने हमारा घर नहीं छोड़ा। शाम पाँच बजे से सवेरे नौ बजे तक वह हमारे घर ही रहता रहा। सफ़ाई और बाज़ार से सौदा लाने में उसकी मदद मिल जाती थी।

एक महीना बीत रहा था। चेन बेच कर जो दो सौ रुपये आए थे, वे भी समाप्ति पर थे। मौखिक सहानुभूति देने सारा पड़ोस आता। यहाँ तक कि मेरठ की एम.एल.ए. प्रकाशवती सूद भी मिलीं तो अपनी मेरठ की लड़की का संकट दूर करने को मुख्यमंत्री से मिलने तक का आश्वासन दे गईं थीं। शैदा हसन भी तैयार थे सब कुछ करने को। पर समस्या एक-दो दिन की नहीं, पाँच बच्चों सहित पूरे परिवार के जीवनयापन की थी। हमें थोड़ी-मोड़ी मदद नहीं—आय का निश्चित-नियमित स्रोत चाहिए था। वह न मित्र और न रिश्तेदार कोई उपलब्ध करा सकते थे। स्वराज्य-प्रकाश या बाबूजी की दो-चार सौ की मदद तत्कालीन हल हो सकती थी, इससे ज़्यादा कुछ नहीं। 'इनसे' तो कुछ भी कहना या सुनना व्यर्थ था। अपनी परेशानी को लेकर ख़ुद ही उलझे रहते थे। मन में कहीं आक्रोश भी था। मेरे—'इन्होंने' कहते-कहते भी किसी की बात नहीं मानी और अपनी एक कमज़ोरी पर नियंत्रण नहीं किया—ज़िन्दगी भर की नेकनामी-नौकरी सब मिट्टी में मिल गई। यहाँ तक देहरादून वाली गिन्नियाँ बेच कर—पिछले साल कान्ति जी की आई.ए.एस. परीक्षा की फ़ीस जमा की गई थी (सस्पेंशन की वजह से वह फलीभूत नहीं हुआ; पर मुझे पूरा विश्वास है अपनी कुशाग्र बुद्धि और प्रतिभा से कान्ति जी उसमें अवश्य सफल हुए होंगे, पर अब उसका क्या ज़िक्र करना?)।

कहते हैं, अन्धकार जब बहुत गहरा हो जाता है, आशा की एक किरण अवश्य फूटती है। मैं देहरादून से आकाशवाणी पर प्रोड्यूसर के पद के लिए इंटरव्यू देने दिल्ली गई थी। उसमें साढ़े चार सौ पर बात भी हुई थी। श्री विष्णु प्रभाकर, श्री अमृतलाल नागर वग़ैरह सभी ने यह स्वीकार कर लिया था। मैं जब इंटरव्यू के

बाद देराहदून लौट कर आई, तो कान्ति जी से अपनी नौकरी के बारे में पूछा। उस वक़्त ज़रूरत नहीं थी, सो 'इन्होंने' मना कर दिया।

मैंने आकाशवाणी के डायरेक्टर जनरल तक पहुँचने का साहस नहीं किया था, पर मुझे सुमित्रानन्दन पन्त जी की याद आई। वह दिल्ली वाले इंटरव्यू में भी थे, इंटरव्यू लेने वाले पैनल में। दूसरे प्रयाग में 1946 में, लगभग दस वर्ष पहले, जब मुझे 'सेक्सरिया पुरस्कार' मिला था मेरे *आदमखोर* कहानी-संग्रह पर, तब पन्त जी मुख्य अतिथि थे और उस समारोह में उनके साथ मेरे चित्र भी खिंचे थे।

सो सुमित्रानन्दन पन्त जी का ध्यान आते ही मैंने 13 जनवरी, '56 को घर में किसी को भी बताए बिना इलाहाबाद फ़ोन किया और प्रोड्यूसर वाले पद के लिए हुए इंटरव्यू की याद दिलाते हुए कहा, "पन्त जी! उस समय मैंने वह ऑफर ठुकरा दिया था, पर आज मैं बड़ी मुसीबत में हूँ। क्या आप डायरेक्टर जनरल साहब से कहेंगे कि लखनऊ-आकाशवाणी पर मुझे वह कोई भी जॉब अभी दे दें?"

पन्त जी ने कहा, "किरण! वैसे तो मैं आकाशवाणी पर अब किसी भी पद पर नहीं हूँ, पर डॉयरेक्टर जनरल, जगदीशचन्द्र माथुर से मैं तुम्हारे लिए बात ज़रूर करूँगा।"

एक सप्ताह बाद ही 20 जनवरी को श्री अमृतलाल नागर हमारे घर आए। वह उस समय लखनऊ रेडियो पर ड्रामा-प्रोड्यूसर थे। आते ही उन्होंने कहा, "किरण! दिल्ली से डॉयरेक्टर-जनरल माथुर साहब का फ़ोन यहाँ के स्टेशन-डॉयरेक्टर के पास आया है कि तुम्हें तुरन्त यहाँ के 'महिला व बाल-विभाग' में स्क्रिप्ट राइटर के पद पर नियुक्त किया जाए। कल ही जाकर ज्वाइन कर लो।"

पन्त जी के रूप में इस समय भगवान ने मेरी मदद की कि उन्होंने माथुर साहब से फ़ोन पर तुरन्त मेरे सम्बन्ध में बात की, जिस कारण हमारी गृहस्थी की नाव को किनारा मिला। इतनी जल्दी जगदीशचन्द्र माथुर ने जो फ़ोन पर भी हमारी नियुक्ति का आदेश दिया—उसके पीछे कान्ति जी की मित्रता का हाथ था। वैसे वे आई.सी. एस. थे और बहुत बड़े-बड़े पदों पर रहे, पर प्रयाग विश्वविद्यालय में जब 'इन्होंने' बी.ए. में प्रवेश किया और यूनियन के सेक्रेटरी बन गए तब जगदीश जी कान्ति जी से दो वर्ष सीनियर थे और मित्र बन गए थे। सिविल सर्विस में आने के बाद वे हमारे भी घर आए थे, पर इस वक़्त दिल्ली में वह इतने बड़े पद पर थे कि सीधे उनसे बात करने का साहस मुझमें नहीं था। इस तरह संकट की इस घड़ी से उबारने का श्रेय माथुर साहब को भी बराबर का है। मैं मरते दम तक उन दोनों के इस ऋण से उऋण नहीं हो सकती। पन्त जी एवम् माथुर साहब—दोनों ने प्रकारान्तर से सौनरेक्सा परिवार की रक्षा की।

मैं दूसरे ही दिन आकाशवाणी पहुँची। स्टेशन डॉयरेक्टर से मिली। उन्होंने एक वर्ष के कॉण्ट्रैक्ट पर हस्ताक्षर करने को कहा। उन्होंने मुझे बताया, "आकाशवाणी पर आर्टिस्ट्स को सालाना ठेके पर ही रखा जाता है, क्योंकि वे स्थायी सरकारी कर्मचारी नहीं माने जाते। पर चिन्ता मत कीजिए। सभी का कॉन्ट्रैक्ट हर वर्ष परम्परागत रूप से रिन्यू हो जाता है। आप वेतन क्या लेना चाहेंगी?"

मैंने कहा, "जब प्रोड्यूसर की पोस्ट ऑफ़र हुई थी मुझे तब साढ़े चार सौ पर बात हुई थी।" उन्होंने बताया, "यहाँ प्रोड्यूसर की तो कोई पोस्ट ख़ाली है नहीं। दूसरे, इस वर्तमान पद के लिए आपसे सीनियर कवयित्री सुमित्रा कुमारी सिन्हा जी ने इतने वेतन पर ही छह महीने पहले 'ग्रामीण-विभाग' में इस पद को स्वीकार किया है। उन्होंने ख़ुद ही तीन सौ माँगे थे, इसलिए अब आपको इतने पर ही यह पद स्वीकार करना होगा।"

अस्तु, मैंने तीन सौ रुपये वेतन पर ही हस्ताक्षर कर दिए कोई विकल्प न हो तो मानना मजबूरी बन जाती है।

सुमित्रा जी मुझसे आयु में पाँच-छह वर्ष बड़ी थीं। उनका साहित्यिक प्रकाशन भी मुझसे पहले हुआ था। यहाँ रेडियो पर भी छह महीने सीनियर हो गईं। वैसे उनके लिए तीन सौ रुपये उस वक़्त कम भी नहीं थे—अकेली रह रही थीं। उनके पति चौधरी साहब उन्नाव में थे। बच्चे उन्हीं के पास छोड़, चौधरी साहब से झगड़कर, सुमित्रा जी अपनी माँ के पास लखनऊ आ गई थीं।

मेरे लिए तीन सौ रुपये दूसरी तरह अनमोल थे—कम-से-कम, घर के लिए स्थायी, नियमित रोटी-दाल का प्रबन्ध तो हो गया था। बच्चे चाहे अफ़सरी शान से न रह पाएँ, मैंने भी एक-एक पैसा बचाने के लिए अपने को पूरी तरह तैयार कर लिया था। मुझे ज़्यादा पैदल चलने का अभ्यास नहीं था। शादी से पहले ज़्यादातर घर ही में रही, कभी गए भी तो ताँगे में, दिल्ली में ट्राम थी। रेडियो जब गई दिल्ली में तो स्टाफ कार लाती-ले जाती थी। इनके अफ़सर बनने के बाद हमेशा कार में गई। रिवर बैंक कॉलोनी से रेडियो दूर था, सो रिक्शे वाले ने महीने के बीस रुपये माँगे, जो ठीक थे, पर मैंने सोचा, अगर मैं सिटी-स्टेशन से, जो हमारे घर से पैदल दस मिनट की दूसरी पर था, लाल-बाग जाने वाली सिटी-बस से बैठूँ, तो दस पैसे में काम बन जाएगा। हालाँकि लाल-बाग से भी कन्धारी लेन पार करके रॉयल होटल के बाद, तब कहीं आकाशवाणी आता था—कुल मिला कर रोज़ मुझे सात-आठ फर्लांग पैदल चलना पड़ता—पर कुल साढ़े तीन चार रुपये में मेरा आना-जाना हो जाता। बस, मैंने वही किया। सरकारी ऑफ़िस था—दस से पाँच तक का—एक घंटा दोनों तरफ़ से रास्ते के लिए रख लिया। रोज़ चलने पर पैदल चलने का अभ्यास भी पड़ गया।

अपनी कहानियाँ भी अब मैं उन पत्रिकाओं में भेजती, जो समय पर अच्छा पारिश्रमिक देते। एक-एक पैसा मैं दाँत से पकड़ने लगी। त्रिलोकी की मदद भी कुछ दिन बाद बन्द हो गई। उसे मुझे ख़ुद ही जाने को कहना पड़ा। बात यह हुई कि मैंने उसे गरम कोट जाड़े में पहनने को दिया। दूसरे दिन वह उसके बदन पर नहीं था। सर्दी में शाम को मैंने पूछा, तो बोला, "चोरी हो गया।" बात कुछ और थी। असल में हमारे घर के पिछवाड़े ग़रीब रिक्शा चालकों, टैम्पो चलाने वालों और माली, दूध वालों आदि की बस्ती थी। उन झोंपड़ियों का मालिक मौर्या था। उसका अपना मकान बस पिछवाड़े पक्का था। उन्हीं घरों की औरतें हमारे घरों में बर्तन-सफ़ाई आदि का काम करती थीं। मेरी महरी ने ही बताया कि मौर्या के यहाँ

जुए का अड्डा है और रात को हमारा त्रिलोकी वहाँ जाता है। आँगन की दीवार छोटी होने से वह दोनों ओर से फाँद कर आसानी से रात को आता-जाता था। हम लोगों को क्या पता चलता? कोट वह जुए में हार गया था क्योंकि एक दिन मैं सब्ज़ी लेने पिछवाड़े निकली, तो वहीं के एक आदमी को वह कोट पहने देखा। शक़ की कोई गुंजाइश नहीं रही। इतने सालों तक बच्चे को रखा था, नौकरी सरकारी लगवाई थी—पर एक आदत बुरी हो जाए तो दूसरी पड़ते क्या देर लगती थी, अभी अपना कोट हारा था, कल घर से कुछ भी चुरा सकता था। मेरी अपनी लड़कियाँ बड़ी हो रही थीं। सो, सब कुछ सोच-विचार कर 'इनसे' सलाह की और त्रिलोकी को घर से निकालना पड़ा।

अब घर में बस एक बर्तन मांजने वाली रखी। सफ़ाई का काम कुन्तल ने सँभाल लिया। मैं पाँच बजे उठकर खाना-नाश्ता तैयार करने में जुट जाती थी। रात में ही दो अँगीठियाँ लगा लेती थी। एक पर सवेरे पानी गर्म होता रहता सबके लिए दूसरी पर दाल, चावल, सब्ज़ी-रोटी बनती। फ्रिज और गैस तो उस वक़्त किसी के पास नहीं थे। हमने नौकरों के रहते हुए भी बच्चों में अपना काम ख़ुद करने की आदत रखी थी। बड़े सब बच्चे अपने कपड़े ख़ुद धोते थे। मैंने हमेशा घर में ख़ुद खाना बनाया। खाते समय पानी, बारी बाँधकर वे सब रखते थे। हुकुम चलाने की आदत नहीं डाली थी। इसीलिए इस संकट के समय सभी ने ज़िम्मेदारी का व्यवहार किया। बाहर कभी किसी का पता भी नहीं चला। समय पर पढ़ाई करते थे बच्चे। शाम को आकर मैं फिर रसोई सँभाल लेती थी।

मेरी आकाशवाणी की दिनचर्या पहले दिन से ही रोचक थी और दिन-प्रतिदिन व्यस्त से और अधिक व्यस्त होती चली गई। महिला विभाग के सेक्शन-ऑफ़िसर श्री मेहरोत्रा जी सज्जन पुरुष थे। दिल्ली रेडियो पर मैं आठ साल काम कर चुकी थी। ड्रामा-आर्टिस्ट थी। कविता-कहानी भी दूसरे-तीसरे महीने पढ़ा करती थी, इसलिए लखनऊ रेडियो का पहला दिन भी मुझे नया या अटपटा नहीं लगा। 'महिला विभाग' में संचालिका थीं—कुमारी कुसुम और श्रीमती स्वरूप रानी चक। वे दोनों आधा घंटे तक—'नमस्कार बहनो' से शुरू कर, 'अब वार्ता सुनिए' या...का लोक-गीत/सावन का गीत' या 'बहनों के पत्र सुनिए आदि से प्रोग्राम का अन्त करतीं।

मैंने पहले दिन ही मेहरोत्रा साहब से कहा, "यूँ तो जनवरी से मार्च तक का आपका तिमाही शेड्यूल बन चुका होगा, पर आप मुझे कुछ काम दीजिए वरना लेखक के नाते मेरी रिपोर्ट तो शुरू के तीन महीनों की निकल जाएगी।"

मेहरोत्रा साहब बोले, "मिसेज सौनरेक्सा! आपके लिए काम ही काम है। 26 जनवरी आ रही है—उसमें कुछ नयापन लाना सरल नहीं है आप कुछ चमत्कार कीजिए।"

मैंने कहा, "ठीक है, मैं अपने वाले 'महिला और बाल विभाग' के लिए दो वार्ताएँ लिख कर दूँगी। अच्छी लगे तो मैं पढ़ूँगी भी ख़ुद ही।"

वार्ताएँ लिखीं, ब्रॉडकास्ट भी हुईं और श्रोताओं के पत्रों द्वारा ख़ूब सराही भी गईं

और यह चन्द्रकिरण सौनरेक्सा, इस तरह पहले सप्ताह में ही लखनऊ आकाशवाणी पर, बतौर लेखिका जम गईं।

विद्यार्थी प्रोग्राम में अलंकारों पर किसी महाशय की वार्ता समय पर नहीं पहुँची। उस प्रोग्राम के संचालक चौबे जी बहुत घबराए हुए थे। मैंने उनसे कहा, "चौबे जी! आप चिन्ता न करें। दो घंटे में वार्ता आप तक पहुँच जाएगी। मैं अभी लिखकर देती हूँ।" और वार्ता यथासमय ब्रॉडकास्ट हुई।

चौबे जी की जान में जान आई और वह गद्‌गद हो कर बोले, "आपने बड़े संकट से मुझे उबार लिया। किन शब्दों में मैं आपका धन्यवाद दूँ? अगर आज आप यह वार्ता न देतीं, तो कल की मीटिंग में मेरी धज्जियाँ उड़ जातीं।"

जहाँ मेरे रचनात्मक काम से सब सन्तुष्ट थे, मुझे अपने सहकर्मियों के साथ तालमेल बैठाने में थोड़ी-सी कठिनाई आई। एक से डेढ़ बजे के आधे घंटे के लंच टाइम में सभी महिलाएँ कैंटीन में जाकर बड़ी अँगीठी पर पहले अपना खाना गरम करतीं, मिलकर खाना खातीं और बाद में चाय मँगाकर पीतीं। एक चाय का प्याला दस पैसे में मिलता था। मैं तो घर से दस बजे खाकर जाती थी, पर सब मेरे पीछे पड़कर मुझे चाय पिलाने के लिए कैंटीन चलने के वास्ते मज़बूर करते। एक-दो दिन मैं चली गई, फिर मेरे दिमाग़ ने सोचा, मैं इस तरह कैसे चाय पी सकती हूँ? मुझे भी तो इन्हें चाय पिलानी होगी–वे लोग गिनती में पाँच थीं। मेरी वैश्य बुद्धि ने सोचा, एक प्याला चाय की कीमत छह प्यालों में चुकाना महँगा सौदा है। ये पैसे भी बच्चों के काम आ सकते हैं।

अस्तु, मैंने लंच टाइम में लाइब्रेरी में बैठना शरू कर दिया। वहाँ किताबें और पत्र-पत्रिकाएँ उपलब्ध थीं, जिन्हें पढ़ने में, मेरा समय आराम से व्यतीत होता। मैं चाय पीने-पिलाने से भी बच जाती थी। मेरी स्थिति तलवार की धार पर चलने जैसी थी—पूरा बड़ा घर, पॉश कॉलोनी में रहकर चलाना आसान काम नहीं था।

'ये' तो अपने मुक़दमे की फाइलों और उससे सम्बद्ध लोगों से काम निकलवाने की धुन में जुटे रहते। इसी दौरान शैदा हसन साहब एक-दो बार रेडियो स्टेशन पर मुझसे मिलने आए। मैं दूसरी मंज़िल पर बैठती थी। उनके आने का समाचार मिलने पर मैं नीचे स्वागत-कक्ष में आकर उनसे बात करती। वह कहते, "कान्ति भाई दिन में घर पर मिलते नहीं, बच्चे स्कूल में होते हैं। इसलिए आप सबका हाल-चाल लेने मैं यहाँ आ जाता हूँ।"

शैदा हसन इतने रईस, ख़ानदानी मेहमान थे कि मुझे कैंटीन की घंटों उबली हुई मामूली चाय पिलाने में शर्म आती थी। एक-आध बार कहा भी मैंने, "शैदा, इतवार को घर आओ। सब मिलेंगे घर पर और ढंग से तुम्हारी ख़ातिर भी कर सकूँगी।"

वह हँसकर जवाब देता, "भाभी! बस्ती से मैं हमेशा लखनऊ किसी काम से आता हूँ और काम इतवार को नहीं, बीच के वीक-डेज़ में ही होते हैं।"

एक-आध बार सुमित्रा जी भी शैदा हसन के सामने मिलीं तो मैंने उनका एक-दूसरे से परिचय कराया। एक दिन शैदा हसन मेरे लिए रैक्सीन का बड़ा पर्स लेकर

रेडियो आए। बहुत महँगा नहीं था। (शायद मेरा पुराना पर्स देखकर उनके मन में यह ख़याल आया हो) मैं कुछ कहूँ, इससे पहले वह बोले, "देखिए भाभी, इनकार मत कीजिएगा।"

कान्ति जी बस्ती में पूरे छह महीने इनके घर मेहमान की तरह रह चुके थे। सो मुझे लगा, पर्स लौटाना शैदा का अपमान होगा। मैंने सोचा, पैसे मिलते ही इनके बच्चों के लिए स्वेटर बुनकर भेंट कर दूँगी।

सुमित्रा कमरे में ही बैठी थीं। शैदा हसन के जाने के बाद, मैंने उन्हें पर्स दिखाया, तो वह बोली, "चल तुझे एक आशिक़ मिल गया।"

मैंने ग़ुस्से से कहा, "देखो सुमित्रा! बड़ी होने का यह मतलब नहीं कि तू मेरे बारे में वाही-तबाही बके!"

सुमित्रा ने फिर अपनी बात दोहराते हुए कहा, "मुझे क्या ज़रूरत है छींटाकशी करने की? तू तो चश्मा लगा कर भी अन्धी है। मैंने उसकी आँखों में पढ़ लिया है। हर चौथे-पाँचवें दिन मिलने चला आता है। कभी सोचा है क्यों?"

मुझे सुमित्रा की सोच पर ज़रा भी विश्वास नहीं आया। मैंने उत्तर दिया, "भाई, तू चौधरी साहब से अलग होने के बाद एक-दो इश्क़ कर चुकी है! इसलिए तुझे ज़्यादा दिखाई देता है। मैं ऐसी बातों में अन्धी ही ठीक हूँ।" बस, इस तरह बात आई-गई हो गई।

रेडियो पर एक रिवाज यह भी था कि जिस लेखक-कलाकार और आर्टिस्ट की संरचना—ड्रामा, वार्ता, कहानी आदि को बड़ी मीटिंग या श्रोताओं द्वारा असाधारण रूप से सराहा जाता, उसे रॉयल होटल में अपने साथियों को चाय पिलानी पड़ती थी। 'ड्रामा विभाग' के जयदेव कमल और 'मज़दूर मंडल' के गिरधारी सिंह और मिसेज़ वर्मा आदि सभी ने अनेक बार ऐसी दावतें दी थीं। और इस परम्परा को निभाते हुए मैंने भी कई बार अपने सहयोगियों को रॉयल होटल में आमंत्रण दिया था।

मेरे मन में आया, क्यों न शैदा हसन को पर्स के लिए धन्यवाद-स्वरू्न रॉयल-होटल में ही चाय पिला दूँ? मैंने जब वह दुबारा रेडियो पर मिलने आए तो कहा, "भई! घर तो तुम रविवार को आते नहीं। चलो आज, पास में ही जो रॉयल होटल है, उसमें चाय पीते हैं। शर्त यह है कि आज की चाय देवर की तरफ़ से नहीं बल्कि भाभी की तरफ़ से होगी।"

शैदा तैयार हो गए। रास्ते में बोले, "अच्छा भाभी! मैं आपको कैसा लगता हूँ?"

मैंने जवाब दिया, "बहुत अच्छे लगते हो। तुम्हें मैं; अपने स्वराज्य-प्रकाश से किसी तरह कम नहीं समझती।"

वह फिर बोले, "मैं रिश्ते की बात नहीं कर रहा; वैसे ही आप अपनी राय मेरे बारे में क्या रखती हैं—बताइए।" मैंने भी सहज ही उत्तर दिया, "शैदा भाई, यूँ तुम दो बच्चों के बाप हो, एक ख़ूबसूरत बीवी के बेमिसाल ख़ूबसूरत मियाँ हो, पर यह भी सच है कि अगर अभी ही दस लड़कियों से तुम्हें पसन्द करने को कहा जाए तो सब की सब तुम्हें पसन्द कर लेंगी।"

इस तरह बातचीत करते हुए हम होटल पहुँच गए। लंच टाइम था, इसलिए वहाँ भीड़ थी। हम दोनों ख़ाली टेबल ढूँढ़ कर बैठ गए। चाय का ऑर्डर दे दिया।

अकस्मात् शैदा ने कहा, "भाभी! कान्ति भाई ने सच मानिए, आपकी क़द्र नहीं की!"

मेरी समझ में कुछ नहीं आया, पर मैंने उत्तर में कहा, "देखो शैदा 'क़द्र' शब्द बड़ा गहरा है। उनकी कुछ बातों को छोड़ दो। उन्होंने कभी मेरा अपमान या मुझसे दुर्व्यवहार नहीं किया, घर के किसी मामले में दखल नहीं दिया। अपने बच्चों को वह बहुत प्यार करते हैं। किसी भी बीवी को इतना मिल जाए—यही बहुत है।"

एकाएक शैदा का स्वर और अन्दाज़, दोनों ही जाने कैसे हो गए कि मैं स्तब्ध रह गई। मैंने सुना, वह कह रहा था, "कभी आपने मुझे उनकी जगह रखकर नहीं देखा। अगर ऐसा हो सकता तो ख़ुदा की क़सम अपनी सारी ज़िन्दगी आप पर वार देता। अब भी अगर आप एक नज़र दूसरी तरह डाल लें तो आपके सारे बच्चों की ज़िम्मेदारी उठाने को तैयार हूँ। मैं अमीरअली...के खानदान का हूँ। हम जुबान के पक्के होते हैं।"

मेरी समझ में अब आ गया था पर मैं तो मानो आसमान से ज़मीन पर आ गिरी। कुछ देर बाद मैंने जवाब में कहना शुरू किया, "शैदा! आज तुमने मुझे बड़ी तकलीफ़ पहुँचाई है। मैंने अपना एक मोहसिन भाई और एक हमदर्द देवर खो दिया। सोचा था, आड़े वक़्त में तुमसे मदद की उम्मीद रखते हुए कभी भी कुछ माँग लूँगी, पर मेरा वह सपना अब टूट गया। असल में, जो तुम्हारे दिल में इस समय जो मेरे लिए जज़्बात हैं वह इश्क़ नहीं-फ़क़त हमदर्दी है, जो एक मुसीबतज़दा औरत से किसी भी मर्द की हो जाती है। बुरा मत मानना—तुम्हारी बीवी है, बच्चे हैं—क्या तुम उनसे बेवफ़ाई नहीं कर रहे? सचमुच आज का दिन बड़ा ही मनहूस है।"

इस बीच कब बेयरा चाय रखकर चला गया, पता ही नहीं चला। मैंने कहा, "चलो, चाय ले लो, शैदा।" पर शैदा तो एकदम बुत बने बैठे रहे—फिर अचानक मेरे पैरों को हाथ लगाते हुए कहने लगे, "भाभी! आप मुझे माफ़ कर दें। सचमुच मैंने आपका दिल दुःखाया है। अब आपको अपनी सूरत कभी ज़िन्दगी में नहीं दिखाऊँगा।"

मैं घबरा गई और तुरन्त बोली, "अरे शैदा! ऐसा ग़ज़ब मत करना। तुम्हारा बिल्कुल न आना तो मेरे लिए और बड़ी मुसीबत खड़ी कर देगा। आपके कान्ति भाई ही हज़ार सवाल पूछेंगे। मैं क्या जवाब दूँगी? हाँ, यह ज़रूर तय है कि आज के बाद तुम कभी रेडियो पर मुझसे मिलने नहीं आओगे। घर पर शाम को कभी भी आओ पहले की तरह बच्चों से, 'इनसे' यानी हम सबसे मिलो। मेरे मन में तुम्हारे लिए कोई मैल नहीं है। इस वक़्त तो दस-पन्द्रह दिन बस्ती में ही जाकर घर पर रहो। मन शान्त होने पर लखनऊ आना और हम सबसे मिलना। तुम मेरे लिए स्वराज्य जैसे ही हो।"

मैंने चाय का बिल दिया और हम दोनों चुपचाप होटल से बाहर आ गए। शैदा अपने रास्ते पर मुड़ गए, मैं रेडियो लौट आई। अपने कमरे में आने के बाद मेरा मन काम में नहीं लगा। शैदा के प्रेम-निवेदन ने मुझे कहीं गहरी चोट तो पहुँचाई थी

ही पर साथ ही मेरी मूर्खता भी सिद्ध की थी। सुमित्रा की अनुभवी आँखों ने उसके असली भाव पढ़ लिये थे और मैं नितान्त अनभिज्ञ थी।

जब दुःख और ग्लानि से थोड़ी देर बाद मेरा दिमाग़ छुटकारा पा चुका तो जाने कहाँ से अवचेतन में सोई एक दबी-सी सन्तोष की लहर दौड़ने लगी। आज उसे छिपाने की मेरे पास कोई वजह नहीं है और न मैं उसकी ज़रूरत महसूस करती हूँ। कान्ति जी के आए दिन के प्रेम-प्रसंगों के कारण मैं सोचने लगी थी कि मेरे व्यक्तित्व में गोरे रंग और प्रभावशाली हाव-भाव की कमी है, जो 'ये' सुन्दर स्त्री की ओर आकर्षित हो जाते हैं। शैदा के प्रेम-निवेदन ने मुझे, मेरी इस हीनग्रंथि से मुक्त होने में मदद की। मैं असुन्दर नहीं हूँ। पैंतीस वर्ष की आयु में शैदा सदृश्य आकर्षक व्यक्ति को अपनी ओर आकृष्ट करने की शक्ति है। शैदा हसन पन्द्रह दिन के बाद घर आए। बाद में भी वह इसी तरह हमारे परिवार से जुड़े रहे। बच्चे शैदा चाचा से बहुत हिले हुए थे। शैदा ने फिर कभी कोई शिकायत का मौक़ा नहीं दिया। 'इनको' हमेशा बड़ा भाई और मुझे भाभी का मान दिया।

मेरे सबसे बड़े शम्मो भाई साहब रिटायर होने के बाद मेरठ रहने लगे थे। बड़ी भाभी, जो पेट की मरीज़ पहले से थीं, बहुत बीमार हो गईं। बड़े भाई ने अपना अलग मकान मेरठ में ख़रीद लिया था। दो दिन की छुट्टी लेकर मैं अकेले ही भाभी को देख आई थी। उनकी हालत, मुझे पता लग रहा था कि बहुत नाज़ुक थी—पर अपनी नई नौकरी और पूरे घर की ज़िम्मेदारी की मजबूरी की वजह से मैं ज़्यादा दिन मेरठ उनके पास सेवा करने से वंचित रह गई।

उधर एक महीने बाद ही बड़ी भाभी की मृत्यु का समाचार मुझे मिला। मैंने 'इनसे' कहा, "आप तो अपने काम में व्यस्त रहते हैं। मैं ही तेरहवीं पर मेरठ चली जाऊँगी।"

कान्ति जी का उत्तर अप्रत्याशित था, "अभी महीना पहले ही तो तुम गईं थीं भाभी को देखने अब जाकर क्या करोगी? पैसे-पैसे को दाँत से पकड़ती हो। यह ख़र्चा कहाँ से करोगी?"

मैंने चुपचाप 'इनकी' बात मान ली, पर उस बात को मानने का मलाल आज तक मेरे दिल में कहीं छुपा है। उसी दिन एक हमारी पुरानी परिचित पंजाबी महिला घर आईं। बाबूजी के अलीगढ़ वाले घर में वह किरायेदार रही थीं, और अब लखनऊ आकर रह रही थीं। कभी-कभी हमसे भेंट करने आ जाया करती थीं। हम सबसे बिल्कुल अपने परिवार वालों जैसा स्नेह रखती थीं। मुझे उदास देखकर बार-बार पूछने लगीं। पहले मैं टालती रही। चाय-पानी वग़ैरह में दिखाने को व्यस्त रही, पर जब बातचीत करने बैठी तो उनके बहुत ज़ोर देने पर मुझे वजह बतानी पड़ी। पूरी बात सुनने के बाद जो कुछ उन्होंने उस दिन कहा था, वह मुझे आज भी अक्षरशः याद है क्योंकि वह सनातन सत्य है। उनके शब्द थे, "तू भी बड़ी मूर्ख है, बीबी! अरे, दुनिया में सब कुछ दुबारा मिल सकता है—सात खसम कर लो, दस बच्चे बना लो; पर माँ जाया भाई दूसरा नहीं मिलता। तू भाई के इतने बड़े दुःख के समय नहीं पहुँची। उसे कितना बुरा लगा होगा?"

वह पंजाबी महिला तो चली गईं, पर जीजी का दिल्ली से मेरे पास ख़त आया, जिसमें वही बात साफ़ लिखी थी, "निक्की! तू भाभी की तेरहवीं पर क्यों नहीं पहुँची? हर एक रिश्तेदार—भाभी के मायके वाले ख़ासकर किशोरी और मँझली का तो मुँह बन्द था। मैं भी क्या जवाब देती कि निक्की क्यों नहीं आई? दुनियादारी जाने दे। बड़े भाई साहब ख़ामोश थे, पर मैं समझ रही थी। उन्हें तेरे न आने के कारण कितनी चोट पहुँची है?"

एकमात्र मौन ही मेरे दुःख का साथी था। आज मैं और किसी को नहीं, बस स्वयं को इतनी आज्ञाकारी पत्नी होने पर, दोषी ठहराती हूँ और यह कोई गर्व की नहीं, दुःख की बात है। पश्चात्ताप के सिवा मेरे हाथ कुछ नहीं लगा। हालाँकि जीजी को मैंने ज़रूर अपनी मजबूरियाँ बताते हुए उत्तर लिख दिया था, "जीजी! मेरे परिवार में फिर एक नया प्राणी आने वाला है—सो मेरी हालत अपनी सामान्य नहीं। दूसरे लड़कियाँ सयानी हैं। घर पर कोई और स्त्री है नहीं। तीसरे, दफ़्तर की नई नौकरी में छुट्टी नहीं मिली। पिछले महीने ही दो दिन की छुट्टी मेरठ जाने को ली थी। कोई समझे या न समझे, आप ज़रूर मुझे और मेरी मज़बूरी को समझ सकती हैं।"

जीजी बेचारी सब जानती थीं। एक बार फिर मेरी मदद करने के लिए उन्होंने रास्ता निकाला। उनकी जवाब वाली चिट्ठी में लिखा था, "मेरे करनाल की जान-पहचान वाली एक भटनागर महिला आजकल मेरे पड़ोस में रहती हैं। दिल्ली में अपनी बेटी-दामाद के घर रह रही हैं। असल में उनके पति पन्द्रह साल पहले साधू हो गए। बीच में बस एक बार, कुछ दिनों को आए थे सात-आठ साल पहले। उसके बाद आजतक कोई पता नहीं है उनका। कहो तो, उन्हें तुम्हारे पास भेज दूँ—अच्छी स्वस्थ दोहरे बदन की चालीस वर्षीय स्त्री हैं—बच्चे को ठीक से रखेंगी, पर जूठे बर्तन नहीं माँजेंगी।"

मैंने तुरन्त लिखा जीजी को कि वह उन्हें लखनऊ भेज दें। बर्तन यहाँ उन्हें नहीं साफ़ करने पड़ेंगे, महरी लगी हुई है। इस तरह पन्द्रह रुपये और खाने-कपड़े पर, वे हमारे घर आ गईं। बहुत ही हँसमुख, ज़िन्दादिल, रंगीन धोती सलीके से पहने, बड़ी-सी माथे पर बिन्दी; तीन-तीन बिछिए दोनों पैरों में। घर में घुसते ही तपाक से गले मिलीं और बोलीं, "भाभी जी! नमस्ते! तुम्हारी जीजी करनाल के नाते भाभी लगती हैं, सो तुम उनकी बहन भी तो भाभी ही हुई न।" फिर ज़रा सफ़ाई-सी देते हुए कहने लगी, "सोचती होगी, पति को साधू हुए पन्द्रह साल हो गए, मैं इतना बन-ठन के आई हूँ। मेरा सोचना सही है या ग़लत, नहीं जानती, पर मैं मानती हूँ 'वे' कहीं भी हों साधू वेश में सही, वहाँ हैं तो न? सुहागन हूँ—वियोग में कनसुरी-सी, मुँह बनाए बैठूँगी, तो क्या वक़्त कटेगा? कोई पास भी न फटकेगा। मैं इसीलिए ढंग से पहनती-ओढ़ती हूँ, हँसती-बोलती हूँ, चाहे कोई कुछ भी समझे!"

मुझे सचमुच उनका दृष्टिकोण बहुत स्वस्थ मन का परिचायक लगा। एकाएक मेरे सामने देहरादून वाली कर्मठ पंजाबी-शरणार्थी वृद्ध महिला का दमकता चेहरा घूम गया। परिस्थितियाँ विषम सही, हँसकर सामना करने वाले व्यक्तित्व, वह भी

स्त्रियों में, आम नहीं होते थे उन दिनों। ज़्यादातर घर में दबी-ढँकी औरतें सहानुभूति, भावुकता और अपने आँसुओं से दयनीय बनकर समय निकालती थीं।

उनका दिल से स्वागत करते हुए मैंने कहा, "नहीं बीबी जी, यहाँ कोई कुछ समझने वाला नहीं। आप शौक़ से पहनो-ओढो!"

मेरी सर्विस को कुल नौ महीने हुए थे, इसलिए 'मेटरनिटी-लीव' नहीं मिल सकती थी। कुल दस 'कैजुअल' और चौदह 'अर्न्ड-लीव' मेरे खाते में थीं। 30 अगस्त को मेरी तबीयत ख़राब थी सवेरे से, पर मैं छुट्टी बचाना चाहती थी, सो ऑफ़िस गई। पाँच बजे तक बमुश्किल वक़्त काटा। शाम को रिक्शे से घर आई।

दाई बुला ली थी। उसने देखकर कहा, "बच्चा कमज़ोर है। इससे देर लग सकती हैं। वैसे दो घंटे में आपको निबट जाना चाहिए।"

इतने में भटनागर बीबी जी बोल पड़ीं, "तुम इतनी बूढ़ी हो। भला जच्चा की कमर क्या थामोगी? तुम हटो, मैं सब ख़ुद कर लूँगी।"

मैंने कहा, "बीबी जी! आप क्या कर पाएँगी? आप तो दाई को पानी वग़ैरह गरम करके दे दो।"

वह हँस कर बोलीं, "भाभी! मैं ट्रेंड दाई हूँ। करनाल के एक अस्पताल में ट्रेनिंग ली है पर कायस्थ होने की वजह से दाई का काम करना ज़रा अच्छा नहीं लगा। सो अस्पताल में नौकरी नहीं की। यह तो घर की बात है।"

रात बारह बजे मेरा तीसरा बेटा दुनिया में आया। बच्चा बहुत कमज़ोर था, पर एकदम गोरा और सुन्दर शिशु था। नहला-धुलाकर लिटाया ही था कि कान्ति जी ने उसे गोद में ले लिया और बाहर ले आए। लड़कियाँ तीनों जाग रही थीं और कल्पना-कम्मो में झगड़ा होने लगा। कम्मो बोली, "यह मेरा भैया है! कक्कू कुन्तल जीजी का और बुग्गा कल्पना जीजी, तुम्हारा!" कल्पना बोली, "नहीं मैं गोरी हूँ, यह भी गोरा है। यह मेरा भैया है।" कुन्तल तो बड़ी थी और समझदार, इसलिए चुप रही।

रामो जीजी ने बड़ी मुश्किल से दोनों को मनाया और समझाया, "अरे पगली लड़कियो! क्यों बेकार में लड़ती हो? भाई कोई मिठाई थोड़े ही है कि बाँट कर खाई जाए? तुम्हारे तीनों भाई, तुम तीनों ही के हैं।"

नौवें दिन शुद्धि का बड़ा नहान हुआ। हवन हुआ। 'राशि' अक्षर से हमारे यहाँ नाम नहीं रखे जाते हैं। पाँचों बच्चों के नाम उनके पापा के 'कान्ति' नाम पर 'क' अक्षर से चुने गए थे। इसके लिए भी कई नाम सुझाए गए—कर्ण, कृष्ण, कुणाल, कनिष्क आदि-आदि, पर जैसा होता है, उसका घर का नाम तो सारे भाई-बहनों ने मिलकर 'शन्नो' रख दिया, पर दूसरा स्थायी नाम अनिश्चित ही रहा। रामो जीजी तो उसके बाद दिल्ली लौट गईं, क्योंकि जग्गू की नौकरी दिल्ली में लग गई थी। अब घर पर वहीं भटनागर बीबी जी शन्नो का ध्यान रखती थीं, वैसे भी छोटे बच्चे की तरफ़ से मुझे इतनी फ़िक्र नहीं रहती थी दफ़्तर में, क्योंकि कान्ति जी को नियमित रूप से दफ़्तर जाना नहीं होता था। सो, स्वयं शन्नो का बहुत ध्यान रखते थे। साथ ही, कुन्तल सबसे बड़ी थी—उसने, कल्पना और कम्मो के सहयोग से अपने नन्हे

भाई को कभी रोने नहीं दिया। कान्ति जी ने शन्नो की तस्वीरें (जैसा कि हमारे बच्चे के शैशव-काल में हुआ) खींचीं बहुत-सी और उसका एक चित्र *नेशनल हेरॉल्ड* में 'मी आफ्टर नेहरू' शीर्षक से प्रकाशित भी हुआ।

शुरू में दसवें दिन जब मैं रेडियो गई, (क्योंकि छुट्टी नहीं थी और कैजुअल लीव के साथ दूसरी छुट्टी नहीं ली जा सकती थी।) तब सभी का बर्फ़ी से मुँह मीठा कराया था—स्टेशन-डॉयरेक्टर से लेकर चतुर्थ श्रेणी के सभी कर्मचारियों का। मैं स्वयं एस.डी. के कक्ष में जब पहुँची तो उन्होंने कहा, "मिसेज़ सौनरेक्सा! आप आज काम बिल्कुल नहीं करेंगी—आपने अपने हस्ताक्षर आज के तो कर ही दिए होंगे बस अब चौदह दिन घर पर आराम करें।"

मैं रिक्शे से तुरन्त घर लौट आई। मेरे लेखकीय पद का प्रकारान्तर से लाभ यह भी था कि तीन महीने का एडवांस-शेड्यूल स्टॉक में लिख कर दिया जा सकता था—जो मैं एक महीने में ही पूरा करके पहले ही दे चुकी थी। सो, मैं स्वयं भी आरम्भ में अपनी देख-रेख में भटनागर बीबी जी से शन्नो सम्बन्धी सारे निर्देश कार्यान्वित करा चुकी थी।

शन्नो के जन्म के बाद कान्ति जी के एक अन्य अप्रत्याशित निर्णय से मोहल्ले में जगहँसाई और बदनामी की एक वजह बनी। हवन वाले दिन बहुत मना करने पर भी 'इन्होंने' अनेक मित्रों की दावत कर डाली। रामो जीजी और अन्य सभी ने मिलकर काम तो सँभाल लिया था, पर कॉलोनी की महिलाओं ने टिप्पणी की, "सौनरेक्सा नौकरी पर अभी बहाल नहीं हुए हैं—और इतनी बड़ी दावत की है। ज़रूर रिश्वत का रुपया बचा रखा होगा!"

मेरा मेरठ भाभी की तेरहवीं में पैसे की वजह से न जाना और शन्नो के जन्म पर दावत का होना—ये सिद्ध करते हैं कि कान्ति जी ने दोनों अवसरों पर पत्नी की बात नहीं मानकर परिवार की प्रतिष्ठा को ठेस पहुँचाईं। बाद में पछताने से कुछ नहीं होता। उसके बाद ज़िन्दगी फिर पूर्ववत् चलने लगी। रेडियो पर अपने निश्चित लेखन के अतिरिक्त किसी भी सेक्शन से कोई वार्ता, लेख नियत समय पर बाहर वाले लेखक का न पहुँचने पर मैंने 'मज़दूर-मंडल', 'किसान भाइयों की चौपाल', 'विद्यार्थी' और 'जनरल' —सभी विभागों से कह दिया था कि मुझे केवल चौबीस घंटे का समय चाहिए विज्ञान-विषय को छोड़ कर, किसी भी विषय पर वार्ता, संवाद, नाटक या कहानी लिखने के लिए।

बाहर से आने वाली सभी रचनाएँ हर विभाग मुझे ही भेजता था—उनको पढ़ कर जो ब्रॉडकास्ट योग्य होतीं, वे विभाग के अनुसार भिजवा देती (जो बहुत कम हुआ करती थीं); शेष 'वापस' का लेबल लगाकर, पृथक् कर देती। स्वयं ड्रामा-आर्टिस्ट नहीं थी, सो मेरी रचना कोई दूसरा भी पढ़ देता था। महिलाओं के कार्यक्रम, जो सप्ताह में दो बार प्रसारित होते थे, उसमें उपस्थिति अनिवार्य थी क्योंकि मंगल को यह कार्यक्रम लखनऊ से होता था और शनिवार को इलाहाबाद से और यदि वहाँ की लाइन किसी वजह से टूट जाए तो तुरन्त ही लखनऊ से आरम्भ करना पड़ता

था, जिससे श्रोताओं के लिए कार्यक्रम जारी रहे बिना किसी बाधा के।

एक बार के शनिवार प्रसारण में 'महिला' कार्यक्रम में इलाहाबाद की लाइन टूट गई। कुसुम ने तुरन्त एक रिकॉर्ड लगा दिया और मैंने एकदम जाकर अपने कमरे से, अपनी एक लम्बी पुरानी प्रकाशित कहानी 'किराये की माँ' ढूँढ़ कर निकाली, क्योंकि अभी लगभग प्रोग्राम का पूरा समय शेष था, जिसमें आपातकालीन रिक्त-स्थान की पूर्ति करनी थी। यह मेरी बहुत ही प्रशंसित कहानी थी, जो आठ साल पहले *सरगम* पत्रिका में प्रकाशित हुई थी। मैंने कहानी पढ़ी और इस तरह राम-राम करके उस दिन प्रोग्राम सम्पन्न होने पर हमने चैन की साँस ली।

पर दूसरे दिन अपनी प्रत्युत्पन्नमति के लिए सराहना मिलने के स्थान पर ड्यूटी ऑफ़िसर की टिप्पणी मिली, "आपने 'सनलाइट साबुन' का विज्ञापन कहानी में क्यों किया?" उत्तर दें। बात ठीक थी, पर कहानी के सन्दर्भ में, कुछ यूँ था, इसमें ग़रीब परिवार की सास ने छप्पर में खुँसी 'सनलाइट' की टिक्की बहू की पीठ पर मार कर कहा था—"जल्दी से साबुन से नहा ले।" दूसरे दिन ही शाम को मीटिंग में जाकर मैंने स्पष्ट किया, "यह कहानी रेडियो के लिए नहीं लिखी गई थी, इमरजैंसी में पढ़नी पड़ी। दूसरी बात, 'कहानी के सन्दर्भ में यह बताना था कि वह परिवार ग़रीबी के उस स्तर का था, जहाँ लोग 'हमाम' या 'लक्स' जैसे महँगे साबुन नहाने के लिए उपयोग में नहीं लाते थे। 'सनलाइट' आम ग़रीब आदमी के लिए सस्ता होने की वजह से ख़रीदना सम्भव था। बस, इतनी-सी बात है।"

बेचारे 'महिला-विभाग' के सेक्शन ऑफ़िसर की तो आखिरकार इस तरह जान बची और हमें अनुभव हुआ कि किस तरह होम करते हुए हाथ जल जाते हैं!

इधर घर में शन्नो दस महीने का हो गया था, घर भर का खिलौना। पर वह कमज़ोर होने की वजह से घुटनों ही चलता था, अभी खड़ा नहीं होता था, पर वैसे बड़ा फुर्तीला और घुटनों भी तेज़-तेज़ चल कर, साढ़े चार बजे ही शाम को बाहर की सीढ़ियों पर बैठ जाता, जो हमारे फ्लैट तक पहुँचने के लिए चढ़नी पड़ती थीं। वहाँ वह मेरी प्रतीक्षा करने लगता। सड़क चूँकि चलती थी, भटनागर बीबी जी को उसे गोद में लेकर खड़े रहना पड़ता। वह भीतर टिकता ही नहीं था। वैसे भी, सारे दिन उन्हें ही दौड़ाता होगा। सो, इधर वह मुझसे बराबर शिकायत करने लगीं, "भाभी! शन्नो के तो कानों में घड़ी लगी है। साढ़े चार बजे नहीं कि बाहर भागा। कितने खिलौने दो, बहलाने की कोशिश करो—काबू ही नहीं आता। दिन में भी इसी के पीछे भागते-भागते मेरी अब साँस फूल जाती है।"

मैं सीढ़ी पर ही शन्नो को गोद में ले लेती और भटनागर बीबी की ख़ुशामद करते हुए कहती, "बीबी जी! आपके दम से ही यह पल रहा है। थोड़ा बड़ा हो जाएगा तो बोलने लगेगा। समझ आ जाएगी तो कहना भी मानने लगेगा। अभी तो बहुत छोटा है न!"

उनके वेतन के दो सौ रुपये जमा हो चुके थे और वह अपनी बेटी के पास दिल्ली जाना चाहती थीं। बहुत रोकने पर भी वह जुलाई के अन्त में चली ही गईं।

बहुत कोशिश की, पर शन्नो के लिए कोई आया नहीं मिल पाई। हार कर मैंने रामो जीजी को पत्र लिखा। वह भी जग्गू का खाने-पीने का कोई प्रबन्ध करके ही आतीं न क्योंकि वे लोग अब ब्रजलाल जी से अलग रहते थे। सो, बीच के पन्द्रह दिन मुश्किल से कटे। कभी कोई लड़की छुट्टी लेती, कभी 'ये' अपने मुक़दमे के काम में से कुछ वक़्त निकालकर घर पर रहते जब तक दोपहर में लड़कियाँ घर न आ जातीं। उन दिनों केस का काम ज़ोरों से चल रहा था। शन्नो ने पकड़-पकड़ कर चलना सीख लिया था, पर जल्दी चलना हो तो घुटनों चल कर जहाँ चाहे पहुँच जाता। हर बच्चे की तरह, ज़रा आँख बची नहीं कि नल के नीचे जा पहुँचता। कभी बाथरूम में भरी बाल्टी से ख़ुद को भिगो लेता। ग़लती से भी खुला रह जाए टॉयलेट का दरवाज़ा तो नल वहाँ का, जो नीचा था, उसे झटके से खोल कर ऊपर से नीचे तक भीग जाता। दिन में बहुत बार उसके कपड़े बदले जाते, पर उसे जुकाम हो गया।

28 अगस्त को रामो जीजी आ गईं। 30 अगस्त को शन्नो साल भर का हो गया। वर्षगाँठ क्या मनानी थी—हलवा बना कर मन्दिर में चढ़वा दिया। सबको खिला दिया और रेडियो चली गई। उस बार जन्माष्टमी छह सितम्बर की पड़ी थी। हमारी छुट्टी दूसरी यानी गोकुल वाली जन्माष्टमी की थी, जो सात सितम्बर की थी। उस दिन शनिवार भी था। शन्नो की नाक बह रही थी। जुकाम तेज़ हो गया था, पर खाँसी नहीं थी। दिन भर प्रसाद बनाने में मैं और जीजी लगे थे। उसी दिन सरस्वती बीबी जी कानपुर से आ गई थीं। शन्नो लगभग सारे दिन, उनकी गोद में रहा। शाम को जब मैंने गोद में लिया तो उसका बदन गरम लगा। बुख़ार लिया तो 100 डिग्री निकला। मैंने शहद में दो बूँद ब्रांडी उसे चटा दी। सोचा, कल डॉक्टर को दिखा दूँगी। 'इनका' केस भी, उसी दिन की आख़िरी तैयारी के लिए खड़ा था। उसकी सुनवाई कल, यानी रविवार को, स्पेशल ट्रिब्यूनल में होनी थी। 'ये' बड़े वाले कमरे में, अपना जवाब तैयार करने में जुटे थे। 'इन्होंने' कह दिया था, 'मुझे आज रात बिल्कुल मत छेड़ना। मैंने रात भर जाग कर अपने केस की फ़ाइल पूरी करनी है।'

रात दस बजे रामो जीजी ने कहा, "निक्की! बच्चे की तबीयत ठीक नहीं है। तू बारह बजे तक भूखी मत रह। शन्नो को दूध पिलाना होगा तो भूखी-प्यासी क्या दूध पिलाओगी, आरती करके चाय पी लो, प्रसाद खा लो। भगवान का जन्म तो कल मथुरा में हो ही चुका है। खाना चाहे बाद में खाती रहना।"

रामो जीजी की बात मानकर दस बजे ही आरती कर ली। सब बच्चे प्रसाद खाकर लेट गए। मैंने भी शन्नो को दूध पिलाने को गोद में उठाया, तो महसूस किया उसकी पसली चल रही है। वह हाँफ रहा था। बुख़ार वही 100 डिग्री था! मैंने कान्ति जी से कहा, "लगता है, बच्चे को निमोनिया है। खाँसी नहीं थी इसे, इसलिए पहले पता नहीं लगा। चलो, इसे किसी डॉक्टर को दिखा लें।" 'इन्होंने' कहा, "आज रात की तो बात है। कल दिखा देना। आज मुझे परेशान मत करो।" और 'यह' फिर लिखने लगे।

मैं दूसरे कमरे में बच्चे को लेकर टहलने लगी, पर इसका हाँफना रुक ही नहीं रहा था। मैं फिर दोबारा गई, "तुम किसी डॉक्टर को बुला लो या शन्नो को लेकर

चलो। दो बार ब्रांडी देने पर भी उसकी साँस की धौंकनी में कोई फर्क नहीं पड़ा है। दूध तक नहीं पी पा रहा साँस के कारण।"

'ये' नहीं उठे, बोले, "बारह तो बज चुका है। सवेरे केस की फ़ाइनल हियरिंग है और मेरा स्टेटमेंट अधूरा है। ऐसा करो, जो जून में निमोनिया होने पर डॉक्टर ने शन्नो को टैब्लेट्स दी थीं, उन्हीं में से एक-दो बची थीं, वही शहद में पीस कर चटा दो। डॉक्टर के पास सवेरे चले चलेंगे। मुझे मत उठाओ इस वक़्त!"

शन्नो रामो जीजी के पास था। मेरे बाहर निकलते ही इन्होंने दरवाज़ा अन्दर से बन्द कर लिया। जैसा इन्होंने कहा था, डॉक्टर ने जो पिछली बार गोली शन्नो को दी थी, वह पीसी और शहद में मिलाकर चटाई। उसका कोई फायदा नहीं हुआ। साढ़े तीन बज रहे थे। मैं उसे कन्धे लगाए, कमरे में चक्कर लगा रही थी; लगभग छह घंटे से चलते-चलते, खड़े-खड़े, मेरे पाँव सूज गए थे; दर्द से एड़ियों में टपकन हो रही थी, पर मेरा सारा ध्यान सिर्फ़ बच्चे की साँस की आवाज़ पर था। उसका हाँफना जारी था। रामो जीजी ने फिर इनका दरवाज़ा खटखटाया, आवाज़ दी, "कान्ति!" पर अन्दर से 'ये' झल्लाकर बोले, "जीजी! अब तुम भी परेशान करने लगीं?"

रामो चुपचाप पलट आईं। बच्चे को देख कर बोली, "निक्की! मैंने अपने दो बच्चों की मौत देखी है। शन्नो के होंठ काले पड़ चले हैं। जल्दी डॉक्टर को दिखा। सुन, हम दोनों बलराम अस्पताल चलते हैं।"

अस्पताल पिछवाड़े से हमारे घर से चढ़ाई चढ़ कर एक किलोमीटर की दूरी पर होगा। सरस्वती बीबी जी को बताकर हम दोनों शन्नो को गोद में लेकर अस्पताल के लिए निकल पड़ीं। तब तक साढ़े चार बज चुके थे। हम वाई ब्लॉक ही पहुँचे होंगे की पीछे से 'ये' दौड़ते हुए आए। सरस्वती बीबी जी ने शायद 'इन्हें हमारे जाने की बात कही होगी। वहीं ब्लॉक में एक पैथोलॉजी के डॉ. तिवारी रहते थे। वहाँ लाइट जल रही थी। उनके खाँसने की-सी आवाज़ भी सुनाई दी, जैसे कोई कुल्ला आदि करने में करता है। सोचा, क्यों न इन्हें पहले दिखा लें? हम सीढ़ियाँ चढ़कर उनके घर पहुँचे। उन्होंने तुरन्त दरवाज़ा खोला, बच्चे को अच्छी तरह देखा और बोले, "खाँसी और तेज़ बुख़ार न होने से, पता नहीं चला आप लोगों को इसे डबल निमोनिया है। रात को ही डॉक्टर को क्यों नहीं दिखाया?"

मैंने कहा, "डॉ. साहब! मैंने शहद के साथ इसे दो बार बूँद-बूँद भर ब्रांडी दी थी; फिर जो पहले डॉक्टर ने 'पैन्सिलीन की गोली इसे जून में निमोनिया होने पर दी थी, वह शहद के साथ पीसकर चटाई थी, पर फर्क कुछ नहीं पड़ा।"

डॉ. तिवारी बोले, "पेन्सिलीन ने इसका कफ एकदम सुखा दिया। इसे ऑक्सीज़न चाहिए थी। रात को अस्पताल में लग जाती तो अब तक तो बच्चा ठीक हो जाता। पूरी रात आप लोगों ने बच्चे की साँस की हँफनी सुनी होगी। आज संडे है। अस्पताल वाले भी निश्चिन्त ऊँघ रहे होंगे। मैं एक टेबलेट लिख रहा हूँ—सौनरेक्सा साहब आप तुरन्त साइकिल से जाकर 'कृष्णा मेडिकल' से ले आइए—वह 24 घंटे खुला रहता है! (मुझ से बोले) "आप धीरज रखिए! हालाँकि बच्चे को लाने में देर कर

दी है। मैं अभी तैयार होकर; आपके घर पहुँचता हूँ। दिन चढ़ते ही, आपके साथ अस्पताल चलूँगा।"

'ये' साइकिल पर अमीनाबाद दौड़े, मैं और रामो जीजी शन्नो सहित घर लौटे। मेरे में खड़े होने की भी शक्ति नहीं रह गई थी। आते ही चारपाई पर बैठ गई। उसी वक़्त, मेरी गोद में शन्नो ने ज़रा सी आँख खोली, मुँह भी खोला, जैसे दूध माँग रहा हो।

जीजी बोली, "निक्की! जल्दी दूध पिला इसे!" मैंने तुरन्त आँचल हटाया और शन्नो को छाती से लगा लिया। रात भर का भरा दूध था, दोनों ओर से बहने लगा। उसने दो-तीन चुस्कियाँ ही लीं और एकाएक पीना बन्द हो गया और उसका सिर मेरी गोद में लुढ़क गया। मैंने घबराकर उसे हिलाया और जीजी ने कहा: "जीजी! शन्नो दूध पीना छोड़ के निढाल लेट गया है।"

रामो जीजी ने उसे छुआ, नाक पर हाथ रखा। फिर भरे गले से कहा, "निक्की! शन्नो तो गया।"

एक क्षण मैं कुछ समझी नहीं। फिर लगा, घर जैसे घूम रहा है। मन में हूक उठी, मेरा बच्चा बिना इलाज के चला गया! लोग कहते थे किन्नो (किरण) की गोद में सौरी से हाल का पैदा बच्चा दे दो वह बच जाता है—और...और उसी गोद में उसका अपना जाया, बिना इलाज़ दम तोड़ गया। आँखों से आँसू और वक्ष से दूध की धार बह रही थी—नि:शब्द!

पाँच मिनट बाद 'ये' दवा लेकर लौटे, पर गोद में शन्नो और मेरी दशा देखकर हाहाकार कर उठे। फूट-फूटकर रोने लगे। कान्ति जी तो यूँ भी नन्हे बच्चों पर जान देते थे। शन्नो को तो परिस्थितिवश सबसे ज़्यादा अपने हाथों से सँभाला था, सो वह जब उनकी अपनी वजह से चला गया था—तब तो दारुण पश्चात्ताप का भी अन्त न था। उसकी रुलाई भी हृदय-विदारक थी। और मुझे कुछ याद नहीं कि कब कॉलोनी के लोग आए। 'ये' शन्नो की मिट्टी मेरी गोद से ले गए। मैं पत्थर की मूर्ति बनी सारे दिन वहीं बैठी रही। रात में रामो जीजी तीन साल के बुग्गे को लाईं और मेरी गोद में उसे डाल दिया। बेचारा, सारे दिन से, अलग रहकर सहमा-सहमा और रुआँसा-सा हो गया था। वह 'मम्मी! मम्मी!' कह कर मुझसे चिपट गया। जीजी बोली, "निक्की! इतनी पागल मत हो जा। जो चला गया, वह तो नहीं आने का कभी। क्या इसे भी बीमार करना है? इसका मुँह देख। लड़का आधा रह गया है।"

सचमुच बुग्गे के स्पर्श ने मुझे संज्ञा-शून्यता की स्थिति से बाहर निकाला और जीजी की आख़िरी बात भी मुझे सुनाई दी। मैंने उसे, अपने से कसकर चिपटा लिया और कहा, "नहीं जीजी! आप चिन्ता न करो। सवेरे तक मैं ठीक हो जाऊँगी।"

रामो जीजी ने ज़बरदस्ती शरबत पिलाया मुझे। मैं भी उठी और मुँह-हाथ-पैर धोकर बैठ गई। सरस्वती बीबी जी ने रसोई सँभाली हुई थी, बच्चे भी सब दु:खी थे। तीनों लड़कियों का रो-रोकर बुरा हाल हो रहा था। कक्कू बेचारा अलग सहमा-सा घूम रहा था। 'इनके' पास लोग आते रहे। रात को जब हम सब साथ बैठे, तब कान्ति ने बताया, "जब रामो जीजी! मुझे कल रात बुलाने के बाद चुप हो गईं तो मैंने फिर

अपना काम शुरू किया; और थोड़ी देर बाद जाने कब मेरी आँख लग गईं। मैंने देखा, मेरे नाना जी सामने खड़े हैं, और कह रहे हैं, हम तुम्हारे घर आए थे। तुमने कद्र नहीं की न, अब हम जा रहे हैं..." मुझे लगा, वह सच बोल रहे थे। शन्नो ही तो मेरे नाना जी थे। जितना ज़्यादा मैं उसके साथ रहा—किसी बच्चे के साथ रहने का मौक़ा नहीं मिला था। और कल रात जैसे यमराज ने मुझे बाँध लिया था। शन्नो की साँस की हँफनी मैंने अनसुनी की और वह मेरी ही वजह से चला गया।" और फिर 'ये' रोने लगे।

रामो जीजी और सरस्वती बीबी, दोनों ने इन्हें चुप कराया। जीजी बोली, "होनी को कौन टाल सकता है? शन्नो का इतना ही साथ हम सबकी किस्मत में था। अब तुम दोनों जो हैं बच्चे—उनकी तरफ़ देखो।"

सब सोने चले गए। मैं भी बुग्गे को सीने से लगाकर जाने कब सो गई। पूरी रात की जगी थी। थकी थी, नींद आनी ही थी। सवेरे उठी, तो धीरे-धीरे काम करने लगी। जीजी ने टोका, "सिर से नहाए बिना घर का कोई काम मत करो। चल, मैं ही तेरा सिर धो दूँ।" वह मुझे गुसलखाने में ले गईं। वहाँ मेरे बालों को खोलकर जैसे ही पानी डालने को हुईं, तो चौंक पड़ी, "अरी निक्की! तेरे तो एक रात में आधे बाल पक गए। हे राम! यह क्या हो गया!"

"पक जाने दो!" मेरा उत्तर था, पर वे उठकर खडी हो गई और बोली, "रुक जा। अब तेरा सिर एक घंटे बाद धुलेगा। यहीं बैठ तू मैं अभी कैंटीन जाकर लौटती हूँ।" इससे पहले कि मैं पूछूँ वह कैंटीन क्या करने जा रही हैं, वह फुर्ती से चली भी गईं। मेरा एक आधा बाल ही अन्दर की तरफ़ सफ़ेद होने लगा था, पर आधे बाल एक रात में सफ़ेद हो गए—यह सुनकर, आश्चर्य हुआ। रामो जीजी लौटीं तो उनके हाथ में एक पाउडर का डिब्बा था (वह डाई लाई थीं)। मुझे समझाते हुए बोली, "ये आज मैं तुझे लगाकर (बता दूँगी। फिर तू ख़ुद ही आठवें दिन, सिर धोने से पहले लगा लिया करना। किसी को पता नहीं लगेगा कि एक रात में, तेरा आधा सिर सफ़ेद हो गया था—शन्नो के गम में।"

"इसकी क्या ज़रूरत है, जीजी? मैं यूँ ही ठीक हूँ। मन वैसे ही दुःखी है। अब मैंने कौन-सा जवान बन के, कोई क़िला जीतना है? गृहस्थी की गाड़ी चलाने की शक्ति बस भगवान देता रहे—यह हमारा मुश्किल का टाइम वैसे चल रहा है।"

रामो जीजी ने जो उस वक़्त कहा, वह बड़ा दूरदर्शितापूर्ण था। उनका उत्तर था, "तेरे जीजा जी जब जिन्दा थे, मैं भी ख़िजाब लगाती थी। मेरे बाल जुकाम की वजह से बहुत पहले सफ़ेद हो गए थे। उनके जाने के बाद ज़रूरत ही न महसूस की। वह तो साधू आदमी थे। वैसे अगर मैं बाल न भी रँगती, तब भी दूसरी औरत की तरफ़ आँख न उठाते, पर कान्ति जी का तो कोई भरोसा नहीं; तेरे काले बाल रहते, कुछ न कुछ होता रहा—सफ़ेद बाल देखकर, तो न जाने क्या हो आगे? फिर तू दफ़्तर भी तो जाती है। ख़ुद को ठीक-ठाक रखो—हर तरह से। सो चलो, चुपचाप यह सिर में लगवा लो।"

मेरे पास चुप रहने के अलावा चारा ही क्या था? उनकी बात वैसे भी सोलह आने सच थी। मैंने रेडियो से आठ दिन की छुट्टी ली थी। रामो जीजी दिल्ली लौट कर जाना चाहती थीं। वह चली गईं। इनकी केस की सुनवाई उस सोमवार को तो नहीं हो सकी, पर हर सरकारी काम की तरह अनिश्चित समय के लिए स्थगित हो गई, क्योंकि स्पेशल ट्रिब्यूनल का चयन दुबारा होना था।

मेरी छुट्टी का पाँचवाँ दिन था। कुन्तल, कल्पना, कम्मो स्कूल गई हुई थीं। 'ये' भी घर पर नहीं थे। कक्कू पड़ोस में खेलने गया हुआ था। उसी समय घंटी बजी। मैंने दरवाज़ा खोला तो जिन्हें सामने पाया, उन्हें देखकर एकदम आश्चर्य में पड़ गई। मेरे सामने मेरठ वाली रोशनलाल जी की पत्नी, लल्ली और प्रेम की माता जी ही खड़ी थीं। कहाँ वह रंगीन साड़ी में बड़ी-सी बिन्दी वाला खिला-खिला चेहरा, और कहाँ यह श्वेत-वसना, सन से सफ़ेद बालों वाली साठ वर्षीया स्त्री। मैंने उन्हें बैठक में बैठाया ही था कि दो किशोरी कन्याएँ दरवाज़े से अन्दर आ गईं। लल्ली की माँ ने परिचय दिया, "निक्की! ये दोनों मेरी पोतियाँ हैं, प्रेम की बेटियाँ। आजकल मैं मेरठ से इन्हीं के पास दिलकुशा कॉलोनी में आई हुई हूँ। प्रेम आर्मी में है और उसकी बदली इसी साल हुई है यहाँ की।"

बड़े वाले सोफ़े पर दोनों पोतियाँ, अपनी दादी के अगल-बग़ल बैठ गईं। वे मेरी कुन्तल-कल्पना की उम्र की थीं। मैंने उत्सुकतावश पूछा, "आज भाभी आपको मेरी याद कैसे आ गई?" लल्ली की माँ ने बताया, "अरे ये दोनों, ख़ासतौर पर यह बड़ी वाली जया, तेरे नाटकों की दीवानी है। रेडियो पर महिला वाले कार्यक्रम में मैं भी तेरी कहानी वग़ैरह सुनती हूँ। 'विविध भारती' के 'हवा महल' में कभी-कभी। तेरे सारे नाटक बड़ों ने भी सुने हैं। मैंने ही इन्हें बताया यह चन्द्रकिरण सौनरेक्सा हमारे ही मोहल्ले की किरण है। मैं तो लखनऊ आने पर तुझसे मिलना चाह रही थी। जया कल साइकिल से रेडियो गई, तब वहीं तेरे पते के साथ-साथ तेरे बेटे की इस दुःखद मृत्यु के बारे में पता चला। फिर भला मैं कैसे रुक सकती थी? कल तो मैं मेरठ वापस जा रही हूँ। अकेले के मारे इन दोनों को ही साथ ले आई। वैसे भी ये तुझसे मिलना चाह रही थीं। ऐसा क्या हुआ था बच्चे को?"

मैंने उत्तर दिया, "क्या बताऊँ, भाभी! बस भगवान ने उसे शायद सवा साल के लिए हमारे घर भेजा था। उसे डबल निमोनिया हुआ और अस्पताल ले जाने में देर हो गई। हमें समझ में ही नहीं आया क्योंकि न उसका बुख़ार सौ डिग्री से ज़्यादा था न खाँसी थी। जब तक समझ में आया, देर हो चुकी थी। घर पर ही ब्रांडी, दवाई देते रहे। सवेरे बेचारा भगवान को प्यारा हो गया।"

इतने में बुग्गा सो कर उठकर आ गया। मैंने माफ़ी माँगी और बुग्गे को कुछ खाने को देने चली गई। दस मिनट बाद चाय और नाशता उन लोगों के लिए बनाकर ले आई।

भाभी बोली, "अरे निक्की! इसकी क्या ज़रूरत थी?" मैंने कहा, "इसमें क्या है! चाय पीकर थोड़ी थकान उतर जाती है? आप मुझे बताइए, लल्ली कैसी है?

उसके ब्याह तक की तो मुझे ख़बर लग गई थी।"

लल्ली का नाम सुनते ही भाभी एकदम जैसे बुझ-सी गईं। जया बोली : "बुआ नहीं रही!"

लल्ली की माँ की आँखों में आँसू भर आए। मैंने फिर पूछा, "बुआ नहीं रही", "मतलब लल्ली अब दुनिया में नहीं रही? भाभी! अरे इतनी पढ़ी-लिखी, प्यारी लड़की थी। आपने बी.ए. तक पढ़ाया था। सुना था, उसके पति दिल्ली में प्रोफ़ेसर हैं। उसको क्या हुआ था?" मैंने पूछा।

भाभी रोते हुए भी लल्ली के पति का नाम सुनते ही आवेश में आ गईं और बोली, "अरे, लल्ली को आत्महत्या करने पर मजबूर करने वाला वह मरा प्रोफ़ेसर ही था। हाय! मेरी फूल-सी बच्ची डूब कर मर गई। तुझसे अपने मन की बात आज कह रही हूँ, निक्की कि उस घोर दुःख की घड़ी में मुझे लगा, भगवान ने मुझे तेरा दिल दुखाने का फल दिया है, पर अगर सचमुच कहीं ईश्वर है तो उस खोटे-काले दिल वाले प्रोफ़ेसर को भी अपनी करनी का दंड ज़रूर भोगना पड़ेगा।"

मैंने उन्हें तसल्ली देते हुए कहा, "भाभी! आपने भी क्यों सोचा ऐसा? होता वही है, जो प्रभु की इच्छा हो पर उस प्रोफ़ेसर ने हमारी लल्ली को ख़ुदख़ुशी करने पर किस तरह मजबूर कर दिया? वह तो बड़ी महत्त्वाकांक्षी लड़की थी—एयर होस्टेस और वकील बनने के सपने देखती थी।"

इस पर उन्होंने जो बताया, उसका सारांश यह था—शादी के बाद लल्ली चार दिन ससुराल रह कर मायके लौट आई। सब ठीक था, पर उसका पति नौचन्दी के अवसर जब उससे मिलने आया तो उसके साथ एक सुन्दर-सी लड़की भी आई थी। उसने बताया वह उसकी स्टूडेंट थी जो नौचन्दी देखने आई थी। लल्ली और उसके बीच उसे लेकर काफ़ी झगड़ा बढ़ गया। लड़के ने ग़ुस्से में कह दिया, "इतने छोटे दिमाग़ से शक करोगी तो मेरे साथ गुज़ारा नामुमकिन है। मेरी तो ऐसी कई फेवरिट शिष्याएँ हैं। तुम्हें खुले दिमाग़ से सोचकर मेरे साथ रहना पड़ेगा और इन सबका सम्मान करना पड़ेगा।"

तीसरे दिन वे दोनों तो चले गए पर लल्ली ने घर में यह कहकर कि वह चाची से मिलने जा रही है; (चाची-चाचा ऊपर रहते थे हवेली में, जहाँ नीचे के हाथे में कुआँ था) और वहाँ कुएँ में कूद गई। सारे दिन और रात उसको ढूँढ़ते रहे घर वाले। सवेरे नीचे वाले किरायेदार ने कुएँ में पानी भरने को डोल डाला तो लल्ली का दुपट्टा उसमें फँस गया और उसकी लाश ऊपर तैर कर उभर आई।"

लल्ली की माँ मुझे सांत्वना देने आई थीं, पर लल्ली का जख़्म हरा हो जाने से स्वयं ही रो रही थीं। तब मुझे लगा, मेरा तो शन्नो सवा साल का ही था और इस माँ ने अपनी पली-पलाई, जवान बेटी खोई थी। मैंने उन्हें पानी पिलाया तो वह थोड़ी ठीक हुई। फिर मुझसे बोली, "तुम्हारा इतना नाम है अब। मेरी लल्ली पर भी कहानी लिखना।"

मैंने हामी भरी उस समय, पर वह बात आज तक अधूरी है। हम दोनों स्त्रियाँ

अपना दु:ख बाँटने में लगी थीं और जया और उसकी बहन अलमारी से दो किताबें निकालकर पढ़ने में व्यस्त थीं।

मैंने कहा, "तुम दोनों को पढ़ने का शौक़ है?"

जया बोली, "हाँ मौसी! हमने इस रैक में देखा, सारी हिन्दी-अंग्रेज़ी की बढ़िया किताबें रखी हैं। आप हमें अपनी लिखी किताब दें, हम पढ़ेंगे।"

मैंने उत्तर दिया, "तुम जब फिर आओगी, तो दे दूँगी। इस वक़्त पता नहीं कहाँ रखी होगी? कुन्तल-कल्पना होतीं तो ढूँढ़ भी देतीं।"

जया बोली, "ठीक है, मौसी! मैं अगली बार जब आऊँगी, तब आपकी वाली किताब ले जाऊँगी और आप भी कुन्तल-कल्पना के साथ हमारे घर ज़रूर आइएगा।"

लल्ली की माँ को मैंने रिक्शा करा दिया और दोनों लड़कियाँ तो साइकिल पर आई थीं, सो साथ-साथ चली गईं।

तीसरे दिन जया अपनी साइकिल की आगे लगने वाली टोकरी में एक सुन्दर कुत्ते का पिल्ला लेकर आई और मुझसे बोली, "मौसी! यह हमारी डॉली ने दिया है। आपका इससे मन बहल जाएगा। सुन्दर है न?"

मैंने बच्ची का शुक्रिया अदा किया और कहा, "हाँ बेटे! बहुत सुन्दर है। हम इसे पाल लेंगे।" जया ख़ुश होकर लौट गई।

बुग्गा-कक्कू तो पिल्ला देखते ही ख़ुशी से नाचने लगे। हमने उसका नाम 'रूबी' रखा। इसमें कोई शक नहीं कि उस नन्हे पिल्ले ने हमारे घर से उदासी को हटाने में अहम् भूमिका अदा की। ऑफ़िस से लौटकर उस नन्हे रूबी को खिलाने से मेरा मन भी हलका हो जाता। जब वह छह महीने का हो गया, तो मैं उसे बाहर सड़क पर उतार देती। वह टट्टी-पेशाब करने के बाद ख़ुद ही घर आ जाता। उसे चेन बाँधकर घुमाने का समय न मेरे पास था, न बच्चों के पास।

एक दिन रूबी रोज़ की तरह बाहर गया, पर वापस नहीं आया। कक्कू-बुग्गे सहित सब बच्चों ने कॉलोनी का चप्पा-चप्पा छान मारा, पर रूबी का कहीं पता न चला। कोई पाँच-छह दिन बाद कक्कू को कॉलोनी के एक बच्चे ने बताया, "तुम्हारे रूबी को एक नौकर चेन में बाँधे गोमती के किनारे टहलाने ले जा रहा था।"

कक्कू, बुग्गे के साथ और दोस्तों को लेकर भागा-भागा वहाँ पहुँचा। नौकर ने बताया, "यह तो क्रिश्चियन-कॉलेज के एक प्रोफ़ेसर साहब छह दिन पहले कहीं से लाए हैं। मैं उन्हीं का नौकर हूँ और इसे घुमाने लाया हूँ।"

कक्कू ने निर्भय होकर कहा, "तुम ज़रा इसकी चेन खोल दो। अगर यह तुम्हारा होगा तो यहीं खड़ा रहेगा वरना सीधा हमारे घर की तरफ़ दौड़ेगा।"

रूबी चेन से आज़ाद होते ही सीधे घर की तरफ़ भागा। पीछे-पीछे बच्चे शोर मचाते हुए। यह सीधा घर में घुसा और अपनी मनपसन्द जगह यानी वॉशबेसिन के पास आकर बैठ गया। नौकर शायद समझ गया।

हमारे घर फिर वह बिना चेन घूमता-फिरता था, पर एक हफ़्ते बाद रूबी पहले की तरह खो गया। या तो पुराने वाला नौकर ताक में होगा या नया कोई और-सुन्दर

कुत्ता था; मौक़ा देखकर उसे चुरा लिया गया। इस बार उसका पता नहीं लगा; बच्चों ने हार कर, सन्तोष कर लिया।

मैंने उन्हें समझा दिया, "जब तक तुम दोनों (कक्कू-बुग्गे) इतने बड़े नहीं हो जाते कि चेन से कुत्ता बाँध कर घुमाने ले जा सको, मैं कुत्ता नहीं पालूँगी।"

जया को शायद कुन्तल ने फ़ोन पर बताया होगा कि रूबी खो गया है। वे दोनों कभी-कभी बातचीत करती थीं। एक दिन सवेरे-सवेरे साइकिल पर जया बताने आई, "मौसी! हमारी बिच (कुतिया) फिर बच्चे देने वाली है। मैं दूसरा पपी ला दूँगी।"

मैंने उससे कहा, "बेटे! थैंक्स तुम्हारे ऑफर के लिए, पर अभी ये दोनों पपी की देखभाल नहीं कर सकते। सबसे बड़ा काम कुत्ते को चेन में बाँधकर दोनों वक़्त घुमाने का होता है। न मेरे पास टाइम है न ही इन तीनों बहनों के बस का है इस ड्यूटी को निभाना। अब जब ये दोनों लड़के इस काम को करने लायक हो जाएँगे, तभी मैं कुत्ता पालने की हिम्मत करूँगी। शौक़ भी तो इन्हीं दोनों को सबसे ज़्यादा है। तुम शायद समझ नहीं सकती जया कि मुझे रूबी के चले जाने का कितना अफ़सोस है? वजह एक ही थी कि उसे हमने चेन में नहीं रखा था।" जया बोली : "कोई बात नहीं मौसी! जब आपको ठीक लगे, तभी रखिएगा। पेट्स सेवा तो पूरी माँगते हैं—यह आपने सच कहा।"

जया को कहीं जाना था, सो वह रुकी नहीं और चली गई।

पन्द्रह दिन ही गुज़रे होंगे कि एक दिन रेडियो से शाम को मैं घर पहुँची तो सरस्वती बीबी जी की चिट्ठी कुन्तल ने मुझे दिखाई। उन्होंने लिखा था कि लक्ष्मी बीबीजी की तबीयत काफ़ी ख़राब है। ज़रा-सा भी कुछ काम करती हैं तो उनकी साँस फूल जाती है। इलाज के लिए उन्हें लखनऊ बुलाया। मेडिकल कॉलेज में चेक-अप कराया गया। पता लगा, उनका हार्ट एनलार्ज्ड था, सो उनका लगातार सावधानीपूर्वक इलाज और दवा चलनी थी। मैंने अपनी तरफ़ से कोई कसर नहीं छोड़ी। पूरा आराम देने की कोशिश की। उनका लखनऊ में रहना भी ज़रूरी था, क्योंकि यहाँ के मेडिकल कॉलेज में डॉ. रवीन्द्रनाथ प्लास्टिक सर्जन थे, जो अलीगढ़ के थे। बाबूजी ने बचपन में उन्हें पढ़ाया था। स्वराज्य की उम्र के थे और घर के सदस्य की ही तरह सबको चाहते और मानते थे। उनका घर का नाम 'निक्का' था और हमारे बच्चे तो 'निक्का चाचा' के नाम से ही उन्हें जानते और उनका आदर करते थे। उनकी वजह से बड़ी बीबी जी के सारे परीक्षण और इलाज के साधन उपलब्ध कराने में सभी डॉक्टरों और नर्सों ने कोई कसर न छोड़ी। हमें सारी सेवाएँ यथेष्ट और यथासमय मिलीं।

कुछ दिन बीते ही थे कि बड़ी बीबीजी को उल्टियाँ आने लगीं। दाई को घर पर ही दिखाया। पता लगा—दो महीने का गर्भ है। स्वाभाविक था, बीबीजी को अस्पताल में ले जाकर दिखाना पड़ा। डॉक्टरों की राय थी कि बच्चा नहीं होना चाहिए। क्योंकि ऐसे हृदय-रोगी की प्रसव में मृत्यु हो सकती है।

बड़ी बीबीजी के दो लड़के थे—बड़ा बिल्लू जो इलाहाबाद यूनिवर्सिटी में एम.ए. कर रहा था। छोटा तो प्रदीप, सात साल का था, जो कक्कू के साथ का था और

बलिया में पैदा हुआ था। उनकी दिली चाह थी, उनकी बीच की लड़कियाँ असमय ही चल बसीं थीं। इस बार अगर लड़की हुई, तो शायद बच जाए। हमने निक्का को घर बुलाकर ही परामर्श किया, तो उन्होंने कहा, "गर्भपात मत कराओ। मरीज़ की अनिच्छा से अगर कुछ भी किया तो वह भी, उतना ही घातक सिद्ध हो सकता है। मैं दवाएँ लिख रहा हूँ—बड़ी जिज्जी (घर के सभी भाई-बहनों की तरह, निक्का भी उन्हें यही कहते थे) लेती रहें। भगवान ने चाहा, तो सब ठीक होगा।"

बड़ी बीबीजी कानपुर लौट गईं। छह महीने बाद सरस्वती जीजी के साथ आ गईं। उनको बेटी हुई, रंजना नाम रखा। आज वह लखनऊ में ही अध्यापिका है और पति व एक पुत्र के साथ सानन्द है।

कुन्तल ने अच्छी सेकेंड डिवीज़न में इंटर पास किया। कल्पना दसवीं में आ गई थी। बुग्गा भी 'बाल-शिक्षा निकेतन' के के.जी. में दाखिल हो गया था। तभी स्वराज्य की दोनों लड़कियाँ, सुकेशी और रश्मि, जो अपनी मौसी-सरला के पास उरई में पढ़ रही थीं, लखनऊ आ गईं। विमला उस समय आगरा से बी.टी (टीचर्स ट्रेनिंग) करने गई थीं। स्वराज्य को लगा कि उरई की पढ़ाई के बाद दिल्ली में दाख़िला नहीं मिल पाएगा। सो उन्हें लखनऊ छोड़ने का निश्चय किया। विमला आगरा में अपनी छोटी लड़की मन्नो के साथ थी। एक ही साल की बात थी। बी.टी. प्राइवेट नहीं हो सकता था।

कुन्तल को शुरू से ही पढ़ाने का शौक़ था—उसने कम्मो-बुग्गा के साथ, जब सुकेशी-रश्मि को भी पढ़ाया, तो अहसास हुआ कि उरई में वे अवश्य छठी-सातवीं में थीं, पर पढ़ाई में कमज़ोर थीं। मिसेज़ बख़्शी ने मेरे कहने पर दोनों को 'नारी-शिक्षा निकेतन' में ले लिया। वहाँ चारों सौनरेक्सा-सिस्टर्स एक साथ पढ़ने जातीं। घर पर कुन्तल ने सुकेशी-रश्मि के साथ ख़ूब मेहनत की और उन दोनों ने अच्छे अंकों से छठी-सातवीं पास की। तब तक विमला आगरे से दिल्ली आ गई थी और सुकेशी-रश्मि, पापा-मम्मी के पास दिल्ली पढ़ने चली गईं।

इस बीच घर का पूरा उत्तरदायित्व मेरे कन्धों पर आ गया, क्योंकि 'ट्रिब्यूनल' की सुनवाई हुई और आरोप सिद्ध हो जाने पर कान्ति जी की नौकरी चली गई। 'सस्पेंशन-पीरियड' की हाफ-सेलरी भी बन्द हो गई। 'इन्होंने' इसके बाद अपने शौक़ को मुख्य काम बना लिया अर्थात् फ़ोटोग्राफ़ी में पूरी तरह लग गए। इसके साथ-साथ अख़बारों और पत्रिकाओं में लेख लिखते थे, पर उसकी आमदनी से 'इनका' अपना ख़र्च और टेलीफ़ोन का बिल मुश्किल से पूरा होता था। घर-ख़र्च में तो कुछ भी डाल नहीं पाते थे। टेलीफ़ोन में भी जब कभी पन्द्रह-बीस कम होते, तो मुझे ही लाल बाग़ में जमा करने को बिल दे दिया करते, यह कहकर कि "जो थोड़ा कम है, पास से डाल देना। मैं बाद में दे दूँगा"—जो कभी नहीं होता था। वैसे, टेलीफ़ोन का उपयोग मैं या बच्चे कम-से-कम करते थे, जिससे हमारी वजह से बिल न बढ़े। वैसे मुझे तो करने की ज़रूरत ही नहीं पड़ती थी। न कोई मिलने वाले थे, न रिश्तेदार। लखनऊ से बाहर चिट्ठी से काम चलता था।

पैसों की कमी को पूरा करने का मैंने एक उपाय निकाला—लखनऊ से एक सरकारी पत्र *श्रमजीवी* निकलता था। उनके सम्पादक मेरी रचनाओं को बहुत मान देते थे, यद्यपि मैं अधिकतर उन्हें अपनी रेडियो पर प्रसारित कहानियाँ ही देती थी। ज़रूरत पड़ने पर मैं रचना लेकर ख़ुद जाती। और कहती, "मुझे इसका तुरन्त पेमेंट भी चाहिए।" सम्पादक हँसते और कहते, "आप स्वयं सरकारी नौकर हैं। चीज़ ब्रॉडकास्ट होने के बाद चेक देती हैं। यह आपकी कहानी अगले महीने छपेगी।"

मैं उत्तर देती, "भाई! अगर मुझे पैसे की तुरन्त ज़रूरत न होती, तो मैं कहानी आपको क्यों देती? *सुप्रभात, धर्मयुग* या *सारिका* में न भेजती, जहाँ पारिश्रमिक भी आपसे दुगुना मिलता। आप मुझे अभी कैश पेमेंट कर दें। जब मेरा चेक मिले, तो उसे आप रख लीजिएगा।"

इस तरह घर की गाड़ी को खींचने के लिए कोई-न-कोई राह निकल ही आती थी।

मेरे आकाशवाणी के कार्यकाल की एक महत्त्वपूर्ण घटना इसी समय घटित हुई, जिसने मेरे सहित अन्य सभी कॉण्ट्रेक्ट-बेस्ड कर्मचारियों को आर्थिक लाभ कराया। श्रीमती इन्दिरा गांधी नेहरू-मंत्रिमंडल में सूचना एवं प्रसारण मंत्री थीं। वह लखनऊ आकाशवाणी पर आईं। पूरा स्टेशन मंत्रीजी के स्वागतार्थ सजा हुआ था। इन्दिराजी ए.डी. से मिलीं, फिर अन्य उच्च पदाधिकारियों से। जब कॉरिडोर से गुज़रने लगीं तो हम सभी आर्टिस्ट पंक्तिबद्ध उनके स्वागत के लिए खड़े हो गए। सब नमस्कार कर रहे थे और वह पूछ रही थीं, "आपको आकाशवाणी पर कोई कष्ट तो नहीं है?"

जैसी कि आशा थी—सभी का उत्तर "हाँ", "हाँ जी।" में उन्हें मिलता गया; मैं बीच में खड़ी थी; जब वह मेरे पास आईं तो वही प्रश्न था उनका, "आप यहाँ सन्तुष्ट है न?" मेरे मुँह से अचानक ही सच निकला, "हम, इन्दिरा जी, बिल्कुल ख़ुश नहीं हैं।"

वह चौंककर मुझे देखने लगीं। मैंने अपनी बात जारी रखी, "बताइए —यहाँ ये सभी कलाकार, जो नतमस्तक आपके स्वागत में खड़े हैं—क्या भारत के उच्च कोटि के जाने-माने, गुणी आर्टिस्ट नहीं हैं? तबला, सारंगी, सितारवादक हैं; ख़याल, ध्रुपद, ठुमरी के महान गायक हैं और मात्र तीन सौ रुपये पाते हैं; ऐनुअल-इंक्रीमेंट भी सिर्फ़ दस रुपये हैं। कांग्रेस राज्य में बड़े जमींदार, राजा, नवाब और उनकी रियासतें तो ख़त्म हो गईं, जहाँ इन लोगों को ईनाम और जागीरें मिला करती थीं; एक कलाकार की प्रतिष्ठा और आर्थिक सहायता दोनों छिन गईं और ये सब आकाशवाणी के ए-ग्रेड आर्टिस्ट बन गए, जैसे किसी फैक्ट्री के कुशल कारीगर, बस...क्या तीन सौ रुपये इनकी कला का उचित सम्मानजनक मूल्यांकन है?"

इन्दिराज़ी ने क्षण भर सोचा और फिर कहा, "अच्छा, देखूँगी क्या कर सकती हूँ?" और फिर जल्दी-जल्दी सबको नमस्कार करती बाहर चली गईं, बिना किसी से पूछे, "आप ख़ुश तो हैं न?"

विनोद चटर्जी जो संगीत-विभाग में थे, उनके जाते ही बोले, "मिसेज़ सौनरेक्सा आपने तो ग़ज़ब कर दिया—मिनिस्टर साहिबा को आपने क्या ख़ूब सुनाया! अब देखना कुछ-न-कुछ गड़बड़ तो ज़रूर होगी।"

मैंने धीरे-से कहा, "मैंने उन्हें दोषी नहीं ठहराया है। मेरा मक़सद सिर्फ़ उनके सामने सच्चाई को लाना था। जब कोई बार-बार दोहरा रहा है—आप ख़ुश हैं न—तो वह चाहे औपचारिकतावश पूछ रहा है—पर हमारा उत्तर तो कम-से-कम ईमानदारी से सच्चा होना चाहिए। यहाँ नुकसान होना होगा तो मेरा होगा। आप सबने थोड़े ही कुछ कहा है?"

दस दिन बाद ही, जब स्टेशन-डॉयरेक्टर ने सूचित किया कि इन्दिरा जी ने ए-ग्रेड आर्टिस्टों का वेतन एकदम चार सौ पचास कर दिया है और वार्षिक वृद्धि भी दस से पन्द्रह रुपये कर दी गई है, तब सभी की ख़ुशी का ठिकाना नहीं था। सभी ने मेरे पास आकर मुझे ख़ास बधाई दी, और कहा, "मिसेज़ सौनरेक्सा, यह इतना बड़ा जम्प हम सबको आपकी हिम्मत और सच बोलने की शक्ति से मिला है।"

मैंने कहा, "भाई! यह सब तो इन्दिराज़ी की कृपा है। मैंने कुछ नहीं किया।"

सन् 60 में 'हिन्दी-साहित्य-सम्मेलन' का वार्षिक सम्मेलन मद्रास में दिसम्बर मास में होना था। राष्ट्रभाषा हिन्दी के सभी प्रसिद्ध लेखक, कवि, समीक्षक, सभी प्रान्तों से ऐसे वार्षिक सम्मेलन में हमेशा ही भाग लेने आया करते थे। मुझे व कान्ति जी, दोनों के लिए निमंत्रण आया। नियम यह था कि आने वालों को 'सिंगल-टिकिट डबल-जर्नी' का लाभ मिलना था—अर्थात् एक ओर के किराये में ही हम आना-जाना दोनों कर सकते थे। वहाँ ठहरने, रहने, खाने-पीने की व्यवस्था का उत्तरदायित्व वहाँ की 'स्वागत-समिति' द्वारा उठाया जाना था।

कान्ति जी को अपने फ़ोटोज़ साथ लेकर काम से बम्बई जाना था। उनके साथ कम-से-कम मन भर का बड़ा बक्स भी जाता, जिसमें उनकी फ्रेम्ड तस्वीरें रखी थीं। उन्होंने मुझसे कहा, "मैं मद्रास होते हुए बम्बई जाऊँगा। तुम भी सम्मेलन में चलो।"

मैंने कहा, "मेरे पास कुल चालीस रुपये हैं, और आज तारीख 10 है। सामान सारा है घर में, पर रोज़ डबल रोटी, सब्ज़ी वग़ैरह के लिए कुछ चाहिए न—सो, उसी में और मेरे दफ़्तर के बस किराये में लग जाएँगे। मैं 37 रुपये किराये के कहाँ से लाऊँगी?"

कान्ति जी उस वक़्त चुप हो गए। दूसरे दिन बोले, "भई! तुम नहीं गईं तो सम्मेलन में सब टोकेंगे कि आप तो आ गए और लेखिका को घर ही छोड़ आए!"

मैंने सुझाया, "मेरी बीमारी का बहाना बना देना।" 'ये' बोले, "नहीं! यह अच्छा नहीं लगेगा बिल्कुल। देखो, अकेला जाने पर भी रिक्शा, कुली सब लगेगा, सिर्फ़ 30 रुपये किराया ही है न, जो बचेगा। मैं तुम्हारा टिकिट भी ले लूँगा।"

मैं मन में बहुत ख़ुश हुई कि चलो, भारत भर के साहित्यकारों से मिलने और विचार-विनिमय का अवसर मिलेगा, जो अपने आप में बड़ा सौभाग्य है एक लेखक

के लिए। मैंने मन मार कर ही मद्रास जाने से मना किया था केवल किराये के पैसों की वजह से—वरना शुरू से ही प्रबुद्ध गोष्ठियों, सम्मेलनों में भाग लेना मुझे सबसे अच्छा लगता था।

मैंने भी छोटी अटैची में कपड़े रखे और कुन्तल को 30 रुपये देकर कहा, "बेटे! मैं 21 तारीख को लौटूँगी। ये दस दिन तुम सब मिलकर रहना। रात में दरवाज़े ठीक से बन्द कर लेना, तब सोना। सब्ज़ी, ब्रेड के लिए ये रुपये काफ़ी होंगे।"

हमारी बर्तन माँजने वाली महरी बहुत विश्वसनीय, भरोसेवाली उम्रदार औरत थी, जो हमारे पिछवाड़े रहती थी। उसने पूरा आश्वासन देते हुए कह दिया था, "बहूजी! आप फिकर मत करो। रात में, मैं कुन्तल बिटिया के साथ सोऊँगी—बरामदे में रहूँगी। कुछ भी खटका होगा, तो सारा मोहल्ला जाग जाएगा।"

बचे नौ-दस रुपये लेकर, मैं 'इनके' साथ चल पड़ी। मद्रास में सर्दी नहीं होती। गरम कपड़ों की आवश्यकता नहीं थी, पर हलके दो कम्बल ले गई साथ, क्योंकि झाँसी तक तो ठंड झेलनी थी।

झाँसी पर ट्रेन बदलनी पड़ती थी। हमें झाँसी स्टेशन पर लेने स्वयं वृन्दावनलाल वर्मा जी (*झाँसी की रानी* उपन्यास के प्रसिद्ध लेखक) आए थे। हम उनके घर गए। वहाँ बड़ा अतिथि-सत्कार हुआ और फिर वह ख़ुद हमें ट्रेन पर चढ़ाने आए।

मद्रास पहुँचे। हम लोगों को शिविरों में ठहराया गया था, जहाँ हर प्रकार की सुविधा और व्यवस्था थी। सम्मेलन का विशाल पंडाल भव्य था—ख़ूब सजा हुआ। कार्यक्रम के लिए मंच भी बहुत बड़ा और सुरुचिपूर्ण ढंग से सुसज्जित था। देश भर के साहित्यकार आए थे। अतिथियों की सूची में सबसे पहले मैंने मराठी के महान लेखक मामा वरेरकर का नाम ढूँढ़ा क्योंकि जब हम दिल्ली में रहते थे, वह हमारे घर काफ़ी दिन ठहरे थे, इसलिए उनसे मिलने की तीव्र उत्कंठा थी। मैं उन्हें ढूँढ़ती हुई एक-दो कैम्पस में गई। एक कैम्प के बाहर एक सज्जन धोती व छोटा कुर्ता पहने खड़े थे—मेरी ओर पीठ थी, सो उनकी कद-काठी और ख़ासकर सिर के गंजेपन को देखकर मैं उन्हें वरेरकर जी समझी। मैंने दूर से पुकारा—"मामा जी! नमस्कार करती हूँ।"

उन सज्जन ने पलटकर देखा, तो मुझे अपनी ग़लती का अहसास हुआ। वह वरेरकर नहीं थे। मैंने तुरन्त क्षमा-याचना करते हुए कहा, "क्षमा कीजिए! मैं लखनऊ से आई चन्द्रकिरण हूँ। भूल से आपको मामा वरेरकर समझ बैठी।"

"तो क्या हुआ!" वह वृद्ध सज्जन बोले, "मैं असमिया लेखक नीलमणि फुक्कन हूँ।"

इसी समय वरेरकर जी वहाँ आ गए। फुक्कन जी उनसे बोले, "वाह, वरेरकर! तुम बड़े चालाक हो, इतनी अच्छी भानजी लेखिका अकेले-अकेले ही रखना चाहते हो? यह नहीं चलेगा।"

वरेरकर जी ने मेरी पीठ पर हाथ रखकर कहा, "किरण! इसे भी झटपट मामा बना लो वरना यह मेरा सिर खा जाएगा।"

मैंने तुरन्त उन्हें भी 'मामा' कह कर सम्बोधित किया और उन दोनों की सम्मिलित निश्छल हँसी का आनन्द लिया।

सम्मेलन में, भाषण, प्रस्ताव, सांस्कृतिक कार्यक्रम इत्यादि हुए। यामिनी कृष्णमूर्ति उस समय उभरती हुई नृत्यांगना थीं। उनका नृत्य भी हुआ और कान्ति जी ने लेखकों के साथ-साथ उनकी भी बहुत-सी तस्वीरें खींचीं।

मद्रास में उन दिनों मेरी एक देहरादून वाली सहेली सुशीला भी रहती थी। वह एक बार लखनऊ में भी मुझसे मिलने आई थी। उसके पति श्री अहलूवालिया और एक बेटा घर पर ही मिले, जब मैं सुशीला से मिलने उसके घर गई। चलते समय बच्चे के हाथ पर मैंने पाँच रुपये रखे और कहा, "कैम्प से सीधे आई हूँ, जहाँ बच्चों के लिए कुछ नहीं मिलता। बेटे! तुम टॉफ़ी खा लेना इसकी।" फिर सुशीला को सूचना दे दी कि मैं 20 तारीख को लखनऊ लौट जाऊँगी। सुशीला के पति ने इस बार कहा कि वे दोनों मिलने आएँगे, मेरे जाने से पहले।

20 तारीख़ की सुबह मैंने कान्ति जी से कहा, "मुझे दस रुपये दे दो, क्योंकि इस वक़्त मेरे पास कुल तीन-चार रुपये हैं। टिकिट तो है, पर लम्बे सफ़र में कुछ ख़र्च हो जाएगा, लखनऊ पहुँचने पर मुश्किल खड़ी हो जाएगी। अभी दस दिन का महीना पड़ा है। अगर कुन्तल ने सारे रुपये ख़र्च कर दिए होंगे तो पड़ोसियों से उधार न माँगना पड़े तो ही अच्छा है। इज़्ज़त से अब तक रहे हैं। किसी के आगे हाथ नहीं फैलाया। पड़ोसी तो समर्थ हैं सब। आज तक किसी ने कुछ नहीं माँगा। हम ही क्यों दीन-हीन बनें? आप बस दस रुपये दे दें!"

बात एकदम सामान्य थी। कोई भी पत्नी, पति से इतनी उम्मीद तो रख ही सकती है। 'इनकी' उस परदेस में जो अप्रत्याशित प्रतिक्रिया हुई, वह 'इनकी' असन्तुलित मनःस्थिति का प्रतीक थी; पर यह मीमांसा आज कर सकती हूँ। उस समय मुझ पर जो कुठाराघात हुआ, उसका अनुमान लगाना कोई मुश्किल काम नहीं।

कान्ति जी सिर हिलाकर बोले, "मुझे अभी बम्बई जाना है। मैं दस रुपये नहीं दे सकता।"

इनके उत्तर से बहस करने की गुंजाइश ही नहीं रह गई थी। मन इतना दुःखी हुआ कि अपनी रुलाई रोकने को मैं गुसलखाने में चली गई। कुछ देर बाद संयत होकर मुँह धोकर बाहर आई, तो 'ये' बोले, "अच्छा, भीतर जाकर रो रही थीं!"

मैंने कड़वे स्वर में उत्तर दिया, "रोने पर भी क्या टैक्स है?" और जल्दी-जल्दी अपनी अटैची बन्द करने लगी। स्टेशन यहाँ से काफ़ी दूर था। 'ये' गुस्से से बोले, "मना किसने किया है! और रो, पर मैं अब स्टेशन छोड़ने भी नहीं जाऊँगा। अपने-आप चली जाओ।"

मैंने जैसे ही मुँह उठाकर 'इनकी' तरफ़ देखा; तो पाया, सुशीला के पति अहलूवालिया जी आकर बैठे हैं। 'इन्हें' भी नहीं पता चला, क्योंकि 'इनकी' उस तरफ़ पीठ थी।

शर्म से मेरी गर्दन झुक गई। उन्होंने अवश्य हमारी आख़िरी बात तो सुनी ही

होगी। (मेरा अनुमान सच निकला) मेरी 'नमस्ते' करने के जवाब में, उन्होंने कहा, "किरण बहन, सुशीला बेटे की तबीयत ठीक न होने से साथ नहीं आई है, पर उसने आपके लिए रास्ते में खाने को, चार आलू के पराँठे, अचार के साथ रख दिए हैं। और अगर भाई साहब स्टेशन नहीं जा पा रहे, तो मैं आपको ट्रेन में बैठा कर आऊँगा।"

कान्ति जी चुप बैठे थे। अहलूवालिया जी खड़े हो गए और चलने का उपक्रम करते-करते बोले, "मैं सवारी लेकर आता हूँ। आप सामान तैयार रखें। ट्रेन जाने में ज़्यादा समय नहीं है और दूरी काफ़ी है।"

वह किराये पर विक्टोरिया ले आए। मेरी अटैची उन्होंने पकड़ी। मैं भी ख़ामोशी से पीछे-पीछे चल पड़ी और उस घोड़ा-गाड़ी (विक्टोरिया) पर बैठ गई। 'ये' अपनी जगह से नहीं उठे। सब कुछ जैसे यंत्रचालित-सा घट रहा था।

स्टेशन पर झाँसी वाली ट्रेन सामने खड़ी थी। स्टेशन से प्लेटफार्म तक आते समय मेरी नज़र मुड़ी तो मैंने देखा, किसी की साइकिल लेकर कान्ति जी भी तेज़ी से स्टेशन आ रहे थे।

एक थोड़े ख़ाली कम्पार्टमेंट में बर्थ पर अहलूवालिया जी ने मेरी अटैची रख दी, कम्बल के साथ। मैं भी आराम से बैठ गई तो वह नमस्ते करके चले गए।

गाड़ी चल पड़ी। मैंने देखा, मेरे सामने की बर्थ पर दो युवक केवल एक अटैची के सामान के साथ परस्पर बैठे हिन्दी में वार्तालाप कर रहे थे। स्पष्ट था—दोनों मित्र थे। नागपुर स्टेशन आया। स्टेशन पर छोटी-छोटी टोकरियों में सन्तरे बिक रहे थे। दो रुपये में मैंने भी एक टोकरी ख़रीद ली। उन लड़कों ने केले के पत्तों पर बिकता चावलों का गरम पुलाव ख़रीदा।

ट्रेन चल पड़ी, तो सभी ने खाना खाना शुरू कर दिया। मेरा मन बहुत खिन्न था। फिर भी पैकेट में से एक पराँठा और थोड़ा-सा अचार निकाला। खाना शुरू कर दिया। बड़ी मुश्किल से एक पराँठा खा पाई। शेष सारे दुबारा उसी तरह, सफ़ेद कपड़े में बाँधकर रख दिए। उन लड़कों ने अपना पुलाव ख़त्म करके पत्ते बाहर फेंक दिए, पर एक बोला, "ग़लती हो गई, एक-एक पत्ता पुलाव और ले लेना था।"

यह सुनकर मैंने उनसे कहा, "भाई, मेरे पास तीन पराँठे रखे हैं। एकदम सुच्चे हैं। तुम लोग खा लो।"

पहले वे सकुचाए, पर मेरे बार-बार कहने पर पराँठों वाला पैकेट उठा लिया। दोनों मित्रों के खाने के बाद एक जने ने पूछा "बहनजी! आप कहाँ जा रही हैं?"

मैंने कहा, "मैं लखनऊ जा रही हूँ। आप लोग कहाँ जा रहे हैं?"

उत्तर मिला—"हम लोग कानपुर जा रहे हैं। किसी काम से आए थे।" बातचीत आगे बढ़ी। उन्हें ज्यों ही मालूम हुआ, मैं आकाशवाणी पर हूँ, वे बोले, "बहन जी! हम लोग लखनऊ आएँ तो क्या हमें आप रेडियो-स्टेशन दिखाएँगी?"

मैंने जवाब दिया, "हाँ! हाँ! क्यों नहीं? नीचे स्वागत-कक्ष में आकर मेरा नाम लेना। मैं नीचे आ जाऊँगी और सब दिखा दूँगी। वैसे वहाँ दर्शनीय कुछ भी नहीं।

कुछ कमरों में ऑफ़िस है, कुछ एयरकंडीशंड प्रसारण-कक्ष हैं, जहाँ ब्रॉडकास्ट की मशीनें लगी हैं, बस!"

मन-ही-मन मेरी अपनी तसल्ली भी हो गई कि झाँसी पर ट्रेन चेंज करने में मुझे इनके साथ की वजह से अवश्य आसानी रहेगी। हर क़दम पर प्रभु मेरे सहायक सिद्ध हुए हैं। यहाँ भी मद्रास यात्रा में कान्ति जी जब नाराज़ हो गए, तो श्री अहलूवालिया जी आ गए। रास्ते में इन दो लड़कों का साथ और सहारा, दोनों मिल रहा है।

झाँसी स्टेशन आया। ट्रेन से उतरे। पता लगा, अगले प्लेटफार्म पर लखनऊ के लिए गाड़ी खड़ी है। मैंने कम्बल, अटैची और सन्तरों की टोकरी के कारण कुली को आवाज़ दी, तो लड़के बोले, "अरे, आप कुली क्यों करती हैं? आप सिर्फ़ कम्बल पकड़ें, अटैची-टोकरी हम ले चलेंगे।"

लखनऊ वाली गाड़ी में आसानी से जगह मिल गई। कानपुर पर वे दोनों उतर गए। लखनऊ आया, मैंने स्टेशन से घर के लिए रिक्शा किया और तीन बजे घर पहुँच गई। घर पर सभी बच्चे ख़ुशी से खिल उठे। कुन्तल ने मुझे पूरी रिपोर्ट दे दी, "मम्मी! सब ठीक रहा। महरी रात को यहीं सोती रही बराबर। हम सबने अपने-अपने काम किए। हाँ! बुग्गा ज़रूर उदास हो जाता था। और हाँ, अपने ग्यारह रुपये लीजिए। घर में सब सामान था, बस छह आने रोज़ की ब्रेड और सब्ज़ी आती थी।"

मैंने चैन की साँस ली। किसी से उधार लेने की नौबत नहीं आई, (यहाँ पर भी मानो कुन्तल ने अपने पापा वाले दस-ग्यारह रुपये करके मुझे पकड़ा दिए)। मैं फिर नियमित रूप से अपने घर और दफ़्तर में लग गई। कुन्तल का बी.ए. फ़ाइनल था, कल्पना ग्यारहवीं में थी।

मैं रेडियो जाने के लिए तैयार हो रही थी कि चौथे दिन दस बजे की डाक से 'इनका' बम्बई से लिखा ख़त मिला। पहले मन किया, दफ़्तर चली जाऊँ, शाम को पढ़ लूँगी। पर सोचा, पढ़कर ही जाती हूँ। कहीं कुछ ज़रूरी बात ही न लिखी हो। मैंने कभी भी बुरी बात की कल्पना ख़ुद नहीं की जीवन में। हमेशा दूसरे के बारे में सोचने लगती हूँ ख़त के अन्दर तो विस्फोटक था मेरे लिए और मैंने सोचा, कहीं कान्ति जी के पत्र में कोई ज़रूरी बात न हो।

ख़त ज्यों ही पढ़ना शुरू किया, ऐसा लगा गर्म-गर्म सीसा पिघलकर मेरे शरीर में दौड़ रहा है। ख़त्म करते-करते तो सारी दुनिया ही घूमने लगी आँखों के सामने। पत्र का सारांश था—"तुम्हें मैंने मद्रास में दस रुपये नहीं दिए, तो तुम ज़रूर रास्ते भर मुझे कोसती गई होगी। तुम्हारा कोसना सफल हुआ। बम्बई स्टेशन पर मेरा बक्सा तोला गया और मुझे पन्द्रह रुपये जुर्माना देना पड़ा। पर कोसना तुम्हें ही नहीं आता, मुझे भी आता है। मैं अभिशाप देता हूँ कि तुम जीवन भर भीख माँगोगी। तुम्हारे हाथ का खाना बेयरे बन कर होटलों की जूठन खाएँगे और तुम्हारी लड़कियाँ कोठों पर बैठेंगी। मैं अब लखनऊ आऊँगा तो कहीं और ठहरूँगा। तुम्हारे हाथ का खाना तो दूर, कभी पानी भी नहीं पिऊँगा। —कान्ति"

कोई पिता अपने बच्चों के लिए, जो मासूम और निर्दोष हैं—इस हद तक गन्दी

कामना कर सकता है—अकल्पनीय लगता है। मेरे सिर में हथौड़े से पड़ रहे थे, पर ऑफ़िस जाना ज़रूरी था अभी मद्रास जाने को लम्बी छुट्टी ली थी। फिर घर पर रह कर भी क्या होता? बाहर जाकर तो मन बँटने की उम्मीद की जा सकती थी। मैंने लिफ़ाफ़े समेत ख़त के टुकड़े-टुकड़े कर दिए और अपनी मुट्ठी में उसे दबा कर रिक्शे में बैठ गई, रेडियो के लिए। मैं नहीं चाहती थी कि ऐसा कोई ख़त भूल से भी बच्चों के हाथ लगने की कोई सम्भावना शेष रह जाए। बलरामपुर अस्पताल वाले रास्ते को छोड़ कर मैंने गोमती के किनारे-किनारे हज़रतगंज वाले रास्ते से जाने के लिए रिक्शे वाले को कैंटीन की तरफ़ चलने को कहा। अब जैसे मिट्टी के मज़बूत पुश्ते गोमती किनारे तब नहीं थे। गोमती के पास आते ही, रिक्शे से उतर कर मैंने ख़त के टुकड़े नदी में बहा दिए। रेडियो में भी दिन भर कोई काम नहीं कर सकी। कुर्सी पर निढाल बैठी रही। पूछने पर सिर-दर्द का बहाना कर दिया। चार बजे घर लौट आई। आकर सबसे पहले इन्हें बम्बई के पते पर ख़त लिखा, "आपका प्रेम-पत्र मिला। बच्चों की शपथ लेती हूँ—मन में दुःखी ज़रूर थी, पर मैंने तुम्हें बिल्कुल नहीं कोसा। यह सुन कर शायद तुम्हें अच्छा न लगे। मद्रास छोड़ने के बाद मैंने सिर्फ़ बच्चों के और घर के बारे में सोचा। रास्ते में दो लड़के से मिल गए। वे कानपुर तक साथ थे—जिनकी वजह से झाँसी पर ट्रेन बदलने में मदद मिली। सो, नारायण नर के रूप में सदा सबके साथ हैं। आपकी सोच पर मेरा क्या वश? मैं कोई देवता नहीं हूँ, जिसका वाक्य शाप या वरदान बन जाए। फिर कौओं के कोसने से ढोर मरने लगते, तो दुनिया में पशु ही न बचते। अभी तो कुन्तल ने ग्यारह रुपये बचाकर मेरे हाथ पर रख दिए, सो पड़ोस से माँगने से बच गई और इज़्ज़त रह गई। पर अगर आप कहीं और ठहरे तो आपकी और बाबूजी की बदनामी ज़्यादा होगी, मेरी कम। खाना न मेरे हाथ का खाना। कुन्तल बड़ी हो गई है, बना दिया करेगी। बच्चे क्या बनेंगे, क्या नहीं—इस पर अभी से क्या भविष्यवाणी करनी? वक़्त ने ख़ुद ही सिद्ध कर देना है, पर हाँ, इतना ज़रूर कहूँगी—कोई बाप वह सपने में भी बुरी से बुरी औलाद के लिए नहीं सोच सकता, जो आपने लिख दिया। ख़ैर, अब बस—चन्द्रकिरण"

मैंने निश्चय कर लिया था—अब इसके बाद कान्ति जी को कोई पत्र नहीं लिखूँगी। उसके बाद एक दिन छोड़ कर 'इनके' तीन पत्र आए, पर पढ़े बिना ही मैंने शाम को जाकर गोमती में बहा दिए। मैं अपनी मनःस्थिति नियंत्रण में रखकर ही अपनी नौकरी चला सकती थी। यह कोई रटा-रटाया, पिछला पाठ दोहराने वाली बात नहीं थी, न ही फ़ाइल-वर्क था—मुझे तो हर बार कुछ मौलिक लिखना था। दिमाग़ सही न हो, तो कैसे गाड़ी आगे बढ़े?

हमारी दिनचर्या फिर नियमित रूप से चल निकली। सब बच्चे अपने पढ़ने, खेलने और अन्य गतिविधियों में व्यस्त हो गए। आज इतवार था। सभी के ढंग से सिर वग़ैरह धोने के साथ धुलाई, पुँछाई और सफ़ाई में आधा दिन हो गया। फिर खाने के लिए मटर की तहरी और रायता था। सवेरे नाश्ते में बेसन के नमकीन चीले और सूजी के मीठे चीले बनाए थे। मैंने भी खाया और चौका उठाने में लग गई।

तभी बाहर से 'इनकी' आवाज़ आई, "अरे भई, सुनती हो? एक रुपया भिजवाओ, रिक्शे वाले को देना है।"

मैं चौंक कर जब बाहर के दालान में पहुँची तो देखा, कान्ति जी रिक्शेवाले की मदद से अपना भारी वाला बक्स वहाँ रखवा रहे थे। हाँफ़ते हुए बोले, "जल्दी से एक रुपया लाओ और इस बेचारे को भी पानी पिलवाओ। इतना भारी बक्सा रिक्शे पर लाद कर लाया है।"

मैं अन्दर आई, कक्कू के हाथ से रुपया भिजवाया। 'ये' जनाब आकर हाथ-पाँव धोते-धोते कह रहे थे, "बड़ी भूख लगी है। मेरे पास तो रास्ते में कुछ लेने के पैसे भी नहीं बचे थे।" रसोई का बचा भोजन परोस दिया। खाकर 'ये' सो गए।

दो घंटे बाद साइकिल उठाई और अपने अमीनाबाद वाले मित्रों या फ़ोटोग्राफ़ी सीखने वाले शार्गिदों से मिलने चल दिए। लौटकर जैसे रात में हमेशा देर से ही आते थे, उस दिन भी आए। खाना खाया और सो गए। बम्बई से लिखे पत्रों का जिक्र न इन्होंने किया, न मैंने। पर सच तो यह है कि गोमती में बहाने के बाद और पैंतालीस साल बीतने के बाद भी उसके अक्षर मेरे दिल पर लोहे की सलाखों से ख़ुदे हुए हैं—समय ने चाहे उन्हें धूल-धूसरित कर दिया हो, उनकी चुभन और कसक वैसी ही मौजूद है।

दिन बीतने लगे। फिर इन्दिरा जी की कृपा से वेतन डेढ़ सौ रुपये बढ़ गया था। अत: मैंने पाँच रुपये से पंजाब नेशनल बैंक में अपना एक अकाउंट खोला। सोचा, कहानियों के थोड़े-बहुत पैसे जमा अवश्य करूँगी, जिससे कभी भी किसी के आगे हाथ फैलाना न पड़े और यह बात आज तक सम्मानपूर्वक निभा सकी हूँ।

आकाशवाणी के कार्यकाल में अपनी मौलिक रचनाओं के साथ-साथ मैंने शरत्, बंकिम व रवि बाबू के उपन्यासों का सफल रेडियो रूपान्तर किया जो कभी सीरियल, और कभी जनरल में बड़े नाटकों के अन्तर्गत प्रसारित हुए।

बात जब तत्कालीन लेखकों की रचनाओं की हुई, तो अनेक अविस्मरणीय संस्मरण मेरे मानस पटल पर घूम जाते हैं। सबसे पहले यशपाल जी याद आते हैं। वह कभी-कभी वार्ता देने रेडियो पर आते थे। बातचीत में बड़े ही बेबाक़ और दिल के साफ़। किसी बात पर मुझसे बोले, "तुम कॉन्फ्रेंस या गोष्ठियों में लखनऊ में कहीं नज़र नहीं आतीं। अपने को बस आकाशवाणी तक समेट कर बैठी हो—क्यों?"

मैंने कहा, "यशपाल जी! तीन-तीन लड़कियाँ हैं, दो बेटे हैं—उनके समेत घर देखूँ—रेडियो के बाद या सम्मेलनों और गोष्ठियों में जाऊँ? बड़ी तो शादी लायक होने लगी है। बी.एड. कर रही है।"

वह झट-से बोले, "अरे वाह, यूनिवर्सिटी में पढ़ती है और अभी तक अपने लिए कोई लड़का नहीं ढूँढ़ सकी—वैरी बैड! मेरी लड़की ने तो ढूँढ़ लिये। जिससे कहेगी शादी कर दूँगा।" फिर यशपाल जी हमारी 'महिला-विभाग' की प्रोड्यूसर श्रीमती कमल वर्मा से बातें करने लगे। मैं अपने काम में लग गई।

दूसरे दिन मिसेज़ वर्मा मुझसे बोली—"मिसेज़ सौनरेक्सा! आपने तो बांग्ला के

कई उपन्यासों का रूपान्तर किया है। अब यशपाल जी का यह *दिव्या* उपन्यास तो हिन्दी में ही है। हम इसे छह सप्ताह तक प्रति सप्ताह आधे घंटे के प्रसारण समय में ब्रॉडकास्ट करेंगे। जितने बढ़िया पहले वाले अनूदित उपन्यास हुए हैं, उतना ही यह हिन्दी वाला तो आसानी से होगा।"

मैंने पूछा, "आपने यह उपन्यास पढ़ा है?"

वह बोली, "नहीं!"

तब मैंने कहा, "आपने यह वाला उपन्यास लेकर तो ग़ज़ब कर दिया है। इसकी भाषा, संस्कृतनिष्ठ क्लिष्ट हिन्दी है। पाठक तो उसे बुद्धि लगाकर पढ़ भी लेगा, पर श्रोता को इन संवादों में कोई रस नहीं मिलेगा। दो मिनट में रेडियो बन्द कर देगा। इतने आलोचनात्मक पत्र आएँगे कि आप एस.डी. की मीटिंग में जवाब देते-देते मुश्किल में पड़ जाएँगी। ज़्यादा अदली-बदली की तो यशपाल जी नहीं छोड़ेंगे। वे मेरे समकालीन, जीवित लेखक हैं। बंगाली में तो, यथासम्भव अनुवाद के सहारे संवाद लिख दिए। उनमें अगर थोड़ा-सा इधर-उधर भी हो जाता होगा, तो उसके लेखक स्वर्ग से झगड़ा करने तो आ नहीं सकते थे।"

मिसेज वर्मा ने यशपाल जी को फ़ोन किया, क्योंकि उन्हें मेरी बात कुछ समझ में आई। पर जैसा कि उनका स्वभाव था यशपाल जी ने, मिसेज़ वर्मा से कहा, "यह तो आप उपन्यास बुक करने से पहले सोचतीं। मुझे उपन्यास की बुकिंग का चेक मिल चुका है। अब आप जाने और आपका काम, पर हाँ, मेरे उपन्यास में अगर कोई उलटा-सीधा परिवर्तन हुआ, तो मैं चुप बैठने वालों में भी नहीं हूँ—आप याद रखें।"

मिसेज़ कमल वर्मा की दशा तो साँप-छछून्दर वाली हो गई थी। उपन्यास बुक हो चुका था। सरकारी नियमानुसार उसका प्रसारण अनिवार्य था। उन्होंने भी जब स्वयं *दिव्या* पढ़ा तो मेरी बात की सच्चाई समझ गई। यशपाल जी की अप्रसन्नता का भय अलग उन्हें सता रहा था।

ऐसे समय, मैंने ही एक मार्ग निकाला। मिसेज़ वर्मा को तसल्ली दे दी कि "आप धीरज रखें। मैं पहले सैम्पल के तौर पर पहले अंक का एक दृश्य रूपान्तरित करके, उन्हें दिखा दूँगी। भगवान ने चाहा तो मेरी कलम का सिक्का वह भी मानेंगे।"

मैंने *दिव्या* के प्रथम अध्याय का रूपान्तर लिखा। संवाद के भाव यशपाल जी के थे, पर सहज-बोधगम्य भाषा चन्द्रकिरण सौनरेक्सा की थी। उस पर अपने हाथ का लिखा नोट भी उस पांडुलिपि पर लगा कर चपरासी के द्वारा यशपाल जी के घर भेजा। मेरी टिप्पणी कुछ ऐसी थी, "यशपाल जी, रेडियो का शिल्प सामान्य लेखन से भिन्न होता है। कारण—रेडियो वास्तव में अन्धों का सिनेमा है, जिसमें केवल स्वर व शब्द ही रसास्वादन का एकमात्र स्रोत होते हैं। आज कोई भी *दिव्या* की भाषा व्यवहार में नहीं लाता। एक अंश रूपान्तर करके भेज रही हूँ। आपकी स्वीकृति मिलने पर ही आगे *दिव्या* का रेडियो-रूपान्तर होगा। —चन्द्रकिरण"

दूसरे दिन उनकी स्वीकृति आ गई। हमने चैन की साँस ली। उपन्यास प्रसारित हुआ। उसकी बहुत श्रोताओं द्वारा भूरि-भूरि प्रशंसा की गई। एस.डी. ने प्रोत्साहित करते

हुए कहा, "*दिव्या* की पूरी टीम—रूपान्तरकार, कलाकार, टेक्नीशियंस के फ़ोटोग्राफ़ खींचे जाएँगे यादगार के तौर पर यह नाटक दूसरे केंद्रों से भी प्रसारित होगा। और *दिव्या* की पूरी टीम को बधाई देते हुए पार्टी मेरी तरफ़ से मिलेगी।"

मैंने यशपाल जी को फ़ोन करके सूचित किया, "यशपाल जी, आपकी *दिव्या* तो हमारे लिए बड़ी ही लक्की रही—आज हम सब इसके सफल प्रसारण का जश्न मना रहे हैं। फ़ोटो तक खींची जा रही हैं।"

उन्होंने तुरन्त एस.डी. को फ़ोन कर कहा, "अच्छा साहब! *दिव्या* का जश्न मनाया जा रहा है चुपके-चुपके, उसके लेखक की उपेक्षा करके। हम भी वहाँ आकर फ़ोटो खिंचवाएँगे।"

और आधे घंटे के अन्दर वह रेडियो पर थे और उन्होंने हम सबके साथ चित्र खिंचवाए।

कुछ इसी तरह की कठिनाई शिवानी जी की *कृष्णकली* उपन्यास के साथ आई। *कृष्णकली धर्मयुग* में प्रकाशित, धारावाहिक रूप से बहुत ही लोकप्रिय उपन्यास है। उस समय तो उसकी चर्चा हर जगह हो रही थी। रेडियो पर हिन्दी-विभाग के प्रोड्यूसर ख्यातिप्राप्त उपन्यासकार श्री इलाचन्द्र जोशी जी थे। उन्होंने उसे 'जनरल' में रूपान्तरित कर प्रसारण के लिए बुक कर लिया। इसमें ख़ुद शिवानी ने ही रूपान्तरण का दायित्व भी ले लिया। आकाशवाणी में उसकी प्रसारण-अवधि पैंतालीस मिनट थी, पर शिवानी जी ने जो पहली किश्त रूपान्तरित करके भेजी, वह पूरे डेढ़ घंटे की थी। जोशी जी ने शिवानी जी को पांडुलिपि वापस करते हुए छोटा करने का अनुरोध किया। चार दिन बाद शिवानी के इस नोट के साथ कि "मैं इसे छोटा नहीं कर सकती, क्योंकि मुझे इसमें कुछ भी अनावश्यक और काटने लायक नहीं लगता। आप ख़ुद कर लीजिए, पर मेरा उपन्यास चौपट नहीं होना चाहिए।"—स्क्रिप्ट लौट आई।

जोशी जी बहुत ही संकट में पड़ गए। वह स्वयं लेखक थे, पर उन्होंने रूपान्तरण का काम नहीं किया था। अन्य कोई भी शिवानी के उपन्यास को हाथ लगाने को तैयार नहीं था। अन्त में जोशी जी मेरे पास आए और कहने लगे, "आप हमारे सेक्शन में नहीं हैं, न ही किसी की स्क्रिप्ट को संशोधित करना आपका काम है। पर मैं बड़े संकट में हूँ। शिवानी इसे काटने-छाँटने को तैयार नहीं हैं। क्या आप कुछ कर सकती हैं?"

मैंने पांडुलिपि ले ली और कहा, "देखिए, चेष्टा करती हूँ।" शिवानी की स्क्रिप्ट पढ़ने के बाद, मैंने शिवानी को फ़ोन किया, "शिवानी, तुमने जोशी जी को बड़े धर्म-संकट में डाल दिया है। मैं तुम्हारी बात भी स्वयं लेखक होने के कारण अच्छी तरह से समझ सकती हूँ—अपना लिखा एक-एक शब्द जान से प्यारा लगता है। इसीलिए उसकी काट-छाँट करनी मुश्किल लगती है, पर यह तो तुम चाहोगी ही कि *कृष्णकली* जब प्रसारित हो तो 45 मिनट तक श्रोता रेडियो से कान लगा कर बैठा रहे। यह तभी होगा जब उसका रूपान्तरण एकदम चुस्त और कसा हुआ हो। अब, जब तुम मुझे इसे वर्तमान स्क्रिप्ट की डेढ़ घंटे से पैंतालीस मिनट की करने को नहीं कहोगी, मैं भी नहीं करूँगी।"

शिवानी ने जवाब में फ़ोन पर कहा, "मैंने तो कई बार अपनी पांडुलिपि पढ़ी, पर काटने वाला अंश समझ में नहीं आया। जोशी जी ने तो इसे आधा करने को कहा था।"

मैं बोली, "समय की परिधि में रहना-रेडियो की विवशता है। जोशी जी उससे बँधे हैं। तुमने उपन्यास का हर परिच्छेद बस संवाद में बदल दिया है। मैं इसे मध्य से आरम्भ करूँगी जहाँ कृष्णकली गीत गा रही है—रेडियो ऑन होते ही जब श्रोता संगीत की लहरों पर ठुमरी के बोल सुनेगा, तो मंत्रमुग्ध होकर अपने आप रेडियो से चिपक जाएगा। आरम्भिक घटनाएँ मैं फ़्लैशबैक में दूँगी। विश्वास रखो, मूल कथानक में कोई परिवर्तन नहीं होगा।"

शिवानी ने फ़ोन पर ही कहा, "अरे, आपकी लेखनी का जादू क्या मैं नहीं जानती? मैं तो अपनी असमर्थता बता रही हूँ कि मैं रेडियो-रूपान्तर करना नहीं जानती। आप के हाथों से तो *कृष्णकली* का आकाशवाणी पर पुनर्जन्म होगा।"

इस तरह, मैंने पूरे रूपान्तरण को नए सिरे से लिखा। एक-दो दृश्य स्वयं लिखे और जोशी जी संकट से उबर सके। शिवानी की *कृष्णकली* पैंतालीस मिनट की अवधि में ही प्रसारित भी हुई और प्रशंसा में ढेर से श्रोताओं के पत्र भी आए।

इधर घर पर, बच्चों की पढ़ाई की मुझे कोई चिन्ता न थी। कक्कू, कम्मो और बुग्गे का अपना परिणाम बहुत अच्छा था। कल्पना तो पढ़ने में सबसे तेज़ रही। हमेशा फर्स्ट आती थी। वैसे भी पढ़ने का शौक़ दोनों लड़कियों को विरासत में मिला था—कोर्स के अलावा भी ये दोनों पढ़ाई में व्यस्त रहती थीं।

सन् '61 में एक ऐसा कारण बना कि अपनी कुन्तल को मुझे दिल्ली स्वराज्य के घर रहने भेजना पड़ा। बिना किसी अपराध के अपनी सबसे बड़ी बेटी को जो इस संकट के समय में घर के साथ अपने भाई-बहनों को सँभाल कर बैठी थी, शादी से पहले ही अपने से अलग करने का दुःख मैं ही जानती हूँ। लग रहा था उस समय कि मैं अपना कलेजा निकालकर भेज रही हूँ।

घटना-चक्र इस प्रकार घुमा था—कुन्तल उस वर्ष बी.एड. की प्रवेश-परीक्षा में बैठी थी। उन दिनों के.पी. गुप्ता नाम का एक युवक कान्ति जी के पास आने लगा था। एक सुदर्शन, विनम्र, आज्ञाकारी लड़का था। लखनऊ विश्वविद्यालय में 'इनकी' फ़ोटो प्रदर्शनी देखकर 'इनका' भक्त बन गया था, और 'गुरुजी' मानकर फ़ोटोग्राफ़ी में कान्ति जी से नया कुछ सीखना उसकी आकांक्षा थी। गुरुदक्षिणा मान कर वह 'कान्ति जी' की पूरी सेवा करता था। 'ये' प्रायः टूर पर रहते थे, जब बाहर के असाइनमेंट्स ले लेते थे—तो स्टेशन छोड़ना, लेने जाना, फ़ोटो खींचते समय सहायक रहना आदि आदि गुप्ता ही करता था। सभी बच्चे उसे 'चाचा' कहते थे। 'क्ले-स्क्वेयर' में अकेला रहता था, और सरकारी नौकरी भी करता था। एक बार बीमार पड़ गया तो कान्ति जी उसे घर ले आए। तीन-चार दिन वह घर भी रहा। कुन्तल ने जब बी.एड. की प्रवेश-परीक्षा पास कर ली तो यूनिवर्सिटी में भी उसने साथ में दौड़-धूप की। कुछ दिन बाद उसकी माँ कॉलोनी के हमारे सामने वाले एक ब्लॉक में किराये पर आकर रहने लगीं। बहुत ही भली महिला थीं। हमारे घर आने

लगीं। बातचीत में पता लगा वे लोग हरदोई के प्रसिद्ध ज़मींदार परिवार से हैं। उनकी वहाँ तीस कमरों की विशाल हवेली है। के.पी. के पिता की हत्या पैसे के लालच में उन्हीं के पुराने नौकर ने कर दी थी। एक दिन मैंने उनसे पूछा, "आपने के.पी. की पढ़ाई छुड़ा कर नौकरी के लिए बाहर क्यों भेज दिया? मेहनती, बुद्धिमान लड़का है, फ़र्स्ट-ईयर तक ही क्यों पढ़ पाया?" उसकी माँ ने बताया, "हमारी बड़ी बहू उसका कारण है। बड़ा लड़का हरदोई में ही हमारे साथ रहा। बड़ी हवेली में चाचा-ताऊ साथ ही रहे। सो, सुन्दर-सी बड़ी बहू मेरे देवर के लड़के की दोस्ती में फँस गई। के.पी. तब फ़र्स्ट-ईयर में था। उसने कुछ देख लिया होगा। भाभी को मना किया मिलने से, और चचेरे भाई को डाँट कर भगा दिया। मुझे तो इस बात की हवा भी नहीं थी। बड़ी बहू चालाक थी। उसने पति से उलटे के.पी. पर दोष लगाते हुए शिकायत कर दी कि इसने उसकी इज़्ज़त पर हाथ डालने की कोशिश की। बस, किसी ने इसका विश्वास नहीं किया। मेरे बड़े बेटे ने इसे मारा-पीटा। इसके पिता भी उस वक़्त ज़मींदारी के किसी मुक़दमे के सिलसिले में लखनऊ आए हुए थे। बस, 'ये' तब से घर ही नहीं गया। सरकारी नौकरी मिल गई, सो लग गया। अब कुन्तल की पढ़ाई देख कर कह रहा था, 'मैं' भी प्राइवेट इंटर, बी.ए. करूँगा।"

एक दिन वह हमारे घर आईं और बोली, "बहन जी! बुरा न मानो तो एक बात कहूँ? वैसे तो हमारी-आपकी जात अलग है, पर गुप्ता कायस्थों से नीचे तो नहीं होते—"

बड़ी लक्ष्मी बीबी जी उन दिनों कानपुर से आई हुईं थीं। उन्होंने तुरन्त कहा, "आप ऐसी बात क्यों करती हैं? जात-पांत तो इनसान ने बनाई है। भगवान ने तो मनुष्य बनाकर भेजा है।"

के.पी. की माँ बोली, "पढ़ाई में के.पी. कम है, पर मेरा लड़का अच्छा कमा रहा है। हरदोई की जायदाद में भी आधे का हक़दार है। अगर आप कुन्तल को हमारे घर की बहू बना दें, तो हम उसे सिर-आँखों पर रखेंगे।"

मैं और लक्ष्मी बीबी जी, दोनों चौंक गए। मैंने उनसे यही कहा, "बहन जी, इस बात का फैसला तो के.पी. के गुरुजी ही करेंगे।"

वह तो चली गई। बीबी जी बोली, "किरन, रिश्ता तो बुरा नहीं है। हमारी कुन्तल में सब गुण हैं, पर माता की वजह से दाग़ और रंग पक्का साँवला होना कम दोष नहीं है। कायस्थों में कान्ति को लड़का ढूँढ़ने में पसीने आ जाएँगे। फिर न तुम लोगों के पास देने को इतना है कि रुपयों और दहेज़ से लड़के वालों का मुँह भर दो। पढ़ाई को छोड़ दो, तो और कोई कमी नहीं है। पढ़ने को तो आगे के.पी. कह भी रहा है। फिर लड़के की तो कमाई देखी जाती है।"

मैंने सिर्फ़ इतना कहा, 'इनसे' पूछूँगी...कुन्तल के रूप-रंग को लेकर थोड़ी चिन्ता तो है।"

रात को, कान्ति जी घर आए तो बड़ी बीबी जी ने ही बात छेड़ी और अन्त में कहा, "रिश्ता बुरा नहीं है। लड़का कुन्तल को सिर-आँखों पर रखेगा।" थोड़ी देर

के लिए कान्ति जी जैसे हम चौंके थे, सकते में आ गए। फिर बोले, "मुझे यह रिश्ता मंजूर नहीं। वह सिर्फ़ फ़र्स्ट-ईयर तक पढ़ा है।"

मैंने व बीबी जी ने समझाने की कोशिश की। कहा, "कुन्तल के साथ रहेगा तो आगे पढ़ भी लेगा और गृहस्थी कमाई से चलती है। मियाँ-बीबी आपस में स्कूल खोलकर थोड़े ही बैठते हैं?"

इस पर, 'ये' एकदम बिखर गए और बहुत ग़ुस्से से बोले, "नहीं! यह रिश्ता नहीं हो सकता, बस!"

मैंने कहा, "फिर इस के.पी. का हर समय घर में आना बन्द करो। उसकी माँ अपनी मर्ज़ी से रिश्ता लेकर नहीं आई होंगी। लड़के ने ही ज़रूर इशारा दिया होगा। जब तुम उसे पसन्द नहीं करते तो उसका घर में क्या काम?"

कान्ति जी का तर्क सदा की तरह अप्रत्याशित था—"वाह! वह तो मेरा सारा काम करता है। दामाद नहीं बनने के काबिल, इसलिए रिश्ता मंजूर नहीं है—बस। पर दूसरे रूप में तो आ सकता है। इसमें किसी को क्या ऐतराज़ होना चाहिए?"

मैं यह कभी नहीं समझ पाई कि कान्ति जी यह जानकर कि वह लड़का कुन्तल को चाहता होगा, तभी तो माँ के हाथों शादी का प्रस्ताव भेजा होगा—तो अगर शादी वह करेंगे नहीं तो उसका आना-जाना वह बन्द क्यों नहीं करना चाह रहे थे? 'इनके' मन की तो मैं नहीं कह सकती, पर आज मैं सोचती हूँ, यह उनका अपना तात्कालिक स्वार्थ था कि जो लड़का एकलव्य की भाँति आपकी हर बात शिरोधार्य कर पूरी करता है, वह दामाद बनने के बाद ऐसा नहीं रहेगा या वह फिर शिष्य के रूप में उनके उतने नियंत्रण में नहीं रहेगा। सो, कान्ति जी सहज-उपलब्ध सेवा की मेवा से वंचित भी नहीं रहना चाहते थे।

मेरी सहज बुद्धि ने सही वक़्त पर कुन्तल के हित में निर्णय किया। मैं दस से छह बजे तक दफ़्तर में रहती थी—बेटी का घर से दूर रहना तत्कालीन परिस्थिति में एकमात्र समाधान था। 'इनकी' गतिविधियों पर तो मेरा वश नहीं था, पर कुन्तल को भेजने का कारण भी उसे बताना ज़रूरी था। उस समय संयोग से कान्ति जी के टिहरी गढ़वाल के अफ़सर मित्र श्री भट्ट जी (पूरा नाम स्मरण नहीं) दिल्ली-प्रशासन में शिक्षा विभाग के डॉयरेक्टर थे। एक वर्ष पहले, विमला (देवरानी) दिल्ली-प्रशासन के सरकारी स्कूल में 'इनके' कहने पर टी.जी.टी. के पद के लिए चुन ली गई थीं। कुन्तल का बी.एड. का परिणाम नहीं आया था, पर बी.ए. बी. एड. के आधार पर कुन्तल को भी नौकरी मिल सकती थी। हालाँकि मैं चाहती थी कि वह एम.ए. कर ले, पर सोचा कि नौकरी के लिए दिल्ली जाना ज़्यादा ठीक है। कुन्तल घर की आर्थिक स्थिति अच्छी तरह समझती थी, इसीलिए जब मैंने उससे कहा, "बेटे! दिल्ली में चाची की तरह तुम्हारी भी नौकरी लग जाएगी तो अपने पैरों पर खड़ी हो जाओगी। यहाँ तो प्राइवेट स्कूल काम ख़ूब लेते हैं, पर वेतन मामूली देते हैं। यहाँ सरकारी होगी तो पूरे यू.पी. की पोस्टिंग होगी। दिल्ली के दिल्ली में रहोगी, तो चाचा-मौसी दोनों का घर है मुझे फ़िक्र नहीं होगी तुम्हारी!"

कुन्तल तैयार हो गई और दिल्ली चली गई। उसका जाना हर तरह से मेरे लिए बड़ा कष्टदायक था, पर परिवार की शान्ति के लिए सब सहना पड़ता है। कुन्तल का परीक्षाफल निकला और उसने बी.एड. सेकेंड डिवीज़न में पास कर लिया था। उधर दिल्ली में एम्प्लॉयमेंट-एक्सचेंज में नाम दर्ज कराने के बाद उसका इंटरव्यू दिल्ली-प्रशासन में हो गया; और टी.जी.टी. के पद पर नियुक्ति हो गई। संयोग से स्वराज्य का घर सरोजिनीनगर में था और कुन्तल को सेकेंड-शिफ्ट का स्कूल भी वहीं मिल गया। विमला सुबह की शिफ्ट में थी। सो, सवेरे कुन्तल घर का काम सँभालती। जब विमला स्कूल से लौटती तो सब कुछ ठीक मिलता। दोपहर में वह ख़ुद स्कूल चली जाती थी।

पर कुन्तल का भाग्य सीधा नहीं था। विमला अपनी किसी सहेली की लड़की के विवाह में कुन्तल को ले गईं। उसे वहाँ पान बनाने का काम सौंप दिया। वह कमरा माँ का होगा; जहाँ और भी स्त्रियाँ बैठी थीं। बारात की आवाज़ सुनकर सब बाहर चली गईं। कुन्तल दो-चार बचे पान लगाकर, ज़रा देर बाद बाहर गई। बारात चढ़ने के बाद विमला की सहेली कमरे में आईं। उन्होंने कमरे में रखे बक्स का कपड़ा हटा कर खोला, तो बोली, "मैं कपड़ों के ऊपर सौ का नोट रख के गई थी। वह अब नहीं है।" (बक्स में ताला नहीं लगा था) सभी स्त्रियाँ अपनी सफ़ाई देने लगीं और उन्हीं में किसी ने कहा, "विमला की भतीजी ही सबसे बाद में गई थी, वह पान लगा रही थी। अब कुन्तल चुप। विमला ने उसके पक्ष में कुछ नहीं कहा, तब कुन्तल को बहुत बुरा लगा क्योंकि वह तो उन सब लोगों में अजनबी थी बिल्कुल। चूँकि केशी-रश्मि जाने को तैयार नहीं थीं, सो विमला ने कुन्तल को साथ लिया। उसकी तो उनके घर में अपनी कोई मर्ज़ी होने का सवाल ही नहीं था।

रात भर वह सोई नहीं। तीसरे पहर रात में ही आहट सुनी तो वह उठ बैठी। देखा, चाची-चाचा उसके बक्स की तलाशी ले रहे हैं। बस, वह बोली, "लाइए, मैं ख़ुद ही सब दिखा देती हूँ।" सारे कपड़े बिखर गए कमरे। सौ का नोट न होना था, और न ही मिला। शादी के घर में कोई भी कुछ भी कर सकता था—पर इस लाँछन के बारे में स्वराज्य-विमला की प्रतिक्रिया सचमुच अप्रत्याशित थी। बजाय भतीजी पर विश्वास करने के, उनका उस पर सन्देह कुन्तल के लिए स्वाभाविक था असहनीय हो गया। उसने स्वराज्य से ही कहा, "चाचा जी! आप मुझे सवेरे ही मोती बाग़ मौसी के घर छोड़ आइए। मैं यहाँ नहीं रहूँगी।"

उस समय मेरी जीजी की लड़की प्रभा की नौकरी केंद्रीय सरकार के कृषि-विभाग में, स्टैनो के पद पर लग चुकी थी और उसे मोतीबाग में क्वार्टर भी मिल गया था। इस तरह, कुन्तल मौसी के पास आ गई। यहाँ पर मौसी ने उसका पूरा ध्यान रखा। इन्दर भी करनाल से बी.ए. करने के बाद रेलवे में नौकरी करने लगा था। उसकी जहाँ पोस्टिंग होती, वहाँ रहता। कुछ समय दिल्ली में भी रहा। सभी ने कुन्तल का ख़याल रखा। छुट्टी वाले दिन प्रभा-इन्दर कुन्तल को साथ घुमाने भी ले जाते। अपने वेतन का बड़ा अंश वह मुझे भेजने लगी। छुट्टियों में घर आती थी। मौसी का घर

मोतीबाग में था और इस बार कुन्तल की बदली भी मोतीबाग के पहले शिफ्ट वाले स्कूल में हो गई। मैंने कुन्तल के पैसे बराबर बैंक में डालने शुरू कर दिए, जिससे उसके विवाह में कोई कमी न हो। पर कुन्तल पत्र लिखती, "मम्मी, आप चिन्ता न कीजिएगा। हम दोनों मिलकर चारों को ख़ूब पढ़ाएँगे। मैं शादी नहीं करूँगी। हमेशा आपके पास रहूँगी।"

मैं चिन्तित हो उठी, क्योंकि कुन्तल अगर कोई निश्चय कर ले तो उसे हर कीमत पर पूरा करती थी। जैसे, जब उसे पता लगा कि असल में माँ ने क्यों उसे लखनऊ से दिल्ली भेजा था तो उसने लखनऊ विश्वविद्यालय में एम.ए. इंग्लिश में आसानी से दाख़िला मिल जाने पर भी दिल्ली की नौकरी स्वीकार की, जिससे वह स्थायी रूप से लखनऊ आए ही न। नौकरी ज्वाइन करने के बाद तीसरे वर्ष परमिशन मिलने पर, बाद में एम.ए. शाम की कक्षाओं में दिल्ली विश्वविद्यालय से किया।

इसलिए मैंने उसे हर तरह से, सामने और बाद में पत्र लिखकर समझाया, "मैं तुम्हारे फ़ैसले की वजह जानती हूँ, पर इतना बड़ा त्याग भावुकता है। इसकी ज़रूरत भी नहीं है। चारों भाई-बहनों का अपना भी भाग्य है। मेहनती और योग्य होंगे तो अपने आप बन जाएँगे। कल्पना को स्कॉलरशिप मिलती है। फिर मान लो, जैसा तुम सोचती हो—सबको पढ़ाने-लिखाने के बाद, अपना-अपना काम मिल गया, सबके घर बस गए। मैं और पापा तो अमर हैं नहीं; अन्ततः बड़ी उम्र में अकेली रह जाओगी। तब क्या होगा? वक़्त आगे-आगे बड़ा बेरहम होता जाता है। इसलिए बेटा, बात मान लो—शादी के लिए अपने को तैयार करो। कम-से-कम तुम्हारे पास अपना एक घर होगा, अपने बच्चे होंगे। मुझे उम्मीद है पूरी, हमेशा की तरह मेरी सबसे अच्छी बेटी, मेरा कहना नहीं टालेगी।...मम्मी!"

उसका उत्तर आया, "अच्छा, ठीक है। आप जहाँ कहेंगी, मैं शादी करूँगी पर मेरी एक शर्त है—मैं देखने-दिखाने की परेड नहीं करूँगी। मुझे अच्छी तरह मालूम है कि सूरत पहले परखी जाती है—जो मेरे पास है नहीं। चेचक के दाग़ और पक्का साँवला रंग किसी लड़के या उसके घर वालों की तरफ़ से मेरे मुँह पर मेरी अस्वीकृति का कारण बने—यह मैं कभी नहीं चाहूँगी। आप पहले ही साफ़-साफ़ बता दें, फ़ोटो दिखा दें। बस, मुझे कोई यूँ ही देखने न आए। बस...कुन्तल। कुन्तल ने सोचा था—न कभी ऐसा हो सकता है, और इस तरह शादी होगी ही नहीं। मैं एकदम परेशान हो गई। भला इस मॉडर्न ज़माने में कौन-सा लड़का सिर्फ़ फ़ोटो देखकर स्वीकृति देगा, पर भगवान ने उसके भाग्य में यही लिखा था। गर्मियों की छुट्टी में कुन्तल घर आती। सब कामों में हाथ बँटाती। चली जाती छुट्टियों के बाद।

एक बार सरस्वती बीबी जी कानपुर से आई हुई थीं। उन्होंने एक प्रस्ताव रखा, "सुनो बहू! जब कान्ति यहाँ डिप्टी-डॉयरेक्टर होकर आए-आए थे, तब उन्होंने कुछ लड़के इम्तहान लेने के बाद सोशल वेलफेयर में नौकरी पर रखे थे। उनमें एक मेरे जेठ का लड़का श्री कृष्ण भी था। बीच-बीच में वह घर भी आया है। कुन्तल जब बी.ए. के पहले साल में थी तो उसी ने यूनिवर्सिटी जाने के लिए कुन्तल को साइकिल

चलाना सिखाया था। लड़का बी.ए. पास है और इस वक़्त ओ.एन.जी.सी. में है।"

मुझे एकदम याद आ गया—लड़का साँवला, स्वस्थ और सुदर्शन था। पर मैंने कहा, "वह तो आपके जेठ का लड़का है; तो रिश्ते में भाई हुआ न?"

सरस्वती बीबीजी बोली, "वह मेरा पेट जाया थोड़े ही है? ख़ून का कोई रिश्ता नहीं और बुआ-भतीजी तो एक परिवार में ब्याह के जा सकती हैं। मैं बस, बुआ के साथ-साथ कुन्तल की चचिया सास भी बन जाऊँगी। मैंने वैसे बल्लू (यह श्री कृष्ण का घर का नाम था) से बात की तो वह तो एकदम राज़ी हो गया। उसके लिए न तुम लोग अनजान हो, न कुन्तल। वह शायद ख़ुद ही इस रिश्ते को कभी नहीं सोच सकता होगा। कान्ति जी तो उसके इतने बड़े अफ़सर थे न?"

मुझे अभी के.पी. वाली बात याद थी, सो जिसके 'ये' इतने बड़े अफ़सर रहे हों, कभी उसका नाम लेते ही बिगड़ जाएँ, क्या भरोसा! इस कारण मैंने छोटी बीबी से कहा, "आप ही अपने भैया से बात कीजिएगा।"

सरस्वती बीबी जी ने ख़ुद ही बात चलाई और कान्ति जी तुरन्त राज़ी हो गए। उन्हें घर बैठे लड़का मिल गया, लड़का तलाश करने से मुक्ति मिल गई और देखने-दिखाने की कोई औपचारिकता भी नहीं हुई। ज़रूरत ही नहीं थी। सो, कुन्तल की बात भी रह गई। वह दिल्ली में ही थी।

श्री कृष्ण अपनी छुट्टी में जब कानपुर आए और सरस्वती बीबी जी से पूरी बात मालूम हुई तो लखनऊ आए और मुझसे मिले। अपने घर की सारी बातें स्पष्टत: बता दीं—"हम चार बहनें, चार भाई हैं। माता-पिता दोनों बचपन में ही खो दिए, सो दादी ने पाला। चाची (यानी सरस्वती बीबी) साथ तो रही, पर कभी एक दिन भी रोटी बनाकर नहीं दी है। बाद में चाचा-चाची अलग रहने लगे थे। कोई पैतृक सम्पत्ति नाम की चीज़ नहीं है। माँ के ज़ेवर भाभियों के पास होंगे, मुझे पता नहीं है उस बारे में कुछ भी। अपनी शादी सिर्फ़ अपने ख़र्च पर करूँगा। आप भी लग्न में नकद मत भेजना—वह सब चाचा या भाइयों को मिलेगी और वह कुन्तल को कुछ ज़ेवर के नाम पर चढ़ाएँ—इसकी गारंटी नहीं। लग्न में कपड़े व सौ-दो सौ रुपयों से ज़्यादा नकद न रखें। कह दीजिएगा, ज़ेवर आप ही लग्न के रुपयों से बनवा देंगी। मैं भड़ौच से ट्रांसफर की कोशिश करूँगा। दिल्ली भी मैं आ सकता हूँ। कुन्तल को नौकरी नहीं छोड़नी पड़ेगी।"

लड़के की स्पष्टवादिता मुझे अच्छी लगी। सन् '62 में चीन का हमला हुआ था। मोरारजी देसाई ने सोने पर कंट्रोल लगाने वाला कानून पास कर दिया। अब ज़ेवर 22 कैरट की जगह चौदह कैरेट के बना करेंगे। सो, कानून लागू होने से एक दिन पहले तक, 22 कैरेट के आभूषणों की ज़बरदस्त बिक्री हुई।

मैं कुन्तल का भेजा वेतन उसी के लिए सामान लेने में ख़र्च करती थी—(मेरे पास और क्या साधन था!) सिंगर मशीन ख़रीद चुकी थी। सोफ़ा-सेट ले लिया था। जो पैसे बचे थे, उससे कानून लागू होने से एक दिन पहले कन्हैयालाल ज्वैलर्स से उसके लिए एक सेट (गले का हार, बुंदे और अँगूठी) ख़रीद लिया। कड़े और कंगन अपनी

कहानियों के पैसों से पहले बनवा चुकी थी। एक चौदह कैरेट की चेन भी ख़रीदी। कुन्तल की जेठानी सगाई की रस्म करने आ रही थीं। उन्होंने वही चेन कुन्तल को चढ़ानी थी। सगाई हुई झाँसी से श्री कृष्ण के फूफा जी भी आए थे। हमारी कॉलोनी से भी स्त्रियाँ आई थीं। शादी की तारीख 25 दिसम्बर, '63 तय हो गई।

अप्रैल '62 में कानपुर में बड़ी बीबी जी लक्ष्मी देवी का स्वर्गवास हो गया था। मृत्यु एकाएक हृदय गति रुकने से हुई थी। वैसे बीमार तो सालों से चल रही थीं। मैं रेडियो जाने को तैयार थी, तभी कानपुर से फ़ोन आया। कान्ति जी दिल्ली में थे। मैं बस से कानपुर गई। लक्ष्मी बीबी जी प्रायः कहा करती थी, "मैं मरूँ तो मेरे चारों भाई मुझे कन्धा दें।" वह अपने बड़े बेटे बिल्लू से बहुत नाराज़ थीं। बर्फ़ की सिल्लियों पर मृत शरीर रखा गया। दूसरे दिन दिल्ली से कान्ति जी, स्वराज्य और अपनी तहसील से प्रकाश पहुँच गए। बाबूजी अलीगढ़ से आ गए थे। मुन्ना तो था ही कानपुर में। बिल्लू कद में छोटे रह गए थे—सो, तीनों भाइयों को बिल्लू के साथ कन्धा देना मुश्किल था। उसका फिर बस हाथ लगवा दिया। चौथी तरफ़ मुन्ना लेकर चले अरथी को। बीच-बीच में जीजा जी लग जाते होंगे।

तेरहवीं पर एक दिन को फिर सब एकत्र हुए। मैंने जीजाजी से कहा, "रंजना चार साल की बच्ची है। प्रदीप स्कूल चला जाया करेगा, आप नौकरी पर तो इसे दिनभर कौन देखेगा? मैं इसे अपने साथ लखनऊ ले जाती हूँ। वहाँ बच्चों के साथ इसका मन लगेगा। अगले साल स्कूल में नाम लिखा जाएगा।"

रंजना यहाँ पर सबसे हिल-मिल गई। डेढ़ महीने बाद जीजा जी मिलने आए। बातों-बातों में दोनों साले-बहनोई झगड़ने लगे। 'ये' बोले, "आपने ठीक से छोटी जीजी का ख़याल नहीं रखा। आपकी लापरवाही से ही इतनी जल्दी वह चली गईं।"

जीजा जी को यह लाँछन बहुत बुरा लगा। उन्होंने एक-एक पैसा बीमारी पर लगाया। बराबर इलाज के लिए लखनऊ लाए। यह सब तो 'इन्होंने' ख़ुद देखा था।

जीजा जी ग़ुस्से से बोले, "इलाज तो कान्ति तुम्हारे ही घर पर हुआ; पर ख़ैर! अब और अहसान मैं नहीं लूँगा—रंजना को मैं ले जा रहा हूँ इसी वक़्त। जैसे भी होगा, पालूँगा। आज से तुम्हारा, मेरा कोई वास्ता नहीं।" मैंने बड़ी माफ़ी माँगी। उन्हें शान्त करना चाहा, पर वह नहीं माने और रंजना को साथ लेकर तुरन्त चले गए।

सन् '63 दिसम्बर के तीसरे सप्ताह में हमारा घर मेहमानों से भर गया। सौनरेक्सा परिवार के बड़े लड़के के घर की पहली शादी। मुझे इस समय भी अचानक आर्थिक सहायता मिली। लखनऊ आते ही हमने एक बीमा पॉलिसी ली थी। हम भूले बैठे थे, क्योंकि प्रीमियम दिया नहीं नियमित रूप से। उसकी अवधि पूरी हो गई। अतः इस महीने हमें हमारा उसका जमा पैसा मिला, जो बड़े काम आया।

कान्ति जी ने अपनी पूरी अफ़सर बिरादरी सहित नए मित्र—सबको सपरिवार बुलाया था। इनके कलेक्टर श्री सिद्दीकी साहब से लेकर आई.ए.एस. मित्र श्री जयनारायण तिवारी व श्री सुशीलचन्द पांडे आदि तथा सोशल वेलफेयर के सारे पदाधिकारी आमंत्रित थे। मेरे रेडियो के सभी सहकर्मी, अफ़सर भी अतिथि थे। कॉलोनी

के पड़ोसियों को मिलाकर बारात के स्वागत के लिए, लगभग डेढ़ सौ अतिथि-गण द्वार पर प्रतीक्षारत थे। 25 दिसम्बर की शाम बेहद सर्दी थी। सात बज चुके थे और बारात का कहीं पता न था। सामने के फ्लैट में ही जनवासा दिया था, जिसकी ऊपर की बालकनी से बारातियों के रात्रिभोज की, जहाँ शामियाना लगा कर, व्यवस्था की गई थी, वह स्थान साफ़ दिखाई देता था। बारात आठ बजे जनवासे पहुँची। जहाँ से सरस्वती बीबी जी हमारे घर सबसे पहले अन्दर आ गईं यानी जिन्हें कानपुर में, सब काम बड़ी होने के नाते सँभालना चाहिए था, वही दूसरी दो जेठ की बहुओं पर सारा काम छोड़ बारात में चली आईं और बारात में भी तुरन्त बुआ बनकर घर में आ गईं, बजाय बारात की व्यवस्था में भाई-भाभी का हाथ बँटाने के। बारात के बच्चे सारे जनवासे पहुँच गए। उनके जेठौत के दो पाँच-छ साल के लड़के, दिल्लीवाली जेठौतिन (यानी श्री कृष्ण की सबसे बड़ी बहन) के दो बेटे आदि।

जनवासा इतना करीब था कि बारात आध घंटे में आराम से नाश्ता वग़ैरह ज़रा-सा लेकर (जो पहले ही छह बजे से वहाँ तैयार था) दरवाज़े पर हर हाल में साढ़े-आठ तक आ सकती थी, पर साढ़े आठ तक किसी का पता न था। उधर इनके सभी अफ़सर मित्र सपरिवार जाने के लिए आज्ञा माँगने लगे। मैं असमंजस में ही थी कि कान्ति जी ने उसी समय सबको भोजन के लिए कहा और उनको वहाँ तक छोड़ आने के बाद मुझसे बोले, "चार क़दम से बारात अभी तक नहीं आई है। पहले ही कानपुर से देर चली तो यहाँ आठ बजे तक पहुँची। जीजा जी तक घर नहीं आए। मेरे इतने मेहमान क्यों बगैर खाए चले जाते?" 'ये' ग़ुस्से से लाल-पीले हो रहे थे। पर मैं अन्दर से डरी हुई थी, क्योंकि उस वक़्त यह बड़े भारी अपमान की बात थी कि घरातियों के मेहमान बारात से पहले खाना खा जाएँ। यह भी सुन रखा था कि कायस्थों की कोई बारात बगैर झगड़े के कभी नहीं चढ़ती क्योंकि बाराती अक्सर नशे में होते हैं।

वही हुआ—हमारे मेहमानों को जनवासे के फ़्लैट से ठहरे हुए बारातियों ने देख लिया कि वे खाना खा रहे हैं। बस, श्री कृष्ण के बीच वाले भाई बलराम बहुत नाराज़ हो गए। उन्होंने यह सन्देश भिजवा दिया कि जहाँ बारातियों का मान नहीं, घराती पहले अपनों को दावत खिला दें—वहाँ कोई बाराती दरवाज़े पर नहीं आएगा। कान्ति जी ने किसी से बस यह सुना और मानो आग में घी पड़ गया। पहले से भरे बैठे थे। अन्दर आकर ज़ोर-से बोले, "अगर बाराती दरवाज़े पर नहीं आते, न आएँ। मैं बारात लौटा दूँगा। कुन्तल को दूसरा लड़का मिल जाएगा।"

बस घर में खलबली मच गई। स्वराज्य ने समझाया, "भाई साहब! मैं और आप चलते हैं। बारातियों को वजह बता देते हैं कि वे सारे मेहमान लखनऊ के बड़े-बड़े अफ़सर थे। बारात अब तक जाड़े में आई नहीं थीं। जब वे सब जाने लगे तो उन्हें बिना खाए कैसे जाने देते? जीजा जी को भी बीच में डालेंगे। ग़ुस्सा ठंडा पड़ जाएगा। इतनी-सी बात पर कोई बारात लौटाता है क्या?"

नौ बज चुके थे। सर्दी में कड़ाके की ठंड। कुन्तल ने अलग रोना शुरू कर दिया कान्ति जी बोले, "जब हमारी कोई ग़लती नहीं, देर से वो लोग बारात लाए

और माफ़ी माँगने और सफ़ाई देने हम जाएँ। क्यों? मैं तो जनवासे नहीं जाऊँगा। बारात लौटा दो।"

हार कर स्वराज्य मेरे पास आकर बोला, "भाभी! भाई साहब तो न मौक़ा देखते हैं, न माहौल बोलिए, अब क्या करें?" अपने भाई का गुस्सा देखकर, सरस्वती बीबी जी चुपचाप, जनवासे चली गईं। समझौता या कोशिश करके समझाना—उसके बस में नहीं था। मैंने कहा, "चलो, मैं तुम्हारे साथ चलती हूँ।"

वह पहले थोड़ा झिझका, फिर मेरे साथ पीछे के दरवाज़े से जनवासे पहुँच गया। इससे पहले कि मैं कुछ कहती, स्वराज्य ने जीजा जी और बलराम से शान्त स्वर में कहा, "देखिए! घरातियों के पहले जीम लेने से आपका नाराज़ होना जायज़ है, पर आप ही सोचें—शहर के बड़े-बड़े अतिथियों को क्या भूखा जाने देना सही होता—जो जाड़े में दूर-दूर से बेटी को आशीर्वाद देने आए थे और बारात का एक घंटे से खड़े-खड़े इन्तजार कर रहे थे। अगर आप फिर भी हमें दोषी मानते हैं तो मैं भाई साहब की तरफ़ से माफ़ी माँगता हूँ। वह ख़ुद कभी नहीं आएँगे। अगर उनका इतना गरममिज़ाज़ न होता तो वह भी आज कहीं कमिश्नर होते। मैं साथ में लेडी ऑफ़ हाउस को लाया हूँ—क्या इतना काफ़ी नहीं है?"

श्री कृष्ण ने भी अपने भाइयों, जीजा और मामा लोगों को समझाया। तब बलराम बोले, "चाची हमारे बच्चों को छोड़ कर नीचे रह गईं। जाकर उनके लिए दूध तक नहीं भिजवाया।"

स्वराज्य ने तुरन्त गरम दूध के लिए नीचे आदमी दौड़ाया और बलराम को बताया, "दूध तो पाँच मिनट में आ जाता है आप के पास, पर जीजी ने बच्चों के आने की बात हमें नहीं बताई थी।"

इस तरह झगड़ा निबटा। बारात चढ़ी, रात एक बजे फेरे पड़े। ठंड के मारे सभी बाराती जनवासे में सो गए थे फेरों के समय। उनकी तरफ़ से श्री कृष्ण के जीजा जी और दो-चार दोस्त बैठे थे। कुन्तल तीन दिन ससुराल रही और दोनों दिल्ली चले गए। दिल्ली में शादी तय हो जाने के थोड़े दिन बाद ही जीजी ने कुन्तल को, अपने ही क्वार्टर के नीचे एक सक्सेना साहब के क्वार्टर में एक कमरा, रसोई दिलवा दिया था। इससे वह पास भी रही और जब भडौच से श्री कृष्ण दिल्ली आते तो जगह भी उन दोनों को अलग मिल जाती थी।

कुन्तल की ओर से मैं निश्चिन्त हो गई, पर दूसरी बेटी कल्पना की चिन्ता से घिर गई। वास्तव में, मुन्नी, मेरी सबसे छोटी ननद के दूल्हा श्री सत्यमूर्ति वर्मा कानपुर डी.ए.वी. कॉलेज में हिस्ट्री के प्रोफ़ेसर थे। साथ ही, कॉलेज की सांस्कृतिक समिति के संचालक भी। उनके सगे ममेरे भाई चन्दूबाबू बड़े प्रभावशाली रईस, जाने-माने प्रतिष्ठित व्यक्ति थे कानपुर के। इस वजह से भी सत्यमूर्ति अपने अध्यापन के अतिरिक्त जो शौक़ थे, उन्हें बख़ूबी पूरा करते थे। नाटक, नृत्य, संगीत के कार्यक्रमों का संचालन-संयोजन करने के कारण वे विद्यार्थियों में लोकप्रिय थे। चाहे स्वयं इनमें से कोई भी प्रतिभा उनमें नहीं थी, पर सांस्कृतिक उत्सव अपने कॉलेज में, यूथ

फेस्टिवल में बाहर की यूनिवर्सिटीज़ में संयोजित करने की निपुणता में उनका सानी नहीं था। चरित्र और ईमानदारी के कारण विद्यार्थियों के मन में अपने लिए सत्यमूर्ति ने विशेष स्थान बनाया था। जवान लड़के-लड़कियों के ट्रिप उनके संरक्षण में बिना किसी अप्रिय घटना के सफलतापूर्वक सम्पन्न होते थे। वे लड़कियों के गार्जियन, संरक्षक और प्रोफ़ेसर—सब थे। उनके द्वारा स्थापित नाटय-संस्था 'दर्पण' आज भी उनके निधन के पश्चात्, सफलतापूर्वक नाटकों का मंचन भी कानपुर के साथ-साथ दूर-दूर तक शहरों में भी करती है। उसे उनके जीवन-काल में ही सरकारी ग्रांट मिल चुकी थी।

सन् '60 की गर्मी में इन्हीं सत्यमूर्ति वर्मा की मंडली एक बार कश्मीर ट्रिप लेकर गई, जिसमें उनके अनेक प्रिय शिष्यों में एक सोशियोलॉजी के एम.ए. प्रथम वर्ष का विद्यार्थी सन्तू भी था। वह बहुत सुन्दर गाता था। लम्बा आकर्षक व्यक्तित्व का स्वामी। सभी विद्यार्थी केवल 200 रुपये में घूमने जा रहे थे। मुन्ना-मुन्नी भी साथ थे। मैंने सोचा, चलो 400 रुपये में दोनों लड़कियाँ भी काश्मीर घूम आएँगी। सो कुन्तल, कल्पना दोनों इस ट्रिप में गईं। श्रीनगर पहुँचते ही सत्यमूर्ति और मुन्नी को कानपुर लौट आना पड़ा क्योंकि उनकी माँ की तबीयत खराब हो गई थी, पर मुन्ना वहीं था। उसने दोनों भतीजियों को पूरा ध्यान रखा और सब लौट आए।

उसके बाद सन्तू जब भी काम से लखनऊ आता, बराबर घर आने लगा। कम्मो का गला बहुत ही मीठा था और कुन्तल भी अच्छा गाती। घर पर सब ही साथ रहते। धीरे-धीरे मुझे लगा, वह कल्पना के रूप पर मुग्ध था। कल्पना भी उसकी ओर आकृष्ट थी। यही मेरी परेशानी का कारण बना।

इससे पहले बातचीत में मुझे उसी के मुँह से उसकी सारी पृष्ठभूमि मालूम हो चुकी थी। व्यवहार की शालीनता, मृदु भाषण में सन्त प्रसाद श्रीवास्तव (सन्तू) से किसी को कोई शिकायत नहीं हो सकती थी, पर पढ़ाई में कभी तेज़ नहीं रहे क्योंकि गायक बनना चाहते थे, जो पिता को बहुत नापसन्द था। वह प्रसिद्ध वकील थे। बड़ा भाई भी वकील। कानपुर में, सूटर गंज में बहुत बड़ी हवेली। पैसे ख़र्च करने से मना नहीं करते थे, पर ज्यों ही उन्हें पता चला कि घर पर वह शास्त्रीय संगीत सीखने को उस्ताद लगाएगा तो उसका हारमोनियम ही ऊपर से फेंक दिया, पर सन्तू ने गाने का अभ्यास जारी रखा। रेडियो पर सुगम-संगीत में कार्यक्रम भी उसे मिलते थे। माँ का प्रोत्साहन मिलता रहा।

कल्पना ने इंटर की परीक्षा दी थी। मैंने कल्पना को समझाया, "तुम शुरू से ही पढ़ने में सबसे तेज़ रही हो। थ्रू-आउट फर्स्ट डिवीज़नर हो। नृत्य और पेंटिंग की तुम में प्रतिभा है। अभी सुमित्रानन्दन पन्त जब घर आए थे, तब तुमने एक कोने में, चुपचाप बैठकर उनको ध्यान से देखते हुए एक पेंसिल स्केच बनाया था, जिसे देखकर वह स्वयं आश्चर्यचकित रह गए थे—इतना जीवन्त था वह! इन सब क्षेत्रों में साधना, तपस्या चाहिए। तुम्हारे पापा तो तुम्हें आई.ए.एस. में बैठाना चाहते हैं, पर यह सब कैसे होगा अगर तुम अभी से प्रेम के चक्कर में फंस जाओगी? अभी मन

लगा कर पढ़ो। समय बीतने पर तब चाहे सन्त से ही शादी कर लेना, क्योंकि उसमें अपने आप में कोई कमी नहीं है, सिवाय इसके कि वह पढ़ाई में ब्रिलिएंट नहीं है। अगर अभी जल्दबाज़ी की तो पेंटिंग, नाटक तो दूर की बात है, पढ़ाई भी रह जाएगी, क्योंकि सन्तू की बातचीत से मुझे अहसास है—उनका पुराने विचारों वाला कायस्थ घर है। उसकी भाभी तीन बच्चों की माँ है, पर अब भी ससुर के सामने आधा घूँघट काढ़ती है। अपने घर वाला खुला वातावरण वहाँ नहीं है। मैं तो बाहर रहती हूँ—दिन भर रेडियो पर। तुम्हें ख़ुद ही ज़िम्मेदार लड़की की तरह पढ़ना है। अपनी मर्यादा का पालन करना है। सन्तू से मिलना बन्द कर दो। यही तुम्हारे हित में है।"

और मैंने सन्त प्रसाद का घर आना बन्द कर दिया। कल्पना अपनी दिनचर्या मे व्यस्त हो गई। उसकी बी.ए. में प्रथम श्रेणी आई और एम.ए. अंग्रेज़ी में यूनिवर्सिटी में उसने दाख़िला ले लिया। वह साल भी आराम से गुज़र गया—मार्च में वह अठारह साल और एक महीने की हो गई थी। सुन्दर, कुशाग्र बुद्धि लड़की के लिए कान्ति जी के अफ़सर मित्रों के यहाँ से ही रिश्ते आने लगे। दामाद का ऊँचा अफ़सर होना—हमारे लिए गर्व की बात होती।

पर मैं कल्पना से पूरी बात कर चुकी थी और मुझे आभास था कि उसके मन में इतने सालों में भी सन्तू की छवि मौजूद थी। सो, कान्ति जी को सारी बात बताए बिना मैं अपनी बात नहीं रख सकती थी सामने।

कान्ति जी को संक्षेप में सब बताया और यह भी कहा कि मैं बराबर चेष्टा कर रही हूँ कि वह असलियत को समझे और हम दोनों की बात मान कर उस लड़के से शादी का ख़याल छोड़ दे। जैसी कि उम्मीद थी, कान्ति जी एकदम भड़क गए, और बोले, "सन्तू और कल्पना के लिए? तुम्हारा दिमाग़ तो ठीक है? मैं लड़की की यह मूर्खता बर्दाश्त नहीं करूँगा। मैं जहाँ चाहूँगा, वहीं उसकी शादी होगी। उसके लिए बिना किसी माँग के एक से एक लडकों के रिश्ते आ रहे हैं। ज़रूरत पड़ी तो ज़बरदस्ती भी कर सकता हूँ।"

पर मैं दिल में जानती थी—बालिग लड़की से कोई बलपूर्वक कुछ नहीं करा सकता था। फिर भी कल्पना को पापा की असहमति बताते हुए मैंने यही कहा, "कल्पना, अभी तुम अठारह की हुई हो; एम.ए. का पूरा एक साल पड़ा है। अभी कॅरियर के लिए कुछ भी कर सकती हो। ड्रामा, डांस, पेंटिंग—सभी के लिए तुममें प्रतिभा है। यूथ-फेस्टिवल में जा चुकी हो, 'दर्पण' के नाटकों में भाग लेती हो। अभी शादी की बात ही भूल जाओ। उसके लिए उम्र पड़ी है। पापा को मैं सँभाल लूँगी।" वह बस चुप रही।

इम्तहान के बाद मैंने उसे बड़ी जीजी के पास दिल्ली भेज दिया। कुन्तल भी वहीं मोती बाग़ में उनके नीचे रह रही थी। श्री कृष्ण गुजरात में थे उस समय। मैंने सोचा, दो महीने वहीं रहेगी। तब बाद में सोच लेंगे। पर 'मेरे मन कुछ और है, विधना के कछु और'—मेरे भाग्य में शान्ति से जीना बदा ही नहीं था। तीसरे दिन आकाशवाणी पर कुन्तल का पत्र मिला—"मम्मी! मैं तो सवेरे स्कूल चली जाती हूँ, शाम को

यूनिवर्सिटी (वह दिल्ली विश्वविद्यालय से सांध्यकालीन विभाग से रेगुलर स्टूडेंट की तरह, हिन्दी में एम.ए. कर रही थी) जाती हूँ। मौसी ने बताया कि सन्तू जी कल्पना से मिलने आए थे। मौसी भी बड़ी परेशान हैं। इन्दर भैया, जो आजकल यहीं हैं, कल्पना को समझाने की कोशिश में हैं। (इन्द्र नारायण-जीजी का सबसे छोटा बेटा, जो रेलवे में नौकर था) प्रभा जीजी ने भी बात की, पर कल्पना और सन्तू जी अपनी बात पर कायम हैं। सबसे बड़ा भय हम सभी को पापा का है। उनके हंगामे से सभी डरते हैं। आप बताएँ, मैं क्या करूँ?"

ख़त पढ़कर प्राण एकदम नखों में आ गए। यह सही था कि कान्ति जी को बाहर के फ़ोटो असाइनमेंट मिलते थे—तो वह एकाएक ही बम्बई, कलकत्ता, अजमेर, बंगलौर चले जाते थे। कन्धे पर कैमरा और बोरिया-बिस्तर तैयार कर चल पड़ते। दिल्ली में दूरदर्शन पर भी, रेडियो पर भी काम होता था। सो, सबसे ज़्यादा वक़्त दिल्ली में रहते थे।

तीसरे दिन फिर कुन्तल की चिट्ठी रेडियो पर मेरी मेज़ पर रखी थी, "मम्मी! कल्पना न पापा का सामना करना चाहती है, न अपनी बात से टस से मस होती है। सन्तू जी भी आए थे। उनके पिताजी डिप्टी साहब की बेटी को घर नहीं लाना चाहते पर वह अपने दूसरे रिश्तेदारों से बात कर चुके हैं। वह कहते हैं—मैं शादी के लिए एकदम तैयार हूँ। मौसी अलग बहुत ज़्यादा टेंशन में हैं। अगर पापा आ गए तो वह कल्पना को ले जाना चाहेंगे साथ, जो सम्भव नहीं होगा। मौसी के शब्द हैं, "कान्ति जी, कल्पना के साथ, ज़बरदस्ती नहीं कर सकते। कल्पना दूध पीतो बच्ची नहीं है। वह बालिग हो चुकी है। मम्मी, आप कुछ करो।" —'कुन्तल'

मैं जिस धर्म-संकट में थी, उसे मेरा भगवान ही जानता है। मुझे मालूम था कि कल्पना पिता के सामने झुकने वालों में नहीं है। दूसरे दिन मैं रेडियो पर कुन्तल को जवाब देने के लिए बैठी थी कि कुन्तल ने मुझे फ़ोन किया, "अभी-अभी सुकेशी घर आकर बता कर गई है मुझे कि रात में पापा-मम्मी बात कर रहे थे कि ताऊजी कल ही सवेरे आने वाले हैं। अब किसी भी हंगामे के लिए न मैं तैयार हूँ, न मौसी। आप कहें, तो सन्तू जी के एक रिश्तेदार यही रहते हैं—वहीं पर हम शादी करवा दें।" (सुकेशी स्वराज्य की बड़ी बेटी है)।

मैंने उत्तर दिया, "आख़िरी बार कल्पना को मनाओ वरना बड़ी मौसी व इन्दर भैया के साथ जाकर उनके फेरे डलवा दो। इन्दर कन्या-दान कर देगा।"

इसके सिवा मेरे पास कोई विकल्प नहीं था। फेरों के तुरन्त बाद इन्दर ने तार दे दिया होगा जो हमें रात डेढ़ बजे मिल गया। 4 मई, 1964 की तारीख थी, तार के शब्द थे, 'कल्पना और सन्तू ने शादी कर ली है।'

रात में तार मिलते ही कान्ति जी के क्रोध की सीमा न थी। पहले तो लड़कियों पर नियंत्रण न रख पाने का पूरा दोषारोपण मुझ पर किया गया, फिर लड़की की बारी आई, "कल्पना मेरे लिए मर गई। वह अब इस घर में क़दम नहीं रख सकती।" मैं तो न क्रोधित होने की और न ही रोने की स्थिति में। पता लगा, सन्तू कल्पना को

लेकर कानपुर गए, पर बजाय सूटर गंज पिता के घर जाने के अपनी छोटी ब्याही हुई बहन सावित्री के घर गए थे।

चार दिन बाद 'इनसे' प्रार्थना की, "जो हो गया, वह तो मिट नहीं सकता, पर अब कल्पना को विदा करा लाइए। उसका एम.ए. फाइनल है। पढ़ाई छुटी तो छूट ही जाएगी।"

पर 'इनका' ग़ुस्सा ज़बरदस्त था। बोले, "मैं नहीं जाऊँगा। कल्पना के लिए अब इस घर में कोई जगह नहीं है।" मैं किसी भी तरह अपने को किसी भी बात में उलझाना नहीं चाहती थी अन्यथा मैं स्वयं कुन्तल की पहली चिट्ठी मिलते ही शादी करा सकती थी या अब भी कानपुर कल्पना की ससुराल में जाकर मिल सकती थी। कारण, 'इनके' अप्रत्याशित फैसलों का कोई भरोसा नहीं था और बजाय आम पति-पत्नी की तरह अलग निर्णय लेने की वजह को समझते हुए आपसी तालमेल में फ़र्क न आने देने के कान्ति जी ख़ुद कहीं चले जाते या कल्पना को ग़ुस्से में कुछ कर देते। किसी भी ख़तरनाक नतीजे की सम्भावना से मैं मुक्त नहीं थी। अभी एक लड़की और दो लड़कों को मैंने पार लगाना था। सो, मैंने भगवान पर छोड़ दिया। जबकि चिन्ता के मारे मेरी हालत खराब थी।

प्रभु सदा मेरे सहायक हुए। उसी दिन कान्ति जी के अभिन्न मित्र लेबर कमिश्नर जय नारायण तिवारी घर आए। वह कानपुर में ही पोस्टेड थे उस समय। कान्ति जी घर पर नहीं थे। मैंने संक्षेप में उन्हें पूरी कथा सुनाई और कहा, "आप ही अपने दोस्त को समझाइए—लड़की की पढ़ाई छूट जाएगी।"

जयनारायण तिवारी बड़े ही सुलझे हुए दुनियादार व्यक्ति थे। 'ये' थोड़ी देर में आ गए। खाना खाते समय तिवारी बोले, "यार! बेकार में ग़ुस्सा करके क्यों अपना और भाभी का ख़ून जलाते हो? लड़के का बाप मशहूर वकील है। जेठ भी वकील है। इतनी बड़ी हवेली है। मैं जानता हूँ—गाँव में उनकी काफ़ी ज़मीन-ज़ायदाद है। लड़का भी एम.ए. तो है ही, ख़ूबसूरत नौजवान है। गाता सचमुच बढ़िया है, मैंने सुना है, कानपुर में उसकी काफ़ी धाक है म्यूज़िक सर्कल में कॉन्फ्रेंसेज़ में भाग लेता है। रेडियो पर गाता है। यही लड़का तुम ख़ुद ढूँढ़ते तो नकद पाँच-सात हज़ार तो देने ही पड़ते। भारी शादी अलग करनी पड़ती। अरे, अभी कुन्तल की शादी करके चुके हो। दूसरी के लिए कहाँ से रुपया लाते?"

कान्ति जी ने कुछ कहा नहीं, तो तिवारी ने फिर कहा, "उनके बाप भी झक मार कर राज़ी होंगे। कल्पना जैसी बहू उन्हें भी आसानी से न मिलती और अपना लड़का यूँ ही कोई नहीं छोड़ता। तुम, कमला टावर (सावित्री के घर) जाकर इज़्ज़त से बेटी विदा करा कर लाओ। और यहाँ से पत्र लिख देना—गौना लेने बाप के साथ आओगे तो कल्पना को ले जा सकोगे वरना नहीं!"

इस तरह तिवारी की बात मानकर कान्ति जी कानपुर में कमला टावर पहँचे। मैंने बाद में सुना कि सन्तू ने गली में आते 'इन्हें' देखा, तो पहले ही वहीं पाँव पकड़ लिये और पापा जी से बहुत माफी माँगी। इस मामले में कान्ति जी का मन, भोले

भंडारी वाला है। 'क्षणे रुष्टे, क्षणे तुष्टे' वाली प्रकृति पाई है। बस, फिर क्या था? सारा ग़ुस्सा ख़त्म हो गया। कल्पना उसी दिन घर आ गई।

सन्तू की माँ काफ़ी दिनों से बीमार चल रही थीं। वे पति के पीछे पड़ गईं, "तुम बहू को घर लिवा लाओ। क्या मैं उसे देखे बिना ही मर जाऊँगी?" पति को पत्नी के आगे झुकना पड़ा। सन्तू को घर बुला लिया; और हमें पत्र लिखा, "हम गौना लेने आ रहे हैं।"

पाँच-सात आदमी लेकर कल्पना के ससुर अपनी कार में आए। कल्पना को विदा कराकर ले गए।

जुलाई में मुन्ना की शादी कानपुर में मुन्नी के घर से हुई। मैं और 'ये' भी शादी में गए। कल्पना भी वहाँ शादी में थी—ऊपर से नीचे तक ज़ेवरों से सजा कर उसकी सास ने भेजा था। उस समय बहुत ख़ुश थी कल्पना।

कुछ दिन बाद उसकी सास का तो स्वर्गवास हो गया। बाद में पुरातनपंथी परिवार में अपने प्रेम-विवाह के खुमार के उतर जाने के बाद असर—कल्पना ने अपने तरीके से समझौता करते हुए कैसे झेला, वही जानती होगी।

पर सन्तू ने कल्पना को फाइनल एम.ए. के लिए लखनऊ भेज दिया था। सितम्बर में कल्पना के पास दिल्ली से सुकेशी का पोस्टकार्ड आया—"जीजी! मुझे टाइफाइड हो गया था। चौदह दिन बाद बुख़ार उतरा है। अब भी मुझे दाल-रोटी खाने को नहीं मिलती। बस, सूप व फल का रस और दूध मिलता है। इस वक़्त मैं घर में अकेली हूँ। मम्मी पढ़ाने गईं हैं; रश्मि-मन्नो पढ़ने गई हैं। पापा ऑफ़िस में हैं। मैं बोर हो रही हूँ—केशी।"

ख़त की बात आई-गई हो गई। करवा-चौथ से एक दिन पहले स्वराज्य का तार मिला—"कम इमीजिएटली, सुकेशी वेरी इल" तार आगरे से आया था—इसका मतलब कि स्वराज्य विमला सुकेशी को लेकर उसके डॉक्टर नाना जी के घर पर हैं। तार रात में आया था। हमें सीधी कोई ट्रेन उस समय लखनऊ से नहीं मिलनी थी आगरे के लिए। हम *नेशनल हेरॉल्ड* की अख़बारों वाली गाड़ी में बैठ कर गए, जो चार बजे कानपुर के लिए रवाना होती थी। कानपुर स्टेशन पर हमें सरस्वती बीबी जी मुन्ना के साथ मिलीं। वे लोग भी स्वराज्य का तार पाकर आगरा जा रहे थे। दोपहर में हम आगरा पहुँचे।

घर में सन्नाटा छाया था। स्वराज्य हमें भीतर ले गए। सुकेशी पलंग पर लेटी थी। मैंने पास जाकर उसका हाथ देखा। बुखार नहीं था, पर वह मझसे लिपट कर रोने लगी। मैंने पुचकार कर चुप कराते हुए सुकेशी से कहा, "पगली! ऐसा क्या हो गया जो इतना रो रही है। कोई तुझे ससुराल भेज रहे हैं क्या?" वह धीरे से बोली, ताई! मैं नहीं, बड़ी बुआ रो रही थीं।" "बड़ी बुआ!"—मैं आश्चर्य से बोली, "वह कहाँ से आ गई यहाँ?"

इतने में स्वराज्य आ गया और बोला, "भाभी, मैं आपको सब बताता हूँ। जिस दिन सुकेशी ने कल्पना को ख़त लिखा और ख़ुद लेटर बॉक्स में डालने बाहर गई,

तब से बस लौटने के बाद इसके पेट में दर्द होने लगा। यह चीख़-चीख़ कर रोने लगी। पड़ोसन आ गईं। उसने स्कूल से विमला को बुला लिया। विमला ने हींग, चूरन और अमृतधारा सब दिया, पर कुछ असर नहीं हुआ। बीच-बीच में दर्द अपने आप थम जाता, पर दस मिनट बाद फिर शुरू हो जाता। शाम को जब मैं घर आया तो डॉक्टर बुलाकर लाया। उसने पेट दबाकर देखा, कहीं कोई कड़ापन नहीं था। उसने जाँच के लिए अस्पताल में भर्ती कराने को कहा, पर आप तो जानती हैं भाभी! मुझे नीलिमा (उसकी सबसे छोटी लड़की, जो ब्रेन फीवर की वजह से अस्पताल जाकर भी नहीं बची थी) की याद आ जाती है, जिसे हमने खो दिया। सो, मैंने केशी के नाना को बुलाने के लिए तार कर दिया। उनका आगरे से जवाबी तार आया, "मुझे बुख़ार आ रहा है। तुम सुकेशी को लेकर आगरा आ जाओ।" इस तरह हम आगरा आ गए। यहाँ भी सबने देखा है। दवाएँ दे रहे हैं, पर अन्तर कुछ नहीं पड़ रहा है। नन्ही बच्ची नहीं है। दसवीं कर चुकी है। हाँ, कल से इसने नया ड्रामा शुरू किया, जिससे मुझे आप सबको तार देखकर बुलाना पड़ा। परसों रात केशी यही लेटी थी। मैं कुर्सी डाल कर यहीं बैठा था, बाक़ी सब दूसरे कमरे में थे। अचानक केशी बोली, "पापा, वह देखो, लक्ष्मी बुआ खड़ी हैं।" मैंने चारों तरफ़ देखा। मुझे कुछ नज़र नहीं आया। बुआ को मरे, दूसरा साल है। वह कहाँ होगी? तूने सपना देखा होगा। केशी ने फिर कहा, "नहीं, वह सामने खड़ी हैं। साथ में बरेली वाली दादी भी हैं।" (हमारे एक जेलर फूफा जी की पत्नी थी, जो बीमारी में स्वराज्य के यहाँ भी रही थीं और एक महीने पहले ही उनका स्वर्गवास हुआ था)। मुझे कहीं कुछ दिखाई नहीं दे रहा था, उलटे अब मुझे सन्देह हुआ क्या सचमुच सुकेशी पागल हो रही है? सुकेशी कहती, "बुआ के लम्बे-लम्बे नाख़ून हैं। वही वह मेरे पेट में चुभोती हैं, जिससे दर्द होता है।"—कहते-कहते केशी ने आँखें मूँद लीं। मुझे लगा, वह बेहोश हो गई है, पर बीच-बीच में वह धीमे-धीमे—"अच्छा!" "हाँ-हाँ" "ठीक है!" पाँच मिनट बाद उसने आँखें खोलीं। बहुत थकी-सी आवाज़ में पानी माँगा। फिर मुझसे सुकेशी ने कहा, "पापा, मेरा विश्वास करो, बुआ हैं। वह मुझसे बात करती है। अभी ही कह रही थीं, " तुम सब लड़कियाँ बड़े आराम से हो, पर मेरी रंजना दिन भर। सड़कों पर घूमती है। उसके सिर में जुएँ पड़ गईं हैं। कोई देखने वाला नहीं है। अच्छा है—तुझे ले जाऊँगी, तब यहाँ सबको पता चलेगा कि बेटी का दुःख क्या होता है?" बुआ बड़े ग़ुस्से में हैं, पर बरेली वाली ने उन्हें समझाया कि स्वराज्य तो बड़ा अच्छा है। उसने बीमारी में मेरी सेवा की थी। तू उसकी लड़की को मत ले जा! तब बुआ का ग़ुस्सा कुछ कम हो गया।"

स्वराज्य से जो कुछ इतनी देर तक सुना, आसानी से गले के नीचे नहीं उतर रहा था। इस आधुनिक युग में एक डॉक्टर की नातिन प्रेतात्मा के वश में थी। कहानी में पढ़ी मन-गढ़न्त भूतों की कहानियाँ सिर्फ़ दिमाग़ का खलल लगती थीं। स्वराज्य की बात जारी थी, "मैं किसी से कुछ कहता, इससे पहले मैंने देखा, सुकेशी ने पैताने पड़ी चादर मुँह तक ओढ़ ली और मूर्च्छित-सी हो गई। हाँ, बीच-बीच में कुछ बुदबुदाती

जाती थी, जैसे किसी की बात सुनकर जवाब दे रही हो। पाँच मिनट बाद, उसने बड़े थके स्वर में पानी माँगा। मैंने ही पानी पिलाया। पानी पीकर वह पलंग पर बैठ गई और बोली, "बुआ का ग़ुस्सा अब कम हो गया है, पर वह सब लोगों से मिलना चाहती हैं। कहती हैं, कान्ति-किरण को बुलाओ, पर कुन्तल-कल्पना को मत बुलाना। वो डर जाएँगी। प्रकाश-मुन्ना को बुलाओ पर, उनकी बहुओं को नहीं। सरस्वती को बुलाओ, पर पुतान बाबू को नहीं और अलीगढ़ से बाबा को भी बुलाओ। फूफा जी से बुआ बहुत नाराज़ है क्योंकि वह रंजना को बाहर घूमने देते हैं।"

"सुकेशी की बातों से मैं बहुत परेशान था। सवेरे उसकी जब सारी बातें बताईं, तो डॉ. साहब (केशी के नानाजी) बोले, "अब तो मान लो कि सुकेशी की प्रॉबल्म मेंटल है। इसे उसी के अस्पताल में ले चलो।" पर जब उसका दर्द कम हुआ तो मैंने उसके लिए नाश्ता मँगवाया और वह खाने को उठी, पर तुरन्त ही हाथ रोककर चुप बैठ गई। मैंने उससे कहा, "बेटे! खाओ न!" वह रुँआसे स्वर में बोली, "बुआ मना कर रही हैं। उनकी बात नहीं मानूँगी तो वह फिर नाख़ून चुभो कर पेट में दर्द कर देंगी।" लाचार होकर नाश्ता पास की मेज़ पर रख दिया। आधे घंटे बाद सुकेशी बोली, "बुआ कह रही हैं, अच्छा खा लो।" थोड़ी देर में सुकेशी फिर बेहोश-सी हो गई। पाँच मिनट बाद पानी माँगा, पिया और कहने लगी, "पापा, बुआ कहती हैं—विश्वास करो, मैं हूँ। तू जब लखनऊ वाली चिट्ठी डालने को दिल्ली में लेटर बॉक्स पर गई थी, तभी मैं तेरे साथ हो गई थी। बस, इसीलिए मैंने आप सबको तार देकर बुलाया है...।" और स्वराज्य चुप हो गया।

जितनी देर इस सारी बात को स्वराज्य ने हम सबके सामने रखा, लग रहा था वह हमसे नहीं, ख़ुद से बातें कर रहा है। मैंने सुकेशी से पूछा, "अच्छा बेटे! बुआ देखने में कैसी लगती हैं?"

वह बोली, "क्या बताऊँ? वह बिल्कुल सिनेमा में दिखने वाली, बोलती तस्वीर जैसी लगती हैं।"

दूसरे ही क्षण, जैसे स्वराज्य ने बताया था, सुकेशी हमारे सामने पहली बार बेहोश हुई। फिर बोली, "प्रकाश चाचा आ रहे हैं। स्टेशन पर हैं।" और सचमुच ही आधे घंटे में प्रकाश आ गया था। एक घंटे बाद उसने बाबूजी के आने की सूचना भी दी। मैंने आश्चर्य से पूछा, "बेटे! बुआ क्या किसी घर में दिखती हैं या तेरे सामने खड़ी रहती हैं?"

उत्तर मिला, "नहीं, वह कानपुर के ऊपर वाले घर में दो कमरे वाले मकान में खड़ी थीं। अच्छा ताई, क्या करवाचौथ है आज?"

मैंने हँस के कहा, "तुझे कैसे पता?"

सुकेशी बोली, "बुआ बता रही थीं। एक तरफ़ वह फूफा जी को गालियाँ देती हैं, ताई! और फिर कहती हैं, मैं आज करवाचौथ बरती हूँ। और हाँ! वह यह भी कहती थीं कि बाबा आ जाएँगे तो मैं उनसे सीधे बात करूँगी। पूछूँगी, उन्होंने मेरा पहला रिश्ता तोड़कर इस आदमी से मेरी शादी क्यों की?"

लक्ष्मी देवी घर की सबसे बड़ी लड़की थी, और यह बात तो किसी भाई-बहन को आज तक पता नहीं थी कि उनकी बातचीत रिश्ते के लिए कहीं और भी चली थीं।

थोड़ी देर में बाबूजी भी आ गए। हम सब बड़ी उत्सुकता से प्रतीक्षा कर रहे थे कि उनसे डायरेक्ट कैसे और बात होती है? हम सब सुकेशी के चारों तरफ़ कुर्सियाँ डाल कर बैठ गए। बाबूजी ने हमें आकर बता दिया था कि लखनऊ के मोहनलाल सक्सेना का रिश्ता लक्ष्मी के लिए आया था, पर वह बड़ी हैसियत वाले लोग थे, जिनकी माँग पूरी करने की उनमें सामर्थ्य नहीं थी। सो, सगाई से पहले ही बात ख़त्म हो गई थी। शाम का समय था। सुकेशी ने लेटे-लेटे चादर ओढ़ ली और अर्द्धमूर्च्छित अवस्था में पहले की तरह कुछ बुदबुदाई। अचानक उसके गले से एक भारी-सा स्वर गूँजा, "तुमने यह क्यों किया था?'—और सुकेशी, "नहीं! नहीं!" चिल्लाती हुई उठ कर बैठ गई; बुरी तरह हाँफ़ रही थी। स्वराज्य ने तुरन्त उसे पानी पिलाया तो वह बोली, "मैं बुआ को डायरेक्ट बात नहीं करने दूँगी। वह मेरे गले पर बैठकर बोल रही थीं। मेरा दम घुटने लगा और मैंने उन्हें हटा दिया।"

हम सब गुमसुम-से बैठे थे। थोड़ी देर बाद ही अपनी मूर्च्छा के बाद सुकेशी बोली, "बुआ कह रही थीं—डॉयरेक्ट बात से तुझे कष्ट हुआ है। अब मैं वैसे बात नहीं करूँगी और कल मैं चली भी जाऊँगी पर मेरे मरने पर तेरे फूफा ने मेरी तेरहवीं में बड़ी कंजूसी की थी। अब अपने पापा से कहना, कल ठीक से मेरे लिए शान्ति पाठ कर दें।"

सभी लोग उसके बाद खाना खाकर दूसरे कमरों में चले गए। मैं सुकेशी के पास बैठी रही। विमला के चौथा बच्चा पेट में था (बाद में उसके बेटा हुआ, जो अब अमेरिका में है)। सो, हमने उसे सुकेशी के पास इन हालात में रहने से मना किया। उसका मन बहलाने के लिए एक हिन्दी पत्रिका *धर्मयुग*, उसके हाथ में देकर कहा, "इसमें एक अच्छी कहानी है। तू पढ़ ले मन बदल जाएगा।" सुकेशी ने पत्रिका को पाँच मिनट ही देखा होगा कि मुझे उसके रोने की आवाज़ सुनाई दी। मैंने पूछा, "सुकेशी! क्या हुआ? रो क्यों रही हो?"

"ताई! एक भी अक्षर मैं पहचान नहीं पा रही। दिख रहा है सब, पर मैं पढ़ नहीं सकती। क्या मुझे फिर से अ, आ, इ, ई पढ़ना होगा?" वह फूट-फूट कर रो रही थी। मैंने अंग्रेज़ी का अख़बार हाथ में पकड़ाया; कहा, "इसके बोल्ड अक्षरों वाले हैडिंग्ज़ देख और बता, अंग्रेज़ी एल्फ़ाबेट पहचान पाती है या नहीं?"

थोड़ी देर कोशिश करने पर भी वह नहीं पहचान पाई। उसका रोना और तेज़ हो गया। रोती जा रही और कहती जाती, "अरे ताई! मैंने बुआ का कुछ नहीं बिगाड़ा था। वह अपने साथ मेरी पढ़ाई क्यों ले गईं? अब क्या होगा? मेरी तो ज़िन्दगी बरबाद हो गई..."

मैंने उसे चुप कराने की कोशिश की; आँसू पोंछे आँचल से और पुचकार कर कहा, "रो मत! जब बुआ चली जाएँगी, तब सब ठीक हो जाएगा। तुम पढ़ने लगोगी। अभी इतनी कमज़ोर हो कि दिमाग़ भी भौंक है। ताक़त पकड़ते ही सब पहचान

लोगी।" यद्यपि मन-ही-मन डर भी गई थी कि अगर स्मृति न लौटी तो? मुझे ख़ुद अपने सांत्वना के शब्द खोखले लग रहे थे।

उस रात सुकेशी ने बार-बार अर्द्धमूर्च्छित होने के बाद पानी पी-पीकर जो कुछ बताया, वह कुछ इस तरह का था, "स्वराज्य से कहना, कल चार शिक्षित ब्राह्मणों को न्यौता दें। वे ही शान्ति-पाठ और हवन करेंगे। बर्तनों को छोड़कर नमक तक वही ख़रीदेगा—सामग्री, लकड़ी, फल—सब स्वराज्य मँगाए। उनमें से एक ब्राह्मण के पास लाल अगौंछा या कुछ भी लाल वस्तु होगी, मैं उसी के साथ तुझे मुक्त करके चली जाऊँगी। हाँ! कभी तू मुझे बुलाएगी, तो मैं एक मंत्र बताती हूँ—उसको याद कर लेना, उसका जब भी तू जाप करेगी, मैं आ जाऊँगी।"

सुकेशी ने मुझे बताया, "ताई! बुआ ने मंत्र कई बार बताया, पर मैंने उसे याद नहीं किया। मैं बड़ी बुआ से बहुत डर गई हूँ। मैं उन्हें कभी बुलाना नहीं चाहूँगी।

सवेरे स्वराज्य ने अपने ससुर साहब से सारी बात कही। वह कट्टर आर्यसमाजी थे। बोले, "मैं किसी धोती-धारी को बुलाऊँगा ही नहीं, जो लाल अँगोछा गले में डाले हो। हाँ! शान्ति-हवन करने में कोई हर्ज़ नहीं है।" डॉ. साहब ने दूसरे दिन आगरा-कॉलेज के चार ब्राह्मण प्रोफ़ेसर्स को आमंत्रित किया। वे कॉलेज से लौटते समय हमारे घर आकर शान्ति-हवन करने के बाद भोजन करके जाने वाले थे। बारह बजे वे आए—तीन पतलून-कमीज़ पहने थे। एक तमिल ब्राह्मण थे, जो कमीज़ और तहमद पहने थे। उन्हीं के हाथ में एक गहरे लाल रंग का चमड़े का ब्रीफकेस था। किसी के पास अँगोछा होने का तो प्रश्न ही नहीं था। सभी परिवार के लोग एक ओर बैठे थे। सुकेशी मेरे पास बैठी थी। स्वराज्य ने उन तमिल ब्राह्मण से पूछा, "माफ़ कीजिएगा—आपके ब्रीफकेस का यह लाल रंग थोड़ा अजीब नहीं है क्या?"

मैंने भी पूछ ही लिया, "हाँ प्रोफ़ेसर साहब। यह न बादामी, न स्लेटी, न काला। एकदम सुर्ख लाल रंग का है। आपने यह रंग कैसे पसन्द किया?" प्रोफ़ेसर बोले, "अरे, यह मुझे किसी ने गिफ्ट किया है! आज तक मैंने इसे कभी साथ नहीं लिया। घर के ज़रूरी काग़ज़ रखके एक कोने में रख देता था। पता नहीं आज किस बे-ध्यानी में था कि यह मेरे हाथ में ही साथ-साथ कॉलेज तक चला आया और चूँकि सीधे आया हूँ—सो, यह भी यहाँ चला आया।"

हवन-कुंड के पास ही वह लाल ब्रीफ़केस रख कर वह तमिल-ब्राह्मण भी हवन की तैयारी में लग गए। (कहाँ केशी के नाना जी को लाल अँगोछे से परहेज़ था, और यहाँ इतना बड़ा लाल ब्रीफ़केस मौजूद था—बड़ी बीबी की आत्मा के वाहन के लिए) उनका उच्चारण बहुत ही शुद्ध था। शान्ति-पाठ और स्वस्ति वाचन में उन्हीं का स्वर सबसे प्रखर था। हवन की समाप्ति पर जब 'पूर्णमद: पूर्णमिदं' के उच्चारण के साथ अन्तिम आहुति हवन-कुंड में पड़ी, तभी सुकेशी मेरे ऊपर गिर पड़ी। मैंने उसे सँभाला और स्वस्थ होने पर पूछा, "नहीं ताई जी! ज्यों ही पूर्णाहुति हवन की अग्नि में पड़ी, मुझे एक धक्का-सा लगा, जैसे मेरे सीने में कोई चीज़ उखड़ गई। इतने दिनों से जो पत्थर-सा मेरे दिल पर रखा था, वह अब नहीं है। सिर पर भी हर

वक़्त मनो-बोझ लगता था। अब फूल-सा हल्का-हल्का महसूस हो रहा है।"

सुकेशी का चेहरा ख़ुशी से खिल गया। वह ऐसी लगने लगी, मानो उसे कुछ था ही नहीं। दौड़-दौड़ कर सबके लिए भोजन परोसने में उसने मदद की। जैसे ही सब विदा हो गए, तो नाचती हुई दालान में आई। वह पहले अपने कमरे में गई थी, और हिन्दी-अंग्रेज़ी (*धर्मयुग*, अख़बार) पढ़ने के बाद आई थी। मुझ पकड़कर बोली, "ताई जी! मैं पढ़ सकती हूँ।"

ऐसा लगा, हवन के बाद कि सुकेशी इतने दिनों जो भी हुआ था—उसे एकदम भूल चुकी थी। एक चुलबुली, चहकती किशोरी हमारी पुरानी केशी सामने थी। हम सब शाम को उसे लेकर ताजमहल भी देखकर आए। रात को ट्रेन से हम लोग सभी लखनऊ, कानपुर लौट गए। बाबूजी और प्रकाश शायद बाद में गए थे, दूसरे दिन।

इस रहस्य-गाथा को मैंने आत्मा का अस्तित्व सिद्ध करने के लिए उस समय *धर्मयुग* के 'वह क्या रहस्य था' स्तम्भ में 'सुकेशी की पीड़ा' शीर्षक से छपने भेज दिया। मेरा उद्देश्य कभी भी किसी को हानि पहुँचाने का हो ही नहीं सकता था—वह भी अपनी ही बेटी जैसी सुकेशी को! पर विमला का पत्र पाकर मैं आश्चर्य में पड़ गई—लिखा था, "भाभी जी! आपने यह क्या किया? सुकेशी के नाम से पूरी घटना छपवा दी। हज़ारों लोग पढ़ेंगे। आपने एक बार भी नहीं सोचा—इसकी शादी में इस बात से मुश्किल खड़ी हो जाएगी। सब सोचेंगे इस लड़की पर तो भूत-प्रेत आता है। हम तो पहले लड़की की बीमारी में भटके और अब उसके ब्याह में धक्के खाएँगे आपके कारण। हमें तो आप अपने लिखने-पढ़ने से अलग ही रखें, बस...आपकी, विमला"

घटना के इस पहलू की तरफ़ तो मेरा ध्यान गया ही नहीं। सचमुच अपनी गैर दुनियादारी और नासमझी पर मुझे क्रोध और तरस, दोनों आए, पर भगवान ने मेरी लाज रख ली। सुकेशी के लिए स्वराज्य को बड़ा सुन्दर वर और सम्पन्न घर मिला। आजकल वह बम्बई में अपने निजी फ़्लैट में सपरिवार रहती है—उसकी दोनों लड़कियों की शादी बहुत बढ़िया घरों में हुई है। दामाद बहुत ही अच्छे हैं। सुकेशी नानी भी बन चुकी है।

प्रभु की कृपापात्र होने का प्रमाण पग-पग पर मुझे मिला है। मेरी तीसरी बेटी कम्मो को भगवान ने रूप-रंग तो सामान्य दिया, पर गले में उसके सरस्वती का वास था। सुर-ताल की समझ उसे आज भी उस्तादों से ज़्यादा है। भातखंडे-संगीत महाविद्यालय से उसे 'संगीत-विशारद' कराया और कम्मो को स्कूल की पढ़ाई के साथ संगीत सीखना था। मुझे अपनी किशोरी बेटी के लिए अनेक बार घोर मानसिक-क्लेश सहन करना पड़ा क्योंकि मौरिस कॉलेज हमारी कॉलोनी से काफ़ी दूर था। पीछे रेजीडेंसी से निकलकर पास पड़ता था, सो चार बजे स्कूल से आने के बाद वह पैदल ही चली जाती थी (मेरे हर बच्चे ने आम घर के मामूली बच्चों की तरह मेहनत की) पर रात हो जाने पर लौटने में ज़रूर रिक्शा लगा दिया था। बस, जब तक वह लौटती नहीं थी, जान उसी में रहती थी। चार वर्ष के दौरान कई मौक़े आए, जब कम्मो ने रिक्शा न पहुँचने का फ़ोन किया और मैं घर से कभी पैदल कभी रिक्शा

करके उसे लेने गई। एक बार तो अनहोनी ही हुई। शायद वह उसका दूसरा साल था। हमने समझाया हुआ था कि कॉलेज से अकेले मत चलना कभी, पर उस हफ़्ते रिक्शेवाले ने दूसरी बार नागा कर ली। सो शायद उसे लगा, अम्मा को दफ़्तर के बाद पैदल भातखंडे आना पड़ता है (मैं बलराम अस्पताल की तरफ़ से पैदल चल देती थी; रेजीडेंसी सुनसान हो जाती थी। रात में रिक्शा के एक तरफ़ के पैसे बचते थे)। बस, बिना कहे चल पड़ी होगी पैदल कि अकेले नए रिक्शे में न बैठे। इधर आठ बज चुके थे। घर में तो तूफ़ान आ गया। उस दिन संयोग से, कान्ति जी घर में थे, अन्यथा वे कभी शाम के निकले, बारह बजे से पहले नहीं आते थे। पहले ग़ुस्सा मुझ पर निकाला, "बनाओ कम्मो को गायिका! लड़की को कोई उठा ले गया होगा। तुम्हारी अक्ल पर तो पत्थर पड़ गए हैं। लड़कियों को हर हुनर में पारंगत करना है! चलो, अब ढूँढ़े उसे चलके!"

हम पहले मौरिस कॉलेज पहुँचे। वह वहाँ नहीं थी। चल जो पड़ी थी। फिर हम अमीनाबाद गए। इनके एक मित्र शुक्ला जी वहाँ थे, उनका 'शुक्ला बुक डिपो' अमीनाबाद में था। सोचा, उनके साथ चलकर थाने में रिपोर्ट लिखाएँगे। कान्ति जी पहले ग़ुस्सा करते थे, और बाद में घबराहट से परेशान ख़ुद भी और दूसरे को भी करते। मैंने वहीं जाने की सलाह दी, क्योंकि वह बहुत ही सन्तुलित और ठहरे स्वभाव वाले इनसान थे। पूरी बात सुनकर उन्होंने कहा, "धैर्य रखो चलते हैं थाने।" पर उठते-उठते एकाएक बोले, "ज़रा एक बार घर तो फ़ोन मिला लो। हो सकता है, कुछ पता चले।" मैंने फ़ोन किया, जो कल्पना ने उठाया और उसने कहा, "अभी-अभी कम्मो घर पहुँची है।" हमने चैन की साँस ली और शुक्ला जी से विदा लेकर घर पहुँचे। मैंने कम्मो से दूसरे दिन पूछा, (उस दिन तो वह भी घबराई और भयभीत दोनों थी, सो कुछ भी कहना ग़लत होता) "कम्मो! तुम भला क्यों चल पड़ी कॉलेज से रात को? इतना समझाया है अकेले रात में आना न पैदल सेफ़ है, न रिक्शे में!'' वह धीरे-से बोली, "अम्मा, आप परसों भी दफ़्तर से हारी-थकी आईं थीं और मुझे लेने कॉलेज पैदल गईं। जब आज फिर नहीं आया रिक्शे वाला, तो मैंने सोचा क्यों न ख़ुद ही रिक्शा करके घर पहुँच जाऊँ। आपको न तंग करूँ, पर मैं चलते-चलते, रेजीडेंसी के फाटक तक आ गई, और इत्तफ़ाक़ से कोई रिक्शा नहीं मिला। बस, मैं किनारे-किनारे घर की तरफ़ बढ़ आई। रास्ते में फ़ोन कैसे करती?"

कामना की किशोर-बुद्धि ने माँ को आराम देना चाहा, पर सब उलटा-पुलटा हो गया। मेरा निर्णय उसे 'संगीत विशारद' करा कर अपने पैरों पर खड़ा होने योग्य बना देने का था, क्योंकि उसके पास सुरीली आवाज़ का गुण तो था, पर आम पढ़ाई में उसकी गति, एक कमी की वजह से, बहुत धीमी थी। वह किसी भी तथ्य को ज्यों-का-त्यों तो लिखती, पर सामान्य रूप से समझाकर विस्तार से प्रस्तुत करना उसके बस में नहीं था। फ़ेल वह इंटर तक नहीं हुई बल्कि म्यूज़िक की वजह से दसवीं में मार्जिन पर सेकेंड डिवीज़न आया। इंटर में थर्ड डिवीज़न रह गई थी। अभिव्यक्ति में मात खा जाती थी। मैंने डॉक्टर को दिखाया भी और साथ ही उसके बचपन की घटना

भी बताई कि किस तरह सात साल की उम्र में वह छत से नीचे गिर गई थी, पर सिर्फ़ ऊपरी चोटें आईं थीं। हड्डी एक भी नहीं टूटी थी। उन्होंने जाँच करके बताया कि दूसरे ब्रेन का एक भाग क्षतिग्रस्त हुआ है, जिससे इस लड़की में उम्र की परिपक्वता नहीं आई है। इसीलिए कहीं सामान्य बुद्धि पर भी प्रतिकूल प्रभाव पड़ा है। हमने इस कमी को मान लिया, पर लड़की की ज़िन्दगी को सँवारने में मैंने अपने भरसक कोई कमी नहीं छोड़ी। कुन्तल-कल्पना के अच्छे-अच्छे परिणामों पर कुछ नहीं किया था, पर कम्मो जब दसवीं में सेकेंड डिवीज़न पास हुई तो कॉलोनी में मैंने लड्डू बाँटे, मुझे इतनी ख़ुशी थी और मैं कम्मो का हौसला भी बढ़ाना चाहती थी। लखनऊ में बी.ए. में एक साल वह रह गई, तब डबल म्यूजिक लेकर कानपुर विश्वविद्यालय से उसे प्राइवेट बी.ए. करवा दिया था, पर भातखंडे से 'संगीत-विशारद' के बाद जब मैंने उसे उठा लिया था, तब वहाँ के प्रधानाचार्य रत्नाकर जी स्वयं आकाशवाणी आए, तो मुझसे बोले, "आपने कामना को 'संगीत-प्रवीण' में क्यों दाख़िला नहीं दिलाया? उसका स्वर तो हजारों लड़कियों में ढूँढ़े नहीं मिलेगा। इतना अच्छा ख़याल गाती है। स्वर-ज्ञान, सुर-ताल और कान—इसके जैसे अच्छों-अच्छों के पास नहीं। आप देखना चन्द्रकिरण जी, आपकी कामना लता से कम गुणी नहीं है!"

मैंने उत्तर दिया, "प्रवी.ग' के लिए जो डेढ़ सौ पृष्ठ की थीसिस लिखनी पड़ती है, वह कौन लिखेगा? कम्मो प्रैक्टिकल में चाहे कितनी प्रतिभावान हो, लेखन में शून्य है। आपको पता है, 'विशारद' की परीक्षा में भी थ्योरी में इसके अंक मार्जिन पर हैं।"

रत्नाकर जी चुप हो गए। लेखन चाहे शून्य हो, पर कम्मो के सुरीले गाने का चमत्कार तो पूरी कॉलोनी मानती थी। कॉलोनी में जैसे युद्ध के सुरक्षा-कोष में धन-एकत्र करने के लिए जगह-जगह जलसे हो रहे थे, एक जलसा आयोजित किया गया। श्रीमती प्रमिला श्रीवास्तव स्थानीय कांग्रेस की कार्यकर्त्री थीं। उन्हीं ने मंत्री जी को आमंत्रित किया हुआ था। हज़ारों की भीड़ थी। स्वागत के लिए मैं भी प्रमिला जी के साथ मंच पर थी। स्वागत से पहले, "ऐ मेरे वतन के लोगो, ज़रा आँख में भर लो पानी" रिकॉर्ड लगाया गया, पर सुई केवल 'ऐ मेरे वतन' पर अटक गई। पता लगा, रिकॉर्ड घिसा हुआ है। प्रमिला जी घबरा गई थीं। जल्दी में न दूसरा रिकॉर्ड लाया जा सकता था। सो, कम्मो ने कहा, "मौसी! बस एक तबले वाला मिल जाए, मैं गा दूँगी।" दूसरे सांस्कृतिक कार्यक्रम देने वाले आइटम का एक तबलची आ गया। बस, कामना ने पूरा गाना पीछे से माइक पर तबले के साथ गाया और ख़त्म होने पर तालियों से पंडाल गूँजने लगा। किसी को रिकॉर्ड की घटना का पता भी नहीं चला बल्कि किसी ने दर्शकों में से कहा, "लताजी ने शायद इस गाने के दो रिकॉर्ड बनवाए हैं—एक कई साज़ों के साथ है, दूसरा सिर्फ़ तबले के साथ! उनका भी जवाब नहीं है।"

पर मेरी यह बेटी भगवान के इतने बड़े वरदान के साथ एक-दो ऐसी कमियों के साथ पैदा हुई (या दुर्घटना के कारण ऐसी हो गई) कि धन, यश की लालसा,

आकांक्षा से कुछ करने की इच्छा रंचमात्र है ही नहीं। श्रम, साधना, तपस्या की इच्छा कुछ पाने की अभिलाषा उसके अन्तर में कभी जागी ही नहीं, अन्यथा बिना ऑडीशन आकाशवाणी पर सुगम-संगीत में प्रवेश पाने के बाद भी वह सिर्फ़ विनोद चटर्जी से इसीलिए नाराज़ हो गई कि उन्होंने उसे अपनी लड़की से कम नम्बर दिए थे। मेरे होते हुए भी उसने आकाशवाणी पर इसी कारण कभी न गाने की ज़िद पकड़ ली। क्षतिग्रस्त बुद्धि के कारण नुकसान भी उठाया। इंटर में उसकी बाहर की एग्ज़ामिनर तानपूरा मिला रही थीं। प्रैक्टिकल की परीक्षार्थियों की पंक्ति में आप सामने बैठी थीं। उनसे मिलाने में देर होने लगी तो आप उठीं और चुपचाप उनसे तानपूरा माँगा। बोली, "दीदी, लाइए, मैं सेट कर देती हूँ।" (लखनऊ में उस समय टीचर को 'दीदी' सम्बोधित करते थे।) राग के अनुसार दस मिनट में मिलाकर पकड़ा दिया और फिर अपनी जगह बैठ गईं। उस परीक्षक ने दूसरी परीक्षार्थियों के सामने इसे अपनी हेठी समझा और कामना को प्रैक्टिकल में नम्बर कम दिए और इंटर में उसकी थर्ड डिवीज़न रह गई। नम्बर तो बाद में पता चले, पर साथ वाली लड़कियों ने जब कहा, "कम्मो! तुझे क्या पड़ी थी तानपूरा मिलाने की? हम सब भी तो चुपचाप बैठी थीं। तुझे तब पता चलेगा, जब तेरे नम्बर कम आएँगे। तूने उनका चेहरा नहीं देखा था, जब तानपूरा मिला रही थी। ज़रा-सा निकल आया था।"

तब, कम्मो जी की सामान्य बुद्धि तो है नहीं बोलीं, "मिला दिया तो क्या हुआ? इतनी देर से नहीं मिल पा रहा था। हमने सोचा, चलो झट-से मिला देते हैं। इसमें अपमान की क्या बात है? तुम जाने क्या-क्या सोचती हो? जब मैंने राग ठीक गाया है, सब सवालों के जवाब दिए हैं, तो नम्बर क्यों कटेंगे?" पर कम्मो को बाद में मालूम हो गया कि एग्ज़ामिनर ने उसे नम्बर कम दिए हैं। उसके सुर-ताल के ज्ञान से तो सन्तू भी घबराते थे। किसी जलसे में या रेडियो पर गाते थे, तो आकर कहते, "बस, कम्मो से डर लगता है। वही पकड़ लेती है, जहाँ ज़रा-सा भी बेसुरे या बेताल हो! बाकियों को आभास भी नहीं हो सकता। कुछ भी कहो, भगवान ने बड़े कान पक्के दिए हैं हमारी छोटी साली साहिबा को।"

घर पर घर की उलझनें थीं, दफ़्तर में दफ़्तर की। पर उनमें आधारभूत अन्तर था। रेडियो पर कोई भावनात्मक क्लेश या आर्थिक संकट नहीं था। न मैं किसी उच्च पद पर थी कि हर वक़्त विभागीय प्रबन्ध सम्बन्धी या महत्वपूर्ण नीति-सम्बन्धी किसी निर्णय के लिए उत्तरदायी ठहराई जाऊँ। मैं मात्र 'महिला व बाल-विभाग' की ए ग्रेड लेखिका थी, पर अपने पच्चीस वर्षीय कार्य-काल में मुझे सभी विभागों, टाइपिस्टों व चतुर्थ वर्ग के कर्मचारियों का भरपूर सहयोग व सम्मान प्राप्त हुआ। इसका कारण केवल यह था कि व्यक्तिगत मित्रता या वैमनस्य से मैं हमेशा दूर रही। जब भी किसी को कोई कठिनाई हुई या आपात्कालीन सहायता की आवश्यकता पड़ी, तब मैंने तत्परता से उसका साथ दिया। इसकी पुष्टि के लिए मुझे इस समय दो घटनाएँ, विशेष रूप से याद आ रही हैं।

आकाशवाणी पर गुल मोहम्मद शाह पुराने सेक्शन ऑफ़िसर थे और रिटायरमेंट

के पास थे। जीवनपर्यन्त वह स्वयं बड़े अनुशासनप्रिय, सरकारी औपचारिकताओं का सच्चे दिल से पालने करने वाले व्यक्ति रहे। ठीक दस बजे अपनी सीट पर सूट-बूट और टाई पहने कर्तव्यनिष्ठ अफ़सर की तरह बैठे नज़र आते। अपने कक्ष तक जाते-जाते, अगर कोई टाइपिस्ट उन्हें गप्पें लगाता दिखाई देता तो कहने से नहीं चूकते, "हाँ भई! सरकारी नौकर हो। मुफ़्त की पगार लो। कोई काम मत करना। बस, गप्पें लगा लो।" शाह साहब अगर कोई कुर्सी ख़ाली मिलती, तो पूछते, "क्या आज रज्जनलाल जी नहीं आए?" अन्य टाइपिस्टों में से, कोई कहता, "नहीं सर! आए हैं, ज़रा बाथरूम गए हैं!" शाह साहब का जवाब होता, "तो भई, उनसे कह देना, अपना कोट या टोपी तो रख जाया करें—कम-से-कम यकीन तो होगा कि वह सचमुच दफ़्तर में आ चुके हैं।"

इसी तरह टाइप करने में भी अगर तीन-चार ग़लतियाँ निकल जाएँ तो टाइपिस्ट की ख़ैर नहीं होती। उसे शाह साहब का लेक्चर सुनना पड़ता। वैसे उनकी इतनी सख़्ती से टाइपिस्ट ज़रूर उनसे मन-ही-मन भुने बैठे रहते थे। बस कुछ चलता नहीं था। बॉस थे, चुप रहना पड़ता था। हालाँकि उनकी इस सख़्ती से उर्दू विभाग का काम सुव्यवस्थित ढंग से चलता था।

एक बार शाह साहब ने उर्दू-विभाग के लिए मुझसे एक ड्रामा माँगा। मैंने तीन दिन में लिखकर पांडुलिपि शाह साहब को भिजवा दी। ड्रामे में पात्रों की सूची बनानी कलाकारों को बुक करना, उनके कॉन्ट्रैक्ट बनवाने का काम पहले होता था, दो दिन की रिहर्सल के बाद नाटक लाइव ब्रॉडकास्ट होता था मेरे समय में रिकॉर्डिंग की सुविधा नहीं थी। मैं एक दिन छुट्टी पर रही। दूसरे दिन रेडियो पहुँची, तो देखा, सारे टाइपिस्ट बड़े ख़ुश हैं। मैंने, उनमें से एक पाठक जी थे, उनसे पूछा, "पाठक जी! क्या आज एस.डी. ने आप सबको चाय की दावत दी है? बड़े मूड में दिख रहे हैं सब के सब!"

एक दूसरे टाइपिस्ट, प्रकाश ने आँखें मिचका कर कहा, "दीदी! आज शाह साहब मुसीबत में फँसे हैं। देखना, एस.डी. उनका क्या हाल करेंगे? बुढ़उ रोज़ हमें, तीखे ताने मारते थे न—अब पता चलेगा!"

मैंने कारण जानना चाहा तो पता चला, मेरी ड्रामे वाली स्क्रिप्ट उनकी मेज़ पर नहीं है। कोई ले गया चुरा कर; और तीन बजे रिहर्सल के लिए कलाकार सब पहुँचने वाले थे। मैं शाह साहब के कमरे में गई। वह चिन्तामग्न, माथे पर हाथ रखे बैठे थे। मुझे देखते ही बोले, "मिसेज़ सौनरेक्सा! मालूम नहीं किसने दुश्मनी निकाली है? मेरी मेज़ से आपका ड्रामा ग़ायब कर दिया। कल ब्रॉडकास्ट है। रिटायरमेंट से पहले मेरे पाक दामन पर यह दाग़ लग गया!"

मैंने कहा, "आप इतने फ़िक्रमन्द क्यों हैं? मेरे अपने सेक्शन में मेरे कई ड्रामों के डिस्क पड़े होंगे। उसमें कोई भी बजा दीजिएगा। उतना बढ़िया न हो ड्रामा, पर काम तो चल जाएगा और आपकी इज़्ज़त भी रह जाएगी।"

शाह साहब उसी निराश स्वर में बोले, "यह नहीं हो सकता। रिहर्सल वाली

कास्ट आज तीन बजे बुलाई है। सबके कॉन्ट्रैक्ट्स साइन हो चुके हैं। उन्हें किस मद में दिखाया जाएगा?"

मैंने दो मिनट सोचकर कहा, "ड्रामे का कथानक मुझे याद है। पात्रों की सूची मैं आपके कलाकारों से बना लूँगी। आप इतना ही टाइपिस्टों से कह दें—वे एक-एक पृष्ठ की तीन-तीन कॉपियाँ निकालते चलें। अभी ग्यारह बजे हैं—दो बजे से पहले टाइप्ड-ड्रामा आपकी मेज़ पर होगा। आज सारे टाइपिस्ट दो बजे के बाद लंच कर लेंगे।"

शाह साहब की मानो जान में जान आई। वह बोले, "थैंक्यू मिसेज़ सौनरेक्सा!" और जाकर टाइपिस्ट्स को निर्देश देने लगे।

मैं अपने कमरे में जाने लगी तो रज्जन लाल बोले, "क्या दीदी! आपने हमारा सारा मज़ा किरकिरा कर दिया? बड़ी मुश्किल से शाह साहब से अपना हिसाब चुकाने का मौक़ा निकाला था।"

मैंने सारी बात समझते हुए उत्तर दिया, "रज्जन भाई! वे अब रिटायर होने वाले हैं। काहे को उन्हें बुढ़ापे में परेशान करना? फिर वह ऊपर से सख़्ती सही तरीके से काम कराने को करते हैं। क्या कभी उन्होंने तुम्हारी शिकायत एस.डी. से की है? तुम सभी के साथ टाइप करने बैठ जाओ; मैं पहला पेज दस मिनट में लिखकर भेजती हूँ!"

इस तरह नाटक यथासमय प्रसारित हुआ।

दूसरी घटना ड्यूटी-ऑफ़िसर से सम्बन्धित है। उस समय कोई महिला इस पद पर थीं, नाम याद नहीं आ रहा। प्रति सप्ताह 'पत्र के लिए धन्यवाद' की सामग्री मैं स्वयं ही सारे विभागों के लिए उत्तर लिखकर शाम को उन्हें दे जाती थी। बाद में दूसरे दिन सवेरे ही वह आने वाले उद्घोषक के लिए नोट लगाकर उस सम्बद्ध सेक्शन में भिजवा दिया जाता था। एक दिन मैं शाम को ऑफ़िस से घर पहुँची थी। तभी फ़ोन आ गया। वह महिला ड्यूटी-ऑफ़िसर का था। बहुत ही परेशानी में डूबा स्वर सुनाई दिया, "दीदी! मैं तो बिना मौत मारी जाऊँगी। 'पत्र के लिए धन्यवाद' की पूरी प्रति मेरी मेज़ से ग़ायब है। सब ढूँढ़ डाला। आपको तो पता है, वह टाइप भी नहीं कराई जाती थी। मेरी इस साल की रिपोर्ट तो..." बस, रोना शेष था।

मैंने तुरन्त फ़ोन पर तसल्ली दी, "आप क्यों इतना घबरा गईं। मैं तो हूँ न अभी। चिन्ता न करें, मैं आती हूँ। नई स्क्रिप्ट लिख कर दे दूँगी।" फ़ोन रखकर लड़कियों से कहा, "मुझे लौटने में देर होगी। तुम लोग खाना देख लेना।"

रिक्शा करके आकाशवाणी पहुँची। ऑफ़िस लगभग ख़ाली हो चुका था। मैं अपने कमरे में गई। ड्रॉअर से श्रोताओं के ख़त निकाले। उनमें से पन्द्रह छाँटे। नई स्क्रिप्ट लिखी और पदाधिकारी को दी। वह बेचारी बहुत आभार प्रकट करने लगीं। मैं रात नौ बजे घर पहुँची।

घर की गाड़ी पटरी पर थी। कुन्तल-कल्पना की शादी के बाद उनकी ओर से इत्मीनान था। कल्पना तो पढ़ने के लिए पास ही थी। कम्मो की कमज़ोरी जानने के बाद उसके लिए संगीत का विकल्प जुटाने का प्रयास मेरा जारी था। कक्कू-बुग्गे पढ़ाई में बहुत अच्छे निकले। कक्कू के मास्टर जी की नींव, शादी से पहले कुन्तल

की मेहनत—सभी ने मिलकर उनकी मज़बूत ज़मीन तैयार की थी। कक्कू पाँचवीं तक सेंटीनियल में पढ़ा, बुग्गा 'बाल-शिक्षा निकेतन' में रहा। छठी से मैं उन दोनों को कॉलविन में पढ़ाना चाहती थी, पर उसकी फ़ीस और बस का ख़र्चा मेरे बजट से बहुत ज़्यादा था। सो, छठी के बाद दोनों भाई घर के पास वाले 'जुबली इंटर कॉलेज' में गए।

कक्कू ख़ासतौर से पढ़ने का शुरू से धत्ती था और एकदम जीनियस। एक बार सातवीं का अर्द्धवार्षिक परीक्षा-फल घर पर रोते हुए लाया। नम्बर अच्छे थे, पर रोने की वजह पूछी तो, बोला, "मुझे इतिहास में पैंतीस नम्बर मिले हैं और जावेद को सैंतीस जबकि वह लिखने में मात्राओं की ग़लतियाँ करता है। मेरी कोई इस तरह की ग़लती नहीं थी।"

मैंने समझाया—"हिस्ट्री में कोई सवाल देख कर गणित की तरह नम्बर नहीं मिलते। कोई उत्तर जावेद का तुमसे अच्छा होगा! अभी क्या दिल से लगा रहे हो? वार्षिक परीक्षा पड़ी है तब ज़्यादा नम्बर आ जाएँगे।" कक्कू उम्र में छोटा और क्लास में एक साल अपनी उम्र से आगे—फिर भी बड़ा स्पष्ट अपनी धारणा में। दृढ़ स्वर में बोला, "जावेद का उत्तर मुझसे अच्छा कैसे होगा क्योंकि हम सबके उत्तर वही होते हैं, जो मास्टर जी नोट्स में देते हैं। जो अन्याय इस समय मेरे साथ हुआ, वह क्या फ़ाइनल में नहीं होगा? कोई गारंटी है! आप अम्मा! बस चलो, प्रिंसिपल से मिलो।"

दूसरे दिन मुझे उसके साथ स्कूल जाना पड़ा। रिपोर्ट देखकर मेरी वाली बात प्राधानाचार्य ने दोहराई, पर मेरे ज़ोर देने पर उन्होंने क्लॉस टीचर से जावेद और कार्तिकेय की उत्तर पुस्तिकाएँ मँगवाई। कक्कू की बात सच थी। उत्तर एक-सा था और जावेद की भाषा-वाक्य विन्यास में ग़लतियाँ थीं, जबकि कक्कू का बिल्कुल सही था उत्तर। अध्यापक ने अपने पक्ष में कहा, "जावेद पुराना शिष्य है। कार्तिकेय इस सेक्शन में अभी आए हैं। बस, अभ्यासवश ऐसा हो गया। भविष्य में ध्यान रखा जाएगा।"

इस तरह, कक्कू क्लास में कभी सेकेंड नहीं आया। उस समय ट्यूशन लगाना कमज़ोरी का प्रतीक था—आज की तरह नहीं। अब ट्यूशन न लगाना आर्थिक विपन्नता का प्रतीक माना जाता है। साथ ही, कट-थ्रोट-कॉम्पिटीशन के ज़माने में अस्सी-नब्बे प्रतिशत अंक पाने की होड़ में हिस्सा लेने को ट्यूशन पहली शर्त हो चुकी है। मेरे दोनों लड़के स्कूल से पढ़कर आते और घर पर ख़ुद ही मेहनत करते थे। एक दिन बाबूजी अलीगढ़ से आए हुए थे। वह बोले, "बहू! तुम्हारी सास ने मुझे ज़बरदस्ती वकील बना दिया, क्योंकि उन्हें मास्टरनी की जगह वकीलन कहलाने का शौक़ था। मैं तो टीचर था और पढ़ाना मुझे आज भी पसन्द है—मैंने बहुत-से बच्चे घर पढ़ाए—कान्ति, सुराज, प्रकाश भी मुझसे पढ़े हैं, पर आज तक मुझे थका देने वाला कोई लड़का नहीं मिला।"

कक्कू बाबा जी की बात सुन रहा था। दूसरे दिन रविवार था। कक्कू अपनी अंग्रेज़ी की किताब लेकर आ गया। बाबा बड़े ख़ुश हुए। नाश्ता करके, सवेरे, आठ

बजे से बाबा-पोते पढ़ाने पढ़ने बैठे-आठ से नौ, दस-ग्यारह बज गए। बाबा ने पूछा, "तुम थके नहीं कक्कू! बाक़ी कल पढ़ लेना।"

कक्कू बोला, "बाबा! मैं तो अभी कई घंटे और पढ़ सकता हूँ। हाँ! आप अब थक गए होंगे। मैं कल पढ़ लूँगा।" वह बेचारे सचमुच थक गए थे। उन्होंने पढ़ाना बन्द कर दिया।

मैंने जब दोपहर का खाना परोसा तो बाबूजी का चेहरा ख़ुशी से दमक रहा था। बोले, "बहू! सचमुच तुम्हारा बेटा सौनरेक्सा खानदान के नाम को चार चाँद लगाएगा। इसने पढ़ने में मुझे थका दिया। यह असाधारण होगा पढ़ाई में।"

निस्सन्देह कक्कू हर हाल में अपनी कक्षा में अपना पहला स्थान हाथ से नहीं जाने दे सकता था। वह शायद नौवीं में था, जब दीवाली के त्योहार में अनार छोड़ते समय एक अनार अचानक कक्कू के हाथ में ही फट गया था। पटाखे लॉन की तरफ़ छुड़ा रहा था। मैं अन्दर बरामदे में दीये लगा रही थी। अचानक दौड़ता हुआ कक्कू चिल्ला रहा था बाएँ हाथ में अपनी दाईं हथेली रखे। "अरे मम्मी! मर गया! कुछ करो! हाथ में सौ बैंड का मर्फी बज रहा है।"

पहले तो समझ में न आया, फिर बुग्गा भी पीछे-पीछे आ गया। दौड़ते हुए बोला, "कक्कू के हाथ में अनार फट गया!"

हमारी तो दीवाली का दीवाला हो गया। पहली उँगली और अँगूठे को छोड़कर उसकी उँगलियों की खाल उतर गई क्योंकि जलन के मारे उसने तुरन्त आँगन का नल खोला और उसके नीचे हाथ रख दिया। पानी से ठंडक पड़ी होगी, पर खाल उघड़ गई सारी। मैं तुरन्त उसे लेकर बग़ल वाले डॉ. चिन्तामणि पांडे के घर पहुँची। देखकर बोले, "हाथ तो बहुत जल गया है। अभी कह नहीं सकता कि हथेली की नसें सुरक्षित हैं या नहीं?" उन्होंने बैंगनी गाढ़ा लेप पूरे हाथ पर पोत दिया, और एक नींद का इंजेक्शन लगाकर कहा, "इससे यह सो जाएगा। तकलीफ़ कम मालूम होगी। फिर सवेरे दिखा जाइएगा।"

सवेरे लेकर गई तो कक्कू का हाथ देखकर कहा, "ग़नीमत है, खाल ऊपरी जली है। अन्दर की नसें सुरक्षित हैं। दाहिना हाथ है, सारे काम इसी से होंगे।" फिर वही रात वाली बैंगनी दवा लगा दी।

दस दिन बाद अर्द्धवार्षिक परीक्षा थी। प्रधानाचार्य ने हाथ देख कर तुरन्त पन्द्रह दिन की मेडिकल छुट्टी दे दी, पर कक्कू बोला, "मेरा रैंक डाउन हो जाएगा। मैं इम्तहान ज़रूर दूँगा।" मैंने समझाया, "हथेली का ज़ख़्म अभी कच्चा है। तीनों उँगलियों पर भी पूरी खाल नहीं आ पाई है। कैसे पर्चा लिखोगे? अरे, फेल थोड़े ही हो जाओगे? फाइनल में बैठ जाना।"

"नहीं अम्मा! मैं पेपर्स में बैठूँगा। बहुत होगा, वह लिखाई के नम्बर काट लेंगे।"

उसने पहली उँगली और अँगूठे से सारी परीक्षा दी। नौवीं के फाइनल में उसका अपना स्थान सुरक्षित रहा।

कौन्तेय (बुग्गा) भी इंटर तक फ़र्स्ट डिवीज़न में रहा, पर बी.एस-सी. में वह

सेकेंड रह गया। अब असल में बाहर के सारे काम उस पर आ गए थे। उसका सेकेंड आना ऐसा हो गया, जैसे वह फेल हो गया हो बल्कि बुग्गा इतना दुःखी हो गया सभी को जवाब देते-देते कि वह मुझसे बोला, "मम्मी! कम्मो सेकेंड डिवीज़न लाई तो आपने सारी कॉलोनी में लड्डू बँटवाए ख़ुशी के मारे। एक मेरी पहली बार सेकेंड डिवीज़न आई तो सब ऐसे उदास हैं, जैसे मैं फेल हो गया होऊँ।"

मैंने कहा, "यह तो योग्यता और सामर्थ्य की बात है। कम्मो के पास होने के लाले पड़े थे। उसका सेकेंड डिवीजन में पास होना सबके लिए सुखद आश्चर्य था। और तुम जो आज तक फ़र्स्ट आते रहे सेकेंड आए तो सबको अफ़सोस हुआ। कोई बात नहीं। एम.एस-सी. फ़र्स्ट डिवीज़न में करना, सब धुल जाएगा।"

कौन्तेय ने मेरी बात का मान रखा हालाँकि उन दिनों घर बाहर दोनों उसको देखना पड़ा। कल्पना एम.ए. के बाद ससुराल चली गईं थी। कम्मो भी ससुराल में थी। कक्कू मद्रास आई.आई.टी. में केमिकल इंजीनियरिंग करने जा चुका था। बाबूजी अलीगढ़ से आ गए और तीन महीने रहे। मैं खाना, नाश्ता, फल—सब रख जाती थी। सवेरे दस बजे से शाम छह बजे तक मैं रेडियो पर होती। वे नियम से साढ़े चार बजे चाय पीते थे शाम को। कौन्तेय की कक्षाएँ यूनिवर्सिटी में साढ़े तीन से ख़त्म हो जाती थीं, पर लैब में प्रैक्टिकल्स का अभ्यास सब लड़के शाम को ही कर पाते थे, जब रेगुलर क्लासेज़ ख़त्म हो जाती थीं। सो, वह शाम छह बजे घर आता था, पर मैंने फिर चाय बनाने की ड्यूटी उसी की लगाई। वह यूनिवर्सिटी से ढाई मील साइकिल चलाकर घर आता, बाबा को चाय बना कर देता और फिर दुबारा ढाई मील साइकिल पर अपने प्रैक्टिकल्स के अभ्यास के लिए यूनिवर्सिटी जाता। आज सोचती हूँ—अपने बुज़ुर्ग के लिए आज के कितने नौजवान यह ड्यूटी निभाने को माँ के कहने पर राज़ी होंगे? हमारी हैसियत फुलटाइम नौकर रखने की नहीं रह गई थी और अपनी अनुपस्थिति में ऐसे किसी का आना सेफ नहीं था। बाबूजी उन पुराने आदमियों में थे, जो महरी वग़ैरह के हाथ की चाय तो कभी पीते ही नहीं। मुझे कौन्तेय को ही कहना पड़ा और उसने मान भी लिया। पूरे तीन महीने इसी तरह उसने निभाया।

इस सम्बन्ध में आज जब भी सोचती हूँ तो महसूस होता है—मेरे सभी बच्चों के ऊपर भी, 'इनकी' नौकरी चले जाने का भावनात्मक रूप से प्रतिकूल प्रभाव तो पड़ा ही, आर्थिक तंगी के कारण शारीरिक बोझ भी पड़ा। घर की सफ़ाई बाँट दी थी। एक-एक कमरा हर बच्चा देखता। बड़ी शालीनता से कॉलोनी में हम सम्मानपूर्वक सिर उठा कर बच्चों की इसी आज्ञाकारिता के गुण के कारण रह सके। पढ़ाई में इन सारी बातों के बावजूद किसी ने शिकायत का मौक़ा नहीं दिया। कौन्तेय ने एम.एस-सी. प्रथम श्रेणी में किया।

जब लड़कियाँ यूनिवर्सिटी गई थीं, तब उनको सख़्त हिदायत थी कि वे किसी के साथ कैंटीन में चाय-कॉफ़ी पीने नहीं जाएँगी। पढ़ाई के बारे में बात करने और क्लास में लाइब्रेरी में बातचीत करने में कोई हर्ज नहीं है, पर अगर चाय पीने की बात करे, तो कहो, 'हमारे घर चलिए, वहीं चाय पिएँगे।'

कॉलोनी में भी रात को शहीद-स्मारक जाना मना था। कारण बता दिया था कि उनके पापा तो फ़ोटोग्राफ़ी और अपने कामों के सिलसिले में ज़्यादातर बाहर रहते हैं। कक्कू-बुग्गे छोटे हैं तो किसी भी झंझट को सँभालने के लिए हमारे पास कोई नहीं है। उनकी माँ दस से छह, वैसे ही दफ़्तर में रहती है। जवान लड़कियों को अपनी मान-मर्यादा का ध्यान ख़ुद ही रखना आना चाहिए। "यूनिवर्सिटी में किसी के साथ चाय पीने जाओ, किसी को मना करो, तो वहीं मुँह पर मीठी बात करने वाले लड़के तुम्हारी झूठी बदनामी कर सकते हैं। इसलिए सबसे अच्छा होगा लक्ष्मण-रेखा का पालन करते हुए सबसे सम्बन्ध रखो।"

शहीद स्मारक पर एक घटना कल्पना के साथ ऐसी हो गई कि वह मेरी बात को समझ गई। एक बार शाम को कक्कू-बुग्गे के साथ वह दर्जी के पास कैंटीन, दो फ़ुटा इंची टेप टीन वाला साथ लेकर गई। उसे सूट का कपड़ा देना था और कपड़ा ज़्यादा था, जिसमें से ख़ुद नाप कर वह फ़ालतू कपड़ा कटवाना चाहती थी, वरना अक्सर दर्जी कपड़ा मार लेते हैं। गरमी का मौसम था। कैंटीन से थोड़ा आगे चलकर गोमती सदन के बाद ही शहीद-स्मारक, दस मिनट के पैदल के रास्ते के बाद था। ये तीनों वहीं घूमने चले गए। थोड़ा-थोड़ा अँधेरा घिर आया था। वहाँ तीनों पत्थर की एक बैंच पर बैठ गए। तभी तीन-चार अठारह-बीस साल के लड़के आए और उसी बैंच पर बैठने लगे। कल्पना के मना करने पर बोले, "क्यों न बैठें? बैंच क्या आपकी है? यह तो सरकारी है।"

उनमें से ही एक और बोला, "हम तो यहीं बैठेंगे। आप क्या कर लेंगी?"

कल्पना ने ग़ुस्से में खड़े होकर उस लड़के की पीठ पर वही टीन का दो फ़ुटा इंची टेप कसकर जमा दिया। लड़का चिल्लाने लगा, "अरे, इस लड़की ने मुझे मारा।" आसपास लोग जमा हो गए। "क्यों मारा?" "क्या हुआ?" की आवाज़ें आईं तो कल्पना ने सब बता दिया। दो बुज़ुर्ग भीड़ में से बोले, "बेटी! किसी बड़े के साथ के बिना अँधेरा घिर आने पर पार्क में नहीं आना चाहिए। चलो, हम तुम्हें घर तक छोड़ देते हैं।" वे लोग गोमती सदन तक साथ आए फिर कल्पना ने उन्हें धन्यवाद देकर कहा, "अब हम तीनों चले जाएँगे।"

यह बात साठ के दशक के शुरू की है, जब 'ईव-टीज़िंग' आम बात नहीं थी और आमतौर पर लड़कियों को रात-बिरात अकेले नहीं भेजा जाता था। परदा नहीं था, पर पाबन्दियाँ ज़रूर थीं। मैंने उनका शाम को शहीद-स्मारक तक जाना, सैर करना बन्द करवा दिया। उन लोगों के साथ बाद में जो भी हुआ, वह हमारे घर की विशिष्ट परिस्थितियों के कारण हुआ। यह मैं उम्र के इस पड़ाव पर पूरी ईमानदारी के साथ स्वीकार करती हूँ।

कम्मो जब बी.ए. में आ गईं, तब कल्पना भी पी-एच.डी. के लिए दुबारा लखनऊ रहने आ गई थी। कम्मो संयोग से बी.ए. फर्स्ट ईयर में कुछ नम्बरों से रह गई। लखनऊ विश्वविद्यालय में संगीत विषय नहीं था, उसकी बैसाखी, कम्मो के पास इस बार नहीं थी। कल्पना ने सलाह दी, "कानपुर से म्यूज़िक के साथ यह बी.ए. प्राइवेट

कर लेगी। 'संगीत-विशारद' तो कर चुकी है। इसके लिए यह मुश्किल नहीं होगा।"

कम्मो ख़ुद भी जिद पर अड़ी थी कि "मेरी क्लास की लड़कियाँ आगे चली गई हैं। उनके सामने जूनियर नई लड़कियों के साथ बैठने में मुझे शरम आएगी। मैं दुबारा कॉलेज नहीं जाऊँगी।"

मुझे लगता था, प्राइवेट क्या करेगी? दिन भर घर रही तो काम में लगी रहेगी मेरे पीछे, और चुस्त इतनी है नहीं कि ख़ुद नियम से रोज़ाना एक घंटा भी पढ़ने को निकाले। क्लास में कम-से-कम कुछ तो सुनती-लिखती, पर ख़ैर! दोनों बहनों ने इस बार अपनी ही बात मनवा कर छोड़ी।

उसके घर रहने से मुझे कुन्तल वाला आराम फिर से मिलने लगा। शाम को मेरे आने से पहले वह बाबा, पापा के लिए चाय-नाश्ता बना देती। एक-दो सब्जियाँ भी बना लेती। कुन्तल के जाने के बाद से सफ़ाई तो बुग्गे के साथ, वह पहले भी करती थी। इस तरह गृहस्थी के मोटे-मोटे कामों से कम्मो का नियमित रिश्ता बन गया और मुझे लगा अब इसकी शादी की बात भी होनी चाहिए। उसने कानपुर से प्राइवेट बी.ए. कर लिया। इस तरह कामना ग्रेजुएट, 'संगीत-विशारद' हो गई थी। उम्र में भी बीस साल की थी—हालाँकि दुबली-पतली, छोटा-भोला चेहरा होने की वजह से देखने में पन्द्रह-सोलह से ज़्यादा की नहीं लगती थी। एक-दो लोगों से दफ़्तर में भी मेरी कम्मो के लिए लड़का ढूँढ़ने के सम्बन्ध में बात होती। एटा के एक इंटर कॉलेज के प्रोफ़ेसर का पता लगा। मैंने बाबूजी से कहा, "आप लड़का और घर देख आएँ।"

वह नाराज़ होकर बोले, "अच्छा! बहू, अब मैं बहत्तर साल की उम्र में लड़का देखने जाऊँ? कान्ति से क्यों नहीं कहती, जो बस कन्धे पर कैमरा लटकाए सारा हिन्दुस्तान नापता घूमता है।"

बात उनकी खरी और सच थी और यह भी मुझे पता था कि कान्ति जी घर पर हों, उनसे किसी काम को कहा जाए तो इनकार भी वह कभी नहीं करेंगे, पर वह काम जो आज करना है उनके सहारे कब होगा, इसकी गारंटी नहीं ली जा सकती थी। एटा का रिश्ता यूँ ही ख़त्म हो गया। एक-आध जगह दूसरे शहरों में जो रिश्ते कोई बताता भी था तो समय पर सम्पर्क न होने के कारण छूट गए। फिर कानपुर में एक जगह बात चली। लड़के की बहन कॉलोनी में ही थी। उन्हें कम्मो पसन्द थी। सो, उन्होंने ख़ुद बात चलाई। अकेला भाई था; नौकर भी था। इस बार मैं कान्ति जी को कानपुर साथ ले गई। घर में लड़के की अन्धी माँ व पिता मिले। कुछ रिश्तेदारों के सामने कायस्थों के रिवाज़ के अनुसार बात तय हुई कि हम दो हजार नकद देंगे (उस समय सोना साढ़े तीन सौ रुपया का दस ग्राम था; यह रकम भी हमारे लिए ख़ासी थी)। द्वाराचार पर पाँच सौ और लड़की को ज़ेवर दिया जाएगा शादी में। लेकिन गोद भराई से चार दिन पहले कॉलोनी वाले ननदोई (होने वाले) हमारे घर आए और बोले, "भई! मेरा साला अकेला लड़का है। हम उसकी शादी शान से करना चाहते हैं।" मैं कुछ समझी नहीं। मैंने कहा, "आप कीजिए शान से शादी।

इससे हमें क्या इनकार हो सकता है? आप बारात में सौ आदमी भी लाएँगे, तो हम ख़ातिर में कमी नहीं करेंगे।"

वह बोले, "यह बात नहीं है। आप लग्न में एक हज़ार रुपया और बढ़ा दें तो हमें आसानी हो जाएगी।"

मैं चौंक गई और उन्हें याद दिलाया : "जब आपके सास-ससुर और बाक़ी लोगों के सामने डिटेल में सब कुछ तय हो चुका है तो अब इस एक हज़ार की नई बात क्यों?"

श्रीमान जी बोले, "भई! शादी अगर शान से करनी है तो पैसे बग़ैर क्या होगा? एक हज़ार तो बढ़ाने पड़ेंगे।"

मैंने कहा, "देखिए! जो व्यक्ति अपनी बात पर कायम नहीं रहता, उसका विश्वास ही क्या? इस एक हज़ार के बाद, द्वाराचार पर पाँच सौ की जगह एक हज़ार माँगने लगें तो क्या होगा? हमारी तो इज़्ज़त मिट्टी में मिल गई न! हम यह एक हज़ार नहीं बढ़ाएँगे।"

महाशय बोले, "फिर यह बात रिश्ते तक नहीं पहुँचती दिखाई देती।" मैंने भी दृढ़ स्वर में कहा, "मैं इसे रिश्ते तक पहुँचाना भी नहीं चाहती। आप लोग गोद भरने नहीं आएँगे।"

आकाशवाणी की लाइब्रेरियन शीला भट्टाचार्या मेरी अच्छी मित्र बन गई थी। उसने एक कायस्थ बंगाली लड़के का प्रस्ताव रखा, जो उन्हीं के घर रह कर पला-बढ़ा था क्योंकि उसके माता-पिता नहीं थे। मिलिट्री में था। सोचने का समय लेकर मैं घर आई। उस समय जग्गू (रामो जीजी का बेटा, जो अब राउरकेला स्टील प्लांट में बड़ा ऑफ़िसर था) राउरकेला से आया हुआ था। उससे बात की तो उसने कहा, "मामी जी, उसकी पोस्ट बहुत नीची है। दूसरे, बंगाली घर में कम्मो अगर न एडजस्ट कर पाई तो?" मैंने भी सोचा, जग्गू की दोनों बातें बहुत वाजिब हैं, इसलिए दूसरे ही दिन शीला को, मैंने मना कर दिया था।

सरस्वती बीबी जी की पूछ उनकी सौत के मायके में भी बहुत थी। वहाँ भी सब उन्हें अपनी बहन की तरह मानते थे। उसी रिश्ते से उनकी भतीजी शीला चौपटिया लखनऊ में ही ब्याही थी। अक्सर रेडियो पर मेरे पास नहीं बल्कि सुमित्रा कुमारी सिन्हा से ज़्यादा मिलने आया करती थी। मुझे 'चाची' कहती और जब भी बीबी जी होतीं, घर मिलने आती थी। कम्मो को शीला ने हर तरह से देख रखा था। सुमित्रा के यहाँ गई होंगी, तो वह कम्मो को वहीं देख चुकी थीं। एक दिन शीला रेडियो पर आई तो मुझसे बोली, "चाची! मेरा देवर है—गोपी मोहन, बी.एस-सी., एल.एल. बी. है और फिशरीज़ डिपार्टमेंट में इंस्पेक्टर है। आप उसे देख लें। हमारी ससुराल से कम्मो के लिए इनकार नहीं होगा, क्योंकि मेरी सास ने भी उसे सुमित्रा दीदी के यहाँ देख लिया है। उन्हें पसन्द है बहुत। वह कह रही थी—लड़की मेरी तरह दुबली पतली गुड़िया-सी है।"

मैंने कान्ति जी से कहा, "यह लड़का यहीं पर है। बिना देर किए देख आओ

फ़िशरीज़ ऑफ़िस में। मैं बराबर कम्मो के लिए लड़का देख रही हूँ। इसकी शादी में हमें देर नहीं करनी चाहिए। ग्रेजुएट हो गई है। म्यूज़िक भी सीख लिया है, पर बच्चों को सिखाने में उसकी रुचि नहीं है। उससे छोटी रश्मि (स्वराज्य की बीच की बेटी) की भी सगाई दिल्ली में हो चुकी है। सही वक़्त पर काम हो जाए, तभी अच्छा है। आप इस काम को टालना नहीं।"

कान्ति जी ऑफ़िस गए और देखकर आए तो बस इतना बोले, "लड़का बहुत ही दुबला और कमज़ोर लगा रंग भी दबा-सा ही लगा। तन्दुरुस्ती ठीक नहीं है, इसलिए रिश्ता करना ठीक नहीं।"

मैंने हमेशा की तरह इनके फैसले को मान लिया। हालाँकि शीला ने लड़के की जो तस्वीर मुझे दिखाई थी, उसमें वह मुझे अच्छा लगा था। तीन महीने गुज़र गए थे कि एक दिन शीला रेडियो पर मुझे मिली तो बोली, "चाची! आपकी तरफ़ से कोई जवाब नहीं आया। मेरी सास कह रही थीं, 'हाँ-न' का पता लग जाता, तो हम लोग भी दूसरी जगह जवाब देने वाले बनें। गोपी के और जगह से भी रिश्ते आ रहे हैं।"

कल्पना उन दिनों कानपुर से आई हुई थी। मैंने उसे चौपटिया घर-वर देखने भेज दिया। वह सुबह ही शीला से मिलने का बहाना लेकर वहाँ पहुँच गई। घर आकर उसने कहा, "घर-वर सब बिल्कुल ठीक है। घर का मकान है। बड़े भाई (शीला के पति) इंस्पेक्टर ऑफ़ स्कूल हैं। ससुर रेलवे में गार्ड हैं। गोपी का नाक-नक्श बहुत अच्छा है। कम्मो जैसा ही गेहुँआ रंग है। पापा ने जब देखा उसे, तब वह बीमारी के बाद दफ़्तर गया था। इसलिए उन्हें रंग दबा हुआ और वह बहुत कमज़ोर लगे थे। ऐसा कुछ है नहीं। गोपी एकदम स्वस्थ हैं। हमें एकदम रिश्ता मंजूर कर लेना चाहिए। और अम्मा, सबसे बड़ी बात, हमें क्या ख़ुद अपने हालात नहीं मालूम? ज़्यादा नखरे दिखाने की स्थिति में हम भी नहीं हैं।"

सो 14 नवम्बर, '70 को मैं कान्ति जी के साथ कम्मो की भावी ससुराल गई। उनके पिता अम्बिका प्रसाद सक्सेना बहुत ही भले आदमी सिद्ध हुए। एक सरल, सीधे और सच्चे इनसान की तरह वह बोले, "भई! हमारा लड़का न डॉक्टर है, न इंजीनियर। आप जो कुछ देंगे, वहीं हमें स्वीकार है, पर हमें सगाई परसों चाहिए और पहला साया 4 जनवरी को पड़ रहा है। उसी दिन की शादी तय कर लीजिए। जन्म-पत्री हम लोग देखते नहीं। बस, ठाकुर जी के चरणों में रखने की परम्परा है हमारे यहाँ।"

कम्मो की भी जन्म-पत्री भिजवा दी। कम्मो मंगली थी...। उन्होंने कोई आपत्ति नहीं की। कम्मो की शादी कुशलतापूर्वक निबट गई। यूँ बारात आने पर कम्मो के जेठ ने थोड़ा झंझट डालने की कोशिश की थी, पर उसके ससुर ने ख़ुद ही सँभाल लिया। मुझसे बोले, "आप चिन्ता न करें। मैं तो हूँ। शादी मेरे बेटे की है।"

इस तरह मेरी तीसरी बेटी भी अपने घर की हो गई।

इतने लम्बे अन्तराल में मेरा लेखन-कार्य-सामान्यतः आकाशवाणी का तो नौकरी का स्वाभाविक हिस्सा था, पर घर में भी वक़्त चुरा कर उससे अलग भी मैं सृजन करती थी। मेरी अनेक कहानियाँ इन दिनों *धर्मयुग, सारिका, साप्ताहिक हिन्दुस्तान*

और *सुप्रभात* में प्रकाशित होती रहीं। वे मेरी अतिरिक्त आय का साधन तो थी ही, साथ ही मेरी उस 'स्वांत: सुखाय' रचनात्मक शक्ति का प्रतीक भी, जिसे प्रभु ने देकर इस धरती पर मुझे भेजा था। मैंने अपना एक लोकप्रिय उपन्यास और *दीया जलता रहा* रेडियो के लिए भी लिखा, जो धारावाहिक रूप से प्रसारित हुआ। इसके अलावा *चन्दन-चाँदनी* उपन्यास भी लिख चुकी थी।

परन्तु मेरा अपना मौलिक लेखन बीच-बीच में कुछ समय तक बराबर रुकता रहा दुर्भाग्य से। उसके लिए घर में घटित गम्भीर घटनाएँ उत्तरदायी होती थीं। वैसे भी अगर कोई मेरी जीवन-यात्रा को समेटना चाहे तो वह घर-नौकरी-घर के चक्र में ही समाप्त हो जाएगी क्योंकि तीन-तीन लड़कियों को ध्यान के साथ-साथ बड़ी गृहस्थी, पूरे संयुक्त परिवार की बड़ी बहू का उत्तरदायित्व निभाने का बीड़ा उठाए चलाना बच्चों का खेल नहीं था। बाबूजी के दो बड़े ऑपरेशन हुए; प्रकाश (मेरा दूसरा छोटा देवर) का पूरा परिवार अपनी संकट की घड़ी में लखनऊ में वर्ष भर हमारे साथ रहा। स्वराज्य की दो लड़कियाँ (सुकेशी-रश्मि) एक वर्ष रह कर पढ़ कर गईं। प्रकाश की बेटी बड़ी वाली (प्रार्थना) आठवीं के बाद ही, लखनऊ आ गई थी पढ़ने और बी.एस-सी. तक रही। क्योंकि प्रकाश छोटी-छोटी तहसीलों में रहते थे, जहाँ यूनिवर्सिटी-कॉलेज की सुविधा नहीं थी और दूसरे, तबादलों की वजह से भी दिक्कत थी। बड़ी ननद की बीमारी का इलाज़ भी लखनऊ मेडिकल कॉलेज में हुआ। उन सबसे सम्बद्ध प्रत्येक घटना तो न याद है इस वक़्त और जो याद है, उसे उजागर करने की आवश्यकता मैं नहीं समझती हूँ। मेरे पूरे जीवन का एकमात्र ध्येय रहा—किसी भी रूप से अगर मैं सहायक हो सकती हूँ, तो मैं आत्मीयजनों को कष्ट में नहीं रहने दूँगी। इसीलिए जितना था, सबने मिलकर खाया। किसी के साथ भेदभाव कभी नहीं हुआ।

कान्ति जी का मन बहुत ही दयालु है। दिल्ली-प्रवास में दोस्तों की भीड़ लगी रहती थी। बाद में भी, रामो जीजी और जगदीश का वह पूरा सहारा बने और अगर अपने भाई-बहन पर कोई संकट या समस्या आई तो कभी पीछे नहीं हटे, परन्तु सिविल सर्विस समाप्त हो जाने के बाद से उन्हें शायद ख़ुद ही पता नहीं होता था कि वह कहाँ जाएँगे। मुझे क्या होना था? सो, पूरा का पूरा बोझ मेरे कन्धों पर था। लड़के दोनों बहुत छोटे थे।

फलत: मैं न प्रकृति, न प्रवृत्ति और न ही परिस्थिति से उन्मुक्त सार्वजनिक जीवन व्यतीत कर पाई। कहानियाँ पत्रिकाओं में छप जाती थीं। बस, वहीं तक मेरी सीमा रही। पुस्तक के रूप में लाने के लिए मैंने कान्ति जी की तरफ़ ही देखा। गोष्ठियों, सम्मेलनों के लिए मेरे पास समय नहीं था फिर प्रकाशक तो बड़ी दूर की बात थे।

घर-गृहस्थी के कर्मक्षेत्र में मेरे मन में बाबूजी से सम्बन्धित एक घटना उभर कर सामने आ रही है, जब इमरजेंसी में मुझे ट्रेंड नर्स का भी काम करना पड़ा और उस ज़रा-सी मदद से एक बच्चे की जान बची। बाबूजी का पहला ऑपरेशन सन् 1956 में हुआ था और कई वर्ष बाद फिर उनका पेशाब रुकने लगा। वह लखनऊ

आए हुए थे। उस दिन रविवार था। जाने किस बात पर पिता-पुत्र में तकरार हो गई और 'ये' सवेरे ही साइकिल उठाकर चले गए। बाबूजी का पेशाब ज़्यादा देर रुका रहा। तकलीफ़ बढ़ गई तो मैंने डॉ. निक्का को फ़ोन किया। वह तुरन्त घर आ गए। देखकर बोले, "इनका तो तुरन्त ऑपरेशन करना पड़ेगा और मेरा ऑपरेशन डे नहीं है। ख़ैर! मैं डॉ. पांड्या को लिख देता हूँ। आप बाबूजी को मेडिकल कॉलेज ले जाएँ, वे ऑपरेट कर देंगे।"

मैं कक्कू को लेकर बाबूजी के साथ मेडिकल कॉलेज चली गई। वहाँ वे तुरन्त ऑपरेशन के लिए ऑपरेशन थियेटर में ले जाए गए। लगभग दो बजे बाबूजी को बाहर लाया गया। वे बेहोश थे। साथ में, ग्लूकोज़ की बोतल लगी हुई और नाक में भी नली लगी हुई थी। कक्कू बाबा को ऐसे देखकर घबरा गया। सुबह से यूँ भी भूखा-प्यासा मेरे साथ बाहर लॉन में बैठा था। मैंने उसे घर भेज दिया। रविवार होने के कारण डॉक्टर और नर्सों का बस इमरजेंसी स्टॉफ़ था। बाबूजी को पोस्ट-ऑपरेशन-केयर वाले पाँच-छह रोगियों के साथ एक वार्ड में रखा गया। वह 'मेल-वार्ड' था। सभी मरीज़ों के साथ एक-दो पुरुष उनकी देखभाल के लिए मौजूद थे।

मुझे बाबूजी के साथ देखकर नर्स बोली, "आप के साथ कोई जेंट्स नहीं है? अकेले आप कैसे सँभालेंगी? ये अभी होश में नहीं हैं, पर एक-डेढ़ घंटे बाद क्या होगा, इनके होश में आने के बाद? इनके पाँव बिल्कुल हिलने नहीं चाहिए। टाँके टूट सकते हैं।" मैंने क्या जवाब देना था? वह अपनी तरफ़ से अपना फ़र्ज़ पूरा करके चली गई। मैंने साथ लाए दो तौलियों से बाबूजी के दोनों पाँव कस कर बाँध दिए। ग्लूकोज़ वाले हाथ को पाटी से बाँधा और दूसरा हाथ पकड़ कर बैठ गई। वहाँ मैं अकेली महिला थी और सभी का इसी तरह का ऑपरेशन हुआ था। सो, मैं स्वयं भी भरसक पीठ करके बैठी थी और चेहरा दीवार की ओर रखती। फिर भी हिलने-डुलने से मरीजों की चादर हटती तो तुरन्त उनके साथ के आदमी ढँकते। संकोच का भाव दोनों तरफ़ होता। 'इनका' कहीं पता नहीं था। शाम के छह बजे थे। एकाएक चौक से एक छह-सात साल का लड़का इमरजेंसी वार्ड में वहीं आया। छत से गिरने से, उसे ऊपर से कहीं चोट नहीं लगी थी, पर वह बेहोश था और हिचकियाँ ले रहा था। डॉ. ने जाँच करने के बाद कहा, "बच्चे के सिर के पिछले वाले भाग की भीतर नस फट गई है। अन्दर ही अन्दर ब्लड लीक होकर दिमाग़ पर गिर रहा है। जल्दी से इस ख़ून को बहने से रोकना है वरना बचना मुश्किल है।"

बच्चे की माँ तो पछाड़ें खा रही थी। छाती पीटकर रोने लगी ज़ोर-से तो डॉ. साहब ने नाराज होकर कहा बच्चे के पिता से कि वह माँ को चौक की दरगाह पर ले जाएँ; वहीं वे दोनों दुआ माँगें। ख़ुदा मदद करेगा, यहाँ डॉक्टर हैं। शोर करोगे वे तो बच्चे को ही नुकसान होगा। उसके बूढ़े दादा बस रह गए थे, जो दरवाज़े पर बैठ गए। डॉ. नर्स को सख़्त हिदायत दे गए कि बच्चे के सिर से बर्फ़ की टोपी नहीं हटनी चाहिए। उसी से उसका अन्दरूनी रक्त-स्राव रुकेगा। नर्स डॉक्टर के जाने के बाद बोली, "डॉ. साहब तो हुकुम सुना गए, बर्फ़ की कैप पिछले भाग से हटनी नहीं

चाहिए, पर यहाँ मैं अकेली क्या-क्या करूँगी? अभी बच्चे को सुई लगानी है। हाथ कौन पकड़ेगा? नस ढूँढ़ने में देर लगेगी।"

मैंने कहा, "टोपी मैं पकड़ूँगी, आप फिक्र मत करो। मेरा मरीज़ एक बार होश में आ चुका है और दुबारा दवाई देने के बाद आराम से सो रहा है।"

नर्स बोली, "शुक्रिया आपका। यह ज़रा तकिए के सहारे टोपी थोड़ी देर को मैं टिका कर देती हूँ। आप पहले हाथ पकड़ें इस बच्चे को। इंजेक्शन भी ज़रूर देना है इसे। इससे इसका दर्द कम होगा। इसकी नस जल्दी मिल जाएगी।"

मैं बच्चे के पलंग पर आ गई। उसका हाथ कस के पकड़ा और नर्स ने दबा कर नस ढूँढ़कर झटके-से सूई लगा दी और फिर दूसरे मरीज़ के पास चली गई। बच्चे के सिर पर बर्फ़ की टोपी रखने के घंटे-डेढ़ घंटे बाद कहीं बच्चे की हिचकियाँ थम पाईं।

डॉक्टर बच्चे को देखने आए तो बोले, "अन्दर की ब्लीडिंग बन्द हो गई है। अब बच्चा ख़तरे से बाहर है। बर्फ़ की कैप अब पकड़ने की ज़रूरत नहीं। ऐसे ही सिर से टिका रख दें।"

मुझे छुट्टी मिल गई। बाबूजी शान्त लेटे थे। मैं उनके पास वाले स्टूल पर बैठ गई। पौने नौ बज रहे थे और मुझे ज़ोर की भूख लग रही थी। दिनभर तो गहमा-गहमी में भूख दबी रही, पर अब थोड़ी फुरसत मिली तो पेट में चूहे नींद से जागकर दौड़ने लगे। इतने में डॉ. निक्का बाबूजी को देखने आए और वहाँ मुझे देखकर चौंककर बोले, "अरे भाभी! आप यहाँ अकेली? कान्ति भाई साहब कहाँ है?" मैंने कहा, "मैं तो सवेरे दस बजे से यहीं हूँ। मुझे मालूम नहीं 'ये' कहाँ हैं?"

निक्का बोले, "अच्छा, अब आप घर जाइए। मेरा ड्राइवर पहुँचा देगा। मैं बाबूजी के पास रहूँगा।"

तभी 'ये' हाँफते-हाँफते, हाथ में थरमस लिये पहुँचे और मुझ से बोले, "आज मैं दिन भर घर पहुँचा ही नहीं। अभी आधा घंटे पहले पहुँचा तो कम्मो ने तुम्हारे लिए खाना और काफ़ी तैयार रखी थी। मुझे दद्दा के (कान्ति जी व अन्य सभी बाबूजी को यही कहते थे) ऑपरेशन के बारे में भी बताया। लो, कॉफ़ी पियो और खाना खा लो। रात भर मैं यहीं रहूँगा।" मैंने खाना खाया और निक्का की कार में बैठक कर घर आ गई।

दस दिन बाद बाबूजी को वहाँ से छुट्टी मिल गई। वे अभी ज़्यादा चल-फिर नहीं सकते थे। केवल बाथरूम तक जाते थे। टाँके कच्चे थे अभी। मैं ऑफ़िस जाने लगी। दस-ग्यारह दिन बाद एक दिन शाम को लौटी तो कल्पना ने बताया, "मम्मी, बाबा ने आज खाना नहीं खाया...पानी तक नहीं पिया...पापा से पता नहीं किस बात पर बहुत ज़ोर से झगड़ा हो गया? पापा तो आख़िर में हमेशा की तरह बाहर चले गए।"

मैंने पूछा, "पर बाबा ने खाना-पानी क्यों नहीं लिया?"

कल्पना बोली, "उन्होंने पापा के जाते ही कहना शुरू कर दिया, 'अब मैं तेरे बाप के घर का अन्न-जल ग्रहण नहीं करूँगा; अभी कानपुर जाऊँगा।' आपके आने तक के लिए; बड़ी मुश्किल से मनाया।"

मैंने कहा, "पर उनका खाना-पीना? सुबह से कुछ..."

कम्मो बोली, "मम्मी! मैं पांडे जी के यहाँ से एक बोतल पानी और बाबा के लिए खाना ले आई थी!"

सवेरे फिर वही हाल। बाबूजी टस से मस नहीं हुए। तब मैंने कल्पना के साथ उन्हें कानपुर भेज दिया। वहाँ से कुछ दिन बाद वह अलीगढ़ चले गए, पर इस यात्रा के कारण उनका ऑपरेशन असफल हो गया। पेशाब उनका बूँद-बूँद रिसता था क्योंकि पेशाब नियंत्रण की उनकी क्षमता ख़त्म हो गई थी, हमेशा के लिए।

इस तरह बाप-बेटे के क्रोध का यह घातक परिणाम हुआ कि जब तक बाबूजी जिए, उन्हें रुई का पैड अन्दर बाँधकर लगाना पड़ा।

कान्ति जी अब अपने क्रोध को देर तक कायम भी रखने लगे। कल्पना अपनी दूसरी डिलीवरी के लिए लखनऊ आई हुई थी। यहाँ कल्पना को डॉ. आशा तिवारी की वजह से मेडिकल कॉलेज में पूरी सुविधाएँ मिल जानी थीं। डॉ. आशा पड़ोस में ही रहती थीं। कुन्तल की सहेली थीं। जनरल वार्ड में भी कोई तकलीफ़ नहीं होनी थी, पर एक दिन बाप-बेटी में ख़ूब झगड़ा हो गया। पूरे दिन थे उसके। कहाँ तो 'ये' साथ जाने वाले थे और जाते-जाते यह कांड हो गया। बस, फिर क्या था—'ये' साइकिल उठाकर घर से बाहर हो गए और कल्पना के दर्द शुरू हो गए। इन्तज़ार करने का टाइम कहाँ था? मैं ही उसे लेकर क्वींस-मेरी (मेडिकल कॉलेज का जच्चा-बच्चा विभाग यही कहलाता था।) पहुँची। वहाँ उसकी बेटी हुई। पहले उसका लड़का था ही। हम सब ख़ुश थे। नर्सों, डॉक्टरों को चौक से मिठाई मँगा कर, सन्तू ने खिलाई (सन्तू कानपुर से आने वाले थे। जैसे ही हम निकले, पीछे से वह भी आ गए थे)। मैं दूसरे दिन नहाने, कपड़े धोने घर आई तब भी 'ये' कुछ नहीं बोले। पाँच दिन बाद जब कल्पना बच्ची को लेकर घर आई, तो उसे देखते ही इतने मगन हो गए कि पूछिए मत। कहाँ तो ग़ुस्से की वजह से पाँच दिन में एक बार भी अस्पताल नहीं गए थे और अस्पताल से आने पर दिनभर उसे खिलाते रहे। कान्ति जी आज भी गोदी के नन्हे बच्चों को अपनी अन्तरात्मा से प्यार करते हैं और उन्हें खिलाते हुए ब्रह्मानन्द में लीन होते हैं।

इसी तरह किसी के भी दु:ख से द्रवित होकर उसे घर में ले आना उनके लिए बहुत ही सामान्य बात थी। रिश्तेदार, मित्र तक तो ठीक था, पर थोड़े-से परिचय पर भी लोगों को लाना मुझे बहुत भारी पड़ा। सिवाय क्लेश-बदनामी के कुछ हाथ नहीं आया। ऐसे दो प्रकरण मुझे अच्छी तरह याद हैं।

पहला—एक युवती सेनगुप्ता और उसकी माँ का है। वह बंगाली युवती सेनगुप्ता, आकाशवाणी पर अस्थायी टाइपिस्ट होकर आई थी। वहीं पर सुमित्रा कुमारी सिन्हा की वह मित्र बन गई। कॉलोनी में वह अकेली माँ के साथ रहती थी। सो, अपने फ़्लैट के एक कमरे में उन माँ-बेटी को रख लिया सुमित्रा जी ने। अब वे दोनों हमारे घर भी आने-जाने लगीं। किसी दिन दोनों माँ-बेटियों ने 'इनसे' कहा होगा, "सुमित्रा जी के यहाँ हमें बड़ा कष्ट है। वह अपना गुसलख़ाना हमें मुश्किल से इस्तेमाल

करने देती हैं। हर वक़्त हर चीज़ की धुलाई करती हैं। हम से कुछ भी छू जाए तो वह फिर धोया जाता है।"

बस, कान्ति जी दोनों को घर लेकर आए। मैंने अन्दर चल कर समझाया, "एक तो सुमित्रा मुझसे लड़ेंगी। ये दोनों वहाँ रहती हैं। दूसरे, अनजान दो औरतों को घर में घुसाना ठीक नहीं है। अभी रेडियो पर आए इसे दिन ही कितने हुए हैं?"

पर कान्ति जी नहीं माने। मुझसे बोले, "तुम्हें क्या परेशानी है? अब तो तीनों लड़कियाँ अपने-अपने घर हैं। सिर्फ़ कल्पना का बेटा ऋतु (मोहित-मनीष) ही तो घर में है।"

मैं चुप रही। स्टोर का आधा भाग ख़ाली करके उनका रसोई घर बनवा दिया। सामान उनका वैसे ही बहुत कम था—दो कनस्तरों में राशन-पानी था। एक बक्स में कपड़े, एक बिछौने का गद्दा और रज़ाई, बस। वे लोग रहने लगीं।

उनकी माँ बड़ी सुघड़ महिला थीं। अपने स्टोव पर जो कुछ बनातीं, ऋतु को ज़रूर देतीं। मैं भी जो बनाती, उन्हें भिजवाती, पर मिस सेनगुप्ता ऑफ़िस में बहुत काम करती; (स्थायी होने की उम्मीद भी थी), पर घर पर माँ के साथ किसी काम में हाथ नहीं बँटातीं। ऑफ़िस के अलावा बस कमरे में हर वक़्त लेटी रहतीं। सवेरे नहाया-खाया और ऑफ़िस चली जातीं। कान्ति जी ने उससे कहा वह रेडियो के अलावा भी काम ढूँढ़ती रहें, जिससे अगर वहाँ न स्थायी हों तो दूसरा काम हाथ में हो। पर वह कहीं भी नहीं गई। फिर अचानक न जाने ऐसा क्या हुआ कि मिस सेनगुप्ता से 'ये' बेहद नाराज़ हो गए। एक दिन कहने लगे मुझसे, "इनसे कहो, कहीं और प्रबन्ध कर लें अपना।"

मैंने जवाब दिया सुमित्रा तो इन्हें अब कमरा देगी नहीं! जवान लड़की है। जब तक कोई ढंग का ठिकाना न मिले, इन्हें कहाँ भेज दूँ?"

पर इनकी नाराज़गी और मर्ज़ी न हो, तो आगा-पीछा सोचते नहीं। बस, हुकुम सुना दिया, "मैं इन्हें घर में नहीं रखूँगा—ये चाहे जहाँ रहें। मुझसे कोई मतलब नहीं।"

ऑफ़िस में लाइब्रेरियन शीला भट्टाचार्या थी। उन्हीं से मैंने उनके लिए बात चलाई कि वह मिस सेनगुप्ता और उसकी माँ को अपने घर में रख लें, पर शीला बोली, "दीदी! आजकल मेरी सास आई हुईं हैं। वह किसी अनजान को घर में नहीं रहने देंगी। मैं पड़ोस में कमरे के लिए कहकर रखूँगी। हफ़्ता-पन्द्रह दिन तो लग ही सकते हैं।"

पर हमारा घर तो युद्ध का मैदान बन गया। दीवाली वाला दिन और कान्ति जी अड़े हुए, "तुम इन्हें निकालो—नहीं तो अब या तो ये रहेंगी या मैं!"

त्योहार का सारा काम फैला था। मैंने भी ग़ुस्से से कहा, "पहले बिना बताए मुसीबत घर ले आते हैं आप! फिर एकदम छुटकारा पाना चाहते हैं। मैं दो स्त्रियों को घर से निकाल कर सड़क पर नहीं खड़ा कर सकती।"

इस पर कान्ति जी गुस्सा हो कर, घर से चले गए। दिन भर नहीं आए। मैं लक्ष्मी-पूजन के बाद ही दीवाली के दीये लगाती। पड़ोस के घरों में दीये लग गए

यानी लक्ष्मी-पूजन भी हो गया। मैं इन्तज़ार में बैठी कि कान्ति जी आएँ और पूजा करूँ, पर बहुत देर हो गई थी। ऋतु आकर बार-बार पूछता, "नानी। अपने घर पूजा कब होगी?"

हार कर मैंने सोचा, ऋतु भी आठ साल का है तो क्या हुआ? नाती है घर का। उसी के साथ पूजा कर के आरती की लक्ष्मी जी की और मिठाई उसे दे दी। फिर मैंने दीये जलाकर दालान में रखने शुरू कर दिए। तभी ये घर में आँगन के दरवाज़े से दीये जलते देखकर बोले, "आज क्या बिना लक्ष्मी-पूजन किए दीये जलाने शुरू कर दिए?"

मैंने कहा, "आपको तो बाहर जाने के बाद घर का ध्यान रहता नहीं बिल्कुल। लोगों के घर तो एक घंटा हो चुका पूजा हुए। ऋतु ने अलग मेरी नाक में दम कर रहा था, "नानी, सबके घर दीये जल गए, पूजा हो गई। अपने घर कब करोगी?" तब अभी-अभी पूजा करके, दीये जलाने शुरू किए हैं। पूजा में ऋतु को ही बैठा लिया था।"

"हाँ! हाँ! ठीक किया। मेरी अब इस घर में ज़रूरत ही क्या है?" और यह कहकर 'ये' अपने कमरे में जाकर लेट गए। मैंने खाना परोसा और कमरे में थाली ले जाकर बोली, "ग़ुस्सा थूक दो। खाने पर क्या क्रोध उतारना? शीला से कह रखा है। कल ख़ुद भी साथ जाकर इनके लिए कमरा देख लूँगी। जाना तो है ही—आज न सही, कल सही—ये दोनों चली जाएँगी।"

पर 'इनका' ग़ुस्सा कहाँ ठंडा पड़ने वाला था? इन्होंने खाना नहीं खाया, मैं भी भूखी सो गई। इस तरह साल भर का पर्व हमारे घर का मिट्टी हो गया, केवल भावावेश में लिये गए एक निर्णय के कारण। कल्पना करें—घर में ऐसे दो प्राणियों का चौबीस घंटे रहना, जिनसे गृहस्वामी को घृणा की सीमा तक एलर्जी हो, एक-एक दिन पहाड़-सा कैसे कटता होगा? सात दिन बाद शीला ने उन बंगालिन माँ-बेटियों को पड़ोस में एक कमरा दिला दिया। तब कहीं जाकर घर में शान्ति हुई।

इसी तरह कान्ति जी दो हिप्पी—एक युवक, एक युवती को एक दिन शाम ले आए और बोले, "ये बेचारे कोई ठिकाना न होने की वजह से हज़रतगंज बाज़ार में ऐसे ही घूम रहे थे। दो-चार दिन में कानपुर जाने वाले हैं।" दो-चार दिन के दस दिन हो चुके थे। उनका कहीं जाने का इरादा नहीं लगता था। दो जनों को भोजन कराना कोई बड़ी बात नहीं थी, पर वे जिसे मुक्त वातावरण के प्राणी थे—वह हमारी सामाजिक मान-मर्यादा का खुले आम उल्लंघन था। हिप्पी युवक उस युवती को गोद में उठा कर आँगन में घूमता, कभी पीठ पर लादकर सड़क पर कॉलोनी में चक्कर लगाता। हमारे आँगन की सारी गतिविधियाँ दोनों ऊपर के फ़्लैट वाले देखते। मिसेज़ पांडे ऊपर से आकर बोलीं, "मिसेज सौनरेक्सा! हम सबके घर में जवान बेटे-बेटियाँ हैं। आप किन फिरंगियों को पकड़ कर घर ले आई हैं? इन्हें तुरन्त घर से दफ़ा कीजिए।"

सड़कों पर भी अजीब कपड़ों में खुलेआम अठखेलियाँ करते घूमना—सभी को नागवार गुज़रा। मोहल्ले भर में हिप्पियों के कारण सौनरेक्सा साहब की बदनामी हुई।

मैं फिर मुश्किल में अकेली रह गई, क्योंकि कान्ति जी अपने काम के सिलसिले में बाहर चले गए थे। मैंने उन्हें कानपुर जाने को बड़ी मुश्किल से राज़ी किया। कक्कू दस साल का था। उसे मैंने बस का किराया दिया और कहा, इन्हें टिकिट ख़रीदकर दे देना और बस-स्टैंड पर छोड़ देना।

कक्कू ने घर आकर जो कुछ बताया, उससे मुझे बड़ा दुःख हुआ। बिना मतलब कान्ति जी ने छोटे बच्चों तक को अजीब-ओ-ग़रीब परिस्थितियों में लाकर खड़ा कर दिया था। वे दोनों हिप्पी बड़े चतुर निकले। बस-स्टेशन पहुँचकर कक्कू से उन्होंने किराये के पैसे ले लिये, और एक रेस्तराँ में घुस गए। कक्कू बेचारा गेट पर ही खड़ा रहा। अन्दर जाकर दोनों ने ख़ूब नाश्ता मँगा कर खाया और रेस्तराँ के मालिक से कक्कू की तरफ़ इशारा करके बोले, "वह लड़का जो सामने खड़ा है, हमारा बिल देगा...।"

एक बेयरा जब उसके पास आया तो कक्कू बेचारा परेशान हो गया। वह बेयरा फिर मालिक के पास जाकर बोला, "इस लड़के ने तो कुछ खाया ही नहीं। वह तो बाहर दरवाज़े पर ही खड़ा था। आपको उन हिप्पियों को बिना बिल चुकाए जाने ही नहीं देना चाहिए था।"

मालिक चुप हो गया। असल में उस समय अमेरिकी गोरी चमड़ी के कारण कोई इन्हें भिखारी नहीं समझता था। सो, ये जवान हिप्पी छोकरे-छोकरियाँ बहुतों को इसी तरह उल्लू बना जाते थे (जैसे कान्ति जी झाँसे में आ गए)। बाद में सुना, वे दोनों फिर हज़रतगंज में घूम रहे थे—(शायद नए शिकार की तलाश में)।

कान्ति जी लौटे तो हिप्पियों को घर में नहीं देखा, पर कुछ बोले नहीं। 'इनमें' यह ख़ास बात रही कि हमेशा परेशानी या मुसीबत खड़ी हो जाए, तो जब तक आँख के सामने रहेंगे—ख़ूब हो-हल्ला, तूफ़ान खड़ा होगा। फिर चले जाएँगे छोड़-छाड़कर, पीछे दूसरे झेलते रहें। जब आने पर सब शान्त होगा तो एकदम सामान्य होंगे। जानने का कष्ट भी नहीं करेंगे कि भला तुमने कैसे निबटाया सारा झमेला? पर इस बार कक्कू ने सारी बात पापा को बताई विस्तार से।

इस तरह कान्ति जी प्रायः महीने में बीस दिन सारा हिन्दुस्तान घूमते थे। उनका अपना व्यक्तिगत प्रोजेक्ट था—प्रसिद्ध लेखकों व कलाकारों के छायाचित्र बनाना। उसी सिलसिले में यात्रारत् रहना इनके लिए स्वाभाविक था। मेरे लिए इसी कारण लखनऊ से लम्बे अर्से तक दूर रहना असम्भव था। किशोर लड़कियाँ लड़के छोटे—सब पढ़ने वाले—चाहे कितने अपने आप पढ़ने वाले थे—माँ-बाप में से एक तो घर पर ज़रूर चाहिए था। मेरे लिए अपने बच्चों का भविष्य टॉप प्रायोरिटी पर था, अपना साहित्यिक उन्नयन या भ्रमण नहीं। आकाशवाणी से अपने कार्यकाल में मुझे दो बार विदेश जाने का अवसर मिला, पर मैं नहीं जा पाई। मास्को रेडियो ने एक साल के कॉन्ट्रैक्ट पर बुलाया था। एस.डी. ने मुझसे कहा, "आप जाइए, मिसेज़ सौनरेक्सा। आपका पूरा वेतन यहाँ आपके परिवार को मिलेगा, मास्को में अलग व्यय व भत्ता होगा।"

मास्को से आमंत्रण आने का कारण शायद यह था कि मेरा एक कहानी-संग्रह

रूसी में अनूदित होकर प्रकाशित हुआ था। मैंने सरस्वती बीबी जी से सारी बात बताई। वही लखनऊ आई हुई थीं। साल में दो-तीन महीने अवश्य ही वह रह जाया करती थीं। जीजा जी कुछ समय साथ रहते, फिर चले जाते थे। बकर मंडी, लेबर कॉलोनी, कानपुर में रहते हुए उन दोनों का व्यवहार आस-पड़ोस में बहुत अच्छा था। सो, उन्हें दिक्कत नहीं थी। सब सोचकर मैंने उनसे पूछा, "क्या आप एक साल यहाँ रह सकती हैं? कुन्तल-कल्पना की छुट्टियों में आप कानपुर चली जाया करना। वैसे बीच में जीजा जी आ जाया करेंगे। उनका खाना-पीना, जब वे कानपुर में हों, तो लक्ष्मी बीबी जी देख सकती हैं। तेज (उनका भतीजा) भी रहता है साथ। वह भी देख सकता है।"

पर सरस्वती बीबी ने दो टूक उत्तर दिया, "किरण, दो-तीन महीने की बात होती, तो चल जाता, पर पूरे एक साल मैं बँधकर लखनऊ नहीं रहूँगी।"

और एस.डी. को जाकर दूसरे ही दिन मैंने अपनी असमर्थता बता दी।

इसी तरह अफ़गानिस्तान में काबुल रेडियो पर उर्दू जानने वाली महिला माँगी थी—एक साल के लिए। मेरी ओर से स्वीकृति देने का प्रश्न ही नहीं था।

लेखन के विषय की विविधता के लिए थोड़ा-बहुत भ्रमण आवश्यक है। अन्ततोगत्वा वह धरती पर धरती के लोगों के लिए जो कुछ लिखता है, उसका आधार भी तो जन ही होता है। प्रेमचन्द हों या यशपाल, रविबाबू हों या शरत् बाबू अथवा अन्य कोई भी रचनाकर, वह अपने कथानकों और पात्रों का जीवन्त वैभिन्न्य खुली आँख, भावपूर्ण हृदय और तीक्ष्ण बुद्धि के माध्यम से विशाल संसार को देखकर ही प्रस्तुत कर सकता है।

एक मैं हूँ, जिसे सड़क पर लगे मजमे के बीच घुसकर घटना के बारे में जानने तक में संकोच लगता था। आप इसे मेरे निम्न-मध्यवर्गीय संस्कार भी कह सकते हैं। मेरा पहला उपन्यास *चन्दना चाँदनी* छपा। पहले मैं सोचती थी, उपन्यास लिखना कठिन काम है। कहानी तो एक बैठक में पूरी कर लेती हूँ, पर जब उपन्यास लिखना शुरू किया तो साढ़े तीन सौ पेज पैंतालीस दिन में लिख लिये। वे भी केवल सवेरे चार बजे से साढ़े पाँच बजे तक लिखती थी। शेष दिन तो घर और दफ़्तर के नाम था। हाँ, इतना अवश्य है कि मैंने अपनी कोई रचना कहानी या उपन्यास का एक पृष्ठ भी दुबारा नहीं लिखा, न ही कहीं कोई काँट-छाँट की। चतुरसेन शास्त्री व उपेन्द्रनाथ 'अश्क' प्राय: कहते थे, "छाया! तुम्हारी हर कहानी में पूरे उपन्यास का कथानक छिपा होता है...हम तो एक ही कथानक को थोड़ा-थोड़ा बदल कर नाटक, कहानी व उपन्यास बना लेते हैं। रचना को भेजने से पहले संशोधित भी करते हैं। तुम भी करके देखो न!"

मैंने उत्तर दिया : (यह मेरी अपनी प्रक्रिया और मेरा अपना सच था), "मैंने रचना को मन में चाहे कितनी बार सोचा हो, पर लिखने के पहले मैं कभी कोई ड्राफ्ट नहीं बनाती हूँ।" कहानियाँ तो प्राय: बहुत बार रद्दी काग़ज़ों पर लिखी होने पर भी, समयाभाव के कारण वैसे ही भेज देती थी और उस वक़्त रचना पर केवल

'चन्द्रकिरण' का नाम होना पर्याप्त था—मेरी कभी कोई रचना पत्रिका से 'अस्वीकृत' होकर आज तक नहीं आई है।

भारत सरकार की एक योजना के अन्तर्गत अन्य प्रान्तीय हिन्दी लेखकों में सान्निध्य स्थापित करने के लिए लेखकों का पारस्परिक विचार-विनिमय हुआ था। मैं उसी सिलसिले में 'कहानी' पर व्याख्यान देने गुजरात और हैदराबाद गई थी। उन गोष्ठियों में 'नाटकों' पर व्याख्यान देने कलकत्ते से विष्णु कान्त शास्त्री (जो बाद में यू.पी. के गवर्नर बने) जी गए थे। वल्लभ भाई पटेल नगर के संस्थान में गोष्ठी थी। जैसे ही मैंने बोलना शुरू किया, "भाइयो, बहनो। मैं हिन्दी की लेखिका हूँ। गुजराती भाई तो मुझसे अधिक परिचित नहीं होंगे..." पूरी सभा ने एक स्वर से कहा, "हम आपसे ख़ूब परिचित हैं। *धर्मयुग* व *सारिका* में जब भी आपकी रचना छपी, दूसरे मास ही वह अनूदित होकर गुजराती पत्रिका में छप कर आ गई है। हम हिन्दी भी ख़ूब समझते हैं।" वे चार दिन एक मीठी याद बनकर मेरे मानस में आज भी संचित हैं। वे गुजराती लेखक लखनऊ आकाशवाणी पर भी मुझसे भेंट करने आए थे।

हैदराबाद में भी हमारा हार्दिक स्वागत हुआ। कहानी-साहित्य पर ख़ूब चर्चा हुई। उन दिनों दीप्ति खंडेलवाल उदीयमान लेखिका थीं—*धर्मयुग* में प्रकाशित उनकी 'तीसरा कौन' कहानी बेहद चर्चित हुई थी। वह मिलने आईं, पर मुझे ऐसा लगा कि उनसे स्थानीय लेखक-वर्ग बहुत नाराज़ था। बाद में मैंने जब निकट से उनको परखा तो नाराज़गी का कारण भी समझ आ गया। बहुत ही दुर्बल शरीर वाली, बीमार महिला थीं और शायद बीमारी की वजह से ही थोड़ी खीजी हुई और कटु हो गई थीं। सभा में सभी लेखकों से आते ही बोली, "मैं आप लोगों से मिलने नहीं आई हूँ। मैं तो केवल चन्द्रकिरण जी से मिलने आई हूँ।"

हम उनके घर भी गए तब बड़ा आश्चर्य हुआ यह देखकर दीप्ति जी घी, चीनी व अन्य रसद का सामान अपने पलंग के नीचे और अपने पास ही रखती थीं। नौकरानी उनके सामने ही सब कुछ निकाल कर ले जाती थी। उनके पति बहुत ही मिष्टभाषी थे और उनकी एक सत्रह वर्षीय बेटी भी थी, पर उन्हें किसी पर भी विश्वास नहीं था। उन्होंने अपनी कुछ कविताएँ मुझे बाद में लखनऊ भेजीं, जो मैंने लखनऊ आकाशवाणी पर प्रसारित करवाई थीं, पर मैं स्वयं उन्हें यहाँ नहीं बुला सकी। इसलिए दीप्ति खंडेलवाल मुझसे भी अन्ततः नाराज़ हो गईं।

सरकारी गोष्ठियों में मैं अकेली होती थी, पर शेष अन्य सम्मेलनों में कान्ति जी के साथ जाने पर किसी-न-किसी कारण से झंझट हो ही जाता था। इधर सालों से सिवाय फ़ोटोग्राफ़ी करने के, कान्ति जी ने मौलिक लेखन के क्षेत्र में कुछ नहीं लिखा था। समीक्षा के क्षेत्र में भी कोई योगदान नहीं था। हाँ, छायाचित्रों के साथ लेख अवश्य लिखे। सिविल सर्विस में आने के बाद पत्रकारिता भी छूट गई थी। एक दशक के अन्तराल से बहुत कुछ बदल जाता है। इस कारण ऐसे सम्मेलनों में कान्ति जी की कभी प्रबन्धकों से कभी कार्यक्रम-संचालकों से झड़प हो ही जाती। साथ में, अगर मैं होती थी तो स्थिति और भी अप्रिय बन जाती, इसीलिए मैं 'इनके' साथ जाने से

बचने लगी। प्रयाग-सम्मेलन में मेरा व्यय तो दिया, 'इनके' लिए कह दिया, "आप तो 'इनके' (यानी मेरे) साथ आए हैं। हम आपका रास्ते का किराया नहीं देंगे।" वस्तु-स्थिति से समझौता करने में ही बुद्धिमानी है—सो धीरे-धीरे जो यदा-कदा बाहर जाती भी थी, वह भी बन्द हो गया।

यदि निष्पक्ष होकर बात की जाए तो यह मैं क्या, सभी परिचित, मित्र-गण व परिजन एकमत होकर कहेंगे कि कान्ति जी बहुमुखी प्रतिभा के स्वामी हैं—हिन्दी-अंग्रेज़ी के श्रेष्ठ अनुवादक, एक पत्रकार, समीक्षक और हिन्दुस्तान के गिने-चुने छायाकारों में से एक, जिनकी प्रसिद्ध लेखकों, कलाकारों के छायाचित्रों की गैलरीज़ हिन्दुस्तान के अनेक आकाशवाणी केंद्रों पर लगी हैं, किन्तु दूसरा सच यह भी है कि सक्रिय वर्षों के आरम्भ में मौलिक लेखन करने के कुछ दिन बाद ही सब कुछ छोड़कर 'इन्होंने' फ़ोटोग्राफ़ी का दामन थाम लिया तो अन्य क्षेत्रों में किया गया योगदान बीस साल बाद याद नहीं रखा जाता। 'इनके' साथ यही हुआ।

मेरा एक ही क्षेत्र रहा—पर प्रकाशन यथासमय न होने पर मैं भी वहीं खड़ी हूँ, जहाँ ये हैं। इनका प्रकाशकों से तालमेल बैठा नहीं। मेरे लिए कान्ति जी कहते थे, "पब्लिशर तुम्हें ठग लेंगे।" वक़्त बड़ा बेरहम होता है। रचनाओं पर समय की इतनी धूल पड़ गई कि वे 'ममी' बनने के कगार पर हैं। आज की पीढ़ी जब पन्त, 'निराला' को नहीं पहचानती तो चन्द्रकिरण किस खेत की मूली है? कान्ति जी यह भूल गए कि प्रकाशक पैसों से चाहे ठग लेते, पर मेरे नाम का, यश का हरण तो नहीं कर सकते थे। दम्भ तो नहीं करती, परन्तु तथ्य-अभिव्यक्ति तो कर सकती हूँ। तेरह वर्ष की उम्र से आज तक जितना लेखन-कार्य मैंने किया है उसका पचास प्रतिशत भी अगर समग्र रूप में उपलब्ध होता तो आज मैं भी राज्य-सभा की मनोनीत सदस्य होती, अकादेमी की अवैतनिक अध्यक्ष होती।

यह मलाल तमाम ज़िन्दगी मेरे दिल के किसी कोने में हमेशा दफ़न रहेगा, पर ऊपर वाले के करम भी इतने रहे कि दूसरों की ख़िदमत करने लायक बना दिया। कभी किसी के सामने बुरे-से-बुरे वक़्त में हाथ नहीं फैलाना पड़ा। अपने ही नहीं, दूसरों के बच्चों तक को घर रखकर पढ़ा दिया। तन-मन से सबकी सेवा कर दी।

सेवा से मुझे फिर बाबूजी की याद आ गई है। मुझे आज भी दुःख है कि उनका देहान्त स्वराज्य के घर दिल्ली में हुआ और उनके अन्तिम समय में मैं उनके पास नहीं थी। वैसे, उन्होंने लम्बी आयु पाई। अस्सी के ऊपर थे। कक्कू की शादी के बाद उन्होंने अलीगढ़ का मकान बेच दिया और सारी रकम अपने बच्चों में बाँट दी। छह-छह हजार रुपये की राशि उन्होंने यह कहकर हर एक को दी कि हर कोई प्रतिमास उनको ब्याज देंगे। उनकी मृत्यु के बाद ही वे मूलधन ख़र्च कर सकेंगे। मेरे मना करते-करते कान्ति जी का हिस्सा मेरे हिसाब में जमा कराया; वह बोले, "बहू! कान्ति के पास रुपया और चील के घोंसले में मांस कभी नहीं रह सकता। छह हजार तो उसकी फ़ोटोबाज़ी में, छह महीने में ही उड़ जाएगा। मेरे बाद तुम चाहे उसे ही दे देना।"

मैंने 'इन्हें' बता कर बाबूजी वाला पैसा ले लिया। उस समय तो 'ये' कुछ नहीं बोले, पर जब भी नाराज़ होते तो ज़रूर ताना देते, "हाँ, भई! बाबूजी की सेवा में तुम जी-जान से लगी रहती हो। रकम भी तो तुम्हें ही सौंपी है न!"

मैं चुप रहती। बाबूजी सचमुच इस समय ज़्यादा कष्ट में थे। उन्हें हरपीज़ हो गई थी। बेहद जलन और खुजली होती थी। बदन पर कपड़ा नहीं रखा जाता था। जाड़े के दिन थे। मैं उनकी चारपाई पर मसहरी लगा कर उस पर तीन-तीन कम्बल ढँक देती कि हवा अन्दर न जाए। पलंग पर वे मात्र धोती पहने लेटे रहते। ठंडक के लिए दिन में घी में बोरिक पाउडर मिलाकर पीठ, छाती, हाथों आदि पर हल्के हाथ से लगा देती—यह रोज़ का काम था। बाबूजी को पता नहीं किसी ने नियमित ब्याज दिया या नहीं, पर मैं प्रतिमास देती थी। ख़र्च तो उनका यहाँ कुछ होता नहीं था, पर फिर भी आदमी के पास पैसा तो होना ही चाहिए। उनका मन बदलने को कभी-कभी रिक्शे में तकिया-गद्दी लगा कर मैं अमीनाबाद घुमा लाती। बाबूजी की पुरानी आदत थी, बाज़ार में जाते ही फलों के दाम पूछते। तब मेरा झूठ वह समझ जाते थे। रोज़ाना कुछ-न-कुछ उनके लिए फल लेकर घुसती थी शाम को। सेब खाते, तो बताती दस रुपये किलो हैं। पन्द्रह रुपये सही दाम बताने पर उनकी टिप्पणी शुरू हो जाती, "इतना महँगा फल क्यों लाई? ये सेब न हुए, सोना-चाँदी हो गए! ख़बरदार! अब मत लाना" आदि-आदि।

अमीनाबाद में सही दाम पता लगने पर बाबूजी मेरी खिंचाई करते, "बहू! आज तो अंगूर कहीं भी बारह के भाव नहीं था, सेब भी महँगा था।"

तब दूसरा झूठ बोलती, "बाबू जी, बाज़ार का भाव तो रोज़ ही बदलता है। आज मंडी में फल कम आए होंगे, इसलिए महँगे हैं।"

आज हमारे बच्चे हमारे साथ यही नीति अपनाते हैं। हम उन्हें अपने लिए कुछ भी लाने से रोकते हैं तो जो वह लाते हैं, उसके दाम कम करके बताते हुए हमें वह चीज़ लेने पर मजबूर करते हैं—चाहे वह जूता हो, कपड़ा हो या कुछ और।

शायद जून 1979 की बात है। मैं ऑफ़िस जाने को तैयार थी कि बाबूजी और कान्ति जी में बहस छिड़ गई जो झगड़े तक पहुँची और 'ये' तो ग़ुस्से में साइकिल ले कर बाहर चले गए, पर बाबूजी रोने लगे। उस वक़्त उनकी हालत ठीक नहीं थी। 'हरपीज़' से दुःखी थे। उम्र की वजह से भी मनोबल कम हो जाता है। पता नहीं किस घड़ी में इस बार, उनके मुँह यही निकला, "बहू! अब मैं यहाँ नहीं आऊँगा। मैं दिल्ली स्वराज्य के पास रहूँगा। तुम मुझे यहाँ से रात की गाड़ी में बैठा दो। स्वराज्य को ख़बर कर देना फ़ोन से, वह स्टेशन पर उतार लेगा" (वाकई इसके बाद उनका स्वर्गवास दिल्ली में ही हुआ। यह उनका अन्तिम लखनऊ प्रवास रहा)।

मैंने बड़ा समझाया कि थोड़ा बीमारी ठीक हो जाने के बाद चले जाएँ, पर वह एक दिन भी रुकने को तैयार न थे। आख़िर उसी वक़्त मैं ऑफ़िस गई, दो दिन की छुट्टी ली, बैंक से उनके छह हजार रुपये निकाले और घर आई। रुपये उन्हें दे दिए और रात की गाड़ी से बाबूजी के साथ दिल्ली के लिए चली। सवेरे सुरक्षित उन्हें

स्वराज्य के घर सेक्टर-तीन, रामकृष्णपुरम् पहुँचा दिया। दूसरे दिन रात को चल कर लखनऊ पहुँच गई।

एक सप्ताह बाद बाबूजी का पत्र आया, "स्वराज्य की होम्योपैथिक दवा से मेरी हरपीज़ को काफ़ी आराम है।" मुझे सन्तोष हुआ, लेकिन दो महीने बाद से ही बाबूजी के पत्रों से पता लगने लगा कि वह वहाँ पर स्वराज्य की तरफ़ से तो बिल्कुल सन्तुष्ट हैं। वह 'इनकी' तरह बहस करने या झगड़ा करने वाले कभी थे नहीं, पर सारे दिन वह तो दफ़्तर ही रहेंगे। गृहिणी के ऊपर सभी सदस्यों की दुखी परिवार में देखभाल का जिम्मा होता है। उसी की तरफ़ से वह द:खी थे। विमला काम सारे करती थी हमेशा ही। पर एक अलगाव और रूखेपन का अहसास उनके अपने परिवार के अलावा जो भी उनके घर रहता, उसे होता था। आज मेरे दोनों—देवर-देवरानी इस संसार में नहीं हैं, पर बाबूजी को जो अपनापन मिलना चाहिए था, वह उन्हें नहीं मिला वहाँ। हरपीज़ के कारण विमला ने उनका सब कुछ अलग-सा कर दिया—बर्तन, बिस्तर सब। एक कोने में उन्हें डाल दिया। सफ़ाई रखना और किसी को अस्पृश्य बनाने का अन्तर पता लगाना मुश्किल नहीं है। मुझे बहुत दु:ख हुआ बाबूजी का हाल जान कर। कौन्तेय एयरफोर्स की ट्रेनिंग के बाद अपनी पहली पोस्टिंग पॉयलेट ऑफ़िसर के पद पर पूना में था। मैंने उसी को लिखा कि वह अपने बाबा को दिल्ली से लेकर लेता हुआ, जब भी छुट्टी मिल सके, जल्द-से-जल्द लखनऊ आए। बाबूजी को भी लिख दिया कि कौन्तेय उन्हें ले आएगा, पर उसका वारंट (पास) पूना से सीधा लखनऊ का था। अक्तूबर में वह सीधा आया, पर दूसरे दिन ही वह उन्हें रात की गाड़ी से लेने जाने वाला था। दोपहर में स्वराज्य का फ़ोन आया कि दोपहर में बाबूजी का स्वर्गवास हो गया। 'ये' उसी रात दिल्ली के लिए चल दिए। मैं उनकी तेरहवीं के दिन पहुँची। तब स्वराज्य ने सब बताया, "भाभी जी! बीमार तो दद्दा थे ही, पर ऐसा नहीं लगा था कि वह इस तरह एकदम चले जाएँगे। वैसे, इधर कई दिनों से आपको बुलाने की रट लगा रखी थी, पर मैंने सोचा, क्यों आपको तकलीफ़ दूँ? फिर बुग्गे (कौन्तेय का घर का नाम) की आने की बात उन्होंने मुझे बता दी थी, पर वह वक़्त आया ही नहीं!" सुकेशी ने भी मुझे बताया, "ताई! जिस दिन मैं आई तो बाबा के पास जैसे ही गई तो वह आँखें बन्द कर लेटे थे। कन्धे छूकर मैंने कहा, 'बाबा! मैं आ गई।' तो आँखें ज़रा-सी खोली; और धीरे से बोले, 'बड़ी बहू! तू आ गई।' मैंने ज़ोर से कहा, 'नहीं बाबा! मैं सुकेशी हूँ। बम्बई से आई हूँ।' उन्होंने जो अस्फुट स्वर में कहा, 'अच्छा! तू सुकेशी है।' और आँखें मूँद लीं। मैं रश्मि-मन्नो से बातचीत करने में लग गई। कोई दोपहर में एक बजे हम जब खाना खाने बैठे, तो मैंने मम्मी से कहा, बाबा तब से सो रहे हैं। आपने उन्हें दूध नहीं दिया।' मम्मी बोली, 'ओफ़्फ़ो! तेरे आने से बातों में भूल गई।' मैं दूध का प्याला लेकर दूसरे कमरे में गई बाबा को हिलाया, 'बाबा! उठो दूध पी लो।' पर बाबा होते तो उठते। इन तीन-चार घंटों में वह कब गुज़रे, हमें किसी को नहीं पता। बस, फिर पापा को ऑफ़िस फ़ोन किया।"

मैंने चुपचाप सुन लिया। अब कहने-सुनने को रखा भी क्या था? विमला ने बड़े संक्षेप में तेरहवीं कर दी। एक टोकरी पूरी-सब्ज़ी अनाथालय में बनवा कर भिजवा दी गई। हम सब लोग फिर अपने-अपने घर रात में ही चल दिए।

लड़कियों को व्यवस्थित रूप से अपने-अपने घर भेजने के बाद किस तरह कक्कू-बुग्गे को अपने पैरों पर खड़ा कर पाई और उसमें स्वयं उन दोनों का कितना महत्वपूर्ण योगदान है, यह अपने आप में मेरी आपबीती का एक अहम् हिस्सा है।

कार्तिकेय ने केवल पन्द्रह वर्ष की आयु में (उस समय यू.पी. में दसवीं की परीक्षा में बैठने की कोई अनिवार्य आयु-सीमा नहीं थी) प्रथम श्रेणी में इंटर पास कर लिया। उसे कल्पना की तरह बराबर छात्रवृत्ति मिली। ग्यारहवीं के विषय चयन के समय ही दोनों लड़कों ने डॉक्टरी की लाइन नहीं चुनी क्योंकि उन्हें मालूम था कि मेडिकल की महँगी पढ़ाई हमारी तत्कालीन आर्थिक स्थिति में सम्भव नहीं थी। मेरा वेतन घर की रोटी ही चला सकता था और समय-असमय पर बीमारी-हारी का बोझ उठा सकता था। कान्ति जी का वैभव काल (आठ वर्षीय सिविल सर्विस की अवधि) उनके सामने कभी नहीं रहा था। उन्होंने पिता को सदा फ़ोटोग्राफ़ी के सिलसिले में घर से साल में छह महीने बाहर ही देखा। दोनों के हृदय में अपने पापा की सामान्य घरों वाले पिता की छवि नहीं रही होगी। जिन झगड़ों का ज़िक्र मैं हर स्थल पर करती आई हूँ, निःसन्देह ये दोनों बच्चे उसके मूक दर्शक थे। फलतः हर मोड़ पर अपनी ज़रूरत के लिए उन्हें माँ की तरफ़ देखना था, जिसकी क्षमता सीमित थी। मैंने भी न ख़ुद ऊँचे सपने देखे, न बच्चों को देखने दिए। शॉर्टकट्स न स्वयं अपनाए, न उन्हें अपनाने दिए। ननिहाल ददिहाल दोनों ऐसी नहीं थीं कि उनकी पढ़ाई के लिए मैं किसी से कोई उम्मीद करती (और शायद, अगर होती भी तो मैं आत्मसम्मान और स्वाभिमान को दाँव पर लगाकर वह भी कभी न लेती)।

अस्तु, दोनों ने ही विज्ञान के विषय लिये और इंजीनियरिंग की तैयारी की। जल्द-से-जल्द अपने पैरों पर खड़ा होने की लगन दोनों लड़कों में थी। कक्कू ने पन्द्रहवें वर्ष में, लखनऊ से आई.आई.टी. की परीक्षा दी सफल भी हुआ, पर उसका रैंक बहुत नीचा था। अगर हम दूरदर्शिता से काम लेते तो कक्कू बी.एस-सी. फर्स्ट-ईयर में दुबारा ऊँचे रैंक के लिए बैठ सकता था, पर वही भावना कहीं मन में हमारे और कक्कू, दोनों में थी कि जितनी जल्दी हो, वह अपनी पढ़ाई पूरी कर ले। अतः कानपुर में इंटरव्यू में उसे केमिकल में दुर्गापुर के इंजीनियर कॉलेज में सीट मिली। कानपुर, दिल्ली, मद्रास के मेन आई.आई.टी. में नहीं। दुर्गापुर वाला कॉलेज प्रान्तीय अटैच्ड कॉलेज था। पहले वर्ष में तो सब ठीक था; पर अचानक दूसरे वर्ष में वहाँ कैम्पस में एक विद्यार्थी की हत्या हो गई। उस दौरान उस दिन की सारी घटना जब कक्कू ने घर आकर बताई थी, तब भी भगवान की कृपा का अनुदान कैसे हमें मिला, हमें आभास हुआ। दो विरोधी विद्यार्थी दलों की भिड़न्त में गोलियाँ क्लास में चल रही थीं और कक्कू और लड़के कुर्सियों-बैंचों के पीछे छिपकर अपना बचाव कर रहे थे। कक्कू के अगल-बगल से गोलियाँ निकलीं। वह

बचा सुरक्षित—मैंने सुनने के बाद सोचा, मेरी सेवा का फल मुझे मिल गया, पर अब कॉलेज बन्द हो गया। उसके विद्यार्थियों को अन्य आई.आई. टी. में जगह मिल गई। तीन साल बाद मद्रास से कक्कू कैमिकल इंजीनियर बन कर निकला और तब हम सभी को लगा, दुर्गापुर की दुर्घटना प्रकारान्तर से बेटे के लिए अन्ततः हमेशा के लिए लाभकारी रही, जिसकी वजह से वह मद्रास आई.आई.टी. गया वरना उसे रीज़नल कॉलेज वाला पास-आउट ही कहलाना पड़ता। सचमुच भगवान जो करता है, हमारे भले के लिए ही होता है।

कौन्तेय ने इंटर और बी.एस-सी. के प्रथम वर्ष दोनों में आई.आई.टी. इंजीनियरिंग की प्रवेश परीक्षा दी। वह दोनों बार आ गया। उसके साथ तो हम दोनों में से कोई भी नहीं गया था। दूसरी बार उसका रैंक भी ठीक था। प्रवेश निश्चित होने पर कानपुर में इंटरव्यू के फ़ौरन बाद ही चार सौ रुपये जमा कराने पड़ते थे। मैंने उससे कह दिया था कि चुने जाने के बाद वह छोटी बुआ, कल्पना—किसी से भी लेकर जमा करा दे। मैं बाद में उन्हें दे दूँगी (मेरे पास उस समय इतने रुपये नहीं थे)।

कानपुर से आकर कौन्तेय ने सिर्फ़ यह कहा कि इंटरव्यू में वह नहीं चुना गया। वह बी.एस-सी. पूरी करके एम.एस-सी. करेगा घर से ही। यही उसने किया—एम.एस-सी. कैमिस्ट्री में प्रथम श्रेणी में उत्तीर्ण हुआ। बहुत बाद में मुझे जो पता लगा, उससे अपने पर मान भी हुआ और कौन्तेय की अपनी परिस्थितियों पर अपने सपने की बलि चढ़ा देने के धैर्य को देखकर दुःख भी लगा। मेरे मन को ठेस न लगे, इसलिए उसने यह झूठ कहा कि वह चुना नहीं गया; वास्तव में चुने जाने के बाद मेरे निर्देशानुसार वह बुआ या बहन के पास नहीं गया फ़ीस के लिए, बल्कि सीधा लखनऊ की बस में बैठ गया। उसने सोचा, जब मम्मी को मेरी पहली फ़ीस के लिए ही बुआ या कल्पना जीजी से कहना पड़ रहा है तो अभी तो कक्कू की पढ़ाई के पूरे दो साल बाक़ी हैं—उसे पैसे भेजे जाते हैं। मैं भी इसी तरह बाहर पढ़ने चला गया, तब घर कैसे चलेगा? घर रह कर पढ़ने से सिर्फ़ फ़ीस जाएगी। खाना-पीना तो घर में साथ में निकल आता है। हॉस्टल का ख़र्च उठाना अम्मा के लिए मुश्किल होगा। पर सही वजह बताने पर 'इनको' दुःख होगा। मेरे यह कहने पर कि मैं असफल रहा—वह अफसोस करेंगी, पर दिल को उनके ठेस नहीं पहुँचेगी।

जानने के बाद कहीं जो उसकी असफलता का दुःख था (क्योंकि तब भी मुझे उसके कहने पर विश्वास नहीं हो रहा था) मान में बदल गया कि मेरे दोनों बेटे पहले वर्ष ही प्रवेश परीक्षा में पास हुए, बिना किसी ट्यूशन के। आज देखती हूँ—बेचारे बच्चे बारहवीं से ही ट्यूशन करते हैं (इन सब प्रवेश-परीक्षाओं के लिए)। कौन्तेय को भी मन में अवश्य सन्तोष होगा कि वह भी इंजीनियरिंग एंट्रेंस में कभी फेल नहीं हुआ—चाहे इंजीनियर बना या नहीं। योग्यता में कमी नहीं थी। इस तरह मेरे बच्चों ने मुझे छोटी-मोटी समस्याओं को छोड़कर किसी बड़ी अग्नि-परीक्षा में नहीं डाला। एम.एस-सी. के तुरन्त बाद कौन्तेय एअरफोर्स में कमीशंड अफ़सर के लिए सेलेक्ट हो गया और मेरा रिटायरमेंट निकट देख उसने वहाँ ज्वायन भी कर लिया।

कार्तिकेय को धनबाद में तुरन्त नौकरी भी मिल गई, पर वह बचपन में श्वास रोग से पीड़ित रहा। बाद में ठीक भी हो गया था। धनबाद का सारा वातावरण कोयले की खानों की वजह से विषाक्त था। उसके लिए वह बहुत ही घातक सिद्ध हुआ। बीमारी की वजह से कॉण्ट्रेक्ट बीच में छोड़कर वह आ गया। जिन्दगी से बढ़ कर क्या हो सकता था? स्टेट बैंक में वह ऑफ़िसर-ग्रेड में आ गया था। कक्कू की किस्मत से हमारे एक मित्र अग्रवाल साहब, (जिन्हें 'खट्टर जी' के नाम से कान्ति जी बुलाते थे) अमीनाबाद के नामी बिज़नेस मैन थे। उनके बहनोई सोकोरो यूनिवर्सिटी में प्रोफ़ेसर थे। खट्टर जी हमेशा 'इनके' हर संकट में हमारे साथ खड़े रहे। वे प्रसिद्ध विद्वान वासुदेवशरण अग्रवाल के निकट सम्बन्धी भी थे और उनको कक्कू की योग्यता के बारे में कान्ति जी के माध्यम से सब मालूम था। खट्टर जी ने अपने बहनोई साहब को एक ख़त लिखा। कक्कू का पूरा डाटा भेजा और उन्होंने उसका दाख़िला पैट्रोलियम इंजीनियरिंग-कोर्स में करा दिया, पर एयर-फेयर का इन्तज़ाम हमारी दूसरी समस्या थी। उसके समाधान के लिए दस हज़ार रुपये का प्रबन्ध सन्तू और उनके मित्र ज्योति बाबू ने कराया। हमें बैंक से लोन मिल गया। कक्कू सोकोरो चला गया।

पर विदेश पढ़ने जाने से पहले कक्कू जब लखनऊ कुछ समय इंजीनियरिंग पास करने के बाद धनबाद की नौकरी छोड़ने के पश्चात् ख़ाली बैठा था, तब दिलकुशा के एक कर्नल की सुन्दर कन्या से उसका परिचय हुआ। वह ब्राह्मण थी। पिता नहीं थे; केवल माँ थी। कन्या बी.ए. में पढ़ती थी। वह कक्कू के पीछे इतनी पागल थी कि मेरे पास आकाशवाणी पर आती और कहती, "मुझे आप अपने घर बुला लें क्योंकि मेरी मम्मी तो कायस्थों में कभी शादी नहीं होने देंगी।" युवावस्था का प्रथम प्रेम भावावेग का तीव्र ज्वार होता है। उस कन्या और कक्कू के मन को मैं समझती थी, पर लड़की अभी अठारह से कुछ महीने कम भी थी। और कक्कू का सोकोरो जाना तय हो चुका था। मैंने उसे समझाने की कोशिश की, "बेटी, तुम अभी नाबालिग हो। कानूनन मैं तुम्हें घर नहीं ले जा सकती। कक्कू भी पढ़ने विदेश जा रहा है। तुम एम.ए. करो। कक्कू भी सैटल हो जाएगा। यदि इन तीन वर्षों में तुम माँ का विरोध झेल सकोगी, तो कक्कू के आने पर मैं तुम्हें एक साड़ी में घर ले आऊँगी। अपने सिर-माथे पर रखूँगी।"

कक्कू चला गया; पर लड़की पर माँ का दबाव था या उसे स्वयं ही दूसरा लड़का पसन्द आ गया, हमें कुछ पता नहीं चला, पर उसकी शादी एक साल के बाद ही हो गई। कक्कू को इस बात का गहरा धक्का लगा। असल में उसने उस कन्या के लिए रात-दिन एक करके छुट्टियों में भी काम करके अपना तीन साल का कोर्स डेढ़ साल में पूरा किया। उसकी मेहनत का फल था कि प्रोफ़ेसर ने उसकी लिखी थीसिस पर उसका नाम भी छपाया। एक भारतीय के लिए यह बड़े गौरव की बात थी। उस कन्या की शादी के बारे में शायद उसके किसी दोस्त ने ख़बर दे दी तो वह तुरन्त आया भी इंडिया, पर कुछ नहीं हुआ। वह लौट गया अपनी पढ़ाई पूरी करने। उसके बाद उसकी नौकरी भी वहीं लग गई। उसका वहाँ दानी नाम का एक

गुजराती दोस्त बन गया था। बहुत ही समझदार और परदेस में साथ देने वाला। मैंने भी सोचा, अब कक्कू पैसा भेजेगा, तो मैं वह दस हज़ार रुपये वाला लोन चुकता कर सकूँगी। धीरे-धीरे कक्कू के ख़त तो आने बन्द हो गए।

दानी के ख़तों से पता चला कि कक्कू की तबीयत ठीक नहीं चल रही। वह अपने खाने-पीने का ध्यान नहीं रखता। मम्मी, आप ख़ुद उसके पास आकर रहें। अभी मेरी तीन वर्ष की नौकरी शेष थी। नौकरी छोड़ देती, तो घर कैसे चलता? मेरा जाना वैसे भी कैसे हो सकता था? पूरी गृहस्थी थी। कान्ति जी कितना भी बाहर रहते हों, अन्ततः तो लखनऊ ही आते थे। कल्पना ने सलाह दी फ़ोन पर, "मम्मी! आप अब कक्कू की शादी कर दो। अब उसकी प्रेमिका तो ब्याह करके मद्रास चली गई। उसी के गम में क्या अपने लड़के की ज़िन्दगी बर्बाद करनी है? मैं कॉलेज में पढ़ाती हूँ। कोई सुन्दर लड़की देखती हूँ...।"

उसी के कॉलेज में एक रिटायर्ड जज, अस्थाना साहब की लड़की साइकोलॉजी (मनोविज्ञान) में एम.ए. कर रही थी। उनके पिता सन्तू जी को भी जानते थे। कक्कू को लड़की दिखाई, पर वह अभी शादी करना नहीं चाहता था। सबने ख़ूब समझाया, "तुम वहाँ अकेले हो। अपनी देखभाल नहीं कर पाते। बीबी होगी तो खाना-पीना ठीक से वक़्त पर होगा। स्वास्थ्य सँभलेगा, तभी नौकरी भी ढंग से होगी।"

किसी तरह कार्तिकेय मान गया और अक्तूबर 1978 में उसकी शादी दीप्ति से हो गई। आज वह एक कुशल गृहिणी है। कार्तिकेय एक बड़ी पैट्रोलियम कम्पनी में ह्यूस्टन (अमेरिका) में काम कर रहा है। उनका बड़ा बेटा सिद्धार्थ कम्प्यूटर में एम.एस. करके वहीं नौकरी कर रहा है। बेटी जूही ग्रेजुएशन के बाद जर्नलिज़्म में लीन हो गई है।

छोटे बेटे कौन्तेय का विवाह सन् 1982 में चन्दना अस्थाना से हुआ, जिसके पिता इंडियन फॉरेस्ट सर्विस में थे। उनकी बड़ी बेटी भी जर्नलिज़्म में पोस्ट ग्रेजुएशन कर रही है और बेटा जयन्त कम्प्यूटर इंजीनियरिंग की पढ़ाई कर रहा है। उसने भारतीय वायु सेना में विंग कमांडर के पद से सेवानिवृत्त लेकर एक मशहूर कम्पनी में काम शुरू कर दिया है और मैं अब दिल्ली में उसी के साथ हूँ।

इतने वर्षों में मेरी साहित्यिक-यात्रा में जो मुझे अनुभव हुआ, वह भी उतार-चढ़ाव से भरा हुआ है और उसमें आशा केवल जुगनुओं की तरह ही चमकी। फिर भी, अनेक रोचक घटनाएँ मुझे याद आ रही हैं, जो लेखनीबद्ध होने योग्य हैं। *चन्दन-चाँदनी* के बाद मैंने एक उपन्यास और लिखा। वैसे तो आकाशवाणी में प्रतिदिन कुछ-न-कुछ लिखने के कारण उपन्यास शुरू करने की इच्छा नहीं होती थी, क्योंकि कोई भी काम जब मैं शुरू कर लेती थी, वह समाप्त न होने तक भूत की तरह मुझ पर सवार रहता था। हुआ यह कि इलाचन्द्र जोशी जी ने भगवती प्रसाद वाजपेयी का एक उपन्यास जनरल विभाग में प्रसारण के लिए ले लिया। प्रत्येक सप्ताह तीस मिनट के स्लॉट में वह धारावाहिक रूप से प्रसारित होने लगा।

श्रोताओं को वह पसन्द नहीं आ रहा था। उसकी आलोचना पत्रों द्वारा होने

लगी। वह एक दिन बोले, "कान पकड़ता हूँ। अब भूलकर भी कभी आकाशवाणी पर उपन्यास का प्रसारण नहीं करूँगा।"

उनके यह कहने पर मैं हँस पड़ी। जोशी जी बोले, "आप हँस रही हैं? इतने बड़े लेखक का उपन्यास है। बढ़िया रचना है, पर श्रोताओं ने उसे एकदम नकार दिया।"

मैंने कहा, "जोशी जी, प्रत्येक चीज़ की अपनी विधा होती है। वाजपेयी जी का उपन्यास पाठकों के लिए श्रेष्ठ है और रहेगा, पर आकाशवाणी पर कैसे सफल होगा?" मैंने जोशी जी ने कहा, "मेरा निश्चित मत है कि उपन्यास कभी भी प्रसारित नहीं होना चाहिए।"

मैं बोली, "मैं आपकी इस बात से बिल्कुल सहमत नहीं। मैं अपने 'महिलाओं के लिए' कार्यक्रम में पूरे तीन महीने का एक उपन्यास धारावाहिक रूप से लगवा कर आपको दिखाऊँगी। वह रेडियो पर अवश्य सफल होगा।"

सेक्शन ऑफ़िसर और प्रोड्यूसर मिसेज़ कमल वर्मा की स्वीकृति लेकर मैंने आगामी तीन मास के कार्यक्रम-शेड्यूल में उपन्यास लिखा, और *दीया जलता रहा,* तीन महीने तक लगातार वह प्रसारित हुआ महिला-प्रोग्राम में और हर सप्ताह जिज्ञासु श्रोताओं के प्रशंसा-पत्रों से आकाशवाणी भर उठी। मैंने कोई चमत्कार नहीं किया था—केवल एक अविवाहित माँ बनने पर एक मध्यवर्गीय परिवार की लड़की की दुर्गम जीवन-यात्रा को रोचक ढंग से प्रस्तुत किया था। यथार्थवादी कथा-वस्तु को लम्बे वर्णनात्मक स्थलों से बचाने के लिए चुस्त कथोपकथन के माध्यम से श्रोताओं के सम्मुख रखते हुए इस बात का ध्यान रखा था कि अगले सप्ताह की उत्सुकता बनी रहे। प्रत्येक कथांश अन्त में 'आगे क्या होगा—' के मोड़ पर समाप्त होता रहा। हाँ, अन्त अवश्य ही सुखान्त रखा—अपनी आदर्शवादिता तथा श्रोताओं की लोकप्रिय अपेक्षा--दोनों के कारण प्रकाशित होने पर भी उसे हमारे पाठकों ने बहुत पसन्द किया।

गोस्वामी तुलसीदास ने एक स्थान पर लिखा है, 'कर्म प्रधान विश्व रचिकर रखा' और उनकी चौपाई में ही यह भी लिखा है 'हुई है वही जो राम रचि राखा, को करि तर्क बढ़ा वही साखा।' मेरे विचार में जीवनपर्यन्त ये दोनों सच, साथ-साथ चलते हैं—एक सिक्के के दो पहलुओं की तरह। जब तक जीवन है, कर्म तो जाने-अनजाने करना ही पड़ेगा। श्वास लेना भी एक कर्म है—यह मानव-जीवन के अस्तित्व का आधार है। कभी-कभी अपनी ओर से पूरा श्रम (अर्थात् कर्म) करना भी सब निष्फल हो जाता है या प्रतिकूल परिणाम सामने आता है। मुझे स्मरण नहीं कि मैंने किसी पत्र को कोई रचना भेजी हो और वह वापस आई हो—केवल पन्त जी *रूपाभ* का प्रकाशन जारी न रख सके तो उसमें केवल एक कहानी छपी, पर वहाँ भी रचनाएँ मेरे पास लौटकर नहीं आईं। वे भगवतीचरण वर्मा के पत्र *विचार* में छपने के लिए भेज दी गई थीं। पर ज्यों ही मैं प्रकाशन के लिए अपनी रचनाओं को पुस्तक रूप में लाने के प्रयत्नों की ओर दृष्टि डालती हूँ तो जैसा कि पहले भी मैं बता चुकी हूँ, कान्ति जी की शर्तें कभी प्रकाशकों को नहीं जँची और प्रकाशकों की शर्तें कभी कान्ति जी को—अन्तत: असफल ही रही यह कर्म शृंखला। एक बार लगा कि चलो

'इनको' कम-से-कम एक प्रकाशक अपनी पसन्द का मिल गया और मेरे सृजन को पुस्तकीय-जन्म। वह प्रकाशक थे—जबलपुर के श्री नर्मदा प्रसाद खरे। वह लखनऊ काम से आए थे और उनकी कान्ति जी से क्या बात हुई—मैं नहीं जानती; पर खरे ने बताया, "कान्ति जी ने मुझे आपके साहित्य को छापने का अधिकार दे दिया है।" उनको *और दीया जलता रहा,* नया उपन्यास *वंचिता,* आकाशवाणी पर प्रसारित धारावाहिक किशोर बाल-उपन्यास *लाल गुलाब* (नेहरू जी की जीवनी) और *हमारे बापू* (गांधी जी की जीवनी) के साथ अन्य बाल-साहित्य भी दे दिया। *वंचिता* उन्होंने तुरन्त छापी साथ ही बाल-कथाओं में से छोटी-सी *मेघपरी व अन्य कहानियाँ* शीर्षक से बाल-कथा पुस्तक भी प्रकाशित की। *वंचिता* के सुन्दर प्रकाशन पर खरे जी को उत्तर-प्रदेश सरकार के हिन्दी-संस्थान ने 500 रुपये का पुरस्कार दिया था। 500 रुपये का पुरस्कार मुझे भी दिया गया था—रचनाकार होने के कारण, पर मैं उस उत्सव में गई नहीं। खरे जी पुरस्कार लेने जबलपुर से आए थे। मैं उस समय रेडियो की वजह से घर-घर का नाम तो थी ही, हिन्दी की वरिष्ठ लेखिकाओं में भी मानी जाती थी—पाँच सौ रुपये का पुरस्कार मुझे अपना अपमान प्रतीत हुआ। खरे जी ने बताया, "आपका नाम माइक पर कई बार पुकारा गया। बहुत लोग आपसे मिलने वहाँ पहुँचे थे। प्रबन्धकों को आपके न आने से बड़ी निराशा हुई।"

मैंने उत्तर दिया, "तीस साल पहले *आदमखोर* पर सेक्सरिया पुरस्कार लेने मैं प्रयाग गई थी, पर तब 500 रुपये उदीयमान लेखिका के प्रथम कहानी-संग्रह का पुरस्कार था। आज मैं *वंचिता* के लिए यह पुरस्कार आयु के इस पड़ाव पर इतना कुछ लेखन-कार्य करने के बाद क्यों कर लेने जाती? मुझे यह अपना अपमान लगा। बस, इसीलिए मैं नहीं गई।"

नर्मदा प्रसाद जी जबलपर लौट गए और कुछ दिन बाद ही किसी कारणवश खरे जी के आकस्मिक निधन का समाचार हमें मिला। उनके पुत्रों ने एक महीने बाद यह समाचार देते हुए कि उन्होंने प्रकाशन-व्यवसाय बन्द कर दिया है, मेरी सारी पांडुलिपियाँ लौटा दीं। इस तरह सिद्ध हुआ; 'हुई है वही जो राम रचि राखा'—अपने पारिवारिक कर्म—व्यस्त जीवन में मेरे पास इस आघात पर सोचने या रोने का भी समय नहीं था। पत्रिका में छप जाना ही मेरी कहानियों की नियति रही (क्योंकि मेरे लिए यही लक्ष्मण-रेखा नियत थी)। कान्ति जी समझते थे कि मुझमें प्रकाशकों से बातचीत करने का ढंग नहीं था (वह ग़लत भी नहीं थे) और वे हमें ठग लेते। और आज मैं जीवन की संध्या में सिवाय यह सोचने के कि वक़्त से पहले और भाग्य से ज़्यादा किसी को नहीं मिलता—हमें कर्म करने का ही अधिकार है। हम नियति नहीं बदल सकते—मैं कर ही क्या सकती हूँ?

भविष्य में खरे जी के स्वर्गवास से भी अधिक गहरा, पीड़ादायक घटनाक्रम मेरी प्रतीक्षा कर रहा था। हालाँकि उसका श्रीगणेश विशुद्ध साहित्यिक-सेवा की दृष्टि से किया गया था। मेरे रिटायरमेंट के तीन साल रह गए थे। महिला-विभाग में लखनऊ की अनेक लेखिकाएँ कहानियाँ, लेख, वार्ता, नाटक आदि के प्रसारण हेतु रेडियो

पर आती थीं। उनमें एक थीं—शकुन्तला पांडे। स्वयं वह पंजाबी वैश्य परिवार से थीं, उनका विवाह प्रसिद्ध कम्यूनिस्ट लीडर श्री पांडे जी से हुआ था। पांडे जी के देहान्त के बाद खादी ग्रामोद्योग-संस्थान में शकुन्तला जी खजाँची के पद पर काम करती थीं। वैसे वह अभी-अभी रिटायर हुई थीं। उनके दो उपन्यास 'हिन्दी प्रचारक बुक डिपो' से छप चुके थे। साहित्य-जगत् में उन उपन्यासों की चर्चा अधिक नहीं हुई थीं। उन्होंने एम.ए. किया हुआ था।

दूसरी सरोजिनी अग्रवाल थीं, उभरती कवयित्री। दोनों मुझसे कहतीं, "दीदी! दिल्ली में 'लेखिका संध' नाम की संस्था वहाँ की स्थानीय लेखिकाओं ने मिलकर बनाई है। उत्तर-प्रदेश इतना बड़ा है। क्या यहाँ कोई संस्था नहीं होनी चाहिए जो महिला रचनाकारों को प्रोत्साहन दे? आप इतनी वरिष्ठ लेखिका हैं—महादेवी के बाद हम तो आपको जानते हैं। आप साथ दें तो हम मिलकर यहाँ भी लेखिकाओं का कोई संगठन बना सकते हैं।"

मैंने कभी कोई ऐसा काम नहीं किया था आज तक, पर मैं यह ज़रूर महसूस करती थी कि बहुत-सी साहित्यिक प्रतिभाएँ उचित अवसर न मिलने के कारण बिना खिले ही मुरझा जाती हैं। उन्हें कोई मंच मिले तो वे अपना योगदान दे सकेंगी। उन लोगों के बार-बार कहने पर मैंने बात साफ़ की, "देखो भई! मैंने आज तक कोई संस्था नहीं चलाई है। इस तरह का कोई अनुभव मेरे पास नहीं है। कहीं पन्त जी के *रूपाभ* जैसी दशा आपकी संस्था की भी न हो, और होम करते मेरे हाथ जल जाएँ।" (शायद उस वक़्त माँ सरस्वती मेरी जिह्वा पर बैठी थीं क्योंकि ठीक यही मेरे साथ अन्त में हुआ)।

शकुन्तला जी आयु में मुझसे बड़ी थीं; वह बोली, "मैं उम्र भर कोषाध्यक्ष रही हूँ। संस्था का फाइनेंस मैं सँभाल लूँगी।"

सरोजिनी ने कहा, "मैं संस्था की मंत्री बन कर शेष सब काम करूँगी। आप केवल संस्था की अध्यक्ष बन जाएँ।"

मैंने अपनी बात सामने रखी, "देखो, हम संस्था इसलिए खोलेंगे कि महिला लेखिकाओं की रचनाएँ प्रकाश में आएँ। दिल्ली में भी हमलोग एक 'शनिवार-क्लब' चलाते थे, जिसमें प्रत्येक लेखक की नई रचना पढ़ी जाती थी। उस पर आलोचनात्मक चर्चा होती थी और लेखक भी अपना मत सामने रखता था, संशोधन भी करता था। हम पहले संस्था इसी रूप में खोलेंगे। फिर यदि धन एकत्र हो जाएगा तो संस्था एक पत्रिका भी निकालेगी। श्रेष्ठ महिला लेखिकाओं का साहित्य भी प्रकाश में लाया जाएगा।"

इसके बाद शकुन्तला जी और सरोजिनी, दोनों ने आश्वासन दिया कि लेखिकाओं को जुटाने का काम वे दोनों करेंगी। पहले यू.पी. भर से, वे महिला साहित्यकारों को एकजुट करेंगी, फिर अखिल भारतीय स्तर पर हिन्दी लेखिकाओं का सहयोग प्राप्त करेंगी। संस्था का नाम रखा गया—'लेखिका परिषद्'। प्रत्येक सदस्य से 15 रुपये फ़ीस (चन्दे) का प्रावधान किया गया, जिससे आरम्भिक कार्य चल सके। सरोजिनी बहुत कर्मठ महिला थी। अपनी साइकिल पर सवार होकर उसने लखनऊ

की उन दिनों की अनेक छोटी-बड़ी लेखिकाओं से सम्पर्क किया, उन्हें परिषद् का सदस्य बनाया और 'हिन्दी-संस्थान भवन' के एक कमरे में रविवार को परिषद् की बैठकें होने लगीं। वहाँ अध्यक्ष के रूप में पढ़ी गई रचनाओं पर मैं सुझाव देती। श्रेष्ठ कृतियों को आकाशवाणी पर उपयुक्त कार्यक्रम में स्थान दिलाकर उसका प्रसारण भी कराने में सहायक होती। किसी-किसी रचना को अपने सिफ़ारिशी पत्र के साथ *धर्मयुग* या अन्य पत्रिकाओं में भी भेजती। इस कार्य से मुझे यही सन्तोष था कि इस तरह सेवानिवृत्त हो जाने के बाद मैं एक उपयोगी साहित्यिक गतिविधि का हिस्सा बनकर रहूँगी।

सरोजिनी ने लखनऊ की सफलता से प्रोत्साहित होकर कहा, "दीदी! हम क्यों न हिन्दी लेखिकाओं का सम्मेलन आयोजित करें?"

शकुन्तला पांडे भी ज़ोर देने लगीं। मैंने सोचकर कहा, "देखो सरोजिनी! परिषद् को इतना विशाल रूप देना है तो हमें महादेवी जी को सम्मिलित करना चाहिए। तुम प्रयाग जाकर उन्हें संस्था के बारे में बताओ। वे हिन्दी की मूर्धन्य कवयित्री हैं, साहित्य में सर्वोच्च स्थान पर हैं। उन्हें मनाओ कि वे इस परिषद् की स्थायी सदस्य और अध्यक्ष बन जाएँ। काम हम उन्हें नहीं देंगे। मैं कार्याध्यक्ष बन कर सब काम करूँगी, पर अभी तो मैं रेडियो पर हूँ। दस से पाँच वहीं पर काम करती हूँ। सो, आप दोनों उस समय काम सँभाल लीजिएगा।"

वे दोनों तैयार हो गईं। 'लेखिका परिषद्' का यह सम्मेलन बहुत सफल रहा। लगभग उत्तर प्रदेश, बिहार व अन्य प्रान्तों से सभी जानी-मानी लेखिकाएँ आईं। सम्मेलन 'रवीन्द्रालय' में हुआ। महादेवी जी ने सहर्ष अध्यक्षता स्वीकार की। एक बात मुझे इस सम्मेलन के दौरान खटकी कि सरोजिनी लगातार कुछ ज़्यादा ही, ख़ुशामद करती-सी महादेवी जी के पीछे लगी रही। सम्मेलन की समाप्ति के बाद माहौल ही बदलने लगा। उससे पहले परिषद् की नियमावली कान्ति जी की सहायता से सरोजिनी और मैंने बनाई थी। बाक़ायदा कार्यकारिणी के सदस्य चुने गए थे। प्रत्येक बैठक में और दूसरे कामों में सारी कार्यवाही कार्यकारिणी के साथ-साथ मेरी सहमति के बाद ही होती थी, पर धीरे-धीरे सरोजिनी ने शकुन्तला जी व मेरी अवहेलना शुरू कर दी। कान्ति जी ने शकुन्तला जी के साथ सलाह दी कि सरोजिनी को मंत्री पद से हटा देना चाहिए। (यहाँ 'इनका' हस्तक्षेप परिषद् के लिए मानना अनिवार्य नहीं था, क्योंकि यह महिला-संस्था थी, जिसमें कान्ति जी किसी रूप में सम्बद्ध नहीं थे। पर मेरी त्रासदी ही यही रही कि अगर संस्था के निर्माण करते समय उन्होंने पति होने के नाते मेरी सहायता नियमावली बनाने में की, तो हर क़दम पर 'वे' बोलने लगे। शकुन्तला जी ने बताया कि सरोजिनी मुझे बताए बिना ही गवर्नर साहब से मिली, अनेक प्रभावशाली बिजनेसमेनों से मिली। कान्ति जी ने कहा सरोजिनी 'परिषद्' की सर्वेसर्वा बन जाएगी। अब इस झगड़े के भँवर से मैं जितना डरती थी, उसी में फँस गई। मैंने फिर कहा, "हम कार्यकारिणी की बैठक बुलाते हैं। उसमें सरोजिनी के सामने, उसकी परिषद के संविधान के विरुद्ध की गई सारी गतिविधियों को सबके

सामने रखकर नया मतदान करा लेते हैं। बहुमत उसके विरोध में हो तो अनुशासन के अनुरूप उस पर कार्यवाही कीजिए।"

पर शकुन्तला जी और कान्ति जी सदस्यों के घर जा-जाकर उनकी सहमति लिखा लाए, और सरोजिनी को मंत्री-पद से हटाने की घोषणा कर दी। इस तरह परिषद् में दो गुट बन गए। मैं तो इन सारे प्रपंचों से दूर साहित्यिक प्रतिभाओं के प्रोत्साहन के लिए इस परिषद् की अध्यक्ष बनी थी। मैंने निश्चय किया कि मैं इस पद से त्याग-पत्र दे देती हूँ। वैसे भी, इस पिछले सम्मेलन से तो महादेवीजी अध्यक्ष घोषित हो चुकी हैं, मैं तो कार्यकारी अध्यक्ष हूँ। उस पद से मैं हट जाती हूँ। यही सब सोचकर मैंने शकुन्तला जी से कहा, "मैं अपना पद छोड़ना चाहती हूँ। गुटबाजी के वातावरण में मूल उद्देश्य तो परिषद् का पीछे रह गया है। महादेवी जी अब अध्यक्ष हैं। उनकी राय लेकर मैं अलग हो जाती हूँ।"

मैं शकुन्तला पांडे के साथ प्रयाग पहुँची। महादेवी जी भावुक कवि-हृदय की स्वामिनी होने के साथ-साथ (मेरे विचार से) यथेष्ठ व्यवहार-कुशल बुद्धि भी रखती थीं। झगड़े की बात सुनकर उन्होंने तुरन्त स्पष्ट कर दिया, "मैं 'लेखिका परिषद्' की अध्यक्ष नहीं हूँ। मैंने केवल आपके एक सत्र की अध्यक्षता की थी। मैं तो आपकी संस्था की 15 रुपये वाली सदस्य भी नहीं तो आपने मुझे अध्यक्ष समझने की भूल कैसे की?"

सरोजिनी द्वारा उनसे मेरे कहने के बाद भी सदस्यता का फ़ार्म हस्ताक्षरित न कराना मेरे लिए इस समय घोर लज्जा का कारण बन गया। हम अपना-सा मुँह लेकर चले आए। फिर भी, मैंने बार-बार कान्ति जी और मिसेज़ पांडे से अनुरोध किया कि वे मुझे इस झगड़े से दूर रखें। मैं अध्यक्ष नहीं रहना चाहती, पर वे दोनों अंगद के पाँव की तरह अड़े रहे—दोनों मुझे समझाते, "सारे देश की हिन्दी लेखिकाएँ परिषद् की सदस्य बन चुकी हैं। इतनी मेहनत से तुमने बनाई है। हम तुम्हारे बिना कैसे इस स्थिति से निबटेंगे?"

मैं क्या करती? वही हुआ, जो कान्ति जी और मिसेज़ पांडे की मर्ज़ी थी। सरोजिनी ने मुक़दमा किया। वकील हुआ। डेढ़-दो वर्ष मुक़दमा चला। हम अन्त में जीते, पर वह विजय अर्थहीन थी। इतने लम्बे अन्तराल में परिषद् की मृत्यु तो अपने आप हो गई—न कोई बैठक, न विचार-विमर्श। रजिस्ट्रेशन भी ख़त्म हो गया था। फिर इन झगड़ों ने परिषद् की प्रतिष्ठा को बुरी तरह ठेस पहुँचाई थी। बदनाम संस्था से कौन जुड़ना चाहेगा?

मेरा दुर्भाग्य अभी समाप्त नहीं हुआ था—दिन-दहाड़े बावरिया गैंग द्वारा मेरा अपना बक्स ही घर से चुरा लिया गया, जिसमें मेरे कपड़े थे। चोरी के बाद पहनने का कोई कपड़ा ही नहीं रहा था मेरा। बस, एक धोती धोबी के घर थी और एक मैं पहने थी। ज़ेवर तो मेरे पास था नहीं, पर कुन्तल का एक हार ठीक होने आया था, वह रखा था। कहानियों की कटिंग्स; घर ख़र्च के पैसे और हाँ, परिषद् के बैंक से दो दिन पहले निकाले तेरह सौ रुपये भी थे, जो परिषद् के काग़ज़ों के साथ ही रखे

थे। वह वहीं पन्द्रह रुपये की सदस्यता की राशि थी। शायद मुक़दमे के सिलसिले में मिसेज़ पांडे ने निकाले होंगे। मेरे पास तो बस कान्ति जी और मिसेज़ पांडे काग़ज़ पैसा रखवा जाते। बाक़ी पूरे डेढ़ साल कोर्ट की पेशियाँ इन्हीं दोनों ने निबटाईं। हाँ मुक़दमे के काग़ज़ों पर हस्ताक्षर अवश्य करती थी क्योंकि परिषद् की अध्यक्ष थी।

मैंने मन में सोचा हुआ था कि परिषद् भंग करूँगी, तो सदस्यों की 15-15 रुपये वाली सदस्यता की फ़ीस लौटा दूँगी। अब? न काग़ज़ थे, न सूचियाँ नाम की और न पैसा। सब कुछ चोरी हो गया। उन तेरह सौ रुपयों का भार दिल पर मौजूद है। परिषद् की सदस्याओं ने यही सोचा होगा, चन्द्रकिरण जी ने रुपया कमा कर संस्था बन्द कर दी।

इस तरह रिटायरमेंट से पहले ही होम करते मैंने अपने हाथ जला लिए जबकि सोचा था रेडियो के बाद इस संस्था के माध्यम से साहित्य से जुड़ी रहूँगी। सच है—'होई है वही, जो राम रचि राखा।'

मन में लिखने की ललक उठी, तो सेवानिवृत्ति से थोड़ा पहले, मैंने अपना तीसरा उपन्यास शुरू किया—*कहीं से कहीं नहीं,* जो एक निम्न-मध्यवर्गीय किशोर की कथा थी, जो इंटर में अंग्रेज़ी के कारण दो बार फेल होने के बाद घर से भाग जाता है। उसे उस प्रवास में क्या-क्या अनुभव हुए—यही कथा-वस्तु थी। पर शायद शीर्षक अनजाने में इतना सटीक रख दिया था मैंने कि मैं स्वयं ही भावी के चक्र में ऐसी फँसी कि कहीं से कहीं नहीं पहुँची और सालों तक वह उपन्यास अधूरा एक कोने में धूल चाटता रह गया। कुएँ के बाद खाई मेरा इन्तजार कर रही थी।

1980 में मैं सेवा-निवृत्त हुई। कॉंट्रेक्ट-बेस्ड पद पर पेंशन का तो प्रश्न ही नहीं था। हाँ, जो अनिवार्य रूप से हमारी तन्ख्वाह से राशि कटती थी, उसकी दुगुनी हमें रिटायरमेंट पर मिल जाती थी। मुझे 26,000 रुपये मिले थे। मैंने बैंक में डाल दिए थे। 1981 में एक वर्ष तक पायनियर प्रेस से निकलने वाले *स्वतंत्र-भारत* के साप्ताहिक *सुमन* के महिला व बाल-विभाग की मैं सम्पादिका रहीं। बाद में *सुमन* किन्हीं कारणों से बन्द हो गया, और मेरा यह असाइनमेंट वहीं समाप्त हो गया।

कक्कू इस वक़्त अमेरिका में अच्छे पद था। उसे क्या मिलता था, हमें नहीं मालूम, पर उसने अपने आप ही मुझसे फ़ोन पर कहा था, "अम्मा! फ़िक्र मत करना। अब तक तो आपने कुछ कभी नहीं मँगाया, पर अब मैं यह फ़र्ज़ निभाऊँगा। आप यह बताइए कि घर ख़र्च के लिए कितना भेजूँ?"

मैंने कहा, "अब तुम सबकी शादियाँ हो चुकी हैं। घर ख़र्च को सौ सवा सौ डॉलर भेजोगे तो काम चल जाएगा..."

कक्कू बोला, "यह तो मैं आसानी से भेज सकता हूँ।" उन दिनों डॉलर का मूल्य दस रुपये था। आज तक तभी से कक्कू वह उत्तरदायित्व ख़ुशी-ख़ुशी निभा रहा है। अब तो उसने अपने इंडियन बैंक में इतना जमा करा दिया है कि उसके ब्याज़ का रुपया मेरे अकाउंट में सीधा ही आ जाता है। मुझे घर-ख़र्च की चिन्ता ही नहीं करनी पड़ती। इस तरह आर्थिक कष्ट सेवानिवृत्त होने के बाद कान्ति जी या मुझे कभी

नहीं उठाना पड़ा, पर इसका यह अर्थ नहीं था कि उम्र के इस मोड़ पर बीमारी-हारी की स्थिति में मैं उससे अतिरिक्त सहायता माँगती। मैंने हमेशा की तरह सीमा में रह कर ख़र्च करना सीखा था वरना खुला ख़र्च करना मैं एकाएक आरम्भ कर सकती थी क्योंकि कुछ समय बाद जीवनपर्यन्त चाहे मजबूरी में एक अभ्यास डाला था, वह अब एक आदत बन चुका था। सो, बजाय यह करने के कि मैं अपने आराम के लिए चौबीस घंटे का नौकर रख लेती या कपड़े धोने वाली रख लेती, मैंने सिर्फ़ सफ़ाई-बर्तन वाली व हफ़्ते वाला धोबी लगाए रखा। खाना-पीना तो पुरानी लीक पर था ही। जो बचता था, आकस्मिक आवश्यकता के लिए रखती थी। शुरू-शुरू में मुझे अपने प्रोग्राम भी प्रतिमास रेडियो पर मिलते रहे। छिटपुट रचनाएँ भी पत्रिकाओं में छपती रहीं। वह पैसा भी मैं जमा करती थी।

पर दिन भर अब घर में कान्ति जी के साथ बच्चों के बिना रहना सरल नहीं रह गया था। इसीलिए कम्मो-गोपी तो लखनऊ में ही थे, सो उसका छोटा बेटा शेनू (नितिन मोहन) जब क्रिश्चियन कॉलेज से बी.एस-सी. करने लगा तो वह कॉलेज, चूँकि कॉलोनी के पास था, पर चौपटिया (उनका अपना निवास) से दूर, सो हमने उसे अपने पास रख लिया। उससे पहले, कुन्तल का बेटा सोनू (शोभित) कॉलविन में चार वर्ष मेरे पास रह कर पढ़के जा चुका था। बी.एस-सी. करके सोनू भी गया था, पर तब मैं रेडियो जाती थी। शेनू का रहना बहुत ही उपयोगी था। दो वृद्ध व्यक्तियों के साथ एक किशोर की उपस्थिति ही ताज़ा हवा का झोंका लगती थी। सारे बाहर के, छोटे-छोटे काम वह कर लेता था। उसके बहाने खाना भी ज़्यादा ढंग से बनता था।

पर वही हमेशा की तरह दिन-प्रतिदिन के कामों में शेनू की आदतों से कान्ति जी को परेशानी होने लगी। असल में, उनके व्यक्तित्व में बड़ा भारी विरोधाभास रहा। गोदी में जब तक ये नाती थे, उनकी ख़ास से ख़ास चीज़ का नुकसान कर दें, ज़िद करें, चीज़ें फेंकें—सब माफ़ था, झिड़कने तक का अधिकार नहीं था किसी को। कुन्तल का छोटा बेटा मोनू तो साल का भी नहीं था, जब वह माँ के बिना उनके साथ आ गया था। उसका नौकर दिल्ली में उसे ठीक से नहीं रखता था, जब कुन्तल स्कूल में होती थी। सो, जब तक प्रबन्ध न हो दूसरा, 'ये' उसे लखनऊ ले आए थे। मैं भी घर नहीं रहती थी, रेडियो जाती थी तब। मोनू की सारी ज़िम्मेदारी बख़ूबी निभाई, जब तक नया प्रबन्ध नहीं हुआ। बड़े होने पर उनके कपड़े इधर-उधर रखने, देर से उठने या ज़ोर-ज़ोर से म्यूज़िक सुनने की आदतों से उन्हें उलझन होती और टी.वी. के सामने मैच देखते वक़्त या प्रोग्राम की पसन्दगी को लेकर बराबर की नोंक-झोंक होती। अपने बच्चों के समय तो कान्ति जी घर से बाहर ही रहते थे और जितना वक़्त रहते थे, वे उनसे बचते और फिर एक नई पीढ़ी के शौक़ में अपने माँ-बाप से फर्क तो आना ही था। दोनों ही अपने इरादों में पक्के। इस तरह, एक तरफ़ नाना-नातियों का जनरेशन गैप, दूसरी तरफ़ हमारी आपस की सोच में अन्तर ही नहीं, बल्कि छत्तीस का आँकड़ा बन चुका था। जब शेनू भी फ़ैशन डिज़ाइनिंग के लिए अहमदाबाद चला गया, तब कान्ति जी अपनी मन:स्थिति के अजीब दौर में

पहुँचने लगे। हमारे बीच झगड़े का अब कोई तीसरा पक्ष नहीं रहा तो घर में बजाय शान्ति से रहने के क्लेश का अजीब-ओ-ग़रीब कारण कान्ति जी के मन में पैदा हो गया। उन सब के बारे में बताने से पहले मुझे एक अनूदित रूसी कहानी याद आ रही है, जो शायद औरों ने भी पढ़ी होगी। वह इस प्रकार थी, संक्षेप में—एक धनी माँ अपने बच्चे से बहुत प्यार करती थी। इकलौता पुत्र होने से वह उसे अपनी आँख से ओझल नहीं करना चाहती थी, पर छोटे शहर की पढ़ाई समाप्त होने पर बड़े शहर में बोर्डिंग में भेजने का समय आ गया। उसे आगे पढ़ाई करनी थी। बोर्डिंग में जाने से पहले बच्चे को सर्दी लगी और वह बीमार पड़ गया। उसके इलाज के लिए डॉक्टर बुलाया गया; पाँच-सात दिन बाद डॉ. ने कहा, "अब बच्चा ठीक है। आप दो दिन बाद, आप इसे बोर्डिंग-स्कूल भेज सकती हैं।"

बच्चे को दूसरे दिन फिर सर्दी लगी, जाना टल गया। इसी तरह दो-तीन बार हुआ कि जाने से पहले बच्चे को ठंड लगती और उसका जाना स्थगित हो जाता। चौथी बार डॉक्टर ने जब कहा, "बच्चा बिल्कुल ठीक हो गया है। दो दिन आराम करने के बाद, शहर जाने लायक होगा—" तब उसने मन में ठान लिया था कि बच्चे को बार-बार सर्दी लग जाने का कारण वह अवश्य पता लगाकर रहेगा। उसको समझ में नहीं आ रहा था कि भला-चंगा होने के बाद बीमारी उसे दुबारा क्यों दबोच लेती है? उस रात डॉक्टर बच्चे के बगल वाले कमरे में रहा। आधी रात को उसे लगा कोई बच्चे के कमरे में गया जो कुछ उसने देखा, उस पर विश्वास कोई भी न करता, अगर उसे बताया जाता, पर डॉ. ने अपनी आँख से देखा—माँ बच्चे के कमरे में घुसी और चुपचाप उसके सिरहाने वाली खिड़की खोलकर धीरे-से बच्चे की रज़ाई को चेहरे से हटा कर पाँच मिनट बाद फिर सब कुछ यथास्थान करने के बाद सोने चली गई। बीमारी से उठे बच्चे के लिए वह क्षणिक बर्फ़ीली हवा भी उसे दुबारा बीमार करने के लिए काफ़ी थी। डॉक्टर को पता चल गया कि माँ बच्चे के दूर चले जाने के भय से ख़ुद ही उसे बार-बार बीमार कर देती थी—कहानी यहीं समाप्त हो जाती है।

यह मोह में अन्धी माँ की कहानी है। उसका प्यार चाहे कितना ही वास्तविक हो, पर बालक के भविष्य को नष्ट करने का कारण बना।

आज सोचती हूँ कि कान्ति जी का मेरे प्रति मोह या प्रेम इसी तरह का रहा। मेरे साहित्य के प्रकाशन के लिए उन्होंने प्रयत्न नहीं किए—यह कहना सच्चाई पर पर्दा डालना है। उनकी शर्तों का गांडीव उठाना कठिन था और मेरी सामयिक समस्याओं पर लिखी रचनाएँ पत्रिकाओं में जब छपी तो क्रान्तिकारी मानी गई। जैसे सन् 40 की मेरी 'तूफ़ान' कहानी सचमुच तूफ़ान का प्रतीक थी। अब वे तत्कालीन सन्दर्भ में पाठक के लिए बासी अख़बार से ज़्यादा कुछ नहीं। नतीजा—प्रकाशक तो व्यापारी है। अगर बिक्री की सम्भावना नहीं, तो श्रेष्ठतम रचना भी मिट्टी है उनके लिए। मैं विश्वास से कहती हूँ कि अगर आज गोस्वामी तुलसीदास अपना *मानस* किसी प्रकाशक को देते तो वह दो ही पृष्ठ पढ़ने के बाद पांडुलिपि यह कह कर वापस कर देता, "नहीं भाई! इसकी भाषा और विषय बहुत पुराने हैं। इसके साथ तो एक

शब्दकोश भी जोड़ना पड़ेगा। आप आजकल की नई बातों पर कुछ लिखकर लाइए, तब देखेंगे।" समय पर छपी कृति का मूल्य बाद में उसकी ऐतिहासिक सत्यता के प्रतीक-रूप में प्रतिष्ठित हो जाता है।

मेरी नई-पुरानी फ़ाइलों में टाइप्ड, पत्रिकाओं में छपी-सभी कहानियाँ, संग्रहों की पांडुलिपि के रूप में रखी हैं। रजिस्टरों में उनकी बाकायदा सूचियाँ बनी हैं। कान्ति जी ने ज़िद करके थोड़ा-बहुत आकाशवाणी वाला लेखन भी मुझसे मँगवा लिया, पर वह सब यूँ ही रखा है मेरे रिटायरमेंट के बाद तक। मेरी इच्छा थी कि जैसे भी हो, जिन शर्तों पर भी हो, वह प्रकाशक द्वारा प्रकाश में आ जाए। पर ख़ुद तो न मैंने कभी बात की थी और न इस साठ साल की आयु में शोभा देता था और साथ कान्ति जी की अप्रसन्नता का भी डर लगता था।

जब भी कभी मैं कहती, "मेरी रचनाएँ हर दिन अब एक साल पीछे जा रही हैं। कुछ हो जाता तो?"

बस कान्ति जी आँगन में खड़े होकर ज़ोर से कहते, "कोई साला प्रकाशक तुम्हें नहीं पूछता तो मैं क्या करूँ?"

मेरे चुप हो जाने के बाद फिर शुरू हो जाते, "तुम्हारा लड़का अमेरिका में इतना कमाता है उससे कहो पचास हजार भेज दे, मैं ख़ुद सब छाप लूँगा।"

और यह मुझे किसी भी शर्त पर यह स्वीकार नहीं था। कारण, अमृतराय की वही बात मैं कभी भूली नहीं, "चन्द्रकिरण! लेखक अगर पब्लिशर नहीं है, और अपनी पुस्तक स्वयं छापता है, तो बेचेगा कैसे? क्या कन्धे पर लाद कर गली-गली आवाज़ लगाएगा? वे किताबें बस घर में चट्टे बन कर रखी रहेंगी... ।"

यशपाल जी का स्वयं का प्रकाशन इसलिए सफल हो गया क्योंकि उनकी पत्नी प्रकाशवती जी ने उसे सँभाला—वे कुशल, व्यापारिक बुद्धि वाली सफल पब्लिशर बनीं। अकेले यशपाल जी के बस की बात नहीं थी। वे केवल अपना रचना-कर्म निभाते रहे।

हमारे बीच कभी ऐसा तालमेल नहीं रहा जिसके परिणामस्वरूप ज़िन्दगी किन्हीं मायनों में शेक्सपीरियन त्रासदी बन कर रह गई। हम अपने-अपने दायरों में रहे। कान्ति जी आज भी विफलताओं के कारण कहीं और ढूँढ़ते रहते हैं। प्रकृति और प्रवृत्ति, दोनों का सन्तुलन उनमें शुरू से कम था। इसीलिए उन्होंने जो-जो कहा, जैसे-जैसे कहा—वह सब वैसा ही करने की कोशिश की गई। फिर भी उनकी अतृप्ति, असन्तोष नहीं मिटा उनका अन्यथा जिस सीमा तक उन्हें क्रोध आया और उन्होंने नितान्त ही अप्रत्याशित प्रतिक्रिया व्यक्त की, वह कभी न होती—जब *जवान मिट्टी* प्रभात प्रकाशन द्वारा प्रकाशित हुई। इस प्रकरण के लिए थोड़ा फ़्लैश-बैक में ले जाना चाहूँगी।

मेरी बड़ी बेटी कुन्तल ने अपनी नौकरी और गृहस्थी के साथ दिल्ली विश्वविद्यालय से हिन्दी में, पंजाब से अंग्रेज़ी में एम.ए. किया है। उसके बाद 1992 में कानपुर विश्वविद्यालय से, 'श्रीमती चन्द्रकिरण सौनरेक्सा एवं शरतचन्द्र के नारी-पात्र : एक तुलनात्मक अध्ययन', नामक शीर्षक से पी-एच.डी. भी की। वह थीसिस

कानपुर से प्रकाशित भी हुई। उसके मन में आया कि अम्मा की कहानियाँ भी छप जाएँ। दिल्ली में, वह भी केवल अपने अध्यवसाय व कर्मठ प्रकृति के कारण इतना अध्ययन कर सकी अन्यथा स्कूल में पढ़ाते हुए घर-बाहर का तालमेल बैठा कर पी-एच.डी. करना, वह भी स्कूल-स्तर पर किसी भी प्रकार की अनिवार्य विवशता न होने पर, उसकी मजबूरी नहीं थी। वह मेरे साहित्य को किसी-न-किसी रूप में हिन्दी-साहित्य के इतिहास में मूल्यांकित करना चाहती थी परन्तु किसी भी प्रकाशक से, उसका दूर-दूर तक कोई परिचय नहीं था। लेखकों में भी, स्वयं लेखक न होने से, वह किसी को नहीं जानती थी, सिवाय विष्णु प्रभाकर के, जिन्हें वह 'ताऊजी' कहती है और वे भी पुत्रीवत् उससे स्नेह करते हैं। वही उनसे बोली, "ताऊ जी! अम्मा की कहानियों के लिए कोई प्रकाशक बताएँ।"

उन्होंने प्रभात प्रकाशन के मालिक से मिलाया, जिनका नाम श्री श्याम सुन्दर है। उन दिनों कक्कू भी, संयोग से आया हुआ था। वह भी पहुँच गया कुन्तल के साथ। ये दोनों अपने पापा को सरप्राइज़ देना चाहते थे। श्याम सुन्दर जी ने स्पष्ट कर दिया था, "वे पहले दो बढ़िया कहानियों के संग्रह निकालेंगे। विष्णु जी की चीज़ें जिन शर्तों पर छापेंगे, उन्हीं पर चन्द्रकिरण सौनरेक्सा की भी किताब छपेंगी। हम रॉयल्टी का दस-पन्द्रह बीस प्रतिशत वाला झंझट नहीं करते। एक संस्करण के तीन हजार एकमुश्त दे देते हैं। दूसरा छापने पर दुबारा शर्तें तय हो जाएँगी।" मैं भी कक्कू के लिए दिल्ली आई हुई थी। विष्णु जी ने साक्षी के स्थान पर और मैंने कॉन्ट्रेक्ट फार्म में लेखक के स्थान पर हस्ताक्षर किए। कुन्तल अपनी पी.एचडी. के सिलसिले में मेरी कहानियाँ पहले ही लेकर आई हुई थी। दो संग्रहों की पांडुलिपियाँ श्याम सुन्दर जी को दी गईं। पहले संग्रह की एक कहानी पर उसका शीर्षक *जवान मिट्टी* रखा गया।

अब मुझे स्मरण नहीं कि किसने कान्ति जी को विष्णु जी के माध्यम से, *जवान मिट्टी* के प्रकाशनार्थ प्रभात प्रकाशन में जाने की सूचना दी। कुन्तल-कक्कू को आशा थी कि पापा ख़ुश होंगे कि अम्मा का एक संग्रह उन्होंने कोशिश करके छपवा लिया। वहाँ तो ज्वालामुखी फट पड़ा। उनकी माँ ने उन्हें बिना बताए कैसे यह कर लिया? (पूरे भारत की संस्कृति में सदियों से, कम-से-कम, मध्यवर्गीय परिवारों में यह मान लिया गया है कि पत्नी की इच्छा पर पति के सम्पूर्ण अधिकार निर्भर करते हैं)। उन्हें यह अपना घोर अपमान लगा। फिर तो तुरन्त दिल्ली गए, श्याम सुन्दर जी से मिले। बातचीत क्या हुई, यह हमें नहीं मालूम, पर उन्होंने कुन्तल से कहा, "सौनरेक्सा साहब को किसी पर विश्वास नहीं है। जो संग्रह प्रेस में चला गया, वह तो हमारी मजबूरी है, पर अब हम भविष्य में और कुछ नहीं छापेंगे।"

1985 में संग्रह छपा। तीन हज़ार रुपये पहले मिल चुके थे। दस प्रतियाँ दीं और बाद में जब भी माँगा, शर्त के अनुसार कॉस्ट-प्राइस भी नहीं लीं। आज से पन्द्रह वर्ष पहले के तीन हज़ार कोई बहुत कम राशि नहीं थी, परन्तु *जवान मिट्टी* ने मेरी रही-सही ज़िन्दगी की कमाई-अपनी इज़्ज़त को कान्ति जी की मानसिक रोगग्रस्त दशा ने एक झटके में छीन लिया। इस रोग का न कोई इलाज है और न ऊपर से वह

रोगी लगता है। सामान्य कार्यकलाप और वार्तालाप में कोई रोगी को देख कर कुछ नहीं कह सकता, पर विशिष्ट स्थिति, वातावरण में रोगी का व्यवहार तथा अनर्गल प्रलाप असहनीय हो जाता है। अन्दर का फ्रस्ट्रेशन बहुत ही कुत्सित रूप में उभर कर आता है। धाराप्रवाह गालियाँ बोलना या अकल्पनीय स्थितियाँ सोच लेना उसकी आदत बन जाता है। उसे सब अपने दुश्मन नज़र आते हैं। अपने बच्चों की सफलता भी ख़ुशी देने के बजाय उसके मन में ईर्ष्या का कारण बन जाती है।

बस, इस अन्तिम कड़ी को पकड़कर कह सकती हूँ कि मेरी उस कहानी की किताब का छपना कान्ति जी के लिए प्रतिशोध लेने का एक कारण बन गया। उन्हें चन्द्रकिरण सौनरेक्सा को बदनाम करने का बहाना मिल गया। गुस्से में विष्णु जी के यहाँ जाकर जो कुछ दो घंटे लगातार कान्ति जी ने *जवान मिट्टी* के लिए प्रभात वालों से मिलाने का दंड उन्हें दिया, वह यथेष्ट है यह सिद्ध करने के लिए कि उन जैसे शालीन, गम्भीर व्यक्ति पर कोई इतना क्षुद्र आरोप अपने होश-हवास में नहीं लगा सकता। उनका बेटा-बहू-बच्चे सब अपने 'चाचा जी' का मुँह देख रहे थे। लखनऊ में अपने जानने वालों में यही कहा कि अपने पुराने सम्बन्धों के कारण विष्णु जी ने मेरी पत्नी की पुस्तक छपवाई।

फिर तो घर में हर वर्ग का पुरुष उन्हें मेरा प्रेमी लगने लगा—चाहे वह कोई सम्भ्रान्त परिचित हो या अख़बार देने वाला। उन्हें यह समझ में नहीं आया कि लेखिका चन्द्रकिरण सौनरेक्सा से प्रतिशोध लेने में बदनामी सौनरेक्सा-ख़ानदान की अपनी बहू की, उनके बच्चों की माँ की हो रही थी। पूरे लखनऊ में जब यह सब कान्ति जी द्वारा कहा जा रहा था, तब लखनऊ की उर्दू-अकादमी मुझे अपना सदस्य बनाने और सम्मानित करने की योजना बना रही थी और मसरूर जहाँ, उर्दू की लेखिका से ही मुझे पता चला। उन्होंने कहा, "दीदी! भाईजान ने यह क्या गन्द फैलाना शुरू किया है? माना कि बहुत से लोग इस बकवास पर विश्वास नहीं करेंगे, पर खाविन्द जब ख़ुद ऐसी-वैसी बात का इलज़ाम बीबी पर लगाए तो कुछ उसे सच भी मानेंगे। उर्दू अकादमी में भी ये बातें पहुँच चुकी हैं।" 'इनसे' सफ़ाई लेना या देना बेकार था। कारण—'यह' तो अगर मैं कॉलोनी में भी किसी बुलावे में या कार्यवश जाती, तब हर दस मिनट पर फ़ोन करते, "मिसेज़ सौनरेक्सा वहीं हैं?" यहाँ तक कि 'ये' बहानों से तहक़ीक़ात करने भी जाते कि मैं वाकई वहाँ गई थी या नहीं।

इस सामयिक सन्देह-वृत्ति को नियंत्रण में कर सकना मेरे वश में नहीं था, पर बेटे-बेटियों के परिवारों पर प्रतिकूल प्रभाव पड़ रहा था। मैं भी अभी तो बराबर साहित्यिक पत्रों में छप रही थी। देवरों-ननदों तक भी बात पहुँचती, दिवंगत ससुर का नाम भी उछलता। अपमान, आत्म-ग्लानि व घोर मानसिक पीड़ा के दौर से गुज़रते हुए उम्र के इस पड़ाव पर मैं किंकर्तव्यविमूढ़ थी कि किस तरह झूठ के इस बवंडर का सामना करूँ? उच्च वर्ग या पश्चिमी सभ्यता के आक्रान्त समाज की मैं उपज नहीं थी। मैं तो आज भी भारत के बहुमत अर्थात् निम्न-मध्यवर्ग का अंश हूँ, तब भी थी—सोचा, एक मुक्केबाज़ की चोट से अगर बचना चाहते हो, तो उसके रास्ते से

हट जाओ। तब उसके मुक्के हवा में चलेंगे, चलाने वाला भी जब उनकी व्यर्थता जान लेगा, तो हवा में मुक्केबाज़ी बन्द कर देगा।

बस, मैंने एकदम पत्रिकाओं के लिए भी लिखना बन्द कर दिया, किसी साहित्यिक समारोह में जाना बन्द किया और कॉलोनी के भी कीर्तन, विवाह, जन्म-दिन, मुंडन आदि में भी जाने से ख़ुद को रोक दिया। इस तरह स्वयं से ही किए गए वायदों को पूरी तरह मैंने निभाया। मेरा स्वास्थ्य भी तेज़ी से गिर रहा था, पर जब भी बहुओं को ज़रूरत पड़ती तो वहाँ जाते। लड़कियों को होती, तो वहाँ पहुँचते। 1996 में कुन्तल के पति श्रीकृष्ण की लम्बी बीमारी ने हम दोनों को ही विचलित कर दिया। शुगर की बीमारी ने उनकी दृष्टि पर तो असर डाला ही, उनकी किडनी फेल हो गईं। वह बयालीस दिन कोमा में रहे। जनकपुरी से बत्रा अस्पताल, कान्ति जी दामाद को आई.सी.यू. में देखने, इस उम्र में भी, रोज़ जाते। मैं घर से सबका खाना-पीना देखती। अस्पताल खाना भेजती। कुन्तल तो लगातार चार महीनों से लगभग अस्पताल में ही रह रही थी। 1997 मार्च में कुन्तल का वैधव्य हमारे लिए गहरा आघात था और मैं तो स्वनिर्मित गुमनामी के अन्धकार में खो गई। वृन्दावन से एक बन्दर चला जाए तो वृन्दावन सूना नहीं हो जाता। चन्द्रकिरण स्वयमेव साहित्य-जगत् से हट गईं, तो वह सूना नहीं हो गया—उसमें आज भी प्रतिभाशाली लेखक हैं, जिन्होंने हिन्दी-वाङ्मय का भंडार भरा है। टी.वी. के युग में क्रान्तिकारी ढंग से सामान्य-ज्ञान के क्षेत्र में वयस्कों और बच्चों का ज्ञानवर्द्धन किया है, परन्तु पठन-पाठन की दृष्टि से रंक बना दिया है।

देश के नगरों में समृद्धि की चकाचौंध काले-धन की वृद्धि का परिणाम है, जहाँ स्वार्थ की राजनीति ने तेज़ी से देश की संस्कृति व सभ्यता को धूल-धूसरित कर दिया है। पीत पत्रकारिता (येलो जर्नलिज्म) भी इसकी दोषी है। ज्ञान-विज्ञान देश-काल की सीमा से आगे जाकर संसार के कल्याण का कारण बनना चाहिए, परन्तु उसका अन्धानुकरण किसी भी देश की अपनी पहचान को ही निगल जाने की क्षमता रखता है।

जीवन की इस गहराती संध्या में इसके निराकरण का प्रयास मेरे लिए हास्यास्पद ही रहेगा, ठीक वैसे ही जैसे श्री राम के समुद्र पर पुल बाँधने में गिलहरी का रेत डालना। फिर भी, अपने देश में ही कभी कुछ ऐसा हो जाता था कि मेरी जंग लगी लेखनी भी चुप नहीं रह पाती थी—चाहे वह गिलहरी का प्रयास ही क्यों न समझा जाए? बाबरी मस्जिद और राम-मन्दिर की चर्चा ज़ोरों पर थी। बाबर ने मन्दिर तोड़ कर मस्जिद बनवाई थी और मस्जिद तोड़कर मन्दिर बनवाना देश-भक्ति का प्रतीक माना जा रहा था। तब मैंने एक पत्र भारतीय जनता पार्टी के ऑफ़िस श्री अटल बिहारी वाजपेयी को भेजा था। यदि वह उन तक पहुँचा होता और उन्होंने उसके महत्त्व को समझा होता, तो यह 'बाबरी मस्जिद कांड' गले की फाँसी न बनता। उसके बाद में हुए दंगे न होते। मेरा वह पत्र बाद में छपा भी था, पर 'का वर्षा जब कृषि सुखाने'?

फिर भी, अपने उस पत्र का सारांश अवश्य देना चाहती हूँ, क्योंकि यह मेरी सोच का दर्पण है। मैंने लिखा था, "मान लीजिए, यह बात सच भी हो कि वहाँ मन्दिर तोड़कर मस्जिद बनी थी, तो भी आज उसे इस सैकड़ों वर्षों बाद मन्दिर बना

देने से कोई संसार में हिन्दू समाज का झंडा ऊँचा नहीं हो जाएगा। यह ध्रुव-सत्य है कि विजेता सदा ही विजित देश या उसकी जनता पर अत्याचार करता है—चाहे वे समान धर्म के ही क्यों न हों। गुप्तवंश के चन्द्रगुप्त विक्रमादित्य ने अपनी ननसाल का प्रजातंत्र नष्ट करके उसे राज्याधीन करने में यौधेयों को नेस्तनाबूद करने का भयंकर कार्य किया था। अभी तक कोई ऐसा ऐतिहासिक तथ्य नहीं मिला है, जिसमें यह साबित हो कि बाबरी मस्जिद की जगह पर राजा दशरथ का महल था और वहीं पर श्रीराम का जन्म हुआ था और न बाबर कभी अयोध्या तक आया। मन्दिर तोड़ने का काम उसके किसी नायब अधिकारी का होगा। तो भई, आप लोग बाबर से हारे क्यों थे? व्यक्तिगत शत्रुता के कारण राजस्थान के राजाओं ने एक-दूसरे की हार को अपनी विजय क्यों मान लिया और नौबत यह आई कि उसके नायब ने वहाँ मन्दिर तोड़ कर मस्जिद बनवा दी। पर अब न बाबर है, न उसके वंशज भारत में राज्य कर रहे हैं। यहाँ के मुसलमान विशुद्ध भारतीय हैं। हिन्दू समाज की दुर्बलताओं ने ही उन्हें सैकड़ों वर्षों पूर्व दूसरा धर्म अपनाने को विवश किया। हिन्दू-मुसलमान अलग-अलग दाल-भात नहीं हैं। वे खिचड़ी की तरह मिले हुए हैं। माना यह मस्जिद खंडहर है। वहाँ अर्से से नमाज़ नहीं पढ़ी जाती, पर वह कहलाती तो मस्जिद ही है अर्थात् इस्लाम के 'ख़ुदा का घर, ठीक वैसे ही जैसे ईसाइयों का गिरजाघर' सिक्खों का 'गुरुद्वारा'। राम मन्दिर अयोध्या में ही बनाइए, पर एक पूजा-स्थल तोड़कर नहीं। इसे तो आप यह कह कर सम्मान दीजिए कि देखिए, हमारे राम की महिमा कितनी अपार है? विधर्मियों ने मन्दिर तोड़ा तो भी वहाँ मस्जिद बनाई (चाहते तो हमाम भी बनवा सकते थे) और हमारे राम के स्थल पर वे भी सिर झुकाते हैं जहाँ पहले केवल हिन्दू माथा टेकते थे। यह है हमारे राम की महिमा। बल्कि अगर मुसलमान उस मस्जिद का पुनरुद्धार करते हैं तो अपना योगदान दीजिए और फिर साथ में मन्दिर बनाइए। देखिएगा, आपको उनका सहयोग मिलेगा।" सच्ची धर्मनिरपेक्षता तो यही कहती है; वरना धर्म की राजनीति तो बस गुंडों को बुलाकर धर्मान्धता को बढ़ावा देती है। अन्त में भड़के साम्प्रदायिक दंगे निर्दोषों की ज़िन्दगी बर्बाद करते हैं।

इस तरह मेरे पत्र की भविष्यवाणी अवश्य सत्य हुई पर मन से मैं चाहती हूँ कि घृणा का ज़हर नई पीढ़ी को अपनी चपेट में न ले। वक़्त के साथ वे एक-दूसरे को दिए गए ज़ख़्मों को भरें और पिछली भूलों को अपनी सद्भावना के रास्ते में न आने दें। गांधीजी का स्वप्न स्वाधीनता की तीसरी पीढ़ी पूरा कर सकती है—सच्ची धर्म-सहिष्णुता के द्वारा, ठीक वैसे ही, जैसे मेरी नई पीढ़ी ने मेरे विश्वास को नहीं तोड़ा। मेरे मोतियाबिन्द का ऑपरेशन—पहले एक आँख का, श्रीकृष्ण की देख-रेख में दिल्ली में, दूसरी आँख का कौन्तेय की निगरानी में लखनऊ में। लैंस लग जाने के कारण मेरे पढ़ने का शौक़ पूरा होता रहा; चाहे मैंने लिखना छोड़ दिया था।

कार्तिकेय के दोनों बच्चों के जन्म पर मैं दो बार अमेरिका घूम आई हूँ। श्री कृष्ण नहीं रहे, पर गोपी मोहन (कम्मो के पति) भी पुत्रवत् दामाद ही हैं, जो अपने ससुर का ध्यान लखनऊ में हर पल रखते हैं क्योंकि कान्ति जी वहाँ के घर का मोह नहीं

छोड़ पा रहे हैं जबकि मैं अब किसी भी तरह घर-गृहस्थी चलाने योग्य नहीं रही और कौन्तेय के पास रहने आ गईं हूँ। घर के पिछवाड़े के ग़रीब लोग मेरी अनुपस्थिति में आज भी वक़्त आने पर हमारे काम आते हैं। (हालाँकि उनकी नई पीढ़ी को हमारी कोई सहायता अब नहीं चाहिए,) कारण—मैं उनकी 'बहूजी' रही हमेशा, जो बीमार बच्चे की दवा या राशन न हो तो घर में से हर वक़्त कुछ-न-कुछ दे देना, पैसे की ज़रूरत भी पूरी करना अपना धर्म समझती रही। उनका प्यार और मान मेरे जीवन की मीठी यादों का अभिन्न हिस्सा है। इस आठ दशक के जीवन में विस्मृति-दोष के कारण हो सकता है, कुछ के नाम मुझसे छूट गए हों, मैं उन से क्षमा माँगती हूँ। उनके प्रति मैं भी नतमस्तक हूँ।

आत्मकथा को यदि प्रतिदिन का रोज़नामचा बना लिया जाए, तो उसके विस्तार का कोई अन्त न रहेगा और मैंने विस्तार को किसी साहित्यिक कृति की महानता का मानदंड नहीं माना। हमेशा की तरह बिना किसी लाग-लपेट के, सीधी-सच्ची, दिल से निकली बात को दिल तक पहुँचाने की कोशिश की है। बस, इतना-सा अन्तर मेरी कृतियों और इस आत्मकथा में है कि वे जगबीती थीं और यह आपबीती है।

मैं जन्म से आस्तिक हूँ, आज भी कोई परिवर्तन नहीं आया है। नास्तिक होने और उस विश्वास के साथ जीने के लिए बहुत बड़े साहस व ईमानदारी की ज़रूरत होती है। वह मुझमें इस जन्म में तो नहीं है। अगला जन्म हो तो उसमें भी होगी, यह विश्वास नहीं है। जीवन में आशा-निराशा, खोना-पाना, सफलता-असफलता सबके साथ संलग्न है; मैं कोई अपवाद नहीं हूँ। आत्मकथा का केवल एक उद्‌देश्य होता है—अपनी जीवन-यात्रा का निष्पक्ष दर्शक की तरह पुनरावलोकन करना। *पिंजरे की मैना* उसी का फल है।

मैंने जीवन को आधे भरे गिलास की तरह हमेशा सकारात्मक दृष्टि से देखा है। मेरी साधना-तपस्या चाहे एक साहित्यकार के रूप में मेरी अपनी वजहों से यश के कगार तक न पहुँची हो, पर एक माँ के रूप में फलीभूत हुई है। भगवान की कृपा से मेरी सन्तानें अपने देश की स्थिति के अनुसार सम्पन्न हैं। अपनी शिक्षा, श्रम व सद्‌बुद्धि के कारण ही वे वहाँ पहुँची हैं—ब्लैक मार्केट, शॉर्ट-कट या घटिया सिफ़ारिश के बल पर नहीं। सब कर्तव्यनिष्ठ हैं—माता-पिता का वृद्धावस्था में पूरा ध्यान रखते हैं—एक माँ को और क्या चाहिए?

सन् 2001 समाप्त होने से पहले मेरे लिए वह उपहार लाया, जिसकी स्वप्न में भी किसी को आशा न थी। मैं अस्सी की सीमा रेखा पार कर चुकी थी। प्राय: कुन्तल बुग्गे के पास ही दिल्ली में रहती। उस समय मैं कुन्तल के पास थी कि एक दिन दिल्ली की हिन्दी-साहित्य अकादमी के मंत्री श्री मुकुन्द द्विवेदी (श्री हजारीप्रसाद द्विवेदी के पुत्र) जी जनकपुरी में घर आए। उन्होंने सूचना दी कि 'हिन्दी अकादमी' इस 'स्त्री-सशक्तीकरण वर्ष' में बीसवीं शताब्दी की सर्वश्रेष्ठ महिला कथाकार के रूप में मेरा सम्मान करना चाहती है। यह पुरस्कार एक लाख रुपये की राशि व शॉल प्रदान करेगा। मेरे आश्चर्य का ठिकाना न था—बारह वर्षों से कुछ न लिखने

वाली को पुरस्कार! कुन्तल तो प्रसन्नता से झूम उठी। मेरी या अन्य किसी की ओर से रंचमात्र भी कोई प्रयत्न नहीं और प्रभु ने मेरी सृजन-तपस्या का वरदान भी मुझे मानो स्वयं मेरी झोली में डाल दिया—शब्दों में अपने आनन्द को व्यक्त नहीं कर सकती। लोकेषणा का लोभ संन्यासी के अतिरिक्त कोई सँवरण नहीं कर सकता। पुरस्कार समारोह हुआ। दिल्ली की मुख्यमंत्री शीला दीक्षित जी के कर-कमलों द्वारा पुरस्कार-राशि, स्मृति-चिह्न व शॉल प्रदान किया गया। परिचित व मित्रों ने बधाई दी; पत्रों में भी चर्चा हुई। कक्कू ने ह्यूस्टन से लिखा, "मम्मी! आपके सम्मान के समाचार को सुनकर यहाँ के मेयर ने मुझे स्वयं बधाई दी।"

प्रोत्साहित होकर मैंने कुन्तल के कहने पर अपना अधूरा उपन्यास *कहीं से कहीं नहीं* पूरा करने का कार्य किया। उसने लखनऊ में ही उसका पुराना रजिस्टर निकाल लिया और पढ़ कर दिल्ली ले आई। उसी ने कहा, "मम्मी! अपने अस्सी प्रतिशत देश के कस्बों में आज भी रतन (उपन्यास का किशोर नायक) रहता है। कुछ भी नहीं बदला है। निम्न-मध्यवर्ग की वही समस्याएँ हैं। इसलिए यह उपन्यास आज भी सामयिक है।" मैंने जहाँ छोड़ा था, वहीं से उसे आगे बढ़ाकर पूरा कर दिया। वह प्रकाशित भी हो गया।

अब नया कुछ भी लिखने की शक्ति शेष नहीं रही थी, पर कक्कू गत वर्ष मिलने आया, तो बोला, "कहानी नहीं लिखती, न लिखो। पर अपनी आत्मकथा तो लिख दो। आप बोल देना, जीजी लिख देंगी अगर न लिख पाओ। न हो, जब मन करे, टेप कर लेना—बाद में लिखवा लेना, पर लिखना ज़रूर।"

सो, ये जीवनी के पृष्ठ उसी ज़िद का परिणाम हैं और आदतन मैं अपनी सोच के साथ ख़ुद ही लिखती हूँ। बोलकर सारी ज़िन्दगी नहीं लिखाया, तो अब कैसे वह रास्ता लेती!

अब कोई हसरत बाक़ी नहीं रही। गोस्वामी तुलसीदास का एक दोहा सुना था :

रामचन्द्र यश बरनि कै, भयो चहत अब मौन,
तुलसी के मुख दीजिए, अबहीं तुलसी सोन।

इसे, मैं इस रूप में निवेदन करती हूँ :

अगजग सुख-दुःख बरन कै, भयो चाहत अब मौन,
(पिंजरे की) मैना के मुख दीजिए, अबहीं तुलसी सौन।

⚙⚙⚙

अभिमत

तीव्रता की दृष्टि से चन्द्रकिरण सौनरेक्सा सबसे अधिक उल्लेखनीय हैं।...मध्यवर्गीय जीवन में पाखंडों, स्वार्थों और आकांक्षाओं पर वे इतनी गहरी चोट करती हैं कि पाठक तिलमिला उठे...!

—अज्ञेय

निम्न मध्यवर्ग के घरों के अन्दर का विशेषकर स्त्रियों का, इतना स्वाभाविक और पैना चित्रण अन्यत्र दुर्लभ है। नारी की स्वभावगत तुच्छता एवं क्षुद्रता का भी अध्ययन बहुत आकर्षक है। आज के कहानीकारों में मैं उनका स्थान बहुत ऊँचा मानता हूँ।

—श्रीपत राय

चन्द्रकिरणजी की प्रतिभा मानव-जीवन का स्वभाविक चित्रण करने के रूप में प्रस्फुटित हुई है, उनमें मानव-जीवन का स्वाभाविक और शक्तिपूर्ण चित्रण मिलता है। उनका लेखन उच्चकोटि का है। मैं हृदय से उनका अभिनन्दन करता हूँ।

—शिवदान सिंह चौहान